LEVIATÃ

Dados Internacionais de Catalogação na Publicação (CIP)
(Câmara Brasileira do Livro, SP, Brasil)

Malmesbury, Thomas Hobbes de, 1588-1679.
 Leviatã, ou, Matéria, palavra e poder de uma República eclesiástica e civil / Thomas Hobbes ; tradução de Gabriel Lima Marques e Renan Marques Birro. – Petrópolis, RJ : Vozes, 2020 – (Pensamento Humano)

 Título original: Leviathan or the matter, forme, & power of a Common-wealth Ecclesiastical and Civill.
 ISBN 978-85-326-6286-6

 1. O Estado. 2. Filosofia inglesa 3. Malmesbury, Thomas Hobbes, 1588-1679 4. Pensamento político 5. Poder (Ciências sociais) I. Título. II. Título: Matéria, palavra e poder de uma República eclesiástica e civil III. Série.

19-29196   CDD-320.1

Índices para catálogo sistemático:
1. Estado : Poder político   320.1
2. Poder político do Estado   320.1

Iolanda Rodrigues Biode – Bibliotecária – CRB-8/10014

Thomas Hobbes

LEVIATÃ
Matéria, palavra e poder de uma República eclesiástica e civil

Tradução de Gabriel Lima Marques e Renan Marques Birro

Petrópolis

Bragança Paulista

Título do original em inglês: Leviathan – Leviathan or the matter, forme, & power of a common-wealth ecclesiastical and civill, by Thomas Hobbes, 1651.
Tradução realizada a partir da edição do projeto Gutenberg, disponível no site: https://www.gutenberg.org/

© desta tradução:
2020, Editora Vozes Ltda.
Rua Frei Luís, 100
25689-900 Petrópolis, RJ
www.vozes.com.br
Brasil

Editora Universitária São Francisco – Edusf
Avenida São Francisco de Assis, 218
Jardim São José
12916-900 Bragança Paulista, SP
www.saofrancisco.edu.br/edusf
edusf@sãofrancisco.edu.br

Todos os direitos reservados. Nenhuma parte desta obra poderá ser reproduzida ou transmitida por qualquer forma e/ou quaisquer meios (eletrônico ou mecânico, incluindo fotocópia e gravação) ou arquivada em qualquer sistema ou banco de dados sem permissão escrita da editora.

Conselho editorial

Diretor
Gilberto Gonçalves Garcia

Editores
Aline dos Santos Carneiro
Edrian Josué Pasini
Marilac Loraine Oleniki
Welder Lancieri Marchini

Conselheiros
Francisco Morás
Ludovico Garmus
Teobaldo Heidemann
Volney J. Berkenbrock

Secretário executivo
João Batista Kreuch

Editoração: Maria da Conceição B. de Sousa
Diagramação: Mania de criar
Revisão gráfica: Nilton Braz da Rocha / Nivaldo S. Menezes
Capa: Editora Vozes

ISBN 978-85-326-6286-6

Editado conforme o novo acordo ortográfico.

Este livro foi composto e impresso pela Editora Vozes Ltda.

SUMÁRIO

Nota dos tradutores, 9

Epístola dedicatória, 11

Parte 1 - Do homem, 13

Introdução, 15

Capítulo I - Sobre as sensações, 19

Capítulo II - Sobre a imaginação, 23

Capítulo III - Sobre a consequência ou a cadeia imaginativa, 31

Capítulo IV - Sobre a linguagem, 37

Capítulo V - Sobre a razão e ciência, 47

Capítulo VI - Sobre os inícios interiores dos movimentos voluntários, usualmente chamados de paixões; e discursos pelos quais elas são expressas, 55

Capítulo VII - Dos fins ou propósitos do discurso, 67

Capítulo VIII - Das virtudes comumente chamadas de intelectuais e seus defeitos contrários, 71

Capítulo IX - Sobre as várias matérias do conhecimento, 83

Capítulo X - Sobre o poder, o valor, a dignidade e o merecimento, 87

Capítulo XI - Sobre as diferenças de maneiras, 97

Capítulo XII - Sobre a religião, 105

Capítulo XIII - Da condição natural da humanidade quanto à sua felicidade e miséria, 117

Capítulo XIV - Da primeira e da segunda leis naturais, e dos contratos, 123

Capítulo XV - Das outras leis da natureza, 135

Capítulo XVI - Das pessoas, autores e coisas personalizadas, 149

Parte II - Da República, 155

Capítulo XVII - Sobre as causas, origem e definição de uma República, 157

Capítulo XVIII – Sobre os direitos dos soberanos por instituição, 163

Capítulo XIX – Sobre os vários tipos de república por instituição e da sucessão do poder soberano, 173

Capítulo XX – Sobre o domínio paternal e despótico, 185

Capítulo XXI – Sobre a liberdade dos súditos, 193

Capítulo XXII – Dos sistemas de sujeição política e privada, 205

Capítulo XXIII – Dos ministros públicos do poder soberano, 217

Capítulo XXIV – Da Nutrição e procriação de uma República, 223

Capítulo XXV – Do Conselho, 229

Capítulo XXVI – Das Leis Civis, 237

Capítulo XXVII – Sobre crimes, desculpas e atenuantes, 259

Capítulo XXVIII – Sobre punições e recompensas, 275

Capítulo XXIX – Sobre as coisas que enfraquecem, ou tendem à dissolução da República, 283

Capítulo XXX – Do ofício do soberano representativo, 295

Capítulo XXXI – Do reino de Deus pela natureza, 311

Parte III – Da república cristã, 323

Capítulo XXXII – Dos princípios da política cristã, 325

Capítulo XXXIII – Do número, antiguidade, alcance, autoridade e intérpretes dos livros das Sagradas Escrituras, 331

Capítulo XXXIV – Do significado do espírito, do anjo e da inspiração nos livros das Sagradas Escrituras, 343

Capítulo XXXV – Sobre o significado de Reino de Deus, Santo, Sagrado e Sacramento nas Escrituras, 357

Capítulo XXXVI – Sobre a Palavra de Deus e os profetas, 365

Capítulo XXXVII – Sobre milagres e o uso deles, 381

Capítulo XXXVIII – Sobre o significado de vida eterna, inferno, salvação, o mundo que há de vir e a redenção nas Escrituras, 389

Capítulo XXXIX – Sobre o significado da palavra Igreja na Escritura, 405

Capítulo XL – Dos direitos do reino de Deus em Abraão, Moisés, os altos profetas e os reis de Judá, 409

Capítulo XLI – O ofício de nosso abençoado Salvador, 421

Capítulo XLII – Do poder eclesiástico, 429

Capítulo XLIII – Sobre o que é necessário para a recepção de um homem no reino do Céu, 501

Parte IV – Sobre o reino das trevas, 515

Capítulo XLIV – Sobre a escuridão espiritual que provém da má interpretação das Escrituras, 517

Capítulo XLV – Da demonologia e das outras relíquias da religião dos gentios, 541

Capítulo XLVI – Das trevas derivadas da vã Filosofia e das tradições fabulosas, 561

Capítulo XLVII – Sobre o benefício que procede de tais trevas e a quem aproveita, 579

Revisão e conclusão, 589

Obras consultadas, 599

NOTA DOS TRADUTORES

Esta tradução utilizou como base o texto em Língua Inglesa originalmente publicado em 1651, com usos eventuais da edição latina do mesmo texto, lançada quase duas décadas depois por Thomas Hobbes (1668). Outrossim, consultas eventuais de outras traduções foram utilizadas aqui e ali, no intuito de clarificar o texto e verificar opções de tradução em excertos mais complexos. Dessas obras, destacamos as traduções em espanhol (Skla, 1982), italiano (Unione tipografico – Editrice Torinese, 1955) e português (Martins Fontes, 2003), além das edições normatizadas para a Língua Inglesa (Cambridge University Press, 1996 e Oxford University Press, 1998). A rigor, utilizamos a separação dos parágrafos sugerida por essas duas últimas edições, com a exceção dos números de cada parágrafo: ainda que sejam úteis para fins de citação, preferimos seguir o formato proposto na edição de Edwin Curley (Hackett Publishing, 1994), uma vez que esses recursos são acréscimos ao trabalho original de Hobbes.

O Filósofo empregou ainda muitas citações dos textos bíblicos, e por esta razão incluímos a referência no corpo do texto, quando o autor optou, e o texto original e integral em nota. Consequentemente, optamos pela utilização da *Bíblia de Jerusalém* (2000), por se tratar de uma versão conhecida e reconhecida entre acadêmicos no país e no exterior. Vale ressaltar que o processo de revisão da tradução incorporou, em um primeiro momento, todas as citações desta edição da Bíblia em notas de rodapé, uma etapa laboriosa e cansativa, porém fundamental para compreender melhor a construção argumentativa do Filósofo inglês: quando necessário, Hobbes utilizou traduções livres e interpretações heterodoxas, em parte para corroborar com seus argumentos, em parte por manifesto zelo religioso. Certas vezes ele apresentava suas razões textualmente, mencionando as edições da Bíblia em grego (*Septuaginta*), latim (*Vulgata*), inglês (*King James Version 1611*, *Bíblia de Genebra* e outras versões menos conhecidas que circulavam naquele tempo) e francês (*Bíblia de Genebra*); noutras, ele simplesmente incluiu a tradução que considerava mais próxima daquilo que acreditava e procurava defender, sem alongar a discussão.

Apesar do interesse que esses excertos poderiam fomentar entre filólogos, teólogos e tradutores, diante da quantidade de citações (pouco mais de quatro centenas), fomos alertados pelo editor que a tal versão ficaria muito cansativa e relativamente repetitiva para o leitor médio, além de prolongar a extensão do texto final para além do necessário. Ademais, nem todas as passagens divergiam profundamente das opções de tradução que Hobbes empregou no *Leviatã*. Assim, a opção escolhida foi demover as citações bíblicas sem comentários e similares ao texto original do Filósofo, preservando tão somente aquelas que mencionam as divergências de capítulos e versículos, redações muito distintas ou outras considerações dignas de nota. Portanto, mantivemos no texto original a redação mais próxima daquela usada na obra original e, em nota, a versão presente na *Bíblia de Jerusalém*, sinalizada pela sigla BJ. As únicas exceções foram as citações de *2Esdras*, livro apócrifo indisponível na referida Bíblia; neste caso, recorremos ao texto latino, cotejado com as versões presentes na *King James Version 1611* e na *The New Oxford Annotated Bibble* (2010).

Sobre as notas explicativas, elas são pontuais e, salvo raras exceções, pouco extensas. O leitor poderá verificar que tomamos o cuidado não só de esclarecer algumas noções do autor, mas também de incluir referências bibliográficas úteis, excertos curtos de outros tratados de Hobbes e de correspondências trocadas com outros intelectuais da época. Elas também lançam luzes sobre questões pontuais da Filosofia, das Ciências Políticas, da História, do Direito e da Teologia. Notas sobre personagens e acontecimentos pouco conhecidos, expressões e obras também foram inseridas aqui e ali, preservando, na medida do possível, a grafia original.

Por fim, aos interessados em aprofundar seus conhecimentos sobre o pensamento hobbesiano, acrescentamos uma curta, porém relevante bibliografia no final, que envolve publicações clássicas e recentes sobre o tema. Elas foram particularmente úteis para entrever questões filosóficas, teológicas e políticas que atrelavam Hobbes ao contexto histórico em que viveu, além das querelas políticas, filosóficas e teológicas do início da Era Moderna.

EPÍSTOLA DEDICATÓRIA

Ao meu mais honrado amigo,

Senhor Francis Godolphin de Godolphin

Honrado Senhor,

Quando vivia teu mais valoroso irmão, Senhor Sidney Godolphin, ele agradavelmente considerava meus estudos dignos de atenção e, doutra feita, privilegiava-me, como tu sabes, com reais testemunhos de sua boa opinião, grandes *per se*, tal como pela grandeza do valor de sua própria pessoa. Pois diante das virtudes que o homem pode ter, seja a serviço de Deus, ou ao serviço de sua terra, ou da sociedade civil, ou ainda da amizade privada, nenhuma se manifestava em sua conversação – não por necessidade, ou afetada pela ocasião, mas inerente e brilhante pela constituição generosa de sua natureza. Portanto, como sinal de honra e gratidão a ele, e com devoção para convosco, eu humildemente dedico-vos este meu discurso sobre a **República**. Eu não sei como o mundo irá recebê-lo, ou até mesmo como ele poderá refletir naqueles que possam vê-lo favoravelmente; pois em uma vereda assediada por contenciosos, por um lado para uma grandíssima liberdade, e por outra pelo excesso de autoridade, é difícil passar entre eles incólume. Mas, ainda assim, penso eu, o esforço para o avanço do poder civil não pode levar à condenação deste; nem de homem privado, ao repreendê-lo, ao declarar tal poder como grande demais. Ademais, eu não falo dos homens, mas, de forma abstrata, do assento do poder – como aquelas criaturas simples e imparciais do Capitólio romano, que com seus ruídos defendiam aqueles que lá estavam, não por quem eram, mas por estarem ali –, sem ofender ninguém, creio, exceto os de fora e os de dentro (se ali houvesse alguém nessas condições) que lhes sejam favoráveis. Talvez o que possa ofendê-los são certos textos das Sagradas Escrituras, para mim alegadamente adequados a outro propósito em vez daquele ordinariamente usado por outros. Mas eu o fiz com justa submissão, e também, necessariamente, conforme meu objeto; pois eles são fortificações externas do inimigo, a partir das quais ele impugna o poder civil. Se, apesar disso, tu considerares meu labor geralmente sem valor, escuse a ti próprio, e digas que sou um homem que ama as próprias opiniões e crê em tudo que diz, que eu honrei teu irmão e honro a ti; com base nisso, assumo o título de ser, sem o vosso consentimento, como sou,

Senhor,

Vosso mais humilde e obediente Servo,

Thomas Hobbes.

Paris, abril 15/25, 1651.

PARTE 1
DO HOMEM

INTRODUÇÃO

A *Natureza*, a arte pela qual Deus tem feito e governado o mundo, é também imitada pela *arte* do homem, assim como em muitas outras coisas, de maneira que ele possa fazer um animal artificial. Pois, considerando a vida como o movimento dos membros, o início do qual ocorre em alguma parte interna; por que não podemos dizer que todos os *autômatos* (engenhos que se movem sozinhos por molas e engrenagens, como no caso de um relógio) têm uma vida artificial? Pois o que é o *coração*, senão uma *mola*; e os *nervos*, senão muitas *correias*; e as *juntas*, senão muitas *engrenagens*, que dão movimento a todo o corpo, tal como foi pretendido pelo artífice? A *Arte* vai além, imitando aquele trabalho racional e mais excelente da natureza, o *homem*. Pois pela Arte é criado aquele grande LE-VIATÃ, chamado de **REPÚBLICA** ou ESTADO (no latim, CIVITAS), que nada mais é do que um homem artificial[1]; por conta da grande estatura e força além da natural, cuja intenção é a proteção e defesa; e, nele, a *Soberania* é uma *alma* artificial, uma vez que é a doadora de vida e movimento a todo o corpo; os *magistrados* e outros *servidores* do judiciário e executivo são *juntas* artificiais; a *recompensa* e a *punição* (unidos ao assento da soberania, cada junta e membro se move para realizar sua tarefa) são os *nervos*, que fazem o mesmo no

---

1. A longa e elaborada analogia de Hobbes das partes do Estado e da parte do corpo depende da compreensão do natural como algo que, em si, é artificial, visto que se trata de uma criação de Deus, tanto quanto um relógio ou um robô são criados por mãos humanas. Portanto, para compreender a natureza do "homem artificial", ele precisa discutir o homem e sua tripla relação com a obra: enquanto compositor; enquanto parte criadora; enquanto modelo do homem artificial. Ademais, como destacou Norberto Bobbio, a filosofia de Hobbes promoveu uma transformação no relacionamento entre a natureza e o artífice, diferentemente da tradição da filosofia antiga. "O artífice não mais imita a natureza, mas é igual a ele [...]. A natureza é agora concebida como uma grande máquina; penetrar os segredos da natureza significa alcançar uma compreensão das leis que regulam seus mecanismos" (BOBBIO, N. Hobbes's political theory. In: BOBBIO, N. *Thomas Hobbes and the Natural Law tradition*. Trad. por Daniela Gobetti. Chicago: University of Chicago Press, 1993, p. 36 [p. 26-72]. · NEWEY, G. Human Knowledge, Reason and Ignorance. In: NEWEY, G. *Hobbes and Leviathan*. Abingdon: Routledge, 2008, p. 35-37) [N.T.].

corpo natural; a *prosperidade* e as *riquezas* de todos os membros particulares são a *força*; a segurança das pessoas (*salus populi*) são os *negócios*; os *conselheiros*, pelos quais todas as coisas necessárias a ele são conhecidas, são a *memória*; a *equidade* e as *leis* são uma *razão* e uma *vontade* artificiais; a *concórdia* é a *saúde*; a *sedição* é a *doença*; e a *guerra civil* é a *morte*. Por fim, os *pactos* e *convenções*, pelos quais as partes deste corpo político foram feitas inicialmente, sentam-se juntas[2]; e unidas, rememoram aquele "faça-se" (*Fiat*), ou o "*façamos o homem*", pronunciado por Deus na criação.

Para descrever a natureza deste homem artificial, eu irei considerar, em primeiro lugar, sua *matéria* e, em seguida, seu *artífice*; ambos são o *homem*.

Em segundo lugar, *como* e por quais *convenções* ele é feito; quais são seus *direitos* e o justo *poder* ou *autoridade* de um *soberano*; e o que o *preserva* e o *dissolve*.

Em terceiro lugar, o que é uma *República cristã*.

Por fim, o que é o *reino da Escuridão*.

Quanto ao primeiro, há um ditado muito usurpado em nossos dias, a saber, que a *sabedoria* é adquirida não pela leitura de *livros*, mas dos *homens*. Consequentemente, essas pessoas, que doutra maneira não ofertam provas de sapiência, deliciam-se ao mostrar o que elas pensam ter lido nos homens e censuram maldosamente uns aos outros pelas costas. Mas há um outro dito, de não tardia compreensão, pelo qual eles podem verdadeiramente ler uns aos outros, se eles desejarem abraçar tais dores; ou seja, *nosce te ipsum, lê-te a ti mesmo*[3]: ele não significa sua compreensão atual, isto é, seja ao admitir o estado bárbaro dos homens no poder em relação aos seus inferiores, seja ao encorajar os homens de baixo nível ao comportamento insolente para com seus melhores; mas para nos ensinar que, na semelhança dos pensamentos e paixões de um homem, seria possível compreender os pensamentos e paixões de outro, para qualquer um

---

2. Da natureza humana, o Filósofo tomou o cuidado de distinguir aquelas que seriam as nossas qualidades essencialmente naturais, ou seja, inatas (*De Corpore* VIII, 1) daquelas que estão presentes mesmo nos seres aculturados (LLOYD, S.A. Human Nature. In: LLOYD, S.A. (ed.). *The Boomsbury Companion to Hobbes*. Londres: Bloomsbury, 2013, p. 145-147) [N.T.].
3. Trata-se de uma clara referência ao aforismo grego "conhece a ti mesmo" (γνωθι σεαυτόν) de atribuição controversa [N.T.].

que olhasse para si mesmo e considerasse o que faz quando *pensa, opina, raciocina, tem esperança, teme* etc., e sob quais bases. Desse modo, ele poderá ler e saber quais são os pensamentos e paixões dos outros homens em ocasiões similares. Eu faço referência à similitude das *paixões*, que são as mesmas em todos os homens, *desejo, medo, esperança* etc., não a similitude dos objetos das paixões, que são as coisas *desejadas, temidas, esperadas* etc. Pois estas últimas envolvem a constituição individual e a educação de cada um, que são variáveis e tão fáceis de serem resguardadas do nosso saber, que as características do coração humano, corrompido e confuso como o é com dissimulações, mentiras, falsidades e doutrinas errôneas, são legíveis somente àqueles que perscrutam os corações. Conquanto através das ações humanas nós possamos descobrir, certas vezes, seus desígnios; todavia, ao fazê-lo sem compará-las [as ações] com as nossas, além de distinguir todas as circunstâncias, o que, neste caso, viria a alterá-las, seria o mesmo que decifrar sem a chave, e ser enganado na maioria das coisas pelo excesso de confiança ou pelo excesso de desconfiança, dependendo se aquele que lê for um bom ou mau homem.

Mas mesmo que um homem seja capaz de ler o outro tão perfeitamente, isso serve a ele apenas com os seus conhecidos, que são, de fato, poucos. Aquele que governa uma nação inteira deve ler em si mesmo, não este ou aquele homem em particular, mas toda a humanidade: mesmo que seja algo difícil de fazer, mais difícil ainda seria do que aprender qualquer linguagem ou ciência; ademais, quando eu dispor minha própria leitura ordenadamente e perspicazmente, as dores deixadas a outrem serão apenas consideradas se ele também não encontrar o mesmo em si próprio, pois este tipo de doutrina não admite outra demonstração.

CAPÍTULO I
SOBRE AS SENSAÇÕES

No que diz respeito aos pensamentos do homem, primeiramente os irei considerar singularmente, e depois em sequência ou dependência mútua. *Individualmente*, cada um deles é uma *representação* ou aparência de uma qualidade, ou outro acidente de um corpo alheio a nós, ao que comumente se atribui o nome de *objeto*. Tal objeto opera nos olhos, nos ouvidos e em outras partes do corpo humano, e, pela diversidade de sua atuação, produz aparências diversas[4].

A origem de tudo isso é o que chamamos de SENSAÇÕES (pois não há concepção na mente de um homem, que a princípio, não tenha sido totalmente ou por partes, gerada nos órgãos dos sentidos). Todo o restante é derivado daquela origem.

Para o que agora é de nosso interesse, não se mostra necessário conhecer a causa natural da sensação; e sobre esse assunto eu já escrevi largamente em outro lugar. No entanto, para preencher cada parte do meu método atual, eu irei aqui escrever de forma breve sobre esse assunto novamente.

---

4. O conceito de movimento é fundamental na filosofia hobbesiana. Ele foi explicado de forma direta e sintética no *De Corpore* (II, VIII,10): "a renúncia contínua de um lugar e a [subsequente] aquisição de outro". Pouco antes, na mesma obra, ele apontou a mesma ideia, porém de maneira um tanto quanto relativista: "o Fantasma de uma coisa que não existe apenas na Mente; isso significa dizer que o Fantasma, no qual não consideramos qualquer outro Acidente além daquele que aparece independentemente de nós" (*De Corpore*, II, VII,10). O relativismo é expresso na ideia que um corpo se move apenas quando sua localização muda no que diz respeito aos corpos circundantes; no entanto, não há um enquadramento absoluto de referência com respeito a que corpo está definitivamente parado ou em movimento. Entrementes, o movimento é o princípio último causal para o Filósofo. Ele declarou que todas as coisas "com seu movimento, têm ao menos uma causa universal" (*De Corpore*, I, VI,5). A importância desse conceito é tão grande que, ao conferir os dez primeiros capítulos do *Leviatã*, a palavra movimento encontra-se em oito, e o capítulo VI é inteiramente dedicado aos "movimentos interiores" (JESSEPH, D. Motion. In: LLOYD, S.A. (ed.). *The Boomsbury Companion to Hobbes*. Londres: Bloomsbury, 2013, p. 57-59) [N.T.].

A causa da sensação é o corpo externo ou objeto, que pressiona o órgão próprio de cada sentido, seja de maneira imediata, como no sabor e no tato, seja de forma mediata, como na visão, na audição e no olfato: ação esta que, por meio dos nervos e de outros ligamentos e membranas do corpo, adentra em direção ao cérebro e ao coração, e causa ali uma resistência, reação ou esforço do coração para se transmitir: o que, em razão da direção ser para o exterior, dá a impressão de ser algo externo. Esta *aparência* ou *ilusão* é aquilo que os homens chamam de sensação, e consiste, para o olho, em uma luz ou cor *figurada*; ao ouvido, em um *som*; ao nariz, em um *odor*; à língua e ao paladar, em um *sabor*; e para o resto do corpo, no *calor*, no *frio*, na *dureza*, na *suavidade*, e em outras qualidades que discernimos pelo *sentir*. Todas as qualidades, denominadas como sensíveis, encontram-se no objeto que as causa, mas são muitos os movimentos da matéria que pressionam nossos órgãos diversamente. Também em nós, que estamos pressionados, eles não são outra coisa senão diversos movimentos (pois o movimento não produz nada além de movimento). Mas a aparência deles para nós é ilusão, quer estamos despertos, quer estamos sonhando. E do mesmo modo que pressionar, esfregar ou bater nos olhos faz-nos imaginar uma luz, e, ao pressionar o ouvido, produz-se um som, também os corpos que vemos ou ouvimos produzem o mesmo efeito por sua ação forte, embora não observada. Pois se essas cores e sons estivessem nos corpos ou objetos que os causam, eles não poderiam ser separados deles, como nos espelhos e nos ecos que, mediante reflexão, vemos que eles são: onde sabemos que a coisa que vemos está num lugar e a aparência em outro. E apesar de certa distância, e que o próprio objeto real pareça investido da ilusão gerada em nós, ainda assim o certo é que uma coisa é o objeto e outra é a imagem ou ilusão. De tal sorte que em todos os casos a sensação nada mais é do que, como disse, a ilusão inicial causada pela pressão, ou seja, pelo movimento das coisas externas sobre nossos olhos, ouvidos e outros órgãos[5].

---

5. A relação de Hobbes quanto à sensação e percepção é, de maneira geral, causal. O filósofo não produziu uma distinção explícita entre sensação (a interação física e fisiológica com um objeto externo ou ser) e percepção (a narrativa psicológica ou teoria de como os seres sensíveis concebem objetos externos), mas é possível deduzi-lo a partir de seus escritos. Para sentido, temos que "todas as concepções procedem das ações da própria coisa, de modo que isso é a concepção. Agora, quando a ação está presente, a concepção que se produz é chamada de SENTIDO, e a coisa pela qual tal ação produz a mesma [coisa] é chamada de OBJETO de sentido"

Mas as escolas filosóficas em todas as universidades da Cristandade, baseadas em certos textos de Aristóteles, ensinam outra doutrina, e dizem, sobre a causa da *visão*, que a coisa vista envia, de todos os lados, uma *species visivel*, ou o que se traduz como *exibição*, *aparição* ou *aspecto visível*, ou ainda um *ser visto*; a recepção disso pelo olho constitui a *visão*. E, no que diz respeito à audição, dizem que a coisa ouvida envia um *species audivel*, ou seja, um *aspecto audível* ou *ser audível*; que, entrando no ouvido, produz a *audição*. Incluindo aquilo que faz referência ao entendimento, dizem que a coisa compreendida emana de si uma *species inteligivel*, isto é, um *ser inteligível* visto; o qual, entrando no entendimento, permite-nos entender. Eu não digo isto para desaprovar a serventia das universidades: mas porque, uma vez que posteriormente farei referência à sua missão na República, devo apresentar em todas as ocasiões em que isso vier à baila que coisas devem nelas ser emendadas, e, entre as quais, a frequência do discurso insignificante, é uma delas.

(*Os elementos da lei*, I,2). Assim, a descrição leva a crer um senso real de objetos externos. Mas, para além desse sentido usualmente entendido, Hobbes forjou também aquilo que chamou de fantasma, ou seja, aquele elemento percebido a partir da visão parcial de um objeto particular (*De Corpore*, IV, 25) (LEMETTI, J. Belief. In: LLOYD, S.A. (ed.). *The Boomsbury Companion to Hobbes*. Londres: Bloomsbury, 2013, p. 112-115) [N.T.].

CAPÍTULO II
SOBRE A IMAGINAÇÃO

Uma verdade indubitável é: quando algo está em repouso, exceto se outra a colocar em movimento, aquela permanecerá sem movimento eternamente. Mas quando algo está em movimento, estará permanentemente em movimento, a menos que algo o pare, pois a razão é a mesma (a saber, que nada muda *per se*), apesar de não ser facilmente aceita. Com efeito, os homens não apenas julgam os demais homens, mas, pelas próprias medidas, julgam todas as coisas: e como eles mesmos encontram-se sujeitos, após o movimento, à dor e ao cansaço, pensam que todas as coisas tendem a cessar o movimento, buscando o repouso por decisão própria; a rigor, poucos ponderam sobre o fato de que se não existe outro movimento no qual consiste esse desejo de descanso que recai sobre eles. Nisso se apoia a afirmação escolástica de que os corpos pesados caem movidos por uma propensão ao descanso, e se conservam sua natureza no lugar que é mais adequado a eles: assim, atribuem absurdamente a coisas inanimadas o apetite e conhecimento do que é bom para sua conservação (o que é mais do que o homem de fato tem).

Uma vez que um corpo está em movimento, ele moverá eternamente (a menos que algo o pare); e, independentemente do que o pare, não o extinguirá em um só instante, mas com o passar do tempo e gradualmente; e assim nós vemos com a água: após o cessar do vento, as ondas não param de marolar mesmo após um longo tempo; desse modo, o mesmo ocorre com o movimento, que é feito nas partes internas do homem quando ele vê, dorme etc. Pois quando o objeto é removido, ou os olhos são fechados, nós ainda permanecemos com uma imagem da coisa vista, ainda que mais obscura do que quando a vemos. E isso é aquilo que os latinos evocaram como *imaginação*, por conta da imagem criada no ato de ver; e aplicam o mesmo, conquanto inapropriadamente, a todos os outros sentidos. Mas os gregos chamam isso de *ilusão*, que significa dizer *aparência*, que é própria tanto para um sentido quanto para outro. Consequentemente, a IMAGINAÇÃO nada mais é do que uma *sensação decadente*, que é encontrada nos homens e em muitas outras criaturas viventes, quer estejam dormindo, quer em vigília.

A sensação decadente no homem em estado de vigília não implica a debilidade do movimento que tem lugar nos sentidos, mas um obscurecimento, de maneira análoga de quando a luz do sol obscurece a luz das estrelas; tais estrelas não exercitam menos suas virtudes de visibilidade durante o dia do que durante a noite. Mas, diante dos muitos impulsos que nossos olhos, ouvidos e outros órgãos recebem dos corpos externos, predomina apenas o sensível; portanto, como a luz do sol é predominante, nós não somos afetados pela ação das estrelas. E, ainda que qualquer objeto seja removido do nosso olhar, a impressão causada permanece; mesmo assim, outros objetos mais presentes sucedem-se e operam sobre nós, fazendo com que a imaginação do passado seja obscurecida e torne-se débil; como a voz de um homem durante os barulhos do dia. Disso decorre que, quanto mais tempo passa, após o olhar, ou senso de qualquer objeto, mais fraca é a imaginação. Pois a contínua mudança do corpo humano destrói, pouco a pouco, as partes movidas pelo sentido. Por sua vez, a distância temporal ou espacial produz em nós o mesmo efeito, uma vez que quanto maior a distância de determinado local que nós olhamos, menor e menos detalhado ele parecerá; assim como, de longe, as vozes parecem débeis e desarticuladas. Da mesma maneira, após um grande lapso temporal, nossa imaginação do passado torna-se débil; por exemplo, nós perdemos a recordação de muitas ruas de cidades que vimos; das ações, por sua vez, esquecemos muitas circunstâncias particulares. Da *sensação decadente*, quando queremos expressar a própria coisa (quero dizer, a *ilusão*), nós chamamos de *imaginação*, como eu disse antes: mas quando queremos expressar a decadência, isto é, a sensação do que está evanescendo, tornando-se antigo e passado, chamamos de *memória*. Assim, a *imaginação* e *memória* são a mesma coisa, que também apresentam, em diversos contextos, nomes diversos.

Uma memória copiosa, ou a memória de muitas coisas, é chamada de *experiência*. Novamente, a imaginação celebra apenas aquelas coisas que foram inicialmente percebidas pelos sentidos, seja todas de uma vez ou, pouco a pouco, em diversas ocasiões; a primeira – que é a imaginação do objeto como um todo, como foi apresentado aos sentidos – é a imaginação *simples*; como quando imaginamos um homem, ou um cavalo que foi visto anteriormente. A outra é *composta*, como quando, a partir da visão de um homem uma vez, e de um cavalo noutra ocasião, nós concebemos em nossa mente um Centauro. O mesmo ocorre quando um homem compõe a imagem de sua própria pessoa com a imagem de outro homem, como quando um homem pensa em si próprio como um Hércules ou um Alexandre (o que ocorre frequentemente com aqueles que são muito dados a lerem romances); isto é uma imaginação *composta* e, a rigor, uma ficção mental. Há também outras imaginações que despontam nos homens (mesmo em estado de vigília) a partir da forte impressão dada pelos sentidos: ao mirar o sol por um longo período, a impressão deixa uma imagem do sol diante de nossos olhos por um longo tempo; e, após olhar por muito tempo e veementemente para figuras geométricas, um homem (mesmo em estado de vigília) verá, no escuro, as imagens de linhas e ângulos ante seus olhos: esse tipo de ilusão não tem um nome particular, sendo algo que não recebe atenção no discurso dos homens.

As imaginações daqueles que dormem são chamadas de *sonhos*; estes, como todas as outras imaginações, estiveram expostas às sensações antes, seja totalmente, seja parcialmente. Necessários aos sentidos, o cérebro e os nervos são tão entorpecidos durante os sonhos (eles dificilmente se movem pela ação de objetos externos) e não podem produzir outra imaginação nem, consequentemente, outro sonho, exceto aquele que procede da agitação das partes internas do corpo humano. Dada à conexão que tem com o cérebro e outros órgãos, quando esses elementos internos se destemperam, põem os ditos órgãos em movimento; de maneira que as imaginações ali formadas previamente aparecem como se um homem estivesse desperto. Exceto quando os órgãos da sensação se encontram um tanto letárgicos, de forma que não existe um novo objeto que possa dominá-los e obscurecê-los com uma impressão mais vigorosa, um sonho necessita ser mais claro no silêncio das sensações do que são em nossos pensamentos em estado de vigília. Conquanto isso passe, mesmo que por muitos seja impossível distinguir exatamente entre os sentidos e os sonhos. De minha parte, creio que, nos sonhos, eu não penso frequente ou constantemente nas mesmas pessoas, lugares, objetos e ações como quando estou em estado de vigília; nem recordo por muito tempo uma cadeia de pensamentos coerente, como nos sonhos de outros momentos; e como em estado de vigília eu frequentemente observo quão absurdo são os sonhos, mas nunca sonho esses absurdos quando estou em estado de vigília. Desse modo, eu estou plenamente satisfeito que, quando desperto, eu sei que não sonho; todavia, quando eu sonho, eu penso que estou em estado de vigília.

Creio que os sonhos são causados pelo destempero de certas partes internas do corpo; conforme os destemperos divergem, causam sonhos distintos. Isso ocorre, por exemplo, quando sentimos frio durante um sonho aterrorizante, e erguemos o pensamento e imagem de objetos apavorantes (o movimento do cérebro em suas partes internas, e das partes internas, o cérebro age de modo recíproco); na mesma medida, a cólera provocada aquece, quando estamos despertos, algumas partes do corpo, de modo que, quando nós dormimos, o calor excedente nessas mesmas partes causa a cólera, fazendo com que o cérebro sucumba à imaginação de um inimigo. De mesmo modo, por gentileza natural, quando nós estamos despertos e sentimos desejo; o desejo, por sua vez, aquece certas partes do corpo, de tal maneira que o excesso de calor nestas partes, quando dormimos, lança o cérebro para a imaginação de alguma gentileza expressa nesse sentido. Em suma, os nossos sonhos são o reverso de nossas imaginações quando estamos despertos; o movimento quando nós estamos despertos, doutra feita, leva a determinada causa; e quando nós dormimos, para outra.

Para um homem, é mais difícil discernir um sonho em estado de vigília quando, por algum acidente, nós não percebemos que estamos dormindo: o que é fácil de acontecer para um homem cheio de pensamentos temerosos e quando a consciência está muito atribulada; e, assim, adentra esse tipo de sono sem as circunstâncias de ir para a cama, ou retirar suas roupas, como quando alguém dormita em uma cadeira. Pois aquele que, tomado por dores e industriosamente coloca-se no leito, caso alguma fantasia estranha ou exorbitante fantasia venha até ele, não poderia pensar facilmente em nenhuma outra coisa que não fosse um sonho. Nós lemos que, em Filipos[6], Marcus Brutus (aquele a quem Júlio César deu a vida, e que também era seu favorito, mas, apesar disso, o matou), na noite anterior a da batalha contra o César Augusto, viu uma aparição pavorosa, que é normalmente relatada pelos historiadores[7] como uma visão: mas, considerando as circunstâncias, alguém poderia facilmente julgar ter tido um sonho curto. Ao sentar em sua tenda, pensativo e atribulado com o horror de seu ato repentino, não foi difícil para ele, entorpecido pelo frio, sonhar com aquilo que mais o amedrontava. De fato, o medo foi tamanho que o fez despertar, o que também a aparição desvanecer paulatinamente. Desse modo, como não tinha certeza que dormira, ele não pode pensar que fora um sonho ou qualquer outra coisa, exceto uma visão. Este acidente não é muito raro: pois até mesmo aqueles que estivessem perfeitamente despertos, se fossem temerosos e supersticiosos, se estiverem possuídos por contos terríveis e sozinhos nas trevas, estariam sujeitos a fantasias análogas, crendo ver espíritos e fantasmas de homens mortos andando nos cemitérios, quando, na verdade, isso seria apenas sua fantasia, ou ainda a desonestidade de certas pessoas que fazem uso desses temores supersticiosos para passarem disfarçadas durante a noite por locais que desejam frequentar sem serem reconhecidas.

A partir dessa ignorância sobre como distinguir os sonhos, ou ainda de outras fantasias fortes derivadas da visão e sentidos, vem a maioria da religião dos gentios dos tempos passados, que adoraram sátiros, faunos, ninfas e similares; e, atualmente, a opinião que

---

6. A *Batalha de Filipos* (42 a.C.) ocorreu na província da Macedônia, conquanto hoje componha parte do Estado grego; ela fez parte das Guerras do Segundo Triunvirato, que colocaram Marco Antônio e Otávio, de um lado, e Brutus e Cássio de outro. Em um primeiro choque no início de outubro, as forças de Brutus e Otávio entraram e combate, enquanto as hostes de Marco Antônio e Cássio se enfrentaram; Cássio foi derrotado e, ouvindo rumores de que Brutus também tinha sido derrotado, cometeu suicídio; porém, Brutus tinha vencido Otávio, conquanto passasse a enfrentar dois exércitos. Em um segundo choque dias depois, Brutus foi definitivamente derrotado pelas forças combinadas de Otávio e Marco Antônio. Consequentemente, Brutus também cometeu suicídio (para mais informações, cf. SHEPPARD, S. *Philippi 42 BC*: The death of the Roman Republic. Oxford University Press, 2008.) [N.T.].

7. Cf. PLUTARCO. *Vida de Júlio César*. • PLUTARCO. *Vida de Brutus*, capítulos xxxvi e xlviii [N.T.].

pessoas rudes têm de fadas, fantasmas e *goblins*[8], assim como do poder das bruxas. Quanto às bruxas, eu creio que sua feitiçaria não dispõe de qualquer poder real; mas, ainda assim, elas são justamente punidas pela falsa crença que têm, a saber, que podem realizar tais malfeitos, assim como com o propósito de fazê-lo, se quiserem: seu negócio beira uma nova religião em vez de um ofício ou ciência. Doutra feita, quanto às fadas e deambulantes, a opinião sobre eles tem sido ensinada, ou ao menos não sofre contradição, que é preciso dar crédito ao uso de exorcismo, de cruzes, de água-benta e de invenções dessa natureza por homens assombrados[9]. No entanto, não há dúvidas que Deus pode produzir aparições não naturais: ele o faz tão frequentemente, uma vez que os homens devem temer tais coisas, mais do que eles temem a permanência ou a mudança no curso da natureza; com efeito, para sua capacidade de manter ou mudar tal curso, não há controvérsia na fé Cristã. Mas os homens maus, sob o pretexto que Deus pode fazer o que quiser, são ousados o suficiente para afirmar qualquer coisa que sirva aos seus propósitos, conquanto seus pensamentos sejam falsos. Faz parte de um homem sábio não mais acreditar nisso, exceto se a justa razão transmitir a ideia de que eles dizem algo que parece credível. Se tal superstição for afastada, a saber, do medo dos espíritos e, com ela, os prognósticos derivados dos sonhos, as falsas profecias e de outras coisas dependentes disso, pelas quais pessoas articuladas e ambiciosas abusam das pessoas simples, os homens serão muito mais adequados à obediência civil do que eles são.

E este deve ser o trabalho dos escolásticos; todavia, elas preferem nutrir tais doutrinas. Pois, o que eles recebem, eles ensinam (sem saber o que são a imaginação ou os sentidos): alguns dizem que as imaginações surgem em nós e não têm causa; outros que elas despontam mais comumente da vontade, e que os bons pensamentos são soprados (inspirados) no homem por Deus; e que os maus pensa-

---

8. *Goblins* são criaturas fantasiosas do folclore da Europa Setentrional. O termo deriva do francês antigo *gobelin*, provindo do latim medieval *gobelinus*, talvez influenciado do grego κόβαλος (*kóbalos*) ou do alto alemão médio *kobold* [N.T.].

9. No texto original, *gostly men*. O autor fez referência a pessoas religiosas ou ordenadas, conquanto com traços de uma ironia desdenhosa. Para uma comparação entre a Igreja romana e o reino das fadas, cf. *Leviatā* XLVII, 21-33 (GASKIN, J.C.A. Explanatory Notes. In: HOBBES, T. *Leviathan*. Oxford: Oxford University Press, 1998, p. 479) [N.T.].

mentos, por sua vez, são inspirados pelo demônio. Alguns dizem que os sentidos recebem as espécies das coisas, e as entregam ao sentido comum; e este, por sua vez, transmite as coisas para a fantasia, e esta para a memória, e a memória ao juízo. Tal manejo das coisas, de uma para a outra, nada mais realiza do que muitas palavras sem qualquer compreensão.

A imaginação que desponta no homem (ou em qualquer outra criatura dotada com a faculdade da imaginação) por palavras ou outro signo voluntário, nós geralmente chamamos de *compreensão*, que é comum ao homem e à besta. Pois um cão costumeiramente irá atender o chamado ou o ralhar de seu mestre; e assim farão muitas outras bestas. A compreensão que é peculiar ao homem não é apenas a compreensão de sua vontade, mas de suas concepções e pensamentos, pela sequência e conjuntos dos nomes das coisas em afirmações e negações, assim como em outras formas de expressão: e sobre este tipo de compreensão eu irei falar a seguir.

CAPÍTULO III
SOBRE A CONSEQUÊNCIA OU A CADEIA IMAGINATIVA

Por *sequência* ou CADEIA imaginativa, eu entendo a sucessão de um pensamento ao outro, que também é chamada (para distinguir do discurso em palavras) como *discurso mental*.

Quando um homem pensa em qualquer coisa, seu pensamento seguinte não é também tão casual quanto a primeira impressão pode sugerir. Nem todo pensamento seguido de pensamento se sucede de forma indiferente. Mas como nós não temos imaginação de algo que primariamente não sentimos, seja plenamente, seja em partes; de maneira que nós não temos transição de uma imaginação para outra se o mesmo não ocorrer em nossas sensações. A razão para tanto é a seguinte: todas as ilusões são movimentos dentro de nós, relíquias daquelas feitas de sentidos; e aqueles movimentos que imediatamente sucedem uns aos outros nos sentidos, também continuam juntos após a sensação: em grande medida, como o primeiro retoma seu lugar e torna-se predominante, o último o segue, por coerência da matéria movida, de tal maneira como se a água em uma tábula plana fosse encaminhada para um sentido, como sendo guiada pelo dedo. Mas como nas sensações de uma mesma coisa percebida, vem outra coisa sucedê-la, assim ocorre também no tempo, que, ao imaginar uma coisa, não podemos ter certeza do que iremos imaginar em seguida. Apenas uma coisa é certa: algo deve haver para suceder o que veio antes, em um tempo ou noutro.

Tal cadeia imaginativa ou discurso mental dispõe de duas naturezas. A primeira flui sem guia, *sem desígnio* e é inconstante; nela não há pensamento inflamado, para governar e dirigir aqueles que o seguem, e seu fim e escopo giram em torno de algum desejo ou outra paixão: neste caso, dizemos que os pensamentos vagam e parecem ser impertinentes (não relacionados) uns com os outros, como em um sonho. Esses são usualmente os pensamentos dos homens, que não apenas derivam sem companhia, mas também sem cuidado de coisa alguma; pois, mesmo assim, seus pensamentos são ocupados como noutros tempos, mas sem qualquer harmonia; como o som que um alaúde fora de tom fomentaria em qualquer homem, ou mesmo no tom, em alguém inábil para tocá-lo. E ainda nesse espectro selvagem da mente, um homem poderia muitas vezes perceber seu caminho, e a dependência de um pensamento sobre o outro. Pois, em um discurso de nosso presente estado de guerra civil, o que poderia parecer mais impertinente do que perguntar (como alguém o fez) qual era o valor de uma moeda romana? Ainda assim, para mim a coerência é suficiente. Para os pensamentos da guerra, introduz-se o pensamento da entrega ao rei de seus inimigos; o pensamento disso, por sua vez, conduz ao pensamento de entrega a Cristo; e, novamente, o pensamento das trinta moedas, que foi o preço da traição: e este conduz facilmente àquela questão maliciosa. Tudo isso ocorre em um curto momento de tempo, uma vez que o pensamento é rápido.

A segunda é mais constante, sendo regulada por algum desejo ou desígnio. Pois a impressão dada por tais coisas depende se o que desejamos ou tememos é forte, permanente ou (se já tiver cessado) retornará. Ele é tão forte em alguns momentos que pode entravar ou irromper nossos sonhos. Do desejo, ergue-se o pensamento de alguns meios que conduzem para este fim, e assim continuamente, até que cheguemos a algum começo que se encontra dentro de nossas próprias competências. E, por conta do fim, pela grandeza da impressão, vem com frequência a mente, se nossos pensamentos começam a dissipar-se, e eles rapidamente são conduzidos outra vez ao reto caminho. Observado este por um dos sete homens sábios[10], ele lhes induziu a dar aos homens o seguinte conselho que recordamos agora: *Respice finem*, isto é, em todas as vossas ações, considereis frequentemente aquilo que quereis possuir, porque será aquilo que dirigirá todos os vossos pensamentos ao caminho visando alcançá-lo.

---

10. Os sapientes do século VI a.C., listados por Platão (Protágoras, 343a-b) e Plutarco (Moralia, O jantar dos sete sábios homens), entre outros. Os nomes são frequentemente associados com aforismas de sabedoria [N.T.].

A cadeia dos pensamentos regulados tem duas naturezas; uma quando decorre de um efeito imaginado, e nós buscamos as causas ou os meios que o produziram; ela é usual ao homem e às bestas. A outra ocorre quando imaginamos uma coisa qualquer, e nós imaginamos o que podemos fazer com ele, quando o tivermos. Sobre esta, faz algum tempo que não vejo nenhum sinal, exceto no homem, pois ela deriva da curiosidade que dificilmente incide na natureza sobre qualquer criatura vivente que não tem outra paixão além da sensual, tais como a fome, a sede, a luxúria e a fúria. Em suma, o discurso da mente, quando é governado pelo desígnio, nada mais é do que a *busca* ou a faculdade de invenção; aquilo que os latinos chamaram de *sagacitas* e *solertia*; isto é, a busca das causas de alguns efeitos, passados ou futuros, ou os efeitos de alguma causa passada ou futura. Certas vezes, um homem busca alguma coisa que ele perdeu: daquele lugar e tempo, seja onde ele a tenha perdido, sua mente retorna, de lugar a lugar, de tempo em tempo, para saber onde e quando ele a teve. Isso significa que, para encontrar algo, é preciso limitar no tempo e espaço, o que implica iniciar um método de busca. Novamente, dali seus pensamentos percorrem os mesmos lugares e períodos, para encontrar qual ação ou outra ocasião que possa tê-lo feito perder tal coisa. Nós chamamos isso de *reminiscência*, ou trazer à mente: os latinos chamavam de *reminiscentia*, ou seja, a forma como nós *reconhecemos* nossas ações anteriores.

Algumas vezes, um homem sabe de um lugar determinado dentro do âmbito no qual pretende inquirir. Assim, seus pensamentos grassam todas as suas partes, de maneira similar quando alguém varre uma sala para encontrar uma joia, ou quando um [cocker] spaniel cruza o campo até encontrar um rastro; ou quando um homem checa o alfabeto para iniciar uma rima.

Algumas vezes, um homem deseja saber sobre o curso de uma ação, e então ele pensa em algumas ações passadas similares e, em seguida, os eventos decorrentes, um após o outro, supondo que eventos similares irão seguir as ações parecidas. Como alguém que vislumbra o que fará um criminoso, recorda o que viu acontecer em crimes semelhantes. Com efeito, tem a seguinte ordem de pensamentos: o crime, o oficial, a prisão, o juiz e a forca. Tal natureza de pensamento se chama *previsão, prudência* ou *providência*; e, em certas ocasiões, *sabedoria*.

33

Apesar de que tais conjecturas, dada à dificuldade de observar todas as circunstâncias, são muito falaciosas. Mas é certo que alguns homens têm uma experiência muito maior das coisas passadas do que outros, e são, na mesma medida, mais prudentes: suas previsões raramente falham. O *presente* existe na natureza: as *coisas passadas* existem apenas na memória, mas as *coisas futuras* não existem em absoluto; a existência futura nada mais é do que uma ficção mental, aplicando sequelas das ações passadas nas ações presentificadas, o que é empreendido como maior certeza por aquele que dispõe de maior experiência, ainda que sem total certeza. E mesmo que se chame de prudência quando o acontecimento responde ao que aguardamos, não o é, por natureza, senão presunção. Com efeito, a presunção das coisas do porvir, que é a providência, pertence apenas àquele por cuja vontade as coisas acontecem. Dele apenas, e de modo sobrenatural, procede a profecia. Naturalmente, o melhor profeta é o mais perspicaz; e o mais perspicaz é o mais versado e estudado nos assuntos que examina, pois tem uma quantidade maior de *signos* a observar.

Um *signo* é uma evidência antecedente da consequência; e, contrariamente, a consequência do antecedente, quando as consequências similares foram observadas antes. E quanto mais for observado, menos incerto é o signo; e, deste modo, quem tem mais experiência em qualquer tipo de negócio, dispõe de mais sinais para prever o tempo futuro. Consequentemente, ele é o mais prudente, e muito mais prudente do que quem é novo naquele gênero de negócio e não tem, como compensação, qualquer vantagem de talento natural e extemporâneo. Todavia, muitos homens jovens pensam o contrário às vezes.

Todavia, não é a prudência que distingue o homem da besta. Há bestas que, tendo um ano de idade, observam mais e perseguem o que serve ao seu bem com maior prudência do que uma criança pode fazê-lo aos dez [anos de idade].

A prudência é a *presunção* do *futuro* contraída da *experiência* do tempo *passado*: de tal maneira há uma presunção das coisas passadas deduzida de outras coisas também passadas (mas não futuras). Pois aquele que viu por quais cursos e níveis um estado florescente chegou a uma guerra civil e, em seguida, a ruína, sobre os sinais das ruínas de qualquer outro estado irá supor a guerra e os cursos que também tiveram ali. Mas essa conjectura tem quase a mesma incerteza da conjectura do futuro: ambas são assentadas apenas na experiência.

Pelo que me lembro, não existe outro ato da mente humana que seja natural a ela e que necessite doutra coisa para ser exercido, exceto ter nascido homem e fazer uso dos cinco sentidos. Pelo estudo e trabalho, se adquire e incrementam aquelas outras faculdades das quais falarei pouco a pouco, e que parecem exclusivas ao homem; muitos homens adquirem-nas mediante instrução e disciplina, e todas derivam da invenção das palavras e da linguagem. Pois, para além dos sentidos, pensamentos e da cadeia imaginativa, a mente do homem não conhece outro movimento; apesar de que, com a ajuda da linguagem e do método, as mesmas faculdades podem ser aperfeiçoadas de tal maneira que permitem diferenciar o homem de todas as demais criaturas viventes.

Qualquer coisa que pensemos é *finita*. Por conseguinte, não há ideia ou concepção de coisa alguma que possamos chamar de *infinita*. Nenhum homem pode ter em sua mente uma imagem de uma magnitude infinita, nem mesmo poderia conceber a infinita sabedoria, a velocidade, o tempo infinito, a força infinita ou ainda o poder infinito. Quando dizemos que uma coisa é infinita, queremos dizer apenas que não somos capazes de estimar os limites e o delinear da coisa mencionada, a partir do qual não temos uma concepção da coisa, senão de nossa própria incapacidade. Deste princípio resulta o uso do nome de Deus, que não é usado para que possamos concebê-lo (posto que é incompreensível, e sua grandeza e poder mostram-se impossíveis de conceber), exceto para que possamos honrá-lo. Assim, tal como disse antes, qualquer coisa que concebemos foi anteriormente percebida pelos sentidos, de uma única vez ou por partes; um homem não pode imaginar algo que represente uma coisa não sujeita à sensação. Consequentemente, ninguém pode conceber uma coisa, senão que deve concebê-la situada em algum lugar, provida de uma magnitude determinada e que possa ser dividida em partes; não é factível que uma coisa esteja toda neste local e também noutro lugar ao mesmo tempo; nem que duas ou mais coisas estejam, por sua vez, em um mesmo e idêntico lugar. Porque nenhuma dessas coisas é ou pode ser nunca incidente aos sentidos; elas nada mais seriam do que afirmações absurdas, pronunciadas, sem razão alguma, por filósofos fracassados e por escolásticos enganados ou enganadores.

CAPÍTULO IV
SOBRE A LINGUAGEM

A invenção da *imprensa*, ainda que genial, não tem grande importância quando comparada com a invenção das *letras*. Mas não sabemos quem foi o primeiro a fazer uso das letras. Dizem os homens que aquele que as levou primeiro à Grécia foi Cadmo, filho de Agenor, rei da Fenícia. Trata-se de uma invenção proveitosa para perpetuar a memória do tempo passado e a conjunção da humanidade, dispersa em tantas e tão distintas regiões da Terra; e teve grande dificuldade, uma vez que procede da vigilante observação dos movimentos da língua, do paladar, dos lábios e de outros órgãos da linguagem; é possível incluir ainda a necessidade de estabelecer as distinções entre os caracteres, no intuito de recordá-los. Mas a mais nobre e proveitosa invenção de todas foi a LINGUAGEM, que se baseia em *nomes* ou *qualificações*, além de suas conexões. Por meio desses elementos, os homens registram seus pensamentos, recobrando-os quando estão no passado; e também os declaram uns aos outros para mútua utilidade e conversação. Sem eles, não haveria uma comunidade entre os homens, nem sociedade, nem contrato, nem paz; ao menos, não mais do que entre leões, ursos e lobos. O primeiro autor da linguagem foi o próprio Deus, que instruiu Adão a nomear as criaturas conforme ele as visse. O texto das Escrituras não vai além nesta matéria. Mas isso foi o suficiente para direcioná-lo a incluir mais nomes, conforme a experiência e o uso das criaturas provesse uma ocasião, cercando-se gradualmente deles de modo que fosse compreendido. E assim, com o passar do tempo, formou-se a linguagem tal qual nós a usamos, ainda que não fosse tão copiosa como um orador ou filósofo a necessita. De fato, não encontrei coisa alguma nas Escrituras, além de que Adão aprendeu o nome das figuras, coisas, medidas, cores, sons, fantasias e relações, seja direta ou indiretamente. Muito menos os nomes das palavras e da linguagem, como *geral, especial, afir-*

mativo, negativo, interrogativo, optativo, infinitivo, que são todas muito úteis; e menos ainda as palavras *entidade, intencionalidade* e *essência*, além de outras palavras insignificantes dos escolásticos[11].

Mas toda essa linguagem obtida e aumentada posteriormente por Adão foi novamente perdida na torre de Babel, quando, pelas mãos de Deus, cada homem foi golpeado por sua rebelião, ao esquecer sua linguagem prévia. Deste modo, forçados a dispersarem-se para as diversas partes do mundo, foi necessário sobreviver na diversidade de línguas que agora existem, derivando gradualmente delas, conforme exigido pela necessidade (mãe de todas as invenções); e, com o curso do tempo, elas foram crescendo de modo cada vez mais copioso.

O uso geral da linguagem é transferir nosso discurso mental para o discurso verbal; ou a cadeia de nossos pensamentos para a cadeia das palavras, e estas com duas finalidades: uma delas é o registro das consequências de nossos pensamentos, que, sendo aptos para escaparem de nossa memória, colocam-nos a empreender um novo labor e podem ser recobradas novamente pelas palavras com as quais são distinguidas. De tal forma, o primeiro uso dos nomes serve para *marcar* ou produzir *notas* de lembrança. O outro uso ocorre quando muitos utilizam as mesmas palavras para significar (por sua conexão e ordem) uma com a outra, a razão para a qual foram concebidos, ou que concebem ou pensam sobre cada matéria; e também o que eles desejam, temem ou que promova neles outra paixão. E, para este uso, elas são denominadas *signos*. Os usos especiais da linguagem são: primeiro, registrar aquilo que, pela cogitação, nós pensamos serem as causas de algo, no presente ou passado; e daquilo que nós cremos que coisas do presente podem produzir, ou efeito; o que é, em suma, a origem das artes. Em segundo, mostrar aos outros o conhecimento que adquirimos, isto é, aconselhar e ensinar uns aos outros. Em terceiro, dar a conhecer aos outros nossas

---

11. De acordo com Hobbes, "é fácil entender o quanto nós devemos à linguagem, pela qual nós, sendo unidos e alcançando a concórdia mediante pactos, vivemos seguramente, com felicidade e elegantemente" (*De Homine* X,3). De fato, para o Filósofo, o hábito humano de nomear as coisas conferiu a nós a capacidade da razão. Mas ela não seria neutra, visto que só amplia as chances de fazer dos homens melhores que os outros animais (*De Homine*, X,3) (RM. Language. In: LLOYD, S.A. (ed.). *The Boomsbury Companion to Hobbes*. Londres: Bloomsbury, 2013, p. 95-99) [N.T.].

vontades e propósitos, para que possamos prestar ajuda mútua uns aos outros. Em quarto, comprazer e deleitar a nós mesmos e aos demais, brincando com nossas palavras inocentemente, por prazer ou ornamento.

Para esses usos, há também quatro abusos correspondentes. O primeiro, quando homens registram seus pensamentos de maneira errada, pela inconstância da significação de suas palavras, concepções estas que nunca conceberam e enganam a si mesmos. Em segundo, quando usam palavras metaforicamente, quer dizer, noutro sentido distinto daquele para o qual foram estabelecidas, com o qual enganam os outros. Em terceiro, quando, por meio das palavras, declaram qual é sua vontade, e não está certo. Em quarto e último, quando usam a linguagem para ofender uns aos outros, pois, assim como a natureza armou as criaturas viventes, algumas com dentes, outras com chifres e outras ainda com patas, para ferir um inimigo, o abuso da linguagem nada mais é do que ferir alguém com a língua, a menos que seja alguém que nós somos obrigados a governar. Neste caso, isto não é ofensa, mas correção e emenda.

A maneira pela qual a linguagem serve à lembrança da consequência das causas e efeitos consiste na imposição de *nomes* e das *conexões* entre eles.

Dos nomes, alguns são *próprios* e singulares a apenas uma coisa, como em *Pedro, João, este homem, esta árvore*; e alguns são *comuns* a muitas coisas, como *homem, cavalo* e *árvore*. No entanto, ainda que cada um desses seja um nome, trata-se do nome de diversas coisas particulares; ao considerá-las conjuntamente, constituem aquilo que se chama de um *universal*. Não há nada de mais universal no mundo do que os nomes porque nenhuma das coisas denominadas é individual e singular[12].

---

12. Quanto aos significados, Hobbes pode ser enquadrado como um nominalista, ou seja, um seguidor de Guilherme de Ockham. Para eles, os conceitos não proviriam de entidades universais e extramentais, visto que esses significados nada mais são do que palavras. Noutro trabalho, ele assim define a questão: "proposições são distinguidas em *necessárias*, isto é, necessariamente verdadeiras; e *verdadeiras*, mas não necessariamente, que se denominam contingentes [...]. Assim, *homem é uma criatura viva* é uma proposição necessária, porque a qualquer momento que supusermos que o nome *homem* concorda com alguma coisa, nesse mesmo momento o nome *criatura viva* também concordará com essa coisa. Uma proposição *contingente*, por outro lado, é aquela que em um momento pode ser verdadeira, em outro falsa; como *todo corvo é preto*; que pode talvez ser verdadeira agora, mas falsa em algum mo-

Um nome universal é imposto para muitas coisas, por sua similitude quanto a alguma qualidade ou outro acidente: e enquanto um nome próprio traz à mente apenas uma coisa, os universais recobram cada uma dessas muitas coisas possíveis.

Dos nomes universais, alguns podem ter uma extensão maior, outras uma extensão menor; aqueles de compreensão maior são menos amplos, e, alguns, por sua vez, que são de igual extensão, são compreensíveis entre si, reciprocamente. Por exemplo, o nome *corpo* é de significado mais amplo do que a palavra *homem*, e a compreende; os nomes *homem* e *racional* são, por sua vez, de igual extensão, e são mutuamente compreensíveis. Mas agora convém chamar atenção que um nome nem sempre é compreendido como na gramática, por uma só palavra; todavia, às vezes, por circunlocução, ou seja, ao usar várias palavras juntas. Por exemplo, ao usar todas essas palavras de uma só vez: *aquele que em suas ações observa as leis de seu país*; elas produzem um só nome, equivalente a esta palavra singular: *justo*.

Pela imposição dos nomes, alguns de maior significação, outros de significação mais estrita, nós nos voltamos ao reconhecimento das consequências das coisas imaginadas na mente, e ao reconhecimento das consequências de suas qualificações. Por exemplo, um homem que não utiliza o discurso pra nada (como aquele que nasce e permanece perfeitamente surdo e mudo); se colocarmos diante de seus olhos um triângulo e, junto dele, dois ângulos retos (como nas extremidades de uma figura quadrada), ele pode, por meditação, comparar e descobrir que os três ângulos daquele triângulo são iguais aos dois ângulos retos que estão diante dele. Mas, se outro triângulo for mostrado a ele, de formato diferente do primeiro, ele não poderia saber sem um novo labor se os três ângulos dessa nova figura também são iguais ao primeiro. Todavia, aquele que faz uso das palavras, quando observa que tal igualdade era consequente não ao comprimento dos lados, nem a nenhuma outra coisa particular em seu triângulo, mas apenas que os lados são retos, e os ângulos, três; e que isso é tudo que se precisa para chamá-lo de triângulo. Assim, irá corajosamente concluir universalmente que tal igualdade de ângulos ocorre em todos os triângulos, e registrar sua inven-

---

mento futuro" (*De Corpore* II,10) (HULL, G. Meaning. In: LLOYD, S.A. (ed.). *The Boomsbury Companion to Hobbes*. Londres: Bloomsbury, 2013, p. 99-103) [N.T.].

ção nestes termos gerais: *cada triângulo tem três ângulos iguais a dois ângulos retos.* Deste modo, a consequência alcançada em um particular passa a ser registrada e lembrada como uma regra geral; ademais, descarrega nosso reconhecimento mental de tempo e lugar, além de nos entregar o labor da mente, preservando o primeiro; e faz com que o verdadeiro *aqui* e *agora* seja verdadeiro em *todas as ocasiões* e *lugares.*

Mas nada é mais evidente quanto ao uso das palavras do que ao registrar nossos pensamentos em números. Um tolo natural, que nunca tenha aprendido de coração a ordem das palavras numerais, como *um, dois* e *três,* pode observar cada toque do relógio, e concordar com ele, ou dizer, *um, um, um*; mas nunca poderá saber que horas são. E tudo leva a crer que houve um tempo em que aqueles nomes e números não estiveram em uso; e os homens facilmente aplicavam seus dedos de uma ou ambas as mãos para aquelas coisas que eles desejavam contar; e, por esta razão, procede que nossos nomes de numerais são dez, em qualquer nação, e em alguns cinco, e assim eles começam de novo. E aquele que conta até dez, se for recitado fora de ordem, irá se perder e não saberá o que faz, nem poderá somar, subtrair ou realizar as demais operações aritméticas. De maneira que, sem as palavras, não há possibilidade de calcular os números, e menos ainda as magnitudes, velocidades, força e outras coisas cujo cálculo é tão necessário para a existência e o bem-estar da humanidade.

Quando dois nomes se reúnem em uma consequência ou afirmação, como, por exemplo, *um homem é uma criatura viva,* ou então *se ele é um homem é uma criatura viva*; se a última denominação, *criatura viva,* significa tudo o que significa o primeiro nome, *homem,* então a afirmação ou consequência é *verdadeira*; doutra feita, é *falsa.* Com efeito: *verdade* e *falsidade* são atributos da linguagem, não das coisas. E onde não há linguagem, não há nem *verdade* nem *falsidade*; pode haver o *erro,* como quando esperamos algo que não pode ser, ou quando suspeitamos de algo que não ocorreu: mas, em ambos os casos, a falta de verdade não pode ser atribuída a um homem.

Uma vez que a *verdade* consiste da correta ordenação dos nomes em nossas afirmações, um homem que busca a verdade tem a necessidade de recordar o que significa cada um dos nomes utilizados por ele, além de utilizá-los adequadamente. Do contrário, ele se encontrará envolto em palavras, como um pássaro no laço; e quanto mais se debater, mais preso ao laço se porá. Por conta disso, foi a partir da Geometria (a única ciência que Deus se comprouve a comunicar à humanidade) que os homens começaram a estabelecer o significado das palavras; essa fixação dos significados eles denominam *definições*, e colocam-nas no começo de suas investigações.

Dito isso, mostra-se quão necessário é para todos os homens que aspiram ao verdadeiro conhecimento examinar as definições dos autores precedentes, assim como para corrigi-las quando foram estabelecidas de modo negligente, ou para fazê-las por sua própria conta. Porque os erros das definições se multiplicam por si mesmos conforme a investigação avança, e conduzem o homem aos absurdos que, em definitivo, se colocam sem poder evitá-los, sob a pena de iniciar toda a investigação desde o princípio; nele consiste o fundamento de seus erros. Daqui resulta que, aqueles que se fiam nos livros, o fazem como aqueles que reúnem muitas pequenas somas em uma soma maior, sem considerar se as primeiras estavam corretas ou não; e, no final, notam o erro e, sem desconfiar de seus primeiros fundamentos, não sabem que procedimento tem de seguir para aclarar seus próprios feitos. Deste modo, se limitam a perder tempo reclinando-se sobre seus livros, como pássaros que, tendo entrado pela chaminé e, presos em uma casa, se jogam sobre a falsa luz de uma janela de vidro, porque carecem de iniciativa para considerar que caminho seguir. De maneira que a correta definição dos nomes habita o primeiro uso da linguagem, que é a aquisição da ciência. E no erro, ou seja, na falta de definições, fia-se o primeiro abuso do qual procedem as hipóteses falsas e insensatas; neste abuso incorrem os homens que adquirem seus conhecimentos na autoridade dos livros e não em suas próprias meditações, permanecendo assim abaixo da condição de homem ignorante, assim como os homens dotados da verdadeira ciência encontram-se acima daqueles. Porque, entre a ciência verdadeira e as doutrinas errôneas, a ignorância ocupa o ponto médio. O sentido natural e a imaginação não estão sujeitos ao absurdo. A natureza mesma não pode equivocar-se: mas, como aos homens abunda a copiosidade da linguagem, eles podem ser mais sábios ou mais loucos que o normal. Tampouco é possível para um homem, sem letras, chegar a ser extraordinariamente sábio ou extraordinariamente louco (a menos que sua memória seja atacada pela enfermidade, ou por defeitos de constituição dos órgãos). Pois os homens sábios usam as palavras para seus próprios cálculos, e fazem juízos com elas; mas elas são o dinheiro dos tolos, que as avaliam pela autoridade de um Aristóteles, de um Cícero ou de um Tomás, ou de outro doutor qualquer – nada mais do que um homem.

Sujeito aos homens é qualquer coisa que possa entrar em conta ou ser considerada, ser somada a outra para compor uma soma, ou subtraída de outra para deixar um resto. Os latinos davam às contas o nome de *rationes*, e ao ato de contar, *ratiocinatio*; e o que nas faturas dos livros chamamos *itens*, eles chamavam *nomina*, isto é, *nomes*; e daqui parece derivar a extensão que eles deram à palavra *ratio*, ou seja, para a faculdade de computar todas as demais coisas. Os gregos tem uma só palavra, λόγος, tanto para a linguagem quanto para a razão. Isso não quer dizer que pensaram não existir linguagem sem razão, mas que não há raciocínio sem linguagem. E chamavam de *silogismo* o ato de raciocinar, que significa resumir a consequência de uma coisa enunciada a respeito de outra. E como as mesmas coisas podem ser consideradas a respeito de diversos acidentes, seus nomes se estabelecem e diversificam refletindo tal diversidade. Esta diversidade de nomes pode ser reduzida a quatro grupos gerais.

O primeiro, uma coisa pode ser considerada como *matéria* ou *corpo*; como *viva, sensível, racional, quente, fria, em movimento* ou *parada*; sob todos esses nomes se compreende a palavra matéria ou corpo; todos eles são nomes da matéria.

No segundo, é possível considerar algum acidente ou qualidade que concebemos estar nas coisas, como, por exemplo, *ser movido, ser tão largo, estar quente* etc.; assim, dos nomes da própria coisa, por uma pequena mudança de significação, fazemos um nome para o acidente que consideramos; e para vivente tomamos consideração vida; para *movido, movimento*; para *quente, calor*; para *largo, longitude*; e assim sucessivamente. Todas essas denominações são os nomes de acidentes e propriedades pelos quais uma matéria e corpo se distinguem de outra. Todos estes são chamados de *nomes abstratos*, pois se separam (não da matéria, mas) do cômputo da matéria.

Em terceiro, consideramos as propriedades de nosso próprio corpo, mediante os quais fazemos distinções: como quando uma coisa é vista por nós, consideramos a própria coisa em si; senão o que foi visto, a *cor*, a *ideia* dela na imaginação; e quando uma coisa é ouvida, não captamos a coisa mesma, exceto a *audição* ou *som* apenas, que é fantasia ou concepção dela, adquirida pelo ouvido; e estes são os nomes das imagens.

Em quarto, tomamos conta, consideramos e damos nomes aos próprios *nomes* e para as *expressões*: com efeito, *geral, universal, especial, equívoco* são nomes de nomes. E *afirmação, interrogação, narração, silogismo, oração* e muitos outros análogos são nomes de expressões. E, para toda essa variedade de nomes chamamos de *positivos*, que se se estabelecem para sinalizar algo que está na natureza ou que podem ser imaginados pela mente do homem, como os corpos que existem ou cuja existência podem ser concebidas; ou, dos corpos, que propriedades têm ou podem ser imaginadas provinda deles; ou as palavras e expressões.

Há também outros nomes, chamados de *negativos*; são notas para significar que uma palavra não é o nome da coisa em questão; isso ocorre com as palavras, *nada, ninguém, infinito, indizível, três não são quatro* e similares. Não obstante, tais palavras são usuais no cálculo e na correção do cálculo; e evocam nossas cogitações passadas, conquanto não sejam nomes de coisa alguma; porque nos fazem recusar a admissão de nomes que não são usados apropriadamente.

Todos os outros nomes são sons insignificantes, e o são de dois tipos. Um, quando eles são novos e ainda assim seu significado não pode ser explicado por uma definição; seja como for, eles têm sido cunhados abundantemente por escolásticos e filósofos confusos.

Outro, quando os homens fazem um nome de dois, de significação contraditória e inconsistente; como neste nome, um *corpo incorpóreo* ou (o que implica no mesmo) uma *substância incorpórea*, e um grande número além destas. De fato, em qualquer caso em que uma afirmação é falsa, se os dois nomes que o compõem se reúnem formando um, não significam nada. Por exemplo, se é uma afirmação falsa dizer que *um círculo é um quadrado*, as palavras *círculo quadrado* não significam nada, exceto um mero som. Na mesma medida, é falso dizer que a virtude pode ser insuflada ou infundida; as palavras *virtude insuflada* ou *virtude infundida* são tão absurdas e desprovidas de significado como *círculo quadrado*. Dificilmente nos depararemos com palavras sem sentido e significado que não seja feita com alguns nomes latinos e gregos. Um francês raramente ouve chamar seu Salvador com o nome de *parole*[13], mas frequentemente como *verbo*; e, sem dúvidas, *parole* e *verbo* em nada diferem, exceto que uma está em latim, e a outra em francês.

Quando um homem, após ouvir outra frase, pensa que as palavras da dita frase e sua conexão pretendem significar, então ele afirma que a *entende*; *compreensão* não é outra coisa que a concepção derivada da linguagem. Consequentemente, se a palavra é peculiar ao homem (como é ao nosso juízo), então a compreensão também é peculiar a ele. E, deste modo, das absurdas e falsas afirmações, caso sejam universais, não se pode derivar a compreensão, ainda que alguns pensem que as entendem, nada fazem além de repetir as palavras e fixá-las em sua mente.

Das distintas expressões que significam apetites, aversões e paixões da mente humana, e quanto ao seu uso e abuso, falarei após ter tratado das paixões.

Os nomes das coisas que nos afetam, quer dizer, que nos agradam e nos desagradam (porque a mesma coisa não afeta todos os homens do mesmo modo, nem aos mesmos homens a todo o momento) são de significação *inconstante* nos discursos comuns dos homens. É preciso advertir que os nomes são estabelecidos para dar significado às nossas concepções, e que todos os nossos afetos nada são, senão concepções; assim, quando nos concebemos de modo diferente as distintas coisas, dificilmente podemos evitar chamá-las de modo distinto. Ainda que a natureza do que concebemos seja a mesma, a diversidade de nossa recepção dela, motivada pelas diferentes cons-

---

13. Palavra, expressão ou unidade discursiva, inicialmente na forma oral. Do francês médio *parole*, do francês antigo *parole*, herdado do latim vulgar *paraula*; por sua vez, deriva do latim *parabola* (comparação, discurso) e, do antigo grego παραβολή (*parabolé*). Nas línguas neolatinas, temos *parola* (italiano), *palabra* (espanhol) e palavra (português) [N.T.].

tituições do corpo e dos prejuízos de opinião, presta a cada coisa o matiz de nossas diferentes paixões. Consequentemente, um homem, ao raciocinar, deve ponderar suas palavras, as quais, ao lado da significação do que imaginamos por sua natureza, tem também um significado próprio da natureza, disposição e interesse do que trata; tal coisa ocorre com os nomes das virtudes e dos vícios, porque um homem chama *sabedoria* o que outro chama de *temor*; *crueldade* o que o outro batizou de *justiça*; outro atribui *prodigalidade* o que outro chamou de *magnanimidade*, e alguém chama de *gravidade* o que outra pessoa nomeou como *estupidez* etc. Por conseguinte, tais nomes nunca podem ser o fundamento verdadeiro de qualquer raciocínio, tampouco podem sê-lo as metáforas e tropos de linguagem – mesmo que estes sejam menos perigosos porque sua inconsistência é manifesta, coisa que não ocorre com as demais.

CAPÍTULO V
SOBRE A RAZÃO E CIÊNCIA

Quando um homem *raciocina*, ele nada mais faz do que conceber uma soma total da *adição* de parcelas; ou conceber um resto por *subtração* de uma soma relacionada à outra; o qual (quando se faz por meio das palavras) consiste em conceber a base da conjunção dos nomes de todas as coisas, o nome do todo, de uma parte, o nome de outra. E ainda que em alguns casos (como nos números), para além de *somar* e *subtrair*, os homens praticam as operações *multiplicar* e *dividir*, não são as mesmas operações porque a multiplicação nada mais é do que a soma de coisas iguais, e a divisão, a subtração de uma coisa tantas vezes quanto for possível. Essas operações não são incidentes apenas aos números, mas a todas as coisas que podem ser somadas umas às outras ou subtraídas umas das outras. Assim como os aritméticos ensinam a somar e subtrair com *números*, os geômetras ensinam o mesmo quanto às *linhas*, *figuras* (sólidas e superficiais), *ângulos*, *proporções*, *tempos*, graus de *velocidade*, *força*, *poder* e outros termos semelhantes; por sua vez, os lógicos ensinam o mesmo quanto às *consequências das palavras*; somam *dois nomes* para compor uma *afirmação*; e duas *afirmações* para fazer um *silogismo*, e vários *silogismos* para fazer uma *demonstração*; e, da *soma* ou *conclusão* de um *silogismo*, subtraem uma *proposição* para encontrar a outra. Os escritores de política somam *pactos* um com o outro para estabelecer *deveres*; e os juristas, por sua vez, *leis* e *fatos* para descobrir o que é *certo* e o que é *errado* nas ações de homens privados. Em suma, não importa o assunto, onde houver espaço para *adição* e *subtração*, também há espaço para a razão; e, onde não há espaço para elas, não há lugar para a razão.

Fora disso, nós podemos definir (quer dizer, determinar) o que é ou o que se quer dizer com a palavra *razão*, quando nós a reconhecemos entre as faculdades da mente. Pois a RAZÃO, neste sentido, nada mais é do que o *cômputo* (ou seja, adição e subtração) das consequências de nomes gerais convencionados para marcar e significar nossos pensamentos; eu digo *marcar* quando nós os reconhecemos por nós mesmos; e *significar* quando demonstramos ou aprovamos nossos reconhecimentos aos outros homens.

Assim como na Aritmética, os homens que não a praticam erram forçosamente, e os próprios professores podem errar com frequência e propor contas falsas, assim também ocorre em outros setores do raciocínio; os homens mais capazes, mais atentos e mais práticos podem enganar a si próprios e inferir falsas conclusões. Porque a razão sempre é, por si mesma, uma razão exata, como a Aritmética é uma arte certa e infalível. No entanto, nem a razão de um homem nem a razão de um número qualquer de homens constitui a certeza; nem um reconhecimento pode se dizer que é correto porque um grande número de homens o aprovou de maneira unânime. Desse modo, assim como desde o momento que há uma controvérsia a respeito do reconhecimento, as partes, por comum acordo, e para estabelecer a verdadeira razão, devem fixar como módulo da razão um árbitro ou juiz, em cuja sentença ambos possam se apoiar (com a falta dele, sua controvérsia ou degeneraria em disputa, ou permaneceria indecisa pela falta de uma razão inata), assim ocorre também em todos os debates, independentemente de qual gênero seja. Quando os homens que se julgam mais sábios que todos os demais reclamam e invocam a verdadeira razão como juízes, pretendem que se determinem as coisas, não pela razão de outros homens, senão pela sua; mas ele também é intolerável na sociedade humana, como o é no jogo; uma vez sinalizado o trunfo, usá-lo, em qualquer ocasião, naquela série de mais cartas na mão que se tem. Portanto, tais homens nada mais fazem do que tomar como razão verdadeira suas próprias controvérsias e as paixões que os dominam, revelando sua carência de verdadeira razão com a demanda que fazem dela.

O uso e o fim da razão não é a descoberta da soma, ou a descoberta de uma ou de algumas consequências remotas das primeiras definições e estabelecidas nas significações dos nomes; mas começar delas e proceder de uma consequência para a outra. Pois é possível não ter certeza da última conclusão sem uma certeza de todas as afirmações e negações sobre as quais ela está afirmada e inferida. Se um chefe de família assentou, ao estabelecer uma conta, os totais de contas pagas em uma soma, sem levar em consideração como cada uma foi somada por quem as comunicou, nem o que pagou por elas, não adiantaria que ele aceitasse as contas globalmente, confiando na destreza e honradez dos credores; assim também ao inferir de todas as demais coisas estabelecidas, conclusões pela confiança que merecem os autores, se não as comprova desde os primeiros elementos de cada cômputo (quer dizer, a respeito dos significados dos homens, estabelecidos pelas definições) perde seu tempo, e nada sabe das coisas, exceto crer nelas.

Quando um homem calcula sem fazer uso das palavras, o que se pode fazer em determinados casos (por exemplo, quando à vista de uma coisa, conjecturamos o que deve precedê-la o que há em seguida), se o que pensamos que iria suceder não ocorre, ou o que imaginamos que precederia não ocorresse, chamamos isso de ERRO, ao qual está sujeita até mesmo a maioria dos homens prudentes. Mas quando raciocinamos com palavras de significado geral e chegamos a uma decepção ao presumir que algo ocorreu ou ocorrerá comumente, ela é denominada de erro, e é, na realidade, um ABSURDO ou expressão sem sentido. Com efeito, o erro nada mais é do que uma decepção ao presumir que algo tenha ocorrido ou ocorrerá; como não ocorreu nem ocorrerá, não há impossibilidade a ser descoberta. Mas quando nós fazemos uma assertiva geral, a menos que ela seja verdadeira, a possibilidade que ela propõe é inconcebível. E palavras que percebemos mais que o som são aquelas que chamamos de *absurdas, insignificantes* e *insensatas*. Portanto, se um homem me diz sobre um *retângulo redondo*; ou de *acidentes do pão no queijo*; ou de *substâncias imateriais*; ou de um *sujeito livre*, de uma *vontade livre* ou de qualquer coisa *livre*, mas livre de ser obstaculizada por algo oposto, eu não direi que está em um erro, mas que suas palavras carecem de significação; ou seja, que são absurdas.

Eu disse antes (no segundo capítulo) que o homem excedeu todos os outros animais em sua faculdade: quando ele concebe qualquer coisa, está apto de inquirir suas consequências e quais efeitos ele pode esperar disso. E agora eu acrescento este outro nível da mesma excelência: que ele pode, pelas palavras, reduzir as consequências que encontra em regras gerais, que são chamadas de *teo-*

remas ou *aforismas*; ou seja, ele pode raciocinar ou reconhecer não apenas em número, mas noutras coisas, quer seja aquilo que pode ser acrescido, quer o que pode ser subtraído da outra.

Mas este privilégio está associado com outro; faço referência ao privilégio do absurdo, o qual nenhuma criatura está sujeita, exceto o homem. E, entre os homens, mais sujeita a ele estão os que professam a Filosofia. Porque é uma grande verdade o que Cícero dizia: que não pode ter nada tão absurdo que seja impossível de ser encontrado nos livros dos filósofos. E a razão disso é manifesta: nenhum deles começa seu raciocínio pelas definições ou explicações dos nomes que utilizam – método somente empregado na Geometria –, razão pela qual as conclusões desta ciência são, de fato, indiscutíveis.

A primeira causa das conclusões absurdas eu atribuo à falta de método, de maneira que eles não começam seus raciocínios das definições, ou seja, de significações estabelecidas das palavras: é como se quisessem contar sem conhecer o valor dos termos numéricos *um, dois* e *três*.

E como todos os corpos podem ser considerados a partir de aspectos distintos (a eles me refiro no capítulo precedente), sendo essas considerações denominadas de modo diverso, originam-se distintas possibilidades de absurdo, pela confusão e conexão inadequada de seus nomes nas afirmações. Consequentemente, a segunda causa das afirmações absurdas eu atribuo à determinação do nome de *corpo* a *acidentes*; ou de *acidentes* a *corpos*. Nelas incorrem quem diz que a *fé é inspirada ou infundida*, quando nada pode ser insuflado ou introduzido em algo, exceto um corpo; ou que *a extensão é um corpo*; *que os fantasmas são espíritos* etc.

A quarta, atribuir nomes de *corpos* a *expressões*; como quando se afirma que existem *coisas universais*, que *uma criatura viva é um gênero*, ou *uma coisa geral* etc.

A quinta, a atribuição de nomes de *acidentes* a *nomes* e *expressões*; como quando se diz que a *natureza de uma coisa é sua definição*; que *o mandato do homem é sua vontade*, e coisas similares.

A sexta é o uso de metáforas, tropos e outras figuras retóricas em vez das próprias palavras. Por exemplo, mesmo que seja legítimo dizer, em conversa comum, que o *caminho segue ou conduz a tal lugar*, ou que o *provérbio diz isso ou aquilo* (quando nem os caminhos podem conduzir, nem falar os provérbios), na determinação e investigação da verdade, não se pode admitir tais expressões.

A sétima, empregar nomes que nada significam, mas são usados e aprendidos de roldão entre escolásticos, como *hipostático, transubstanciado, consubstanciado, eterno agora* e cantilenas similares dos escolásticos.

Para aquele que pode evitar essas coisas, não é fácil cair em qualquer absurdo, a menos pela dimensão de um raciocínio; neste caso, esquecendo o que ocorreu antes. Com efeito, todos os homens, por natureza, raciocinam do mesmo modo, e o fazem bem quando têm bons princípios. Porque quem seria tão estúpido para equivocar-se em Geometria e persistir quando outro assinala seu erro?

Deste modo, tudo leva a crer que a razão não é um sentido ou memória, ou seja, nascida conosco; nem obtida apenas pela experiência, como a prudência; mas atrelada à indústria; em primeiro lugar, pela imposição adequada de nomes e, em segundo lugar, aplicando um método correto e ordeiro, ao progredir desde os elementos, que são os nomes, as asserções feitas mediante a conexão de um com o outro; e mesmo quanto aos silogismos, que são as conexões de uma asserção a outra, até que cheguemos ao conhecimento de todas as consequências dos nomes que temos ao alcance das mãos; e isso é o que os homens chamam de CIÊNCIA. E ainda que a sensação e a memória não sejam nada mais que conhecimento do fato, que é uma coisa passada e irrevogável, a *Ciência* é o conhecimento das consequências e dependências de um fato a respeito de outro; com base nisso, partindo do que podemos fazer na atualidade, sabemos como realizar outra coisa se queremos fazê-la agora, ou outra semelhante, ou ainda outra, noutro tempo. Porque quando vemos como uma coisa advém, quais suas causas e de que maneira ocorre, quando as mesmas causas caem sob nosso poder, procuramos produzir os mesmos efeitos.

E esta é a razão das crianças não serem dotadas da razão em absoluto, até que tenham alcançado o uso da palavra; mas são chamadas de criaturas racionais pela possibilidade aparente de fazerem uso da razão no tempo que virá. Para a maior parte dos homens a razão serve pouco na vida comum: ainda que façam uso da razão em certos casos como, por exemplo, para a numeração até certo grau; eles se governam: alguns melhor, outros pior, conforme suas diferenças de experiência, velocidade de memória e inclinações de diversos fins; mas especialmente conforme a boa ou má fortuna e os erros dos outros. Pois, para a *ciência*, ou conforme certas regras de suas ações, eles estão tão longe dela que eles não fazem ideia do que ela é. Eles pensam que a Geometria é uma conjuração; mas, para as outras ciências, que eles não aprenderam em seus princípios ou fizeram qualquer progresso nelas, de forma que podem ver como se adquire e engendra, eles são, neste aspecto, como crianças, que não têm ideia da geração, e são levados a crer que seus irmãos e irmãs não nasceram, mas foram encontrados em um jardim.

Mas, ainda que eles não tenham *ciência*, têm uma condição melhor e nobre, com sua prudência natural, do que homens que, por cometer erros de raciocínio, ou por confiar naqueles com razões erradas, seguem regras gerais falsas e absurdas. Pois a ignorância das causas e regras não colocam os homens fora de seus caminhos, diferentemente da confiança nas falsas regras e tomada de causas que elas aspiram – o que não são, exceto causas do contrário

Para concluir, a luz das mentes humanas é constituída pelas palavras perspicazes, livres e purgadas da ambiguidade mediante definições exatas; a *razão* é o *caminho*, o incremento da *ciência*, o *caminho*; e o benefício do gênero humano, o *fim*. Por outro lado, as metáforas e palavras sem sentido ou ambíguas são como os *ignes fatui*; raciocinar com base nelas equivale a deambular entre absurdos inumeráveis; e seu fim é o litígio e a sedição, ou o desdém.

Assim como muita experiência é *prudência*, muita ciência é *sapiência*. Porque mesmo que usualmente tenhamos o nome de sabedoria para as duas coisas, os latinos as distinguiam sempre como *prudencia* e *sapiencia*, ofertando ao primeiro termo a experiência, e ciência ao segundo. Para tornar a diferença mais clara, suponhamos um homem dotado com uma excelente habilidade natural e destreza no manejo de suas armas; e outro que obteve tal destreza em uma ciência que permite saber como poderia ferir ou ser ferido por seu adversário em cada postura possível ou guarda. A habilidade do primeiro estaria para a habilidade do segundo como prudência está para a sapiência; ambas são úteis, mas a última é infalível. No entanto, aqueles que confiam somente na autoridade dos livros seguem cegamente o cego, e são como aqueles que confiam em falsas regras de um mestre da esgrima e se aventuram de forma presunçosa ante um adversário, que, em troca, ou os mata, ou os lança em desgraça.

Os sinais da ciência são infalíveis; outros, incertos. São certos quando quem pretende a ciência de uma coisa e pode ensiná-la, ou seja, demonstrar a verdade de forma perspícua para outra pessoa; são incertos quando só alguns eventos particulares respondem a sua pretensão e em certas ocasiões provam o que tinham que provar. Todos os sinais da prudência são incertos porque é impossível observar pela experiência e lembrar todas as circunstâncias que podem alterar o sucesso. Em qualquer negócio no qual um homem não conte com uma ciência infalível para se apoiar, é um sinal de loucura, pois renuncia o juízo natural e deixa-se guiar pelas sentenças gerais que leu nos autores e estão sujeitas às exceções diversas; geralmente ele é tomado como um pedante. Entre aqueles homens que gostam de ostentar, nos conselhos do governo, suas leituras em política e história, pouquíssimos o fazem quanto aos negócios domésticos que atrelam ao seu interesse particular; têm muita prudência quanto aos seus assuntos privados, mas, no tocante aos públicos, apreciam mais a reputação de seu próprio gênio que o êxito nos negócios dos outros.

CAPÍTULO VI
SOBRE OS INÍCIOS INTERIORES DOS MOVIMENTOS VOLUNTÁRIOS, USUALMENTE CHAMADOS DE PAIXÕES; E DISCURSOS PELOS QUAIS ELAS SÃO EXPRESSAS[14]

Há entre os animais dois tipos de *movimentos* peculiares a eles: um é chamado *vital*, que começa na geração e prossegue sem interrupção durante toda sua vida; Destes, temos o *curso do sangue*, o *pulso*, a *respiração*, a *mistura* [digestão], a *nutrição*, a *excreção* etc. Para esses movimentos não há necessidade de imaginação; o outro é o *movimento animal*, chamado também de *movimento voluntário*; como *andar, falar, mover*, ou seja, movimentar qualquer um dos membros conforme pensemos prontamente em nossas mentes. Esse sentido é o movimento dos órgãos e das partes internas do corpo do homem, causada pela ação das coisas que vemos, ouvimos etc., e tal fantasia nada mais é do que relíquias do mesmo movimento, que permanecem após os sentidos, como foi dito nos capítulos primeiro e segundo. E como o *andar*, o *falar* e outros movimentos voluntários dependem sempre de um pensamento precedente a respeito de *onde*, o *quê, como* e *porquê*, é evidente que a imaginação é o primeiro começo interno de todos os movimentos voluntários.

---

14. Do ponto de vista do bem e do mal, Hobbes tem sido entendido como um subjetivista, uma vez que, para o Filósofo, os termos em questão expressam aquilo que as pessoas gostam ou rejeitam, ou seja, suas afeições. Assim, elas não manifestam o valor das coisas, mas expressam as atitudes positivas ou negativas conforme o sujeito observado. É interessante notar que, para ele, Deus perdoará ações erradas, desde que cometidas para obedecer a uma ordem soberana; aquele que exerce a soberania, por sua vez, seria o responsável sozinho pelo erro na "hierarquia de responsabilidade" (LLOYD, S.A. Good and Evil. In: LLOYD, S.A. (ed.). *The Boomsbury Companion to Hobbes*. Londres: Bloomsbury, 2013, p. 143-144) [N.T.].

E conquanto os homens sem instrução não concebam movimento algum ali onde a coisa movida seja invisível, seja como for, tais movimentos existem. Com efeito, nenhum espaço pode ser tão pequeno que, movido um espaço maior do qual o primeiro seja parte, não seja primeiramente movido neste último. Estes pequenos começos do movimento dentro do corpo do homem, antes que se manifestem no andar, no conversar, no pelear e em outras ações, é usualmente chamado de ESFORÇO.

Este esforço, quando se dirige até algo que o causa, é chamado de APETITE ou DESEJO; o último é o nome em geral; o primeiro se restringe frequentemente a significar o desejo de alimento, especialmente a *fome* e a *sede*. Quando o esforço se traduz na separação de algo, é chamado de AVERSÃO. Essas palavras, a saber, *apetite* e *aversão*, derivam do latim; ambas significam movimentos, um de aproximação e o outro de afastamento. Os gregos têm palavras para expressar as mesmas ideias, que são ὁρμή e ἀφορμή. Com efeito, a própria natureza impõe aos homens certas verdades contra as quais se choca quem busca algo para além do normal. As escolas não encontram movimento algum nos simples apetites de ir, mover-se etc.; mas, como forçosamente tem que reconhecer algum movimento, ele é chamado de movimento metafórico, o que implica uma expressão absurda, pois mesmo que as palavras possam ser chamadas de metafóricas, os corpos e os movimentos não podem.

Aquilo que os homens desejam, eles também dizem que AMAM, e ODEIAM as coisas pelas quais têm aversão. De tal forma, o desejo e amor são a mesma coisa, mas com o desejo sempre significamos a ausência do objeto, e com o amor, por sua vez, a presença dele; assim também com a aversão significamos a ausência, e com o ódio, a presença do objeto.

Quanto aos apetites e aversões, alguns nascem com o homem, como o apetite por alimentar-se, os apetites pela excreção e exoneração (que podem também e mais propriamente ser chamados de aversão diante de algo que se sente em seus corpos). Os demais, quer dizer, alguns apetites de coisas particulares, procedem da experiência e comprovação de seus efeitos sobre nós e sobre os outros homens. Das coisas que não conhecemos em absoluto, e nas quais não cremos, não pode haver, certamente, outro desejo além de provar e tentar. Quanto à aversão, ela é sentida não apenas conforme as coisas que sabemos que nos foram dadas, mas também a respeito de algumas que não sabemos se irão nos causar mal ou não.

Aquelas coisas que não desejamos nem odiamos, dizemos que as *desprezamos*: o DESPREZO não é outra coisa senão uma imobilidade ou contumácia do coração, que resiste à ação de certas coisas; ela se deve ao coração, que é estimulado de outro modo por objetos cuja ação é mais intensa, ou por falta de experiência a respeito do que desprezamos.

Como a constituição do corpo humano se encontra em contínua mutação, é impossível que as mesmas coisas causem sempre em uma mesma pessoa os mesmos apetites e aversões: muito menos podem ainda coincidir em todos os homens no desejo de um e do mesmo objeto.

O que de algum modo é objeto de qualquer apetite ou desejo humano é o que com respeito ao que se chama bom. E o objeto de sua aversão, mau; e de seu desprezo, vil e inconsiderável, ou indigno. Mas essas palavras (bom, mau e desprezível) sempre são usadas em relação à pessoa que a utiliza. Não são sempre e absolutamente essas, nem nenhuma regra de bem ou mal pode tomar a natureza dos próprios objetos, mas do indivíduo (onde não existe Estado) ou (em um Estado) da pessoa que o representa; ou de um árbitro ou juiz a quem os homens permitem estabelecer e impor como sentença sua regra.

A língua latina tem duas palavras cujo significado se aproxima de bom e de mau; mas não são precisamente as mesmas; faço referência aos termos *pulchrum* e *turpe*. A primeira significa aquilo que, por certos signos aparentes, promete o bom, e a segunda, o que promete o mal. Mas, em nossa língua, não temos nomes tão gerais para expressar essas ideias. Para *pulchrum* dizemos, a respeito das coisas, *belo*; de outras, *bonito, lindo, galante, honorável, adequado, amigável*; e, para *turpe, néscio, disforme, malvado, baixo, nauseabundo* e outros termos parecidos, segundo requeira o assunto. Todos esses assuntos, em seu próprio significado, nada significam exceto o aspecto da disposição que promete o bem e o mal.

Assim que de bem existem três classes: bem na promessa, quer dizer, *pulchrum*; bem em efeito e bem como meio, o que se chama de *útil* ou *proveitoso*. E outras tantas a respeito do mal, pois o mal na

57

promessa é o que se chama de *torpe*; o mal em efeito e como fim é a *moléstia*, o *desagradável*, o *perturbador*; e o mal como meio, *inútil*, *inaproveitável*, *penoso*.

Assim como nas sensações, o que realmente se dá em nosso interior (como antes se advertiu) é apenas o movimento causado pela ação dos objetos, ainda que seja, em aparência, para a vista, luz e cor; o ouvido, o som; para o olfato, o odor etc.; assim, quando a ação do mesmo objeto continua desde os olhos, os ouvidos e os outros órgãos, até o coração, o efeito real não é outra coisa exceto movimento ou esforço, que consiste em apetite ou aversão para com o objeto em movimento. De tal modo, a aparência ou sensação deste movimento é o que respectivamente chamamos de *deleite* ou *perturbação da mente*.

Este movimento que se denomina apetite (e em sua manifestação, deleite e prazer) é, para mim, um corroborar do movimento vital e uma ajuda que lhe presta; consequentemente, aquelas coisas que causam deleite têm por nome, com toda a propriedade, *jucunda* (à *juvando*), do ato de ajudar ou fortificar; por outro lado, *molestas*, *ofensivo*, do impedimento e problema ao movimento vital.

Assim, o *prazer* (ou *deleite*) é a aparência ou o sentido do bom; e *moléstia* ou *desprazer*, a aparência ou sentido do mal. E, consequentemente, todo apetite, desejo e amor é acompanhado de algum deleite, maior ou menor; e todo ódio e aversão, de maior ou menor desprazer ou ofensa.

Dos prazeres ou deleites, alguns provêm do senso de um objeto presente; e estes podem ser chamados de prazeres dos sentidos (a palavra *sensual*, como é usada apenas por aqueles que a condenam, não tem lugar até que se tenham leis). Deste tipo são todas as onerações e exonerações do corpo, assim como tudo que for prazer ao *ver*, *ouvir*, *cheirar*, *provar* ou *tocar*; outras se erguem das expectativas que procedem da antevisão do fim, ou da consequência das coisas, se essas coisas agradam os sentidos ou desagradam: e estes são os prazeres da mente daquele que perscruta aquelas consequências; e são geralmente chamadas de GOZO. De maneira similar, desprazeres são alguns dos sentidos, e chamados de DOR; outros, quanto à expectativa das consequências, são chamados de LUTO.

Estas paixões simples, chamadas de *apetite, desejo, amor, aversão, ódio, gozo* e *luto* têm seus nomes diversos para suas considerações divergentes. Por princípio, quando elas se sucedem, são chamadas diversamente da opinião que os homens têm da possibilidade de obter o que desejam. Em segundo lugar, do objeto amado ou odiado. Em terceiro, da consideração de muitos deles conjuntamente. Em quarto, da alteração ou sucessão em si.

Para o apetite, com a opinião de alcançar, é chamado ESPERANÇA.

O mesmo, sem tal opinião, DESESPERO.

Aversão, com a opinião de sofrer *dano*, TEMOR.

O mesmo, com a esperança de evitar a ferida pela resistência, CORAGEM.

A *coragem* súbita, CÓLERA.

A *esperança* constante, CONFIANÇA em nós mesmos.

O *desespero* constante, DESCONFIANÇA de nós mesmos.

A *cólera* da grande ferida causada a outrem, quando concebemos que o mesmo foi feito por injúria, INDIGNAÇÃO.

O desejo do bem para o outro, BENEVOLÊNCIA, BOA VONTADE, CARIDADE.

Se ofertado ao homem em geral, BOA NATUREZA.

O desejo de riquezas, COBIÇA: um nome usado sempre para significar a culpa, porque os homens brigam por ela e desagradam uns aos outros para alcançá-la, de maneira que o desejo em si deve ser censurado ou permitido conforme os meios pelos quais tal riqueza foram obtidas.

O *desejo* do ofício ou precedente, AMBIÇÃO: um nome usado também no pior sentido, pela razão supracitada.

O *desejo* das coisas que conduzem um pouco aos nossos fins; e medo das coisas que produzem poucas dificuldades, PUSILAMINIDADE.

O *desprezo* das pequenas ajudas e dificuldades, MAGNANIMIDADE.

A *magnanimidade*, no perigo da morte ou feridas, valor, VALENTIA.

A *magnanimidade*, no uso das riquezas, LIBERALIDADE.

A *pusilanimidade*, o mesmo que DESGRAÇA e MISERABILIDADE; ou PARCIMÔNIA, conforme se gosta ou desgosta da coisa.

O *amor* das pessoas pela sociedade, GENTILEZA.

O *amor* das pessoas pelo prazer dos sentidos apenas, LUXÚRIA NATURAL.

O *amor* pelo igual, adquirido da ruminação mental, ou seja, da imaginação do prazer passado, LUXÚRIA.

O *amor* por uma singularidade, com o desejo de ser singularmente amado, a PAIXÃO do amor. O mesmo ocorre com o medo que o amor não seja mútuo, INVEJA.

O *desejo* de ferir alguém, ou fazê-lo ser condenado por um ato próprio, VINGANÇA.

O *desejo* de saber o porquê e o como, CURIOSIDADE; tal desejo não está em nenhuma criatura, exceto no *homem*, de maneira que o homem distingue-se dos outros animais não apenas pela razão, mas também por essa paixão singular; naqueles cujo apetite da comida ou outros prazeres dos sentidos predominantemente retiram o cuidado de saber as causas, o que é uma luxúria mental que, pela perseverança do deleite na geração contínua e infatigável do conhecimento, é excedida pela curta veemência de qualquer prazer carnal.

O *medo* do poder invisível simulado pela mente ou imaginado a partir das estórias publicamente admitidas, RELIGIÃO; quando não admitidas, SUPERSTIÇÃO. E quando o poder imaginado é tão verdadeiro quanto imaginamos, VERDADEIRA RELIGIÃO.

O *medo*, sem a apreensão do porquê e do como, foi denominado como TERROR DE PÂNICO, chamado assim a partir das fábulas que fazem de Pã[15] seu autor; em verdade, existe sempre quem primeiro sentiu no temor uma certa compreensão da causa, ainda que o resto o ignore; cada um supõe que seu companheiro sabe a razão. Por tal

---

15. Trata-se da famosa divindade dos bosques, campos, rebanhos e pastores com formato de sátiro da tradição greco-latina. Ele dispõe de orelhas, chifres e pernas de bode; andava munido de uma flauta. Pã era particularmente temido por aqueles que precisavam atravessar os bosques à noite, pois alimentava os temores súbitos dos transeuntes. Consequentemente, seu nome deu origem para a palavra pânico (πανικός, lit. pertencente a Pã) [N.T.].

motivo, esta paixão ocorre apenas em um grupo numeroso ou em uma multidão de pessoas.

O *gozo* de alegria pela apreensão de uma novidade, ADMIRAÇÃO; é própria do homem, posto que excita o apetite de conhecer a causa.

O *gozo* que surge da imaginação da própria força e capacidade de um homem é a exaltação da mente que se denomina GLORIFICAÇÃO, que se baseia na experiência de ações passadas coincidentes com a confiança; mas, quando se funda na adulação aos demais, somente no próprio conceito, para se deleitar das consequências dele, se chama VANGLÓRIA, nome que está aplicado mui justamente, pois uma *confiança* bem fundada suscita potencialidade, conquanto que supor uma força inexistente não a engendra; deste modo, tal glória[16] é denominada *vã*, com toda a razão.

O *pesar* é causado pela crença na falta de poder se chama DESALENTO.

A *vanglória* consiste na ficção ou suposição de nossas próprias capacidades, quando sabemos que não as dispomos; é muito frequente nos jovens, alimentados pelas histórias ou pela ficção de magnos feitos; frequentemente é corrigida pela idade e ocupação.

O *entusiasmo repentino* é a paixão que move aqueles gestos que constitui o RISO; é causado ou por algum ato repentino que agrada a nós mesmos ou pela apreensão de algo disforme em outras pessoas, em comparação com as quais alguém aplaude a si mesmo. Isso ocorre na maioria dos casos com aqueles que têm consciência de exiguidade de sua própria capacidade, assim como, para favorecer-se, observam as imperfeições dos demais. Portanto, a frequência em rir

---

16. A definição de glória em Hobbes é relativamente constante em seus escritos políticos, apesar de apresentar nuanças e ênfases distintas. Nos *Elementos*, a glória é descrita como "aquela paixão que procede da imaginação ou concepção de nosso próprio poder diante daquele que contende conosco" (IX, 1). O autor avançou na distinção entre glória, vanglória (superioridade de ações imaginadas) e falsa glória (inspirada por aduladores) (IX, 1). Assim, em essência, a glória seria a percepção do poder (ou "triunfo mental") que nos faz melhores do que os outros em termos de comparação. No *De Cive*, nota-se uma definição coextensiva àquela ofertada nos *Elementos*: desse modo, a glória seria "todo gozo de coração e prazer que deita raízes no ato de ser capaz de comparar a si mesmo favoravelmente diante dos outros, além de formar uma alta opinião de si mesmo" (I,5). Novamente, temos que a glória é uma percepção comparativa, apesar de o Filósofo não ter diferenciado a glória da vanglória e da falsa glória (SLOMP, Gabriela. Glory, vainglory, and pride. In: LLOYD, S.A. (ed.). *The Boomsbury Companion to Hobbes*. Londres: Bloomsbury, 2013, p. 127-130) [N.T.].

dos defeitos alheios é um sinal de pusilanimidade; pois as grandes mentes têm a propensão de ajudar sempre os demais a libertarem-se do escárnio, comparando-os apenas aos mais hábeis.

Por outro lado, o *desalento repentino* é a paixão que causa PRANTO; é motivada por certos acidentes, como a repentina perda de alguma esperança veemente ou por algum fracasso da própria força. E eles são mais propensos a isso, pois confiam principalmente na ajuda externa, como no caso das mulheres e crianças. Alguns choram pela perda dos amigos outros por sua falta de amabilidade; outros, pela repentina paralisia causada em seus pensamentos pela vingança, pela reconciliação. Mas, em todos os casos, ambas as coisas, o riso e o pranto, são emoções repentinas. É costumeiro afastá-las paulatinamente, porque nenhum homem ri de velhas pilhérias ou chora por uma calamidade passada.

O *pesar* pela descoberta de um defeito de habilidade é a VERGONHA, ou a paixão daquele que se vê coberto em RUBOR; consiste na apreensão de algo desonroso; e, em homens jovens, é um sinal do amor pela boa reputação e, deste modo, é apreciável. Nos idosos, é um sinal do mesmo, mas como vem demasiado tarde, não é mais apreciável.

O *desprezo* pela boa reputação é chamado de IMPUDÍCIA.

O *pesar* provocado pela calamidade alheia denomina-se PIEDADE, e se produz pela ideia que uma calamidade semelhante pode ocorrer sobre nós mesmos e esta é a razão por se chamar também como COMPAIXÃO, e usando uma frase dos tempos presentes, COMPANHEIRISMO. Quando são calamidades que derivam de um grande desastre, os melhores homens sentem menos lástima, e ante a mesma calamidade, sentem menos lástima do que aqueles que se sentem menos ameaçados por ela.

O *desprezo* ou pequeno senso de calamidade que recai sobre os outros é aquilo que os homens chamam de CRUELDADE; ela procede da segurança em sua própria sorte. Pois eu não concebo a possibilidade que um homem encontre prazer nas grandes desgraças de outrem.

O *pesar* pelo sucesso de um competidor na riqueza, honra ou outro bem, se isso render um esforço para que nossas habilidades igualem-no ou excedam-no, chama-se EMULAÇÃO; mas quando combina o esforço para suplantar ou impedir um competidor, INVEJA.

Quando, na mente de um homem, os apetites, aversões, esperanças e medos sobre uma e a mesma coisa erguem-se alternativamente, e diversas consequências boas e más de nossos atos ou omissões a respeito da coisa proposta atingem sucessivamente a nossa mente, de tal modo que às vezes sentimos um apetite, noutras uma aversão, em ocasiões uma esperança de realizá-la, noutras vezes um desespero ou temor de não alcançar o fim proposto, a soma inteira de nossos desejos, aversões, esperanças e temores, que continuam até que a coisa é realizada ou considerada impossível, nós a chamamos de DELIBERAÇÃO.

Consequentemente, a *deliberação* não existe quanto às coisas passadas porque é manifestamente impossível mudar o passado; nem tampouco das coisas que sabemos serem impossíveis, ou ainda quando pensamos assim, pois os homens sabem o pensam que tal deliberação é vã. Mas, das coisas impossíveis que supomos possíveis, podemos deliberar, uma vez que não sabemos, e elas são vãs. Esta alternante sucessão de apetites, aversões, esperanças e medos não são menores em outras criaturas viventes do que no homem; deste modo, as bestas também deliberam.

Na *deliberação*, o último apetite ou aversão imediatamente próxima da ação ou da omissão correspondente é o que chamamos de VONTADE, ato (e não uma faculdade) de *querer*. Os animais que têm a capacidade de deliberação devem necessariamente também ter vontade. A definição de vontade dada comumente pelas escolas, no sentido de que é um apetite racional, é defeituosa; pois, se fosse correta, não poderia haver ação voluntária contra a razão. Mas se, em vez de *um apetite racional*, tratamos de um apetite que resulta na deliberação precedente, então a definição é a mesma que foi dada aqui. Por conseguinte, a *vontade* é o *último apetite* na *deliberação*. E ainda que disséssemos, no discurso comum, que um homem teve, em certa ocasião, vontade de fazer uma coisa e que, não obstante, se absteve de fazê-la, isso é propriamente uma inclinação que não constitui uma ação voluntária, porque a ação não depende dela, mas da última inclinação ou apetite. Se os apetites intervenientes se convertessem uma ação em voluntária, então, pela mesma razão, todas as aversões intervenientes deveriam tornar involuntária a mesma ação, e assim, desta mesma ação, seria, por sua vez, as duas coisas, voluntária e involuntária.

Por isso, está manifesto que não apenas as ações *voluntárias* têm seus princípios na cobiça, na ambição, no desejo e noutros apetites relacionados à coisa proposta, mas também todas aquelas que têm início na aversão ou no temor das consequências que sucedem a omissão, que são chamadas de *ações voluntárias*.

As formas de linguagem mediante as quais se expressam as paixões são parcialmente idênticas e parcialmente diferentes daquelas pelas quais expressamos nossos pensamentos. Em primeiro lugar, geralmente as paixões podem ser expressas no modo indicativo, como em *Eu amo, Eu temo, Eu me alegro, Eu delibero, Eu quero, Eu ordeno*; mas algumas delas têm expressões particulares *per se*, que, por sua vez, não são afirmações, a menos quando servem para fazer outras inferências para além daquela paixão da qual procedem. A deliberação pode expressar-se também no modo subjuntivo, o qual implica uma expressão própria para significar suposições com suas consequências, como: *se se faz isso, então acontecerá aquilo*; e não difere da linguagem do raciocínio, salvo que o raciocínio se faz em termos gerais, ainda que a definição seja, na maior parte dos casos, de particulares. A linguagem do desejo e da aversão é imperativa, como em *faça isso, não faça aquilo*. Quando o interessado se obriga a fazer ou omitir, existe um mandato; noutro caso, uma súplica; em alguns, um conselho. A linguagem da vanglória, da indignação, da lástima e do afã de vingança é optativa. Do desejo de saber há uma expressão peculiar que se chama interrogativa, como *o que é isso? Quando? Como? Como foi feito? Por quê?* Eu não conheço outra linguagem das paixões. Porque as maldições, os juramentos, os insultos e outras formas semelhantes não têm valor como elementos do discurso, exceto como mero palavrório.

Estas formas de dicção são expressões ou significados voluntários de nossas paixões; mas sinais certos não o são, pois podem ser usados arbitrariamente, ainda que as pessoas que lancem mão deles tenham essas paixões ou não. Os melhores sinais das paixões presentes se encontram no semblante, nos movimentos do corpo, nas ações, nos fins ou propósitos que, por certas razões, sabemos que são essenciais ao homem.

Como na deliberação, os apetites e aversões surgem da previsão das consequências boas e más, e das sequelas da ação sobre a qual deliberamos; o efeito bom ou mal dele depende para a previsão de uma ampla série de consequências, diante das quais raramente um homem é capaz de ver até o final. Ainda que um homem visse tais consequências, e se elas superam em magnitude o mal, a sucessão inteira é aquilo que os escritores chamam de *bem aparente* ou *manifesto*; e, ao contrário, quando o mal sucede o bem, o conjunto é *mal aparente* e *manifesto*; assim, quem, por experiência ou razão, tem as máximas e mais seguras perspectivas das consequências, delibera melhor pelo mesmo e é capaz, quando quer, de dar o melhor conselho aos demais.

O *êxito contínuo* na obtenção das coisas que um homem deseja de tempos em tempos, quer dizer, sua perseverança contínua, é o que os homens chamam de FELICIDADE. Faço referência à felicidade nesta vida; com efeito, não há coisa que dê perpétua tranquilidade às mentes enquanto vivemos aqui, pois a vida raras vezes é outra coisa senão o movimento, e não pode dar-se sem desejo e sem temor, assim como não pode existir sem sensações. Que gênero de felicidade guarda Deus para aqueles que, com devoção lhe honram, nada podem sabê-lo antes de gozá-la; são alegrias tão incompreensíveis, neste momento, quanto a frase *visão beatífica* dos escolásticos.

A forma de dicção por meio da qual os homens expressam sua opinião acerca da bondade de uma coisa chama-se ELOGIO. Aquilo com o qual significam a capacidade e a grandeza de uma coisa chama-se EXALTAÇÃO. E aquilo com o qual significam a opinião que têm da felicidade de um homem é o que os gregos chamavam com uma expressão para a qual carecemos de um nome em nosso idioma. Considero que, com isso, disse o suficiente para o nosso propósito, quanto ao que diz respeito às PAIXÕES.

CAPÍTULO VII
DOS FINS OU PROPÓSITOS
DO DISCURSO

Para todo *discurso* governado pelo desejo de conhecimento há, em última análise, um *fim* para alcançar ou renunciar a algo. E na cadeia do discurso, onde quer que o mesmo seja interrompido, há um fim contingente.

Se o discurso for meramente mental, o mesmo consistirá em pensamentos de que uma coisa será e não será; ou foi, e não foi, alternadamente. Deste modo, onde quer que você interrompa a cadeia do discurso de um homem, você o relega à presunção *do que será*, ou, *não será*; ou *do que foi*, ou *não foi*. Tudo isso, é o que se dá o nome de *opinião*. E tal como existem apetites alternativos, sobre deliberar acerca do bem e do mal, há igualmente opiniões alternativas na busca pela verdade sobre o *passado* e o *futuro*. E como o último apetite na deliberação é chamado de *vontade*, a última opinião em busca da verdade do passado e do futuro é nomeada de JULGAMENTO, ou *sentença resoluta e final* daquele que *discursa*. E ainda como a cadeia de apetite que se alterna na questão do bem ou do mal se chama *deliberação*; então toda a cadeia de opiniões que se alterna na questão do verdadeiro e do falso é chamada de DÚVIDA.

Nenhum discurso, seja qual for, pode terminar no conhecimento absoluto dos fatos, passados ou futuros. Pois, quanto ao conhecimento dos fatos, este é originalmente sentido e depois é sempre memória. E para o conhecimento das consequências, o que eu denominei anteriormente ciência, este não é absoluto, mas condicional. Ninguém pode saber pelo discurso o que isto ou aquilo é, foi ou será, porque isso é conhecer em absoluto. Mas somente se isto é, aquilo também é; se isto foi, aquilo também foi; e se isto será, aquilo também será, pois implica um saber condicional. E esta não é a consequência em si de uma coisa em razão da outra, senão do nome de uma coisa em razão de outro nome da mesma coisa.

Portanto, quando o discurso é manifesto pelo discurso, e começa com as definições de palavras, e procede por conexão do mesmo em afirmações gerais, e destas por sua vez, novamente em silogismos, a soma final ou resultado é chamada de conclusão; e a ideia mental por ela significada é o conhecimento condicional ou o conhecimento da consequência das palavras, ao que comumente se chama de CIÊN-CIA. Mas se tal discurso não se fundamentar em definições, ou se as definições não forem corretamente unidas em silogismos, então o fim ou conclusão é novamente OPINIÃO acerca da verdade de algo dito, embora algumas vezes em palavras absurdas e insensatas, sem possibilidade de serem entendidas. Quando duas ou mais pessoas conhecem um e o mesmo fato, diz-se que estão CONSCIENTES dele em relação à outra; o que corresponde a conhecê-lo em conjunto. E como tais pessoas são as melhores testemunhas umas das outras, ou de um terceiro, foi e sempre será reputado um ato maléfico para qualquer um falar contra sua *consciência*; ou corromper ou forçar outrem a fazê-lo: não por outra razão é que o testemunho de consciência sempre foi ouvido com muita diligência em todos os tempos. Sendo depois disso, a mesma palavra usada como metáfora para designar o conhecimento de seus próprios fatos e pensamentos secretos – razão pela qual se diz retoricamente que a consciência equivale a mil testemunhas[17]. E por fim atribuída pelos homens as suas novas opiniões que ainda que absurdas, dada à paixão para com elas e a partir daí de uma obstinada inclinação para mantê-las, assim o fizeram como se quisessem ver por ilegal que se mudasse ou falasse contra elas, tomadas pretensamente por verdade, quando sabiam no máximo serem eles os que assim pensam estar.

Quando o discurso de alguém começa não por definições, ou começa em alguma outra contemplação de si próprio, e neste caso ainda continua a chamar-se opinião, ou se apoia em afirmações de outra pessoa de cuja capacidade de conhecer a verdade e de cuja honestidade sincera, ele não duvida, então o discurso diz menos respeito à coisa do que à pessoa; e a resolução é chamada CRENÇA e FÉ: *fé*

---

17. Cf. QUINTILIANO. *Inst. Oratória*, V, 11, 41.

no homem; *crença*, tanto no homem quanto na verdade que ele diz. Então, na crença, há duas opiniões: uma dos dizeres do homem, e outra de sua virtude. *Ter fé, confiar* ou *acreditar em um homem* significa a mesma coisa; ou seja, uma opinião da veracidade do homem: mas *acreditar no que é dito* significa apenas uma opinião sobre a verdade do dito. Mas temos que observar que esta frase *Eu creio em*; como também em latim, *Credo in*; em grego πιστένω εέζ, nunca são usados, só quando se referem ao divino. Em lugar dele, em outros escritos se diz: *Eu creio nele, Eu confio nele, Eu tenho fé nele, Eu me fio nele*; em latim, *Credo illi*, ou *fido illi*; e em grego πιστένω αυτώ. Essa singularidade do uso eclesiástico da palavra suscitou muitas disputas sobre o objeto correto da fé cristã[18].

Mas *crer em*, como no Credo, não significa confiar na pessoa, mas confissão e reconhecimento da doutrina. Pois não somente os cristãos, mas todos os tipos de homens creem em Deus a ponto de reter tudo pela verdade que eles o ouvem dizer, quer eles entendam ou não. Este é o máximo de fé e confiança que uma pessoa qualquer pode ter. Mas nem todos acreditam na doutrina do Credo.

Disso podemos inferir que, quando acreditamos na veracidade de uma afirmação qualquer, a partir dos argumentos tomados, não da própria coisa, ou dos princípios da razão natural, mas da autoridade e boa opinião que temos daquele que o disse, então é o orador ou a pessoa em quem acreditamos, ou confiamos, e cuja palavra nós admitimos que se trata do objeto de nossa fé; e a honra feita em crer é feita somente a ele. E consequentemente, quando acreditamos que as Escrituras são a palavra de Deus, não tendo nenhuma revelação imediata do próprio Deus, nossa crença, fé e confiança estão na Igreja, cuja palavra nós tomamos e concordamos. E aqueles que creem

---

18. Para Hobbes, a crença contrasta com o conhecimento: na crença, nós confiamos em uma pessoa, enquanto o conhecimento depende da crença no raciocínio perfeito. Sobre a crença, Hobbes expôs da seguinte maneira: "quando a opinião é admitida mediante a crença em outros homens, eles dizem que acreditam nisso; e sua admissão nisso é chamada de CRENÇA e, em alguns casos, fé [...] a admissão de proposições pautada na confiança não está, em muitos casos, menos livre da dúvida, quando comparado ao perfeito e manifesto conhecimento" (*Os elementos da Lei* I, 6,7-9). Seja como for, há uma distinção entre crença e fé, conquanto ambos os termos sejam usados frequentemente entre si. A fé é uma opinião sobre algo que depende da confiabilidade daquele que a expressou; a crença é, em termos precisos, a combinação de duas opiniões: uma na pessoa e outra sobre a coisa que ela expressou (LEMETTI, J. Belief. In: LLOYD, S.A. (ed.). *The Boomsbury Companion to Hobbes*. Londres: Bloomsbury, 2013, p. 85-87) [N.T.].

no que um profeta relata a eles em nome de Deus, aceitam a palavra do profeta, fazem honra a ele, e nele confiam e creem, aceitando a verdade do que ele diz, seja ele verdadeiro ou falso profeta. E assim é também com qualquer outro tipo de história. Porque se eu não acreditasse em tudo o que foi escrito pelos historiadores sobre os atos gloriosos de *Alexandre* ou de *César*, não creio que os espíritos de *Alexandre* ou de *César* teriam motivo algum para se ofender por isso, nem nenhum outro, salvo o historiador. Se *Tito Lívio* diz que os deuses fizeram uma vez uma vaca falar, e nós não acreditamos nisso, não desacreditamos Deus, mas em *Tito Lívio*. De modo que é evidente que tudo o que cremos, não por outra razão, senão apenas na autoridade dos homens e de seus escritos, sejam eles enviados de Deus ou não, a nossa fé é somente nos homens.

CAPÍTULO VIII
DAS VIRTUDES COMUMENTE CHAMADAS DE INTELECTUAIS E SEUS DEFEITOS CONTRÁRIOS

Em todos os assuntos, a VIRTUDE geralmente é algo que tem valor por sua eminência e consiste da comparação; pois, se todas as coisas fossem iguais em todos os homens, nada poderia ser estimado. E por *virtudes* INTELECTUAIS se entende sempre aquelas habilidades da mente que os homens apreciam, valorizam e desejam ter neles mesmos; comumente se são denominadas de uma *boa sagacidade*; conquanto esta mesma palavra seja também usada para distinguir certa aptidão para o restante delas.

Essas *virtudes* são de dois tipos: *natural e adquirida*. Por natural eu não quero implicar que um homem as detém desde seu nascimento, pois nada apresentavam nessa fase senão sensações; nisso pouco diferem os homens uns dos outros e das brutas bestas, uma vez que estas não podem ser reconhecidas entre as virtudes. A *sagacidade* que faço referência se alcança somente pelo uso e experiência, sem método, cultura e instrução. Esta SAGACIDADE NATURAL consiste principalmente de duas coisas: *celeridade de imaginação* (quer dizer, naquilo que diz respeito à sucessão de um pensamento após o outro) e *pronta resposta* até alcançar um fim proposto. Por outro lado, uma imaginação lenta constitui o defeito ou falta de inteligência que comumente se denomina EMBOTAMENTO, *estupidez* e, em certos casos, com outros nomes que significam lentidão de movimento ou dificuldade para ser movido.

Esta diferença de celeridade é causada pela diferença das paixões humanas; alguns amam e desgostam de algo, outros de outra coisa; consequentemente, certos pensamentos humanos seguem um caminho, e outros seguem outro caminho, pois retêm e observam de modo diferente as coisas que passam através de sua imaginação E como nesta sucessão de pensamentos humanos nada há para observar nas coisas sobre as quais se pensa, exceto naquilo em que em uma *se assemelha* ou *se diferencia* noutra, ou *para que servem*, ou *como servem para determinado propósito*; quem observa suas similitudes, nos casos em que estas qualidades dificilmente são observadas por outros, se diz que tem uma *boa sagacidade*; a qual, neste caso, quer dizer uma *boa imaginação*. Mas aqueles que observam suas diferenças e dessemelhanças, o que é chamado *distinção, discernimento* e *juízo* entre coisa e coisa; neste caso, no qual o discernimento não é simples, aqueles que o detêm são evocados como tendo um *bom julgamento*; e, particularmente, quanto à conversação e negócios, quando tempos, lugares e pessoas devem ser discernidas, tal virtude é chamada de DISCRIÇÃO. A primeira, que é a imaginação, sem a ajuda do juízo, não é considerada como uma virtude: mas a última, que é o julgamento e discrição, é considerada por si própria, sem a ajuda da imaginação. Apesar da discrição de tempos, lugares e pessoas, necessária para uma boa imaginação, também se requer uma aplicação frequente desses pensamentos visando um fim; isso significa dar algum uso para eles. Feito isso, quem possui essa virtude facilmente encontra semelhanças que não somente resultam agradáveis para a ilustração de seu discurso e para adorná-lo com novas e adequadas metáforas, mas também pela raridade de sua invenção. Mas, sem tal prontidão e direção voltada para um fim, uma grande imaginação é uma espécie de loucura; aqueles que a têm, ao adentrar em um discurso, são afastados de seus propósitos por alguma questão que lhes vêm à mente, divagando em tão abundantes e diversas digressões e parênteses que se extraviam lamentavelmente. Para tal tipo de loucura eu não conheço nenhum nome em particular, mas sua causa é, em certos casos, o desejo de experiência, que certas vezes parece nova e rara a um homem, enquanto o mesmo não ocorre em outros; algumas vezes a pusilanimidade, quando o que parece grande para um, outros homens consideram trivial; e como tudo que é novo, ou grande ou ainda digno de expressão, afasta um homem gradualmente da via pretendida de seu discurso.

Em um bom poema, seja ele *épico* ou *dramático*, assim como em *sonetos, epigramas* e em outras peças, tanto o julgamento quanto a imaginação são exigidos: mas a imaginação deve ser mais eminente porque eles agradam pela extravagância, conquanto não pretendam desagradar pela discrição.

Em uma boa história, o julgamento deve ser eminente porque sua qualidade consiste no método, na verdade e na escolha das ações que são mais lucrativas de serem conhecidas. A imaginação não tem lugar, exceto ao adornar o estilo.

Nas orações de elogio e invectivas, a imaginação é predominante porque o desígnio não é a verdade, mas honrar ou desonrar; o que é alcançado com comparações nobres ou vis. O julgamento o faz, mas sugere que circunstâncias fazem de uma ação laudatória ou culpável.

Em hortativas [exortações] e apelos, a verdade e a simulação servem melhor ao desígnio à mão; de maneira que ora o julgamento, ora a imaginação são mais requeridos.

Na demonstração, no conselho e em todas as buscas rigorosas da verdade, o julgamento deve ser usado, exceto algumas vezes, quando a compreensão precisa ser aberta por algum tipo de semelhança apta; e, de tal maneira, há muito uso da imaginação. Mas, as metáforas estão, neste caso, decididamente excluídas, pois revelam uma simulação, e professá-las abertamente implica desconfiança, e admiti-las em um conselho ou raciocínio seria uma loucura manifesta.

E, independentemente do discurso, se o defeito da discrição for aparente, por mais extraordinária que seja a imaginação, o discurso inteiro será considerado como um sinal de desejo de sagacidade; nunca ocorre isso quando a discrição está manifesta, ainda que a imaginação resulte um tanto ordinária.

Os pensamentos secretos de um homem tratam de todas as coisas: sagradas, profanas, puras, obscenas, graves, brilhantes, sem vergonha ou culpa; o mesmo não ocorre com o discurso verbal, ainda que o julgamento deva levar em conta o lugar, o tempo e as pessoas. Um anatomista ou um físico [médico] pode falar ou escrever sua opinião sobre coisas impuras, pois seu objeto não é agradar, mas ser útil; todavia, para outro homem que escreve suas fantasias extravagantes e agradáveis sobre o mesmo, é como se alguém se apresentasse em uma boa companhia depois de ter revolvido na sujeira. A diferença consiste no desejo de discrição. Novamente, nos casos de deliberada dissipação da mente e no círculo familiar, um homem pode jogar com os sons e com as significações equívocas das palavras, o que, nestas ocasiões, é um sinal de extraordinária fantasia. Mas, em um sermão, ou em público, ou diante de pessoas desconhecidas, ou ainda diante daquelas que reverenciamos, não há palavras melodiosas que não serão consideradas como loucura: a diferença consiste uma vez mais no desejo de discrição. De forma que onde a sagacidade é desejada, não é a imaginação que se almeja, mas a discrição. Portanto, o julgamento sem imaginação é sagacidade, mas a sagacidade sem o julgamento não o é.

Quando os pensamentos de um homem que tem um desígnio a mão percorrem uma multidão de coisas, observe como ele conduz aquele desígnio; ou então, que desígnio ele pode conduzir; se sua observação provar que elas não são fáceis ou usuais, essa sagacidade é chamada de PRUDÊNCIA; ela depende de muita experiência e memória sobre coisas análogas, e suas consequências até então. Nisto não há muita diferença aos homens, assim como em suas imaginações e julgamentos; porque a experiência dos homens não é muito desigual na idade ou quantidade, mas deita em diferentes ocasiões, cada qual com desígnios privados. Para governar bem uma família e um reino, não há níveis distintos de prudência, mas diferentes tipos de negócios; assim como desenhar um quadro pequeno, grande ou em tamanho maior que o natural nada mais implica do que níveis distintos de arte. Um lavrador sensato é mais prudente nos negócios de sua casa do que um conselheiro privado nos assuntos de outro homem.

Quanto à prudência, se você acrescentar o uso de meios injustos e desonestos, tal como usualmente são empregados pelos homens temerosos ou ambiciosos; você terá, portanto, aquela visão distorcida que é chamada de OFÍCIO, o que é um sinal de pusilanimidade. Pois a magnanimidade é o desprezo por auxílios injustos ou desonestos; e o que em latim chama-se *versutia* (traduzido em inglês, *ardileza*), ou seja, afastar um perigo ou incômodo presente ao engajar-se em um ainda maior, como quando um homem rouba alguém para pagar outro, nada mais é do que um ofício de pouco vislumbre chamado *versutia*, de *versura*, o que significa pedir dinheiro emprestado para um pagamento de interesse.

Quanto ao *talento adquirido* (faço referência ao logrado pelo método e instrução), não é outra coisa que não a razão; está assentado no uso correto da linguagem e produz as ciências. Mas já tratei da razão e ciência nos capítulos V e VI.

As causas dessa diferença de talento encontram-se nas paixões; e a diferença de paixões procede, em parte, da diferente constituição do corpo, e em parte, da distinta educação. Porque se a diferença procedesse da têmpera do cérebro e dos órgãos do sentido, tanto externos como internos, não haveria a menor diferença entre os homens quanto à vista, o ouvido e outros sentidos, assim como no tocante à imaginação e seu discernimento. A diferença de talento procede, consequentemente, das paixões, que não somente diferenciam-se pela complexão humana diversa, mas também por suas diferenças quanto aos costumes e educação.

As paixões que, acima de tudo, não causam diferenças de talento são, principalmente, um maior ou menor desejo de poder, de riquezas, de conhecimentos e de honras, e todas podem ser reduzidas ao primeiro elemento, isto é, o afã de poder. Porque as riquezas, o conhecimento e a honra nada mais são do que diferentes espécies de poder.

Por tal razão, um homem que não tem grande paixão por nenhuma dessas coisas é um homem indiferente, ainda que, pelos demais, pode ser um homem tão cabal que será incapaz de ofender qualquer um, mas sem grande imaginação nem juízo adequado. Porque os pensamentos são, quanto aos desejos, como escutas ou espiões, que precisam ser situados para que vislumbrem o caminho até as coisas desejadas. Toda a firmeza nos atos de inteligência e toda a rapidez da mesma procedem daqui. Com efeito, não ter desejos é estar morto, ter paixões débeis é embotamento; apaixonar-se indiferentemente por todas as coisas, LEVIANDADE e *distração*; e sentir por algo paixões mais fortes e mais veementes do que é ordinário aos demais, é o que os homens chamam de LOUCURA.

Há classes tão diversas de loucura como das próprias paixões. Algumas vezes, a paixão extraordinária e extravagante procede da defeituosa constituição dos órgãos do corpo, o de um dano que eles sofreram; algumas vezes, o dano e a indisposição dos órgãos causam a veemência ou prolongada continuidade da paixão. Mas, em ambos os casos, a loucura é uma só e de mesma natureza.

A paixão, cuja violência ou continuidade produz a loucura, ou é uma grande *vanglória*, o que comumente se chama de *orgulho e autoestima estima de si mesmo*, ou um grande desalento da mente. O orgulho lança o homem até a violência, e seu excesso é a loucura, RAIVA e FUROR. E assim procede um excessivo desejo de vingança, quando se torna habitual, perturba os órgãos e se converte em raiva. O amor excessivo, com inveja, também se transforma em raiva. A opinião exagerada que um homem tem de si mesmo, quando sente a inspiração divina, por sua sabedoria, por seu ensinamento, suas maneiras etc., se converte em distração e dissipação. A mesma coisa, associada com a inveja, se converte em raiva; a opinião veemente da verdade de todas as coisas, contradita pelos outros, também engendra raiva.

O abatimento provoca no homem temores imotivados; é chamado comumente de MELANCOLIA e tem também manifestações diversas; por exemplo, a frequentação de cemitérios e locais solitários, as ações de superstição, o temor por alguém ou alguma coisa concreta. Em suma, todas as paixões que produzem uma estranha e pouco usual conduta recebem, em geral, o nome de loucura. Mas, das diversas classes dela, quem quiser colocar sob a pena poderá contar uma legião; e, se os excessos são loucura, não há dúvidas que as próprias paixões, quando tendem mal, são graus dela.

Por exemplo, quanto aos efeitos da loucura, aqueles que creem por ela terem sido inspirados, nem sempre é visível em uma pessoa por uma ação extravagante que proceda de tal paixão, quando várias pessoas obedecem a uma dessas conspirações e a raiva da multidão inteira é bastante visível. Pois qual prova de loucura pode ser maior do que bradar, golpear ou atirar pedras em nossos melhores amigos? Porém, esta é a menor coisa que semelhante multidão pode fazer; ela bradará, combaterá e aniquilará aqueles que, em tempos passados de sua vida, asseguraram-na do mal. E se isso é a loucura em uma multidão, o mesmo ocorre no homem em particular; pois, como em meio ao mar, ainda que um homem não perceba o rumor da água que o rodeia, está bem seguro de que esta porção contribui ao rumor das ondas, tanto quanto qualquer outra parte do mar inteiro; assim, ainda que não percebamos uma grande inquietude em um ou em dois homens, podemos estar seguros que suas paixões singulares são parte da agitação que anima uma nação turbulenta. E, se não existisse nada que manifestasse sua loucura, pelo menos a própria pretensão de assinalar tal inspiração é prova suficiente dela. Se um habitante de Bedlam[19] os entretivesse em termos pretenciosos, e, ao nos despedirmos, quiséssemos saber quem ele é para corresponder mais tarde a sua intenção, e os dissesse que é Deus Pai, penso que não necessitaríeis esperar nenhuma outra ação extravagante para ter uma prova de sua loucura.

Este sentido da inspiração, chamado comumente de espírito particular, tem início com muita frequência na feliz percepção de um erro alheio; e, não sabendo ou não recordando por qual caminho da razão chegam a uma verdade tão singular (como eles creem, ainda que esta descoberta seja, em muitos casos, falsidade), atualmente admiram a si mesmos, supondo que se encontram na possessão da graça do Todo-poderoso por ter-lhes revelado essa verdade de modo sobrenatural, por meio de seu Espírito.

Ademais, tal loucura não é outra coisa senão a mostra de uma excessiva paixão, que verificável nos efeitos do vinho, muito semelhante àqueles de má disposição dos órgãos. Porque a maneira de conduzir os homens que têm bebido demais é a mesma destinada aos loucos: alguns deles têm raiva, outros amam, outros riem, todos de modo extravagante, mas cada qual de acordo com suas distintas paixões dominantes. Porque o vinho produz o efeito de dissipar toda a dissimulação, deixando que se manifeste a deformidade das paixões. Nem os mais sóbrios dos homens, quando caminham sozinhos, libertando suas imaginações, tolerariam que a extravagância de seus pensamentos fosse publicamente advertida: o que seria uma confissão de que as paixões sem guia são, na maior parte dos casos, mera loucura.

Tanto em tempos passados quanto em outros mais próximos, as opiniões do mundo concernentes à causa da loucura têm sido duas. Alguns a fazem derivar das paixões; outros, dos demônios ou espíri-

---

19. Betlhem Royal Hospital, Saint Mary Bethlehem, Bethlehem Hospital e Bedlam são os nomes de uma famosa instituição psiquiátrica londrina. Ela foi fundada em 1247 como um priorado, sendo transformada em hospital em 1330 [N.T.].

tos, tanto bons quanto maus, pensando que esses entes seriam suscetíveis de agitar seus órgãos de maneira estranha e inconsiderada, como convém aos loucos. Os primeiros chamam tais homens de loucos; mas os últimos os denominam *endemoniados*, quer dizer, possuídos por espíritos; algumas vezes, *energumeni* [energúmenos] (ou seja, agitados pelos espíritos); e, agora na Itália, são chamados não apenas de *pazzi* ou loucos, mas também *spiritati*, ou seja, possessos.

Houve certa vez um grande fluxo de pessoas em Abdera, uma cidade dos gregos, na encenação da tragédia de *Andrômeda*, em um dia extremamente quente; consequentemente, uma grande quantidade de espectadores foi acometida pela febre e, como consequência do calor e da tragédia combinadas, de tal maneira que nada faziam, exceto pronunciar [versos] jâmbicos com os nomes de Perseu e Andrômeda; o que, junto com a febre, foi curado pela vinda do inverno: sobre esta loucura, pensou-se que procedeu da paixão impressa pela tragédia. De maneira análoga, noutra cidade grega, reinou uma predisposição à loucura, que atingiu apenas as jovens donzelas, fazendo com que várias delas se enforcassem. A maioria das pessoas pensou que fosse um ato do demônio. Mas uma delas suspeitou que o desprezo pela vida presente nelas pudesse levá-las a tamanha paixão mental, e supondo que elas não desprezassem também sua honra, aconselhou os magistrados a despi-las, de maneira que, ao enforcarem-se, que o fizessem nuas[20]. Tal ação, a estória diz, curou essa loucura. Porém, por outro lado, os mesmos gregos, que frequentemente descreveram como loucura a operação de Eumênides, ou Fúrias e, certas vezes, a Ceres, Febo e outros deuses. Então, os homens atribuíam muitas coisas aos fantasmas, supondo que dispunham de corpos aéreos viventes, e, em geral, chamavam-nos de espíritos. Quanto a isso, os romanos tinham a mesma opinião dos gregos, e assim também ocorreu aos judeus. Estes chamavam os profetas de loucos ou endemoniados, segundo os considerassem inspirados por espíritos bons ou maus; e alguns eles chamavam de ambos, profetas e endemoniados, homens loucos; e outros chamavam o mesmo homem de duas coisas, endemoniados e loucos. E, quanto aos gentios, não pode isto causar estranheza, pois as enfermidades, a saúde, os vícios, as virtudes e muitos acidentes naturais foram denominados

---

20. Ou seja, que fossem expostas nuas publicamente [N.T.].

e conjurados por eles como demônios; de maneira que qualquer um compreendia sob a denominação de demônio o mesmo, fosse uma febre ou o diabo. Mas que os judeus manifestassem tal opinião é algo estranho, porque nem Moisés nem Abraão pretendiam profetizar a favor da possessão de um espírito, mas pela voz de Deus, pela visão ou em um sonho. Não existe tampouco coisa alguma em sua lei moral ou cerimonial pela qual possa pretender que existisse tal entusiasmo ou possessão. Quando se diz que Deus tomou o espírito que havia em Moisés e o deu aos setenta anciãos (Nm 11,25), o espírito de Deus (considerando-o como a substância de Deus) não foi por ele dividido. As Escrituras, quando versa sobre o espírito de Deus no homem, implica um espírito humano propenso ao divino. E quando se diz *aquele em quem infundi o espírito de sabedoria para que fizesse roupas para Aarão* (Ex 28,3), não se pretende dizer que tenha sido ele imbuído por um espírito capaz de produzir roupas, mas a sabedoria de seus próprios espíritos nesse gênero de trabalho. No mesmo sentido, quando o espírito do homem produz ações impuras, ele é chamado ordinariamente de espírito impuro; e assim se fala também de outros espíritos, ao menos quando a verdade e o vício são de tal natureza que resultam extraordinários e eminentes. Tampouco os profetas do Antigo Testamento pretendessem estar inspirados ou que Deus falasse por eles, mas que fosse manifesto neles mediante a voz, a visão ou o sonho. E o *fardo do Senhor* não era a possessão, mas a ordem ou mando. Como puderam os judeus cair nessa ideia de possessão? Eu não consigo imaginar razão alguma, exceto a que é comum a todos os homens, especialmente no anelo de curiosidade por buscarem as causas naturais, além do empenho de situar a felicidade na aquisição de grandes prazeres dos sentidos, assim como nas coisas que mais imediatamente conduzem a eles. Com efeito, quem vê certas excelências, desastres e defeitos em uma mente humana, a menos que não se dê conta da causa que pode provavelmente tê-los originado, dificilmente pensará que seja uma coisa natural; e se não é natural, haveria de ser sobrenatural; assim, que pode haver neles se não for Deus ou o demônio? Quando nosso Salvador foi rodeado pela multidão (Mc 3,21), seus familiares suspeitaram que estivesse louco e saíram de casa para detê-lo. Mas os escribas diziam que ele tinha belzebu, e que graças a ele expulsava os demônios, como se o louco maior empurrasse para fora os menores. De modo que alguns assim disseram: *ele tem um demônio e é louco* (Jo 10,20), enquanto outros tomaram-no como um profeta, dizendo que *aquelas não eram as palavras de alguém que tinha um demônio.* Assim, no Antigo Testamento, aquele que veio ungir Jeú era um profeta (2Rs 9,11); mas alguns daqueles que o acompanhavam perguntaram a Jeú: "*por qual razão veio aquele louco?*" De maneira que, em suma, está manifesto que todo aquele que se comporta de maneira extraordinária era considerado pelos judeus como um possesso, ou por Deus, ou por um espírito maligno; exceto os saduceus, que, por outro lado, erravam muito, pois não acreditavam em absoluto na existência dos espíritos (o que não dista muito de induzir o ateísmo); e, por esta razão, propendiam a denominar tais homens como endemoniados em vez de loucos.

Mas por que nosso Salvador procedeu na cura deles como se estes homens estivessem possessos, e não como se fossem loucos? A isso não se pode dar outro gênero de resposta, exceto a que se dá a quem trata de utilizar analogamente as Escrituras contra a opinião do movimento terrestre. A escritura foi escrita para mostrar aos homens o reino de Deus e para prepararem seus espíritos para serem seus súditos obedientes, abandonando o mundo, e a filosofia a ele referente, ou seja, no tocante à disputa dos homens para o exercício de sua razão natural. Que o movimento da Terra ou do Sol produz o dia e a noite; que as ações exorbitantes dos homens procedam da paixão ou do demônio (de tal forma que não rendamos culto ao último) é o mesmo, pois faz referência à nossa obediência e submissão à onipotência divina, objetivo para o qual foram escritas as Escrituras. Enquanto nosso Salvador falava da enfermidade como se estivesse se dirigindo a uma pessoa, é a frase usual daqueles que curam somente pela palavra, como fez Cristo (e como pretendem fazer os encantadores, quer invoquem o diabo, quer não). Pois não foi também dito que Cristo repreendeu os ventos (Mt 8,26)? E também não foi dito que ele repreendeu uma febre (Lc 4,39)? Ainda assim, isso não significa arguir que a febre é um demônio. E quando se diz que muitos desses demônios confessaram a Cristo, a passagem em questão não deve ser interpretada de outro modo, exceto no sentido que aqueles loucos confessaram. E quando nosso Salvador tratou de um espírito impuro, que, tendo saído de um homem, foi errando pelo deserto em busca de descanso e, sem encontrá-lo, voltou-se ao mesmo homem, em companhia de outros sete espíritos piores que o mesmo (Mt 12,43), é evidente que se trata de uma parábola, referindo-se a um homem que, após esforçar-se arduamente para despojar-se de seus desejos, foi vencido pela potência deles e se fez sete vezes pior do que era. De maneira que eu não vejo absolutamente nada nas Escrituras que requeira crer que os endemoniados eram outra coisa senão loucos.

Há, todavia, outro defeito no discurso de algumas pessoas que pode ser enumerado entre as espécies de loucura: faço referência ao abuso de palavras que anteriormente tratamos no capítulo V, sob a denominação de absurdas. Tal ocorre quando os homens expressam palavras que, reunidas umas com as outras, carecem de significação; no entanto, as pessoas, sem compreender os termos, as repetem de forma rotineira, e são usadas por outras com a intenção de enganar mediante a obscuridade que há nelas. Isto ocorre somente àqueles que conversam sobre temas incompreensíveis, como os escolásticos, ou sobre questão de abstrusa filosofia. O mais comum entre as pessoas é raramente dizer palavras sem sentido, e esta é a razão de que essas outras egrégias pessoas as tomem por idiotas. Mas, para assegurarmos de que as palavras carecem de conteúdo correspondente em espírito, haveríamos de citar alguns exemplos; se alguém o requer, que tome por sua conta um escolástico e veja se pode traduzir qualquer capítulo sobre um ponto difícil, como a Trindade, a Divindade, a natureza de Cristo, a transubstanciação, o livre-arbítrio, ou em um latim tolerável como o que nos deram a conhecer quem viveu quando o latim era uma língua comum. Que significam essas palavras: *a primeira causa influi necessariamente sobre a segunda, em virtude da subordinação essencial das segundas causas, estimulando-as a assim continuar?* Tal é a tradução do capítulo sexto de Suarez, livro primeiro, *Do concurso, do movimento e do auxílio de Deus.* Quando os homens escrevem volumes inteiros sobre tais necessidades, não estaria louco ou pretende enlouquecer os demais? Particularmente quanto ao problema da transubstanciação, quando, depois de terem pronunciado determinadas palavras como *brancura, circularidade, qualidade, corruptibilidade,* se diz que todas essas coisas incorpóreas etc. passam da hóstia ao corpo de nosso bendito Salvador, não provam com todos esses termos abstratos que há outros tantos espíritos que possuem seu corpo? Por espíritos entendem essas coisas, com efeito, coisas que se movem de um lugar ao outro mesmo sendo incorpóreas. De modo que este gênero de absurdos pode corretamente ser incluído entre os diversos tipos de loucura; e todo o tempo em que, guiados por pensamentos claros de suas paixões mundanas, se abstêm de discutir e escrever [tais ideias], não são senão intervalos de lucidez. E basta quanto às virtudes e os defeitos intelectuais.

CAPÍTULO IX
SOBRE AS VÁRIAS MATÉRIAS DO CONHECIMENTO

Há dois tipos de CONHECIMENTO, um é o *conhecimento de fato*; o outro, o *conhecimento das consequências de uma afirmação para outra*. O primeiro nada mais é senão sentido e memória, e é *o conhecimento absoluto*; como quando vemos um fato, lembramo-nos do que foi feito; e este é o conhecimento requerido a uma testemunha. Este último é chamado de *ciência* e é *condicional*; como quando sabemos que: *se uma figura mostrada é um círculo, então qualquer linha reta através do centro a dividirá em duas partes iguais*. E este é o conhecimento requerido de um filósofo; isto é, daquele que pretende raciocinar.

O registro de *conhecimento de fato* é chamado de *história*, do qual existem dois tipos: um chamado *história natural*; que é a história dos fatos, ou efeitos da natureza, que não dependem da *vontade* do homem; como são as histórias dos *metais, plantas, animais, e coisas* afins. A outra história é a *história civil*, que é a história das ações voluntárias dos homens nas repúblicas[21].

Os registros da ciência são os *livros* que contêm as *demonstrações* das consequências de uma afirmação em relação à outra; e é o que comumente se chama de *livros de filosofia*; dos quais os tipos

---

21. As preocupações históricas de Hobbes são mais adequadamente expressas noutros trabalhos, como a *História da Guerra do Peloponeso, Behemoth* e a *História Eclesiástica*. Hobbes definiu a História como o "registro do conhecimento do fato", apesar de não tratá-la enquanto uma ciência. Ademais, a História poderia ter duas naturezas, a saber, natural ou civil. A primeira são os fatos ou efeitos naturais independentemente da vontade humana, enquanto a civil dependeria das ações voluntárias humanas nas repúblicas. Por fim, ela seria essencialmente um tipo de discurso baseado na testemunha ocular e/ou testemunho, não excluindo, com efeito, o texto bíblico (cf. *Leviatã*, XXXIII) (LEMETTI, J. History and Historical Knowledge. In: LLOYD, S.A. (ed.). *The Boomsbury Companion to Hobbes*. Londres: Bloomsbury, 2013, p. 88-90) [N.T.].

são muitos, de acordo com a diversidade da matéria; e podem ser divididos da maneira que eu os dividi na seguinte tabela:

I. Ciência, isto é, conhecimento das consequências; o que também é chamado de Filosofia

A. Consequências de acidentes de corpos naturais; o que é chamado de Filosofia Natural

1. Consequências dos acidentes comuns a todos os corpos naturais; que são quantidade e movimento.

a. Consequências da quantidade e movimento indeterminado; que, sendo os princípios ou o primeiro fundamento da filosofia, é chamado *philosophia prima*

Philosophia Prima

b. Consequências do movimento e da quantidade determinada

1) Consequências da quantidade e do movimento determinado

a) Por figura, por número

1] Matemática,

Geometria

Aritmética

2) Consequências do movimento e quantidade de corpos em especial

a) Consequências do movimento e quantidade das grandes partes do mundo, como a terra e as estrelas,

1] Cosmografia

Astronomia

Geografia

b) Consequências do movimento de tipos especiais e figuras de corpo,

1] Mecânica, doutrina do peso

Engenharia

Arquitetura

Navegação

2. Física, ou consequências das qualidades

a. Consequências das qualidades dos corpos transitórios, como às vezes aparecem, às vezes desaparecem

Meteorologia

b. Consequências das qualidades de corpos permanentes

1) Consequências das qualidades das estrelas

a) Consequências da luz das estrelas. Fora disto, e o movimento do sol, é feita a ciência da Sciografia

b) Consequências da influência das estrelas,

Astrologia

2) Consequências das qualidades dos corpos líquidos que preenchem o espaço entre as estrelas; tais como o ar, ou a substância etérea

3) Consequências das qualidades dos corpos terrestres

a) Consequências das partes da terra sem sentido,

1] Consequências das qualidades de minerais, como pedras, metais etc.

2] Consequências das qualidades dos vegetais

b) Consequências das qualidades dos animais

1] Consequências das qualidades dos animais em geral

a) Consequências da visão,

Óptica

b) Consequências dos sons

Música

c) Consequências do resto dos sentidos

2] Consequências das qualidades dos homens em especial

a) Consequências das paixões dos homens, Ética

b) Consequências da fala

i) Na ampliação, difamação etc.

Poesia

ii) Na persuasão,

Retórica

iii) No raciocínio,

Lógica

iv) Na contratação,

A ciência do justo e do injusto

B. Consequências dos acidentes dos corpos políticos; o que é chamado de Política e Filosofia Civil

1. Das consequências da instituição das Repúblicas, para os direitos e deveres do corpo político, ou soberano

2. Das consequências do mesmo, para o dever e o direito dos sujeitos.

CAPÍTULO X
SOBRE O PODER, O VALOR, A DIGNIDADE E O MERECIMENTO

O PODER *de um homem* – para tomá-lo universalmente – consiste em seus meios presentes para obter algum bem aparente futuro, e pode ser *original* ou *instrumental*.

O *poder natural* é a eminência das faculdades do corpo ou da mente, como a força, a imagem, a prudência, a habilidade, a eloquência, a liberalidade e a nobreza extraordinária. São *instrumentais* aqueles poderes que, adquiridos por estes ou pela fortuna, são meios e instrumentos para adquirir mais; como riquezas, reputação, amigos e a obra secreta de Deus, que os homens chamam boa sorte. Pois a natureza do poder é, neste ponto, como a da fama, cresce à medida que prossegue; ou como um movimento de corpos pesados, os quais, quanto mais avançam, mais rapidamente se movem.

O maior dos poderes humanos é aquele que é composto dos poderes da maioria dos homens, unidos pelo consentimento, em uma pessoa, natural ou civil, que tem o uso de todos esses poderes na dependência de suas vontades; tal como é o poder de uma República: ou dependendo das vontades de cada particular; tal como é o poder de uma facção, ou de várias facções coligadas. Portanto, ter servos é poder; e ter amigos é poder: pois são forças unidas.

Também a riqueza associada à liberalidade é poder; porque reúne amigos e servos: sem liberalidade, não; porque neste caso a riqueza não defende os homens, mas os expõem à inveja, como uma presa.

Reputação de poder é poder; porque traz consigo a adesão daqueles que precisam de proteção.

Da mesma forma é o que se dá com a reputação de um homem que diz amar a sua terra – o que se chama de popularidade.

Além disso, a qualidade que faz um homem ser amado ou temido por muitos, ou a reputação de tal qualidade, é poder; porque é um meio de ter a assistência e o serviço de muitos.

O bom-sucesso é poder; porque faz reputação da sabedoria ou boa fortuna, e isso leva a que os homens temam ou confiem em quem o alcança.

A afabilidade dos homens que já se acham no poder é um aumento do poder, porque se trata de um ganho de amor.

A reputação de prudência na condução da paz ou da guerra é poder; porque aos homens prudentes nós confiamos o governo de nós mesmos com mais vontade do que para os outros.

A nobreza é poder, não em todos os lugares, mas apenas naquelas Repúblicas onde tem privilégios; porque é em tais privilégios que está o seu poder.

A eloquência é poder; porque se assemelha à prudência.

A forma é poder; porque sendo uma promessa de bem, ela recomenda aos homens o favor das mulheres e de estranhos.

As ciências são pequenos poderes; porque não são eminentes e, portanto, não são reconhecidas em todos os homens; mas em poucos e, mesmo neles, em poucas coisas. Pois é da natureza da ciência que ninguém pode entendê-la, exceto quem em boa medida a atingiu.

As artes de uso público, como fortificação, fabricação de motores e outros instrumentos de guerra, são poder porque conferem defesa e vitória; e embora a verdadeira mãe deles seja a ciência, isto é, a matemática, porque são trazidos à luz pela mão do artífice, eles são considerados (para o vulgo, a parteira passa por mãe) geração deste.

O *valor* ou a IMPORTÂNCIA de um homem é, como todas as outras coisas, seu preço; isto é, tanto quanto seria dado pelo uso de seu poder e, portanto, não é absoluto, mas uma coisa dependente da necessidade e julgamento de outrem. Um condutor competente de soldados tem alto preço em tempos de guerra presente ou iminente, mas não durante a paz. Um juiz instruído e incorrupto vale muito em tempos de paz, mas não tanto em guerra. E como em outras coisas, também em relação aos homens, não é o vendedor, mas sim o comprador quem determina o preço. Pois mesmo que um homem – como a maioria faz – avalie a si mesmo pelo valor mais alto que pode, seu verdadeiro valor não é mais do que aquele que é estimado pelos outros.

A manifestação do valor que estabelecemos um sobre o outro é aquela que é comumente chamada de honrar e desonrar. Valorizar um homem em alto preço é *honrá-lo*; a um valor baixo é *desonrá-lo*. Mas alto e baixo, neste caso, devem ser entendidos em comparação com a taxa que cada homem se impõe.

O valor público de um homem, que é o valor que lhe é atribuído pela república, é aquilo que os homens geralmente chamam de DIG-NIDADE. E este valor dele na república se materializa em cargos de direção, posições na judicatura e empregos públicos; ou por nomes e títulos introduzidos para distinguir tal valor.

Rogar a outro por ajuda de qualquer tipo é HONRAR; porque é um sinal de que temos a opinião de que esse alguém tem poder para ajudar; e quanto mais difícil for a ajuda, maior é a honra.

Obedecer é honrar; porque nenhum homem obedece a alguém a que se pensa não ter poder para ajudá-lo ou prejudicá-lo. Consequentemente, desobedecer implica *desonrar*.

Dar grandes presentes a um homem é honrá-lo; porque se trata de compra de proteção e reconhecimento de poder. Ofertar pequenos presentes é desonrar; porque nada mais é, exceto uma esmola, e implica a opinião da necessidade de pequenas ajudas apenas.

Ser solícito em promover o bem de outro, e também em bajular, é honrar; como sinal de que procuramos sua proteção ou ajuda. Negligenciar é desonrar.

Ceder o caminho ou o lugar a outrem, em qualquer situação, é honrar; sendo isso o reconhecimento de um poder superior. Fazer frente é desonrar.

Mostrar qualquer sinal de amor ou medo de outro é honrar; pois tanto amar quanto temer é valorizar. Desprezar ou mostrar menos amor ou temor do que o outro espera, é desonrar; porque implica subestimar.

Louvar, exaltar ou felicitar é honrar; porque nada é mais valorizado do que a bondade, o poder e felicidade. Insultar, zombar ou apiedar-se é desonrar.

Como sinal de medo de ofender, falar com o outro com consideração, e aparecer diante dele com decência e humildade é honrá-lo. Já falar com alguém asperamente, ou agir diante dele de maneira obscena, reprovável ou impudente é desonrar.

Acreditar, confiar, se apoiar no outro, é honrá-lo; sinais que revelam sua virtude e poder. Desconfiar, ou não acreditar, é desonrar.

Ouvir de um homem o seu conselho ou um discurso de qualquer tipo é honrá-lo; porque transparece uma postura de achá-lo sábio, eloquente ou espirituoso. Dormir, sair ou falar ao mesmo tempo em que ele fala, é desonrar.

Fazer a alguém coisas que ele toma por sinais de honra, ou que a lei ou costume assim também o faz, é honrar; porque ao aprovar a honra feita pelos outros, ele reconhece o poder que os outros reconhecem. Recusar-se a empreendê-las é desonrar.

Concordar com a opinião de outrem é honrar; trata-se de um sinal de aprovação de seu julgamento e sabedoria. Discordar é desonrar e apontar o erro de outrem, e, se a dissensão estiver em muitas coisas, implica acusá-lo de loucura.

Imitar é honrar; pois se trata tal qual de uma veemente aprovação. Imitar o inimigo alheio é desonrar.

Honrar aquele a quem alguém honra, é honrá-lo igualmente; como um sinal de aprovação de seu julgamento. Honrar seus inimigos é, por sua vez, uma forma de desonrá-lo.

Se valer do conselho de alguém, ou empregá-lo em ações de dificuldade, é honrar; pois isso se constitui em um signo de apreço por sua sabedoria ou outro poder. Negar ajuda em casos similares àqueles que a procure dar, é desonrar.

Todas essas formas de honrar são naturais, seja dentro ou fora das repúblicas. Contudo, como nas repúblicas, aquele ou aqueles que detêm a autoridade suprema podem fazer qualquer coisa que desejarem para assinalar com sinais de honra, e outras honrarias são possíveis.

Um soberano pode honrar um súdito com qualquer título, cargo, emprego ou ação que ele próprio tenha estabelecido como sinal de sua vontade de honrá-lo.

O rei da Pérsia honrou Mordecai quando determinou que ele seria levado pelas ruas sob as vestes do rei, em um dos cavalos do rei, com uma coroa na cabeça, e um príncipe antes dele, proclamando: *assim será feito àquele que o rei quiser honrar.* E ainda outro rei da Pérsia, ou o mesmo em outra ocasião, a um homem que exigia usar uma das vestes do rei após ter prestado algum grande serviço, o monarca deu-lhe licença para o fazer; mas com o acréscimo de que ele deveria usá-lo como o bobo da corte; isso então foi desonra. Assim, a fonte de toda honra civil reside na pessoa da república e depende da vontade do soberano. Por conta disso, é temporária e chamada de *honra civil*; como nos casos da magistratura, dos cargos públicos e dos títulos e, em alguns lugares, dos uniformes e das insígnias: e os homens honram aqueles que os possuem, porque são sinais outros do favor da república; e estes favores são poder.

Honroso é qualquer tipo de posse, ação ou qualidade que constitui argumento e sinal de poder.

E, portanto, ser honrado, amado ou temido por muitos é honroso, porque constitui expressão de poder. Ser honrado por poucos ou por ninguém é *desonroso*.

O domínio e a vitória são honrosos porque são adquiridos pelo poder; a servidão, por necessidade ou por medo, é desonrosa.

A boa sorte, quando duradoura, é honrosa; trata-se de um sinal do favor de Deus. O mau agouro e as perdas são desonrosas. A riqueza é honrosa, porque é poder. A pobreza é desonrosa. A magnanimidade, a liberalidade, a esperança, a coragem e a confiança são honrosas; porque procedem da consciência do poder. A pusilanimidade, a parcimônia, o medo e a desconfiança são desonrosos.

A resolução oportuna, ou determinação sobre o que um homem deve fazer, é honrosa, pois implica o desprezo às pequenas dificuldades e perigos. A irresolução é desonrosa, porque se trata de um sinal de demasiada valorização de pequenos impedimentos e de vantagens pequenas: pois quando o homem pesa as coisas tanto quanto o tempo permite e não se decide, a diferença de peso é pequena; e, portanto, se ele não resolve, ele supervaloriza pequenas coisas, o que é pusilanimidade.

Todas as ações e discursos que procedam, ou parecem proceder, de muita experiência, ciência, discrição ou sagacidade são honrosas; pois todas essas são poderes. Já as ações ou palavras que procedem do erro, da ignorância ou da tolice, desonrosas.

A gravidade, quando parece proceder de uma mente ocupada com outras coisas, é honrosa; porque a ocupação é um sinal de poder. Mas se parece proceder do propósito de transmitir gravidade, então é desonrosa. Pois a gravidade do primeiro é como a firmeza de um navio carregado de mercadorias; mas a do segundo é como a estabilidade de um navio com lastro de areia ou lixo.

Ser distinto, isto é, ser conhecido por riqueza, ofício, grandes ações ou qualquer bem eminente é honroso, visto que se trata de um sinal do poder pelo qual alguém se faz ser ilustre. Pelo contrário, a obscuridade é desonrosa.

Descender de pais ilustres é honroso; porque assim eles mais facilmente alcançam os auxílios e os amigos de seus ancestrais. Pelo contrário, descender de um parentesco obscuro é desonroso.

As ações procedentes da equidade, somadas às perdas, são honrosas; como sinais de magnanimidade: porque a magnanimidade é um sinal de poder. Pelo contrário, fabricar, deslocar, ou negligenciar a equidade é desonroso.

A cobiça de grandes riquezas e a ambição de grandes honras são dignas de honra; como sinais de poder para obtê-las. A cobiça e a ambição de pequenos ganhos ou preferências é desonrosa.

Quanto à honra, nada transforma uma ação (por maior ou mais difícil que seja e, consequentemente, um sinal de um grande poder), seja ela justa ou injusta: pois a honra consiste apenas da opinião do poder. Portanto, os antigos pagãos não achavam que eles desonravam, mas que honravam grandemente os deuses, quando os introduziam em seus poemas cometendo estupros, roubos e outros grandes atos injustos ou impuros; por conta disso, *Júpiter* foi tão celebrado por seus adultérios; e *Mercúrio* por suas fraudes e roubos; sendo o maior elogio a ele, um hino de Homero, que dizia que, nascido de manhã, teria inventado a música ao meio-dia e, antes do anoitecer, roubado o gado de *Apolo* de seus pastores[22].

Também entre os homens, até que se constituíssem as grandes repúblicas, pensava-se que não era desonesto ser um pirata ou um ladrão de estradas de rodagem; mas sim tratava-se de um negócio legal, não apenas entre os gregos, mas também entre todas as outras nações; como é manifesto nos tempos antigos. Nestes dias, nesta parte do mundo, os duelos privados são e sempre serão honrosos, embora ilegais, até que haja honra para aqueles que os recusarem, e ignomínia para quem realiza os desafios. Pois os duelos são muitas vezes também, efeitos da coragem, e a base da coragem é sempre a força ou a habilidade, que são poder; embora, na maioria das vezes, sejam o resultado da fala ligeira e do temor da desonra em um ou ambos os combatentes; os quais, comprometidos com a cólera, são levados a lutar entre si para não perder a reputação.

Os escudos e brasões de armas são honrosos quando acompanham qualquer privilégio eminente; caso contrário, não o são, porque seu poder consiste em tais privilégios, em riquezas, ou em algo que seja igualmente honrada entre os homens. Esse tipo de honra, comumente chamada de nobreza, deriva dos antigos germânicos. Pois nunca tal coisa se fez conhecer onde os costumes germânicos eram desconhecidos; nem se encontra em uso atualmente em qualquer lugar onde os germanos não tenham habitado. Os antigos comandantes gregos, quando iam à guerra, tinham seus escudos pintados com as divisas que lhes agradavam; de modo que um escudo sem pintura era sinal de pobreza, uma marca de um soldado comum; mas eles não transmitiam tais divisas por herança. Os romanos transmitiam as marcas de suas famílias; mas eram as imagens, não as divisas de seus ancestrais. Entre os povos da *Ásia*, da *África* e da *América*, não há nem nunca houve tal coisa. Apenas os germânicos tinham esse costume; o qual se transmitiu para a *Inglaterra*, *França*, *Espanha* e *Itália*, onde eles em grande número colaboraram com os romanos ou fizeram suas próprias conquistas nessas partes ocidentais do mundo.

---

22. HOMERO. *Hinos homéricos.* Trad. Jair Gramacho. Brasília: EdUnB, 2004.

A *Germânia*, no passado, como em todos os outros países em seus primórdios, se encontrava dividida entre um número infinito de pequenos senhores ou chefes de famílias, que continuamente travaram guerras uns contra os outros. Tais senhores e chefes, principalmente para serem reconhecidos pelo seu séquito, quando se cobriam de armas, pintavam suas armaduras, ou sua lança, ou uniforme, com a imagem de algum animal, ou outra coisa, e também colocavam alguma marca eminente e visível na cimeira de seus capacetes. E este ornamento, tanto da armadura como do elmo, era passado por herança a seus filhos; para o mais velho, integralmente, e para o resto com alguma nota de diversidade, a qual o velho mestre, isto é, em holandês, o *Here-alt*, julgasse adequado. Mas quando muitas dessas famílias formavam, uma vez unidas, uma monarquia maior, esse trabalho de heráldica, que consistia em distinguir os brasões, tornou-se um ofício à parte. Estes senhores são a origem da mais alta e antiga nobreza; que na maior parte têm criaturas vivas caracterizadas pela coragem ou rapina; ou castelos, ameias, barracas, armas, barras, paliçadas e outros símbolos de guerra; nada sendo tão honrado, quanto à virtude militar. Posteriormente, não apenas os reis, mas as repúblicas populares também davam diversos tipos de escudo às pessoas que iam à guerra, ou que retornavam dela, para encorajá-las ou recompensá-las por seus serviços. Tudo isso pode ser encontrado por um leitor perspicaz, nas antigas histórias gregas e latinas, com menção à nação germânica e aos costumes de seu tempo.

Títulos de *honra*, como duque, conde, marquês e barão, são honrosos; significam o valor que lhes foi atribuído pelo poder soberano da república: em tempos antigos, tais títulos foram cargos ou funções de mando, alguns derivados dos romanos, outros dos alemães e dos franceses. Duques, em latim *duces*, eram generais de guerra; os condes, *comites*, eram a companhia do general por amizade, aos quais incumbia governar e defender os lugares conquistados e pacificados; marqueses, *marchiones*, eram os condes que governavam nos limites ou fronteiras do Império. Estes títulos de duque, conde e marquês foram introduzidos no Império na época de Constantino[23], *o Gran-*

---

23. Constantino foi o primeiro imperador romano cristão e um grande promotor do cristianismo durante seu reinado; juntamente com o imperador Licínio, ele também instituiu a liberdade

de, conforme o exemplo do uso da *milícia* germânica. Mas barão parece ter sido um título dos gauleses que significa um grande homem; como eram os homens que os reis ou príncipes empregavam na guerra; sendo que o termo parece derivar de *vir*, para *ber* e *bar*, que significava o mesmo na língua dos gauleses, que *vir* em latim; e daí para *bero* e *baro*: até que tais homens fossem chamados de *berones* e depois de *barones*; e (em espanhol) *varones*. Mas aquele que quiser saber mais sobre a origem dos títulos de honra, pode encontrá-lo, como eu fiz, no excelente tratado de *Selden* sobre o assunto. No decorrer do tempo, esses ofícios de honra, por ocasião de problemas e por razões de bom e pacífico governo, foram transformados em títulos banais, servindo, na maior parte das vezes, para distinguir a precedência, o lugar e a ordem dos súditos na república. Sendo homens feitos duques, condes, marqueses e barões de lugares onde não tinham nem posse nem comando; também foram criados outros títulos para o mesmo fim.

O MERECIMENTO é uma coisa diferente do valor ou cifra de um homem, e também de seu mérito, que consiste em um poder ou habilidade particular para aquilo de que se diz que ele é digno; tal habilidade particular é normalmente denominada como COMPETÊNCIA ou *aptidão*.

Pois aquele que é mais digno de ser um comandante, de ser um juiz ou de ter qualquer outro encargo, trata-se daquele que melhor se adequa às qualidades requeridas para o bom exercício dele mesmo; e quem é mais digno de riquezas, é aquele que tem as qualidades mais exigidas para o bom uso delas: a ausência de qualquer uma de tais qualidades não impede um homem de ser um homem importante e valioso para qualquer outra coisa. Ademais, um homem pode ser digno de riquezas, cargos e empregos que, no entanto, não pode alegar nenhum direito de tê-los preferencialmente em relação a outro; portanto, não se pode dizer que ele seja merecedor disso. Pois o mérito pressupõe um direito, e a coisa merecida é devida por promessa, o que eu irei retornar a seguir quando tratar de contratos.

---

de culto nos domínios imperiais em 313. Hobbes citou Constantino com relativa frequência na obra (oito vezes), principalmente quando refletiu sobre as relações entre os poderes temporal e espiritual [N.T.].

CAPÍTULO XI
SOBRE AS DIFERENÇAS DE MANEIRAS

Por MANEIRAS, quero dizer aqui não a decência de comportamento; como um homem deve saudar outro, ou como um homem deve lavar a boca, ou limpar os dentes na companhia de outrem, e outros pontos da *pequena moral*; mas aquelas qualidades da humanidade que dizem respeito à sua convivência em paz e unidade. Fim para o qual devemos considerar que a felicidade desta vida não consiste no repouso de uma mente satisfeita. Pois não há *finis ultimus* (objetivo máximo) nem *summum bonum* (maior bem) como foi tratado nos livros dos antigos filósofos morais. Muito menos pode um homem viver, cujos desejos tenham um fim, mais do que aqueles cujos sentidos e imaginação estão paralisados. A felicidade é um progresso contínuo do desejo de um objeto para outro, e a obtenção do primeiro continua a ser o caminho para o segundo. A causa disso é que o objeto do desejo do homem não é desfrutar apenas uma vez e por um instante de tempo, mas assegurar para sempre o caminho de seu desejo do porvir. Assim, as ações e inclinações voluntárias de todos os homens tendem não apenas à busca, mas também à garantia de uma vida satisfeita, e diferem apenas quanto ao caminho, que surge em parte da diversidade de paixões em diversos homens, e em parte da diferença do conhecimento ou opinião que cada um tem das causas que produzem o efeito desejado.

Neste sentido, em primeiro lugar, assinalo como inclinação geral de toda a humanidade, um perpétuo e inquieto desejo de poder e mais poder, que cessa apenas com a morte. E a causa disto nem sempre é que o homem espera por um deleite mais intenso do que ele já alcançou, ou que ele não pode se contentar com um poder moderado, mas porque ele não pode assegurar o poder e os meios de viver bem que ele tem no presente – ao menos, sem a aquisição de mais poder. Daí resulta porque dos reis, cujo poder é maior, voltarem seus esforços para assegurá-lo em casa pelas leis, ou no exterior por guerras: e quando isso é feito, sucede um novo desejo; em alguns, de fama por nova conquista; em outros, de facilidade e prazer sensual; e em outros, de admiração ou bajulação, devido à excelência em alguma arte ou outra habilidade da mente.

A competição por riquezas, honra, comando ou outro poder leva à disputa, inimizade e guerra, porque o caminho de um competidor para alcançar o seu desejo implica matar, subjugar, suplantar ou repelir o outro. A rigor, a competição pelo elogio provoca uma reverência à Antiguidade, visto que os homens disputam com os vivos, não com os mortos; e a estes atribuem mais do que é devido, para que possam obscurecer a glória de outrem.

O desejo de facilidade e o prazer sensual compelem os homens a obedecer a um poder comum: porque, por tais desejos, o homem abandona a proteção que se poderia esperar de sua própria indústria e trabalho. O mesmo se dá, pela mesma razão, com o medo da morte e das feridas. Por outro lado, homens necessitados e resistentes, não contentes com sua condição atual, e ainda todos os homens que ambicionam a autoridade militar, estão inclinados a prosseguir com as causas da guerra e a provocar confusão e sedições; pois não há honra militar, senão na guerra; nem esperança de consertar um jogo ruim, exceto ao distribuir novamente as cartas.

O desejo de conhecimento e das artes da paz inclinam os homens a obedecer a um poder comum: pois esse desejo contém um desejo de lazer e, consequentemente, a necessidade de proteção por algum outro poder que não o seu.

O desejo de elogio compele as ações louváveis, como agradar àqueles cujo julgamento se valoriza; já que aqueles homens a quem nós condenamos, nós também desprezamos os seus louvores. O desejo da fama depois da morte faz o mesmo. E embora após a morte não haja nenhum senso o louvor que nos é dado na Terra, já que alegrias que são engolidas pelas indescritíveis alegrias do céu ou que são extintas nos tormentos extremos do inferno; todavia, tal fama não é vã; porque os homens se deleitam na sua previsão e no benefício que para a sua posteridade pode redundar: o que, embora agora não o vejam, imaginam; e qualquer coisa que seja prazer para os sentidos, é o mesmo também, prazer para a imaginação.

Ter recebido de uma pessoa, a quem consideramos ser uma igual, maiores benefícios do que esperamos retribuir, abre espaço para a falsificação do amor, na realidade de um ódio secreto, pois isso coloca o homem na condição de devedor desesperado que, ao recusar a ver seu credor, implicitamente deseja-lhe que esteja onde ele nunca precisaria vê-lo mais. Pois os benefícios obrigam; e obrigação é servidão; e obrigação não correspondida perpetua a servidão; o que, perante um igual, é odioso. Mas ter recebido benefícios de alguém que nós reconhecemos ser superior, inclina ao amor; porque tal obrigação não se trata de uma nova degradação: em verdade a aceitação alegre (a que os homens chamam de *gratidão*) é uma honra tão grande para o devedor que geralmente é tida por retribuição. Também ao receber benefícios, conquanto de uma pessoa igual ou inferior, desde que haja esperança de retribuição, inclina ao amor: pois para o receptor, a obrigação é de ajuda e serviço mútuo; daí procede uma emulação para saber quem excederá em benefícios; a mais nobre e proveitosa disputa o possível, em que o vencedor fica satisfeito com sua vitória, e o outro vinga-se da derrota confessando-a.

Prejudicar mais alguém do que pode ou está disposto tal pessoa a suportar inclina a quem pratica o ato a odiar o sofredor. Pois ele deve esperar vingança ou perdão; e ambos são odiosos.

O medo da opressão predispõe o homem a antecipar-se ou buscar ajuda na sociedade: pois não há outro meio pelo qual um homem possa assegurar sua vida e sua liberdade.

Os homens que desconfiam de sua própria sutileza estão, quando em tumultos e sedições, mais propensos à vitória do que aqueles que se julgam sábios ou astutos; pois estes últimos amam se consultar; enquanto aquele, temendo ser contornado, ataca primeiro. E, quanto à sedição, os homens que sempre estão em recintos de batalha mantêm-se unidos e usam as vantagens da força; trata-se de um estratagema melhor do que aquele que pode proceder da sutileza da sabedoria.

Os homens vangloriosos, por não estarem conscientes da grande suficiência deles mesmos, deleitam-se ao se suporem como homens corajosos, e estão inclinados apenas à ostentação, mas não à empresa; porque quando surge o perigo ou a dificuldade, eles nada temem, exceto ter sua insuficiência descoberta.

Os homens vangloriosos, que estimam sua suficiência pela bajulação de outros homens ou a fortuna de alguma ação precedente, sem a garantia de um terreno de esperança do verdadeiro conhecimento de si mesmos, tendem a ações irrefletidas; e, na abordagem de perigos ou de dificuldades, de afastar-se assim que puderem: porque não vendo o caminho da segurança, irão preferir arriscar sua honra, que pode ser salva com uma desculpa, do que sua vida, para a qual nenhum remédio é suficiente.

Os homens que têm em alta conta a sua própria sabedoria em matéria de governo estão dispostos à ambição. Porque sem emprego público, seja em conselho ou na magistratura, a honra de sua sabedoria é perdida. Portanto, os oradores eloquentes estão inclinados a ambicionar; pois a eloquência guarda semelhanças com a sabedoria, tanto para os próprios quanto para os outros.

A pusilanimidade predispõe os homens à indecisão e, consequentemente, à perda de ocasião e de oportunidades de ação mais adequadas. Uma vez que os homens adentram a deliberação e prosseguem até o momento da ação se aproximar, se não for manifesto o que é o melhor a ser feito, é um sinal que a diferença de motivos de um lado e de outro não é grande: portanto, não resolver naquela ocasião equivale a perder a ocasião pesando as ninharias, o que é pusilanimidade.

A frugalidade (que é uma virtude nos homens pobres) faz com que o homem não prefira as ações que exigem a força de muitos outros homens simultaneamente: pois enfraquece o seu esforço, que deve ser nutrido e renovado o vigor pela recompensa.

A eloquência, assim como a bajulação, leva os homens a confiar naqueles que a praticam; porque o primeiro aparenta a sabedoria, e o último aparenta a bondade. Soma-se a isso a reputação militar e, assim, os homens se tornarão predispostos a sujeitar-se àqueles que apresentam tais características. As duas primeiras ofertam-nos cautela contra o perigo que uma pessoa representa, e a última confere precaução contra o perigo proveniente de outrem.

A falta de ciência, ou seja, a ignorância das causas, predispõe ou, antes ainda, obriga o homem a confiar no conselho e na autoridade de outrem. Pois todos os homens que com a verdade se preocupam, se não confiam nas próprias verdades, devem confiar na opinião de alguns outros a quem julgarem como mais sábios do que eles mesmos, sem que aí se veja sentido na vontade de lográ-los, a ignorância quanto ao significado das palavras, ou seja, a falta de entendimento, impõe aos homens que estes assumam uma confiança não apenas na verdade que não conhecem, mas também nos erros; e ainda mais, nos absurdos daqueles em quem se confia: pois nem erro nem absurdo, sem uma compreensão perfeita das palavras, pode ser detectado.

Desta ignorância, igualmente se deduz ainda que os homens atribuem nomes diferentes para uma mesma coisa a partir da diferença de suas próprias paixões: chamando de opinião, quando aprovam uma opinião particular, ou quando dela não gostam, de heresia: que significa nada mais do que opinião privada; com uma tintura de cólera a mais, apenas.

Bem como, que os homens não podem distinguir, sem estudo e grande entendimento entre uma ação de muitos homens e muitas ações de uma multidão; como por exemplo, entre a única ação de todos os senadores de Roma em matar Catilina[24], e as muitas ações de vários senadores em matar César. Ficando, portanto, dispostos a tomar por ação do povo aquilo que é uma multidão de ações feitas por uma multidão de homens, talvez lideradas pela persuasão de um.

A ignorância das causas e da constituição original do direito, da equidade, da lei e da justiça, leva os homens a fazer dos costumes e dos exemplos as regras de suas ações; de tal maneira que se considera injusto o que de costume se pune; e justo aquilo de cuja impunidade e aprovação apresenta um exemplo ou (como os advogados que são os únicos que usam essa falsa medida de justiça) um precedente; como se dá com as crianças que não têm outra regra de boas e más maneiras, senão a correção que recebem de seus pais e mestres; conquanto as crianças sejam fiéis a essa regra, enquanto os homens não o são; porque crescidos fortes e teimosos apelam do costume à

---

24. Lúcio Sérgio Catilina foi militar e senador que, por ter conspirado pelo fim da República Romana, ficou imortalizado como o destinatário das críticas presentes em um conjunto de discursos de Cícero, conhecidos como *Catilinárias* [N.T.].

razão, e da razão ao costume, conforme a conveniência, afastando-se do costume quando o seu interesse o requer, e colocando-se contra a razão quando a razão é contra eles: Motivo pelo qual a doutrina do certo e errado é perpetuamente disputada, tanto pela pena quanto pela espada: enquanto o mesmo não ocorra com a doutrina das linhas e das figuras; porque os homens não se importam, nesse último assunto, com o que é a verdade, posto que não se trata de algo que contraria a ambição, o lucro ou a luxúria do homem. Eu não duvido que, neste caso, se a verdade contrariasse o direito de domínio de um homem, ou o interesse dos homens que possuem domínio, a doutrina segundo a qual *os três ângulos de um triângulo deveriam ser iguais a dois ângulos de um quadrado* teria sido, se não contestada, ao menos suprimida pela queima de todos os livros de geometria, caso o atingido pela doutrina em questão fosse capaz.

A ignorância das causas remotas permite que os homens atribuam todos os eventos às causas imediatas e instrumentais: pois todas elas são causas que se percebem. E, portanto, em todos os lugares onde os homens se veem oprimidos com o pagamento de tributos, descarregam sua raiva nos publicanos, isto é, fazendeiros, fiscais e outros oficiais da receita pública, e aderem a todos os que censuram o governo; e assim, quando eles se engajam além da justificação, se voltam também contra a autoridade suprema, quer pelo medo de punição, quer pela vergonha de receber o perdão.

A ignorância das causas naturais encaminha o homem à credulidade, de tal modo a crer muitas vezes em coisas impossíveis: pois como nada sabe ao contrário, que possa ser verdadeiro, torna-se incapaz de detectar a impossibilidade. E a credulidade, uma vez que os homens gostam de ouvir com atenção quando acompanhados, predispõe-nos a mentir: de modo que a ignorância sem malícia é capaz de fazer um homem acreditar em mentiras e contá-las e, certas vezes, também inventá-las.

A ansiedade pelo tempo futuro induz os homens a investigarem as causas das coisas: porque o conhecimento delas faz com que os homens consigam, para seu melhor proveito, ordenar melhor o presente.

A curiosidade, ou o amor ao conhecimento das causas, leva o homem a considerar o efeito para buscar a causa; e, novamente, a causa dessa causa; até que, por necessidade, ele deva chegar a esse pensamento, finalmente, que existe alguma causa da qual não existe uma causa anterior, pois é eterna; o que é aquilo que os homens chamam de Deus. De modo que é impossível fazer qualquer investigação profunda das causas naturais sem estar inclinado a acreditar, portanto, que existe um Deus eterno; embora não se possa ter qualquer ideia da natureza de Deus em sua mente digna de resposta sobre sua natureza. Pois tal qual o homem que nasce cego, e que, ouvindo outros homens falarem de se aquecerem junto ao fogo, é levado por eles para que se aqueçam juntos, podem facilmente conceber e assegurar-se que ali há algo que os homens chamam de fogo, e que ele é a causa do calor que ele sente; mas é incapaz de imaginar, no entanto, como ele é ou de ter uma mera ideia disso em sua mente: assim também, pelas coisas visíveis deste mundo, e sua ordem admirável, um homem pode conceber que existe uma causa dessas coisas, e que os homens chamam de Deus, mas ainda assim não têm uma ideia ou imagem Dele em sua mente.

E aqueles que fazem pouca ou nenhuma investigação sobre as causas naturais das coisas, em razão do medo que provém da própria ignorância sobre o que tem poder de lhes fazer muito bem ou mal, tendem a supor e fingir-se, vários tipos de poderes invisíveis, e admirar sua própria imaginação, que em tempos de aflição e esperado bom sucesso, são invocados para dar-lhes graças, fazendo das criaturas de sua própria fantasia seus deuses. Fato que devido à variedade inumerável de fantasias, os homens criaram inumeráveis tipos de deuses no mundo. E este medo das coisas invisíveis que se trata da semente natural daquilo a que cada um chama de religião; e, naqueles que adoram ou temem tal poder de modo distinto de outrem, de superstição.

E esta semente da religião tem sido observada por muitos; com efeito, alguns daqueles que a observaram inclinaram-se a nutri-la, revesti-la e conformá-la às leis; e, como incremento de sua própria invenção, quaisquer opiniões das causas dos eventos futuros, pelos quais eles achavam que deveriam ser capazes de governar os outros, fizeram para eles mesmos o maior uso de seus poderes.

CAPÍTULO XII
SOBRE A RELIGIÃO

Considerando que não há sinais nem fruto da *religião*, exceto no homem, não há motivo para duvidar que a semente da *religião* se encontra também apenas no homem; e que consiste em alguma qualidade peculiar, ou ao menos em algum grau eminente da referida qualidade, não encontrada em outras criaturas viventes.

Em primeiro, é peculiar à natureza do homem ser curioso sobre as causas dos eventos que vê, alguns mais, alguns menos; mas em todos os homens há curiosidade suficiente na busca das causas de sua boa ou má fortuna.

Em segundo lugar, diante do sinal de qualquer coisa que tenha um começo, pensar que ela também teve uma causa que, determinado o seu começo no momento em que o fez, nem antes, nem depois.

Em terceiro lugar, uma vez que para os animais não há outra felicidade senão o desfrute de seu alimento cotidiano, do descanso e da luxúria; já que possuem pouca ou nenhuma previsão sobre o porvir, falta-lhes a observação, a memória da ordem, das consequências e da dependência das coisas que veem; doutra feita, o homem observa como um acontecimento pode ser produzido por outro e adverte o que nele é antecedente e consequente; quando ele não pode assegurar as verdadeiras causas das coisas (pois as causas da boa e da má fortuna em sua maior parte são invisíveis), ele supõe as causas, quer sugerida por sua fantasia, quer por confiar na autoridade de outros homens, posto que pensa serem seus amigos ou mais sábios do que ele.

Os dois primeiros produzem a ansiedade. Pois estar seguro de que existem causas para todas as coisas que ocorreram até agora, ou ocorrerão a seguir, torna impossível para o homem, que continuamente se esforça para se proteger contra o mal que ele teme, buscar o bem que ele deseja, diante da apreensão provocada pelos tempos vindouros; de modo que todo homem, especialmente os que são extremamente previdentes, estão numa situação igual a de Prometeu. Pois como Prometeu (que significa *o homem prudente*) foi acorrentado ao monte Cáucaso, em um lugar de ampla perspectiva, onde uma águia alimentava-se de seu fígado, devorando de dia o que era reparado durante a noite; o homem, que mira muito distante, cuidando dos tempos futuros, tem o seu coração todo o dia ameaçado pelo medo da morte, da pobreza ou de outra calamidade; e não tem repouso, nem pausa de sua ansiedade, a não ser durante o sono.

Este medo perpétuo, que sempre acompanha os homens ignorantes das causas, como se estivessem no escuro, tem a necessidade de um objeto. Portanto, quando não há nada para ser visto, não há nada para acusar de sua boa ou má fortuna, exceto algum *poder* ou agente *invisível*: sentido, talvez, que levou alguns dos antigos poetas a dizer que os deuses foram inicialmente criados por medo humano: o que, aplicado aos deuses (isto é, aos muitos deuses dos gentios), é muito verdadeiro. Mas o reconhecimento de um Deus eterno, infinito e onipotente pode ser mais facilmente derivado do desejo que os homens têm de conhecer as causas dos corpos naturais e suas várias virtudes e operações, do que do medo daquilo que lhes aconteceria no tempo futuro. Porque aquele que raciocina a próxima e imediata causa a partir de qualquer efeito que ele vê acontecer, e dali a causa daquela causa, e mergulha profundamente à busca de causas, finalmente alcançará a seguinte conclusão: que deve haver (como até mesmo os filósofos pagãos confessaram) um primeiro motor, isto é, a causa primeira e eterna de todas as coisas; que é aquilo que os homens querem dizer com o nome Deus: e tudo isso sem pensar em sua fortuna, que lhes impõe o temor e, simultaneamente, os impede de buscar as causas de outras coisas; e dá ocasião de criar tantos deuses quantos forem os homens.

E quanto à matéria ou substância dos agentes invisíveis imaginados, eles não poderiam, por cogitação natural, incorrer sobre qualquer outro conceito, senão no mesmo que o da alma do homem; e que a alma do homem teria a mesma substância daquilo que aparece em um sonho para aqueles que dormem; ou em um espelho para aquele que está acordado; e os homens, não sabendo que tais aparições são nada mais que criaturas da fantasia, pensam ser substâncias externas e reais e, portanto, chamam-lhes fantasmas; como os latinos os chamavam de *imagines* e *umbrae*, pensando que os espíritos (isto é, corpos aéreos tênues) fossem como os agentes invisíveis que eles temiam, exceto pelo fato de aparecerem e de desaparecerem quando quisessem. Mas a opinião de que tais espíritos eram incorpóreos ou imateriais nunca poderia entrar na mente de qualquer homem por natureza; porque embora os homens possam reunir palavras de significados contraditórios, como *espirituais* e *incorpóreos*, eles nunca conseguirão imaginar algo que lhes corresponda: e assim os homens que chegam, por sua própria meditação, ao reconhecimento de um infinito, onipotente e Deus eterno, preferem confessar que ele é incompreensível e que está acima de seu entendimento em vez de definir sua natureza como um *espírito incorpóreo*; ato contínuo, ao confessar sua definição como ininteligível; ou se lhe atribuem tal título, não é *dogmaticamente*, ou seja, com a intenção de fazer compreendida a natureza divina, mas *piedosamente*, para honrá-lo com os atributos e significações mais remotas quanto o possível da grosseria dos corpos visíveis.

Ademais, pelo modo como pensam que esses agentes invisíveis causaram seus efeitos; isto é, que causas imediatas eles usaram para fazer as coisas acontecerem; com efeito, os homens que não sabem o que chamamos de *causar* (isto é, quase todos os homens) não têm outra regra para descobrir senão observando e lembrando o que eles viram produzir efeito parecido em algum outro momento, ou tempos antes, sem que vejam entre o evento antecedente e o subsequente qualquer dependência ou conexão: e, portanto, das coisas semelhantes passadas, eles esperam que coisas semelhantes no futuro; e esperam por boa ou má sorte, supersticiosamente, de coisas que não têm parte alguma na sua causa: como os atenienses que pediam por um novo Fórmio, na *batalha de Lepanto*[25]; o partido de Pompeu, que,

---

25. Fórmio foi um general ateniense no contexto da *Guerra do Peloponeso* que comandou uma esquadra de vinte trirremes na costa ocidental grega em c. 429 a.C., bloqueando o porto da cidade de Corinto. Em determinada manobra, uma esquadra espartana foi formada para contra-atacar os atenienses. Fórmio empregou uma tática pouco ortodoxa, conquanto dispusesse de menos vasos de guerra (20 contra 47): ele formou um círculo defensivo com as proas para o lado externo. Após um forte vento, os remos das embarcações cercadas chocaram-se entre si e, nesse momento de confusão, o general ateniense ordenou o ataque, que resultou na bem-sucedida captura de doze embarcações [N.T.].

para sua guerra na África, pedia outro Cipião[26]; e outros que também em diversas outras ocasiões assim procederam desde então, ao atribuírem sua fortuna a um vencedor, a um lugar de sorte ou azar, e a palavras faladas, especialmente se o nome de Deus estiver entre elas, como frases da feitiços e esconjuros (a liturgia das bruxas); até que se acredite que elas têm poder para transformar uma pedra em pão, pão em um homem ou qualquer coisa em qualquer coisa.

Em terceiro lugar, a adoração que naturalmente os homens exibem aos poderes invisíveis não pode ser outra, senão aquelas que expressam uma reverência que poderia ser empregada aos homens; como presentes, petições, agradecimentos, submissão do corpo, súplicas respeitosas, comportamento sóbrio, palavras meditadas e juramentos (isto é, o assegurar-se mutuamente de promessas). Além do que, a razão nada sugere, mas deixa os homens repousarem nisso, ou, para outras cerimônias, há uma confiança nos que eles acreditam que são mais sábios do que eles.

Por último, a respeito de como esses poderes invisíveis comunicam as coisas aos homens que viram no futuro, especialmente em relação a sua boa ou má fortuna em geral, ou ao bom ou mau sucesso em qualquer empreendimento em particular, os homens estão naturalmente a disposição; exceto quando fazendo conjecturas sobre o tempo futuro pelo tempo passado, onde estão mais disponíveis não apenas para aceitar coisas casuais, depois de uma ou duas ocorrências ou para prognosticar o mesmo tipo de encontro para sempre, mas também a acreditar em prognósticos semelhantes feitos por outros homens de quem eles já conceberam uma boa opinião.

E destas quatro coisas, a saber, a crença nos fantasmas, a ignorância das causas segundas, a devoção ao que os homens temem e a tomada de coisas casuais por prognósticos, que consiste a semente natural da *religião*; que, em razão das diferentes fantasias, julgamentos e paixões de vários homens, se desenvolveu em cerimônias tão

---

26. Cipião, *o Africano* (236-183, também chamado de Cipião, *o Velho* e Cipião, *o Grande*) foi um general romano e, posteriormente, cônsul. Ele ficou famoso após derrotar Aníbal na guerra contra os cartagineses pelo controle do Mediterrâneo Ocidental. Pompeu (106-48 a.C.), por sua vez, foi um político e cônsul romano. Ele obteve grandes vitórias contra adversários na África, que lhe renderam o título popular de Pompeu Magno (Pompeu, *o Grande*) [N.T.].

diferentes que aquelas que são seguidas por um homem são tomadas, na maior parte, como ridículas por outro.

Pois estas sementes foram cultivadas por dois tipos de homens. Um tipo foi o daqueles que as nutriram e ordenaram de acordo com sua própria invenção. O outro fez isso mediante o mando e a direção de Deus. Mas os dois tipos o fizeram com o propósito de fazer com que aqueles homens que confiassem neles fossem mais aptos à obediência, às leis, à paz, à caridade e à sociedade civil. De modo que a religião do primeiro tipo é uma parte da política humana, e ensina parte do dever que os reis terrenos exigem de seus súditos. A religião do último tipo é política divina; ela contém preceitos para aqueles que se entregaram como súditos do reino de Deus. Do primeiro tipo eram todos os fundadores de repúblicas e os legisladores dos gentios: do último tipo eram Abraão, Moisés e o nosso abençoado Salvador, por quem foram enviadas para nós as leis do reino de Deus.

E para aquela parte da religião que consiste em opiniões relativas à natureza dos poderes invisíveis, não há quase nada que tenha um nome que não tenha sido estimado entre os gentios, em um lugar ou outro, um deus ou demônio; animados, habitados ou possuídos por algum espírito, nas palavras de poetas.

A matéria informe do mundo era um deus chamado *Caos*.

O céu, o oceano, os planetas, o fogo, a terra e os ventos eram outros tantos deuses.

Homens, mulheres, um pássaro, um crocodilo, um bezerro, um cachorro, uma cobra, uma cebola, um alho-poró eram deificados. Além disso, se encheu quase todos os lugares de espíritos chamados *daemons*: as planícies, com Pã e Panises, ou Sátiros; os bosques, com faunos e ninfas; o mar, com tritões e outras ninfas; cada rio e fonte, com um fantasma de igual nome e com ninfas; cada casa, com seus *Lares*, ou familiares; todo homem, com seu *gênio*; o inferno, com fantasmas e acólitos espirituais, como Caronte, Cérbero e as Fúrias; no período da noite, todos os lugares com *larvas, lêmures*, fantasmas de homens mortos e um reino inteiro de fadas e duendes. Também se atribuiu divindade e edificaram templos a meros acidentes e qualidades; tais como tempo, noite, dia, paz, concórdia, amor, contenda, virtude, honra, saúde, corrupção, febre e afins; onde os homens quando oravam, oravam como se houvesse fantasmas daqueles nomes pendurados sobre suas cabeças, e que deixando cair ou retinham aquele bem, ou mal, a favor ou contra o qual eles oravam. Invocavam também sua própria inteligência, pelo nome de Musas; sua própria ignorância, pelo nome de Fortuna; sua própria luxúria, pelo nome de Cupido; sua própria raiva, pelo nome de Fúrias; seu próprio membro viril pelo nome de Príapo; e atribuíam suas poluções a *íncubos e súcubos* na medida em que não havia nada que um poeta pudesse introduzir como pessoa em seu poema sem deixar de fazer remissão a um *deus* ou a um *demônio*.

Os mesmos autores da religião dos gentios, observando a segunda base da religião, que é a ignorância das causas pelos homens e, portanto, sua capacidade de atribuir sua fortuna a causas sobre as quais não havia nenhuma dependência aparente, aproveitaram-se de tal oportunidade para impor à sua ignorância, em vez de causas secundárias, uma espécie de deuses secundários; atribuindo a causa da fecundidade a *Vênus*, a causa das artes a *Apolo*, a da sutileza e ardileza a *Mercúrio*, a das tormentas e das tempestades a *Éolo* e as de outros efeitos a outros deuses; de sorte que havia entre os pagãos quase tão grande variedade de deuses quanto de atividades.

E junto ao modo de adoração que naturalmente os homens conceberam para serem usados em honra aos seus deuses, ou seja, oblações, orações, ações de graças, e as outras formas já anteriormente referidas, os mesmos legisladores dos gentios acrescentaram suas imagens, tanto em pinturas quanto em esculturas, para que os mais ignorantes (isto é, a maior parte ou a generalidade do povo), pensando que os deuses em cuja representação eles foram feitos, estavam realmente alojados dentro delas, pudessem temê-los ainda mais. Além do que dotaram os ídolos também de terras, casas, oficiais, e rendimentos, separados de todos os outros usos humanos, isto é, a eles consagrados e santificados; bem como cavernas, grutas, bosques, montanhas e ilhas inteiras; e atribuíram a eles não apenas as formas, umas de homens e outras de animais e monstros, mas também as de faculdades e paixões dos homens e animais; como o sentido, a fala, o sexo, a luxúria, e a geração, e isso não apenas misturando um com o outro para propagar a raça dos deuses, mas também misturando-se com homens e mulheres para gerar semideuses, e meros moradores do céu, como *Baco, Hércules* e outros; e além disso, também a raiva, a vingança e outras paixões das criaturas vivas, e as ações que delas procedem, como a fraude, o roubo, o adultério, a sodomia e qualquer vício que possa ser tomado por efeito do poder ou uma causa de prazer; e todos os vícios que entre os homens são considerados contra a lei, e não contra a honra.

Por último, para os prognósticos do porvir, que naturalmente tratam-se de conjecturas a partir da experiência do passado, e que sobrenaturalmente, são revelação divina, os mesmos autores da religião dos gentios, em parte mediante pretensa experiência, e em parte com base em uma pretensa revelação, acrescentaram inúmeras outras formas supersticiosas de adivinhação, e fizeram os homens acreditarem que encontrariam sua sorte, às vezes nas respostas ambíguas ou sem sentido dos sacerdotes de Delfos, Delos e Amon e outros famosos oráculos; respostas propositadamente ambíguas, para se amoldar ao evento de qualquer maneira; ou absurdas, pelo vapor inebriante do lugar, que é muito frequente em cavernas sulfurosas: às vezes nas folhas das Sibilas, sobre cujas profecias, como aquelas talvez de Nostradamus (pois os fragmentos hoje existentes parecem ser uma invenção de tempos posteriores), havia alguns livros que gozavam de boa reputação no tempo da República Romana: às vezes nos insignificantes discursos dos loucos, supostamente possuídos por um espírito divino, cuja posse chamavam de entusiasmo; e a esses tipos de eventos em que se prediziam coisas, eram chamados de teomancia, ou profecia: às vezes no aspecto das estrelas no momento do nascimento, o que era chamado de horoscopia, e era considerado uma parte da astrologia judicial: às vezes a partir de suas próprias esperanças e medos, o que se chamava de tumomancia, ou presságio: às vezes na previsão de bruxos que fingiam conversar com mortos, a chamada necromancia, ou esconjuro, ou feitiçaria, e que não passa de um malabarismo de malandragem: às vezes no voo casual ou na alimentação de aves, chamado de augúrio: às vezes nas entranhas de um animal sacrificado, que era *aruspicina*: às vezes em sonhos: às vezes no crocitar dos corvos, ou no canto dos pássaros: às vezes nas linhas do rosto, o que se chamava de metoposcopia; ou por quiromancia nas linhas da mão, ou em palavras casuais, o que se chamava de *omina*: às vezes em monstros ou acidentes incomuns; como eclipses, cometas, meteoros raros, terremotos, inundações, nascimentos prematuros e afins, o que chamavam de *portenta*, e *ostenta*, porque pensavam que eles pudessem portar ou impor alguma grande calamidade futura: às vezes na mera loteria, como cara e coroa; na contagem dos furos de uma peneira; ou na escolha aleatória de versos de Homero ou de Virgílio; e inúmeras outras vãs variantes. Tão fácil é atrair os homens a acreditarem em qualquer coisa por aqueles que gozam de crédito junto deles; que podem com delicadeza e destreza, apoderar-se de seu medo e ignorância.

Assim, os primeiros fundadores e legisladores de repúblicas entre os gentios, cujos fins eram apenas manter o povo em obediência e paz, tomaram em todos os lugares os seguintes cuidados: primeiro, imprimir em suas mentes a crença de que aqueles preceitos que eles deram sobre a religião não poderia se pensar serem procedentes de uma fabricação própria, mas dos ditames de algum deus ou outro espírito; ou então que eles próprios eram de natureza mais elevada que os simples mortais, para que suas leis pudessem ser mais facilmente aceitas; assim Numa Pompílio fingiu receber as cerimônias que instituiu entre os romanos da ninfa Egéria, e o primeiro rei e fundador do reino do Peru fingiu que ele e sua esposa eram os filhos do sol; e Maomé, para estabelecer sua nova religião, fingiu conversar com o Espírito Santo em forma de pomba. Em segundo lugar, eles tiveram o cuidado de fazer crer que aquelas que estavam desagradando os deuses eram aquelas que a lei proibia. Em terceiro lugar, o de prescrever cerimônias, súplicas, sacrifícios e festivais pelos quais eles deveriam acreditar que a ira dos deuses poderia ser aplacada; e que o mal sucesso na guerra, os grandes contágios de doenças, terremotos e a miséria particular de cada homem provinham da ira dos deuses; e de sua raiva na negligência de sua adoração, ou confusão de algum ponto das cerimônias requeridas. E embora entre os romanos antigos não fosse proibido negar o que nos poetas está escrito sobre as dores e os prazeres após esta vida, e que homens de grande autoridade ridicularizaram-nas em suas arengas abertamente, ainda assim, tal crença sempre foi mais valorizada do que qualquer outra.

E por meio destas e de outras instituições, eles conseguiram, para o seu fim, que era a paz da República, que as pessoas comuns, colocando a culpa por suas desgraças na negligência, ou no erro em suas cerimônias, ou na sua própria desobediência às leis, seriam menos aptas a se revoltar contra seus governantes. E que sendo entretidas com a pompa e o passatempo de festivais e jogos públicos, celebrados em homenagem aos deuses, não precisavam de mais nada a não ser pão para impedi-los de descontentamento, murmúrios e comoção contra o Estado. E, portanto, os romanos, que conquistam a maior parte do mundo então conhecido, não tinham escrúpulos de tolerar qualquer religião na própria cidade de Roma, a menos que houvesse algo nela que fosse incompatível com seu governo civil; nem lemos que qualquer religião estava proibida a não ser a dos judeus, que (sendo o reino peculiar de Deus) considerava ilegal reconhecer a sujeição a qualquer rei mortal ou Estado. E assim se vê como a religião dos gentios era parte de sua política.

Mas quando o próprio Deus pela revelação sobrenatural implantou a religião, aí ele estabeleceu para si mesmo um reino particular, e editou leis, não apenas de comportamento para consigo mesmo, mas também para com o outro; e assim, no reino de Deus, a política e as leis civis são parte da religião; e, portanto, a distinção de dominação temporal e espiritual não tem lugar. É verdade que Deus é o rei de toda a terra; contudo, Ele pode ser o rei de uma nação peculiar escolhida. Pois não há mais incongruência nisso do que aquele que tem o comando geral de todo o exército, ter para si um regimento ou companhia peculiar. Deus é rei de toda a terra pelo seu poder, mas do seu povo escolhido, Ele é rei por contrato. Mas para falar mais amplamente do reino de Deus, tanto por natureza quanto por contrato, reservei no discurso subsequente um lugar (capítulo XXXV).

A partir da propagação da religião, não é difícil entender as causas da resolução da mesma em suas primeiras sementes ou princípios; que são apenas a crença numa divindade e em seus poderes invisíveis e sobrenaturais; que nunca poderá ser abolida da natureza humana, ao ponto que novas religiões deixem de ser criadas pela ação de homens com reputação para tanto.

Pois como toda a religião formada é fundada primeiramente sobre a fé que uma multidão tem em uma pessoa, que se crê não somente por ser um homem sábio e capaz de trabalhar pela felicidade das pessoas, mas também por ser um homem santo a quem o próprio Deus decidiu declarar sua vontade sobrenaturalmente, segue-se necessariamente que, quando os que governam a religião têm sua sinceridade ou seu amor sob suspeita, ou quando eles são incapazes de mostrar qualquer sinal provável da divina revelação, que a religião que eles desejam manter torna-se igualmente suspeita (sem o medo da espada civil), contradita e rejeitada.

O que demove a reputação de sabedoria daquele que é responsável por fundar uma religião, ou a ela acrescenta algo quando já está formada, é a imposição de crenças contraditórias: pois como ambas as partes de uma contradição não podem ser verdadeiras simultaneamente, portanto, ordenar a crença nelas é um argumento de ignorância, que detecta seu autor e o desacredita em todas as outras coisas que ele propuser como sendo revelação sobrenatural, a qual pode se sobrepor a muitas coisas, inclusive a razão natural, mas nunca contra ela.

Aquilo que tira a reputação de sinceridade é o fazer ou dizer coisas que parecem sinais de que o que se exige que outros homens acreditem não é acreditado por quem diz; todos os atos ou ditos são, portanto, considerados escandalosos porque são pedras de tropeço que fazem os homens caírem no caminho da religião: como a injustiça, a crueldade, a hipocrisia, a avareza e a luxúria. Pois quem pode acreditar que aquele que ordinariamente pratica ações que procedem de qualquer uma dessas raízes, acredita que existe algum poder invisível a ser temido, que aflige outros homens por faltas menores?

Aquilo que faz com que se perca a reputação do amor é a detecção de ambições pessoais: como quando a crença que exigem dos outros conduz, ou parece conduzir, à aquisição de domínio, riqueza, dignidade ou a garantia de prazeres, apenas ou especialmente para si mesmo. Porque aquilo que os homens colhem em benefício próprio, pensa-se que o fazem para eles mesmos, e não pelo amor aos outros.

Por último, o testemunho que os homens podem apresentar do chamado divino não pode ser outro senão a realização de milagres, ou de profecias verdadeiras (que também é um milagre), ou de uma felicidade extraordinária. E, portanto, àqueles pontos da religião que foram recebidos dos que fizeram tais milagres, os que foram adicionados por aqueles que não provam seu chamado por algum milagre, não alcançam maior crença do que a proporcionada pelos costumes e pelas leis dos lugares onde foram educados. Pois os homens de juízo requerem sinais e argumentos naturais como nas coisas naturais; assim, nas coisas sobrenaturais, eles requerem sinais sobrenaturais (que são os milagres) antes de consentirem internamente e em seus corações.

Todas estas causas do enfraquecimento da fé dos homens aparecem manifestamente nos exemplos a seguir. Primeiro, temos o exemplo dos filhos de Israel: quando Moisés, que havia comprovado a eles seu chamado através de milagres, e pela saída feliz do Egito, fez-se ausente por quarenta dias, houve uma revolta contra a adoração do verdadeiro Deus, que havia sido recomendada por ele mesmo através de Moisés; em seguida, criaram (Ex 32,1-2) um bezerro de ouro e recaíram na idolatria dos egípcios, de quem eles tinham sido há pouco tempo libertos. E novamente, depois de Moisés, Aarão, Josué e aquela geração que viu as grandes obras de Deus em Israel estarem mortas; outra geração se levantou e serviu a Baal (Jz 2,11). De modo que, quando os milagres faltaram, também faltou a fé.

Mais uma vez, quando os filhos de Samuel (1Sm 8,3), constituídos pelo pai como juízes em Bersabé, receberam propinas e julgaram injustamente, o povo de Israel recusou que Deus fosse seu rei, a não ser da mesma maneira que o era de outros povos; portanto, clamaram a Samuel para escolher para eles um rei à maneira das demais nações. Assim, quando a justiça falhou, a fé também falhou, a ponto de terem deposto o seu Deus de ser o seu Rei.

E quando na implantação da religião cristã os oráculos cessavam em todas as partes do Império Romano, e o número de cristãos aumentava maravilhosamente todos os dias e em todos os lugares pela pregação dos Apóstolos e Evangelistas, uma grande parte desse sucesso pode ser razoavelmente atribuída ao desprezo que os sacerdotes dos gentios daquele tempo tinham trazido para si por sua impureza, avareza e pela trapaça com os príncipes. Em parte, também a religião da Igreja de Roma foi abolida na Inglaterra pela mesma causa, e em muitas outras partes da Cristandade; em razão da falta de virtude dos pastores, o que fez com que a fé do povo falhasse; e, em parte, porque a filosofia e doutrina de Aristóteles foi introduzida na religião pelos escolásticos; fazendo surgir tantas contradições e absurdos que levaram os clérigos a uma reputação tanto de ignorância quanto de intenção fraudulenta, e inclinaram as pessoas a se revoltarem contra eles, e também contra a vontade de seus próprios príncipes, como na França e na Holanda, ou a favor da vontade destes, como na Inglaterra.

Por último, entre os pontos que a Igreja de Roma declarou necessários para a salvação, há tantos que manifestamente resultam em benefício ao Papa e aos seus súditos espirituais que residem nos territórios de outros príncipes cristãos que, se não fosse pela emulação mútua daqueles príncipes, eles teriam podido, sem guerras e maiores problemas, excluir toda autoridade estrangeira, tão facilmente quanto foi excluída na Inglaterra. Pois quem lá está que não vê a quem o benefício conduz por acreditar que um rei não tem a autoridade de Cristo, exceto se coroado por um bispo? Que um rei, se ele for um padre, não pode se casar? Que um príncipe, quer nascido de casamento legal ou não, seja uma matéria a ser julgada pela autoridade de Roma? Que os súditos podem ser libertados de sua lealdade se, pelo tribunal de Roma, o rei for julgado herege? Que um rei, como Chilperico da França, pode ser deposto por um Papa, como fez o papa Zacarias, sem causa, e o seu reino dado a um de seus súditos? Que o clero, secular e regular, em qualquer país, estão isentos da jurisdição de seu rei em casos criminais? Ou quem não vê em proveito de quem redundam os emolumentos das missas privadas e das indulgências, com outros sinais de interesse privado suficientes para mortificar a fé mais viva, se, como eu disse, o magistrado civil e o costume não a sustentassem mais que qualquer opinião que eles têm da santidade, sabedoria ou probidade de seus mestres? Assim, posso atribuir todas as mudanças de religião no mundo a uma e mesma causa, isto é, a sacerdotes desprezíveis; não apenas entre os católicos, mas até mesmo naquela Igreja que tanto se presumiu como reformadora.

CAPÍTULO XIII
DA CONDIÇÃO NATURAL DA HUMANIDADE QUANTO À SUA FELICIDADE E MISÉRIA

A NATUREZA fez dos homens iguais nas faculdades corporais e mentais; apesar disso, é possível às vezes encontrar um homem manifestamente mais forte no corpo ou rápido na mente do que outro; ainda assim, quando tudo é considerado simultaneamente, a diferença entre homem e homem não é tão considerável, de maneira que alguém possa reclamar, com base nela, para si mesmo, um benefício qualquer que outro não pode aspirar com ele. Com efeito, quanto à força corpórea, o mais débil tem bastante força para matar o mais forte, ainda que ocorra mediante maquinação secreta ou confederando-se com outros que se encontram diante do mesmo perigo.

E para as faculdades da mente (deixando de lado as artes enraizadas nas palavras, e especialmente aquela habilidade que procede de regras gerais e infalíveis, chamada ciência; pois muito poucos a têm, e em poucas coisas; e como não é uma faculdade nativa, nascida ou alcançada conosco, como a prudência, apesar de procurarmos por outra coisa) eu ainda encontro uma grande igualdade entre os homens, que é a força. Pois a prudência nada é, exceto experiência; coisa que todos os homens alcançam igualmente, em tempos iguais, e naquelas coisas que são consagradas por igual. O que acaso pode tornar incrível tal igualdade não é senão um vão conceito da própria sabedoria, que a maioria dos homens pensa possuir em mais alto grau quando comparado ao vulgar; quer dizer, que todos os homens, com exceção deles mesmos e de uns poucos mais a quem reconhecem sua valia, seja pela fama que gozam ou pela coincidência com eles mesmos, eles aprovam. Pois tal é a natureza dos homens, conquanto eles possam reconhecer muitos outros como mais sagazes, ou mais eloquentes, ou mais aprendidos; ainda assim, eles dificilmente irão acreditar ter ali tantos homens tão sábios quanto eles mesmos; pois eles veem sua própria sabedoria à mão, e os outros homens a distância. Mas isso prova, por sua vez, que os homens são iguais nesse ponto em vez de desiguais. Pois não há ordinariamente um grande sinal de distribuição igual de qualquer coisa, exceto que cada homem possuir o seu quinhão.

Desta igualdade de capacidade deriva a igualdade de esperança quanto à consecução de nossos fins. Esta é a causa de que se dois homens desejam a mesma coisa, e de forma alguma podem desfrutá-la ambos, tornam-se inimigos, e no caminho que conduz ao fim (que é, principalmente, sua própria conservação e ao seu deleite tão somente) tratam de aniquilarem-se ou subjugarem-se um ao outro. Daqui provém a ideia que um invasor não teme outra coisa que o poder singular de outro homem; se alguém planta, ara, constrói ou possui um assento conveniente, é provável esperar que outros possam se preparar com forças unidas para dispô-lo ou privá-lo, não apenas dos frutos de seu trabalho, mas também de sua vida ou liberdade. E o invasor novamente enfrenta o mesmo grau de perigo quanto aos outros[27].

Dada esta situação de desconfiança mútua, não há nenhuma forma para um homem garantir a si mesmo que seja tão razoável quanto a antecipação; quer dizer, o ato de dominar, por meio da força ou por astúcia, todos os homens que possa, durante o tempo preciso, até que nenhum outro poder seja capaz de ameaçar-lhe: e isso nada mais é do que o que requer sua própria conservação, e é coisa geralmente aceita. Como alguns se comprazem em contemplar seu próprio poder nos atos de conquista, indo mais além do que sua segurança requer, outros, que em diferentes circunstâncias seriam felizes mantendo-se dentro de limites modestos, se não aumentam sua força por meio da invasão, não poderão subsistir durante muito

---

27. "Cada homem é desejoso daquilo que é bom a ele, e evita o que é mau; porém, o mal maior de todos aqueles que são naturais, é o medo da morte; e isso ele o faz por certa impulsão natural, não menos do que quando uma pedra move-se para baixo" (*De Corpore*, I,7). Nesse ponto, Hobbes trabalhou a ideia de autopreservação, que compele os homens para que vivam em um estado civil sujeito a autoridade civil; caso contrário, como é possível notar pouco a frente (XIV,4), não há segurança ao homem no estado de natureza (LLOYD, S.A. Self-preservation. In: LLOYD, S.A. (ed.). *The Boomsbury Companion to Hobbes*. Londres: Bloomsbury, 2013, p. 141-143) [N.T.].

tempo se se situam somente no plano defensivo. Consequentemente, sendo necessário o aumento de seu domínio sobre os semelhantes para a conservação de um homem, é preciso permitir-lhe também [sua própria conservação].

Ademais, os homens não experimentam prazer algum (porém, o contrário, a saber, um grande pesar) em guardar companhia onde não existe um poder capaz de impor-se a todos eles. Com efeito, cada homem pensa que seu companheiro irá avaliá-lo da mesma maneira que ele o faz consigo mesmo: e, acima de todos os sinais de desprezo, ou subestimação, naturalmente empreende, tanto quanto possível (e como entre eles não há poder comum para mantê-los quietos, isto é o suficiente para fazê-los destruírem-se uns aos outros), medidas para extorquir um grande valor de seus contendores, inflingir-lhes algum dano, e, pelo exemplo, dos demais.

De maneira que, na natureza do homem, nós encontramos três causas principais da discórdia. Primeiro, a competição; em segundo lugar, a desconfiança; em terceiro, a glória.

A primeira faz os homens invadir pelo ganho; a segunda, pela segurança; a terceira, por reputação. A primeira usa a violência para fazê-los mestres das pessoas, esposas, mulheres e rebanhos dos outros homens; a segunda, para defenderem-se; a terceira, por frivolidades, como uma palavra, um sorriso, uma opinião diferente e qualquer outro sinal de subestimação, quer seja diretamente em suas próprias pessoas, quer pelo reflexo em seus parentes, seus amigos, suas nações, suas profissões ou seus nomes.

Com tudo isso, é manifesto que, durante o tempo em que os homens vivem sem um poder comum que os aterrorize a todos, coloquem-se na condição ou estado que se denomina guerra; uma guerra tal que é a de todos contra todos. Porque a GUERRA não consiste apenas no ato de batalhar ou no ato de lutar, mas se dá durante o *tempo* em que a vontade de lutar se manifesta de modo suficiente. Por ele, a noção de tempo deve ser tida em conta a respeito da natureza da guerra, como a respeito da natureza do clima.

Com efeito, assim como a natureza do mal tempo não radica em uma ou duas chuvas, exceto na propensão de chover durante vários dias, assim a natureza da guerra consiste não na luta corrente, mas na disposição manifesta a ela durante todo o tempo em que não há segurança do contrário. Todo o tempo restante é de PAZ.

Por conseguinte, tudo aquilo que é consubstancial a um tempo de guerra, durante o qual cada homem é inimigo dos demais, é natural também no tempo em que os homens vivem sem outra segurança que não seja proporcionada por sua própria força ou sua própria invenção. Em uma situação semelhante, não existe oportunidade para a indústria, ainda que o fruto seja incerto; consequentemente, não há cultivo da terra, nem navegação, nem uso dos artigos que podem ser importados por mar, nem construções confortáveis, nem instrumentos para mover e remover as coisas que requerem muita força, nem conhecimento da face da terra, nem cômputo de tempo, nem artes, nem letras, nem sociedade; e, o pior de tudo, existe o contínuo temor e perigo de morte violenta; e a vida do homem é solitária, pobre, tosca, embrutecida e breve.

Àquele que não pondera sobre essas coisas, pode parecer estranho que a natureza venha a dissociar ou promover os homens aptos a invadir e destruir uns aos outros; e pode ocorrer que, não confiando nesta inferência baseada nas paixões, deseje, acaso, vê-la confirmada pela experiência. Assim, deixe-o considerar consigo mesmo, quando, ao tomar uma jornada, ele arma a si próprio e busca ir bem acompanhado; quando vai dormir, ele fecha suas portas; quando, mesmo em sua casa, ele tranca suas arcas; e isso ocorre quando ele sabe que há leis e oficiais públicos armados para vingar todas as injúrias que poderiam cair sobre ele; que opinião ele tem de seus companheiros-sujeitos, quando ele cavalga armado; de seus camaradas cidadãos, quando ele tranca as portas; e de suas crianças e servos, quando ele tranca suas arcas. Não significa isso que ele acusa a humanidade com seus atos, como eu faço com minhas palavras? Mas nenhum de nós acusa com isso a natureza humana. Os desejos e outras paixões do homem não são pecados em si mesmos; tampouco são os atos que das paixões procedem até que conste que uma lei as proíbe: que os homens não podem conhecer as leis antes que sejam feitas, nem se pode fazer uma lei até que os homens se coloquem de acordo a respeito da pessoa que deve promulgá-la.

Caso pense que nunca existiu um tempo ou condição em que se deu uma guerra semelhante, e, com efeito, eu creio que nunca ocorreu geralmente assim, no mundo inteiro; mas há vários lugares que se vive agora desse modo. Os povos selvagens em várias plagas da América, caso excetuarmos o regime de pequenas famílias cuja concórdia depende da concupiscência natural, que carecem do governo em absoluto e vivem atualmente nesse estado bestial ao qual me referi. Seja como for, é possível perceber qual será o gênero de vida quando não existe um poder comum para temer, pois o regime de vida dos homens que antes viviam sob um governo pacífico degenera-se para uma guerra civil.

Assim, ainda que nunca tenha existido um tempo no qual os homens particulares se colocaram em uma situação de guerra uns contra os outros, em todas as épocas, os reis e pessoas revestidas com a autoridade soberana, zelosos de sua independência, põem-se em estado de contínua inimizade, na situação e postura dos gladiadores, com armas em riste e os olhos fixos uns nos outros. Quer dizer, com suas fortes guarnições e canhões na guarda das fronteiras de seus reinos, com espiões entre seus vizinhos, tudo o que implica uma atitude de guerra. Porém, por sua vez, defendem também a indústria de seus súditos, não resulta disso aquela miséria que acompanha a liberdade dos homens particulares.

Em uma guerra de todos contra todos, consequentemente nada pode ser injusto. As noções de direito, de legalidade, justiça e injustiça estão fora de lugar. Onde não há poder comum, a lei não existe: onde não há lei, não há injustiça. Na guerra, a força e a fraude são as duas virtudes cardeais. A justiça e a injustiça não são faculdades nem do corpo, nem do espírito. Se o fossem, poderiam ser dadas a um homem que estivesse só no mundo, o mesmo que se dá às suas sensações e paixões. São aquelas qualidades que se referem ao homem em sociedade, não em estado solitário. É natural também que em dita condição não exista propriedade nem domínio, nem distinção entre o teu e o meu; só pertence a cada um o que pode ser tomado, e apenas o que pode conservá-lo. Tudo isso se pode afirmar dessa miserável condição, a saber, quando o homem se encontra pela obra da simples natureza, ainda que tenha certa possibilidade de superar este estado, em parte por suas paixões, em parte por sua razão.

As paixões que inclinam os homens à paz são o temor da morte, o desejo das coisas que são necessárias para uma vida confortável e a esperança de obtê-las por meio do trabalho. A razão sugere que são adequadas às normas de paz, as quais podem chegar aos homens por mútuo consenso. Estas normas são as que, por outra parte, se chamam de leis da natureza: vou me referir a elas, mais particularmente, nos dois capítulos seguintes.

CAPÍTULO XIV
DA PRIMEIRA E DA SEGUNDA LEIS NATURAIS, E DOS CONTRATOS

O DIREITO DA NATUREZA, a qual escritores usualmente chamam de *jus naturale*, é a liberdade que cada homem possuiu de usar seu próprio poder como queira, para a conservação de sua própria natureza; ou seja, de sua própria vida; e consequentemente, de fazer qualquer coisa que considere, dentro de seu julgamento e razão, como os meios mais aptos para chegar a esse fim.

Por LIBERDADE entende-se, de acordo com o significado da própria palavra, a ausência de impedimentos externos, impedimentos estes que frequentemente reduzem parte do poder que um homem tem de agir como queira; mas que não abdica de usar o poder que lhe resta de acordo com o que seu juízo e razão lhe ditarem[28].

A LEI DA NATUREZA (*lex naturalis*) é um preceito ou regra geral fundada pela razão, pela qual um homem é proibido de fazer aquilo que seja destrutivo para sua própria vida ou privar dos meios de conservá-la, ou ainda omitir a melhor forma de a preservar. Embora aqueles que discutem este assunto confundam *jus* e *lex, direito* e *lei*; ainda assim, eles deveriam ser distinguidos, pois o DIREITO consiste na liberdade de fazer ou de reprimir: conquanto a LEI determine e

---

28. Neste sentido, "[...] a liberdade do indivíduo consiste apenas em se aferrar aos objetivos que o indivíduo põe para si, que podem provir tanto das fontes da 'consciência espontânea' como de desejos fáticos. Não é necessário nenhum passo adicional na reflexão, uma vez que para a realização da liberdade não cabe uma justificação dos propósitos em virtude de pontos de vista de grau superior. 'Negativa' é essa classe de liberdade, já que não se deve voltar a questionar seus objetivos quanto à sua capacidade de satisfazer ou não suas condições de liberdade; tampouco o devem ser quanto à escolha existencial e aos desejos que serão satisfeitos, bastando o ato puro e desimpedido do decidir para que a ação resultante seja qualificada como 'livre' [...]" (HONNETH, A. A liberdade negativa e sua construção contratual. In: HONNETH, A. *O direito da liberdade.* Trad. Saulo Krieger. São Paulo: Martins Fontes, 2016. Versão eletrônica) [N.T.].

conecte um ao outro: dessa forma, lei e direito diferem tanto quanto a obrigação e liberdade; que são incompatíveis quando se referem à mesma matéria[29].

E uma vez que a condição do homem (como foi declarado no capítulo anterior) é uma condição de guerra de todos contra todos; nesse caso, cada um é governado por sua própria razão; e não há nada que ele possa utilizar que não sirva de ajuda a ele para preservar sua vida contra seus inimigos; segue-se que, em tal condição, todo homem tem o direito a tudo; inclusive sobre o corpo de outro. Assim sendo, enquanto esse direito natural de todo homem a tudo perdurar, não pode haver a segurança de nenhum homem (independente de quão forte ou sábio ele seja) de viver além do tempo que a natureza ordinariamente permite que os homens vivam. E, consequentemente, é um preceito, ou regra geral da razão, *que todo homem deve esforçar-se pela paz na medida em que ele tem esperança de obtê-la; e quando ele não pode obtê-la, que possa procurar e usar toda a ajuda e vantagens da guerra.* O primeiro ramo dessa regra contém a primeira e fundamental lei da natureza; isto é, *buscar a paz e segui-la.* O segundo, em suma, do direito da natureza, a saber, *que possamos nos defender com todos os meios.*

A partir da lei fundamental da natureza, pela qual os homens são comandados a empenhar-se pela paz, é derivada uma segunda lei: *que um homem esteja disposto, quando os demais também o estão, que dali em diante se faça o necessário para alcançar a paz e a defesa de si mesmo, e estabelecerá que é necessário resignar-se ao seu direito de todas as coisas; e contentar-se, no tocante aos outros homens, com uma liberdade tamanha e análoga que os demais permitem, por sua vez, quanto a ele mesmo.* Enquanto todo homem detiver o direito de fazer qualquer coisa que deseja, todos os homens permanecerão na condição da guerra. Mas se outros homens não abdicarem de seus direitos, assim como ele, consequentemente, não há

---

29. Na versão latina do *Leviatã* (1668), Hobbes afirmou que "UMA LEI DA NATUREZA é um preceito de uma lei geral extraída da razão, pela qual um homem é proibido de fazer aquilo que parecer tender à sua própria perda". Por sua vez, no *De Corpore*, o Filósofo atestou que não pode haver outra lei da natureza do que a razão, nem outros preceitos da lei natural além daqueles que nos declaram as vias da paz, onde elas podem ser alcançadas e onde não podem (IV, 87) (LLOYD, S.A. Law of Nature. In: LLOYD, S.A. (ed.). *The Boomsbury Companion to Hobbes*. Londres: Bloomsbury, 2013, p. 136-138) [N.T.].

razão para nenhum deles despir-se de seus direitos: pois isso o exporia a uma condição de presa (a qual nenhum homem está atrelado) em vez de colocar a si próprio em paz. Esta é a lei dos Evangelhos; *faça aos outros o que queres que te façam a ti.* E essa é a lei de todos os homens, *quod tibi fieri non vis, alteri ne feceris*[30].

Renunciar o direito a certa coisa é despojar-se da liberdade de impedir o outro do benefício do próprio direito ou da coisa em questão. Com efeito, quem renuncia ou abandona seu direito não dá a outro homem um direito que este último homem não teve antes. Nada há que um homem não tenha direito na natureza: somente se afasta do caminho do outro para que este possa gozar de seu próprio direito original sem obstáculo seu e sem impedimento alheio. Assim, o efeito causado em um homem pela renúncia ao direito de outro alguém é, de certo modo, a diminuição dos impedimentos para o uso de seu próprio direito originário.

Renuncia-se a um direito quer seja por uma simples renúncia, quer pela transferência para outra pessoa. *Simplesmente* por RENÚNCIA quando o cedente não se preocupa da pessoa beneficiada pela sua denúncia. Por TRANSFERÊNCIA quando deseja que o benefício recaia sobre uma ou várias pessoas determinadas. Quando uma pessoa abandonou ou transferiu seu direito por qualquer desses modos, se diz que está OBRIGADA ou LIGADA a não impedir o benefício resultante àquele a quem se concede ou abandona o direito. *Deve* a aquele e é seu DEVER não tornar nulo este ato por sua vontade: se o impedimento sobrevier, produz-se INJUSTIÇA ou INJÚRIA, posto que é *sine jure*, já que o direito foi renunciado ou transferido anteriormente. Assim,

---

30. Aqui vale a precisa colocação de Juliana Neuenschwander Magalhães, para quem "[...] a prescrição da lei fundamental da natureza é a base de toda a construção hobbesiana, particularmente interessada no motivo de uma fundação comum para o direito e para a política. Dela decorrem as demais leis da natureza, sempre imutáveis e eternas, no sentido de que aquilo que elas proíbem nunca poderá ser considerado ilícito, assim como aquilo que elas ordenam não poderá ser tido como ilícito; elas são necessárias, uma vez que só podem ser aquilo que são. As leis da natureza, no entanto, para Hobbes não são ainda leis no sentido próprio do termo. A lei em Hobbes define-se como sendo um comando, e aquilo que a natureza prescreve não vem ordenado por ninguém, é necessário porque racional, da mesma forma que é racional porque necessário. Apenas aquelas leis naturais que consistem nos mandamentos de Deus contidos nas Sagradas Escrituras – "verbo de Deus mandando" – são, portanto, leis no sentido próprio do termo, enquanto as demais são tão somente conclusões ou teoremas que conduzem os homens à preservação de si mesmos [...]" (MAGALHÃES, J.N. A tese da soberania absoluta: a coroa e o círculo perfeito da soberania. In: *Formação do conceito de soberania*. São Paulo: Saraiva, 2016. Versão eletrônica) [N.T.].

a injúria ou injustiça nas controvérsias terrenas é algo semelhante ao que nas disputas dos escolásticos se chama *absurdo*. Pois o que ali foi chamado de absurdo, para contradizer o que alguém manteve de início: de maneira que, no mundo, isso foi chamado de injustiça e injúria, ou seja, o ato de voluntariamente omitir aquilo que, em um princípio voluntário, foi feito. O procedimento mediante alguém renuncia ou transfere simplesmente seu direito é uma declaração ou expressão, mediante signo voluntário e suficiente, de que fez essa renúncia ou transferência, ou de que renunciou ou transferiu a coisa a quem a aceita. Estes signos são ou bem meras palavras ou simples ações; ou (como ocorre com frequência) as duas coisas, ações e palavras. Umas e outras coisas são os LAÇOS por meio dos quais os homens se sujeitam e obrigam: laços que têm suas forças não a partir de suas próprias naturezas (pois nada é mais fácil de quebrar do que a palavra de um homem), mas do medo de alguma consequência má mediante a ruptura.

Seja quando for que um homem tenha transferido seu direito, ou renunciado a ele, é preciso considerar que algum direito foi reciprocamente transferido para si; ou algum tipo de bem que ele desejava em troca. Pois isso é um ato voluntário: e dos atos voluntários para cada homem, o objetivo é o *bem para si*. Portanto, há alguns direitos que nenhum homem pode entender com palavras, ou outros sinais, ter abandonado ou transferido. Primeiro, como um homem não pode deitar fora o direito de resistir aos que o assaltam pela força para tomar-lhe a vida, ainda que não tenha entendido que, disso, pode derivar bem algum ao interessado. O mesmo pode ser dito das lesões, das cadeias e do encarceramento, pois não há benefício subsequente a essa tolerância, ainda que ninguém sofra com paciência ao ser ferido ou aprisionado por outro, mas também porque um homem não pode contar quando ele vê que outros homens procedem contra ele pela violência, quer desejem sua morte, quer não. E, por último, o motivo e fim para este ato de renunciar e transferir o direito nada mais é do que a segurança da pessoa de um homem, em sua vida, e nos meios de preservá-la, para não dispor-se dela. Portanto, se um homem parece espoliar-se do fim por palavras ou outros sinais, para os quais tais sinais serviram de intenção, ele não deve ser entendido como se desejasse isso, ou que esta fosse sua vontade; porém, que ele era ignorante de como suas palavras e ações seriam interpretadas.

A mútua transferência de direitos, é o que os homens chamam de CONTRATO.

Há uma diferença entre transferir o direito para uma coisa; e a transferência ou transmissão, isto é, a entrega da coisa em si. Pois a coisa pode ser entregue junto com a translação de direito; como na compra e venda com dinheiro vivo; ou na troca de bens ou terras; isso pode ser entregue algum tempo depois[31].

Novamente, uma das partes pode entregar a coisa contratuada por sua própria parte, e deixar o outro faça sua parte algum tempo depois de maneira determinada, e gozar de confiança no meio-tempo; assim, o contrato de sua parte é chamado de PACTO ou CONVENÇÃO: ou ambas as partes podem estabelecer um contrato imediato, com efeitos posteriores; nestes casos, aquele que irá efetivá-lo no futuro, com base na confiança, seu papel é chamado de *observância da promessa* ou fé; e a quebra de *performance* (se for voluntária), é chamada de *violação da fé*.

Quanto à transferência do direito, ela não é mútua; mas uma das partes transfere, na esperança de gozar de posterior amizade, ou serviço de outrem, ou de seus amigos; ou na esperança de gozar de reputação de caridade ou magnanimidade; ou libertar sua mente da dor da compaixão; ou na esperança da recompensa celestial; isto não é um contrato, mas PRESENTE, DÁDIVA, GRAÇA: cujas palavras significam uma e a mesma coisa.

Os sinais do contrato são ou *expressos* ou *por inferência*. *Expressos* são palavras ditas com a compreensão do que elas signifi-

---

31. Embora Hobbes nunca tenha cursado Direito, há evidências documentais de que ele apresentava um bom conhecimento jurídico, especialmente sobre contratos. Isso se explica, há quem diga, porque por vinte anos ele foi tutor e depois companheiro, secretário e conselheiro de William Cavendish, segundo conde de Devonshire. E em seguida a morte dele, embora tenha se ausentado por um tempo, retornou à propriedade da família Cavendish para orientar o terceiro conde, por mais nove anos até a eclosão das guerras civis em 1640. Assim, como tutor e secretário de dois sucessivos condes, ele costumava ter contato tanto com os contratos como com as faturas relacionadas à operação dos Cavendish em Derbyshire. E os papéis de Hobbes na coleção Devonshire, em Chatsworth, contêm provas dessa familiaridade de Hobbes com os procedimentos comerciais (GROVER, R. The legal origins of Thomas Hobbes's doctrine of contract. *Journal of the History of Philosophy*, 18 (2), 1980, p. 178) [N.T.].

cam: e tais palavras estão ou no tempo presente ou no pretérito; como *Eu dou*, *Eu garanto*, *Eu dei*, *Eu garanti*, *Eu desejo* que isso *seja teu*; ou no futuro, como *Eu darei*, *Eu garantirei*: cujas palavras do futuro são chamas de PROMESSA.

Os sinais por inferência são algumas vezes a consequência das palavras; algumas vezes, a consequência do silêncio; em certas ocasiões, a consequência das ações; noutras, a consequência de antever uma ação; e, geralmente, um sinal por inferência em qualquer contrato é qualquer coisa que suficientemente argumente o desejo do contratante.

As palavras apenas, se elas estão no tempo do porvir, e contêm uma mera promessa, são sinais insuficientes da dádiva, e, portanto, não obrigatórias. Pois se elas almejam o tempo que virá, como *amanhã eu darei*, elas são um sinal de que eu ainda não o fiz, e, consequentemente, o direito não foi transferido, mas permanece até que eu o faça através de outro ato. Mas se as palavras estiverem no tempo presente ou passado, como em *Eu estou dando* ou *dou para ser entregue amanhã*, então meu direito do amanhã foi cedido hoje; isso ocorre em virtude das palavras, mesmo que não exista nenhum outro argumento da minha vontade. Há uma grande diferença no significado das palavras *volo hoc tuum esse cras* e *cras dabo*; isto é, entre *quero que isto seja teu amanhã* e *dar-te-ei isto amanhã*. Uma vez que a palavra *Eu desejo*, na primeira forma do discurso, significa um ato do desejo presente; mas, na última, significa a promessa de um ato de vontade do porvir; consequentemente, as primeiras palavras, sendo no presente, transferem um direito futuro; as últimas, que estão no futuro, nada transferem. Mas se ali houver outros sinais de vontade de transferência do direito, além e palavras, então, apesar do presente ser livre, ainda assim pode o direito contar como palavras do futuro: como se um homem propusesse um prêmio para o primeiro que chegar ao fim de determinada corrida, a doação é livre, ainda que as palavras façam referência ao futuro, o direito é transferido porque se o interessado não quisesse que suas palavras fossem entendidas desse modo, não as teria pronunciado de tal maneira.

Nos contratos, o direito passa, não apenas onde as palavras estão no tempo presente ou passado; mas também quando elas estão no futuro, pois todo contrato é uma mútua translação, ou mudança de direito; e, assim, ele que prometeu apenas porque ele já tinha recebido o benefício pelo que prometeu, deve entender que concorda em transferir o direito, se seu propósito foi que se suas palavras fossem compreendidas de modo distinto, e o outro não tenha efetuado previamente sua prestação. Por esta causa, na compra, na venda e em outros atos contratuais, uma promessa é equivalente a um pacto, e tal razão é obrigatória[32].

Aquele que realiza primeiro na circunstância do contrato, diz-se que tem MÉRITO de receber aquilo, mediante a *performance* de outrem; e ele tem isso como *devido*. Também quando um prêmio é proposto a muitos, mas que deve ser dado apenas a quem vence; ou o dinheiro é jogado entre muitos, para ser gozado por quem o pega, uma vez que isto é um presente-livre; ainda assim, para ganhar ou apenas apanhar, é ter *mérito*, e ter isso como *devido*. Pois o direito é transferido na proposição do prêmio, e ao lançar fora o dinheiro, apesar de não ser determinado quem, mas o evento da contenção. Mas há entre esses dois tipos de mérito uma diferença, que, a saber, no contrato, eu mereço pela virtude de meu próprio poder, e a necessidade do contratante; mas no caso da dádiva, eu posso alcançar o mérito apenas pela benevolência do presenteador: no contrato, eu mereço que os contratantes que se despojam de seu direito, conquanto que, no caso da doação, eu não mereça que o doador renuncie seu direito, mas que, uma vez despossuído dele, esse direito seria meu, melhor que o de outrem. E isso eu penso ser o significado da distinção dos escolásticos entre *meritum congrui* e *meritum condigni*. Pois Deus Todo-poderoso, tendo prometido o Paraíso aos homens (presos aos desejos carnais), podem andar através desse mundo conforme seus preceitos e limites prescritos; eles [os escolásticos] dizem que aquele que empreender tal vereda merecerá o Paraíso *ex congruo*. Todavia, como nenhum homem pode exigir o direito disso por sua própria retidão ou qualquer outro poder em si, mas apenas pela livre-graça de Deus, eles dizem que nenhum homem merece o Paraíso *ex con-*

---

32. Em especial no período tardio da escolástica o mérito de condignidade se refere ao sentido estrito de justiça meritória, que, por definição, pode se dar somente num estado de graça. Já quanto ao mérito de congruência, este não se trata de um mérito no sentido estrito do termo, mas refere-se a recompensa; e, quanto à recompensa, não há nenhuma obrigação estrita, em termos de justiça meritória (WOLTER, A. Duns Scotus on the necessity of revealed knowledge. *Franciscan Studies*, 11, 1951, p. 258) [N.T.].

digno. Sobre isso, eu digo e penso ser o significado de tal distinção; mas como os disputantes não concordam com a significação de seus próprios termos da arte, mesmo que a eles tenha serventia, eu não afirmo nada de seus significados; com efeito, apenas digo: quando um presente é dado indefinidamente, como prêmio a ser disputado, aquele que vence, merece e pode reclamar o prêmio como dívida[33].

Se um pacto for feito onde nenhuma das partes o faz de maneira presente, mas na confiança um no outro; na condição de mera natureza, que é a condição de guerra de todos contra todos, se houver qualquer razão suspeita, ele é nulo: mas se houver um poder comum sobre ambos, com direito e força suficiente para compeli-los a cumprir o pacto, ele não é nulo. Pois aquele que o empreende primeiro não tem garantias que o outro irá fazê-lo em seguida; porque os laços de palavras são muito fracos para refrear a ambição, a avareza, a raiva e outras paixões dos homens sem o medo de um poder coercitivo; o que não pode ser suposto na condição de mera natureza, onde todos os homens são iguais, e juízes da justiça de seus próprios medos. Assim, aquele que o cumpre primeiro, o faz, mas traindo a si mesmo diante do inimigo; contrário ao direito (que ele nunca pode abandonar) de defender sua vida e seus meios de vida.

Mas, em um estado civil, onde há um poder estabelecido para constranger aqueles que poderiam, por outro lado violar sua fé, tal medo não é mais razoável; e, por conta disso, ele, que pelo convênio é levado a cumpri-lo primeiro, é obrigado a fazê-lo.

A causa do medo, que torna tal convênio inválido, deve ser sempre algo que surge após a feitura do convênio; como um fato novo ou outro sinal de vontade não realizada: caso contrário, o convênio não pode ser anulado. Com efeito, o que não pode impedir um homem de prometer, não pode ser admitido como um obstáculo para o cumprimento da promessa.

Aquele que transfere qualquer direito transfere também as formas de gozá-lo, tanto quanto estiver em seu poder. Como aquele que

---

33. "[...] o que Hobbes nega na condição natural não são os contratos em geral, sequer os pactos em geral, mas os pactos "puros" que exigem confiança de ambas as partes [...]" (RIBEIRO, R.J. *Ao leitor sem medo* – Hobbes escrevendo contra o seu tempo. Belo Horizonte: UFMG, 2004, p. 167) [N.T.].

vende a terra, entende-se que ele transfere a erva e qualquer outra coisa que cresce sobre ela; não pode ele dizer que vende um moinho, mas muda o curso do rio que o move. E aqueles que dão a um homem o direito de governança de forma soberana, entendem dar a ele o direito de cobrar dinheiro para manter os soldados e de apontar magistrados para a administração da justiça.

Fazer convênios com bestas brutas é impossível, pois sem compreender nosso discurso, elas não entenderão ou aceitarão qualquer translado de direito, nem mesmo podem transladar qualquer direito a outrem: e sem a mútua aceitação, não há convênio.

Fazer convênios com Deus é impossível, mas é possível pela mediação daqueles com quem Deus fala, seja pela revelação sobrenatural ou por aqueles que, em seu nome, governam: doutra maneira, não sabemos se nossos convênios foram aceitos ou não. Portanto, aqueles que juraram algo contrário a qualquer lei da natureza, juraram em vão, pois seria uma coisa injusta cumprir tal voto. E se esta for uma coisa ordenada pela lei da natureza, não é o voto, mas a lei que os prende.

A matéria ou objeto do convênio é sempre algo que se alcança sob deliberação (para o convênio, é um ato de vontade, ou seja, dizer um ato e o último ato de deliberação), e, portanto, sempre é compreendido como algo do porvir, que é julgado possível para ele de conveniar, ou seja, de empreender.

Deste modo, prometer algo que se sabe impossível não é um convênio. Mas se isso se prova impossível posteriormente, o que anteriormente se pensou possível, o convênio é válido e ligado, porém, não a coisa em si, mas ao valor, ou, se isto também for impossível, ao esforço de boa-fé de realizar tanto quanto for possível: pois nenhum homem pode ser obrigado a fazer mais que isso.

Os homens são libertos de seus convênios de duas maneiras: ao empreendê-los ou sendo perdoados. Pois o empreendimento é a o fim natural da obrigação; e o perdão, a restituição da liberdade, ou seja, na retransferência daquele direito no qual a obrigação consistia.

Os convênios estipulados pelo temor, na condição da mera natureza, são obrigatórios. Por exemplo, se eu pactuo a pagar um resgate ou um serviço pela minha vida a um inimigo, eu estou ligado a ele [isto é, ao convênio]. Pois isso é um contrato, onde um recebe o benefício da vida, enquanto o outro recebe dinheiro, ou um serviço por ele; e, consequentemente, onde nenhuma outra lei (como na condição de mera criatura) proíbe o empreendimento, o convênio é válido. Assim, prisioneiros de guerra, se prometem o pagamento de seus resgates, são obrigados a pagá-lo: e se um príncipe mais fraco estabelece uma paz desvantajosa com um príncipe mais forte por medo; ele está obrigado a mantê-la, a menos (como foi dito antes) que dali surja uma nova e justa causa do medo para renovar a guerra. E até mesmo nas repúblicas, se eu for forçado a render a mim mesmo para um ladrão pela promessa de dinheiro, eu sou obrigado a pagá-lo, até que a lei civil me desobrigue. Pois seja o que for, eu posso legalmente fazê-lo sem obrigação, e o mesmo devo eu fazer legalmente ao pactuar através do medo: e o que eu pactuo legalmente, eu não posso legalmente quebrar.

Um pacto primeiro torna nulo o subsequente. Pois um homem que transmitiu seu direito para outro homem hoje pode não transmiti-lo amanhã ou outro dia; portanto, a última promessa não tem valor, mas é nula.

Um pacto em que eu prometa não me defender da força pela força é sempre nulo. Uma vez que, como eu disse antes, nenhum homem pode transferir ou derrubar seu direito de salvar-se da morte, feridas e prisão (onde tal nulidade é apenas o fim de qualquer direito), de tal maneira que a promessa de não resistir à força não pode ser transferido enquanto direito por qualquer pacto, nem pode se tornar obrigatório. Pois mesmo que um homem possa pactuá-lo assim, *a menos que eu cumpra isso, mate-me*, ele não pode pactuar o seguinte: *a menos que eu cumpra isto ou aquilo, eu não irei resistir a ti quando tu vieres matar-me*. Como o homem naturalmente escolhe o mal menor, que é o perigo de morte no ato de resistir, em vez daquele maior, que é a morte certa e presente sem resistência. E isso tem a garantia de verdade por parte de todos os homens, uma vez que eles conduzem criminosos para a execução e prisão com homens armados, não importando que tais criminosos tenham consentido com a lei pela qual eles foram condenados.

Um pacto ao acusar a si mesmo sem a garantia de perdão é igualmente inválido. Pois, na condição natural, onde cada homem é o juiz, não há lugar para a acusação: e, no estado civil, a acusação é seguida pela punição; sendo esta forçada, um homem não é obrigado a não resistir. O mesmo é verdadeiro na acusação daqueles cuja condenação lança um homem à miséria; como a de um pai, uma esposa ou benfeitor. Considerando o testemunho de tal acusador, se não for dado de bom grado, presume-se que é corrompido por natureza: e, assim, não pode ser aceito. E onde o testemunho de um homem não pode receber crédito, ele não está obrigado a dá-lo. Igualmente, acusações com base em torturas não são reputadas como testemunhos. Pois a tortura deve ser usada apenas como meio de conjectura, de maneira leve em um exame posterior, e na busca da verdade: e o que for confessado nesse caso, tende a facilitar para aquele que sofre a tortura, sem informar aos torturadores; consequentemente, não pode receber o crédito de um testemunho suficiente. Com efeito, quem entrega a si mesmo como resultado de uma acusação, verdadeira ou falsa, o faz para ter o direito de conservar a própria vida.

A força das palavras é, como eu expressei anteriormente, muito fraca para obrigar os homens a empreenderem seus pactos; há na natureza do homem dois auxílios imagináveis para fortalecê-lo. E eles são: um medo das consequências da quebra da palavra; ou a glória ou orgulho ao transparecer que não precisa quebrá-lo. Este último é uma generosidade muito raramente encontrada para ser presumida, especialmente àqueles que perseguem a riqueza, o comando ou o prazer sensual, que compõe, a rigor, a maior parte da humanidade. A paixão pelo reconhecimento é medo, onde há dois objetivos muito gerais: um, o poder dos espíritos invisíveis; o outro, o poder daqueles homens que eles podem ofender. Desses dois, conquanto o primeiro seja um poder maior, ainda assim, o último medo provoca comumente o maior medo. O medo do primeiro está em cada homem, conforme sua religião, que tem lugar na natureza do homem antes da sociedade civil. O último, nem tanto; ao menos, não tanto lugar para obrigar os homens a manterem suas promessas; porque na condição de mera natureza, a desigualdade do poder não é discernida, exceto no advento da batalha. De maneira que, antes do tempo da sociedade civil, ou na interrupção dela pela guerra, nada pode fortalecer um pacto de paz acordado, seja das tentações da avareza, ambição, luxúria ou outro desejo forte; exceto o medo daquele poder invisível, que cada um deles adora como um Deus; e teme pela vingança de sua perfídia. Tudo, porém, que pode ser feito entre dois homens sem ser objeto do poder civil é colocar ambos para prometer pelo Deus que eles temem: cuja *promessa* ou JURAMENTO é *a forma de discurso que inclui uma promessa, pela qual aquele que promete estabelece o significado que, a menos que ele cumpra, ele renuncia a misericórdia de seu Deus, ou reclama sobre ele mesmo sua vingança.* Esta foi a forma pagã: *Que* Júpiter *me mate como eu mato esta besta.* Assim é a nossa forma: *Eu devo fazer isso e aquilo; portanto, Deus, ajudai-me.* E isso, com os ritos e cerimônias, que cada um faz conforme sua própria religião, ou seja, para que o medo de quebrar a fé possa ser maior.

Por conta disso, tudo leva a crer que um juramento tomado por qualquer outra forma ou rito diferente dessas, com promessas, é vão e não é um juramento; e, assim, não há promessa nenhuma sobre qualquer outra coisa que o prometedor pense, exceto Deus. Pois apesar dos homens algumas vezes jurarem por seus reis, por medo ou por elogios, ainda assim eles deveriam ter entendido que atribuíam a eles a honra divina. E que prometer por Deus necessariamente nada mais é do que profanar seu nome; e que prometer por outras coisas, como os homens fazem no discurso comum, não é prometer, mas um costume ímpio, dado em grande medida pela veemência do falar.

Também parece que o juramento nada agrega de obrigação. Uma vez que um pacto, se legal, une aos olhos de Deus, sem o juramento, o mesmo ocorre: se ilegal, não há obrigação alguma, ainda que tenha sido confirmado por um juramento.

CAPÍTULO XV
DAS OUTRAS LEIS DA NATUREZA

Da lei da natureza, pela qual nós somos obrigados a transferir a outros tais direitos que, retidos, perturbam a paz da humanidade, há uma terceira lei, a saber: *que os homens cumpram os pactos que celebraram*. Sem ela, os pactos são em vão e nada contêm, exceto palavras vazias, e subsistindo o direito de todos os homens a todas as coisas, seguimos em condição de guerra[34].

E esta é a lei da natureza, de onde consiste a original fonte da JUSTIÇA. Pois onde nenhum pacto tenha precedido, não há direito a ser transferido, e cada homem tem direito sobre cada coisa; e, consequentemente, nenhuma ação pode ser injusta. Mas quando um pacto é celebrado, consequentemente, quebrá-lo é injusto: e a definição de INJUSTIÇA não pode ser outra: *não empreender um pacto*. E tudo que não é injusto, é *justo*.

Porém, como os pactos têm confiança mútua, são inválidos onde há medo de não cumprimento de uma das partes (como foi dito no capítulo anterior); apesar da natureza da justiça seja o ato de realizar pactos; ainda assim, a injustiça corrente não pode existir, até que a causa de tal medo seja afastada, o que, enquanto os homens estão na condição natural de guerra, não pode ser feito. Assim, antes que os nomes do justo e injusto tenham lugar, é preciso ter algum

---

34. Isso, porém, não quer dizer "[...] que não possamos de fato quebrar os contratos, mas apenas que, agindo assim, agimos de maneira irracional. E isto em dois sentidos. Em primeiro lugar, porque damos a significar uma vontade incoerente, o que seria o mesmo que, em matemática, definir uma figura e retirar dela consequências incompatíveis com sua definição. Em segundo lugar, porque deixamos de perceber que a razão é a ferramenta de construção da paz, a qual é razoável supor que seja desejada por todos, visto ser ela o único meio de desfrutar com tranquilidade dos bens que visam. Ou seja, desrespeitar os contratos empreendidos é contrário à razão não apenas porque com isso incorremos numa incoerência, mas também, e num sentido talvez mais importante, porque com isso se declara aos outros que não se está disposto a estabelecer com eles relações racionais, sem as quais não há paz possível [...]" (LIMONGI, M.I. *Hobbes*. Rio de Janeiro: Zahar, 2002, p. 36) [N.T.].

poder coercitivo, no intuito de compelir os homens igualmente a empreender seus pactos pelo terror de alguma punição, que deve ser maior do que o benefício esperado pela quebra do pacto; e para agregar àquela propriedade que, por mútuo contrato, foi adquirida por homens como recompensa pelo direito universal eles abandonaram: e tal poder não existe antes do erguimento de uma república. E isto também pode ser coligido da definição ordinária de justiça nos escolásticos; pois eles dizem que a *justiça é a vontade constante de dar a cada homem o que é seu*. Deste modo, onde não há *o seu*, ou seja, não há propriedade, por consequência, não há injustiça; e onde não há poder coercitivo estabelecido, isto é, onde não há uma república, não há propriedade; todos os homens têm direito a todas as coisas. Portanto, onde não há república, não há nada injusto. De forma que a natureza da justiça consiste na salvaguarda dos pactos válidos: mas a validade dos pactos não começa antes da constituição do poder civil, que é suficiente para compelir os homens a guardá-lo; e então é assim que a propriedade começa[35].

O tolo que disser em seu coração que não há coisa tal como a justiça, e algumas vezes com sua língua, alegando com toda a seriedade que, estando encomendada a conservação e o bem-estar de todos os homens ao seu próprio cuidado, não pode existir razão alguma em virtude da qual um homem qualquer deixe de fazer aquilo que ele imagina conduzir para tal fim; consequentemente, fazer ou não fazer, observar ou não observar os pactos, não implicaria proceder contra a razão quando conduz ao próprio benefício. Ele não nega com isso que os pactos existem, que as vezes são quebrados e as vezes observados; e que tal quebrantamento possa ser chamado de injustiça, e justiça a observância deles. Somente se discute se a injustiça, deixando de lado o temor de Deus (ainda que os néscios intimamente creiam que Deus não existe) não pode harmonizar-se certas vezes com a razão, que dita a cada um seu próprio bem; e assim, particularmente quando conduz a um benefício tal que situe o homem em condição de desprezar não somente o ultraje e as reprovações, mas também o poder de outros homens. O reino de Deus

---

35. Este pensamento veio a integrar o patrimônio comum da tradição ocidental, através de Platão, Aristóteles, santo Ambrósio, santo Agostinho e, sobretudo, do Direito Romano (CA-THREIN, V. *Las virtudes fundamentales*. Madri: Rialp, 1976, p. 86) [N.T.].

é conquistado pela violência: mas o que ocorreria se pudesse ser alcançado pela violência injusta? Iria atentar contra a razão obtê-lo assim, quando é impossível ser ferido por ele? E se não atenta contra a razão, não atenta contra a justiça: de outro modo, a justiça não pode ser aprovada como coisa boa. Baseado nestes raciocínios, a perversidade triunfante tem logrado o nome de virtude, e alguns que em todas as demais coisas desaprovaram a violação da fé, tem-na por tolerável quando se trata de ganhar um reino. E os pagãos acreditavam que Saturno havia sido deposto por seu filho Júpiter; mas acreditavam também que o mesmo Júpiter era o vingador da injustiça. Algo análogo se encontra em uma peça legal de Coke intitulada *Comentários sobre Litleton*[36], quando afirma o seguinte: ainda que o legítimo herdeiro da coroa esteja convicto da traição, a coroa deve ser-lhe entregue, apesar disso; mas *eo instante*, a culpa deverá ser anulada; disso, um homem será muito probo de inferir que, quando o herdeiro aparente de um reino matar aquele que o detém como posse, apesar de ser eu pai; é possível chamar tal ação de injustiça, ou por qualquer outro nome que tu desejares; ainda assim, isso nunca será contra a razão, ao observar que todas as ações voluntárias dos homens tendem aos seus próprios benefícios; e, entre tais ações, as mais razoáveis são aquelas que conduzem aos seus propósitos. Este raciocínio especioso é, todavia, falso.

Com efeito, não poderiam existir promessas mútuas quando não existe segurança de cumprimento por nenhuma das duas partes, como quando não há um poder civil estabelecido sobre as partes que prometem entre si; pois semelhantes promessas não são pactos. Mas seja quando um dos partidos já tenha realizado ou onde há um poder para fazê-lo, ergue-se a questão se isso é contra a razão, ou seja, contra o benefício do outro realizar ou não. E eu digo que isso não atenta contra a razão; para tanto, nós devemos considerar que: primeiro, quando um homem faz algo passível de previsão ou cálculo, mas que tende a sua própria destruição, ainda que um acidente qualquer, inesperado para ele, possa mudá-lo,

---

36. *A commentarie upon Littleton* (*Um comentário sobre Littleton*) é a primeira parte da obra *Institutes of the Lawes of England* (*Institutos das leis da Inglaterra*). Trata-se de uma série de tratados legais redigidos por Edward Coke e publicados pela primeira vez entre 1628 e 1644. O documento abarca um amplamente reconhecido documento fundacional das leis comuns inglesas [N.T.].

a rigor, em um ato para seu benefício, tais acontecimentos não são razoáveis ou judiciosos de ação. Em segundo lugar, que em situação de guerra, quando cada homem é um inimigo dos demais por falta de um poder comum que os mantenha no controle, ninguém pode contar com que sua própria força ou destreza o proteja suficientemente contra a destruição sem recorrer a alianças, das quais cada um espera a mesma defesa dos demais. Por conseguinte, quem considera razoável esperar outros meios de salvação, que os faça lograr com sua própria força. Logo, quem quebra seu pacto e declara, por sua vez, que pode fazer tal coisa com razão, não pode ser tolerado em nenhuma sociedade que una os homens para a paz e defesa, a não ser pelo erro daqueles que o admitem; nem, tendo admitido, poderá continuar a fazê-lo, quando se adverte o perigo do erro. Estes erros não podem ser computados razoavelmente entre os meios de segurança: o resultado é que, se se deixa fora ou expulsa da sociedade, o homem perece, e se vive em sociedade é pelo erro dos demais homens, erro que ele não pode prever nem fazer cálculos com base em si mesmo. Esses erros atentam, consequentemente, contra a razão de sua conservação; e assim, todas aquelas pessoas que não contribuem à sua destruição só a perdoam pela ignorância que também convém a eles.

Quanto à hipótese de alcançar a segurança e perpétua felicidade celestial de qualquer maneira, trata-se de frivolidade: há apenas um meio imaginável, e ele não é alcançado pela quebra, mas pela manutenção dos pactos.

E, por outro lado, é contrário a razão alcançar a soberania pela rebelião: porque apesar do que se alcançou, é manifesto que, conforme a razão, não se pode esperar que seja assim, exceto o contrário; porque ao obtê-la desta forma, se ensina aos outros a fazer o mesmo. Consequentemente, a justiça, quer dizer, a observância do pacto, é uma regra da razão em virtude da qual somos proibidos de fazer qualquer coisa suscetível de destruir nossa vida: é, portanto, uma lei da natureza.

Alguns vão além, todavia, e não querem que a lei da natureza implique naquelas regras que conduzem à conservação da vida humana sobre a terra, exceto para alcançar uma felicidade eterna após a morte; pensam que o quebrantamento do pacto pode conduzir a ele, e, assim, são justos e razoáveis (são assim aqueles que pensam ser um ato meritório matar, ou despossuir, ou rebelar-se contra o poder soberano constituído sobre eles por seu próprio consentimento). Portanto, como não existe conhecimento natural do estado do homem depois da morte, e muito menos da recompensa que então se dará a quem quebrantem a fé, exceto somente a crença fundada no que dizem outros homens que estão em posse de conhecimentos espirituais por meio direto e indireto, quebrantar a fé não pode ser alcunhado como um preceito da razão ou da natureza.

Outros, concordando que a observância da fé é uma lei da natureza, abrem exceção a certas pessoas; por exemplo, dos hereges e outros que não têm o costume de cumprir seus pactos. Isso também atenta contra a razão, pois se qualquer falta de um homem fosse suficiente para liberar-lhe do pacto que com ele foi feito, a mesma causa deveria, racionalmente, ter-lhe impedido de fazê-lo.

As palavras dos justos e injustos, quando são atribuídas aos homens, significam uma coisa; e quando eles são atribuídos às ações, outra. Quando elas são atribuídas aos homens, significam conformidade ou inconformidade das maneiras quanto à razão. Mas quando elas são atribuídas às ações, elas significam conformidade ou inconformidade à razão, não das maneiras ou maneiras de vida, mas de ações particulares. Portanto, um homem justo é aquele que toma todo cuidado possível para que suas ações sejam justas; por outro lado, um homem injusto é aquele que negligencia tal preceito. Estes homens são mais frequentemente citados em nosso estilo de língua como reto e iníquo do que justo e injusto, conquanto o significado seja o mesmo. Assim, um homem reto não perde tal título por uma ou poucas ações injustas que procedem da paixão súbita, ou do erro das coisas, ou das pessoas: também não o faz um homem iníquo, ou seja, perder seu caráter por tais ações, como ele o faz, ou intenta fazê-lo por medo: pois sua vontade não é enquadrada pela justiça, mas pelo aparente benefício do que ele está para fazer. Aquilo que dá às ações humanas o deleite da justiça é certa nobreza ou bravura, raramente encontrado, pelo qual resulta desprezível atribuir seu bem-estar mediante a fraude ou a quebra de uma promessa. Essa justiça nas maneiras é o que se significa quando a justiça se chama virtude, e a injustiça, um vício.

Mas a justiça nas ações não faz dos homens justos, mas *inocentes*; e a injustiça, nos mesmos termos (também chamada de dano), atribui-se o nome de *culpado*.

Novamente, a injustiça nas maneiras é a disposição ou a aptidão para empreender a injúria; e trata-se da injustiça antes de proceder o ato; e, outrossim, sem supor uma pessoa individualmente lesada. Mas a injustiça na ação (isto é, dano) supõe uma pessoa individualmente lesada; nomeadamente, aquele com quem o pacto foi feito; deste modo, a ofensa muitas vezes é recebida por um homem quando o dano recai sobre outro. Como quando o mestre comanda seu servo a dar dinheiro para um estranho; se isso não for feito, a injúria foi feita ao mestre, com quem ele tinha pactuado obedecer; mas o dano recai sobre o estranho, a quem ele não tinha qualquer obrigação; e, assim, não pode injustiçá-lo. E também nas repúblicas, os homens privados podem remir seus débitos com outrem; mas não roubos e outras violências, pelos quais eles estão em perigo; pois deter a dívida é uma ofensa contra si, mas o roubo e a violência são ofensas contra a pessoa da república.

Seja o que for feito para um homem, significado por sua própria vontade por aquele que o faz, não é uma injúria contra aquele. Pois se aquele que o faz não é afastado de seu direito original de fazer o que lhe agrada por algum pacto antecedente, não há quebra de pacto; portanto, ele não cometeu nenhuma ofensa. Por outro lado, se ele expressou sua vontade de fazê-lo, trata-se da liberação daquele pacto: e, novamente, nenhuma ofensa foi feita por ele.

Os autores dividem a justiça das ações em *comutativa* e *distributiva*: a primeira, dizem eles, consiste na proporção aritmética, e a última, na proporção geométrica. Por conta disso, eles situam a justiça comutativa na igualdade do valor das coisas contratadas; e a distributiva, na distribuição de benefícios iguais aos homens de igual mérito. Segundo isso, seria injustiça vender mais caro o que compramos, ou dar a um homem mais do que ele merece. O valor das coisas contratadas se mede pelo apetite dos contratantes, e, consequentemente, o justo valor é o que for pactuado a dar. O mérito (para além do que é segundo o pacto, de maneira que o cumprimento de uma parte obriga o cumprimento por parte da outra, e recai sob a justiça comutativa, não a distributiva) não é um débito pela justiça, de maneira que constitui apenas uma recompensa da graça. Por conta desta distinção, não é exata no sentido em que deve ser exposta.

Abordando tal questão com propriedade, a justiça comutativa é a justiça de um contratante, isto é, o cumprimento de um pacto em matéria de compra ou venda; ou o arrendamento e a aceitação deste; o prestar e pedir emprestado; o câmbio e a troca, além de outros atos contratuais.

A justiça distributiva é a justiça de um árbitro, ou seja, o ato de definir o que é justo. Merecendo a confiança de quem o ergueu à condição de árbitro, se responde esta confiança, se diz que distribui a cada um o que lhe é próprio: com efeito, esta é a distribuição justa, e pode ser denominada (ainda que de forma imprópria) como justiça distributiva, e, com propriedade maior, equidade; esta é uma lei da natureza, como mostraremos em um local adequado.

Assim como a justiça depende de um pacto antecedente, na mesma medida, a GRATIDÃO depende de uma graça antecedente; isto é, um presente-livre antecedente. Consequentemente, é a quarta lei da natureza, que pode ser concebida de tal forma, *que um homem que recebe um benefício de outro por mera graça, se esforce em lograr que quem o fez não tenha um motivo razoável para arrepender-se voluntariamente de sua boa vontade.* Pois nenhum homem dá com a intenção de propiciar o bem para si mesmo, uma vez que o presente é voluntário; e, de todos os atos voluntários, o objetivo é que cada homem obtenha seu próprio bem; se os homens percebem que seu propósito será frustrado, não haverá um começo da benevolência ou confiança, nem, por conseguinte, da mútua ajuda, nem da reconciliação de um homem para com o outro. E assim permanecerá, portanto, a situação de guerra, que é contrária a primeira e fundamental lei da natureza, que ordena todos os homens a buscar a paz. A quebra desta lei se chama *ingratidão*, e tem a mesma relação com a graça que a injustiça tem com a obrigação derivada do pacto.

Uma quinta lei da natureza é a COMPLACÊNCIA, quer dizer, *que cada um se esforce para acomodar-se aos demais.* Para compreender esta lei podemos considerar que existe nos homens a aptidão para a sociedade, uma diversidade da natureza que surge de sua diversidade de afetos; algo similar ao que advertimos nas pedras que se juntam para soerguer um edifício. Com efeito, o mesmo ocorre quando uma pedra, com sua aspereza e irregularidade de forma, toma das demais mais o espaço do que ela mesma ocupa, e, por sua dureza, torna difícil fazê-la plana, o que a impede de utilizá-la na construção, e é eliminada pelos construtores como inaproveitável e perturbadora; o mesmo ocorre aos homens que, por sua aspereza natural, pretendem reter aquelas coisas que, para eles mesmos, são supérfluas, mas necessárias aos outros, e que na cegueira de suas paixões não podem ser corrigidas; estes homens devem ser abandonados ou expulsos da sociedade, como pessoas hostis a ela. Se advertirmos que cada homem considera-se apto para propor e obter tudo quanto é necessário à sua conservação, não só pelo direito, mas também por necessidade natural, quem se opõe a ele por motivos supérfluos é culpado da luta que o sobrevenha, e, consequentemente, faz algo que é contrário a lei fundamental da natureza que ordena a busca pela paz. Aqueles que observam esta lei podem ser chamados de SOCIÁVEIS (os latinos chamavam de *commodi*): o contrário de sociável é *incômodo, insociável, intratável* e *perverso*.

Uma sexta lei da natureza é que, *dando garantia do tempo futuro, devem ser perdoadas as ofensas passadas de quem, arrependendo-se, deseje ser perdoado.* Com efeito, o PERDÃO não é outra coisa senão a garantia da paz, a qual, quando se garante a quem persevera em sua hostilidade, nada mais é além do medo; não garantida àquele que dá garantia do tempo futuro, é sinal de aversão a paz e, consequentemente, ideia contrária a lei da natureza.

A sétima lei é que, *nas vinganças* (ou seja, a retribuição do mal com o mal), *o homem não olha para a grandeza do mal no passado, mas na grandeza do bem do porvir.* Com efeito, nós estamos proibidos de infligir punição de qualquer outra forma que não seja a correção do ofensor, ou no direcionamento de outrem. Pois esta lei é consequência da anterior, a saber, que comanda o perdão para a segurança dos tempos vindouros. Além disso, a vingança sem respeito pelo exemplo e lucro que virá é um triunfo ou a glória ao ferir outro homem, visando um fim; pois o fim é sempre algo do porvir; e a glória sem fim é a vanglória, e contrária à razão[37]; e ferir sem razão

---

37. Segundo Hobbes, a glória no estado de natureza é vã, mas sua busca é factível dentro de um conjunto de regras determinadas pelo soberano. "As leis civis introduzem as medidas comuns entre o *meum* e o *tuum* [meu e teu], certo e errado, bom e mau, desse modo abrindo no-

tende à introdução da guerra, que é contra a lei da natureza; consequentemente, ela foi designada pelo nome de *crueldade*.

E por causa de todos os signos de ódio ou desprezo provocam a luta, assim como a maioria dos homens prefere colocar sua vida em perigo do que não ser vingado, nós podemos estabelecer um oitavo lugar para uma lei da natureza, estabelecida neste preceito, *de que nenhum homem, por feito, palavra, expressão ou gesto declare ódio ou desprezo por outro*. A quebra desta lei é comumente chamada de *contumélia* [injúria].

A questão de quem é um homem melhor não tem lugar na condição de mera natureza, onde, como nós vimos antes, todos os homens são iguais. A desigualdade que há agora foi introduzida pelas leis civis. Eu sei que Aristóteles, no primeiro livro da *Política*, para a fundação de sua doutrina, fez dos homens naturais: alguns mais valorosos para comandar, implicando os tipos sábios (os quais, conforme ele mesmo pensou, eram os filósofos); outros existem para servir (ou seja, aqueles que têm corpos fortes, mas não eram filósofos como ele), como se mestre e servo não fossem introduzidos pelo consentimento dos homens, mas pela diferença de sagacidade, o que não apenas é contrário à razão, mas também contrário à experiência. Pois há muito poucos tão tolos que não governam a si próprios, e, consequentemente, são governados por outros; nem quando o sábio, em sua própria presunção, contende pela força com aqueles que desconfiam de sua própria sabedoria, alcançam sempre ou frequentemente a vitória. Portanto, se a natureza fez os homens iguais, tal igualdade deve ser reconhecida; ou se a natureza fez os homens desiguais, ainda assim os homens que creem serem iguais entre si não entrarão em condições de paz, mas em termos de igualdade; consequentemente, tal igualdade deve ser admitida. E assim, eu estabeleço como a nona lei da natureza que *cada homem reconheça o outro como igual pela natureza*. A quebra desse preceito é o *orgulho*.

Quanto a esta lei, ela depende de outra, a saber, *que ao entrar em condições de paz, nenhum homem exige reservar para si nenhum direito que ele não esteja satisfeito ser reservado a qual-*

---

vos campos de comparação entre pessoas" (SLOMP, G. Glory, vainglory, and pride. In: LLOYD, S.A. (ed.). *The Boomsbury Companion to Hobbes*. Londres: Bloomsbury, 2013, p. 131) [N.T.].

quer outro. Como é necessário a todos os homens buscar a paz para firmar certos direitos da natureza, isto é, não ter a liberdade para fazer tudo o que desejar, de forma que isso é necessário para a vida do homem, ou seja, no intuito de refrear alguns; como o direito de governarem seus próprios corpos; gozar do ar, água, movimento e formas de ir de lugar a lugar; e todas as coisas sem as quais um homem não pode viver, ou não pode viver bem. Se, neste caso, ao fazer a paz, os homens requerem de si aquilo que não reconheceram aos demais, contrariam a lei precedente, que ordena o reconhecimento da igualdade natural; assim, também atentam contra a lei da natureza. Os observadores dessa lei são aqueles chamados de *modestos*, e aqueles que a rompem, homens *arrogantes*. Os gregos chamam a violação dessa lei de πλεονεξία[38]; isto é, um desejo de receber mais do que as suas partes.

Também se *um homem receber a confiança de proferir julgamentos entre homem e homem*, este é um preceito da lei da natureza, para *que ele lide igualmente entre eles*. Pois, sem isso, as controvérsias dos homens não podem ser determinadas, exceto pela guerra. Portanto, aquele que é parcial no julgamento, faz o que está ao seu alcance para impedir que os homens recorram a juízes e árbitros, e, consequentemente (contra a lei fundamental da natureza), isto é causa de guerra.

A observância desta lei, que visa a igual distribuição para cada homem daquilo que razoavelmente pertence a ele, chama-se EQUIDADE, e (como eu disse antes) justiça distributiva: a violação, por sua vez, acepção de pessoas, προσωποληψία.

E disso procede outra lei, *que tais coisas que não podem ser divididas sejam gozadas em comum, se for possível; e se a quantidade da coisa permitir, sem restrição; doutra maneira, proporcionalmente a quantidade delas que faz jus.* Pois, se o contrário correr, a distribuição é desigual e contrária a equidade.

Mas há algumas coisas que não podem nem ser divididas nem gozadas em comum. Assim, a lei da natureza, que prescreve a equidade, requer *o direito absoluto; ou ainda, com o uso alternado, que a*

---

38. *Pleonexía*, isto é, ganância ou avareza [N.T.].

primeira possessão seja determinada por sorteio. Essa distribuição é lei da natureza e não é possível imaginar outros meios de fazer a distribuição equitativa.

Há duas classes de *sorteios*: arbitrário e natural. É arbitrário o que foi estipulado entre os competidores; a natural é ou a primogenitura (que os gregos chamavam de κληρονομία, que significa *obtido por sorteio*), ou *primeira posse*.

Consequentemente, aquelas coisas que não podem ser disfrutadas em comum nem divididas devem ser entregues ao primeiro possuidor; e, em alguns casos, ao primogênito, como adquiridas por sorteio.

É também uma lei da natureza *que a todos os homens que mediam a paz sejam outorgados com um salvo-conduto*. Porque a lei que ordena a paz como *fim*, ordena a intercessão como *meio*, e para a intercessão, o meio é o salvo-conduto.

Ainda que os homens tenham a propensão a observas tais leis voluntariamente, sempre surgirão questões concernentes à ação humana: primeiro, se fez ou se não o fez; segundo, se sim, uma vez realizada, se foi ou não contrária à lei. A primeira dessas duas questões se denomina questão *de fato*; a segunda, questão *de direito*. Assim, a menos que as partes em disputa não concordem mutuamente a seguir a sentença proferida por outro, não poderá haver paz entre elas. Este outro, a quem eles acatam a sentença, se chama ÁRBITRO. Deste modo, é uma lei da natureza *que aqueles que estão em controvérsia devem submeter seu direito ao julgamento de um árbitro*.

E uma vez que se presume que cada homem faça todas as coisas de maneira a alcançar seu próprio benefício, nenhum homem é um árbitro adequado para sua própria causa, e como a igualdade permite a cada parte um benefício igual, a falta de um árbitro adequado, se um é admitido como tal, também deve admitir ou outro; e assim subsiste a controvérsia, quer dizer, a causa da guerra, contra a lei da natureza.

Pela mesma razão, em uma causa qualquer, ninguém pode ser admitido como árbitro se para ele resulta um aparente proveito maior, honra ou prazer na vitória de uma parte do que de outra;

porque assim recebe uma liberalidade (e uma liberalidade inconfessável); e ninguém pode ser obrigado a confiar nele. E isso também é causa da perpetuação da controvérsia e da situação de guerra, contrária à lei da natureza.

Em uma controvérsia de fato, como o juiz não pode crer mais em um do que em outro (se não há outros argumentos), deverá conceder crédito a um terceiro; ou a um terceiro e a um quarto; ou ainda mais. Pois, do contrário, a questão permanece sem decisão e abandonada à força, contrariando a lei da natureza.

Estas são as leis da natureza que impõem a paz como meio de conservação da humanidade, e que só concernem à doutrina da sociedade civil. Há outras coisas que tendem à destruição dos homens individualmente, como a embriaguez, e outras manifestações de destemperança, as quais podem ser incluídas, consequentemente, entre as coisas proibidas pela lei da natureza; assim, não é necessário mencioná-las, nem são muito pertinentes neste lugar.

Acaso possa parecer o que segue uma dedução excessivamente sutil das leis da natureza, para que todos obedeçam a ela; mas como a maior parcela dos homens está demasiado ocupada em busca de seu sustento, e o restante é demasiado negligente para compreender, ainda assim, para que não seja inexcusável e ininteligíveis a todos os homens, incluindo os menos capazes, que são fatores de uma mesma soma; seja como for, é possível dizer da seguinte forma: *não faça ao outro o que não deseja que façam a ti.* Isso significa que ao aprender as leis da natureza e ao confrontar as ações de outros homens como se fosse a ti mesmo, e parecem ser aquelas de muito peso, o que procede é colocar as ações alheias em outro prato da balança; enquanto as próprias, em vez do mesmo, como objeto de nossas paixões e egoísmo, não pode incluir nada à ponderação; assim, nenhuma dessas leis da natureza deixará de parecer muito razoável.

As leis da natureza obrigam *in foro interno*, isto é, estão ligadas ao desejo de serem cumpridas; em troca, nem sempre obrigam *in foro externo*, ou seja, quanto à sua aplicação prática. Com efeito, aquele que é correto, tratável e cumpre o quanto promete, no lugar e no tempo em que nenhum outro o faria, sacrifica-se aos demais e procura sua ruína certa, contrariamente ao fundamento de todas as leis da natureza, que tendem à conservação desta. Por sua vez, quem tem garantia suficiente de que os demais observaram o respeito às mesmas leis, não as observa, por sua vez, não buscando a paz, mas a guerra, e, consequentemente, a destruição de sua natureza pela violência.

Todas aquelas leis que obrigam *in foro interno* podem ser quebradas não apenas por um fato contrário à lei, mas também por um fato de acordo com ela, se alguém imagina o contrário. Porque ainda que sua ação, neste caso, esteja de acordo com a lei, seu propósito é contrário a ela; o que constitui uma infração quando a obrigação é *in foro interno*.

As leis da natureza são imutáveis e eternas, pois a injustiça, a ingratidão, a arrogância, o orgulho, a iniquidade e a desigualdade ou a acepção de pessoas, e todo o restante, nunca podem ser coisa legítima. Porque nunca poderá ocorrer que a guerra conserve a vida, e a paz a destrua. As mesmas leis, como somente obrigam um desejo ou esforço, dentro do meu juízo, é um esforço genuíno e constante, e são facilmente observadas. Nada requerem, exceto esforço: quem se propõe ao seu cumprimento, as realiza, e quem realiza a lei é justo[39].

A ciência que delas se ocupa é a verdadeira e autêntica filosofia moral, pois a filosofia moral não é outra coisa exceto a ciência do que é *bom* e mau na conversação e na sociedade humana. O *bem* e *mal* são nomes que significam nossos apetites e aversões, que são diferentes conforme os distintos temperamentos, usos e doutrinas dos homens.

Diversos homens diferem não apenas no juízo a respeito da sensação do que é agradável e desagradável ao gosto, ao olfato, aos ouvidos, ao tato e a vista, mas também a respeito do que, nas ações da vida, está de acordo ou em desacordo com a razão. Ademais, o

---

39. Ou seja, "[...] da mesma maneira que a guerra se alimenta da suposição de que os homens têm motivos para competir, desconfiar, enganar a paz se alimenta da suposição de que aqueles com quem nos relacionamos a desejam, pois só assim teremos motivos para agirmos nós mesmos no sentido da paz e não da guerra. A paz exige reciprocidade. Daí a necessidade de demonstrarmos aos outros que a queremos. Estabeleceremos e cumpriremos contratos, seremos gratos, complacentes etc. desde que os outros também o façam; do contrário, todos esses comportamentos deixam de poder significar a nossa vontade, na medida em que não nos trazem benefício algum, oferecendo-nos, ao contrário, como presas aos interesses dos outros [...]" (LIMONGI, M.I. *Hobbes*. Rio de Janeiro: Zahar, 2002, p. 36) [N.T.].

mesmo homem, em tempos diversos, diverge de si mesmo, elogiando certas vezes, quer dizer, chama de bom aquilo que, noutra ocasião, chama de mal; de onde procedem as disputas, controvérsias e, em último caso, as guerras. Consequentemente, um homem se coloca na condição de mera natureza (que é a condição de guerra), ainda que o apetite pessoal seja a medida do bom e do mal. Por isso também a todos os homens convém que a paz seja boa, e que o são também as vias ou meios de alcançá-la, que (como mostramos anteriormente), são a *justiça*, a *gratidão*, a *modéstia*, a *equidade*, a *misericórdia* e o resto das leis da natureza, que são boas; são maus, por outro lado, seus contrários, os vícios. Portanto, a Ciência da virtude e do vício é a filosofia moral, e, deste modo, a verdadeira doutrina das leis da natureza é a verdadeira filosofia moral. Ainda que os escritores de filosofia moral reconheçam as mesmas virtudes e vícios, como não advertem no que consiste sua bondade nem porque são elogiadas como meios de uma vida pacífica, sociável e regrada, fazem-no consistir de uma mediocridade das paixões, como se não fosse a causa, mas o grau de intrepidez o que constitui a fortaleza; ou não fosse o motivo, exceto a quantidade de uma dádiva, o que constitui a liberalidade.

Estes ditados de razão são chamados leis pelos homens, mas de maneira imprópria, porque nada são exceto conclusões ou teoremas relativos ao que conduz a conservação e defesa da humanidade, ainda que a lei, propriamente, seja a palavra de quem, por direito, tem mando sobre os demais. Se, além disso, considerarmos os mesmos teoremas como expressos na palavra de Deus, que por direito manda sobre todas as coisas, então são propriamente chamadas de leis.

CAPÍTULO XVI
DAS PESSOAS, AUTORES E COISAS PERSONALIZADAS

Uma PESSOA é aquela *cujas palavras ou ações são consideradas como suas, ou como representante das palavras ou ações de outro homem ou de qualquer outra coisa a ela atribuída, seja esta uma atribuição real ou fictícia*[40].

Quando elas [as palavras] são consideradas como próprias, então é chamado de *pessoa natural*: e quando elas são consideradas como representativas das palavras e ações de outra, então ela é *fictícia* ou *pessoa artificial*[41].

A palavra pessoa é latina: por sua vez, enquanto os gregos têm πρόσωπον, que significa *face*; doutra feita, *persona* em latim significa o disfarce, a *aparência externa* de um homem, imitada no palco; e, algumas vezes, mais particularmente aquela parte desta na qual, alguém está disfarçado como uma máscara ou visor: e, do palco, foi traduzido para qualquer representante de um discurso ou ação, quer seja em tribunais, quer seja em teatros. De maneira

---

40. A análise hobbesiana deste capítulo não encontra paralelo em nenhum de seus trabalhos anteriores. Aqui ele manifestou interesse especialmente pelas pessoas artificiais, o que adiante será de grande importância, quando no capítulo seguinte ele indagará qual é a forma de pacto que se faz necessária para gerar uma República. Isso lhe permite descrever o ato requerido de concordância mútua justo como a criação de uma pessoa artificial que é o representante (SKINNER, Q. *Razão e retórica na filosofia de Hobbes*. Trad. Vera Ribeiro. São Paulo: Fundação Editora da Unesp, 1999, p. 449) [N.T.].

41. "[...] uma pessoa natural, para Hobbes, é um agente cujas ações não são tributadas a ela com base em atos de outros agentes. Ou seja, uma pessoa natural é um agente que realiza ações não secundárias. Você e eu somos pessoas naturais. Um agente é uma pessoa artificial se e somente se executar ações secundárias. Ou seja, uma pessoa artificial é um agente que tem ações atribuídas a ela com base em atos de outros agentes. Coletivos que atuam são pessoas artificiais. Um homem que tem a ação de comprar bens imóveis atribuídos a ele com base em atos realizados por seu advogado é uma pessoa artificial, embora uma que também é pessoa natural [...]" (COPP, D. Hobbes on artificial persons and collective actions. *The Philosophical Review* 39 (4), 1980, p. 582-583) [N.T.].

que pessoa significa o mesmo que ator, ambas quanto ao palco e na conversa comum; e *personificar* é *atuar* ou *representar* a si próprio ou a outrem; e aquele que atua como outrem, diz-se que porta sua pessoa ou atua em seu nome; (neste sentido, Cícero usava tais termos quando dizia *Unus sustineo tres personas; mei adversarii, et judicis*; eu porto três pessoas: a minha própria, a pessoa de meu adversário e a do juiz); e é evocada em ocasiões diversas e diversamente, como um *representante* ou *representativo*, como *tenente*, como *vigário*, como *deputado*, como *procurador*, como *ator* e similares[42].

Das pessoas artificiais, algumas têm palavras e ações pertencentes àqueles que representam. Deste modo, a pessoa é o *ator*, e aquele que detém suas palavras e ações é o AUTOR: neste caso, o ator atua pela autoridade. Por conta disso, ao tratar de bens e posses, é chamado de *proprietário*, em latim *dominus*, em grego κύριος; ao tratar de ações, é chamado de autor. E, quanto ao direito de posse, é chamado de domínio; de maneira que, o direito de tomar uma ação é chamado de AUTORIDADE, e, em certos casos, garantia. De forma que, pela autoridade é sempre entendido um direito de fazer qualquer ação: e feito pela autoridade, feito por comissão ou licença para aqueles a quem pertence tal direito.

Ato contínuo, quando o autor faz um pacto pela autoridade, ele consequentemente atrela o autor de tal maneira como se ele tivesse feito a si mesmo; e ele não está menos sujeito às consequências. Portanto, tudo que foi dito anteriormente (capítulo XIV) da natureza dos pactos entre homem e homem em sua capacidade natural também é verdadeiro quando eles são feitos pelos autores, representantes ou procuradores, que têm autoridade derivada deles tanto quanto for comissionado, mas não além.

Assim, aquele que selou um pacto com o autor ou representante, não conhecendo a autoridade que ele dispunha, o fez ao seu próprio risco. Pois nenhum homem está obrigado a um pacto onde ele não

---

42. A referência é ao trabalho de Cícero *Sobre o Orador*, em que ele pede a Antônio para descrever sua técnica de montar um caso jurídico. Ao que ele obtém de resposta que seu modo de atuar passa por atuar em três papeis, ou imaginar a si mesmo em três papéis, de modo a conseguir enxergar quais argumentos e questões surgiriam de si, de seu adversário e do juiz (PITKIN, H.F. *The concept of representation*. Berkeley/Los Angeles/Londres: University of California Press, 1967, p. 25) [N.T.].

é o autor; consequentemente, também não o é mediante um pacto feito à revelia ou à margem da autorização dada por ele.

Quando o autor fez qualquer coisa contrária a lei da natureza pelo comando do autor, se ele for obrigado pelo pacto anterior a obedecê-lo, não ele, mas o autor quebrou a lei da natureza: pois apesar da ação ser contra a lei da natureza, ainda assim não pertence a ele; mas, por sua vez, recusá-la é ir contra a lei da natureza, que proíbe a quebra de pactos.

E aquele que sela um pacto com o autor, pela mediação do ator, não conhecendo a autoridade que este detém, mas apenas aceitando suas palavras; neste caso, a autoridade, quando não comprovada mediante requerimento, isenta de obrigação. Pois o pacto feito com o autor não é válido sem a contragarantia. Mas se aquele que propõe o pacto sabe de antemão que ele não deve esperar outra garantia para além da palavra do ator, então o pacto é válido, uma vez que o autor, neste caso, fez dele mesmo o autor. E, assim, como quando a autoridade é evidente, o pacto obriga o autor, não o ator; de maneira que, quando a autoridade é fingida, ela obriga tão somente o ator; não há autor, exceto ele mesmo.

Há poucas coisas que são incapazes de serem representadas pela ficção. Coisas inanimadas, como uma igreja, um hospital ou uma ponte podem ser personificadas por um reitor, um mestre e um administrador. Mas coisas inanimadas não podem ser autoras, assim como não podem, portanto, dar autoridade aos seus atores: conquanto os atores possam ter autoridade prover suas manutenções, dadas a eles por aqueles que as detêm, ou governantes de tais coisas. Deste modo, tais coisas não podem ser personificadas enquanto não houver algum estado de governo civil.

Assim como as crianças, os incapazes e loucos, que não fazem uso da razão, podem ser personificados por seus guardiões ou curadores, mas não podem ser autores (durante aquele tempo) de qualquer ação proposta por eles, por tempo suficiente (quando eles recobrarão o uso da razão) para que eles sejam julgados como dotados de razão. Neste ínterim, durante a loucura, aquele que tem o direito de governá-los pode conferir autoridade ao guardião. Mas, novamente, isso não tem lugar, exceto no estado civil, porque antes do estado, não há o domínio das pessoas.

Um ídolo, ou mera ideia cerebral, pode ser personificada, como quando havia os deuses dos pagãos; com efeito, estes, com oficiais apontados pelo Estado, foram personificados, detinham posses, outros bens e direitos, de maneira que, de tempos em tempos, os homens dedicavam e consagravam junto a eles. Mas os ídolos não podem ser autores, pois um ídolo nada é. A autoridade procede do Estado, e, consequentemente, antes da introdução do governo civil, os deuses dos pagãos não podem ser personificados.

O verdadeiro Deus pode ser personificado, como Ele foi; primeiro, por Moisés, que governou os israelitas (que não era seu povo, mas de Deus), não em seu próprio nome, com *hoc dicit Moses*; mas em nome de Deus, com *hoc dicit Dominus*[43]. Em segundo lugar, pelo Filho do homem, seu próprio Filho, nosso abençoado Salvador Jesus Cristo, que veio para subjugar os judeus e induzir todas as nações ao reino de seu pai; não para si, mas como um enviado de seu pai. E, em terceiro, o Espírito Santo ou Confortador, que falou e trabalhou nos Apóstolos; cujo Espírito Santo, como Confortador, não veio para si, mas foi enviado e procedia de ambos [Pai e Filho] no dia de Pentecostes.

Uma multidão de homens torna-se *uma* pessoa quando eles são representados por um homem ou uma única pessoa; isso pode ocorrer com o consentimento de cada um daquela multidão em particular. Pois esta é a *unidade* do representante, não a *unidade* do representado, que faz a pessoa tornar-se *uma*. E o representante é o portador da pessoa, e apenas dela: e a *unidade* não pode ser, por outro lado, compreendida na multidão.

Naturalmente, como a multidão não é *uma*, mas *muitas* [pessoas], elas não podem ser tomadas como uma, mas muitas autoras de uma coisa que seu representante diga ou faça em seus nomes; cada homem, ao dar autoridade ao seu representante comum, o faz por ele mesmo, em particular; e possuindo todas as ações que o representante faça, em caso de cessão de autoridade sem limitação; por outro lado, quando eles limitam-no no que e como ele deve representá-los, nenhum deles detém mais do que aquilo que lhe foi comissionado a agir.

---

43. "Assim disse Moisés" e "Assim disse Deus", respectivamente [N.T.].

E se o representante consiste de muitos homens, a voz do maior número deles deve ser considerada como a voz de todos. Pois se o menor número pronunciar, por exemplo, no afirmativo, e a maior parcela no negativo, haverá negativas mais que suficientes para destruir as afirmativas; portanto, o excesso de negativas que permanecem sem contradição é a única voz que o representante dispõe.

E um representante de número par, especialmente quando este não é grande, quando as vozes contraditórias foram frequentemente iguais, é, portanto, frequentemente mudo e incapaz de ação. Ainda que, em alguns casos, vozes contraditórias iguais em número possam determinar uma questão; como ao condenar ou absolver, a igualdade de votos, conquanto não condene, pode absolver; pois, ao realizar uma audiência sobre certa causa, não condenar é absolver; por outro lado, dizer que não absolver é condenar está errado. Algo similar ocorre em uma deliberação de executar atualmente ou de deferir para outro tempo: porque quando as vozes são iguais, isto é, ao não ordenar a execução, elas equivalem a uma ordem de dilação.

Ou, se o número for ímpar como três ou mais (homens ou assembleias), em que cada um tem, na voz negativa, autoridade de neutralizar o efeito de todas as vozes afirmativas restantes, esse número não é representativo, pois, pela diversidade de opiniões e interesses entre os homens, é frequente, em casos de maior consequência, uma pessoa muda e inepta, como para muitas outras coisas, também para o governo da multidão, especialmente em tempos de guerra.

Dos autores, há dois tipos. O primeiro se chama simplesmente assim, e é o que antes tinha definido como dono da ação de outro, simplesmente. O segundo tipo é aquele que resulta dono de uma ação ou pacto de outro, condicionalmente, isto é, que o faz se o outro não o faz até certo momento antes dele. E esses autores condicionais, geralmente FIADORES, são, em latim, chamados de *fidejussores* e *sponsores*; e, particularmente para as dívidas, *praedes;* e, para comparecer ante um juiz ou magistrado, *vades.*

Parte II
Da República

CAPÍTULO XVII
SOBRE AS CAUSAS, ORIGEM E DEFINIÇÃO DE UMA REPÚBLICA[44]

A causa final, o fim ou o desígnio dos homens (que naturalmente amam a liberdade e o domínio sobre os outros) quando da introdução dessa restrição sobre si mesmos (onde os vemos viverem em repúblicas) é prevenir sua própria preservação e ter uma vida mais feliz por isso; quer dizer, é sair da condição miserável de guerra, que é necessariamente uma consequência (como foi mostrado no capítulo XIII) das paixões naturais dos homens, quando não há um poder visível para mantê-los temorosos, sujeitando-os, por medo da punição, ao cumprimento de seus contratos e a observância das leis da natureza, conforme exposto nos capítulos XIV e XV[45].

Pois as leis da natureza (como a *justiça, a equidade, a modéstia, a misericórdia* ou em suma, *fazer aos outros o que faríamos a nós mesmos*), por si mesmas, sem o terror de algum poder que faça com que sejam observadas, contrariam as nossas paixões naturais, que nos levam à parcialidade, ao orgulho, à vingança e coisas do gênero. E os contratos, sem a espada, são apenas palavras sem força para assegurar o seu cumprimento. Portanto, não obstante as leis da natureza (que cada um respeita quando tem a vontade de res-

---

44. Em um trabalho anterior, Hobbes afirmou que "qualquer prazer da mente ou é a glória (ou uma boa opinião de si mesmo) ou, em último lugar, relacionada à glória" (*De Cive* I,2); Nos *Elementos da Lei* (IX,21), ele atestou que o homem, "não tem outra meta nem outra grinalda além de ser o primeiro". A mesma ideia não foi repetida no *Leviatã*, conquanto ele não mais tenha tratado a glória como um *genus* de todas as paixões, mas, em vez disso, uma *species* das paixões humanas, isto é, não afeta nem motiva todas as pessoas simultaneamente (SLOMP, G. Glory, vainglory, and pride. In: LLOYD, S.A. (ed.). *The Boomsbury Companion to Hobbes.* Londres: Bloomsbury, 2013, p. 130) [N.T.].

45. O argumento que Hobbes desenvolve nos capítulos XIII a XVI é retomado e encaminha-se para uma conclusão exatamente no capítulo XVII (KRONMAN, A. The concept of an author and the unity of the Commonwealth in Hobbes's Leviathan. *Journal of the History of Philosophy* 18 (2), 1980, p. 159-175) [N.T.].

peitar, e quando pode fazê-lo com segurança), se não houver poder instituído, ou se ele não for forte o suficiente para nossa segurança; todo homem vai, e poderá legitimamente confiar, em sua própria força e destreza, para se proteger de todos os outros. E em todos os lugares onde os homens viviam em pequenas famílias, roubavam e espoliavam um ao outro, sempre foi um comércio; e, longe de ser considerado como algo contrário a lei da natureza, quanto maior o espólio, maior era a sua honra; e os homens não observavam outras leis, senão as de honra; isto é, abster-se da crueldade, deixando aos homens suas vidas e os seus instrumentos de criação. E tal como as pequenas famílias faziam; hoje, cidades e reinos que são apenas famílias maiores (para sua própria segurança), ampliam seus domínios, e sob qualquer ameaça de perigo, medo de invasão ou assistência que possa ser dada aos invasores, se empenham ao máximo que puderem para subjugar ou enfraquecer seus vizinhos, seja pela força ostensiva ou pela astúcia, em razão da falta de outro cuidado, justamente; são lembrados por isso, depois, com honra.

Nem é a união de um pequeno número de homens, que possibilita essa segurança; porque, em pequenas quantidades, basta pequenos acréscimos de um lado ou de outro, para que a vantagem da força se torne grande o suficiente a ponto de levar a vitória; fato que encoraja uma invasão. A multidão suficiente para garantir nossa segurança não é determinada por nenhum número, mas apenas em comparação com o inimigo que tememos; e é suficiente, quando as probabilidades do inimigo não são tão visíveis e manifestas, para determinar a guerra, assim como fazê-lo tentá-la.

E mesmo que haja uma imensa multidão; ainda assim, se as ações desta forem dirigidas de acordo com os julgamentos e apetites particulares de cada um, não se pode esperar que a mesma seja capaz de defender ou proteger alguém, quer contra um inimigo comum, quer contra os ferimentos provocados um ao outro. Pois ao estarem distraídos em opiniões relativas ao melhor uso e a aplicação de sua própria força, eles não ajudam, mas atrapalham uns aos outros; e reduzem sua força pela oposição mútua a nada: situação por meio da qual os torna facilmente não apenas subjugados por uns poucos que guerreiam juntos, mas também quando não há um inimigo comum, pois fazem guerra uns contra os outros por seus interesses particulares. Pois se pudéssemos supor uma grande multidão de homens capaz de consentir com a observância da justiça, e de outras leis da natureza, sem um poder comum que mantivesse a todos em respeito; poderíamos cogitar toda a humanidade fazendo o mesmo; e assim não haveria nem seria necessário haver nenhum governo civil ou república de modo algum; porque haveria paz sem sujeição.

Também não é suficiente para a segurança que os homens desejam ver estabelecida por todo o tempo de suas vidas, que os mesmos sejam governados e dirigidos por apenas um critério durante um tempo limitado; como se dá em uma batalha ou em uma guerra. Pois ainda que por seu esforço unânime alcancem uma vitória contra um inimigo estrangeiro, depois, quando este inimigo comum lhes faltar, ou quando aquele que para uma parte é tido por inimigo, mas por outra é mantido como amigo; então, neste caso, ambos os lados se dissolverão pela diferença de seus interesses e cairão novamente em guerra entre si[46].

É verdade que certas criaturas vivas como abelhas e formigas, ou seja, vivem umas com as outras, socialmente (sendo, portanto, numeradas por Aristóteles entre as criaturas políticas) sem outra direção além dos seus juízos e apetites particulares; nem linguagem, em que possam indicar as demais, o que uma acha conveniente para o benefício comum: neste âmbito, alguém talvez questione por que a humanidade não pode fazer o mesmo. A isso, eu respondo:

Primeiro, porque os homens estão continuamente em competição por honra e dignidade, o que não ocorre com essas criaturas; sendo consequentemente por isso que entre os homens, surge a inveja, ódio e, finalmente, a guerra; ao tempo em que com aquelas criaturas, não.

---

46. Hobbes manifestou em seus trabalhos a preocupação constante na concórdia humana: "Portanto, por que os homens não podem, ao verem o benefício da concórdia, manter continuamente a mesma de maneira não compulsória, tanto quanto deveriam?" (*Elementos da Lei*, XIX,5). Com efeito, a mesma ideia pode ser encontrada noutras composições do Filósofo (*De Cive*, V,5 • *Leviatã*, XVII,6). A resposta dada por ele em todas as ocasiões foi a mesma, a saber, que bastaria aos homens buscarem a autopreservação, pois assim eles se conformariam uns aos outros, incrementariam os recursos naturais e não veriam qualquer diferença entre interesses privados e públicos. Porém, os homens buscariam antes de tudo a glória e honra, que são necessariamente recursos escassos – nas palavras do próprio, elas consistiriam apenas de "comparação e preeminência" (*De Cive*, I,2) (SLOMP, G. Glory, vainglory, and pride. In: LLOYD, S.A. (ed.). *The Boomsbury Companion to Hobbes*. Londres: Bloomsbury, 2013, p. 130-131) [N.T.].

Segundo, pois entre essas criaturas, o bem comum não difere do privado; e sendo por natureza inclinados ao bem individual, acabam obtendo assim o benefício comum. Mas o homem, cuja alegria consiste em comparar-se com outros homens, não pode saborear nada além do que é eminente.

Terceiro, estas criaturas, não tendo (como o homem) o uso da razão, não veem nem acham que veem qualquer falha na administração de seus negócios comuns: enquanto, entre os homens, há muitos que se julgam mais sábios e mais capazes de governar do que outros; e estes, no esforço para reformar e inovar de um jeito, enquanto outros esforçam-se doutra maneira; e assim acabam por trazer distração e guerra civil

Em quarto lugar, essas criaturas, conquanto façam algum uso da voz para tornarem conhecidas umas às outras seus desejos e outras afeições, carecem, no entanto, daquela arte das palavras pela qual alguns homens representam aos outros aquilo que é bom e que parece o mal; e o mau para aquilo que parece o bem; e aumentar ou diminuir a aparente grandeza do bem e do mal; descontentando os homens e incomodando a paz destes ao seu prazer.

Em quinto lugar, as criaturas irracionais não podem distinguir entre *lesão* e *dano*; e, portanto, enquanto se sentirem à vontade, não ficarão ofendidos com os seus semelhantes: ao passo que o homem é mais problemático quando se sente mais à vontade: pois é assim que ele ama mostrar sua sabedoria e controlar as ações dos que governam a república.

Por fim, o pacto entre essas criaturas é natural; já o dos homens é somente por convenção, ou seja, é artificial: portanto, não é de se admirar que haja algo mais necessário (além do contrato) para tornar seu acordo constante e duradouro; tratando-se de um poder comum, para fazê-los respeitar e para direcionar suas ações ao benefício comum[47].

A única maneira de instituir tal poder comum, capaz de defender os homens da invasão de estrangeiros, e de que firam uns aos outros,

---

47. Há quem aponte haver uma discrepância entre a fórmula de estabelecimento da soberania aqui do capítulo XVII e a do capítulo XXI (FILMER, Sir R. *Patriarcha and other writings.* Cambridge: Cambridge University Press, 1991, p. 193) [N.T.].

assegurando-os, desta maneira, que, por sua própria indústria e pelos frutos da terra possam se alimentar e viver contentes; é conferir todo o seu poder e força a um homem, ou a uma assembleia de homens, que pode reduzir todas as suas vontades, mediante a pluralidade de vozes, a uma vontade: o que é o mesmo que dizer, nomeia-se um homem, ou assembleia de homens, para representar a sua pessoa; e que cada um se considere como o próprio e se reconheça a si mesmo como sendo o autor de tudo aquilo que se faça, ou promova aquele que o represente, naquelas coisas que dizem respeito à paz e segurança comuns; e nisso submetam suas vontades, cada um a vontade do representante, e seus julgamentos, ao julgamento daquele. Isto é mais do que consentimento ou concordância: trata-se de uma unidade real de todos eles, em uma e na mesma pessoa, instituída mediante o pacto entre todos os homens, de tal modo que, como se todo homem dissesse a cada homem, *eu autorizo e transfiro meu direito de me governar para este homem, ou para esta assembleia de homens, sob a condição que você desista de seu direito também, e autorize todas as suas ações da mesma maneira.* Isto feito, para a multidão assim unida em uma pessoa, dá-se o nome de REPÚBLICA, em latim CIVITAS. É esta a geração daquele grande leviatã, ou melhor (para falar com mais reverência), desse *Deus Mortal,* ao qual devemos sob o *Deus Imortal,* nossa paz e defesa. Pois por esta autoridade, dada a ele por todo homem em particular na república, é lhe atribuído tanto poder e força que, por terror disso, é capaz de conformar as vontades de todos eles para pacificar o país e ajudar na defesa contra os inimigos no exterior. É nele que consiste na essência da república; que pode ser definida como *uma pessoa de cujos atos uma grande multidão, por mútuos pactos uns com os outros, tornou-se a autora de cada qual, para o fim de poder usar a força e os meios de todos para a paz e a defesa comuns e como achar conveniente.*

E aquele que é o titular dessa pessoa, é chamado SOBERANO, e dele se diz ter o *poder soberano*; sendo todos os demais seus SÚDITOS.

A conquista deste poder soberano se dá de duas maneiras. Uma, pela força natural; como quando um homem faz seus filhos se submeterem, e aos filhos destes também, ao seu governo, sendo capaz de destruí-los caso se recusem; ou pela guerra, quando um homem subjuga seus inimigos à sua vontade, garantindo-lhes suas vidas nessa condição. A outra ocorre quando os homens concordam entre si em se submeterem a um homem ou assembleia de homens, de maneira voluntária, na confiança de que serão protegidos por ele contra todos os outros. Este último pode ser chamado de república política, ou república por *instituição*; e a primeira, uma república por *aquisição*. É sobre a república por instituição que tratarei em primeiro lugar.

CAPÍTULO XVIII
SOBRE OS DIREITOS DOS SOBERANOS POR INSTITUIÇÃO

Diz-se que uma *república* é *instituída* quando uma *multidão* de homens concorda e faz um *pacto, cada um com cada um*, e que a qualquer *homem* ou *assembleia de homens* a que se atribua pela maioria o *direito* de *representar* a pessoa de todos eles (isto é, de ser seu *representante*); cada um, quer seja aquele que *votou a favor*, quer aquele que *votou contra, autorizará* todas as ações e julgamentos daquele homem ou assembleia de homens da mesma maneira, como se fossem seus, a fim de viverem pacificamente entre si e serem protegidos de outros homens.

Da instituição de uma república é que derivam todos os *direitos* e *faculdades* daquele ou daqueles a quem o poder soberano é conferido pelo consentimento do povo reunido.

Primeiro, porque ao realizarem um pacto, como está implícito que eles não devem ser obrigados por um acordo prévio, a realizar qualquer ação que seja contrária aos termos do contrato novo. Consequentemente, aqueles que já instituíram uma república, dado ao fato de que são obrigados por convênio, a reputar as ações e julgamentos de uma pessoa como seus, não podem legitimamente fazer uma nova aliança, entre si, para serem obedientes a outrem, em qualquer assunto, sem sua permissão. E, portanto, os súditos de um monarca, não podem, sem a licença deste, rejeitar a monarquia e voltar à confusão de uma multidão desunida; nem transferir a sua pessoa daquele que a titulariza para outro homem ou outra assembleia de homens: pois eles estão ligados, cada homem frente a cada homem, a reconhecer e ser reputado autor de tudo, que aquele que já é seu soberano, faça e julgue conveniente que se faça, posto que qualquer dissidência, levaria todos os outros a quebrarem o seu pacto celebrado com que o descumpriu, o que por si constitui injustiça; além do que já que cada homem também conferiu a soberania ao portador de sua pessoa, neste sentido, se eles o depõem, tiram do soberano aquilo que é seu, o que também trata-se de uma injustiça. E mais ainda, se aquele que tentar destituir seu soberano for morto ou punido por ele em tal tentativa, o criminoso será o autor de sua própria punição, uma vez que por instituição ele é autor de tudo o que seu soberano faz; e porque trata-se de injustiça para um homem fazer qualquer coisa pela qual ele pode ser punido por sua própria autoridade, também ele, sob está ótica, será injusto. E para alguns homens que justificarem sua desobediência ao seu soberano, com um pacto, feito não com homens, mas com Deus, isso também será injusto: pois não há aliança diretamente com Deus, mas apenas por mediação de alguém que representa a pessoa de Deus; não podendo ser outra pessoa senão o lugar-tenente de Deus, aquele que detém a soberania sob Deus. Mas esta pretensão de aliança com Deus é uma mentira tão evidente, mesmo nas próprias consciências dos pretendentes, que não é apenas um ato de injustiça, mas também uma disposição vil e inumana

Em segundo lugar, dado que o direito de representar a pessoa de todos é conferido a quem se faz soberano através de um pacto entre um e cada um, e não entre o soberano e cada um dos demais; não pode haver quebra do acordo pelo soberano; consequentemente, nenhum de seus súditos, sob o pretexto de desrespeito ao contrato, pode ser libertado de sua sujeição. Afinal, como aquele que é feito soberano não faz aliança com seus súditos antecipadamente porque ou ele teria que fazê-lo com toda a multidão, como uma das partes do pacto, ou ele deveria fazer um pacto múltiplo com cada um dos homens. Com o todo, no papel de parte, é impossível; porque ainda não são uma só pessoa: e se ele fizer tantos acordos quanto forem os homens, esses convênios, depois que ele tiver a soberania, serão nulos, porque qualquer ato que um homem possa alegar como quebra do contrato, isso será um ato praticado tanto por ele mesmo quanto por todo o resto, já que feito pela pessoa e pelo direito de cada um deles em particular. Além disso, se qualquer um, ou mais de um, alegar ter havido uma violação do pacto provocada pelo soberano quando de sua instituição; e outros, ou um de seus súditos, ou o próprio soberano, defender que não houve tal violação, não há neste caso nenhum juiz capaz de decidir a controvérsia; haverá então um retorno à situação de guerra; e todo homem recuperará o direito de se proteger por sua própria força, contrariando o desígnio que eles tinham na instituição. Portanto, é uma vã tentativa ao conceder a soberania por meio de um pacto precedente. A opinião de que qualquer monarca recebe seu poder por convênio, isto é, por condição, decorre de não se compreender a seguinte verdade fácil, de que os pactos, sendo nada mais do que palavras e vento, não têm força para obrigar, conter, restringir ou proteger qualquer homem, a não ser a que deriva da espada pública; isto é, das mãos desatadas daquele homem ou de uma assembleia de homens que tem a soberania, cujas ações são garantidas por todos e realizadas pela força de todos, que nele se achem unidos. Mas quando uma assembleia de homens torna-se soberana, ninguém imagina que tal acordo tenha sido feito no curso da instituição; pois nenhum homem é tão tolo a ponto de dizer, por exemplo, que o povo de Roma fez um pacto com os romanos para manter a soberania em tais ou tais condições; as quais dariam aos romanos, quando não cumpridas, o direito de legitimamente depor o povo romano. Deste modo, segundo os homens, a razão para que isso não se repita em uma monarquia ou em um governo popular deriva da ambição de alguns, que são mais indulgentes com o governo de uma assembleia, da qual eles podem esperar participar, do que com o de uma monarquia, onde tal desejo é impossível.

Em terceiro lugar, se a maioria por consentimento de vozes escolheu um soberano, os que discordaram devem agora consentir com os demais; isto é, contentarem-se em aceitar todas as suas ações, ou então serem justamente destruídos pelos outros. Pois aquele que voluntariamente entrou na congregação dos se reuniram e declararam suficientemente sua vontade (celebrando tacitamente um contrato) de se submeter àquilo que a maior parte ordenar, portanto, se posteriormente se recusar a aceitar ou protestar contra qualquer dos decretos editados pelo soberano, ele age de modo contrário ao seu pacto e, por assim ser, injustamente. E se ele é da congregação ou não, ou se seu consentimento foi solicitado ou não, o mesmo ou se submete aos seus decretos; ou será deixado na condição de guerra em que estava antes; onde ele poderia, sem injustiça, ser destruído por qualquer homem.

Em quarto lugar, como todo sujeito é por instituição autor de todas as ações e julgamentos do soberano instituído; segue-se que, seja o que for que ele faça, não pode haver prejuízo para nenhum de seus súditos; nem deve ser acusado de injustiça por nenhum deles. Pois todo aquele que faz qualquer coisa pela autoridade de outro, não pode nunca causar qualquer dano aos que em nome desta autoridade se age: afinal na instituição de uma república, todo homem em particular é autor de tudo o que o seu soberano faz e, por consequência, se ele se queixa de um dano originado de seu soberano, queixa-se do que ele próprio é autor; e não deve acusar ninguém além de si mesmo; e nem mesmo pode acusar a si mesmo de dano; porque ferir a si mesmo é impossível. É verdade que aqueles que têm poder soberano podem cometer a iniquidade, mas não podem cometer qualquer injustiça ou lesão em sentido próprio.

Em quinto lugar, e em consequência daquilo que foi dito anteriormente, nenhum homem que possua poder soberano pode ser justamente condenado à morte, ou, de qualquer outra maneira, pode ser punido pelos seus súditos. Pois se todo sujeito é autor das ações de seu soberano, cada um estaria castigando outrem pelas ações cometidas por ele mesmo.

E porque o fim desta instituição é a paz e defesa de todos, e porque quem quer que tenha direito ao fim, tem direito aos meios; é direito, quer seja do homem, quer da assembleia que detenha a soberania, ser o juiz dos meios de paz e de defesa; como também de todos os obstáculos e distúrbios que atrapalham o sucesso dos mesmos; além de fazer tudo que entender necessário, tanto de antemão, para a preservação da paz e da segurança, através da prevenção da discórdia interna, quanto da hostilidade do exterior; quando também, após perder a paz e a segurança, dos meios para a recuperação das mesmas.

E, portanto, em sexto lugar, faz parte da soberania o poder de julgar quais opiniões e doutrinas são adversas e quais conduzem à paz; e, consequentemente, em que ocasiões, ou seja, até que ponto e em quais homens se deve confiar naqueles que falam para multidões de pessoas; e a quem se deve examinar as doutrinas de todos os livros antes de serem publicados. Pois as ações dos homens procedem de suas opiniões; e é no bom governo das opiniões que consiste o bom governo das ações dos homens, considerando a paz e a concórdia. E conquanto em matéria de doutrina nada deve ser considerado a não ser o que for verdade, ainda assim, isto não é contrastante com a manutenção da paz. Pois assim como não pode ser verdadeira uma doutrina que é inimiga da paz, a paz e a concordância não podem ser contrárias à lei da natureza. É certo que, em uma república, onde pela negligência ou pela falta de habilidade dos governantes e mestres, aceite-se as falsas doutrinas, e as verdades contrárias podem ser geralmente ofensivas: no entanto, a mais repentina e violenta irrupção de uma nova verdade nunca quebra a paz, e apenas às vezes é que ela desperta a guerra. Pois para aqueles homens que são tão negligentemente governados, e que ousam pegar em armas para defenderem-se ou para apresentar uma opinião, esses se encontram ainda em situação de guerra; e a sua condição não é de paz, mas apenas de suspensão das armas por medo uns dos outros; tal qual vivessem como se estivessem continuamente no recinto da batalha. Portanto, pertence àquele que tem o poder soberano, julgar ou constituir todos os juízes de opiniões e doutrinas, como algo necessário à paz; e assim, impedir a discórdia e a guerra civil.

Em sétimo lugar, todo poder de prescrever as regras está incluso na soberania, de modo que todo homem pode saber quais os bens que ele pode desfrutar e quais as atitudes ele pode tomar sem ser molestado por nenhum de seus companheiros: e a isso os homens chamam *propriedade*. Pois, antes da constituição do poder soberano (como já foi mostrado), todos os homens tinham direito a todas as coisas; o que, necessariamente, causava as guerras: portanto, esta propriedade, por ser necessária à paz e depender do poder soberano, é um ato desse poder visando a paz pública. Essas regras de propriedade (ou *meum* e *tuum*), a saber, o bom e o mau, o lícito e o ilícito, nas ações dos súditos, são as leis civis; isto é, as leis de cada república em particular; embora o nome de lei civil hoje seja restrito apenas às antigas leis civis da cidade de Roma; já que, sendo esta a capital de grande parte do mundo, suas leis naquela época eram, nessas partes, a lei civil[48].

---

48. Os atributos da soberania a partir do sétimo em diante são isentos de controvérsia. Porém, os seis primeiros são incomuns e afastam o soberano hobbesiano dos soberanos de outras Repúblicas, sejam reais ou teóricas. Nesta senda, uma pequena mirada no referido rol de poderes, deixa poucas dúvidas para o fato de que o objetivo de Hobbes é fazer do

Oitavo, junto da soberania inclui-se o direito de judicatura; isto é, de ouvir e decidir todas as controvérsias que possam surgir em relação à lei, seja ela civil ou natural; ou a respeito dos fatos. Pois sem a decisão de controvérsias, não há proteção de um sujeito contra os danos provocados por outro; consequentemente, as leis relativas ao *meum* e o *tuum* serão em vão; e a cada homem resta, do apetite natural e necessário de sua própria conservação, o direito de se proteger por sua força privada, o que é a condição da guerra; contudo, ela contraria o fim pelo qual toda república é instituída.

Em nono lugar, está anexo à soberania o direito de fazer guerra e a paz com outras nações e repúblicas; isto é, de julgar quando a guerra é para o bem público e quando o contingente de forças deve ser reunido, armado e pago para esse fim; e quando cobrar dinheiro dos súditos para custear as despesas do exército reunido. Pois o poder pelo qual o povo deve ser defendido consiste em seus exércitos; e a força de um exército consiste na união de sua força sob um comando; poder que é atributo do soberano instituído; pois o comando da *milícia*, sem outra instituição, torna aquele que o possui o soberano. Portanto, não depende daquele que é nomeado general de um exército, pois aquele que tem o poder soberano é sempre o generalíssimo [comandante-em-chefe].

Em décimo lugar, é próprio da soberania a escolha de todos os conselheiros, ministros, magistrados e oficiais, tanto em paz quanto em guerra. Afinal, o soberano é o encarregado do fim maior, que é a paz e a defesa comuns; e, por isso, entende-se que é dele o poder de usar os meios que considerar mais adequados.

Em décimo primeiro, o soberano é acometido do poder de recompensar com riqueza ou honra; e de punir com castigos corporais, pecuniários, ou com ignomínia todo e qualquer súdito de acordo com a lei por ele previamente estabelecida; ou, se não houver lei alguma, de acordo com o que ele julgar mais capaz de encorajar os homens a servir a república, ou dissuadi-los de fazer desserviço contra ela.

Por último, considerando o valor que os homens tendem a naturalmente atribuir a eles mesmos; o respeito que eles procuram

---

soberano de sua teoria o mais poderoso possível (KLOSKO, G. *History of political theory*: an introduction – Vol. I: Modern. Oxford: Oxford University Press, 2013, p. 85) [N.T.].

receber dos outros; e o quão pouco eles valorizam os outros homens; de onde continuamente surgem entre eles emulações, brigas, facções e, finalmente, a guerra, isto é, a destruição de uns por outros e a diminuição de sua força frente um inimigo comum; tudo isso impõe a necessidade de que haja leis de honra e uma análise pública da distinção dos homens que merecem ou que são capazes de bem merecer da república; e que se atribua força nas mãos de alguns ou de outros para colocar tais leis em execução. Porém, já foi demonstrado que não é apenas toda a milícia ou as forças da república, mas também está anexada à soberania o julgamento de todas as controvérsias. Ademais, compete ao soberano ainda conceder títulos de honra e indicar a ordem de lugar e dignidade que cada homem deve preservar; além dos sinais de respeito que cada qual deve oferecer uns aos outros em reuniões públicas ou privadas.

Estes são os direitos que configuram a essência da soberania; sendo as marcas pelas quais um homem pode discernir em qual homem ou assembleia de homens reside o poder soberano. Pois estes são incomunicáveis e inseparáveis. O poder de cunhar dinheiro; de dispor da propriedade e das pessoas de infantes herdeiros; de ter a opção de compra nos mercados; e todas as demais prerrogativas legais podem ser transferidas pelo soberano; não obstante, desde que seja mantido o poder de proteger seus súditos. Mas se ele transferir à milícia, ele reterá a judicatura em vão, pois lhe faltará o poder de conferir execução às leis: ou se ele concede o poder de arrecadar impostos, o controle da milícia será em vão; ou se ele abdicar da regulação das doutrinas, os homens se colocarão em rebelião por medo dos espíritos. Assim, se considerarmos qualquer um dos ditos direitos, veremos que a manutenção de todo o resto, menos destes, não produzirá nenhum efeito na conservação da paz e da justiça, fim para o qual todas as repúblicas são instituídas. E esta é a divisão sobre a qual se diz que *um reino dividido em si mesmo não pode subsistir*: porque a menos que essa divisão seja verificada, a divisão em exércitos opostos nunca poderá acontecer. Se não houvesse existido na maior parte da Inglaterra a opinião de que esses poderes estavam divididos entre o rei, os lordes e a Câmara dos Comuns, o povo nunca haveria se dividido, nem haveria essa guerra civil; primeiro, entre aqueles que discordaram quanto à política; e depois, entre os dissidentes acerca da liberdade da religião; de tal modo instruíram os homens quanto a este ponto sobre o direito do soberano, e há poucos que agora (na Inglaterra) não enxergam esses direitos como inseparáveis; e que em breve serão amplamente reconhecidos, quando do próximo retorno à paz; continuando assim até que suas misérias sejam esquecidas; e não mais, exceto que o [homem] vulgar seja melhor ensinado do que foi até agora.

E por serem direitos essenciais e inseparáveis, segue-se necessariamente que qualquer que seja a forma que um deles seja cedido, se o próprio poder soberano não for outorgado em termos diretos, e a soberania não for mencionada pelo cedente ao cessionário, nesse caso a outorga é nula: pois depois de tudo que se quis ser concedido, caso se restabeleça a soberania, todos os direitos retornarão já que inseparavelmente são anexos dela.

Como esta grande autoridade é indivisível e inseparavelmente anexa à soberania, há pouco fundamento para a opinião dos que dizem que os reis soberanos, conquanto *singulis majores*, isto é, detenham um maior poder do que qualquer um dos seus súditos, são *universis minores*, quer dizer, detêm menos poder que eles todos juntos. Pois, se por *todos juntos* não compreendem o corpo coletivo como uma pessoa, então *todos juntos* e *todos*, significa o mesmo; consequentemente, e o discurso é absurdo. Mas se por *todos juntos* entende-se que se trata de uma pessoa (a pessoa o soberano personifica), então o poder de todos juntos é o mesmo que o poder do soberano; assim, o discurso é novamente absurdo: absurdo que eles enxergam bem, quando a soberania está em uma assembleia; mas não em um monarca; no entanto, o poder da soberania é sempre o mesmo em quem quer que seja alocado.

De maneira análoga ao poder, a honra do soberano também deve ser maior que a de qualquer um ou de todos os seus súditos. Pois a soberania é a fonte da honra. Os títulos de lorde, conde, duque e príncipe são suas criaturas. E tal como na presença do mestre, os servos são iguais e sem nenhuma honra; assim são os súditos, na presença do soberano. E apesar de alguns deles brilharem um pouco mais, outros um pouco menos, quando estão fora de sua vista; ainda assim, em sua presença, eles não brilham mais do que as estrelas na presença do sol.

Mas um homem pode levantar uma objeção neste ponto, a saber, que a condição dos súditos é muito miserável, pois estão sujeitos aos caprichos e outras paixões irregulares daquele ou daqueles que têm um poder tão ilimitado em suas mãos. E comumente os que vivem sob um monarca acham que isso é culpa da monarquia; e aqueles que vivem sob o governo da democracia ou outra assembleia soberana atribuem todos os inconvenientes a essa forma de república; Contudo, na realidade, o poder em todas as suas formas é perfeito se for suficiente para proteger os súditos; e isto não considerando que o estado do homem nunca pode ficar sem alguma incomodidade ou outra; e que a maior delas, que em qualquer forma de governo pode acontecer ao povo em geral, é pequena frente às misérias e calamidades horríveis que acompanham uma guerra civil; ou aquela condição dissoluta de homens sem mestre, sem sujeição a leis e a um poder coercitivo para amarrar suas mãos da rapina e vingança: e também sem se considerar que o maior impulso de soberanos governantes não procede de qualquer deleite ou lucro que esperam obter do dano ou prejuízo provocado aos seus súditos, em cujo vigor consiste a sua própria força e glória; mas sim na sua obstinação mesma, que contribuindo involuntariamente a sua própria defesa, torna necessário aos governantes obter de seus súditos o que podem em tempo de paz, para que possam ter meios em qualquer ocasião emergente, ou necessidade súbita, para resistir ou adquirir vantagem frente aos seus inimigos. Pois todos os homens são, por natureza, providos de notáveis lentes de aumento (isto é, suas paixões e egoísmo), através das quais cada pequeno aporte parece uma grande injustiça; mas são desprovidos de óculos com lentes prospectivas (ou seja, ciências morais e civis), que permitam ver de longe as misérias que pairam sobre eles e que não podem ser evitadas sem tais pagamentos.

CAPÍTULO XIX
SOBRE OS VÁRIOS TIPOS DE REPÚBLICA POR INSTITUIÇÃO E DA SUCESSÃO DO PODER SOBERANO

A diferença entre as repúblicas consiste na diferença do soberano, ou pessoa representante de todos e cada um daqueles que compõe a multidão. E porque a soberania encontra-se em um homem, ou em uma assembleia de mais de um; e que esta assembleia ou todo homem tem o direito de ingressar, ou senão todos, apenas certos homens que se distinguem dos demais; fica manifesto que somente pode haver três tipos de república. Afinal como o representante ou é um homem, ou mais de um, caso seja mais de um, então ou a assembleia será de todos, ou será apenas de uma parte. Quando o representante é um homem, então a república é uma MONARQUIA; quando se trata de uma assembleia de todos que se uniram, então é uma DEMOCRACIA, ou república popular: quando é a reunião de uma parte só, então ela é chamada de ARISTOCRACIA. Já outras espécies de república não podem existir: isso porque o poder soberano (que eu mostrei ser indivisível) deve pertencer a um ou mais homens, ou a todos, por inteiro.

Outros nomes são tomados como espécies de governo, nos livros de história e na política; como *tirania* e *oligarquia*: mas eles não se tratam de nomes de outras formas de governo, mas das mesmas formas quando são odiadas. Pois aqueles que estão descontentes sob uma *monarquia*, chamam-na de *tirania*; e aqueles que estão descontentes com a *aristocracia*, chamam-na de *oligarquia*: assim também, os que se entristecem com uma *democracia*, chamam-na de *anarquia* (o que significa inexistência de governo); no entanto, acho que nenhum homem pensa que a falta de governo é qualquer novo tipo de governo: nem pela mesma razão eles deveriam acreditar que o governo é de um tipo quando gostam e de outro quando não gostam ou quando são oprimidos pelos governantes.

É claro que os homens que estão em absoluta liberdade podem conferir autoridade, se quiserem, a um homem, para representá-los todos, assim como dar tal autoridade a qualquer assembleia de homens. Deste modo, poderão se sujeitar a um monarca de modo absoluto, caso considerem conveniente, como a qualquer outro representante. E onde já foi erigido um poder soberano, não pode haver outro representante do mesmo povo, a não ser apenas para certos fins particulares limitados pelo soberano. Já que se fossem instituídos dois soberanos; caso contrário, cada homem teria sua pessoa representada por dois atores, onde ambos se oporiam um ao outro e, neste sentido, dividiriam necessariamente tal poder; e, para que os homens vivam em paz, este [poder] deve ser indivisível; consequentemente, não o sendo, a multidão seria reduzida à condição de guerra, contrária ao fim para o qual toda soberania é instituída. Portanto, como é absurdo pensar que uma assembleia soberana enviaria seus representantes com poder para dar a conhecer seus conselhos ou desejos, ao convidar o povo de seus domínios; assim, estaria considerando os deputados, e não os representantes da assembleia, como os representantes absolutos do povo: de igual modo, seria absurdo também pensar o mesmo em uma monarquia. E eu não conheço uma verdade tão manifesta que tem sido ultimamente tão pouco observada; em uma monarquia, aquele que detinha a soberania, por uma descendência de seiscentos anos, era chamado soberano; e detinha o título de Majestade e era inquestionavelmente considerado pelos seus súditos como seu rei; apesar disso, nunca foi considerado por eles seu representante; palavra tomada sem que ninguém contradissesse sua aplicação para com aqueles homens que, por ordem do rei, foram escolhidos pelo povo para apresentar suas petições e dar a ele (caso permitisse) os seus conselhos. Fato que pode servir como uma admoestação junto daqueles que são os verdadeiros e absolutos representantes de um povo, a fim de que considerem instruir os homens sobre a natureza do ofício que exercem; também para que tomem cuidado ao admitir qualquer outra representação geral, em qualquer ocasião que seja, se pretendem corresponder a confiança que lhes foi confiada.

A diferença entre esses três tipos de república não se encontra em uma diferença de poder; mas na diferença de conveniência ou aptidão para garantir a paz e a segurança do povo; fim para o qual eles foram instituídos. Comparando a monarquia com os outros dois tipos, podemos observar: primeiro, que quem quer que seja o portador da pessoa do povo, ou parte de uma assembleia, é também portador de sua própria pessoa natural. E conquanto o soberano tenha cuidado em sua pessoa política de obter o interesse comum; apesar disso, terá um maior ou menor cuidado de promover seu próprio bem ou o bem de sua família, parentes e amigos; e, na maior parte dos casos, se existir a chance de o interesse público atravessar o privado, ele preferirá o privado, uma vez que as paixões humanas são mais potentes do que a razão. E disso se segue que quanto mais o interesse público e o privado estiverem unidos, mais o interesse público se beneficiará. Afinal, o interesse privado é o mesmo que o público na monarquia. A riqueza, o poder e a honra de um monarca provêm apenas da força da riqueza e da reputação de seus súditos. Pois nenhum rei pode ser rico, nem glorioso, nem seguro; caso seus súditos sejam pobres, ou desprezíveis, ou muito fracos, por necessidade ou dissensão, para manter uma guerra contra seus inimigos. Já em uma democracia ou em uma aristocracia, a prosperidade pública não concorre menos para a fortuna privada de uma pessoa que seja corrupta ou ambiciosa do que ocorre, por exemplo, com quem dá com um conselho pérfido, uma ação traiçoeira ou uma guerra civil[49].

Em segundo lugar, um monarca recebe conselho de quem lhe apraz, e quando e onde lhe aprouver; consequentemente, pode ouvir a opinião de homens versados no assunto sobre o qual ele delibera, seja qual for a categoria ou qualidade dessas pessoas, tal como com a antecedência e o sigilo que quiser. Porém, quando uma assembleia soberana precisa de conselho, a ninguém isso é admitido, a não ser por aqueles que tem tal direito desde o começo; eles são majoritariamente mais versados na aquisição de riqueza do que na de conhecimento; e

---

49. Em outras palavras, Hobbes baseia sua opção pela monarquia nas hipóteses que defendeu na Parte I de que as pessoas são egoístas e interesseiras. No entanto isso não significa que ele assume que o soberano será um tipo de pessoa melhor do que aquelas que ele governa. Na verdade, a superioridade da monarquia sobre as outras duas formas de governo está no fato de que apenas nela o egoísmo do rei o conduz a cuidar do seu povo (BAGBY, L.J. *Hobbes's Leviathan*. Londres: Continuum, 2007, p. 41) [N.T.].

darão seus conselhos em longos discursos que podem e geralmente estimulam os homens à ação, mas não governar seu agir. Pois o *entendimento* transcorre pela chama das paixões, nunca iluminado, mas sempre ofuscado. E não há lugar ou tempo em que uma assembleia possa receber conselhos em sigilo graças à própria multidão.

Terceiro, as resoluções de um monarca não estão sujeitas a nenhuma outra inconstância que a da natureza humana; mas, nas assembleias, além da natureza, surge a inconstância do número. Pois a ausência de alguns poucos, que poderiam manter firme a resolução uma vez tomada (o que pode acontecer por segurança, negligência ou impedimentos privados) ou a aparição diligente de algumas das opiniões contrárias, desfaz hoje tudo que foi concluído ontem.

Em quarto lugar, um monarca não pode discordar de si mesmo, seja por inveja ou por interesse; mas em uma assembleia isso é possível; e, nessas condições, pode produzir uma guerra civil.

Em quinto lugar, na monarquia há o inconveniente de que qualquer súdito, pode ser pelo poder de um homem, e com o fim de enriquecer um favorito ou lisonjeiro, privado de tudo o que possui; o que confesso ser um grande e inevitável inconveniente. Mas o mesmo pode acontecer também onde o poder soberano se encontra em uma assembleia: pois seu poder é o mesmo; e seus membros estão tão sujeitos aos maus conselhos, assim como de serem seduzidos por oradores, como um monarca o é por bajuladores; e tornando-se bajuladores uns dos outros, servem à cobiça e à ambição mútua. Considerando que os favoritos dos monarcas são poucos e eles têm ninguém mais para favorecer além de seus próprios parentes; os favoritos de uma assembleia são muitos; e a parentela é muito mais numerosa que a de qualquer monarca. Além disso, não há favorito de um monarca que não seja tão capaz de socorrer seus amigos, tal como prejudicar seus inimigos: mas os oradores, ou seja, os favoritos das assembleias soberanas, conquanto tenham grande poder de ferir, têm pouco para ajudar. Pois acusar requer menos eloquência (tal é a natureza do homem) do que desculpar; e a condenação mais se assemelha a justiça do que a absolvição.

Em sexto lugar, há uma inconveniência na monarquia, que se trata da possibilidade da soberania ser herdada por um bebê, ou por alguém que não seja capaz de discernir entre o bem e o mal: e o inconveniente consiste na necessidade do poder ficar nas mãos de outro homem ou de uma congregação de homens que devem governar pelo direito e em nome daquele, na condição de curadores e protetores de sua pessoa e autoridade. Mas dizer que há inconveniência em colocar o uso do poder soberano nas mãos de um homem ou de uma assembleia de homens implica o mesmo que dizer que todo governo é mais inconveniente do que a confusão e a guerra civil. Portanto, todo perigo que pode ser alegado só poderá surgir das lutas entre os que podem concorrer a um cargo de tão grande honra e ganho. E para dar a entender que essa inconveniência não procede daquela forma de governo que chamamos de monarquia, basta apenas que se considere que o monarca precedente pode designar o tutor de seu sucessor infante, seja expressamente por testamento ou tacitamente, para não se opor ao costume que é normal nesse caso: então, tal inconveniência (se ocorrer) deve ser atribuída não à monarquia, mas à ambição e à injustiça dos súditos, que é igual em todos os tipos de governo, onde o povo não está bem instruído sobre seus deveres e direitos de soberania. Caso o monarca precedente não tenha ordenado de maneira alguma o tutor, basta a lei da natureza, que proveu suficientemente sobre tal regra: que o tutor seja aquele que tenha, por natureza, o maior interesse na preservação da autoridade da criança, e a quem menos beneficie a sua morte ou a diminuição de sua autoridade. Uma vez que todo homem busca por natureza seu próprio benefício e promoção, colocar o infante sob a tutoria daqueles que podem se beneficiar de sua destruição ou dano não é tutoria, mas traição. E, neste sentido, se as precauções necessárias forem tomadas, diante de todas as discussões justas, sobre o governo de uma criança, se surgir qualquer contenda capaz de perturbar a paz pública, isto não deve ser atribuído à monarquia, mas à ambição dos súditos e à ignorância de seu dever. Por outro lado, não há nenhuma grande república cuja soberania resida em uma grande assembleia que não se ache, quanto às consultas de paz e de guerra e à elaboração de leis, na mesma condição de um governo de uma criança. Pois assim como falta julgamento para uma criança para discordar do conselho que a ela é dado, sendo para isso necessário tomar a opinião daqueles a quem ela está confiada: assim, falta para uma assembleia a liberdade para discordar do conselho da maioria, seja ele bom ou ruim. Além disso, assim como uma criança precisa de um tutor ou protetor para preservar sua pessoa e autoridade; o mesmo também ocorre em grandes repúblicas: a assembleia soberana precisa, em todas as situações de perigo e problemas, de *custodes libertatis*; isto é, de ditadores ou protetores de sua autoridade, que são tanto quanto monarcas temporários; a quem se pode delegar, por um tempo estabelecido, o completo exercício de seu poder; frequentemente tem ocorrido de ela ser privada de seu poder por parte deles, ao final desse tempo, do que os infantes serem privados por seus protetores, regentes ou tutores de qualquer natureza.

Embora, como mostrei agora, os tipos de soberania sejam apenas três; isto é, a monarquia, onde um homem a possui; democracia, quando a assembleia geral de súditos a possui; e aristocracia, onde ela se acha em uma assembleia de certas pessoas nomeadas, ou que se distinguem de outra forma do resto: todavia, aquele que examinar as repúblicas particulares que existiram e existem no mundo talvez não as reduza facilmente a três; e pode estar inclinado, por conta disso, a pensar que existem outras formas decorrentes da mistura das três. Como, por exemplo, as monarquias eletivas, onde os reis têm o poder soberano depositado em suas mãos durante um tempo; ou as monarquias em que o poder do rei é limitado: governos que são chamados, no entanto, pela maioria dos escritores, de monarquia. Da mesma forma, se uma república popular ou aristocrática subjugar o país de um inimigo e governar o mesmo através de um presidente, procurador ou outro magistrado, isto pode parecer, à primeira vista, ser um governo democrático ou aristocrático. Mas não é o caso, visto que os reis eletivos não são soberanos, mas ministros do soberano; e as províncias que estão sujeitas a uma democracia, ou aristocracia de outra república, não são democraticamente ou aristocraticamente governadas, mas monarquicamente.

Em primeiro lugar, quanto a um rei eletivo, cujo poder é limitado à sua vida, como é em muitos lugares da Cristandade nestes dias; ou durante certos anos ou meses, como o poder dos ditadores romanos; se ele tiver o direito de nomear seu sucessor, ele não será mais eletivo, e sim hereditário. Mas se ele não tiver o poder de escolher seu sucessor, então haverá algum outro homem, ou assembleia conhecida, que depois de sua morte poderá eleger um novo rei, caso contrário a comunidade morreria e se dissolveria com ele, regressando-se assim à condição de guerra. Se alguém tiver o conhecimento de quem tem o poder de dar a soberania após a sua morte, saberá também que a soberania estava antes nele: afinal, ninguém tem o direito de dar aquilo que não tem o direito de possuir, e manter consigo mesmo se assim lhe aprouver. Mas se não houver quem conceder a soberania após a morte daquele que foi eleito pela primeira vez, então ele é que detém o poder; ou melhor, ele é obrigado, pela lei da natureza, a estabelecer seu sucessor, para que aqueles que lhe confiaram o governo não recaiam na miserável condição de guerra civil. Pois ele foi, consequentemente, quando eleito, um soberano absoluto.

Em segundo lugar, o rei, cujo poder é limitado, não é superior àquele, ou àqueles que têm o poder de limitá-lo; e aquele que não é superior não é supremo; e isto significa que, portanto, não é soberano. Então, a soberania, neste caso, estava sempre na assembleia que tinha o direito de limitá-lo; e o governo não se trata de monarquia, mas de democracia ou aristocracia; como no passado ocorria em Esparta, onde os reis tinham o privilégio de liderar seus exércitos; mas a soberania estava nos éforos.

Em terceiro lugar, quando outrora o povo romano governou a Judeia (por exemplo), através de um presidente; ainda assim não era a Judeia uma democracia porque eles não eram governados por nenhuma assembleia na qual qualquer um do povo tinha o direito de entrar; nem uma aristocracia, porque eles não eram governados por nenhuma assembleia na qual qualquer homem poderia entrar por sua eleição: mas eles eram governados por uma pessoa que, apesar de ser evocada pelo povo de Roma como uma assembleia do povo ou democracia; contudo, quanto ao povo da Judeia, que não tinha nenhum direito de participar do governo, era um monarca. Pois conquanto o povo seja governado por uma assembleia, escolhida por eles mesmos em seu próprio número, o governo é chamado de democracia ou aristocracia; quando eles são governados por uma assembleia, não de sua própria escolha, trata-se de uma monarquia; e não de *um* homem sobre ou outro, mas de um povo sobre outro povo.

Considerando que em todas essas formas de governo a matéria é mortal, e que não só os monarcas, mas também as assembleias inteiras morrem, é necessário, para a conservação da paz entre os homens, que assim como houve medidas tomadas para a criação de um homem artificial, também devem haver medidas para que se crie uma eternidade artificial da vida; sem a qual os homens que são governados por uma assembleia devem retornar à condição de guerra em todas as épocas; e os que são governados por um homem assim que seu governador morre, também. Essa eternidade artificial é o que os homens chamam de direito de *sucessão*.

Não há forma perfeita de governo, onde a disposição da sucessão não se encontra no atual soberano. Pois, se esse for o direito de qualquer outro homem, ou for de uma assembleia particular, ele pertence a um súdito, e pode ser assumido pelo soberano a seu prazer; e consequentemente, o direito pertence a ele próprio. E se não pertencer a um homem em particular, mas for deixado para uma nova escolha, então a república nesse caso é dissolvida; e o direito pertencerá àquele que dela puder se apoderar; contrariamente à intenção daqueles que instituíram a república, para a sua perpétua, mas não temporária segurança.

Em uma democracia, toda a assembleia não pode falhar, a menos que a multidão que deve ser governada falhe. Portanto, questões do direito de sucessão não têm nessa forma de governo nenhum lugar.

Em uma aristocracia, quando qualquer um da assembleia morre, a eleição de outro em seu lugar pertence à assembleia, conforme sua condição de soberana, a quem pertence a escolha de todos os conselheiros e oficiais. Pois tudo que o representante faz como ator, cada um dos súditos faz como autor. E embora a assembleia soberana possa dar poder a outrem para eleger novos membros, no intuito de se tornar novamente completo; no entanto, ainda o é por sua autoridade que a eleição é realizada; e pelo mesmo pode (quando o público exigir isso) ser revogada.

A maior divergência sobre o direito de sucessão está na monarquia: e a dificuldade surge do fato de que, à primeira vista, não é manifesto quem deve nomear o sucessor; nem muitas vezes quem foi que ele designou. Pois, em ambos os casos, é necessário um raciocínio mais exato do que aquele a que todo homem está acostumado a aplicar. Quanto à questão sobre quem nomeará o sucessor de um monarca que tem autoridade soberana, isto é, quem determinará o direito de herança (pois reis eletivos e príncipes não têm o poder soberano como sua propriedade, mas somente o seu uso), devemos considerar que ou aquele que está em posse tem direito de decidir sobre a sucessão, ou então esse direito está novamente na multidão dissolvida. Pois a morte daquele que detém a propriedade do poder soberano deixa a multidão sem soberano; isto é, sem nenhum representante ao qual deva estar unida e capaz de realizar qualquer ação, sendo, portanto, incapaz de eleger qualquer novo monarca; pois todo homem tem o mesmo direito de se submeter àquilo que achar melhor para protegê-lo; ou se puder, irá proteger-se com sua própria espada; o que se trata de um retorno à confusão e à condição de uma guerra de todo homem contra todo homem, contrariando o fim para o qual a monarquia foi instituída. Portanto, é manifesto que, pela instituição da monarquia, a disposição do sucessor é sempre deixada ao julgamento e vontade do atual possuidor.

E para a questão (que pode surgir às vezes) sobre quem o atual monarca nomeou como o herdeiro e sucessor de seu poder, isto é determinado por palavras expressas em testamento; ou outros sinais tácitos tomados como suficientes.

Por palavras expressas, ou testamento, considera-se quando o monarca declara em vida, *viva voce*, ou por escrito; como os primeiros imperadores de Roma declaravam quem seriam seus herdeiros. Pois a palavra herdeiro por si só não implica os filhos ou parentes mais próximos de um homem, mas quem quer que seja que ele assim o declare para sucedê-lo em seu domínio. Assim, se um monarca declarar expressamente que tal homem será seu herdeiro, seja por palavra ou por escrito, então será aquele homem imediatamente após a morte de seu antecessor, investido no direito de ser monarca.

Mas onde o testamento e as palavras expressas estão faltando, outros sinais naturais da vontade devem ser seguidos: e um deles é o costume. Portanto, se o costume é de que um parente próximo seja o sucessor absoluto, então, neste caso, será o parente próximo que terá direito à sucessão; pois se não fosse essa a vontade daquele que estava no poder, ele poderia facilmente ter declarado o mesmo em sua vida. E, da mesma forma, onde o costume é que o parente masculino mais próximo o suceda, também o direito de sucessão está no parente homem mais próximo, pelo mesmo motivo.

E assim seria se o costume fosse com a parente próxima do sexo feminino. Pois qualquer costume que um homem possa por uma palavra controlar, e não faz, é um sinal natural que ele concorda com esse costume.

Mas onde não há nem o costume, nem o testamento, deve ser entendido, primeiro, que a vontade de um monarca é que o governo permaneça monárquico; porque ele aprovou esse governo em si mesmo. Em segundo lugar, que um filho seu, masculino ou feminino, seja preferido antes de qualquer outro; porque presume-se que os homens são mais inclinados pela natureza a promover seus próprios filhos do que os filhos de outros homens; e de seus próprios homens, mais do que uma mulher; porque os homens são naturalmente mais aptos do que as mulheres para ações que demandam esforço e perigo. Em terceiro lugar, onde não há filhos, antes um irmão do que um estranho; e ainda assim daquele mais próximo de sangue em vez do mais remoto; porque se presume sempre que o mais próximo dos parentes é o mais próximo de afeto; e é evidente que um homem recebe sempre, por reflexo, mais honra devido à grandeza de sua parentela mais próxima.

Mas mesmo sendo lícito para um monarca dispor da sucessão por palavras de contrato ou testamento, alguém talvez possa objetar um grande inconveniente: que ele pode vender ou dar o seu direito de governar a um estrangeiro; e porque estrangeiros (isto é, homens que não costumam viver sob o mesmo governo, nem falam a mesma língua) comumente subestimam os outros, o que pode gerar uma opressão de seus súditos; o que, na verdade, é um grande inconveniente, mas não procede necessariamente da sujeição do governo a um estrangeiro, mas da inabilidade dos governantes, ignorantes que são das verdadeiras regras da política. Afinal, os romanos, quando haviam subjugado muitas nações, para tornar seu governo digerível pelos povos sob seu controle, costumavam excluir tal queixa sempre que se mostrava necessário, dando, às vezes, a nações inteiras, e em outras, aos homens mais importantes das nações que conquistaram, não apenas os privilégios, mas também o nome de romanos; conferindo ainda a muitos deles um assento no senado ou cargos públicos na cidade romana. E foi isso o que o nosso rei mais sábio, Jaime, cujo objetivo era a união de seus dois reinos, o da Inglaterra e o da

Escócia, tentou fazer[50]. E se tivesse conseguido, teria evitado com toda a probabilidade as guerras civis, que fizeram com que ambos os reinos sejam miseráveis neste momento. Assim, não há qualquer dano para o povo que um monarca disponha da sucessão por testamento; conquanto, por culpa de muitos príncipes, isto tenha sido tomado por vezes como algo inconveniente. Sobre a legalidade disto, há também outro argumento: que seja qual for a inconveniência que exista a respeito de conferir o reino a um estrangeiro, isto também pode ocorrer em razão de um casamento com um estrangeiro, já que o direito de sucessão pode terminar recaindo sobre ele: contudo, isto é considerado legítimo para todos os homens.

---

50. Apesar das diferenças quanto ao pensamento político, tanto Hobbes aqui como Locke em seu livro "Dois tratados sobre o governo" (foi o rei instruído que entendeu bem a noção das coisas) se referem respeitosos ao rei James I da Inglaterra e IV da Escócia, pelo fato de o monarca combinar princípios absolutistas com uma ênfase ao dever régio de governar de acordo com a lei e em favor do bem comum (SOMMERVILLE, J. *King James VI and I – Political writings*. Cambridge: Cambridge University Press, 1994, p. xv) [N.T.].

CAPÍTULO XX
SOBRE O DOMÍNIO PATERNAL E DESPÓTICO

Uma REPÚBLICA por *aquisição* é aquela em que o poder soberano é adquirido pela força; e é adquirida pela força quando homens individualmente, ou em uma grande pluralidade de vozes, por medo da morte ou da prisão, autorizam todas as ações daquele homem ou assembleia, que tem em seu poder as suas vidas e liberdade.

E este tipo de domínio ou soberania difere da soberania por instituição apenas em um aspecto: que os homens que escolhem seu soberano fazem-no por temor uns dos outros, e não daquele que são instituídos por eles: mas, neste caso, eles se submetem àquele a quem temem. Em ambos os casos, fazem isso por medo; o que há de ser notado por aqueles que consideram nulos todos os pactos que procedem do medo da morte ou da violência. Afinal, se isso fosse verdade, nenhum homem, em qualquer tipo de república, poderia ser obrigado a obedecer. É verdade que em uma república, uma vez instituída ou adquirida, as promessas procedentes do medo da morte ou da violência não são contratos nem geram obrigação, quando a coisa prometida é contrária às leis; mas a razão não é porque foi realizada mediante o medo, mas porque aquele que prometeu não tinha direito à coisa prometida. Além disso, quando um homem pode cumprir legitimamente uma promessa e não o faz, não é a invalidez do pacto que o absolve, mas a sentença do soberano. Caso contrário, sempre que um homem prometesse de forma legítima, ele ilegitimamente deixaria de cumprir a promessa: mas quando o soberano é o ator de tal dispensa, ele é absolvido por quem obteve a promessa, na condição de autor da absolvição.

Mas os direitos e as consequências da soberania são os mesmos em ambos os casos. Seu poder não pode, sem o seu consentimento, ser transferido para outrem; ele não o perde nem pode ser acusado por nenhum de seus súditos de ter praticado dano; ele não pode ser punido por eles; ele é juiz do que é necessário à paz; é também juiz de doutrinas: ele é o único legislador e supremo juiz das controvérsias, além de sê-lo nos tempos e ocasiões de guerra e paz; a ele cabe escolher magistrados, conselheiros, comandantes e todos os outros oficiais e ministros; e é quem determina recompensas e punições, honra e ordem. As razões para tanto são as mesmas alegadas no capítulo precedente, a saber, quanto aos mesmos direitos e consequências da soberania por instituição.

O domínio é adquirido de duas maneiras; por geração e por conquista. O direito de domínio por geração é aquele que o pai tem sobre seus filhos; e é chamado PATERNO. Portanto, não é derivado da geração, como se o pai tivesse domínio sobre seu filho apenas porque ele o gerou; mas sim do consentimento da criança, seja expressa, seja por outros argumentos suficientes declarados. Pois, quanto à geração, Deus ordenou ao homem um ajudante; e sempre haverá dois que são igualmente pais: o domínio sobre a criança deve pertencer, portanto, igualmente a ambos; mas ele estar igualmente sujeito a ambos seria algo impossível; visto que ninguém pode obedecer a dois senhores. E aqueles que atribuem o domínio apenas ao homem, como sendo do sexo mais excelente, cometem um erro. Pois nem sempre existe esta diferença de força ou prudência entre o homem e a mulher, de modo que o direito possa ser determinado sem guerra. Nas repúblicas, esta controvérsia é decidida pela lei civil: e na maior parte (mas nem sempre), a sentença é a favor do pai; porque, na maior parte dos casos, as repúblicas foram erigidas pelos pais, e não pelas mães de família. Mas quanto ao estado de mera natureza, onde não há leis matrimoniais, nem leis para a educação das crianças, mas somente a lei da natureza e a inclinação natural dos sexos, um para com o outro e para com seus filhos; nesta condição de mera natureza, ou os pais dispõem do domínio sobre as crianças entre si por meio de um contrato, ou não decidem sobre tal assunto. Se eles dispuserem, o direito será aplicado conforme o pacto. Na história encontramos que as amazonas recorriam aos homens dos países vizinhos para terem filhos; e acordavam que as crianças do sexo masculino seriam enviadas de volta; mas as fêmeas permaneceriam com elas: de modo que o domínio daquelas do sexo feminino estava com a mãe.

Se não houver contrato, o domínio será da mãe. Pois, na condição de mera natureza, onde não há leis matrimoniais, não se pode saber quem é o pai, a menos que seja declarado pela mãe: e, portanto, o direito de domínio sobre a criança depende de sua vontade e, consequentemente, é dela. Ademais, considerando que a criança está em primeiro lugar no poder da mãe, de tal modo que ela pode tanto alimentá-la quanto abandoná-la; se ela a alimenta, consequentemente esta deve a vida à mãe; é, portanto, obrigada a obedecê-la, em vez de a qualquer outra; sendo que, por consequência, o domínio sobre a criança pertence a ela. No entanto, se a mãe abandona a criança e outra a encontra e a alimenta, o domínio pertence àquela que a nutre, uma vez que deve obedecer a quem lhe preservou; porque a preservação da vida é um fim pelo qual um homem torna-se súdito de outro, e todo homem deve supostamente prometer obediência a aquele que tem o poder de salvá-lo ou destruí-lo.

Se a mãe estiver sujeita ao pai, a criança está no poder do pai: e se o pai for sujeito à mãe (como quando uma rainha soberana casa com um de seus súditos), então, neste caso, a criança está sujeita à mãe; porque o pai também está sujeito a ela.

Se um homem e uma mulher, monarcas de dois reinos distintos, têm um filho e celebram um contrato relativo a quem deve ter o domínio dele, o direito do domínio passa de acordo com o contrato. Se faltar contrato, o domínio será o daquele que tem domínio sobre o lugar de residência do filho. Porque o soberano de cada país tem domínio sobre todos que nele habitam.

Aquele que tem o domínio sobre o filho, tem domínio também sobre os netos e sobre os bisnetos. Porque aquele que tem domínio sobre a pessoa, tem domínio sobre tudo o que seja de sua posse; sem o qual, o domínio seria apenas um título, sem efeito.

O direito de sucessão ao domínio paterno procede de forma análoga ao direito de sucessão da monarquia; dos quais já falei suficientemente no capítulo anterior.

O domínio adquirido por conquista, ou pela vitória na guerra, é o que alguns escritores chamam de DESPÓTICO, que deriva de δεσπότης, que significa *senhor* ou *mestre*; e é o domínio do mestre sobre o seu servo. E este domínio é adquirido pelo vencedor, quando o vencido, para evitar o iminente golpe de morte, pactua tanto em palavras expressas quanto por outros sinais suficientes da vontade; e enquanto a sua vida e a liberdade de seu corpo lhe permitirem, o vencedor terá direito ao seu uso, ao seu bem querer. E depois de tal aliança concretizada, o vencido torna-se um SERVO, mas não antes: pois pela palavra *servo* (seja derivado de *servire*, servir, ou *servare*, salvar, disputa que relego aos gramáticos), não se pretende fazer referência a um cativo, que é mantido na prisão ou acorrentado; até que o dono daquele que o tomou ou o comprou de alguém que o fez considerar o que fazer com ele: pois tais homens (comumente chamados de escravos) não têm obrigação alguma e podem quebrar suas correntes sem cometer injustiça, ou serem aprisionados, ou mortos, ou ainda levados ao cativeiro por seu mestre; mas por servo, entende-se aquele que, tendo sido preso, a ele ainda se reconhece a liberdade corpórea após prometer não fugir nem violentar seu mestre, ocasião em que recebe a confiança desse último.

Não é, portanto, a vitória, que dá o direito de domínio sobre os vencidos, mas o pacto celebrado entre eles. E, neste caso, o vencido não é obrigado porque foi conquistado; isto é, porque foi espancado, sequestrado, ou posto em fuga; mas sim em razão de se submeter ao vencedor; e, além disso, nem o vencedor é obrigado, pela rendição de um inimigo (sem que lhe prometa a vida), de poupá-lo por isso, cedendo à discrição; o que não obriga o vencedor, salvo, segundo seu critério, que ele julgar tal ação como algo vantajoso.

E quando os homens (como agora se diz), pedem *quartel* (o que os gregos chamavam de ζωγρία, e que significava *manter com vida*), era para escapar pela submissão da fúria corrente do vencedor, até salvar a vida mediante resgate ou prestação de serviços. Assim, a quem era concedido quartel, não havia garantia de vida, mas apenas o adiamento até uma deliberação posterior, pois não era uma rendição pela garantia da manutenção da vida, mas de uma entrega mediante discrição. Porém, a vida só estaria segura e o serviço devido quando o vencedor confiasse aos rendidos a liberdade corpórea. Já quanto aos escravos que trabalham nas prisões ou que se acham presos, eles não trabalham em nome de um dever, mas para evitar a crueldade de seus encarregados.

O senhor do servo é também senhor de tudo o que ele possui; e enquanto tal pode exigir o seu uso, isto é, de seus bens, de seu trabalho, de seus servos e de seus filhos, com a frequência que julgar conveniente. Porque ele mantém a vida de seu dono pelo pacto da obediência; isto é, de reconhecimento e autorização de tudo o que o mestre fizer. E, no caso do mestre, se ele se recusar, ou matá-lo, ou colocá-lo em preso, ou ainda puni-lo de outra forma por sua desobediência, ele mesmo será o autor do castigo; e não poderá acusá-lo de lesão.

Em suma, os direitos e as consequências do domínio *paterno* e *despótico* são os mesmos de um soberano por instituição, pelas mesmas razões que foram estabelecidas no capítulo precedente. Assim, para um homem que é monarca de diversas nações, tendo recebido a soberania de uma delas por instituição do povo reunido, e de outra por conquista, isto é, pela submissão de cada particular para evitar a morte ou as correntes; [consequentemente], exigir de uma nação mais do que da outra, por conta do título de conquista, trata-se de um ato de ignorância dos direitos de soberania; porque o soberano é absoluto em ambos os locais; ou então não há soberania alguma; e assim todo homem pode legalmente se proteger, se puder, com sua própria espada, o que é a condição para a guerra.

Por isso, parece que uma grande família, se não faz parte de alguma república, é por si só, quanto aos direitos de soberania, uma pequena monarquia; e isto, seja para uma família formada por um homem e seus filhos, seja por um homem e seus servos, seja por um homem e seus filhos e servos juntos, onde o pai ou mestre é o soberano. Mas, ainda assim, uma família não é propriamente uma república; a menos que, em razão de seu número, ou devido a outras peculiaridades, seu poder seja tal a ponto de só ser subjugada pelo risco da guerra. Pois onde um número de homens é manifestamente pequeno demais para se defender, cada um pode usar sua própria razão em tempo de perigo para salvar sua própria vida, seja por fuga, seja por submissão ao inimigo, conforme achar melhor; da mesma maneira que uma pequena companhia de soldados, surpreendida por um exército, pode abaixar as armas e pedir o quartel ou fugir em vez de ser posta à espada. E isto é o suficiente, no que concerne ao que eu entendo por especulação e dedução sobre os direitos soberanos, em razão da natureza, da necessidade e dos desígnios dos homens para criar repúblicas, e de se submeter a monarcas ou assembleias, a quem conferem poder suficiente para a sua proteção.

Vamos agora considerar o que as Escrituras ensinam no mesmo ponto. A Moisés, os filhos de Israel assim disseram: *fala-nos e ouvir--te-emos; que Deus não fale conosco, ou morreremos* (Ex 20,19). Trata-se, portanto da obediência absoluta a Moisés. Concernente ao direito dos reis, o próprio Deus, pela boca de Samuel, disse (1Sm 8,11-15): *este será o direito do rei que sobre vós reinará. Ele tomará vossos filhos, e os fará guiar os seus carros, e ser seus cavaleiros, e correr na frente dos seus carros; e colher a sua colheita, e fazer as suas máquinas de guerra e instrumentos dos seus carros; e levará as vossas filhas para fazerem perfumes, para serem suas cozinheiras e padeiras. Ele tomará vossos campos, vossos vinhedos e vossos olivais, e dá-los-á aos seus servos. Tomará as primícias do vosso grão e do vosso vinho, e dá-las-á aos seus camareiros e aos outros servos. Tomará vossos servos e vossas criadas, além da flor da vossa juventude, para empregá-los nos seus negócios. Tomará as primícias dos vossos rebanhos, e vós sereis seus servos.* Isto é poder absoluto, e está resumido nas últimas palavras: *sereis seus servos.* Mais ainda, quando as pessoas ouviram o poder que seu rei teria, consentiram com isso, e disseram assim (1Sm 8,19): *nós seremos como todas as outras nações, e o nosso rei julgará as nossas causas, e irá à nossa frente para nos comandar nas nossas guerras.* Aqui está confirmado o direito que os soberanos têm, tanto à milícia como à judicatura; o que encerra o poder mais absoluto, que um homem pode possivelmente transferir para outro. Ademais, a oração do rei Salomão a Deus, foi assim (1Rs 3,9): *dá, pois, ao teu servo entendimento para julgar o teu povo, e para distinguir entre o bem e o mal.* Portanto, pertence ao soberano o direito de *julgar* e prescrever as regras para o *discernimento* entre o *bem* e o *mal*: regras estas que são leis; e, portanto, é nele que reside o poder legislativo. Saul pôs a vida de Davi a prêmio; contudo, quando estava em seu poder a chance de matar Saul, e seus servos prestes a fazê-lo, Davi os proibiu, dizendo (1Sm 24,9-11): *Deus não permita que eu cometa tal ação contra o meu senhor, o ungido de Deus.* Sobre a obediência dos servos, são Paulo diz (Cl 3,22): *Servos, obedecei ao vosso senhor em todas as coisas*; e (Cl 3,20) *filhos, obedecei aos vossos pais em tudo*. Há obediência simples naqueles que estão sujeitos à paternidade ou ao domínio despótico. Mais uma vez (Mt 23,2-3), *os escribas e os fariseus estão sentados na cadeira de Moisés, portanto, tudo o que vos mandarem observar, observai-o e fazei-o*. Esta é a obediência simples. E são Paulo (Tt 3,1): *lembra-lhes que se submetam aos príncipes e às autoridades, e que os obedeçam*. Essa obediência também é simples. Por fim, nosso próprio Salvador reconhece que os homens devem pagar os impostos que são exigidos pelos reis, quando ele disse, *dai a César o que é de César*, e pagou tais impostos ele mesmo. E reconhece que a palavra do rei é suficiente para tirar qualquer coisa de qualquer súdito, quando houver necessidade; e que o rei é juiz dessa necessidade, pois ele próprio, como rei dos judeus, ordenou aos seus discípulos que tomassem a burra e o jumentinho, e para que os levassem a Jerusalém, dizendo (Mt 21,2-3): *ide até a vila que fica diante de vós, e lá encontrareis uma burra amarrada e, junto dela, seu burrinho; desamarrai-os e trazei-mos. E se alguém vos perguntar o que pretendeis, dizei que o Senhor tem necessidade deles; e deixar-vos-ão partir*. Eles não vão perguntar se essa necessidade é suficiente; nem se ele é juiz dessa necessidade; mas acatarão a vontade do Senhor.

A estas passagens pode ser adicionada também a de Gn 3,5: *vós sereis como deuses, conhecendo o bem e o mal*. E o versículo 11: *quem vos contou que estáveis nus? Haveis comido da árvore da qual vos ordenei que não comêsseis?* Pois sendo o conhecimento ou judicatura do *bem* e do *mal*, proibido pela alegoria do fruto da árvore do conhecimento, como uma prova da obediência de Adão; o diabo, para inflamar a ambição da mulher, para quem aquele fruto já parecia bonito, disse-lhe que, ao prová-lo, eles seriam como deuses, conhecedores do *bem* e do *mal*. Depois de ambos terem comido, eles realmente assumiram o ofício de Deus, que é a justiça do bem e do mal; mas não adquiriram nenhuma nova capacidade de distinguir corretamente entre eles. E mesmo que se diga que tendo comido da árvore, eles perceberam que estavam nus, ninguém nunca interpretou esse trecho como se antes eles fossem cegos e não vissem a própria pele, posto que o significado é claro; foi então que pela primeira vez julgaram que a nudez (como foi a vontade de Deus criá-los) era uma inconveniência; e, por vergonha, censuraram tacitamente o próprio Deus. E então Deus disse: *haveis comido etc.* como se dissesse: vocês, que me devem obediência, consideram ter a capacidade de julgar os meus mandamentos? Por isso, é claro (embora alegoricamente) que os mandamentos daqueles que têm o direito de comandar não devem ser censurados nem contestados pelos seus súditos.

De modo que parece, no meu entender, tanto pela razão como pelas Escrituras, que o poder soberano, quer se ache em um homem, em uma monarquia ou em uma assembleia de homens, como em repúblicas populares e aristocráticas, é maior do que possivelmente os homens possam imaginar. E apesar de um poder tão ilimitado, os homens podem imaginar muitas consequências ruins; porém, as consequências da falta dele, que é a guerra perpétua de todo homem contra o seu próximo, são muito piores. A condição do homem nesta vida nunca será sem inconveniências; mas não ocorre em uma república nenhum grande inconveniente, a não ser aquele da desobediência dos súditos, e a violação dos pactos dos quais provém a república. E quem pensa em diminuir o poder soberano por considerá-lo muito grande, terá de se sujeitar, a um poder, que pode limitá-lo; isto é, um ainda maior.

A maior objeção é a da prática: questiona-se quando e onde tal poder foi reconhecido pelos súditos. No entanto, pode se retrucar perguntando: quando ou onde houve um reino que esteve livre por muito tempo das sedições e guerras civis? Nas nações cujas repúblicas duraram muito e não foram destruídas, senão apenas por guerra estrangeira, os súditos nunca disputaram o poder soberano; e, seja como for, um argumento extraído da prática dos homens que nunca examinam a fundo nem ponderam com exata razão as causas e a natureza das repúblicas, e que sofrem diariamente as misérias que procedem da ignorância delas, é inválido. Pois, ainda que em todos os lugares do mundo os homens colocassem o fundamento de suas casas na areia, não pode daí se inferir que assim deveria ser. A habilidade de criar e manter repúblicas consiste em certas regras, como a aritmética e a geometria; e não (como o jogo de tênis) apenas da prática. Tais regras, nem os pobres têm tempo, nem os homens que tiveram ócio o suficiente, até agora tiveram a curiosidade, ou o método para descobrir.

CAPÍTULO XXI
SOBRE A LIBERDADE DOS SÚDITOS

LIBERDADE, ou INDEPENDÊNCIA, significa (em sentido próprio) a ausência de oposição; (por oposição, quero dizer impedimentos externos do movimento) e não se aplica menos as criaturas irracionais e inanimadas do que as racionais. Pois tudo o que é tão amarrado, ou cercado, que não pode se mover, senão dentro de certo espaço, sendo esse espaço determinado pela oposição de algum corpo externo; dizemos então que não tem liberdade de ir mais longe. E é assim com todas as criaturas vivas, enquanto elas estão presas, ou contidas, com paredes ou correntes; e da água enquanto ela é mantida por diques, ou piscinas, pois do contrário se espalharia por um espaço maior, que nós dizemos costumeiramente, que eles não estão livres, para se moverem de tal maneira, como seria sem aqueles impedimentos externos. Mas quando o impedimento do movimento está na constituição da coisa em si, não queremos dizer que lhe falta a liberdade; mas o poder de se mover; como quando uma pedra repousa, ou um homem é preso à sua cama por doença[51].

---

51. Neste capítulo resta clarificado o raciocínio utilizado por Hobbes no capítulo precedente para criticar quem diz que nas Repúblicas por aquisição a criação destas se dá viciada por um agir forçado. Na verdade, se analisarmos com minúcia a lei da inércia, veremos que a definição de liberdade em Hobbes coincide com uma das condições que o seu expediente de prova requer. O princípio da inércia pressupõe um estado ideal de ausência absoluta de impedimentos (o vácuo) para que possamos, então, conceber a ideia da permanência indefinida de um corpo em um estado cinético qualquer. Ora, mediante isso, podemos concluir que a definição hobbesiana citada é então extraída do princípio da inércia. Neste sentido, a solicitação, à imaginação, de um domínio de ausência absoluta de impedimentos é naturalizar e, portanto, submetê-la definitivamente aos domínios da causalidade natural. Com isso Hobbes acaba por generalizá-la para todos os tipos de eventos, físicos morais e políticos e como tal a questão do livre-arbítrio é um dentre outros problemas que Hobbes tem de solucionar em virtude dessa naturalização da concepção de liberdade. Ou seja, o problema... consiste em como se pode afirmar a liberdade no domínio da ação humana se tudo é determinado pela causalidade natural através do princípio de inércia. Hobbes tentará resolver esse impasse pela compatibilização entre as concepções de liberdade e deliberação e a ideia de que tudo é causalmente determinado. A deliberação é, segundo Hobbes, é o processo resultante da ponderação sobre os aspectos do objeto, que evocam sentimentos antagônicos, processo no qual a causa da ação – a vontade – ainda não está de-

E assim de acordo com o significado que é geralmente aceito, um HOMEM LIVRE, é, então, *aquele que é capaz de fazer coisas graças à sua força e inteligência, e não é impedido de fazer aquilo que tem vontade.* Mas quando as palavras *liberdade* e *independência* são aplicadas a qualquer outra coisa que não a um *corpo*, trata-se de um abuso do seu uso, pois aquele que não está sujeito ao movimento não se acha sujeito ao impedimento: e, portanto, quando se diz (por exemplo) que o caminho encontra-se livre, nenhuma liberdade do caminho é o significado disso, mas sim daqueles que andam nele sem parar. E quando dizemos que um presente é gratuito, não se quer fazer referência a qualquer liberdade do presente, mas sim do doador, que não é obrigado por nenhuma lei ou convênio a dar. Então, quando *falamos livremente,* não se trata da liberdade de voz, ou da pronúncia, mas do homem, a quem nenhuma lei o obrigou a falar de outra maneira que ele não quis. Por fim, a partir do uso da palavra *livre-arbítrio,* nenhuma liberdade pode ser inferida da vontade, desejo ou inclinação, mas apenas a liberdade do homem; que consiste na circunstância de ele não se deparar com barreiras ao fazer o que tem vontade, desejo ou inclinação para tanto.

O medo e a liberdade são compatíveis; quando um homem lança seus bens no mar por *temor* de que o navio afunde, ele o faz voluntariamente, apesar de poder se recusar a fazê-lo se assim desejar, pois se trata da ação de uma pessoa *livre.* Assim como também ocorre com um homem que paga sua dívida apenas por *medo* de ser preso, o que, em razão de ninguém impedir tal ação, trata-se de um ato de alguém que é *livre.* E geralmente todas as ações que os homens praticam nas repúblicas, por *medo* da lei, são ações que os seus autores têm *liberdade* para assim não fazê-las.

---

terminada. Quando determinada a causa da ação, isto é, quando constituída a vontade, cessa a liberdade desse movimento de ponderação. Assim a solução de Hobbes consiste parcialmente na ideia de que a liberdade ocorre no movimento discursivo de ponderação, enquanto a causa da ação, a vontade, não é anunciada. A vontade é o último elo dessa cadeia de desejos e aversões; dela segue-se a ação; a vontade, resultante, já não é livre – pois é efeito do processo –, bem como a ação por ela causada. E por assim ser é que a ação sempre estará de acordo com a vontade, isto é, ela – como efeito – revela a sua causa, a vontade do agente. E então alguém que agiu por medo ou de alguém que agiu por bravura se dirá igualmente que agiu conforme a sua vontade, segundo o que lhe pareceu o melhor no respectivo processo de deliberação (BERNARDES, J. *Hobbes & a liberdade.* Rio de Janeiro: Zahar, 2002, p. 20-22) [N.T.].

A *liberdade* e a *necessidade* são compatíveis, assim como ocorre com a água, que não tem apenas *liberdade*, mas a *necessidade* de descer pelo canal; o que também se dá nas ações que os homens praticam voluntariamente, já que, pela razão de derivarem de sua vontade, procedem de sua *liberdade*; e mais, porque todo ato de vontade do homem, além de todo desejo e inclinação procederem de alguma causa, e isto de outra coisa, em uma corrente contínua (cujo primeiro elo está na mão de Deus, a primeira de todas as causas), ou seja, da *necessidade*. Deste modo, aquele que pudesse ver a conexão destas causas, ou seja, a *necessidade* de todas as ações voluntárias dos homens, esta pareceria manifesta. E, portanto, Deus que vê e dispõe de todas as coisas, vê também que a *liberdade* do homem ao fazer o que quiser é acompanhada da *necessidade* de fazer aquilo que Deus deseja; nem mais, nem menos do que isso. Porque embora os homens possam fazer muitas coisas que Deus não ordenou, e não é, portanto, seu autor; não é possível que se tenha paixão ou apetite por qualquer coisa, e que o apetite e vontade de Deus não seja a causa. E se sua vontade não assegurasse a *necessidade* da vontade do homem e, consequentemente, de tudo o que dependesse da vontade do homem, a *liberdade* dos homens seria então uma contradição e um impedimento à onipotência e à *liberdade* de Deus. E isso é suficiente (quanto ao assunto em questão) sobre a *liberdade* natural, que é a única *liberdade* propriamente chamada assim.

Mas tal qual os homens, para alcançarem a paz e a conservação de si mesmos, criaram um homem artificial, chamado de república; também criaram laços artificiais, chamados de *leis civis*; as quais eles mesmos, por mútuos contratos, fixaram em um dos extremos, aos lábios daquele homem, ou à assembleia, a quem deram o poder soberano; e no outro extremo aos seus próprios ouvidos. E mesmo que laços sejam fracos pela própria natureza, podem, contudo, ser mantidos pelo perigo, conquanto não pela dificuldade de serem rompidos.

Quanto a esses vínculos apenas, tratarei agora sobre a *liberdade dos súditos*. Pois como não há república no mundo onde haja regras suficientemente estabelecidas para regular todas as ações e palavras dos homens (o que é algo impossível), segue-se necessariamente que, em todos os tipos de ações omitidas pelas leis, os homens têm a liberdade de fazer o que suas próprias razões sugerem, ou seja, aquilo que for mais proveitoso para si. Pois se tomamos a liberdade em seu sentido próprio, isto é, como liberdade corpórea, como estar livre das cadeias e prisões, seria muito absurdo que os homens clamassem, como normalmente fazem, pela liberdade que eles manifestamente desfrutam. Novamente, se tomamos a liberdade como isenção de leis, não é menos absurdo que os homens exijam, como usualmente fazem, aquela liberdade, através da qual todos os outros homens podem ser donos de suas vidas. E, no entanto, por mais absurdo que seja, é isso o que eles exigem; pois não sabem que as leis não têm poder algum para protegê-los sem a espada nas mãos de um homem ou homens, para fazer com que essas leis sejam executadas. A liberdade dos súditos, portanto, só existe naquelas coisas que, ao regulamentar suas ações, o soberano as ignorou: tais como a liberdade de comprar e vender; de contratar uns com os outros; de escolher a própria morada; sua própria dieta, seu próprio meio de vida; de instruir seus filhos como acharem melhor; e outras similares.

Não obstante, não devemos entender que, com tal liberdade, o poder soberano de vida e de morte fica abolido ou limitado. Pois já foi mostrado que nada que o representante soberano faça a um súdito pode, sob qualquer pretexto, ser chamado de injustiça ou dano; porque todo súdito é autor dos atos que o soberano pratica; de modo que a ele nunca falta o direito ao que for, exceto que ele mesmo, enquanto súdito de Deus, seja obrigado a observar as leis da natureza. E, portanto, pode ocorrer, como muitas vezes acontece em repúblicas, que um súdito seja morto por ordem do poder soberano, sem que nenhum dos dois tenham feito mal um ao outro. Como no caso de Jefté, quando encaminhou sua filha para ser sacrificada: quem morreu teve a liberdade para praticar a ação pela qual, não obstante, foi condenado à morte. E vale também para um príncipe soberano que leva à morte um súdito inocente. Porque conquanto a ação seja contrária à lei da natureza, por ser contrária à equidade (como foi o assassinato de Urias por Davi), ainda assim não causou dano a Urias, mas contra Deus. Não a Urias, posto que o direito de fazer o que lhe agradasse foi-lhe dado pelo próprio Urias, mas a Deus, porque Davi era súdito de Deus e estava proibido de toda iniquidade pela lei da natureza. Tal distinção foi confirmada pelo próprio Davi quando se arrependeu do fato, dizendo: *Somente contra vós pequei* (Sl 51,6).

Da mesma maneira, o povo de Atenas, quando baniu o homem mais poderoso de sua república por dez anos, ainda que não tenha sido praticada nenhuma injustiça; no entanto, nunca se procurou saber o crime que ele cometeu; mas apenas o mal que ele poderia cometer. E mais: determinavam o banimento daqueles que não conheciam, bastando qualquer cidadão trazer uma ostra para a praça do mercado, escrito com o nome de quem se desejava banir, sem realmente o chegar a acusar; certas vezes um Aristides, por sua reputação de justiça; e às vezes um bobo da corte, como Hipérbolo, para fazer uma brincadeira. E, no entanto, um homem não pode dizer que o povo soberano de Atenas não tinha o direito de bani-los; ou que a cada ateniense faltava a liberdade de brincar ou de ser justo.

A liberdade, sobre a qual se encontram menções tão frequentes e honrosas nas obras de história e de filosofia dos antigos gregos e romanos, e nos escritos e discurso de todos aqueles que deles receberam o seu conhecimento em matéria de política, não é a liberdade de homens particulares; mas a liberdade da república: que é a mesma que todo homem teria, se não houvesse leis civis, nem república. E os efeitos que daí decorrem também são os mesmos. Porque assim como entre homens sem mestre há guerra perpétua de todo homem contra o seu próximo; sem herança a se transmitir ao filho, nem a se esperar dos pais; nem propriedade de bens ou terras; nem segurança, mas apenas uma liberdade plena e absoluta de cada homem; assim também nos estados e repúblicas que não dependem uns dos outros; cada república (não cada pessoa) tem uma liberdade absoluta para fazer o que julgar conveniente (isto é, aquilo que o homem, ou a assembleia que o represente, considerar), ou seja, o que for mais favorável ao seu benefício. Além disso, eles vivem numa condição de guerra perpétua e na iminência da batalha, com suas fronteiras armadas e canhões apontados contra os vizinhos ao seu redor. Os atenienses e romanos eram livres; isto é, repúblicas livres: não que algum homem em particular tivesse a liberdade de resistir ao seu próprio representante; mas que seu representante tinha a liberdade de resistir ou invadir outros povos. Até hoje está escrito em grandes letras nas torres da cidade de Lucca a palavra LIBERTAS; mas ninguém pode inferir daí que os indivíduos de lá têm mais liberdade ou imunidade em relação ao serviço da república do que em Constantinopla. Seja em uma república monárquica ou popular, a liberdade é a mesma.

Mas para os homens é fácil serem enganados pelo nome ilusório da liberdade e pela falta de juízo para distinguir e confundir isto com herança privada e direito de nascimento, ou apenas um direito público. E quando o mesmo erro é confirmado pela autoridade de homens reputados por seus escritos sobre esse assunto, não é de admirar que produza sedição e mudança de governo. Nessas partes ocidentais do mundo, é costumeiro receber as opiniões sobre as instituições e os direitos das repúblicas de Aristóteles, Cícero e outros homens, gregos e romanos, que viviam em estados populares e que, em vez de fazerem derivar esses direitos dos princípios da natureza, transcreviam para seus livros a prática de suas próprias repúblicas, que eram populares; como os gramáticos que descreveram as regras da linguagem da prática do tempo; ou as regras da poesia, a partir dos poemas de Homero e Virgílio. E como aos atenienses se ensinava (para impedi-los de mudar seu governo) que eram homens livres e que todos os que viviam sob uma monarquia eram escravos; portanto, Aristóteles escreveu isso em sua *Política* (livro 6, capítulo 2). *Na democracia, a* LIBERDADE *deve ser suposta: pois é comumente aceito que nenhum homem é* LIVRE, *em nenhum outro governo*. E como Aristóteles; também, Cícero e outros escritores basearam sua doutrina civil nas opiniões dos romanos, que foram ensinados a odiar a monarquia, a princípio, por aqueles que haviam deposto seu soberano e compartilhado entre eles a soberania de Roma; e depois pelos seus sucessores. Sendo em razão da leitura destes autores gregos e latinos que os homens adquiram, desde a tenra infância, o hábito (sob uma falsa demonstração de liberdade) de favorecer tumultos e de controlar licenciosamente as ações de seus soberanos; e depois de controlar esses controladores; com um grande derramamento de sangue; e com isso penso que posso verdadeiramente dizer que nunca houve algo tão caro, que foi pago nestas plagas ocidentais, pelo aprendizado das línguas grega e latina.

Chegando agora aos detalhes da verdadeira liberdade dos súditos, isto é, para saber quais são as coisas que, embora determinadas pelo soberano, no entanto, podem, sem que isso se considere injusto, recusarem-se a fazer; assim, devemos examinar quais são os direitos que nós transferimos ao soberano quando criamos a república; ou (o que é igual), que liberdades nós a ele negamos, ao elencarmos todas as ações (sem exceção) do homem, ou assembleia que nós fizemos soberano. Pois do nosso ato de *submissão* consta tanto nossa *obrigação* quanto nossa *liberdade*; que devem, portanto, ser inferidas por argumentos retirados daí; pois ninguém tem nenhuma obrigação que não provenha de algum ato seu; já que todos os homens são, por natureza, igualmente livres. E assim, uma vez que tais argumentos deverão ser extraídos ou das palavras expressas, *eu autorizo todas as suas ações*, ou da intenção daquele que se submete ao seu poder (intenção que deve ser entendida pelo fim a que ele se submeteu), a obrigação e a liberdade do súdito devem, então, ser derivadas ou dessas palavras (ou equivalentes), ou do fim da instituição da soberania; ou seja, a paz dos súditos entre si e sua defesa contra um inimigo comum.

Portanto, dado que a soberania por instituição, primeiramente, se dá por aliança de cada um e todos; e a soberania por aquisição, através da aliança entre vencidos e o vencedor, ou entre o filho e os pais; é manifesto que todo sujeito tem liberdade em todas aquelas coisas, cujo direito não pode ser transferido por convênio. Eu já apresentei no capítulo XIV que os pactos, onde cada homem se abstém de defender o próprio corpo, são nulos.

Portanto, se o soberano ordenar alguém (mesmo justamente condenado) a matar, ferir ou mutilar a si mesmo; ou não resistir àqueles que o atacam; ou se abster de comida, do ar, de remédios ou qualquer outra coisa sem a qual ele não pode viver; essa pessoa tem a liberdade de desobedecer.

Se um homem é interrogado pelo soberano, ou por sua autoridade, a respeito de um crime cometido por ele mesmo, ele não está obrigado (sem garantia de perdão) a confessá-lo; porque nenhum homem (como mostrei no mesmo capítulo) pode ser obrigado, por contrato, a se acusar.

Mais uma vez, o consentimento de um súdito ao poder soberano está contido nestas palavras, *eu autorizo, ou assumo como minha, todas as suas ações*; onde não há nenhuma restrição de sua antiga liberdade natural. Pois, ao permitir que ele me mate, não sou obrigado a me matar quando ele me comanda. Uma coisa é dizer *mate-me ou ao meu amigo, se lhe aprouver*. Outra coisa é dizer *vou me matar ou ao meu amigo*. Segue-se então, que nenhum homem é obrigado, por suas próprias palavras, a matar a si mesmo ou a qualquer outro homem; e, consequentemente, a obrigação que homem às vezes pode ter, sob o comando de seu soberano, de executar qualquer ofício perigoso ou desonroso, não depende das palavras de nossa submissão; mas da intenção, que deve ser entendida como o seu fim. Portanto, quando a nossa recusa em obedecer frustra o fim para o qual a soberania foi criada; então não há liberdade de recusar: caso contrário, existe.

Por este motivo, alguém que foi enviado, na condição de soldado, para lutar contra o inimigo, conquanto seu soberano tenha o direito de punir sua recusa com a morte, pode, em muitos casos, recusar, sem injustiça; como quando eu substituo um soldado suficiente em seu lugar: pois neste caso eu não desertei do serviço da república. E deve-se admitir também o temor natural; não apenas das mulheres (das quais não se espera um dever tão perigoso), mas também dos homens de coragem feminina. Quando os exércitos lutam, há sempre alguém de um lado, ou de ambos, que foge, mas quando eles não o fazem por traição, mas medo, não se considera que o fazem injusta, mas desonrosamente. Pela mesma razão, evitar a batalha não é uma injustiça, mas covardia. Mas aquele que se alista como soldado ou toma dinheiro adiantado, extrai a desculpa de uma natureza tímida; e é obrigado não só a ir à batalha, mas também a não fugir dela sem a permissão do capitão. E quando a defesa da república exige a ajuda de todos que são capazes de portar armas, cada qual tem esta obrigação; porque, de outro modo, teria sido em vão a instituição de uma república que eles não têm o propósito ou a coragem de preservar.

Ninguém tem a liberdade para resistir à espada da república em defesa de outro homem, seja ele culpado ou inocente; porque tal liberdade tira do soberano os meios de nos proteger; e é, portanto, destrutivo da própria essência do governo. Mas no caso de um grande número de homens unidos já terem resistido ao poder soberano injustamente, ou que cometeram algum crime capital, pelo qual um deles espera a morte, eles têm a liberdade então de se unirem, se ajudarem e defenderem um ao outro? Certamente eles têm, pois apenas defendem suas vidas, o que tanto o homem culpado quanto o inocente podem fazer. De fato, houve injustiça na primeira violação de seu dever; agora o pegar em armas subsequente a isso, embora seja para manter o que eles fizeram, não é um novo ato injusto. E se for apenas para defender as suas pessoas, de modo algum é injusto. Mas a oferta de perdão tira daqueles a quem for oferecido o pretexto de legítima defesa, e faz com que sua perseverança em ajudar ou defender o resto seja ilegal.

Quanto às outras liberdades, elas dependem do silêncio da lei. Nos casos em que o soberano não prescreveu uma regra, o súdito tem a liberdade de fazer ou de se omitir de acordo com seu próprio critério. E, portanto, essa liberdade é em alguns lugares maior, e em outros menor; e em algumas vezes mais, em outras vezes menos, de acordo com aquilo que os detentores da soberania acharem mais conveniente. Como, por exemplo, quando houve um tempo na Inglaterra em que um homem podia entrar em sua própria terra e desapropriar pessoas que injustamente delas se houvessem apossado pela força. Mas, algum tempo depois, essa liberdade de entrada invencível foi retirada por uma lei feita (pelo rei) no parlamento. E, em alguns lugares do mundo, os homens têm a liberdade de ter muitas esposas: em outros lugares, tal liberdade não é permitida.

Se um súdito tem uma controvérsia com o seu soberano quanto a uma dívida ou sobre um direito de posse de terras ou bens, ou a respeito de qualquer serviço exigido de suas mãos, ou de qualquer penalidade, corporal, ou pecuniária, baseada em uma lei precedente; ele tem a mesma liberdade de defender seu direito, como se fosse contra outro súdito; e perante os juízes nomeados pelo soberano. Pois se o soberano processa por força de uma lei anterior, e não em virtude de seu poder, ele declara que não exige mais do que foi devido, aparentemente, por essa lei. E, com isso, a ação judicial não é contrária à vontade do soberano; consequentemente, o súdito tem o direito de exigir que sua causa seja julgada de acordo com essa lei. Mas se o soberano exigir ou tomar qualquer coisa em nome de seu poder, então, neste caso, deixa de haver espaço para qualquer ação em nome da lei; pois tudo o que for feito por ele em virtude de seu poder, será feito pela autoridade de todo súdito e, consequentemente, a ação movida seria como se o soberano agisse contra si mesmo.

Se um monarca ou uma assembleia soberana conceder uma liberdade a todos ou a qualquer um de seus súditos, concessão que legitime a perda da capacidade de prover sua segurança, a concessão será nula; a menos que renuncie ou transfira diretamente a soberania para outrem. Pois dado que poderia (se fosse a sua vontade) e em termos claros, renunciar ou transferir abertamente, mas não o fez; deve se entender, assim, que esta não era a sua vontade; e que a concessão surgiu da ignorância da incompatibilidade entre essa liberdade e o poder soberano: e, portanto, a soberania subsiste; e, consequentemente, todos os poderes que são necessários para o seu exercício, como o poder de guerra e paz, de judicatura, de nomear oficiais e conselheiros, de arrecadar dinheiro e os demais, conforme o capítulo XVIII.

Considera-se que a obrigação dos súditos em relação ao soberano dura muito tempo, mas não mais do que a capacidade dele de protegê--los. Pois o direito natural dos homens de se protegerem, quando ninguém mais pode protegê-los, não pode ser abandonado por nenhum pacto. A soberania é a alma da comunidade; e uma vez afastada do corpo, os membros dela não mais recebem seu movimento. O fim da obediência é a proteção; e seja onde quer que o homem a veja, isto é, em sua própria espada, ou na de outro homem, a natureza quer que ele a obedeça e se esforce para mantê-la. E conquanto a soberania, na intenção daqueles que a criaram, seja imortal, no entanto, por sua própria natureza, está sujeita à morte violenta, por guerra estrangeira; ou devido às sementes de uma morte natural, por discórdia intestina em razão da ignorância e das paixões dos homens.

Se um súdito é feito prisioneiro na guerra; ou sua pessoa, ou seus meios de vida se acharem à guardas do inimigo, e se sua vida e liberdade corporal lhe forem ofertadas, sob condição de se sujeitar ao vencedor, ele goza da liberdade para aceitar tal condição; e, tendo aceitado, será súdito daquele que o prendeu; porque ele não tinha outra alternativa para se preservar. A condição é a mesma caso ele seja detido nos mesmos termos em um país estrangeiro. Mas se um homem for mantido na prisão, ou a ferros, ou ainda se não for a ele confiada a liberdade de seu corpo, neste caso não se pode dizer que está obrigado a sujeição de um pacto; e, portanto, pode, se puder, escapar por qualquer meio.

Se um monarca renunciar à soberania, tanto dele quanto de seus herdeiros; seus súditos retornam à liberdade absoluta da natureza; porque mesmo que se possa declarar quem são seus filhos e quem são os seus parentes mais próximos, no entanto, depende de sua própria vontade (como foi dito no capítulo anterior) decidir quem será seu herdeiro. Assim, se ele não tiver herdeiro, não haverá mais soberania ou sujeição. A condição é a mesma se ele não tem parentes conhecidos e sem uma declaração de seu herdeiro. Pois então, já que não se pode reconhecer o herdeiro, por consequência, não se deve qualquer sujeição.

Se o soberano banir um súdito, durante o banimento, ele não será um súdito. Mas quem for enviado com uma mensagem ou receber licença para viajar, continua como súdito; mas o é por contrato entre soberanos, e não em virtude de um pacto de sujeição. Porque todo aquele que entra no domínio de outrem, está sujeito a todas as suas leis; a menos que tenha um privilégio pela amizade dos soberanos, ou usufruir de uma licença especial.

Se um monarca subjugado pela guerra se sujeitar ao vencedor, seus súditos ficam libertos de sua obrigação anterior e tornam-se obrigados ao vencedor. Mas se ele é prisioneiro ou não tem a liberdade de seu próprio corpo, não se compreende que ele tenha cedido o direito de soberania; e, portanto, seus súditos são obrigados a manter a obediência aos magistrados anteriormente estabelecidos, não conforme seus próprios nomes, mas em relação ao soberano. Pois permanecendo o direito deste, a questão é apenas de administração; isto é, caso ele não tenha meios para nomear magistrados e oficiais; considera-se que ele aprova aqueles que ele mesmo havia designado anteriormente.

CAPÍTULO XXII
DOS SISTEMAS DE SUJEIÇÃO POLÍTICA E PRIVADA

Tendo tratado da geração, forma e poder da república, assim, cabe falar a seguir sobre suas partes. E, em primeiro lugar, dos sistemas, que rememora partes similares do corpo natural. Por SISTEMAS eu entendo qualquer número de homens unidos em um interesse ou negócio, dos quais alguns são *regulares* e alguns *irregulares*. Os *regulares* são constituídos quando um homem ou uma assembleia de homens escolhe um representante do número total. Fora disso são *irregulares*.

Quanto ao regular, alguns são *absolutos e independentes*, sujeitos a ninguém, exceto sua própria representatividade: tais são apenas as repúblicas, das quais eu já tratei nos cinco capítulos precedentes. Outras são dependentes, isto é, subordinadas a algum poder soberano, a quem cada um, assim como o representante, são súditos.

Dos sistemas subordinados, alguns são *políticos* e alguns são *privados*. Os *políticos* (chamados também de *corpos políticos e pessoas jurídicas*) são aqueles que são feitos pela autoridade do poder soberano da república. Os privados são aqueles constituídos pelos sujeitos entre si, ou pela autoridade de um estrangeiro. Pois nenhuma autoridade derivada de um poder estrangeiro dentro do domínio de outro é pública, mas privada.

E, quanto aos sistemas privados, alguns são chamados de *legítimos* e outros de *ilegítimos*. Os *legítimos* são aqueles que são admitidos pela república: todos os outros são *ilegítimos*. Os sistemas *irregulares* são aqueles que não têm representantes, consistindo apenas no concurso de pessoas; estes, caso não sejam proibidos pela república ou não propiciarem um desígnio mal (tais como o fluxo de pessoas aos mercados ou *shows* ou qualquer outro fim sem perigo), são legais. Todavia, quando a intenção é má ou desconhecida (se o número for considerável), são ilegais.

No corpo político, o poder do representante é sempre limitado, e aquele que prescreve os limites deste é o poder soberano. Pois o poder ilimitado é a soberania absoluta; e a soberania, em qualquer república, é a representatividade absoluta de todos os sujeitos; portanto, nenhum outro pode ser um representante de qualquer parte, exceto até o momento em que ele [o poder soberano] o concede. E, ao dá-lo, deixa um corpo político de súditos que tem uma representatividade absoluta de todas as intenções e propósitos, que determinaria o ato de abandonar o governo, assim como a república, além de dividir o domínio, o que é contrário à paz e defesa; o que, por sua vez, a soberania não pode admitir fazer por qualquer gratificação que não a faça demovê-los de forma clara e direta de suas sujeições. Uma vez que a consequência das palavras não são os signos de sua vontade quando outras consequências são sinais do contrário; mas sinais de erro e não reconhecimento, para os quais toda a humanidade é extremamente proba.

Os limites daquele poder que é dado aos representantes de um corpo político provêm de duas coisas. Uma é sua escrita ou as letras do soberano: a outra é a lei da república.

Pois mesmo que na instituição ou aquisição da república, que é independente, não haja a necessidade das letras, uma vez que o poder do representante ali não dispõe de limites, posto que sejam determinadas pela lei da natureza, sendo esta não escrita; ainda assim, em corpos subordinados, há tais diversidades de limitação necessárias no tocante aos negócios, tempos e lugares; ademais, como não podem ser lembradas sem letras ou tomar o conhecimento delas a menos que tais letras sejam patentes, isso exige que elas possam ser lidas por eles, e deste modo seladas ou testificadas com selos ou outros sinais de autoridade soberana.

E, por conta desta limitação, nem sempre é fácil ou talvez possível ser descrita por escrito; as leis ordinárias, comuns a todos os súditos, devem determinar o que o representante pode fazer legalmente em todos os casos quando as cartas destinarem o silêncio sobre tal assunto. E, portanto, em um corpo político, se o representante for um homem, não importa o que ele faça na pessoa de corpo que não esteja garantido em suas cartas ou nas leis, posto que é ato próprio, e não um ato do corpo ou de qualquer outro membro para além dele mesmo: porque para além de suas próprias cartas ou dos limites legais, ele não representa nenhuma pessoa humana, exceto ele mesmo. Mas o que ele faz a partir delas é um ato de cada um deles: pois do ato de soberania cada um é o autor, uma vez que ele é seu representante ilimitado; e o ato dele que decorre não das cartas de soberania é o ato do soberano e, consequentemente, cada membro do corpo é um autor dele.

Mas se o representante for uma assembleia, independentemente do assunto que a assembleia decrete e que não esteja autorizada por suas cartas ou pelas leis, trata-se de um ato da assembleia ou do corpo político, e é um ato de cada um daqueles por cujo voto se formulou o decreto; mas não o ato de um homem que, estando presente, votou contrário, nem de nenhum homem ausente, exceto se votou por procuração. É o ato da assembleia, porque foi votado pela maioria; e se foi um delito, a assembleia pode ser castigada, na medida do possível, com a dissolução ou derrogação de suas cartas (o que é capital para tais corporações artificiais e fictícias); ou, se assembleia tem um patrimônio comum, em que nenhum dos membros inocentes tem participação, por multa pecuniária, pois a assembleia não pode representar ninguém em questões não autorizadas por suas cartas, e, consequentemente, tais membros não estão envolvidos nestes votos[52].

Se a pessoa do corpo político for apenas uma pessoa que empresta dinheiro a um estranho, isto é, a alguém que não pertence ao mesmo corpo (pois as cartas não precisam limitar os empréstimos,

---

52. Aqui "[...] Hobbes acentua a importância dos corpos políticos, e de seus representantes permanecerem dentro dos limites de suas cartas e da lei, porque só assim pode o corpo se manter legal e os representantes dizerem que representam verdadeiramente o corpo. Isso pois tanto a República como os corpos políticos insertos nela são, portanto, corpos que, para agir, devem ser representados. A diferença é que, embora tanto o representante da República (o soberano) quanto o representante do corpo político sejam ao mesmo tempo uma pessoa privada e pública (ou a pessoa de seu cargo), o representante do corpo político é apenas uma pessoa pública na medida em que age dentro dos limites que o soberano estabeleceu. Somente nessa medida pode-se dizer que ele representa o corpo e, se ele age fora desses limites, ele é apenas um indivíduo particular para o soberano. Ele já não representa verdadeiramente o corpo [...]" (JESSEN, M.H. The state of company: corporations, colonies and companies in Leviathan. *Journal of Intellectual History and Political Thought* 1 (1), 2012, p. 68-69) [N.T.].

ainda que esta restrição possa ser deixada às inclinações próprias dos homens), a dívida é dos representantes. Com efeito, se, em virtude de suas cartas, tiver autoridade para fazer com que os membros paguem o que ele pediu como empréstimo, teria, consequentemente, a soberania deles; e, por isso, a representação seria nula, como derivada do erro que é consubstancial à natureza humana; e por ser um signo insuficiente da vontade do representado, ou se fosse permitida por ele, então o representante seria um soberano; deste modo, o caso não corresponderia à presente questão, que só faz referência aos corpos subordinados. Portanto, nenhum membro é obrigado a pagar o débito assim contraído por empréstimo, mas o próprio representante: porque ele que emprestou, sendo um estranho diante das cartas e das qualificações do corpo, que compreende somente como devedores seus aqueles que estão engajados a elas; e considerando que o representante pode comprometer a si mesmo e a ninguém mais, só tem a ele mesmo por devedor; e ele é, consequentemente, quem deve pagar-lhe, do patrimônio comum (se há algum) ou (se não há nenhum) de seu próprio [patrimônio].

O caso é o mesmo se a dívida se adquire por contrato ou por multa. Mas quando o representante é uma assembleia, que contrai um débito com um estranho, todos eles e apenas eles são responsáveis pelo débito, que deram seus votos pelo empréstimo ou para o contrato que foi feito, ou para o fato pelo qual a multa foi imposta; porque cada um daqueles na votação engajou-se ao pagamento: pois aquele que é autor do empréstimo está obrigado ao pagamento, mesmo do débito integral, apesar de que, se pago por qualquer outro, ele será desencarregado [do pagamento].

Mas se o débito for contraído por um [membro] da assembleia, a assembleia está apenas obrigada ao pagamento, a partir do patrimônio comum (se houver algum). Pois, por gozar da liberdade do voto, se ele votou pelo empréstimo, votou para que ele fosse pago; mas se ele votou contra o empréstimo, ou estava ausente, apesar disso, pelo próprio empréstimo, votou por este, contrariando o seu voto anterior, ficando obrigado pelo último e, consequentemente, tornando-se ao mesmo tempo prestamista e credor. Deste modo, não pode exigir pagamento de nenhum homem particular, mas do tesouro comum apenas; falhando o pagamento, não há outro remédio nem queixa contra si mesmo, uma vez que, conhecendo os atos da assembleia e suas possibilidades de pagamento, além de não ter sido compelido a isso, emprestou, ainda assim, seu dinheiro através de sua própria loucura.

Fica manifesto assim que, em corpos políticos subordinados e sujeitos ao poder soberano, não é apenas legal, mas expediente para um homem particular abrir protesto contra os decretos da assembleia representativa, fazendo com que sua discordância seja registrada, ou tomar testemunhas disso; porque, de outra maneira, ele pode ser obrigado a pagar débitos contraídos, e assim ser responsável por crimes cometidos por outros homens. Todavia, em uma assembleia soberana, tal liberdade é tomada; tanto porque aquele que protesta ali nega sua soberania quanto porque seja o que for ordenado pelo poder soberano, isto será justificado para o súdito (ainda que nem sempre ante os olhos de Deus) por seu mandato, ainda que, deste mandato, cada súdito seja autor.

A variedade de corpos políticos é quase infinita: porque não somente se distinguem segundo os distintos negócios para os quais foram instituídos, e há neles uma indizível diversidade; mas também quanto aos tempos, lugares e números estão sujeitos a muitas limitações. Quanto aos seus respectivos assuntos, alguns são instituídos para a governança: em primeiro lugar, o governo de uma província pode ser conferido a uma assembleia, na qual todas as resoluções dependem do voto da maioria; então, esta assembleia é um corpo político, e seu poder é limitado pela comissão. A palavra província significa um encargo ou cuidado dos negócios, no qual aquele que a governa está comprometido com outro homem para que administre sob e por ele; e, consequentemente, quando em uma república há diversos países com leis distintas uns dos outros, ou estão muito distantes entre si, ao conferir a administração do governo para diversas pessoas, aqueles países onde não reside o soberano, mas que são governados por ele através de comissão, são chamados de províncias. Os romanos, que detinham a soberania de muitas províncias, governavam-nas sempre através de presidentes e pretores; e não por assembleias, como eles governavam a cidade de Roma e os territórios adjacentes. De forma similar, quando havia colonos enviados da Inglaterra para plantar na Virgínia ou nas Ilhas de Verão [as Bermudas]; mesmo que os governos dessas plagas estivessem comprometidos com as assembleias em Londres, ainda assim aquelas assembleias nunca assumiram o compromisso de colocá-las sob nenhum governo local, exceto que cada plantação enviava um governante; seja como for, onde eles não pudessem se fazer presentes, estavam naturalmente inclinados a comprometer o governo de seu interesse comum à forma de governo monárquica em vez da popular: o que também é evidente naqueles homens que têm grandes estados privados; que, quando estavam indispostos a tomarem as dores de administrar os negócios que a eles pertenciam, preferiam escolher um servo de confiança do que uma assembleia, fosse ela de amigos ou servos. Todavia, seja qual for o fato, ainda assim podemos supor o governo de uma província ou colônia compromissada a uma assembleia: e, quando isso ocorre, o que eu devo dizer é o seguinte: que qualquer dívida contraída por esta assembleia, ou qualquer ato ilegal decretado por ela, é somente um ato daqueles que assentem, e não daqueles que discordam ou estavam ausentes, pelas razões antes alegadas. De modo que, quando uma assembleia reside fora dos limites da colônia onde exerce o governo, não pode exercer domínio algum sobre as pessoas ou bens de qualquer membro da colônia, nem obrigá-los, seja por dívida ou outra obrigação, para além da própria colônia, posto que não tem jurisdição nem autoridade de nenhum gênero; porém, deve se ater aos recursos que a lei do lugar lhes permite. E ainda que a assembleia tenha direito de impor uma multa sobre qualquer um dos seus membros que quebrar as leis que propuseram; ainda assim, fora da própria colônia, os primeiros não têm direitos de executá-la. E aquilo que aqui foi dito dos direitos de uma assembleia para o governo de uma província ou colônia é também aplicável para uma assembleia que governa uma cidade, uma universidade, ou uma faculdade, ou uma igreja, ou para qualquer outro governo sobre os homens.

Geralmente, em todos os corpos políticos, se qualquer membro particular considerar injustiçado pelo próprio corpo, o julgamento de sua causa pertence ao soberano e a quem o soberano tenha estabelecido como juiz de causas similares, ou que tenha designado para este caso particular, e não o próprio corpo. Porque o corpo inteiro é, nesta casa, um súdito, como o reclamante. Por outro lado, em uma assembleia soberana ocorre de outro modo: pois nela, se o soberano não é o juiz, ainda que em sua própria causa, não pode ter juiz em absoluto.

Em um corpo político instituído para a boa ordem do tráfico externo, a representação mais cômoda reside na assembleia de todos os membros; quer dizer, em uma assembleia tal que todo aquele que arrisque seu dinheiro possa estar presente nas deliberações e resoluções do corpo, se assim desejarem. Como prova disso, temos que considerar o fim para o qual os homens que são comerciantes e podem comprar, vender, exportar e importar mercadorias de acordo com suas próprias decisões se obriguem, não obstante, a constituir uma corporação. É evidente que há poucos comerciantes que, com a mercadoria comprada no país, possam alugar um barco para exportá-la: ou que a compram no exterior para trazê-la ao país de origem. Consequentemente, eles precisam unir-se em uma sociedade, na qual cada um pode ou participar no lucro, de acordo com a proporção do risco, ou tomar suas próprias coisas e vender artigos importados conforme os preços que estimar convenientes. Mas este não é um corpo político, não havendo representante comum que os obrigue a qualquer lei para além daquela que é comum a todos os súditos. O fim desta corporação é proporcionar um lucro maior; o que ocorre de duas maneiras: pela compra ou venda somente, no lar e no estrangeiro. De maneira que garantir à companhia de mercadores tornar-se uma corporação ou corpo político, é garantir a elas um duplo monopólio, isto é, onde há apenas compradores e, noutra, apenas vendedores. Pois quando há uma companhia incorporada por quaisquer país estrangeiro em particular, exporta-se apenas os *commodities* propícios à venda naquele país; o que implica apenas comprar no país e vender fora dele. Pois, no lar, há apenas um comprador, e fora há apenas um vendedor: ambos são lucrativos ao mercador porque ele compra no país a um preço menor e vende no estrangeiro por lucros maiores: e fora do país há apenas um comprador da mercadoria estrangeira, e apenas um que a vende em seu lar; ambos são, novamente, lucrativos aos aventureiros.

Deste duplo monopólio, uma parte é desvantajosa ao povo do próprio país, outra aos estrangeiros. No lar, diante do único exportador, ele pode determinar o preço que agradar aos produtos da terra e industriais do povo; e, diante do único importador, o preço que agradar sobre todos os *commodities* estrangeiros que o povo necessita; ambos são maléficos ao povo. Por outro lado, diante do único vendedor de *commodities* nativos no exterior, e do único comprador destes provindos do lugar, eles sobem os preços daqueles e abatem deste, para desvantagem do estrangeiro: pois onde há apenas um vendedor, o produto é mais estimado; e onde há apenas um comprador, o produto é mais barato. Portanto, tais corporações nada mais são do que monopólios; mas seriam muito lucrativas à república se fossem unidas em um corpo nos mercados estrangeiros enquanto dispusessem de liberdade no lar; e cada homem compraria e venderia pelo preço que pudesse.

Portanto, não sendo a finalidade desses corpos de mercadores o benefício comum para toda a corporação (que dispõe, neste caso, de um patrimônio comum, mas que é deduzido das aventuras particulares de construção, compra, aviltamento e manutenção de navios), mas o ganho particular de cada aventureiro, esta é a razão para que cada um saiba o emprego de suas próprias coisas; ou seja, que cada um que estiver na assembleia possa dispor do poder de ordenar o mesmo; e que seja informado de suas contas. Assim, o representante de tal corpo deve ser uma assembleia, onde cada membro do corpo pode se fazer presente para consultar [as decisões], se assim o quiser.

Se um corpo político de mercadores contrair um débito com um estrangeiro através de um ato de sua assembleia representativa, cada membro é responsável *per se* pelo todo. Pois um estrangeiro não pode tomar conhecimento de suas leis privadas; pelo contrário: deve considerá-los como tantos outros homens particulares, obrigando cada qual ao pagamento total até que o pagamento feito por um liberte todos os demais: mas se o débito for produzido por um [membro] da companhia, o credor se faz devedor por tudo e por si, e, deste modo, não pode exigir seu débito, exceto do patrimônio comum, se ele tiver algum.

Se a república impor uma taxa sobre o corpo, deve-se entender que ela recai sobre cada membro proporcionalmente à sua participação particular na companhia. Pois não há, neste caso, nenhum outro patrimônio comum, mas o que é feito de suas aventuras particulares.

Se uma multa for lançada sobre o corpo por algum ato ilegal, são responsáveis apenas aqueles que votaram favoravelmente, ou por aqueles que assistiram sua execução; pois não há crime incidente sobre os restantes, exceto ser parte do corpo; o que, se for um crime (porque o corpo foi ordenado pela autoridade da república), não é deles.

Se um dos membros contrair um débito com o corpo, ele pode ser processado pelo corpo; pois seus bens não podem ser tomados, nem sua pessoa aprisionada pela autoridade do corpo; mas apenas pela autoridade da república: pois se eles pudessem fazê-lo conforme sua própria autoridade, o julgamento do débito como uma obrigação seria também conforme sua própria autoridade; o que nada mais é do que ser um juiz de suas próprias causas.

Esses corpos produzidos para o governo dos homens ou do tráfico podem ser por percentual ou por um tempo prescrito por escrito. Mas também há corpos cujos tempos são limitados, e apenas pela natureza de seus negócios. Por exemplo, se um monarca soberano ou uma assembleia soberana ponderar sobre emitir uma ordem às cidades e outras partes de seu território, visando enviá-los aos seus deputados para informá-los das condições e necessidades de seus súditos, ou para aconselhá-los para produzirem boas leis, ou por qualquer outra causa, como se uma única pessoa representando todo o país, tais deputados, dispondo de um lugar e tempo de encontro conforme exposto, são ali, naquele tempo, um corpo político, representando cada sujeito do domínio; mas o são apenas para tais matérias, como proposto para eles pelo homem ou assembleia, ou seja, que a autoridade soberana submeteu para eles; e quando for declarado que nada mais deve ser proposto ou debatido por eles, o corpo é dissolvido. Pois se eles fossem os representantes absolutos do povo, então eles seriam uma assembleia soberana; e, deste modo, teriam duas assembleias soberanas ou dois soberanos sobre o mesmo lugar, o que não consiste com sua paz. Deste modo, onde houver uma soberania, não pode haver uma representação absoluta do povo, mas através dela. E quanto aos limites do quanto um corpo deve representar todo o povo, eles são estabelecidos e enviados por escrito a eles por aquele que os convocou. Pois o povo não pode escolher seus próprios deputados por qualquer outra intenção que não seja a estabelecida por escrito e direcionada a eles pela autoridade soberana expressa.

Corpos privados regulares e legais são aqueles constituídos sem cartas ou outra autoridade escrita, salvo das leis comuns a todos os súditos. E como eles estão unidos em uma pessoa representativa, eles são tomados como regulares; tal é o caso de todas as famílias, no qual o pai ou mestre ordena a toda a família. Pois ele obriga as crianças e servos tanto quanto a lei permite, mas não além, pois nenhum deles está ligado à obediência naquelas ações que a lei tiver proibido realizar. Em todas as outras ações, durante o período que eles estiverem sob o governo doméstico, eles são súditos de seus pais e mestres, como seus soberanos imediatos. Pois o pai e o mestre, estando diante da instituição da república, soberana absoluta de suas próprias famílias, nada perdem futuramente de sua autoridade para além daquilo que a república extrai deles.

Os corpos privados regulares, mas ilegais, são aqueles que estão unidos entre si por um representante sem qualquer autoridade; tais são as corporações de pedintes, ladrões e ciganos, que ordenam da melhor maneira possível seus negócios de mendigar e roubar; e as corporações de homens que, pela autoridade de qualquer pessoa estrangeira unirem-se no domínio de outrem para facilitar a propagação de doutrinas e para formar um partido, o fazem contra o poder da república.

Os sistemas irregulares, em sua natureza, não passam de meras ligas ou, certas vezes, de mera convergência popular, sem união mediante qualquer desígnio particular ou pela obrigação para com outrem, mas procedendo apenas da similitude das vontades e inclinações, torna-se legal ou ilegal de acordo com a legalidade e ilegalidade dos desígnios de cada homem ali: e seu desígnio deve ser entendido pela ocasião.

As ligas de súditos (porque as ligas são comumente feitas para mútua defesa) são, na república (que nada mais é do que uma liga de todos os súditos juntos), desnecessárias na maioria dos casos, e o sabor do desígnio ilegal; e, por conta daquela causa ilegal, dirigindo-se usualmente para o nome de fações e conspirações. Pois se uma liga é uma conexão de homens feita de acordos, se não há poder dado a nenhum homem ou assembleia (como na condição de mera natureza) para compeli-los à *performance*, é válida apenas quando não erguem uma justa causa de desconfiança: e, assim, as ligas entre repúblicas, sobre as quais não há nenhum poder humano estabelecido para mantê-las, não apenas são legais, mas lucrativas enquanto perdurarem. Mas ligas de súditos da mesma e única república, onde cada homem pode obter seu direito pelos meios do poder soberano, são desnecessárias à manutenção da paz e justiça, e (para os casos em que o desígnio deles for maléfico ou desconhecido pela república), ademais, ilegais. Pois toda união de força realizada por homens privados é, se dispor de uma intenção maléfica, injusta; se dispor de intenção desconhecida, perigosa ao público e injustamente escondida.

Se o poder soberano estiver em uma grande assembleia, e uma quantidade de homens, partido da assembleia, sem autoridade, consultar separadamente para maquinar a condução do restante; esta é uma facção ou conspiração ilegítima, sendo uma sedução fraudulenta da assembleia que visa seu interesse particular. Mas se aquele cujo interesse privado for debatido e julgado na assembleia dispor de tantos amigos quanto puder, nele não há injustiça; pois, neste caso, ele não é parte da assembleia. E mesmo que ele contrate tais amigos com dinheiro (exceto se for expressamente ilegal fazê-lo), ainda assim não há injustiça. Porque, algumas vezes, conforme as maneiras dos homens, a justiça não pode ser feita sem dinheiro; e cada homem pode acreditar que sua causa é justa até que ela seja ouvida e julgada.

Em todas as repúblicas, se homens privados disporem de mais servos do que o necessário para o governo de seu estado, e requerer deles o governo de seus bens, esta é uma facção ilegal. Pois tendo a proteção da república, ele não necessita de defesa provida por força privada. E enquanto em nações não completamente civilizadas numerosas famílias têm vivido em contínua hostilidade, invadindo umas as outras com forças privadas; ainda assim, é uma evidência suficiente que elas o fazem injustamente, ou que elas não dispõem de uma república.

E as facções de parentes, assim como as facções para o governo da religião, como os Papistas, Protestantes etc., ou do estado, como os patrícios e plebeus nos antigos tempos em Roma, e de aristocratas e democratas nos antigos tempos na Grécia, são injustas, pois são contrárias à paz e à segurança do povo, e tomam a espada da mão do soberano.

A reunião das pessoas é um sistema irregular, e sua legalidade ou ilegalidade irá depender da ocasião e do número deles que estão reunidos. Se a ocasião for legal e manifesta, a reunião é legal, como no encontro usual de homens na igreja, ou em um *show* público, em quantidades usuais: pois se a quantidade for extraordinariamente grande, a ocasião não é evidente, e consequentemente aquele que não puder produzir uma narrativa particular e justa de estar entre eles pode ser julgado de ter a consciência de uma ilegalidade e de desígnio tumultuoso. Uma reunião de um milhar de homens poderá ser legal ao unirem-se para entregar uma petição a um juiz ou magistrado; ainda assim, se mil homens se apresentarem, trata-se de uma assembleia tumultuosa, pois não há necessidade de mais do que uma ou duas pessoas para este propósito. Todavia, em casos como este, não existe um quantitativo estrito que torna uma assembleia ilegal, mas a quantidade em si, uma vez que os oficiais presentes não conseguirão suprimir e trazer a justiça.

Quando um número usual de homens se reúne contra um homem que os acusa, a assembleia é um tumulto ilegal, pois eles podem entregar sua acusação ao magistrado com poucos ou um único homem. Este foi o caso de são Paulo em Éfeso, onde Demétrio dispunha de um grande número de outros homens, e trouxe dois dos companheiros de Paulo ante os magistrados, dizendo com uma só voz: *Grande é Diana dos Efésios*; esta era sua maneira de exigir justiça contra eles por ensinarem ao povo sua doutrina, pois eram contra sua religião e negócios. A ocasião ali, considerando as leis daquele povo, era justa conquanto a assembleia fosse julgada ilegal, e o magistrado repreendeu-os nas palavras que seguem (At 19,40): *Se Demétrio e seus companheiros de profissão têm alguma queixa contra alguém, os tribunais estão abertos, e há procônsules. Eles que apresentem queixas ali. Se tendes algo mais a apresentar pelo vosso caso, será decidido em assembleia, conforme a lei. Da maneira como está, corremos o perigo de sermos acusados de perturbar a ordem pública por causa dos acontecimentos de hoje. Neste caso, não seríamos capazes de justificar tal tumulto, visto que não há razão para tal.* Assim ele chamou uma assembleia, para a qual nenhum homem pode dar uma justificativa, trata-se de uma sedição, assim como eles não puderam ofertar uma boa explicação por isso. Mediante tal circunstância, eu devo dizer que os sistemas e assembleias podem ser comparados (como eu disse) às partes similares do corpo humano; as que são legais, aos músculos; as que são ilegais, às verrugas, biles e apostemas [abcessos] engendradas pela confluência não natural dos humores malignos.

CAPÍTULO XXIII
DOS MINISTROS PÚBLICOS DO PODER SOBERANO

No último capítulo, falei das partes similares da república: sobre isso, eu devo falar das partes orgânicas, que são os ministros públicos[53].

Um MINISTRO PÚBLICO é aquele que, pelo soberano (quer seja um monarca ou uma assembleia), está empregado em qualquer assunto, com a autoridade de representar, neste empreendimento, a pessoa da república. E enquanto cada pessoa ou assembleia a quem pertença a soberania representa duas pessoas ou, conforme a sentença comum, têm duas capacidades: uma natural e outra política (como um monarca não dispõe apenas a personalidade do Estado, mas também a do homem; e uma assembleia soberana não apenas tem a personalidade do Estado, mas também da assembleia)[54], quem são os servos do soberano em sua capacidade natural não são os ministros públicos, sendo somente quem os serve na administração dos negócios públicos. Consequentemente, nem os oficiais de diligência, nem os sargentos nem outros oficiais que aguardam sobre a assembleia, para nenhum outro propósito, mas para a comunidade dos homens reuni-

---

53. Aqui merece uma maior reflexão por Hobbes a questão da descentralização da administração da República. Isso pois "[...] muito embora o poder soberano esteja concentrado no Estado, Hobbes sabe que a administração do Estado, questões do dia a dia, são administrativamente inviáveis que fiquem todas concentradas nas mãos de um único ser, ainda que este ser seja o soberano. Para uma administração estatal eficiente, e entenda-se eficiente como a manutenção da paz em sociedade, é preciso que a administração do Estado seja descentralizada, de forma que o poder soberano nomeie auxiliares para o exercício de funções específicas e em locais determinados, desde que todos esses auxiliares estejam subordinados ao soberano e somente possam agir dentro dos limites por ele fixados [...]" (GRANADO, G. *A teoria contratualista do Estado* – Convergências e divergências em T. Hobbes, J. Rousseau e J. Locke. Rio de Janeiro: Gramma, 2018, p. 35) [N.T.].

54. Uma dimensão dessa construção teórica do duplo corpo régio na monarquia inglesa, cf. KANTOROWICZ, E. *Os dois corpos do rei*: um estudo sobre teologia política medieval. São Paulo: Cia das Letras, 1998 [N.T.].

dos, em uma aristocracia ou democracia; nem administradores, nem camareiros, nem caixeiros ou quaisquer outros oficiais da casa-sede de um monarca, são ministros públicos de uma monarquia.

Dos ministros públicos, alguns têm encomendado a eles uma administração geral, seja de todo o domínio, ou então de parte dele. Do todo, como um protetor ou regente, podem ser encarregados pelo predecessor de um rei infante, durante sua minoridade, toda a administração de seu reino. Neste caso, cada súdito é obrigado à obediência, aos ordenamentos que ele fizer e às ordens que ele proferir em nome do rei que não forem inconsistentes com seu poder soberano. De uma parte ou província, como quando um monarca ou uma assembleia soberana dão o encargo geral da mesma a um governador, tenente, prefeito ou vice-rei. E, neste caso também, cada um dos habitantes da província está obrigado a tudo aquilo que o representante fizer em nome do soberano e que não seja incompatível com o direito deste. Com efeito, tais protetores, vice-reis e governadores não têm outro direito, exceto o que deriva da vontade do soberano; nenhuma comissão que lhes seja conferida pode ser interpretada como uma declaração da vontade de transferir a soberania, sem palavras manifestas ou expressas que apresentem tal propósito. Este gênero de ministros públicos se assemelha aos nervos e tendões, que movem os diversos membros do corpo natural.

Outros dispõem de administração especial, isto é, encomendam-lhes a realização de certos assuntos especiais no próprio país ou no estrangeiro. No país, em primeiro lugar, quem, para o regime econômico da república, tem autoridade relativa ao tesouro, como de estabelecer tributos, impostos, rendas, exações ou qualquer ingresso público, assim como para recompilar, receber, publicar ou prestar contas relativas aos mesmos, são os ministros públicos: ministros porque servem a pessoa do representante, e nada podem fazer contra seu mandato, nem sem sua autoridade: públicos porque lhes servem em sua capacidade política.

Em segundo lugar, aqueles que possuem uma autoridade concernente à *militia*; os que têm a custódia das armas, fortes e portos; os que se ocupam de recrutar, pagar ou mandar em soldados, ou de ministrar todas as coisas atreladas às atenções da guerra, seja por terra ou por mar, são os ministros públicos. Em troca, um soldado sem mando, ainda que lute pelo Estado, não representa *per se* a pessoa do mesmo; neste caso, não há nada que representar, ainda que cada um que tem mando represente o Estado, sobretudo diante daqueles a quem tem mando.

São também ministros públicos quem tem autoridade para ensinar ao povo seu dever quanto ao poder soberano, e para instruí-lo no conhecimento do que é justo e injusto, tornando, por conta disso, os súditos mais aptos para viver em paz e boa harmonia entre si e para resistir aos inimigos públicos: são ministros enquanto não procedem por sua própria autoridade, mas pela autoridade dos outros; e públicos pelo que fazem (e devem fazer), pois nada realizam em virtude de nenhuma outra autoridade, exceto do soberano. O monarca ou assembleia soberana é o único que tem autoridade imediata derivada de Deus para ensinar e instruir o povo; e ninguém, exceto o soberano, recebe seu poder simplesmente *Dei gratia*; quer dizer, somente pelo favor de Deus. Todos os demais recebem sua autoridade pelo favor e providência de Deus e de seus soberanos, como em uma monarquia *Dei gratia Regis*, ou *Dei providentia et voluntate Regis*[55].

Aqueles a quem se dá a jurisdição são os ministros públicos. Pois em seus assentos de justiça, eles representam a pessoa do soberano; e suas sentenças, a sentença daquele; uma vez que (como nós declaramos anteriormente) todo o judiciário é essencialmente anexado à soberania; e, portanto, todos os outros juízes são ministros dele, ou daqueles que têm o poder soberano. E como as controvérsias são de duas naturezas, nomeadamente, de *fato* e de *direito*, assim [também] são os julgamentos; alguns do fato, outros de direito: e, consequentemente, na mesma controvérsia, é possível haver dois juízos, a saber, um de fato, outro de direito.

E em ambas as controvérsias, é possível surgir ainda outra entre a parte julgada e o juiz; o que ocorre porque eles são ambos súditos do soberano e devem, em termos de equidade, ser julgados por homens eleitos com o consentimento de ambos; pois nenhum homem pode ser juiz de sua própria causa. Mas o soberano é previamente reconhecido como juiz de ambos, e, portanto, seja ao ouvir a causa

---

55. "Pela graça de Deus e o rei" e "pela providência de Deus e a vontade do rei" [N.T.].

e determiná-la pessoalmente, seja ao designar como juiz aquele a quem convir a ambos os interessados. Este acordo compreende, assim, como feito entre eles de modos diversos: primeiro, se o acusado pode formular exceção contra aqueles juízes cujo interesse os faz alimentar suspeitas (ainda que o queixoso já tenha escolhido seu próprio juiz), aqueles contra os quais não formula exceção são juízes que ele mesmo aceita. Em segundo lugar, se apela a outro juiz, não pode seguir apelando, pois sua apelação foi decidida por ele. Em terceiro, se apela ao soberano, e este, por si mesmo e por delegados admitidos por ambas as partes, pronunciar a sentença, esta sentença é final porque o acusado é julgado por seus próprios juízes; isto é, por ele mesmo.

Considerando estas peculiaridades de um juízo justo e racional, não posso abster-me de observar a excelente constituição dos tribunais de justiça estabelecidos na Inglaterra, tanto para os litígios comuns quanto para os públicos. Sob a denominação de causas comuns, compreendo aquelas em que tanto o queixoso quanto o acusado são súditos; como públicas (chamadas também de pleitos da Coroa), aquelas em que o queixoso é o soberano. Quando existiam duas ordens de pessoas, uma das quais era a dos Lordes e outra provinha dos Comuns, os Lordes detinham o privilégio de não reconhecer como juízes exceto os Lordes, em crimes capitais; sendo isto reconhecido como um privilégio de favor, seus juízes nada mais eram do que quem eles mesmos desejavam. E em todas as controvérsias, cada súdito tinha (como também nos pleitos civis dos Lordes) como juízes homens do país a quem correspondia a matéria controversa; ante eles podia formular suas exceções, até que, em último lugar, tendo sido designados doze homens livres contra os quais não houvesse objeção, sendo, portanto, o súdito julgado por estes doze. Tendo, pois, seus próprios juízes, a parte interessada não poderia alegar que a sentença não fosse final. Essas pessoas públicas, com autoridade do poder soberano para instruir ou julgar o povo, são membros da república, que com razão podem comparar-se aos órgãos da voz em um corpo natural.

São também ministros públicos todos aqueles que têm autoridade do soberano para procurar a execução das sentenças pronunciadas; dar publicidade às ordens do soberano; reprimir tumultos;

prender e encarcerar os malfeitores, e outros atos que tendem à conservação da paz. Pois cada ato que fazem em virtude de tal autoridade é um ato de Estado, e seu serviço corresponde ao das mãos no corpo natural.

São ministros públicos no estrangeiro aqueles que representam a pessoa de seu próprio soberano em outros Estados. Tais são os embaixadores, mensageiros, agentes e arautos, enviados com autorização pública e para assuntos públicos.

Em troca, aqueles que são enviados pela autoridade apenas de uma região privada de uma república em comoção, ainda que sejam recebidos, não são ministros públicos nem privados, pois nenhum de seus atos tem a república como autora. Do mesmo modo, um embaixador enviado por um príncipe para felicitar, transmitir pêsames ou assistir uma solenidade, conquanto a autoridade seja pública, como o assunto é privado e compete a ele em sua capacidade natural, é uma pessoa privada. Igualmente, se for enviado secretamente uma pessoa a outro país para explorar sua opinião e forças, ainda que a autoridade e o negócio sejam públicos, como nenhuma outra personalidade advém sobre ele além da sua, é um ministro privado, conquanto seja um ministro da república; e pode comparar-se com o olho no corpo natural.

E aqueles que são designados para receber as petições e outras informações do povo, vindo a ser como os ouvidos públicos, são ministros públicos e representam seu soberano neste ofício.

Tampouco um conselheiro (nem um Conselho da república, se o considerarmos sem autoridade judicial ou de mando, exceto para emitir uma opinião ao soberano quando for requerido ou para oferecê-la sem requerimento) é uma pessoa pública, pois o conselho se dirige ao soberano apenas, cuja pessoa não pode estar representada ante ele, em sua própria presença, por outra. Assim, um corpo de conselheiros nunca deixa de ter outra autoridade, ou ainda um elemento judicial ou de administração mediata: em uma monarquia, representa o monarca, transferindo os mandatos deste aos ministros públicos; em uma democracia, o Conselho ou Senado propõe o resultado de suas deliberações ao povo, na forma de um conselho; mas quando designa juízes ou assume causas em audiências, ou recebe embaixadores, é na qualidade de ministro do povo; e em uma aristocracia, o Conselho da república é, por si mesmo, a assembleia soberana, e não dá conselhos a ninguém, exceto à própria assembleia.

CAPÍTULO XXIV
DA NUTRIÇÃO E PROCRIAÇÃO DE UMA REPÚBLICA

A NUTRIÇÃO de uma república consiste em sua *plenitude* e na *abundância* de *materiais* que conduzem à vida: no *condicionamento* e *preparação*; e (quando acondicionado) na *transferência* dela, pelos meios adequados, ao uso público.

Quanto à abundância de matéria, trata-se de algo limitado pela natureza, uma vez que estes *commodities*, graças (os dois seios de nossa mãe comum) a terra e o mar, Deus usualmente dá livremente ou em troca do trabalho da humanidade.

Sobre a matéria do nutrimento, consistindo dos animais, vegetais e minerais, Deus colocou-os livremente diante de nós, próximos da face da terra; de tal forma que eles precisavam de nada mais do que labor e indústria para recebê-los. De tal modo, a abundância dependeu (seguinte ao favor de Deus) meramente ao labor e a indústria dos homens.

Este assunto, comumente chamado de *commodities*, é parcialmente *nativo* e parcialmente *estrangeiro*: *nativo*, ou seja, que se encontra dentro do território da república; *estrangeiro*, quando ele é importado do exterior. E como não há território sob o domínio da república (exceto se for de uma grande extensão) que produza todas as coisas necessárias à manutenção e movimento de todo o corpo; e poucos que produzem um pouco além do que o necessário; os *commodities* supérfluos que se tem não mais são supérfluos, mas ofertam tais necessidades no lar, pela importação que pode ser feita deles do estrangeiro, seja mediante trocas ou guerra justa, ou ainda através do labor: pois o labor de um homem também é um *commodity* cambiável mediante um benefício, assim como qualquer outra coisa: e há mais repúblicas que, ao não mais dispor de território para além daquilo que serve como habitação, têm, no entanto, não apenas mantido, mas também aumentado seu poder parcialmente por conta do labor do comércio de um lugar a outro, e parcialmente ao vender as manufaturas, cujos materiais foram trazidos de outras plagas.

A distribuição dos materiais desse nutrimento é a constituição do *meu*, do *teu* e do *seu*; isto é, em uma palavra, da *propriedade*; e pertence, em todos os tipos de república, ao poder soberano. Pois onde não há república, há (como foi demonstrado anteriormente) uma perpétua guerra de cada homem contra seu vizinho; e, portanto, cada coisa é daquele que a coleta e a mantém pela força; o que não é nem *propriedade*, nem *comunidade*, mas *incerteza*. Trata-se de algo tão evidente que até mesmo Cícero (um apaixonado defensor da liberdade), em uma defesa pública, atribuiu todas as propriedades à lei civil: *Deixe a lei civil, disse ele, ser abandonada, ou guardada de forma negligente (para não dizer oprimida), que nada poderá ser recebido com garantias de seu ancestral, ou deixada para suas crianças*. E novamente: *afaste as leis civis e verás que nenhum homem conhecerá o que é seu e o que é de outrem*[56]. Portanto, considerando que a introdução da *propriedade* é um efeito da república, que nada pode fazer, exceto pela pessoa que a representa, e envolve apenas o ato soberano, e consiste nas leis, as quais ninguém pode fazer se não dispuser do poder soberano. E isso era bem conhecido pelos antigos, que a chamavam de νόμος (isto significa *distribuição*), ou seja, o que nós chamamos de lei; e definiu a justiça como a *distribuição* para cada homem o que *lhe pertence*.

Nesta distribuição, a primeira lei é pela divisão da própria terra; de maneira que a soberania atribui a cada homem uma porção, conforme o que ele, e não conforme um súdito qualquer ou certo número deles, julgar conforme a equidade e o bem comum. As crianças de Israel foram uma república no deserto; mas desejava os *commodities* da terra, até que eles fossem os mestres da Terra Prometida; que, posteriormente, foi dividida entre eles não por sua própria discrição, mas pela discrição de Eleazar, o Sacerdote, e de Josué, o General: ambos, quando já havia doze tribos, fizeram delas treze pela subdi-

---

56. CICERO. *Pro Caecina*, XXV, 70-73.

visão da tribo de José; entretanto, ofertou doze porções de terra, e não ordenou terras para a tribo de Levi, mas determinou a eles a décima parte de todos os frutos; portanto, tal divisão foi arbitrária. E conquanto uma pessoa pudesse possuir uma terra pela guerra, nem sempre exterminava os antigos habitantes (como fizeram os judeus), mas deixaram a muitos, ou a maioria, ou ainda a todos, seus estados; todavia, é manifesto que essas terras passaram a ser a distribuição do vencedor, tal como ocorreu com o povo da Inglaterra, cujas relações de domínio derivam de Guilherme, o Conquistador.

A partir disso, nós podemos coligir que a propriedade a qual um súdito tem em suas terras consiste em um direito de excluir todos os outros súditos de usá-la; mas não exclui seu soberano, quer seja ela em assembleia ou um monarca. Uma vez que o soberano, isto é, a república (cuja pessoa ele representa), preocupa-se com nada mais além de manter a paz comum e segurança, esta distribuição de terras deve ser compreendida como feita por ordem do mesmo: e, consequentemente, seja qual for a distribuição empreendida por outrem em seu prejuízo posteriormente, esta é contrária ao desejo de cada súdito, que está comprometido com sua paz e segurança, à discrição e consciência do soberano. Portanto, pela vontade de cada um deles, é preciso ser reputado como nulo. É verdadeiro que um soberano monarca ou a maior parte de uma assembleia soberana pode ordenar a realização de muitas coisas na busca por suas paixões, contrariando suas próprias consciências, o que configura em uma quebra de confiança e da lei da natureza; mas isso não é suficiente para autorizar qualquer súdito a fazer guerra ou acusá-lo de injustiça, ou ainda proferir palavras torpes sobre seu soberano; porque eles autorizaram todas suas ações e, ao lhe atribuírem o poder soberano, fizeram das vontades dele as suas próprias. Mas o tópico sobre em quais casos as ordens dos soberanos são contrárias à equidade e à lei da natureza serão considerados posteriormente noutro lugar.

Na distribuição de terras, pode acontecer que a própria república tenha uma porção designada, e seus representantes a possuam-na e incrementem-na; e que esta porção pode fazer-se suficiente para sustentar o total dispêndio que exigem a paz comum e a defesa necessária: seria algo muito verdadeiro se qualquer representante concebesse liberdade às paixões humanas e enfermidades. Mas a natureza dos homens, tal como é, o ato de assinalar terras públicas ou de determinar rendas da república é vão e tende à dissolução do governo, e a condição de mera natureza e guerra, toda vez que o poder soberano recaísse sobre as mãos do rei, ou de uma assembleia, que ou são ambos negligentes com o dinheiro ou muito perigosos no engajamento do patrimônio público em uma longa ou custosa guerra. As repúblicas não se sustêm na dieta: vendo que sua despesa não é limitada pelo seu próprio apetite, mas por acidentes externos e os apetites de seus vizinhos, a riqueza pública não pode ser limitada para além daquelas despesas que as ocasiões emergentes irão requerer. E ainda que o Conquistador tenha reservado diversas terras para o seu próprio uso na Inglaterra (além de florestas e charnecas, seja para sua recreação ou para a preservação das florestas), e se atribuiu igualmente o direito a certas servidões sobre as terras que concedeu a seus súditos; contudo, parece ser que essa reserva não se fez para a sua manutenção pública, exceto pela razão de sua capacidade natural, ainda que ele e seus sucessores estabelecessem para tudo isso taxas arbitrárias sobre as terras de seus súditos quando julgaram necessário. Ou se aquelas terras públicas e serviços foram estabelecidos para procurar uma manutenção suficiente da república, isso foi contrário à finalidade da instituição, posto que (como resulta dessas *taxas* subsequentes) tais recursos são insuficientes e (como se infere pelas reduções de rendas da coroa) estão sujeitos à alienação e diminuição. Consequentemente, assinar uma porção da república é vão, visto que pode vender ou ceder, e vende e cede quando o faz seu representante.

Quanto à distribuição de terras no próprio país, assim como para determinar em que lugares e com quais *commodities* pode traficar o súdito com o exterior, é assunto que compete ao soberano. Porque se isso pertence às pessoas particulares fazer uso de sua própria discrição quanto ao assunto, alguns deles podem ser compelidos pela ânsia de lucro tanto a fornecer ao inimigo os meios de ferir a república quanto ferir eles mesmo: importar tais coisas, conforme o apetite dos homens, é, no entanto, nocivo ou ao menos não lucrativo a eles. Assim, pertence à república (isto é, ao soberano apenas) aprovar ou desaprovar tanto os lugares quanto as matérias do tráfico estrangeiro.

Ademais, vendo que não é suficiente para a sustentação de uma república que cada homem tenha uma propriedade, isto é, expressa em uma porção de terra ou em alguns poucos *commodities*, ou ainda uma propriedade natural em alguma arte útil, e uma vez que não há arte no mundo que não seja necessária ao ser ou ao bem-estar de quase cada homem em particular; é necessário que os homens distribuam aquilo que podem acumular, e transfiram suas propriedades mutuamente uns aos outros, seja pelas trocas, seja pelos contratos mútuos. E, portanto, isso pertence à república (isto quer dizer, ao soberano), ou seja, apontar de que maneira todos os tipos de contratos entre súditos devem ser feitos (como compras, vendas, trocas, empréstimos, arrendamentos e cessões); além de por quais palavras e signos devem ser considerados estes como válidos. E para este assunto, além da distribuição de nutrimento, aos muitos membros da república, isto deve ser o suficiente (considerando o modelo de todo o trabalho).

Por acondicionamento eu entendo a redução de todos os *commodities* que não estão sendo consumidos no momento, mas reservados ao nutrimento do porvir, para algo de igual valor e igualmente portátil, de maneira que não incapacite o movimento dos homens de lugar a lugar; mas que, graças a ele, uma pessoa tenha sustento em qualquer lugar que esteja. E esse bem não é outra coisa senão o ouro, a prata e o dinheiro. Com efeito, sendo o ouro e a prata como são, ou seja, altamente valiosos quase em todos os países do mundo, é uma medida cômoda do valor de todas as coisas, mesmo entre nações; e o dinheiro (seja qual for o material cunhado pelo soberano da república) é uma medida suficiente de valor para todas as coisas entre os súditos da república. Pelos meios que tais medidas, todos os *commodities*, móveis e imóveis, são colocados a acompanhar um homem para todos os lugares em que estiver, dentro e fora de sua residência ordinária; e o mesmo se passa de homem a homem, dentro da república; e circula, nutrindo (conforme passa) cada parte dela; de maneira que esse acondicionamento é como se fosse o fluxo sanguíneo da república: pois o sangue natural é, de maneira análoga, feito dos frutos da terra; e circulando, nutrido pela forma como cada membro do corpo do homem.

E como a prata e o ouro têm um valor em si, eles detêm este primeiro privilégio, a saber, que o valor deles não pode ser alterado pelo poder de um, nem de poucas repúblicas, sendo uma medida comum de *commodities* de todos os lugares. Mas o dinheiro de base pode facilmente ser valorizado ou desvalorizado. Em segundo lugar, aqueles que têm o privilégio de fazer as repúblicas moverem e alargar seus braços, quando necessitam deles, aos países estrangeiros; e prover não apenas os súditos privados que viajam, mas também exércitos inteiros com provisão. Mas aquela moeda que não se considera pela matéria, mas pela face cunhada no local, sendo incapaz de manter seu valor, tem seu efeito apenas em seu lar; onde também está sujeita a mudança das leis, e assim ter seu valor diminuído, para o prejuízo repetido daqueles que as detêm.

Os caminhos e veredas pelas quais convém o uso público são de dois tipos: um, que convém aos cofres públicos; e outro, que propicia uma nova saída para os pagamentos públicos. Para os de primeiro tipo, são coletores, recebedores e tesoureiros; do segundo são novamente os tesoureiros e os oficiais apontados para o pagamento de muitos ministros públicos e privados. E nisso também o homem artificial mantém sua semelhança com o natural; aquelas veias que recebem sangue das diversas partes do corpo, carregam-no para o coração; chegando ali e considerando seu caráter vital, o coração envia-o de volta através das artérias para animar e permitir os movimentos de todos os membros do corpo.

A procriação, ou os filhos da república, são aquelas coisas que chamamos de *plantations* ou *colônias*; que são grupos de homens enviados para fora da república, sob um condutor ou governador, para habitar um país estrangeiro, seja formalmente vazio de habitantes ou esvaziado pela guerra. E quando uma colônia é estabelecida, ou eles são uma república deles mesmos, liberada de suas sujeições aos soberanos que os enviaram (como foi feito por muitas repúblicas no tempo antigo), de maneira que a república originária é chamada de metrópole ou mãe, e nada mais requer deles, como os pais requerem das crianças que emancipam, tornando-as livres do governo doméstico, do que a honra e amizade; ou ainda eles se mantêm unidos a sua metrópole, como foram as colônias do povo de Roma; de maneira que elas não são repúblicas independentes, mas províncias e partes da república que as enviou. De modo que o direito das colônias (salvo honra e a liga com a metrópole) depende inteiramente de sua licença ou cartas, pelas quais seu soberano as autorizou a assentar.

CAPÍTULO XXV
DO CONSELHO

Quando falacioso é julgar a natureza das coisas pelo uso ordinário e inconstante das palavras pautado em nada mais do que na confusão de conselhos e ordens, erguidos da maneira imperativa pelo modo de falar em ambos, e em muitas ocasiões além destas. Pois as palavras *faça isso* não são apenas daqueles que comandam, mas também daqueles que aconselham e daqueles que exortam; e ainda assim, poucos veem que são coisas diferentes, ou não podem distinguir entre elas; quando percebem quem é aquele que fala e a quem o discurso é direcionado, além de em qual ocasião. Mas encontrando tais frases nos escritos dos homens e não sendo hábil ou propenso adentrar em consideração das circunstâncias, eles confundem algumas vezes os preceitos dos conselheiros, tomando-os como preceitos de quem comanda; e algumas vezes ocorre o contrário, conforme melhor concordar com as conclusões inferidas e render aqueles termos de ordenação, conselho e exortação, suas significações próprias e distintas, eu assim as definirei.

ORDEM é quando um homem diz *faça isso*, ou *não faça isso*, sem esperar outra razão além da vontade que expressou. A partir disso, se for seguido manifestamente aquilo que ele ordenou, pretendeu assim seu próprio benefício: pois a razão de sua ordem é sua própria vontade apenas, e o objeto próprio da vontade de cada homem é um bem PARA SI MESMO.

CONSELHO é quando um homem diz *faça* ou *não faça*, e deduz suas razões do benefício que deriva dele a quem é dito. E a partir disso é evidente que, aquele que deu o conselho pretendeu apenas (seja qual for sua intenção) o bem dele, a saber, daquele a quem ele o dá [o conselho][57].

---

57. Não surpreende que Hobbes em seus textos políticos mais importantes, como aqui e em inúmeras passagens do seu *De Cive* e *Behemoth*, por exemplo, o tema do conselho tenha

Portanto, entre conselho e ordem há uma diferença: a ordem é direcionada para o próprio benefício de um homem; e o conselho para o benefício de outro homem. E disso decorre outra diferença, que um homem pode ser obrigado a fazer o que lhe for ordenado; como quando ele acordou obedecer; mas não pode ser obrigado a fazer o que lhe for aconselhado, pois a dor de não segui-lo é apenas sua; ou se ele se sente inclinado a segui-lo, então o conselho é transformado na natureza de uma ordem. Uma terceira diferença entre eles é que nenhum homem pode pretender um direito diante do conselho de outro homem; porque ele não pode pretender um benefício derivado deste para si, mas exigir o direito de aconselhar outro implica a vontade de conhecer seus desígnios ou de conseguir algum outro bem para si mesmo, o qual, como foi dito anteriormente, é o objeto peculiar da vontade de cada homem.

É também consubstancial ao conselho que aquele que o solicitar não pode equitativamente acusar ou castigar aquele que aconselha. Com efeito, solicitar o conselho de outro é permitir-lhe que o faça do modo que julgar mais conveniente. Portanto, quem dá conselhos a seu soberano (seja ele um monarca ou uma assembleia) quando este solicita, não pode equitativamente ser castigado por ele, ainda que seja ou não conforme a opinião da maioria, considerando a proposição que se debate. Pois se a decisão da assembleia pode ser percebida antes que o debate termine, o soberano não deve solicitar nem adotar outro conselho, uma vez que o sentido da assembleia é a resolução do debate e o fim de toda a deliberação. Geralmente, quem solicita conselho é autor dele, e, portanto, não pode castigar quem o dá. E aquilo que o soberano não pode, nenhum outro poderá fazê-lo. Mas se um súdito dá conselho a outro, no sentido de fazer alguma coisa contrária as leis, quer o conselho proceda de uma má intenção, quer derive apenas da ignorância, é suscetível de castigo por parte da república; porque a ignorância da lei não é uma boa desculpa, já que cada um está obrigado a ter ciência das leis a que está sujeito.

---

tido uma cobertura tão exaustiva. Já que entre 1620 e 1640 houve um violento desacordo na Inglaterra sobre quem deveria aconselhar o rei James e depois o rei Charles. Quando muitos parlamentares tinham a pretensão de exercer esta função e atacavam como pobres orientações as dadas por conselheiros como o Duque de Buckingham, Jorge Villiers; e os realistas todos se ressentiam desta interferência parlamentar (BLAU, A. Reason, deliberation, and the passions. In: MARTINICH, A.P.; HOEKSTRA, K. (eds.). *The Oxford handbook of Hobbes*. Oxford: Oxford University Press, 2016, p. 214) [N.T.].

EXORTAÇÃO e DISSUASÃO são conselhos acompanhados de sinais daqueles que os ofertaram, provindo de um desejo veemente de que aquilo seja seguido; ou, para dizer mais brevemente, *aconselho veementemente e com insistência*. Pois aquele que exorta não deduz as consequências daquilo que exortou ser feito, e une-se ao rigor do raciocínio verdadeiro; mas encoraja aquele a quem aconselhou à ação: tal como aquele que exorta a deter-se da ação. E, portanto, eles têm em seus discursos uma preocupação diante das paixões comuns e opiniões dos homens na dedução de suas razões; e fazer uso de similitudes, metáforas, exemplos e outras ferramentas da oratória para persuadir seus ouvintes da utilidade, honra ou justiça decorrentes de tomar seu conselho.

A partir disso, é possível inferir: primeiro, que a exortação e dissuasão são direcionadas para o bem daquele que dá o conselho, não daquele que o pede, o que contraria a tarefa do conselheiro, que (pela definição de conselho) deveria preocupar-se não com seu próprio benefício, mas daquele que ele aconselha. E como ele direciona seu conselho para seu próprio benefício, fica manifesto pela longa e veemente urgência, ou pela dádiva artificial decorrente; que não sendo requerido dele, e consequentemente procedendo de suas próprias ocasiões, é direcionado principalmente para seu próprio benefício, e apenas acidentalmente para o bem daquele que é aconselhado, ou para nenhum bem.

Em segundo lugar, que o uso da exortação e dissuasão tem lugar tão somente quando um homem fala diante de uma multidão; pois quando o discurso é endereçado a um homem apenas, ele pode interrompê-lo e examinar suas razões rigorosamente, diferentemente do que pode ser feito em uma multidão; uma vez que são muitos para entrar em disputa e dialogar com aquele que falou de maneira indiferentemente a todos de uma só vez.

Em terceiro, aqueles que exortam e dissuadem, quando são requeridos a ofertar conselhos, são conselheiros corruptos, uma vez que são subornados por seus próprios interesses. Pois o conselho que dão nunca será tão bom; ainda que o faça, não são conselheiros melhores do que aquele que aufere uma justa sentença por uma recompensa; portanto, não será um justo juiz. Mas quando um homem pode legalmente ordenar, como um pai em sua família, ou um comandante em um exército, suas exortações e dissuasões não são apenas legais, mas também necessárias e laudáveis: deste modo, eles não mais são conselhos, mas ordens; e convém, ao executar um labor amargo, seja pela necessidade algumas vezes seja pela humanidade, requerer que a notificação seja suavizada na entrega, para que sirva de encorajamento, em um tom melhor e soando como um conselho, em vez da áspera linguagem de uma ordem.

Exemplos da diferença entre ordem e conselho podem ser tirados das formas de discurso que foram expressas nas Sagradas Escrituras. *Não há outro Deus além de mim; não faça para ti imagem de escultura; não tomarás o nome de Deus em vão; o sábado deverá ser santificado; honrai teus pais; não matarás; não roubarás etc.* são ordens; porque a razão para a qual nós as obedecemos é derivada da vontade de Deus nosso rei, a quem nós estamos obrigados a obedecer. Mas palavras tais como *venda tudo que tens; dê aos pobres e segue-me* são conselhos; pois a razão para que estivessem assim está pautada em nosso próprio benefício, a saber, que tenhamos *um tesouro nos Céus.* As palavras a seguir, *vá até a vila que fica diante de vós, e lá encontrareis uma burra amarrada e, junto dela, seu burrinho; desamarrai-os e trazei-mos,* são um comando: pois a razão do fato é derivada da vontade de seu Mestre: mas essas palavras, *Arrependei-vos e batizai-vos em nome de Jesus,* são um conselho: pois a razão pela qual nós o fazemos tende não ao benefício do Deus Todo-poderoso, que continuará sendo rei independentemente de nos rebelarmos; mas para o nosso próprio benefício, que não temos outros meios de evitar a punição que cai sobre nós provinda de nossos pecados passados.

Como a diferença entre o conselho e o comando foi agora deduzida da natureza do conselho, consistindo na dedução do benefício, ou na perda que pode insurgir daquele que foi aconselhado pela necessidade ou prováveis consequências da ação por ele proposta; então podem igualmente ser derivadas as diferenças dos conselhos *aptos* e *ineptos.* Como a experiência é a memória das consequências das ações observadas anteriormente, e o conselho a expressão em virtude da qual esta experiência se faz conhecer a outrem, as virtudes e defeitos do conselho coincidem com as virtudes e defeitos intelectuais. Para a pessoa da república, os conselheiros são úteis como memória e discurso mental. Mas esta semelhança que existe entre a república e o homem natural produz uma discrepância de grande monta, a saber, que um homem natural adquire sua experiência dos objetos naturais dos sentidos, que atuam sobre ele sem paixão ou interesse próprio, ainda que aqueles que ofertam conselho a uma pessoa que representa a república pode ter, e ter em demasia, seus fins e paixões particulares, e que fazem de seus conselhos sempre suspeitosos e, algumas vezes, nada fidedignos. Consequentemente, podemos estabelecer como a primeira condição de um bom conselheiro: *que seus fins e interesses sejam incompatíveis com os fins e interesses daqueles que aconselham.*

Em segundo lugar, como a missão de um conselheiro, quando procede a deliberar sobre alguma ação, é fazer manifestar suas consequências, de tal modo que quem recebe o conselho possa ser informado de modo veraz e evidente, deve apresentar sua opinião em tais termos que a verdade apareça com a máxima evidência; isto é, com um raciocínio tão firme, com uma linguagem tão adequada e significativa e que seja tão breve quanto possível. Consequentemente, as *inferências precipitadas e carentes de evidência* (tais como as que só se apoiam em exemplos ou na autoridade dos livros, sem argumentar o que é bom ou ruim, mas aportando apenas testemunhos de fatos ou de opinião), *as expressões obscuras, confusas e ambíguas, isto é, as frases metafóricas que tendem a desatar as paixões* (desde o momento em que tais raciocínios e expressões apenas são úteis para decepcionar ou para dirigir quem recebe o conselho, até alcançar fins distintos dos seus próprios) *são repugnantes ao ofício do conselheiro.*

Em terceiro lugar, como a habilidade do aconselhamento procede da experiência e do longo estudo, e presume-se que nenhum homem tem experiência em todas as coisas que a administração de uma grande república requer saber, *presume-se que nenhum homem será um bom conselheiro, exceto naqueles negócios em que ele é muito versado a respeito, assim como tenha meditado e considerado sobre ele.* Pois ponderando que o negócio da república é preservar o povo em paz e em seu lar, além de defendê-los da invasão estrangeira, nós devemos notar que isso requer um grande conhecimento da disposição da humanidade, dos direitos do governo e da natureza da equidade, lei, justiça e honra, que não podem ser alcançados sem estudo; e de força, *commodities*, lugares, tanto de seu próprio país quanto de seus vizinhos; assim como de inclinações e desígnios de todas as nações que podem ou não incomodá-los. Tudo isso não se alcança, exceto graças a uma grande experiência. Deste cúmulo de requisitos não apenas a soma inteira, mas cada uma das porções particulares *requer* a idade e a observação de um homem maduro, com estudos mais amplos que os ordinários, como disse anteriormente (capítulo 8); o gênio requerido para o conselho é o que se chama de juízo. As diferenças entre homens, a esse respeito, procedem da diferente educação de alguns para um gênero de estudo ou de negócios, de outros para um outro. Quando, ao fazer qualquer coisa, há regras infalíveis (como em engenhocas, edifícios e regras da geometria), toda a experiência do mundo não pode igualar seu conselho, que aprendeu ou encontra-se fora da regra. E quando não há tal tipo de regra, há ainda o melhor julgamento, e este é o melhor conselho.

Quarto, ser capaz de ofertar o melhor conselho para a república, sobretudo nos negócios que têm como referência outra república; *é necessário ter conhecimento com as inteligências e cartas que provêm dali, e com todos os registros de tratados e outras transações de estado* entre eles; o que ninguém pode fazer, exceto aquele que o representante considerar apto. Através disso, podemos ver que aqueles que não são convocados a aconselhar podem não ter bons conselhos em tais casos, intrometendo-se.

Em quinto lugar, supondo que o número de conselheiros seja igual, é preferível ouvi-los separadamente em vez de reunidos em assembleia, e isso decorre de muitas causas. Primeiro, ao ouvir separadamente, terás a opinião de cada um; todavia, em uma assembleia, muitos deles expressam sua opinião com um *sim* ou *não*, ou com as mãos ou os pés, que não se movem de modo espontâneo, mas pela eloquência de outro, ou pelo temor de desagradar com sua contradição a quem falou, ou da assembleia inteira, ou ainda por temor de parecer mais maçante na apreensão do que quem aplaudiu a opinião contrária. Segundo, em uma assembleia de muitos, não há escolha diante do fato que o interesse de alguns é contrário daqueles do público; e diante desses interesses são passionais e passionais eloquentes, e a eloquência move outros ao mesmo conselho. Pois a paixão dos homens, que separadamente é moderada, como o calor de um tição; em uma assembleia, são como muitos tições, onde um inflama o outro (especialmente quando eles atingem uns aos outros com orações), colocando fogo na república, sob o pretexto de aconselhá-la. Segundo, ao ouvir cada homem separadamente, pode-se examinar (quando há necessidade) a verdade, ou a probabilidade de suas razões, e os limites do conselho que ele dá, pela frequência de interrupções e objeções; o que não pode ser feito em uma assembleia, onde (em cada questão difícil) um homem é assombrado e ofuscado com uma variedade de discursos sobre ele, em vez de informar o curso que deveria tomar. Ademais, não pode haver uma assembleia de muitos, convocada para o conselho, onde alguns alimentam a ambição de parecerem eloquentes, assim como entendidos da política; e não dão seus conselhos movidos pelo cuidado dos negócios, mas pelo aplauso de orações heterogêneas, feitas de diversos fragmentos coloridos ou citações de autores; o que é no mínimo impertinente, pois toma o tempo de consultas sérias, e que, no conselho secreto, são facilmente evitadas. Em quarto lugar, nas deliberações que visam ser mantidas em segredo (ainda que existam muitas ocasiões nos negócios públicos), os conselhos de muitos, e especialmente nas assembleias, são perigosos; portanto, grandes assembleias necessitam tratar de tais assuntos em números menores, com especial apreço àquelas pessoas mais versadas neles e em cuja fidelidade temos maior confiança.

Para concluir, quem é aquele que aprova a tomada de conselho a partir de uma grande assembleia de conselheiros, que deseja ou aceita suas dores, quando há uma questão sobre casar suas crianças, dispor de suas terras, governar sua casa ou administrar seu estado privado, especialmente se houver entre eles aqueles que não desejam sua propriedade? Um homem que realiza seus negócios com a ajuda de muitos e prudentes conselheiros, consultando cada qual em seu próprio elemento, o faz melhor, como aquele que costuma ser hábil no jogo de tênis, posicionando os segundos em suas melhores posições. Em seguida, melhor faz quem segue apenas seu próprio conselho, como se não dispusesse de nenhum segundo. Mas aquele que é conduzido para cima e para baixo em um conselho fragmentado, que não é movido por nada, exceto pela pluralidade de suas opiniões, e onde a execução é comumente (seja pela inveja ou interesse) retardada pela parcela em desacordo, faz o pior possível, como o jogador em um jogo de carregar a bola que, mesmo dispondo de bons companheiros de jogo, quer seja no aro do barril ou noutra baliza, obstaculizam e retardam com julgamentos discrepantes; e isso ocorre ainda mais quando o número de quem intervém no assunto é grande, e o grau superlativo quando entre eles há um ou mais que desejam sua perdição. E ainda que seja verdade que muitos olhos veem melhor que um, não se deve pensar assim quando se trata de vários conselheiros; exceto quando, entre estes, a resolução final caiba a apenas um homem. Ademais, como muitos olhos veem a mesma coisa de pontos distintos, e são aptos a considerar obliquamente seu benefício privado, aqueles que miram um alvo, ainda que observem com ambos os olhos, apontam apenas com um; e, portanto, nenhuma grande república popular foi mantida nestes termos, exceto quando um inimigo externo a une; ou pela reputação de um homem eminente entre eles; ou pelo conselho secreto de poucos; ou pelo medo mútuo de facções iguais; e não por consultas abertas em assembleia. E para repúblicas muito pequenas, quer sejam populares ou monárquicas, não há sabedoria humana capaz de sustentá-las e mais duradoura do que a tenaz inveja de seus potentes vizinhos.

CAPÍTULO XXVI
DAS LEIS CIVIS

Por leis civis eu entendo as leis pelas quais os homens são ligados a observar, pois eles são membros não desta ou daquela república em particular, mas de uma república. Pois o conhecimento de leis particulares pertence a eles, que professam o estudo das leis de muitos países; mas o conhecimento da lei civil em geral não pertence a nenhum homem. A antiga lei de Roma foi chamada de lei civil, derivada da palavra *civitas*, que significa república: e aqueles países que estiveram sob o Império Romano e governados por essa lei mantiveram-na parcialmente onde eles consideraram-na adequada, e chamaram tal parte de lei civil, para distingui-la do restante de suas próprias leis civis. Mas isso não é o que eu pretendo tratar aqui: meu desígnio não é mostrar o que são as leis aqui e ali, mas o que são as leis; como Platão, Aristóteles, Cícero e diversos outros fizeram, sem que caísse sobre eles a profissão do estudo das leis.

Primeiramente, fica manifesto que a lei em geral não evoca um conselho, mas uma ordem; não se trata de uma ordem de homem para nenhum outro homem, mas apenas daquele cuja ordem está direcionada a quem previamente lhe deve obediência. E, por lei civil, eu incluo apenas o nome da pessoa que ordena, que é a *persona civitatis*, ou seja, a pessoa da república.

Considerando isto, eu defino a lei civil da seguinte maneira: a LEI CIVIL *é destinada a cada súdito, cujas regras, que a república ordenou para ele, seja por palavras, escritos ou outro sinal suficiente de vontade, devem ser usadas para distinguir o certo do errado; isto é, saber o que é contrário e o que não é contrário à lei.*

Em cuja definição nada há mais evidente depois de um primeiro olhar: pois cada homem percebe que algumas leis foram adereçadas a alguns súditos em geral; algumas para certas províncias; algumas para vocações particulares; e algumas para homens particulares; e, assim, são leis endereçadas a todos aqueles a quem a ordem é direcionada, e a ninguém mais. Assim como aquelas leis são normas do que é justo e injusto; não há nada reputado como injusto que não será contrário a alguma lei. Igualmente, ninguém pode fazer leis, exceto a república; porque nossa sujeição é perante a república apenas: e aquelas ordens devem ser compreendidas como sinais suficientes, pois um homem não conhece outra forma de obedecê-las. Assim, seja o que for deduzido desta definição como consequência necessária, deve ser tomada como verdadeiro. A partir disso, eu deduzo o que segue.

O legislador em todas as repúblicas é apenas o soberano, seja ele um homem, como em uma monarquia, ou uma assembleia de homens, como em uma democracia ou aristocracia. Pois o legislador é aquele que faz a lei. E a república apenas prescreve e ordena a observação de tais leis que chamamos de lei: portanto, a república é a legisladora. Todavia, a república não é uma pessoa, nem a capacidade de fazer qualquer coisa, mas, através do representante (isto é, o soberano), e, assim, o soberano é o único legislador. Pela mesma razão, ninguém pode revogar uma lei criada, exceto o soberano; porque uma lei não pode ser revogada, salvo por outra lei, que a proíbe de ser executada.

O soberano da república, seja ele uma assembleia ou um homem, não é súdito das leis civis. Pois detendo o poder de fazer e repelir as leis, ele pode, quando bem entender, libertar-se daquela sujeição ao repelir tais leis que causam problemas a ele, propondo novas; e, consequentemente, ele se liberta. Pois é livre aquele que pode ser livre quando lhe aprouver: não é possível a qualquer pessoa estar ligado a si mesmo, uma vez que aquele que une, pode libertar; e, assim, aquele que está unido apenas a si mesmo, não está obrigado.

Quando um prolongado uso adquire a autoridade de uma lei, não é sua duração em tempo transcorrido que confere a autoridade, mas a vontade do soberano significada pelo seu silêncio (já que o silêncio é, algumas vezes, um argumento de aquiescência); e só pode ser tomada como uma lei enquanto o soberano mantiver o silêncio quanto a ela. Por conseguinte, se o soberano tiver uma questão de direito fundada não em sua vontade presente, mas nas leis anteriormente promulgadas, o tempo transcorrido não pode trazer nenhum prejuízo ao seu direito; porém, a questão deve ser julgada pela equidade. Com efeito, muitas ações injustas e sentenças injustas permaneceram sem controle durante muito mais tempo do que qualquer um pode recordar. Nossos juristas não têm em conta outras leis consuetudinárias, exceto as que são razoáveis, e sustam os maus costumes que devem ser abolidos. Mas o juízo do que razoável e do que deve ser abolido corresponde a quem faz a lei, que é assembleia soberana ou o monarca[58].

A lei da natureza e a lei civil contêm cada qual e são de igual extensão. Porque as leis da natureza, que consistem da equidade, justiça, gratidão e outras virtudes morais dependentes destas, na condição de mera natureza (como eu disse antes, no fim do capítulo quinze), não são propriamente leis, mas qualidades que dispõem os homens à paz e obediência. Quando uma república é estabelecida, existem as leis, mas não antes disso; deste modo, são leis da república, e, consequentemente, também são leis civis: pois isto é o que o poder soberano obriga os homens a obedecê-lo. Pois, nas diferenças entre homens privados, declarar o que é equidade, o que é justiça e o que é virtude moral, dando-lhes caráter obrigatório, há necessidade de ordens do poder soberano, assim como punições devem ser ordenadas àqueles que as quebrarem; essas ordens são, portanto, parte da lei civil. A lei da natureza é, assim, parte da lei civil em todas as repúblicas do mundo. Também, de maneira recíproca, a lei civil é uma parte dos ditados da natureza. Pois a justiça, que quer dizer o empreendimento de um pacto e dar a cada homem o que é seu, é ditado pela lei da natureza. Mas cada súdito na república pactuou obedecer a lei civil (seja um com o outro, como quando eles se juntam

---

58. Neste trecho "[...] emerge a crítica hobbesiana ao modelo jurídico do *common law*, sustentado por todos aqueles que, como Sir Edward Coke, propunham atribuir juridicidade a uma regra em virtude de representar o costume imemorial (*immemorial custom*) de um povo. Em seus livros *Leviathan, A dialogue between a philosopher and a student of the Common Laws of England* e *Behemoth, or the Long Parliament*, Hobbes ataca tal concepção de direito fundada na ideia da existência de uma prática jurídica remota que constituiria uma espécie de "razão artificial", isto é, uma sabedoria acumulada ao longo de gerações e à qual acederiam apenas aqueles estudiosos conhecedores da história de um povo. Hobbes não pode aceitar tal limitação histórica do direito. A lei pode, é certo, ser um costume, mas este, por ele mesmo, não possui força vinculante. Para que um costume seja lei é necessário que exista já uma autoridade capaz de produzir, por seus comandos, um preceito jurídico. Deste modo, para o filósofo de Malmesbury, a ideia mesma de um direito imemorial é desprovida de qualquer justificativa racional. Para que exista direito é necessário haver soberano [...]" (LISBOA, W.B. Razão, história e justificação da lei civil segundo Thomas Hobbes. *Sequência* 57, 2008, p. 123) [N.T.].

para propor um representante comum, ou, com representantes um a um, quando subjugados pela espada, e eles prometem para poder preservar a vida); deste modo, a obediência à lei civil e também em parte da lei da natureza. A lei civil e natural não são coisas diferentes, mas partes diferentes da lei; a parte escrita é chamada de civil, e a parte não escrita, natural. Mas o direito da natureza, isto é, a liberdade natural do homem, pode ser abreviada ou restringida pela lei civil; mas ainda, a finalidade da criação das leis nada mais é do que tal restrição; sem a qual não seria possível nenhuma paz. E a lei foi trazida ao mundo para nenhuma outra coisa, exceto para limitar a liberdade natural dos homens particulares, de tal maneira que eles não possam ferir uns aos outros, mas assistir uns aos outros, além de unirem-se contra um inimigo comum.

Se o soberano de uma república subjuga um povo que tenha vivido sob outras leis escritas, e posteriormente governa-os sob as mesmas leis pelas quais eles foram governados antes, ainda assim tratam-se das leis da república vitoriosa, não da república derrotada. Porque o legislador não é aquele por quem as leis foram feitas inicialmente, mas aquele que dispõe da autoridade que as fazem permanecer enquanto leis. Portanto, onde há diversas províncias dentro do domínio da república, e naquelas províncias há uma diversidade de leis, que são comumente chamadas de costumes de cada uma delas; e não devemos compreender que tais costumes extraem suas forças apenas de sua longevidade, mas que foram antigas leis escritas ou feitas conhecer para a constituição e estatutos de seus soberanos; e agora são leis não pela prescrição do tempo, mas pelas constituições de seu soberano atual. Mas se uma lei não escrita deve ser geralmente observada em todas as províncias do domínio, e não transmite qualquer iniquidade de seu uso, tal lei não pode ser outra, exceto a lei da natureza, que obriga igualmente toda a humanidade.

Vendo eles que todas as leis escritas e não escritas têm sua autoridade e força provindas da vontade da república; isto significa, da vontade do representante, que, na monarquia, é o monarca, e em outras repúblicas a assembleia soberana; um homem pode imaginar de onde procedem tais opiniões, como se fossem encontradas nos livros de juristas eminentes em muitas repúblicas, de fonte direta, ou como consequente dependência do poder legislativo dos homens particulares ou dos juízes subalternos. Como, por exemplo, que *a lei comum não dispõe de controlador, exceto o parlamento*; trata-se de uma verdade apenas onde o parlamento tem o poder soberano, e não pode ser agregado nem dissolvido, com a exceção de sua própria discrição. Pois se houver um direito em qualquer outro para dissolvê-las, também há um direito para controlá-las, e consequentemente para controlar seus controles. E se há tal direito, então o controlador das leis não é um *parliamentum*, mas *rex in parliamento*. E onde um parlamento é soberano, por mais numerosos e sábios que sejam os homens reunidos, seja qual for o motivo dos países sujeitos a ele, nada fará crer que semelhante assembleia tenha adquirido por tal causa o poder legislativo. Ademais, se diz: os dois braços de uma república são a *força e justiça, o primeiro dos quais reside no rei, enquanto o outro está depositado nas mãos do parlamento*. Como se uma república pudesse subsistir quando a força estivesse nas mãos daqueles a quem a justiça não tem autoridade de ordenar e governar.

Convém a nossos juristas que essa lei nunca possa ser contra a razão; afirmam também que a lei não é a letra (isto é, a construção das sentenças), mas o que está de acordo com a intenção do legislador. Tudo isso é verdade, mas a dúvida que se mantém é por qual razão isto será tomado como lei. Não pode tratar-se de nenhuma razão privada, pois assim haveria tantas contradições nas leis como há nas Escolas (como Sir Edward Coke previu)[59], uma *perfeição artificial da razão dada por um longo estudo, observação e experiência* (como a dele era). Pois é possível que um longo estudo possa incrementar e confirmar sentenças errôneas: e onde os homens construíram sobre falsas premissas, quanto mais eles constroem, maior é a ruína: e daqueles que estudam e observam com igual tempo e diligência as razões e resoluções são e permanecerão discordantes: e, portanto, nada mais é do que aquela *juris prudentia*, ou sabedoria dos juízes subordinados, mas a razão da república, nosso homem artificial, e de seus mandamentos, o que constituem a lei. E sendo a república, em sua representação, uma só pessoa, não pode facilmente surgir nenhuma contradição nas leis; e quando se produz, a mesma razão é capaz, pela interpretação e alteração, de eliminá-la. Em todas as

---

59. A citação foi extraída do livro de Sir Edward Coke, *The first part of the institutes of the lawes of England: or, commentary upon Littleton*, I, § 709 [N.T.].

cortes de justiça, é o soberano (que personifica a república) quem julga. Os juízes subordinados devem ter em conta a razão que motivou seu soberano a instituir aquela lei, a qual tem que conformar sua sentença. Só assim trata-se da sentença do soberano; de outro modo, é a sua própria, e, com efeito, uma sentença injusta.

A partir disso, que a lei é a ordem, e a ordem consiste na declaração ou manifestação da vontade daquele que ordena pela voz, escrita ou algum argumento suficiente do mesmo, nós podemos entender que a ordem da república só é a lei daqueles que têm meios de ter ciência disso. Não há lei entre os naturalmente débeis, as crianças e os loucos, não mais do que há entre as bestas brutas; nem são eles capazes de gozar o título de justo ou injusto; porque eles nunca tiveram o poder de selar pactos, ou de compreender suas consequências; e, consequentemente, nunca tiveram que se preocupar em autorizar as ações de qualquer soberano, como fazem aqueles ligados à república. E daqueles que a natureza ou um acidente desproveu o conhecimento das leis em geral; portanto, também cada homem que tenha sofrido qualquer acidente não procedente do nascimento, perdeu os meios de observar qualquer lei particular e é perdoado, mas se observa, não é; e para falar propriamente, aquela lei não é lei para ele. Portanto, é necessário considerar neste lugar que argumentos e sinais são suficientes para o conhecimento do que é a lei; isto é, qual é a vontade do soberano, assim como das monarquias, como em outras formas de governo.

E, primeiramente, se há uma lei que obriga todos os súditos, sem exceção, e não for escrita, nem publicada doutra forma em tais lugares que eles fazem notificar, é a lei da natureza. Pois tudo que os homens tomam notícia e consideram como lei, não mediante palavras de outros homens, mas provindas de sua própria razão, deve ser algo aceitável pela razão de todos os homens; e isso não ocorre com nenhuma lei, exceto com a lei da natureza. Consequentemente, as leis da natureza não necessitam nem de publicação nem de promulgação, ainda que estejam conditas nesta sentença, aprovada por todo o mundo: *não faça a outro o que tu não considerares razoável que façam contigo.*

Segundo, se há uma lei que obrigue uma condição do homem ou um homem particular, e que não seja escrita nem publicada em palavras, então trata-se de uma lei da natureza; e conhecida pelos mesmos argumentos e sinais que distinguem aquelas que se encontram em tal condição, para outros súditos. Pois não importa qual lei não escrita ou promulgada por alguém que a fez, não pode ser conhecida de outra maneira, exceto pela razão daquele que há de obedecê-la; e é também, consequentemente, uma lei não só civil, mas natural. Por exemplo, se o soberano emprega um ministro público sem comunicar-lhe instruções escritas a respeito do que há de fazer, esse ministro é obrigado a tomar por instruções os ditados da razão; assim como se institui um juiz, este há de procurar que sua sentença se faça de acordo com a razão do soberano; e imaginando sempre esta como equitativa, está ligado a ela pela lei da natureza; ou, se é um embaixador (em todas as coisas contidas em suas instruções escritas), deve considerar como instrução o que a razão lhe ditar como mais conducente ao interesse de seu soberano; e o mesmo pode ser dito dos demais ministros da soberania, pública e privada. Todas essas instruções da razão natural podem ser compreendidas sob o nome comum de *fidelidade*, que é um ramo da justiça natural.

Com exceção da lei da natureza, as demais leis devem ser dadas a conhecer as pessoas obrigadas a obedecê-las, seja por palavras, seja por escritos ou por algum outro ato que manifestamente proceda da autoridade soberana. Com efeito, a vontade de outra pessoa não pode ser advertida, exceto por suas próprias palavras ou atos, ou por conjecturas tomadas de seus fins e propósitos, o que, na pessoa da república, deve se supor sempre em harmonia com a equidade e a razão. Nos tempos antigos, antes que as cartas fossem de uso comum, as leis foram reduzidas em muitos casos a versos, para que o povo rude tivesse prazer em cantá-las e recitá-las, e pudesse mais facilmente retê-las na memória. E, pela mesma razão, Salomão (Pr 7,3) advertiu um homem a relacionar os dez mandamentos aos seus dez dedos[60]. E, como a lei que Moisés deu ao povo de Israel na renovação do pacto (Dt 11,19)[61], ele uniu-os a ensiná-las às suas crianças, discursando tanto em casa quanto no caminho; ao ir para a cama

---

60. "Meu filho, guarda minhas sentenças, conserva os meus preceitos; guarda os meus preceitos e viverás, a minha instrução seja a menina dos teus olhos. Ata-a aos dedos, escreve-a na tábua do coração" (BJ). O excerto, a rigor, estende-se de Pr 7,1-3 [N.T.].

61. "Ensinai-as aos vossos filhos, falando delas sentado em tua casa e andando em teu caminho, deitado e de pé" (BJ).

e ao erguer-se dela; e escrevê-las em postes, portas e casas; e (Dt 31,12) unir o povo, ou seja, homem, mulher e criança, para ouvir sua leitura[62].

Não parece suficiente que a lei seja escrita e publicada; mas sinais manifestos que procedem da vontade do soberano também deverão existir. Com efeito, quando os homens privados têm ou pensam ter força suficiente para realizar seus injustos desígnios, ou perseguir sem perigo seus fins ambiciosos, podem publicar como leis o que lhes aprouver, sem autoridade legislativa, ou na direção contrária desta. É preciso, consequentemente, não apenas a declaração da lei, mas a existência de sinais suficientes do autor e da autoridade. O autor ou legislador deve ser, sem dúvida, evidente em cada república, porque o soberano que foi instituído pelo consentimento de cada um se supõe suficientemente conhecido por todos. E ainda que a ignorância e a ousadia dos homens seja tal, na maior parte dos casos, que, quando se dissipa a recordação da primeira constituição da república, não considerem em virtude de que poder estão defendidos contra seus inimigos, protegidos de suas atividades, e afirmados em seu direito quando lhes faz injúria; como nenhum homem que medite sobre o particular pode abrigar dúvida nenhuma, não cabe tampouco alegar nenhuma desculpa a respeito da ignorância de onde está situada a soberania. Trata-se de um ditado da razão natural e, consequentemente, uma lei evidente da natureza, que nada deve enfraquecer aquele poder, cuja proteção ele mesmo requereu ou recebeu à revelia de outros, com conhecimento próprio. Assim, ninguém pode ter dúvida de quem é o soberano, exceto por sua própria culpa (qualquer que sejam as razões que possam sugerir os homens maus). A dificuldade consiste na evidência de autoridade derivada do soberano; a remoção dessa dificuldade depende do conhecimento dos registros públicos, dos conselhos públicos, dos ministros públicos e dos tribunais públicos, que verificam suficientemente todas as leis; verificam, digo, mas não autorizam; porque a verificação nada é, exceto o testemunho e o registro, não a autoridade da lei, que consiste apenas na ordem do soberano.

---

62. "Reúne o povo, os homens e as mulheres, as crianças e o estrangeiro que está em tuas cidades, para que ouçam e aprendam a temer a Iahweh vosso Deus, e cuidem de pôr em prática todas as palavras desta Lei" (BJ).

Portanto, se um homem tem uma questão de injúria dependente da lei da natureza; isto é, da equidade comum; a sentença do juiz, que por comissão tem autoridade para conhecer tais causas, é uma verificação suficiente da lei da natureza neste caso individual. Porque ainda que a opinião de alguém que professe o estudo da lei seja útil para evitar os litígios, nada é, exceto uma opinião: isto é, que o juiz deve comunicar aos homens o que é a lei depois de ouvir a controvérsia.

Mas quando a questão é de injúria ou crime contra a lei escrita, cada homem pode (se quiser), recorrendo por si mesmo ou por outros aos registros, estar suficientemente informado antes de realizar tal injúria ou crime, e estabelecer se é injúria ou não. Nem sequer isso: porque quando um homem duvida de si, isto é, se o ato que realiza é justo ou injusto, pode se informar se o ato realizado é ilegal. Igualmente, quem se supõe lesado em um caso estabelecido pela lei escrita que ele pode examinar por si mesmo ou por outros, mas adentra uma querela antes de consultar a lei, procederá de maneira injusta, ou melhor, procede de tal a modo a trair os outros homens em vez de demandar seu próprio direito.

Se a questão promovida é a obediência a um funcionário público, ouvir ou ler a comissão para o cargo que lhe foi confiado, ou obter meios de informar-se dele, quando alguém desejar, trata-se de uma verificação suficiente de autoridade. Com efeito, cada homem está obrigado a fazer tudo quanto pode para informar-se por si mesmo de todas as leis escritas que podem afetar suas próprias ações futuras.

Conhecendo o legislador e suficientemente publicadas as leis, seja por escrito ou à luz da natureza; ainda assim necessitam de outra circunstância muito material para fazê-las obrigatórias. Certamente não são nas palavras, isto é, na interpretação da lei (que é o sentido do legislador), que consiste a natureza da lei. Portanto, a interpretação de todas as leis depende da autoridade soberana, e só podem ser intérpretes aqueles que o soberano designar (apenas a estes os súditos devem obediência). De outro modo, mediante a sagacidade de um intérprete, a lei pode ser interpretada em um sentido contrário ao do soberano; deste modo, o intérprete se converte em legislador.

Todas as leis escritas e não escritas têm a necessidade de interpretação. A lei da natureza não escrita, ainda que seja fácil de reconhecer para aqueles que, sem parcialidade ou paixão, fazem uso de sua razão natural e, portanto, priva de toda a desculpa aqueles que a violam; se se tem em conta que são poucos, acaso nenhum, que em tais ocasiões não são cegados por seu egoísmo ou por outro paixão, a lei da natureza se converte na mais obscura de todas as leis, e é, consequentemente, a mais necessitada de interpretações hábeis. As leis escritas, quando são breves, facilmente são mal-interpretadas, pelos diversos significados de uma ou duas palavras; se são amplas, tornam-se mais obscuras pelas significações diversas de várias palavras; neste sentido, nenhuma lei escrita promulgada em poucas ou muitas palavras pode ser bem compreendida sem uma perfeita inteligência das causas finais pelas quais a lei foi feita; e o conhecimento das causas finais está no legislador. A ele, não pode haver nenhum nó insolúvel na lei, seja ao encontrar os fins para desfazê-lo, ou ainda fazendo os fins que desejar (como fez Alexandre com sua espada no Nó Górdio[63]) mediante o poder legislador; o que, a rigor, nenhum outro intérprete pode fazer.

A interpretação das leis da natureza em uma república não depende dos livros de filosofia moral. A autoridade dos escritores sem a autoridade da república não transforma suas opiniões em leis, por mais verdadeiras que seja. Aquilo que escrevi neste tratado acerca das virtudes morais e de sua necessidade, a saber, na busca e manutenção da paz, conquanto seja uma verdade evidente, não é, portanto, uma lei, atualmente; mas como em todas as repúblicas no mundo, é parte da lei civil. Pois ela é naturalmente razoável e, ainda assim, é pelo poder soberano que se torna uma lei. Doutra maneira, trata-se de um grande erro chamar as leis não escritas da natureza de lei; de maneira que nós vemos muitos volumes publicados por diversos autores, e neles há muitas contradições entre uns e outros, e até mesmo no mesmo livro.

A interpretação da lei da natureza é a sentença do juiz constituída pela autoridade soberana, que deve ouvir e determinar tais

---

63. O Nó Górdio é uma lenda relativa ao rei Alexandre, *o Grande*. Trata-se de uma metáfora para um problema intratável (desatar um nó impossível) através de uma resposta aproximada, a saber, cortar o nó. Desde então, a expressão "cortar o nó górdio" passou a designar soluções fáceis, desde que passíveis de medidas aproximadas [N.T.].

controvérsias que dele dependem; e consiste na aplicação da lei no caso debatido. Com efeito, no ato do juízo, o juiz não faz outra coisa, exceto considerar se a demanda das partes está de acordo com a razão natural e com a equidade; e a sentença que dá é, consequentemente, a interpretação da lei da natureza; trata-se de uma interpretação autêntica, não porque é sua sentença privada, mas porque a dá por autorização do soberano; com isso, vem a ser a sentença do soberano, que é a lei, naquela parte, para as partes litigantes.

Mas como não há juiz subordinado nem soberano que não possa errar em um julgamento de equidade; se, em seguida, noutro caso similar, ele considerar mais consonante com a equidade conferir uma sentença contrária, ele é obrigado a fazê-lo, pois nenhum erro do homem torna-se sua própria lei, nem deve obrigá-lo a persistir nele. Igualmente, pela mesma razão, não se torna uma lei para outros juízes, conquanto tenham jurado segui-la. Pois apesar de uma sentença errada dada pela autoridade do soberano, se ele souber e permitir que isso ocorra, nestes casos as leis são mutáveis e pode ser constituída uma nova lei quando, em que cada pequena circunstância, for o mesmo contexto; até mesmo em leis imutáveis, tais como as leis da natureza, elas não são leis para o mesmo ou outros juízes nos casos que porventura possam ocorrer a partir de então. Os príncipes sucedem um ao outro; e um juiz passará, e outro virá para o seu lugar; mas não os céus e a terra, assim como nenhum título da lei da natureza passará. Pois esta é a eterna lei de Deus. Portanto, todas as sentenças dos juízes precedentes que já passaram não podem juntas produzir uma lei contrária à equidade natural: nem quaisquer exemplos dos juízes anteriores podem garantir uma sentença não razoável, ou desobrigar o juiz atual do problema de estudar o que é equidade (caso ele tenha que julgar) pelos princípios de sua própria razão natural. Por exemplo, é contrário à lei da natureza *punir o inocente*; e o inocente é aquele que permanece liberado judicialmente, e é reconhecido como inocente pelo juiz. Supondo o caso de um homem que é acusado de pena capital, e vendo o poder e a malícia de um inimigo, e a frequente corrupção e parcialidade dos juízes, foge por temer a ocasião, e posteriormente é pego, trazido para um julgamento legal, e consegue provar suficientemente que não é culpado do crime, sendo posteriormente absolvido; todavia, ele é condenado a perder seus bens; esta é uma manifesta condenação de um inocente. Eu disse antes que não há lugar no mundo onde isso pode ser uma interpretação da lei da natureza, ou ser feita uma lei pelas sentenças dos julgamentos precedentes que fizeram o mesmo. Pois aquele que julgou primeiro, o fez injustamente; e nenhuma injustiça pode ser um padrão de julgamento dos julgamentos posteriores. Uma lei escrita pode proibir os homens inocentes de fugir, e eles podem ser punidos por isso: mas aquele que foge pelo medo da injúria deve ser tomado por uma presunção de culpa quando um homem já absolvido do crime judicialmente, pois é contrária à natureza da presunção que não tem lugar após um julgamento dado. Com efeito, esta opinião controversa é defendida por um grande jurista da lei comum da Inglaterra. *Se um homem que é inocente,* disse ele, *for acusado de felonia e escapou por temor dessa acusação; ainda que judicialmente permaneça liberado do jugo da felonia, se for averiguado que fugiu por tal causa, deve perder todos os seus bens, castelos, créditos e ações, conquanto seja inocente. De fato, quanto à perda de seus bens, a lei não admitirá prova contra a presunção legal fundada no fato de sua fuga.* Assim se vê que *um inocente judicialmente absolvido, apesar de sua inocência* (quando nenhuma lei escrita proíba-lhe fugir), depois de sua liberação, é condenado, *por uma presunção legal,* a perder todos os bens que possui. Se a lei estabelece que sua fuga implica a presunção do fato (que era capital), a sentença deveria também ser capital; se a presunção não era um fato, por que deveria perder seus bens? Portanto, esta não é a lei na Inglaterra; nem a condenação está enraizada na presunção da lei. Pois todos os juízos, soberanos e subordinados, se recusarem a ouvir uma prova, recusam a fazer justiça: pois apesar da sentença ser justa, ainda assim os juízes que condenam sem ouvir as provas ofertadas, são juízes injustos; e suas presunções nada mais são, exceto prejuízo, o que nenhum homem deveria trazer com ele ao assento da justiça, sejam quais forem os julgamentos precedentes ou exemplos que pretenda seguir. Há outras coisas dessa natureza, onde os julgamentos dos homens têm sido pervertidos por confiar nos precedentes: mas isso é o suficiente para mostrar que, apesar da sentença de um juiz ser uma lei para a parte litigante, não o é para qualquer juiz que lhe suceda no exercício do cargo.

De maneira análoga, quando a questão envolve o significado das leis escritas, não é um intérprete delas aquele que escreve apenas um comentário; pois comentários são comumente mais sujeitos às objeções do que o próprio texto, e, portanto, necessitam de outros comentários, com os quais não teriam fim tais interpretações. Por conta disso, a menos que exista um intérprete autorizado pelo soberano, do qual os juízes subordinados não podem se apartar, o intérprete não pode ser outro, exceto os juízes ordinários; o mesmo ocorre nos casos da lei não escrita; e suas sentenças devem ser reconhecidas por quem pleiteia como leis neste caso particular; e, a rigor, não obrigam os outros juízes a emitirem juízos análogos em casos semelhantes, porque um juiz pode errar na interpretação da lei escrita; mas nenhum erro de um juiz subordinado pode mudar a lei que constitui uma sentença geral do soberano.

Nas leis escritas, os homens costumam diferenciar entre a letra e a sentença da lei; e quando optam pela letra, entende-se qualquer coisa que possa ser inferida das meras palavras; essa distinção é correta porque os significados da maioria das palavras são ambíguas por elas mesmas ou pelo uso metafórico que se faz delas, e o argumento pode ser exibido de diversas formas; em troca, só há um sentido para a lei. Assim, se pela letra entende-se o sentido literal, então a letra e a sentença ou intenção da lei são a mesma coisa, porque o sentido literal é aquele que o legislador propunha significar pela letra da lei. De fato, supõe-se sempre que a intenção do legislador é a equidade, pois seria uma grande contumélia para o juiz pensar outra coisa do soberano. Consequentemente, se o texto da lei não autoriza plenamente uma sentença razoável, deve suprir-lhe com a lei da natureza; ou, se o caso for difícil, suspender o juízo até que tenha recebido uma autorização mais ampla. Por exemplo, uma lei escrita ordena que quem seja expulso de sua casa à força, forçosamente deve ser restituído nela. Mas suponhamos que um homem, por negligência, deixa sua casa vazia, e, ao regressar, é expulso à força, caso para o qual não existe uma lei concreta. É evidente que este caso está contido na mesma lei, pois, de outro modo, não haveria remédio em absoluto, coisa que pode se supor contrária à vontade do legislador. Por sua vez, o texto da lei ordena julgar de acordo com a evidência: um homem é acusado falsamente de um fato que o próprio juiz viu outro realizar, sendo este outro distinto do acusado. Neste caso, não pode seguir o texto da lei para condenar o inocente, nem deve o juiz sentenciar contra a evidência do testemunho, pois a letra da lei é o contrário: solicitará, pois, do soberano a designação de outro juiz, e o primeiro será testemunha do caso. Deste modo, o inconveniente resulta das meras palavras de uma lei escrita, que pode levar o juiz à intenção da lei, interpretando-a, assim, da melhor maneira possível; todavia, nenhum incômodo pode garantir uma sentença contrária à lei, porque cada juiz do bom e do mal não é juiz do que é conveniente ou inconveniente para a república[64].

As habilidades requeridas em um bom intérprete da lei, ou seja, em um bom juiz, não são as mesmas necessárias ao advogado; nomeadamente, o estudo das leis. Pois um juiz, que deve tomar ciência do fato por nenhuma outra forma além das testemunhas; igualmente, ele deve ter ciência da lei por nenhuma outra forma, mas os estatutos, as constituições do soberano, apresentadas na fase de petições ou declaradas a ele por alguém que tem autoridade do poder soberano para declará-las; e não precisa tomar cuidado prévio do que for julgar; pois será fornecido a ele o que dizer sobre o fato graças às testemunhas; e o que ele deverá apontar da lei, cabe aos peticionários apresentarem, e, pela autoridade, interpretar sobre o assunto. Os lordes do Parlamento da Inglaterra eram juízes, e as causas mais difíceis foram ouvidas e determinadas por eles; ainda assim, poucos deles foram muito versados no estudo das leis, e poucos fizeram disso sua profissão: e conquanto eles tenham consultado seus advogados, que foram designados a estarem ali presentes para este propósito; ainda assim, eles apenas têm a autoridade para dar a presença.

---

64. Para resumir "[...] a lei da natureza, supostamente em vigor ao lado do direito positivo, não pode ser aplicada a um caso concreto que não tenha sido regulado por lei positiva sem ser interpretado. Mas quem tem o direito de interpretar a lei da natureza? Não há dúvida de que... o Estado tem o direito de interpretá-lo através da pessoa do juiz. (Neste sentido) a interpretação da natureza das leis não se baseia em livros de filosofia moral, pois estes apenas expressam a opinião pessoal dos filósofos, que muitas vezes são contraditórios. É a sentença do juiz constituído pela autoridade soberana, para ouvir e determinar tais controvérsias que estabelecem a interpretação correta da lei da natureza. Portanto, pertence somente ao juiz, isto é, ao soberano, decidir se um caso concreto que não é regulado por uma lei positiva é regulado pela lei natural. E pertence apenas ao juiz decidir qual usar. Portanto, é inteiramente a critério do juiz identificar e especificar a lei da natureza. Mas isso significa que é o soberano que coloca em vigor uma lei da natureza e atribui a ela um conteúdo em vez de outro [...] (BOBBIO, N. *Thomas Hobbes and the natural law tradition*. Trad. Gabriela Gobetti. Chicago: The University of Chicago Press, 1993, p. 135-136) [N.T.].

De maneira análoga, em julgamentos ordinários de direito, doze homens do povo comum são os juízes e dão a sentença, não apenas do fato, mas do direito; e pronunciam simplesmente para o requerente ou para o réu; isto é, são juízes não apenas do fato, mas também do direito; e, em uma questão de crime, não apenas determinam o que deve ser feito ou não, mas também se o crime é *assassinato, homicídio, felonia, assalto* e similares, que são determinações da lei: mas como eles supostamente não conhecem a lei por eles mesmos, há um que tem autoridade de informá-los quanto a isso, ou seja, no caso particular que eles estão julgando. Mas ainda assim, caso eles não julguem conforme o que for dito a eles, eles não são sujeitos a qualquer penalidade posterior; a menos que façam transparecer que o fizeram contra suas próprias consciências, ou que tenham sido corrompidos por uma recompensa.

As coisas que fazem um bom juiz ou bom intérprete da lei são: primeiro, uma *compreensão correta* daquele princípio da lei chamado *equidade*; o qual depende não da leitura dos escritos dos outros homens, mas da bondade da razão natural de um homem, e meditação; presume-se que seja algo presente na maioria daqueles que dispõem de ócio [tempo ocioso] e tem mais inclinação para meditar. Em segundo lugar, *desprezo pela riqueza desnecessária e promoções.* Em terceiro, *ser hábil no julgamento para despir-se de todo medo, raiva, ódio, amor e compaixão.* Em quarto e por último, *paciência para ouvir; diligente atenção quando ouve; e memória para reter, digerir e aplicar aquilo que foi ouvido.*

A diferença e a divisão das leis foram feitas de diversas maneiras, conforme métodos diferentes e por aqueles homens que as escreveram. Porque elas envolvem uma coisa que depende não da natureza, mas do escopo do escritor; e é subserviente ao método próprio de cada homem. Nas *Instituições* de Justiniano[65], nós encontramos sete tipos de leis civis. Os *éditos, constituições* e *epístolas do príncipe,* ou seja, do imperador; porque todo poder do povo estava nele. De maneira similar são as proclamações dos reis da Inglaterra.

---

65. O *Corpus Juris* (ou *Iuris*) *Civilis* (*Compilação de Direito Civil*) foi composto por determinação do imperador Justiniano I em 533. Na época, ele era o imperador do Império Romano Oriental. Assim como em outros países, esse conjunto legal serviu de base para o direito brasileiro. Para mais informações, cf. MATOS, M.B. *Instituições de Justiniano*: origem do direito brasileiro. São Paulo: Ícone, 1999 [N.T.].

Os decretos de todo povo de Roma (compreendendo o senado), quando eles são colocados em questão pelo *senado*. A princípio, estas foram as leis pela virtude do poder soberano que reside no povo; e como estas não foram revogadas pelos imperadores, permaneceram leis por autoridade imperial. Pois todas as leis obrigatórias são compreendidas como leis por sua autoridade, que tem poder para revogá-las. De maneira análoga são os Atos [Leis] do Parlamento da Inglaterra.

Os decretos do povo comum (excluindo o senado), quando são colocados em questão pelo *tribuno* do povo. Como tais leis não foram revogadas pelos imperadores, permaneceram como leis pela autoridade imperial. Como estas, temos as ordens da Casa [Câmara] dos Comuns na Inglaterra.

Senatus consulta, as ordens do senado; porque quando o povo de Roma se tornou muito numeroso, era inconveniente reuni-lo; isso foi considerado apropriado pelo imperador, a saber, consultar o senado em vez do povo. Estas têm algumas semelhanças com os Atos [Leis] do Conselho.

Os editos dos pretores e (em alguns casos) dos *edis*: tais são os chefes da justiça nas cortes da Inglaterra.

Responsa prudentum; que foram as sentenças e opiniões daqueles juristas a quem o imperador deu autoridade de interpretar a lei e dar respostas em tudo que fosse demandado pelos seus conselhos; cujas respostas os juízes eram obrigados, pelo imperador, a observar ao proferir julgamentos: e deveriam ser como os relatórios de casos julgados, se outros juízes fossem, pelas leis da Inglaterra, obrigados a observá-los. Pois os juízes da lei comum da Inglaterra não são propriamente juízes, mas *juris consulti*; a quem os juízes, que são ou os lordes ou doze homens do país, devem pedir conselhos quanto à matéria da lei.

Também os *costumes não escritos* (que em sua própria natureza são imitações da lei), pelo tácito consentimento do imperador, no caso de não contrariarem a lei da natureza, são, de fato, leis.

Outra divisão das leis implica as *naturais* e as *positivas. Naturais* são aquelas que têm sido leis por toda a eternidade; e são chamadas não apenas de *naturais*, mas também de leis *morais*; consistindo nas virtudes morais, como justiça, equidade e todos os hábitos da mente que conduzem à paz e caridade; sobre as quais eu já falei nos capítulos quatorze e quinze.

Positivas são aquelas que não foram leis pela eternidade, mas foram tornadas leis pela vontade daqueles que detiveram o poder soberano sobre as outras; e são ou escritas ou feitas conhecer pelos homens mediante outro argumento de vontade de seu legislador.

Novamente, algumas leis positivas são *humanas*, e algumas são *divinas*; e, das leis positivas humanas, algumas são *distributivas*, e algumas *penais*. As *distributivas* são aquelas que determinam os direitos dos súditos, declarando o que pertence a cada homem a partir daquilo que adquiriu e mantém, como uma propriedade em terras ou bens, além do direito de liberdade de ação: tudo isso vale para todos os súditos. As *penais* são aquelas que expressam que pena deve ser infligida sobre aqueles que violam a lei; ademais, são direcionadas aos ministros e oficiais, que estão ordenados a executá-las. Pois cada um deve ser informado de antemão das punições ordenadas por sua transgressão; seja como for, a ordem não é endereçada ao delinquente (que supostamente não pode desejar punir a si próprio), mas aos ministros públicos apontados para acompanhar a execução da pena. E essas leis penais foram escritas, em sua maioria, juntamente com as leis distributivas; e são chamadas algumas vezes de sentenças. Porque todas as leis são sentenças gerais ou sentenças do legislador; e também com cada sentença particular, que é uma lei para aquele cujo caso foi julgado.

As *leis divinas positivas* (pois as leis naturais, sendo eternas e universais, são todas divinas) são aquelas que, sendo ordens de Deus (não para toda a eternidade, nem universalmente dirigidas a todos os homens, mas apenas a certo povo ou certas pessoas), são declaradas como tais por aqueles a quem Deus autorizou fazê-lo. Assim, como pode ser conhecida a autoridade outorgada a um homem para declarar que tais leis positivas são leis de Deus? Deus pode ordenar um homem, por via sobrenatural, para que dê leis a outros homens. Mas como é consubstancial a lei que os obrigados por ela alcancem o convencimento da autoridade de quem a declarar, e naturalmente nós não podemos adquiri-lo diretamente de Deus, *como pode um*

253

homem, sem revelação sobrenatural, assegurar-se da revelação recebida pelo declarante, e como pode ver-se obrigado a obedecê-la? Quanto ao primeiro questionamento: como pode um homem adquirir a evidência da revelação de outro? Sem uma revelação particular feita a ele mesmo, é evidentemente impossível; porque se um homem pode ser induzido a crer em tal revelação mediante os milagres que vê fazer a quem pretende possuí-la, ou por sua extraordinária santidade de vida, ou ainda pela extraordinária sabedoria e felicidade de suas ações (todos são signos extraordinários do favor divino), ainda assim, tudo isso não é testemunho certo de uma revelação especial. Os milagres são obras maravilhosas; mas o que é maravilhoso para uns pode não ser para outros. A santidade pode ser fingida, e a felicidade visível neste mundo é, em muitos casos, obra de Deus por causas naturais e ordinárias. Consequentemente, nenhum homem pode saber de modo infalível, por razão natural, se outro homem teve uma revelação sobrenatural da vontade divina; só pode haver uma crença, e, conforme os signos desta pareçam maiores ou menores, a crença certas vezes é mais firme, noutras, mais débil.

Mas para a segunda [pergunta], como podemos ser obrigados a obedecê-la, não se trata de uma tarefa árdua. Pois se a lei declarada não for contra a lei da natureza (que é, indubitavelmente, a lei de Deus) e um homem pretende obedecê-la, ele está obrigado por seu próprio ato; obrigação, digo eu, significa obedecer, mas não obrigado a crer: pois a crença dos homens e as cogitações interiores não são sujeitas às ordens, mas apenas às operações de Deus, quer sejam ordinárias, quer sejam extraordinárias. A fé na lei sobrenatural não envolve uma realização, mas apenas um assentimento diante da mesma, e não uma obrigação que oferecemos a Deus, salvo um dom que Deus outorga livremente a quem lhe agrada; como, por outra parte, a incredulidade não é o quebrantamento de algumas de suas leis, mas um repúdio de todas elas, exceto as leis naturais. Quando afirmo, posso esclarecer melhor mediante exemplos e testemunhos acerca e extraídos da Sagrada Escritura. O pacto que Deus fez com Abraão (de modo sobrenatural) era assim: *Este é a aliança [pacto] que tu deverás observar entre mim e ti, e tua semente depois de ti* (Gn 17,10). A semente de Abraão não dispunha dessa revelação, uma vez que ela ainda nem existia; ainda assim, eles eram parte do pacto, e obrigados a obedecer aquilo que Abraão fez manifestar como lei de Deus: coisa que eles não poderiam fazer, exceto em virtude da obediência que deviam aos pais, os quais (se não estão sujeitos a nenhum outro poder terreno, como ocorria no caso de Abraão) tinham poder soberano sobre seus filhos e servos. Por sua vez, quando Deus disse a Abraão: *em ti serão abençoadas todas as nações da Terra, pois sei que ordenarás aos teus filhos e à tua casa que continuem a seguir a via do Senhor depois de ti, e a observar a retidão e o julgamento*[66], fica manifesta que a obediência de sua família, que não dispunha da revelação, dependia de sua obrigação anterior de obedecer ao seu soberano. E, no monte Sinai, apenas Moisés subiu para comunicar-se com Deus, proibindo que o povo fizesse o mesmo, sob pena de morte; sem embargo, estavam obrigados a obedecer em tudo o que Moisés declarou-lhes como lei de Deus. Por que razão, se não pela submissão espontânea podemos dizer: *Fala-nos, e nós te ouviremos; mas que Deus não nos fale, senão morreremos?* (cf. Ex 20,19). Nestas duas passagens parece claro o suficiente que, em uma república, um súdito que não tem uma revelação certa e segura, particularmente dirigida a si mesmo, da vontade de Deus, pois tem de obedecer como tal o mandato da república; com efeito, se os homens tiveram liberdade para considerar como mandamentos de Deus seus próprios sonhos e fantasias, ou os sonhos e fantasias de particulares, dificilmente dois homens se colocariam de acordo acerca daquilo que é um mandamento de Deus; e, ainda a respeito disso, cada homem desobedeceria os mandamentos da república. Concluo, por conseguinte, que em todas as coisas que não são contrárias à lei moral (ou seja, a lei da natureza), todos os súditos estão obrigados a obedecer como lei divina, que se declaram como tal como leis da república. Isso é evidente para qualquer razão humana, pois o que não se faz contra a lei da natureza pode ser convertido em lei no nome de quem tem o poder soberano; e não existe razão em virtude

---

66. Este caso expressa mais uma vez a relativa liberdade de Hobbes diante do texto bíblico. Com efeito, um enunciado similar foi expresso em três passagens: Gn 12,2; Gn 18,16; Gn 22,18. Na segunda, ela surgiu como uma pergunta: "Ocultarei a Abraão o que vou fazer, já que Abraão se tornará uma nação grande e poderosa e por ele serão bendidas todas as nações da terra? Pois eu o escolhi para que ele ordene a seus filhos e à sua casa depois dele que guardem o caminho de Iahweh, realizando a justiça e o direito; desse modo Iahweh realizará para Abraão o que lhe prometeu" (BJ). Tudo leva a crer que a versão de Hobbes, conquanto não sinalizada no texto original do autor, foi extraída do segundo excerto e recomposta como uma afirmação [N.T.].

da qual os homens estejam menos obrigados, se isso for proposto em nome de Deus. Ademais, não existe lugar no mundo que seja tolerável aos homens reconhecer outros mandamentos de Deus do que os declarados como tais pela república. As repúblicas cristãs castigam aquele que se rebela contra a religião cristã, e todas as demais castigam quando instituem uma religião proibida. Com efeito, em tudo aquilo que não está regulado pela república, é da equidade (que é a lei da natureza e, consequentemente, uma lei eterna de Deus) que cada homem pode gozar igualmente de sua liberdade.

Há também outra distinção das leis, a saber, em *fundamentais* e *não fundamentais*; mas nunca pude notar, em nenhum autor, o que significa lei fundamental. Seja como for, é possível distinguir, de maneira muito razoável, leis de tal maneira.

Pois uma lei fundamental em cada república é aquela virtude que, se é suprimida, a república falha e encontrar-se-á totalmente dissolvida; como em um prédio cuja fundação está destruída. Portanto, uma lei fundamental é aquela na qual os súditos estão obrigados a manter qualquer poder que se dê ao soberano, seja ele um monarca ou uma assembleia soberana, sem a qual a república não poderia subsistir; tal é o poder de fazer paz e guerra, de instituir juízes, de eleger oficiais e de realizar tudo aquilo que se considere necessário ao bem público. A lei não fundamental é aquela que, caso seja revogada, não carrega consigo a dissolução da república; tais são as leis que tratam controvérsias entre súdito e súdito. E isto basta sobre a divisão das leis.

Eu percebo que as palavras *lex civilis* e *jus civile*, ou seja, lei e direito civil, estão sendo usadas de modo promíscuo para a mesma coisa, inclusive entre os autores mais eruditos; mas tal coisa não deveria ocorrer de tal modo. Pois *direito é liberdade*, nomeadamente aquela liberdade que a lei civil nos deixa: mas *lei civil* é uma *obrigação*; e toma de nós a liberdade que a lei da natureza nos deu. A natureza deu um direito a cada homem de garantir-se por sua própria força, além de invadir um vizinho por medida de prevenção: mas a lei civil toma tal liberdade, em todos os casos onde a proteção da lei pode ser seguramente mantida. Neste sentido, *lex* e *jus* são diferentes de *obrigação* e *liberdade*.

De maneira análoga, *leis* e *cartas* são tomadas promiscuamente como a mesma coisa. Assim, cartas são doações do soberano; e não leis, mas isenções dela. A frase da lei é *jubeo*, *injungo*, ou seja, *Eu ordeno* e *mando*; a frase da carta é, a saber, *dedi*, *concessi*, ou seja, *Eu dei*, *Eu garanti*: mas o que é dado ou garantido a um homem não é imposto a ele pela lei. Uma lei pode ser feita para unir todos os súditos da república: uma liberdade ou carta envolve apenas um homem ou uma parte do povo. Pois dizer para todo o povo da república para se sentir livre em qualquer circunstância é o mesmo que dizer, neste caso, que não há lei; ou ainda, que se houve, ela foi agora revogada.

CAPÍTULO XXVII
SOBRE CRIMES, DESCULPAS
E ATENUANTES

Um PECADO não é apenas uma transgressão da lei, mas também qualquer manifestação de desprezo pelo legislador. Porque tal desprezo é uma violação de todas as leis ao mesmo tempo. E, portanto, pode consistir, não só na *prática* de um ato, ou no falar de palavras proibidas pela lei, ou num *omitir-se* sobre o que a lei manda, mas também na intenção ou *propósito* de transgredir. Pois o propósito de desprezar a lei manifesta um certo grau de desprezo por aquele a quem compete mandá-la executar. Assim se deliciar no imaginário, apenas, de se possuir bens, servos ou a mulher de outro homem, sem qualquer intenção de lhes tirar pela força ou fraude, não constitui violação da lei, que diz: *Não cobiçarás*. Da mesma forma, não é pecado o prazer que um homem pode ter ao imaginar ou sonhar com a morte de alguém cuja vida não se espera nada além de dano e desprazer; só é pecado a resolução de colocar algum ato decorrente disso em execução. Pois satisfazer-se na ficção de ter algo que agradaria a um homem se fosse real é uma paixão tão aderente à natureza do homem quanto de outros seres vivos, que tornar tal coisa um pecado seria como considerar pecado ser um homem. Com isso em mente, é que considero excessivamente severos, tanto para eles mesmos como para outros, aqueles que atestam que os primeiros movimentos do espírito (embora verificado com o temor de Deus) são pecados. Mas confesso que é mais seguro errar desse lado, do que por outro.

Um CRIME é um pecado que consiste em cometer (por ato, ou palavras) algo que a lei proíbe, ou em se omitir quanto ao que ela ordenou. De modo que todo crime é pecado; mas nem todo pecado é crime. A intenção de roubar ou matar é um pecado, embora nunca se manifestem por palavras ou atos: mas Deus, que vê os pensamentos do homem, pode puni-los. Mas antes de aparecer por algo feito ou dito, através do qual um juiz humano pode descobrir a intenção, não se pode falar em crime. Distinção que os gregos já haviam observado nas palavras ἱάτημα e ἔγχλημα, ou ἀιτία, dentre as quais a primeira (que são traduzidas como pecado) significava qualquer espécie de desrespeito à lei; e as duas últimas (que são traduzidas *crime*) significavam somente o pecado do qual um homem pode acusar o outro. E não há lugar para a acusação humana de intenções, que nunca aparecem por qualquer ato exterior, de maneira semelhante aos latinos com *peccatum*, que é *pecado*, e que designava todo tipo de desvio a lei, e com a palavra *crimen* (derivada de *cerno*, o que significava *perceber*) que significam apenas um pecado que pode ser apresentado perante um juiz, não sendo, portanto, meras intenções.

A partir desta relação do pecado com a lei, e do crime com o direito civil, pode-se inferir, primeiro, que quando cessa a lei, acaba também o pecado. Mas já que a lei da natureza é eterna, a violação dos pactos, a ingratidão, a arrogância, e todos os atos contrários a qualquer virtude moral não podem deixar de ser pecados. Em segundo lugar, que onde cessa o direito civil, terminam os crimes: pois não havendo qualquer lei senão a da natureza, não há lugar para a acusação; sendo cada um o seu próprio juiz, e só acusado por sua própria consciência, e desculpado pela retidão de suas próprias intenções[67]. Ou seja, se há reta intenção é certo que o ato não é pecado, mas no caso contrário, o ato é pecado, mas não é crime. Em terceiro lugar, quando não há mais poder soberano, também não há mais crime: pois quando esse poder não existe, não há nenhuma proteção da lei; e então cada um pode se proteger por seu próprio poder, porque a nenhum homem na instituição do poder soberano pode se supor ter dado o direito de preservar seu próprio corpo; para cuja segurança foi a soberania estabelecida. Mas isto é apenas para ser entendido quanto aos que contribuíram pessoalmente com a derrubada do poder que os protegia: já que se trata desde o início de um crime.

A fonte de todo crime é algum defeito do entendimento; ou algum erro no raciocínio; ou alguma força repentina das paixões.

---

67. Em termos jurídicos, verifica-se aqui a aplicação por Hobbes do brocardo *nullum crimen, nulla poena sine* praevia *lege. Ou seja, não há crime sem lei anterior que o defina, nem há pena sem prévia cominação legal*, conforme o artigo 1º do *Código Penal brasileiro* [N.T.].

O defeito no entendimento, é a *ignorância*; e o do raciocínio é o da *opinião errônea*. Além disso, a ignorância pode ser de três tipos; da *lei*, do *soberano* e da *pena*. A ignorância da lei da natureza não exclui homem algum; porque deve-se supor que todo aquele capaz de usar a razão, sabe que não deve fazer para outro, o que não faria para si mesmo. Portanto, seja onde for que alguém se encontre, se essa pessoa atua de forma contrária a lei, isso é um crime. E assim, se um homem provém das Índias, e persuade os homens daqui para se converter a uma nova religião, ou ensina-lhes qualquer coisa que se encaminha para a desobediência das leis deste país, embora esteja convencido da verdade que ensina, ele comete um crime, e pode ser justamente punido devido ao mesmo, não só porque a sua doutrina é falsa, mas também porque ele faz algo que não se aprovaria em outrem, ou seja, que saindo daqui, esforça-se para alterar a religião lá. Mas a ignorância da lei civil serve de desculpa para um homem que se encontre em um país estranho, até que ela lhe seja declarada; porque até esse momento nenhuma lei civil é obrigatória.

Da mesma maneira se dá quando a lei civil do próprio país não é tão suficientemente declarada, de modo que um homem possa conhecê-la se quiser; nem a sua ação seja contra a lei da natureza; a ignorância é uma boa desculpa: mas em outros casos, a ignorância do direito civil não se justifica.

A ignorância do poder soberano, no lugar da residência habitual de um homem, não o dispensa, porque ele tem que tomar conhecimento do poder pelo qual ele é protegido.

A ignorância da pena, onde a lei é declarada, não é desculpa para ninguém, porque quem desobedece à lei, sem o medo de uma punição a seguir, dela faz palavras vãs. Assim mesmo que não se saibam quais são, as condutas de um homem estão submetidas às penas da lei, pois quem pratica voluntariamente uma ação aceita todas as consequências conhecidas dela; e, em qualquer república, a punição é uma consequência conhecida da violação das leis; se essa punição já for determinada pela lei, é a ela que se estará sujeito; caso contrário, estaríamos defronte a uma punição arbitrária. Pois manda a razão que aquele que se ferir, sem outra limitação a não ser de sua vontade, sofre punição sem outra limitação, a não ser aquela de sua própria vontade.

Mas quando uma penalidade está associada ao crime na própria lei, ou foi infligida em casos similares; lá o delinquente é dispensado de uma penalidade maior. Pois o castigo conhecido de antemão, se não for grande o suficiente para dissuadir os homens da ação, constitui-se em um convite a ela: porque quando homens comparam o benefício de sua injustiça com o prejuízo decorrente da sua punição, escolhem por necessidade da natureza o que parece melhor para si mesmo: e, portanto, quando eles são punidos mais do que determinava anteriormente a lei, ou mais do que outros foram punidos pelo mesmo crime; a lei é que os tentou e enganou.

Nenhuma lei, feita depois de um ato praticado, pode torná-lo um crime: porque se o ato for contra a lei da natureza, a lei existia antes do fato; e uma lei positiva não pode ser conhecida antes de ser feita; e, portanto, não pode ser obrigatória. Mas quando a lei que proíbe um ato é feita antes que o ato seja praticado, quem praticou o ato está sujeito à pena ordenada posteriormente, caso nenhuma pena menor seja conhecida, quer por escrito, quer pela razão imediatamente antes alegada.

Por defeito de raciocínio (isto é, por erro), os homens tendem a violar as leis de três maneiras. Primeiro, pela presunção de falsos princípios: como se dá quando os homens, por exemplo, observando que, em todos os lugares e em todas as épocas, ações injustas foram autorizadas, pela força, e as vitórias dos que as praticaram; e que quando os homens poderosos conseguem romper com o emaranhado de leis de seu país, apenas os mais fracos e aqueles que falharam em seus empreendimentos é que são considerados os únicos criminosos. Disso passa a derivar para eles o seguinte raciocínio: *que a justiça não passa de uma palavra vã: que tudo o que um homem consiga é por sua própria indústria, ou por sua própria sorte: que a prática de todas as nações não pode ser injusta; que os exemplos de tempos antigos são bons argumentos para fazer o mesmo novamente*; e muitos outros da mesma espécie. Sendo tais princípios aceitos, nenhum ato por si só poderá ser um crime, mas deverá ser tornado tal (não pela lei, mas) pelo sucesso daqueles que o cometem; e o mesmo ato poderá ser virtuoso, ou vicioso, como a fortuna agradar; de modo que o que Mario torna um crime, Sila poderá tornar meritório, e César (supondo que as leis não mudem), poderá transformar novamente em um crime, perturbando-se assim a paz perpétua da república.

Em segundo lugar, por falsos mestres, que ou interpretam mal a lei da natureza, tornando-a repugnante ao direito civil; ou ensinando leis ou doutrinas próprias, ou tradições dos tempos antigos, inconsistentes com o dever de um súdito.

Em terceiro lugar, por inferências errôneas de princípios verdadeiros; o que acontece comumente com homens apressados e precipitados em concluir e resolver o que fazer; como os que têm em alta conta o seu próprio entendimento e acreditam que coisas desta natureza não requerem tempo e estudo, mas apenas experiência e uma boa inteligência natural; das quais nenhum homem se acha desprovido – enquanto o conhecimento, do bem e do mal, que não é menos difícil, não há homem que pretenda sem um grande e prolongado estudo. E destes defeitos no raciocínio não há nenhum capaz de desculpar (embora alguns deles possam atenuá-lo) um crime, a qualquer homem que vise a administração de seus próprios negócios privados; e muito menos para quem desempenha um cargo público; porque aí fingem a razão, sob o pretexto de que eles iriam fundar sua desculpa.

Das paixões que mais frequentemente são as causas do crime, uma delas é a vaidade ou a insensatez quanto ao próprio valor; como se a diferença de valor fosse efeito do talento, riqueza, sangue, ou alguma outra qualidade natural, não dependendo da vontade daqueles que têm autoridade soberana. De onde se parte da presunção de que as punições ordenadas pelas leis, e geralmente estendidas a todos os súditos, não devem ser infligidas a alguns com o mesmo rigor que são infligidas a homens pobres, obscuros e simples, abrangidos pela designação de *vulgar*.

Assim, acontece muito que os que se valorizam pelo tamanho de sua riqueza se aventuram a praticar crimes, com a esperança de escapar da punição mediante a corrupção da justiça pública, ou por meio da obtenção de perdão em troca de dinheiro, ou ainda por outras recompensas.

Também ocorre com os que têm uma multidão de parentes poderosos; caso dos homens populares, que ganharam boa reputação entre a multidão e que tomam coragem para violar as leis, a partir da esperança de oprimir o poder, a quem compete mandar executar.

Bem como se dá com aqueles que têm uma grande e falsa opinião de sua própria sabedoria, que se atrevem a repreender as ações e que questionam a autoridade daqueles que governam; e assim desestabilizam as leis com seu discurso público, tentando fazer com que seja crime apenas o que seus próprios projetos exigem que assim o seja. Acontece também que eles são propensos a todos os crimes que dependam da astúcia e da capacidade de enganar seus vizinhos; pois imaginam que seus projetos são sutis demais para serem percebidos. Estes são os efeitos que considero como sendo de uma falsa presunção de sabedoria própria. Porque dos primeiros impulsionadores da perturbação da república (o que nunca pode acontecer sem uma guerra civil), poucos serão os que viverão o bastante para assistir seus novos projetos estabelecidos: de modo que seus crimes resultam em benefício para a posteridade, e da maneira que menos desejaram: o que comprova que não eram tão sábios quanto pensavam ser. E aqueles que enganam com a esperança de não serem descobertos, comumente enganam-se a si mesmos (as trevas em que eles acreditam estarem escondidos não são mais do que sua própria cegueira) e não são mais sábios do que as crianças, que pensam se esconder quando tapam seus próprios olhos.

E geralmente todos os homens vaidosos (a menos que sejam tímidos) estão sujeitos à ira; pois têm mais propensão do que os outros a interpretar como desprezo a liberdade comum de convivência: e há poucos crimes que podem não ser o resultado da raiva.

Quanto às paixões, ao ódio, à luxúria, à ambição e à cobiça, é tão óbvio para a experiência e o entendimento de qualquer um quais são os crimes que os mesmos podem produzir, e que nada é preciso dizer a respeito deles, salvo que são doenças inerentes à natureza, tanto do homem como de todas as outras criaturas vivas, visto que seus efeitos não podem ser impedidos, a não ser pelo uso extraordinário da razão ou de uma severidade constante no seu castigo. Pois em todas as coisas que os homens odeiam, eles encontram um constante e inevitável incomodo; perante o qual a paciência de cada homem deve ser sem fim, ou deve ser aliviada removendo o poder daquilo que o molesta: a primeira é difícil; já a última é muitas vezes impossível, sem alguma violação da lei. Ademais, ambição e cobiça são também paixões que exercem influência e pressão continuamente; enquanto que a razão não está perpetuamente presente, para resistir a elas: e, portanto, sempre que surge a esperança de impunidade, seus efeitos se verificam. E para a luxúria, o que lhe falta em durabilidade, sobra-lhe em veemência, o que basta para abater o receio de castigos leves e incertos.

De todas as paixões, aquela que menos inclina os homens a violar as leis é o medo. É a única (com exceção de algumas naturezas generosas) coisa (quando não há se vislumbra lucro ou prazer) que faz com que os homens as respeitem. Mas apesar disso, em muitos casos, o medo pode levar ao cometimento de um crime.

Ocorre que não é todo medo que justifica a ação que produz, apenas o medo do dano corporal, o que chamamos de *medo físico*, e do qual um homem não pode ver como se livrar a não ser por essa ação. Um homem é assaltado, teme a morte iminente, da qual ele não vê como escapar, senão ferindo aquele que o agride: se ele o feriu até a morte, isso não é crime; porque não se supõe que, na criação de uma república, alguém tenha abandonado a defesa de sua vida ou de seus membros quando a lei não pode chegar a tempo suficiente para ajudá-lo. Mas matar um homem porque por suas ações ou suas ameaças posso concluir que ele vai me matar quando puder (vez que tenho tempo e meios para exigir proteção, do poder soberano) é um crime. Mais uma vez, se um homem sofre com palavras desagradáveis ou algumas pequenas injúrias (para as quais quem fez as leis não atribuiu castigo, nem achou que fosse digno de um homem no uso da sua razão levá-las em conta) e tem medo, caso não se vingue por se transformar em objeto de desprezo ficando, consequentemente, sujeito a receber de outro injúrias semelhantes; e, para evitar isso, infringe a lei e protege-se para o futuro, pelo terror de sua vingança privada. Este é um caso de crime, porque o prejuízo não é corpóreo, mas imaginário, e (embora neste canto do mundo seja considerado intolerável à luz de um costume não muito antigo, entre homens e jovens e vaidosos) tão insignificante, que um homem galante e seguro de sua própria coragem não pode dar atenção. Também pode ocorrer ainda que um homem fique com medo de espíritos, seja através de sua própria superstição, seja por meio de muito crédito dado a outros homens, que lhe falem de estranhos sonhos e visões; e, assim, levado a acreditar que eles vão machucá-lo, por fazer ou omitir coisas diversas, que, no entanto, são contrárias às leis; aquilo que é feito ou omitido, nestas condições, não deve ser desculpado por esse medo; mas é um crime. Pois (como mostrei antes, no segundo capítulo) os sonhos são naturalmente apenas fantasias que permanecem durante o sono, decorrentes das impressões recebidas pelos nossos sentidos em estado de vigília; e quando os homens não têm a certeza de que o que se vê dormindo são verdadeiras visões. Assim, quem violar a lei com base em seus próprios sonhos ou pretensas visões, ou nos de outrem, ou em uma fantasia do poder dos espíritos invisíveis, diversa da que é permitida pela república, se afasta das leis da natureza, o que é um delito certo, e seguirá as imagens de sua própria autoria, ou o cérebro de outro homem privado, sem que jamais se possa saber se significa alguma coisa, ou nada, nem se quem conta seus sonhos diz a verdade ou mente; se a todo homem fosse possível fazer isto (como seria pela lei da natureza, se existisse), nenhuma lei poderia existir, e toda república seria dissolvida.

A partir dessas diferentes fontes de crimes, já parece claro que nem todos os crimes são (como para os estoicos) da mesma linhagem. Há lugar, não apenas para DESCULPAS, através das quais se prova não ser crime aquilo que parecia ser; mas também para ATENUANTES, mediante as quais um crime, que parecia ser grande, se torna menor. Pois, embora todos os crimes mereçam igualmente o nome de injustiça, como todo desvio de uma linha reta implica igual sinuosidade, conforme acertadamente observaram os estoicos: não se segue que todos os crimes são igualmente injustos, tal como nem toda linha torta é igualmente torta. Assim, por deixarem de observar isso, para os estoicos, seria um crime igualmente grave matar uma galinha e o próprio pai.

Aquilo que desculpa um ato, tirando-lhe totalmente a natureza de um crime, não pode ser senão aquilo que, ao mesmo tempo, retira da lei seu caráter obrigatório. Pois se for cometido um ato contra a lei, e quem o cometeu tiver obrigação perante a ela, isso só pode ser um crime.

A falta de meios para conhecer a lei desculpa totalmente uma ação: porque a lei de que o homem não tem meios para se informar não é obrigatória. Mas a falta de diligência para se informar não pode ser considerada como falta de meios; e ninguém que pretenda raciocinar o suficiente para governar seus próprios negócios pode ser considerado como carente de meios para conhecer as leis da natureza; porque elas são conhecidas pela razão que se pretende possuir. Por isso, somente as crianças e os loucos estão desculpados de qualquer ofensa contra a lei natural.

Quando um homem se acha cativo ou em poder do inimigo (e está em poder do inimigo, quando a sua pessoa ou seus meios de vida, assim se encontram), se for sem a concorrência de culpa sua, a obrigação da lei cessa; porque ele deve obedecer ao inimigo ou morrer; e, consequentemente, tal obediência não é crime: já que nenhum homem é obrigado (quando a proteção da lei falhar) a não se proteger pelos melhores meios que puder.

Se um homem, pelo terror da morte presente, for obrigado a praticar um ato contra a lei, estará totalmente desculpado; porque nenhuma lei pode obrigar o homem a abandonar sua própria preservação. E supondo que tal lei fosse obrigatória; mesmo assim, o raciocínio seria o seguinte: *se eu não agir, morrerei logo; agora, se eu fizer isso, morro depois; portanto, fazendo isso ganho tempo de vida*; portanto, a natureza compele ao ato.

Quando um homem é destituído de comida ou outra coisa necessária à sua vida, e não pode se preservar de outra maneira, a não ser atuando contra a lei; como no caso de alguém que, estando com grande fome, toma a comida à força ou furtivamente, por não poder obter por dinheiro nem por caridade; ou alguém que, em defesa de sua vida, arranca a espada de outro homem; essa pessoa é totalmente desculpada pela razão acima alegada.

Além disso, os atos praticados contra a lei pela autoridade de outrem são, por essa pessoa, desculpados perante o autor; porque nenhum homem deve acusar de seu próprio ato aquele que é apenas seu instrumento. Mas o ato não é desculpado contra uma terceira pessoa prejudicada por ele; porque, na violação da lei, tanto o autor quanto o ator são criminosos. Disto segue-se que quando aquele homem ou aquela assembleia que detém o poder soberano ordena um homem fazer o que é contrário a uma lei anterior, este ato é totalmente desculpado: pois o próprio soberano é o autor, e quem não pode ser justamente condenado pelo soberano, não pode ser justamente punido por ninguém. E, além disso, quando o soberano ordena que qualquer coisa seja feita contra a sua própria lei anterior, o comando, quanto a esse ato em particular, é uma revogação da lei.

Se aquele homem ou aquela assembleia que tem o poder soberano renunciar a qualquer direito essencial à soberania, resultando para o súdito qualquer liberdade inconsistente com o soberano poder, isto é, com o próprio ser de uma república, significa dizer que se o súdito se recusar a obedecer às suas ordens em alguma coisa, contrariamente à liberdade concedida, trata-se apesar de um pecado, contrário ao dever do sujeito: pois ele deve tomar conhecimento do que é inconsistente com a soberania, já que ela foi erigida com seu próprio consentimento e para a sua própria defesa; e tal liberdade é inconsistente com o que foi concedido pela ignorância da consequência do mal. Mas se ele não só desobedecer, mas também resistir a um ministro público na execução da mesma, então é um crime; porque ele poderia ter protestado (sem qualquer violação da paz) pela correção do erro.

Os graus de criminalidade são tomados em diversas escalas e medidos, primeiro, pela malignidade da fonte ou causa; em segundo lugar, pelo contágio do exemplo; em terceiro lugar, pelo prejuízo do efeito; e em quarto, pela concorrência de tempo, lugar e pessoas.

O mesmo ato praticado contra a lei, se procede da presunção de força, de riqueza ou dos amigos capazes de resistir àqueles que devem executar a lei, é um crime maior do que se ele prosseguisse na esperança de não ser descoberto ou de poder escapar. Afinal, a presunção de impunidade pela força é uma raiz a partir da qual sempre brotou, em todas as épocas e devido a todas as tentações, um desprezo por todas as leis; enquanto, no segundo caso, a apreensão do perigo que faz um homem fugir torna-o mais obediente para o futuro. Um crime que sabemos sê-lo enquanto tal é maior do que o mesmo crime provindo da falsa persuasão de que é legal; porque aquele que o comete contra a sua própria consciência, confia na sua força, ou na de outro poder, que o encoraja a cometer o mesmo de novo; mas quem faz isto por engano, depois que o erro é mostrado a ele, volta a estar de acordo com a lei.

Aquele cujo erro é produto da autoridade de um professor, ou de um intérprete da lei com autorização do Estado, tem menos culpa que aquele cujo erro procede de uma perseguição imperativa de seus próprios princípios e raciocínio: pois o que é ensinado por alguém que ensina pela autoridade pública, é ensinado pela república e tem uma semelhança à lei, até que a mesma autoridade realize um controle; e todos os crimes que não contêm em si uma negação do poder soberano, nem são contra uma lei evidente ou doutrina autorizada, são totalmente desculpáveis. Já quem baseia suas ações em seu julgamento privado, deve de acordo com a retidão, ou erro de tal juízo, manter-se de pé ou cair.

O mesmo ato, se tem sido constantemente punido em outros casos, é um crime maior do que se houvesse muitos exemplos precedentes de impunidade. Pois esses exemplos são esperanças de impunidade dadas pelo próprio soberano: assim, como quem fornece a um homem tal esperança e presunção de misericórdia, animando-o a cometer a ofensa, tem ele a sua parte na infração; não é então razoável que se atribuía a culpa integral ao infrator.

Um crime decorrente de uma paixão repentina não é tão grande quanto aquele que nasce de longa meditação: já que no primeiro caso há lugar para os atenuantes, com base na comum enfermidade da natureza humana; mas aquele que faz isso com premeditação usou de circunspecção, e pensou na lei e na punição, e na consequência disso para a sociedade; ao cometer o crime, foram desprezadas todas essas coisas e entregues ao seu próprio apetite. Mas não há uma súbita paixão suficiente que sirva como uma desculpa completa: pois todo o tempo entre o conhecimento e a prática do ato deve ser tomado como um momento de deliberação; porque cada um deve, meditando sobre a lei, corrigir a irregularidade de suas paixões continuamente.

Onde a lei é pública e assiduamente interpretada perante o povo inteiro; um ato praticado contra ela é, consequentemente, um crime maior do que onde os homens são deixados sem tal instrução, para se informar com dificuldade, incerteza e interrupção de seus afazeres, e junto a indivíduos particulares. Porque neste caso, embora parte da culpa seja atribuída a uma enfermidade comum; contudo, no primeiro há uma negligência aparente, que não deixa de implicar um certo desprezo pelo poder soberano.

Os atos que a lei expressamente condena, mas o legislador por outros sinais manifestos de sua vontade tacitamente aprova, são menos crimes do que os mesmos fatos quando condenados tanto pela lei como pelo legislador. Como a vontade do legislador é a lei, há neste caso duas leis contraditórias; o que serviria de desculpa total se os homens fossem obrigados a tomar conhecimento da aprovação do soberano por outros argumentos que não os expressos por sua ordem. Mas porque há punições consequentes, não apenas à transgressão de sua lei, mas também à sua observação, ele é em parte a causa da transgressão e, portanto, não pode ser razoável imputar todo o crime ao delinquente. Por exemplo, a lei condena os duelos; e a punição é capital. Da parte contrária, aquele que recusa o duelo, está sujeito ao desprezo e escárnio, sem remédio; e às vezes pelo próprio soberano é julgado indigno de ocupar qualquer cargo, ou obter preferência na guerra. Neste sentido, se alguém aceitar um duelo, considerando que todos os homens legalmente se esforçam para obter a boa opinião daqueles que têm o poder soberano, a razão indica que ele não deve ser rigorosamente punido; uma vez que parte da culpa pode ser descarregada em quem pune. O que eu digo, não por desejar a liberalização da vingança privada, ou por qualquer outro tipo de desobediência; mas sim por desejar o cuidado da parte dos governantes para não proibir qualquer coisa que, obliquamente, eles proíbem diretamente. Os exemplos dos príncipes, para aqueles que os veem, são e sempre foram mais potentes para governar suas ações do que as próprias leis. E embora seja nosso dever fazer, não o que eles fazem, mas o que eles dizem; esse dever nunca será cumprido até que agrade a Deus dar ao homem uma graça extraordinária e sobrenatural para seguir esse preceito.

Novamente, se compararmos os crimes pelo prejuízo de seus efeitos, em primeiro lugar, o mesmo ato, quando se reduz ao dano de muitos, é maior do que quando se reduz ao dano de poucos. E, portanto, quando um ato prejudica, não apenas no presente, mas também (por exemplo) no futuro, esse é um crime mais grave do que prejudicar apenas no presente: isso porque o primeiro, é um crime fértil que se multiplica em prejuízo de muitos; enquanto o segundo, é estéril. Da mesma forma, defender doutrinas contrárias à religião estabelecida na república é uma falta mais grave quando o pregador é autorizado do que quando o pregador é privado; assim como viver profanamente ou praticar qualquer ação irreligiosa, seja ela qual for. Além disso, é um crime mais grave para um professor de Direito do que para qualquer outra pessoa sustentar um argumento ou praticar um ato que contribua para o enfraquecimento do poder soberano. O que é o mesmo para um homem possuidor de tal reputação de sabedoria, a saber, que todos os seus conselhos sejam seguidos, ou suas ações imitadas por muitos: seu ato contra a lei é em si um crime maior do que o mesmo ato praticado por outrem. Porque tais homens não só cometem crimes, mas ensinam-nos como lei para todos os outros. E geralmente todos os crimes são maiores pelo escândalo que provocam; isto é, tornando-se pedras de tropeço para os fracos, que não olhando tanto para o caminho que entram, olham mais para a luz que outro homem carrega diante deles.

Também os atos de hostilidade contra o atual estado da república são crimes maiores do que os mesmos atos praticados contra homens privados: pois o dano se estende a todos. Sendo o caso da revelação de forças ou dos segredos da república para um inimigo; também todas as tentativas de atentado contra o representante da república, seja ele um monarca ou uma assembleia; e todos os esforços por palavra ou ação para diminuir a autoridade do mesmo, seja no tempo presente, ou durante a sucessão; tais crimes foram nomeados pelos latinos como *crimina laesae majestatis* e consistem em desígnios ou atos contrários a uma lei fundamental.

Da mesma forma, os crimes que invalidam julgamentos são mais graves do que os danos causados a uma ou a poucas pessoas; é o caso de receber dinheiro para dar um julgamento ou falso testemunho, o que afeta mais do que enganar alguém numa quantia maior; porque não só se comete injustiça a quem sucumbe; mas torna todos os julgamentos inúteis, dando-se oportunidade à força e a vingança privada.

Também o roubo e a dilapidação do tesouro ou renda pública é um crime maior do que roubar ou defraudar um homem privado; porque roubar o público é roubar muitos de uma só vez.

Também a usurpação fraudulenta de um ministério e a falsificação de selos públicos ou da moeda nacional são mais graves do que se fazer passar pela pessoa de um homem privado ou falsificar seu selo; porque a primeira fraude implica fraudar contra muitos.

Dos atos contra a lei, praticados contra os homens privados, o maior crime é o que provoca maior dano, de acordo com a opinião dos homens. Portanto, matar contra a lei é um crime maior que qualquer outro dano que preserve vidas.

Matar com tortura é mais grave que simplesmente matar.

A mutilação de um membro é um crime maior do que despojar um homem de seus bens.

E despojar um homem de seus bens, pelo temor da morte, ou feridas, é mais grave do que pela subtração clandestina.

Já despojar um homem por subtração clandestina é mais grave do que por consentimento obtido fraudulentamente.

A violação da castidade pela força é mais grave do que pela sedução.

E a violação de uma mulher casada é mais grave do que de uma mulher solteira.

Pois todas estas coisas são geralmente valorizadas dessa forma; e embora alguns homens sejam mais, e outros menos sensíveis diante da mesma ofensa. Porém, a lei não considera o particular, mas a inclinação geral da humanidade.

E, portanto, é por isso que a ofensa tomada a partir da injúria, por palavras ou gestos, quando o único dano que causa é o agravo do sofrimento de quem a recebe, foi ignorada nas leis dos gregos, dos romanos, e de outros, quer das antigas, quer das repúblicas modernas; afinal a verdadeira causa do agravo não está na injúria (que não produz efeitos sobre os homens conscientes da sua própria virtude), mas na pusilanimidade daquele que é ofendido por ele.

Além disso, um crime contra um particular é muito agravado pela pessoa, tempo e lugar. Pois matar um dos pais é um crime maior do que matar qualquer outro; já que o pai deveria ter a honra de um soberano (embora tenha cedido o seu poder à lei civil), uma vez que a detinha originalmente pela natureza. E roubar um homem pobre é um crime maior do que roubar um homem rico; porque se trata para os pobres de um dano mais sensível.

E um crime cometido em um momento ou lugar designado para a devoção é maior do que se cometido em outro tempo ou lugar: pois revela um maior desprezo pela lei.

Muitos outros casos de agravamento e atenuação podem ser acrescentados: mas, por esses que estabeleci, é fácil para todo homem medir qualquer outro crime proposto.

Por último, porque em quase todos os crimes se causa dano, não apenas a alguns homens, mas também para a república; o mesmo crime, quando a acusação está em nome da república, é chamado de crime público; e quando, em nome de um homem privado, de crime particular. E os litígios correspondentes, chamam-se quanto aos crimes públicos, *judicia publica*, ou litígios da coroa; e quanto aos privados, de litígios privados. Assim, em uma acusação de assassinato, se o acusador é um particular, o litígio é privado; mas se o acusador é soberano, o litígio é público[68].

---

68. Estabelecidas as questões inerentes à origem do crime o que de outro modo retoma a Parte I. O fato de Hobbes comparar em gravidade vários atos ilícitos, é que para ele a pena dos crimes não pode ser a mesma para todo e qualquer um "[...] pois é certo que cada conduta tem seu grau de relevância dentro da sociedade e cabe ao Estado, como legítimo detentor do poder soberano, discernir entre crimes que são considerados menores daqueles crimes que são efetivamente graves... e como o propósito de existência do Estado é a manutenção da paz entre seus cidadãos, a natureza do crime leva em consideração a capacidade de afetar a paz em sociedade. Caso uma conduta do cidadão seja contrária à lei mas que a paz em sociedade esteja pouco ameaçada, a pena para este crime tende a ser leve, apenas para reprimir a conduta e demonstrar aos demais que tal conduta não sairá totalmente impune. Entretanto, quando o Estado entende que a conduta do cidadão pode afetar seriamente a paz em sociedade, a resposta do Estado a esta conduta deve ser à altura, de modo que não haja, na prática, nenhuma ameaça ao convívio pacífico em sociedade. Esses crimes então são considerados de natureza grave e a punição para eles é severa na proporção de sua gravidade [...]" conforme fica visível no capítulo seguinte (GRANADO, G. *A teoria contratualista do Estado* – Convergências e divergências em T. Hobbes, J. Rousseau e J. Locke. Rio de Janeiro: Gramma, 2018, p. 46) [N.T.].

CAPÍTULO XXVIII
SOBRE PUNIÇÕES E RECOMPENSAS

Uma PUNIÇÃO *é um mal infligido pela autoridade pública sobre quem fez ou omitiu aquilo que é julgado pela mesma autoridade como transgressão da lei, a fim de que a vontade dos homens seja melhor disposta à obediência.*

Antes de inferir qualquer coisa dessa definição, há uma questão a ser respondida de grande importância; a saber, qual é a porta por onde entra o direito ou a autoridade de punir? Pois, conforme o que foi dito antes, nenhum homem é obrigado por um contrato a se abster de resistir à violência; e, consequentemente, não pode ser intencional que uma pessoa atribua a outra qualquer direito de usar violência contra si. Na constituição de uma república, todo homem cede o direito de defender os outros; mas não de se defender. Além disso, ele também se compromete a ajudar aquele que detém a soberania a castigar outrem; mas não a si mesmo. Mas o pacto de ajudar o soberano a causar dano a outrem, a menos que aquele que assim se comprometa tenha o direito de fazê-lo, não lhe dá o direito de punir. Assim é manifesto que o direito que a república (isto é, àquele ou àqueles que a representam) tem de punir, não se baseia em nenhuma concessão ou dádiva dos súditos. Mas também já mostrei anteriormente que, antes da instituição da república, todo homem tinha direito a fazer tudo o que julgasse necessário à sua própria preservação; subjugando, ferindo ou matando qualquer homem para isso. E este é o fundamento de tal direito de punir, que é exercido em toda república. Pois os súditos não deram ao soberano esse direito; mas apenas porque abriram mão do seu, reforçaram o uso que ele poderia fazer de seu próprio direito da maneira que julgasse mais conveniente para a preservação de todos: de modo que o direito de punir não foi dado, mas deixado a ele, e apenas a ele; (excetuando-se os limites impostos pela lei natural) plenamente, como na condição da mera natureza, ou da guerra de todos contra o próximo.

A partir da definição de punição, deduzo, em primeiro lugar, que nem as vinganças privadas, nem os ferimentos provocados por particulares, podem ser apropriadamente punições; porque eles não procedem da autoridade pública.

Em segundo lugar, que o ser negligenciado e preterido pelo favor público não é uma punição; porque nenhum mal provém daí; apenas se o deixa na condição anterior.

Terceiro, que o mal infligido pela autoridade pública, sem condenação pública precedente, não deve ser denominado pelo nome de punição; mas de ato hostil; porque o fato pelo qual um homem é punido deve primeiro ser julgado pela autoridade pública como uma transgressão da lei.

Em quarto lugar, que o mal infligido pelo poder usurpado, ou juízes não autorizados pelo soberano, não é castigo; mas um ato de hostilidade; porque os atos de poder usurpados não têm como autor a pessoa condenada; e, portanto, não são atos de autoridade pública.

Em quinto lugar, que todo mal que é infligido sem intenção, ou possibilidade de predispor o delinquente, ou (pelo seu exemplo) outros homens, a obedecer às leis, não é castigo; mas um ato de hostilidade: porque sem esse fim, nenhum dano realizado está contido nesse nome.

Em sexto lugar, ao passo que certas ações por natureza implicam diversas consequências prejudiciais; como quando um homem, ao agredir o outro, é ele mesmo morto ou ferido; ou quando se é acometido de doença pela prática de algum ato ilegal; esse mal, embora em relação a Deus, que é o autor da natureza, pode-se dizer que são infligidos sendo, portanto, punição divina; no entanto, não podem ser tomados como punição em relação aos homens, porque não são infligidos pela autoridade do homem.

Em sétimo lugar, se o dano infligido for menor que o benefício, ou contentamento que naturalmente segue o crime cometido, esse dano não está abrangido pela definição; e é antes o preço ou o resgate do que a punição de um crime: porque é da natureza da punição ter o fim de predispor os homens a obedecer à lei; o que não será atingido (se for menor que o benefício da transgressão), mas irá operar um efeito contrário.

Oitavo, se uma punição for determinada e prescrita pela própria lei, e após o crime cometido, se for aplicada uma punição mais severa, o excesso não é punição, mas um ato de hostilidade. Pois o objetivo da punição não é a vingança, mas o terror; e uma vez que se retira o terror de uma pena mais pesada com a declaração de uma menor, o acréscimo inesperado não faz parte da punição. Mas quando a lei não atribui punição alguma, o que quer que seja infligido tem a natureza da punição. Pois aquele que se arrisca a violar uma lei, onde nenhuma penalidade é determinada, espera uma punição arbitrária, isto é, indeterminada.

Em nono lugar, o dano infligido por um ato praticado antes de se ter uma lei que proíba isso não é punição, mas um ato de hostilidade, porque antes da lei não há transgressão da lei: e a punição supõe um ato julgado como transgressão de uma lei; portanto, o dano infligido antes que a lei seja feita não é castigo, mas um ato de hostilidade.

Em décimo lugar, o dano infligido ao representante da república, não é punição, mas um ato de hostilidade: Porque é da natureza da punição que estas sejam infligidas pela autoridade pública, que é a autoridade apenas do próprio representante.

Por fim, o dano infligido àquele que é um inimigo declarado não pode ser classificado como punição: porque eles não estavam sujeitos à lei e, portanto, não podem transgredi-la; e se isso for transposto, todos os danos que podem ser causados a eles devem ser tomados como atos de hostilidade. Agora em uma situação de hostilidade declarada, toda imposição de dano é lícita. De onde segue que se um súdito, por ato ou palavra, sabida e deliberadamente, nega a autoridade do representante da república (seja qual for a pena anteriormente ordenada para traição), este pode lhe fazer legalmente sofrer tudo o que for de sua vontade: pois ao negar a sujeição, ele negou o castigo previsto na lei; e, portanto, deve sofrer como inimigo da república; isto é, de acordo com a vontade do representante. Porque as punições estabelecidas na lei são para os súditos, não para os inimigos; como aqueles que, por seus próprios atos, deliberadamente se revoltam e negam o poder soberano.

A primeira e mais geral distribuição de punições é em *divina* e *humana*. Da primeira, terei ocasião de falar, em um lugar mais conveniente adiante.

Já as *humanas* são aquelas punições infligidas por ordem dos homens; e são *corporais* ou *pecuniárias*, *ignomínias*, *prisão*, ou *exílio*, ou uma mistura destas.

O castigo corporal é infligido ao corpo diretamente, e de acordo com a intenção de quem inflige: são o flagelo, as feridas ou privação dos prazeres do corpo de que antes se apreciava legalmente.

E destas algumas são *capitais* e outras menos que *capital*. A capital é a morte; e isso simplesmente, ou com tortura. Menos que a capital, são o flagelo, as feridas, as correntes e qualquer outra dor no corpo, que pela sua própria natureza não são mortais. Pois se o resultado de uma pena for a morte, e isso diferir da intenção de quem aplicou, a punição não é capitalizada, embora o dano seja fatal por um acidente não previsto. Nesse caso, a morte não é infligida, mas apressada.

Punições pecuniárias são aquelas que se trata não apenas de privação de uma quantia em dinheiro, mas também de terras, ou quaisquer outros bens que geralmente são comprados e vendidos por dinheiro. E no caso da lei que ordena tal punição ser feita com o objetivo de reunir o dinheiro daqueles que transgredirem, isso não é propriamente uma punição, mas o preço de um privilégio e isenção da lei, que não proíbe o ato de modo absoluto mas impede-o apenas aos que não são capazes de pagar: exceto quando a lei é natural, ou parte da religião; porque, nesse caso, não há uma isenção da lei, mas uma transgressão dela. Se por exemplo uma lei impor uma multa pecuniária aos que usarem o nome de Deus em vão, o pagamento da multa não será o preço de uma dispensa para blasfemar, mas o castigo da transgressão de uma lei indispensável. Da mesma forma, se a lei impuser uma quantia em dinheiro a ser paga àquele que foi ferido; isto é apenas uma satisfação pelo dano que lhe foi causado; o que extingue a acusação pela parte ferida, e não o crime do ofensor.

Ignomínia implica infligir um mal desonroso ou o privar de um bem considerado honrado pela república. Pois há algumas coisas que são honradas por natureza; como os efeitos da coragem, da magnanimidade, da força, da sabedoria e outras habilidades do corpo e da mente: outras coisas são honradas pela república; como insígnias, títulos e cargos ou qualquer outra marca singular do favor do soberano. As primeiras (embora possam falhar por natureza ou acidente) não podem ser retiradas por uma lei; e, portanto, a perda delas não se trata de uma punição. Mas as últimas podem ser tomadas pela autoridade pública que concedeu e são punições propriamente: como, por exemplo, quando se degrada um condenado, retirando suas insígnias, títulos e cargos; ou declarando-o incapaz no futuro.

A *prisão* se dá quando um homem é pela autoridade pública privado de sua liberdade; o que pode acontecer a partir de dois fins diferentes; um é a custódia segura de um homem acusado; e o outro é infligir a dor ao condenado. O primeiro não é castigo; porque não é possível punir alguém sem antes ouvi-lo judicialmente, e declará-lo culpado. E, portanto, seja qual for o dano infligido a um homem, por prisão ou confinamento, antes de sua causa ser ouvida, para além do necessário para assegurar sua custódia, isso é contra a lei da natureza. Mas no outro caso há uma punição pois o dano infligido se dá pela autoridade pública, por algo que pela mesma autoridade foi julgado como uma transgressão da lei. E sob esta palavra aprisionamento, eu compreendo toda restrição de movimento, causada por um obstáculo externo, seja uma casa, que é chamada pelo nome geral de uma prisão; ou uma ilha, como quando se diz que os homens estão confinados a ela; ou um lugar onde os homens são colocados para trabalhar, como nos velhos tempos em que os homens eram condenados a pedreiras, e nestes tempos a galés; ou seja, mediante correntes ou qualquer outro impedimento.

O *exílio* (banimento) se dá quando um homem é condenado por um crime a sair do domínio da república ou de uma de suas partes: para durante um tempo prefixado, ou para sempre, não retornar; neste sentido, não parece, em sua própria natureza, sem outras circunstâncias, ser uma punição; mas sim uma fuga, ou uma ordem pública para evitar uma punição. Cícero dizia que nunca houve tal castigo ordenado na cidade de Roma; mas chama isso de refúgio para homens em perigo. Pois se um homem fosse banido e, no entanto, tivesse permissão para desfrutar de seus bens e da receita de suas terras, a mera mudança de ar não se trata de uma punição; nem tende a ser um benefício para a república, à vista de quem todas as punições são ordenadas (isto é, para que a vontade dos homens seja conforme a da lei), é ao contrário muitas vezes um prejuízo à república. Pois um homem banido é um inimigo legítimo da república que o baniu; já que não é mais um de seus membros. Mas se na mesma situação um homem for privado de suas terras ou bens, então a punição não está no exílio, mas deve ser considerada como punição pecuniária.

Todas as punições aplicadas a súditos inocentes, sejam elas de grande ou pequena monta, são contra a lei da natureza; já que as punições só podem ser aplicadas em razão de uma transgressão à lei e, portanto, não pode haver punição de inocentes. Isso porque trata-se de uma violação, primeiro, daquela lei da natureza, que proíbe todos os homens, em suas vinganças, de olhar para qualquer coisa que não seja um bem futuro: e não pode resultar em bem algum para a república a punição de inocentes. Em segundo lugar, porque é uma violação da lei que proíbe a ingratidão: afinal como todo poder soberano é conferido originalmente pelo consentimento de cada um dos súditos, com a intenção de serem por ele protegidos enquanto se mantiverem obedientes, a punição de um inocente equipara-se a pagar o bem com o mal. E em terceiro lugar, por conta da lei que ordena a equidade; isto é, uma distribuição igualitária da justiça, que ao punir o inocente não é observada.

Mas se está diante da imposição de um dano a qualquer homem inocente, que não é um súdito, na oportunidade de ser para o benefício da república, e sem que haja violação de qualquer contrato anterior, essa situação não se trata de violação da lei de natureza. Afinal todos os homens que não são súditos, são inimigos, ou então eles deixaram de ser assim por algum convênio precedente. Mas contra inimigos, a quem a república julgue capaz de causar dano, é lícito pelo direito original da natureza fazer guerra; onde a espada não julga nem o vencedor faz distinção entre nocivo [culpado] e inocente, como no tempo passado; nem tem outro respeito ou misericórdia, a não ser a que o que contribui para o bem de seu povo. E é também sobre este fundamento que no caso dos súditos que deliberadamente negam a autoridade da república estabelecida, a vingança é legalmente estendida, não só aos pais, mas também à terceira e quarta gerações ainda não existentes que são por consequência inocentes do fato, em razão do qual irão sofrer: pois a natureza desta ofensa consiste na renúncia à sujeição; que é uma recaída na condição de guerra, comumente chamada de rebelião; e os que assim ofendem, sofrem não como súditos, mas inimigos. Já que a *rebelião* é a guerra renovada.

A RECOMPENSA pode ser por *presente* ou *contrato*. Quando é por contrato, é chamada de *salário* ou *ordenado*; que é o benefício devido pelo serviço executado ou prometido. Já quando é por presente, essa provém de um benefício que se encaminha por *graça* daqueles que a concedem, para encorajar ou capacitar os homens a prestarem-lhes serviço. Assim, quando o soberano de uma república define um salário para qualquer cargo público, aquele que o recebe está obrigado pela justiça a realizar seu ofício; caso contrário, estará obrigado apenas pela honra ao reconhecer e a esforçar-se para retribuir. Pois, embora não haja um remédio legal para os homens que são ordenados a exercer uma função pública a abandonar seus negócios particulares sem recompensa ou salário; todavia, eles não estão obrigados a isso, nem pela lei da natureza, nem pela instituição da república, a menos que o serviço não possa ser feito de outra maneira; porque se supõe que o soberano pode fazer uso de todos os seus homens, desde que a estes se reconheça o mesmo direito quanto ao soldado mais comum, o de exigir o salário dos serviços prestados, como dívida.

Os benefícios que um soberano confere a um súdito, por medo de seu poder ou capacidade de causar dano à república, não são recompensas propriamente ditas; nem são salários, já que neste caso não há contrato, estando cada homem obrigado a não prestar desserviços à república; também não são graças porque são extorquidos pelo medo, o que não deveria ser inerente ao poder soberano. São mais sacrifícios que o soberano faz (considerado na sua pessoa natural, e não na pessoa da república), para apaziguar o descontentamento daqueles que se pensam serem mais poderosos do que ele; e encorajar não a obediência, mas pelo contrário, a continuação, e intensificação de futuras extorsões.

E considerando que alguns salários são certos e procedem do tesouro público; e outros são incertos e casuais, procedentes da execução do cargo para o qual o salário foi estipulado; há casos em que os últimos são prejudiciais à comunidade, como no caso da magistratura. Quando o benefício dos juízes e ministros de um tribunal de justiça resultam da multidão de causas levadas ao seu conhecimento, daí se seguem dois inconvenientes: um, é a proliferação de processos; pois quanto mais eles forem, maior será o benefício; já o outro que decorre do primeiro, é a disputa sobre a jurisdição; pois cada tribunal procura atrair para si o maior número de causas possíveis. Mas nos cargos executivos não há esses inconvenientes; porque o lucro não pode aumentar por qualquer esforço próprio. E isso será suficiente quanto à natureza das punições e recompensas; que são, por assim dizer, os nervos e tendões, que movem os membros e articulações de uma república.

Até agora eu expus a natureza do homem (cujo orgulho e outras paixões o obrigaram a submeter-se ao governo), juntamente com o grande poder de seu governante, a quem eu comparei com o *Leviatã*, tirando essa comparação dos dois últimos versículos do capítulo 41 do livro de *Jó*; onde Deus, após estabelecer o grande poder do *Leviatã*, o chamou de Rei dos Orgulhosos. *Não há nada na terra*, diz ele, *que se lhe possa comparar. Ele foi feito para não ter medo. Ele vê todas as coisas abaixo dele; e é o rei de todos os filhos do orgulho.* Mas porque é mortal e sujeito à decadência, como todas as outras criaturas terrenas são; e porque há no céu (embora não na Terra) algo a que ele deve temer e cujas leis ele deve obedecer; nos próximos capítulos, falarei de suas doenças e das causas de sua mortalidade; e de quais leis da natureza está obrigado a obedecer.

CAPÍTULO XXIX
SOBRE AS COISAS QUE ENFRAQUECEM, OU TENDEM À DISSOLUÇÃO DA REPÚBLICA

Embora nada do que os mortais fazem possa ser imortal, ainda assim, se os homens fizessem uso da razão como pretendem, poderiam ao menos garantir que suas repúblicas pereçam por doenças internas. Pois pela natureza de sua instituição, elas são projetadas para viver tanto quanto a humanidade, como as leis da natureza ou a própria justiça, que lhes dá vida. Portanto, quando há a dissolução das repúblicas, não por violência externa, mas desordem intestina, a culpa não é dos homens enquanto *matéria*; mas dos homens enquanto *criadores* e seus ordenadores. Pois os homens, quando finalmente se cansam de empurrões irregulares, entre uns e outros, e desejam de todo o coração se conformar em um firme e duradouro edifício; então, por falta quer da arte de fazer leis adequadas, para enquadrar suas ações, e também de humildade e paciência, para que os pontos grosseiros e pesados de sua grandeza atual sejam aplainados, eles não conseguem, sem a ajuda de um bom arquiteto, organizar-se em um edifício que não seja outra coisa senão um todo desarticulado, que mal se aguentando em seu próprio tempo, seguramente irá cair sobre suas cabeças na posteridade.

Portanto, entre as *enfermidades* de uma comunidade, eu irei considerar, primeiro, aquelas que surgem de uma instituição imperfeita, e se assemelham às doenças de um corpo natural, que procede de uma procriação defeituosa[69].

---

69. No presente capítulo a ideia de Hobbes é colocar em evidência as causas patológicas que levam às doenças internas do corpo político. Com isso, se este último é análogo ao corpo "[...] orgânico, pode-se então considerar seu adoecimento, por motivos vários, como, por exemplo formação imperfeita, envenenamento etc., e sua morte decorrente da dissolução do corpo

Dentre as quais, esta é uma delas: *um homem, para obter um reino, às vezes contenta-se com menos poder do que é necessário para a paz e defesa da república*. De onde se segue que, quando o exercício do poder estabelecido se encaminha para retomar a segurança pública, isso passa a imagem de um ato injusto; e predispõe um grande número de homens (quando a ocasião se apresenta) à rebeldia; da mesma maneira que os corpos de crianças, de pais doentes, estão sujeitos ou à morte prematura ou a purgar a má qualidade, derivada de sua concepção viciosa, em bile e pústulas. E quando os reis se negam a si próprios algum poder necessário, nem sempre é (embora às vezes o seja) por ignorância do que é necessário para o ofício que realizam; mas muitas vezes devido à esperança de recuperar o mesmo a seu bel-prazer: neste âmbito não raciocinam bem; pois aqueles que quiserem obrigar ao cumprimento de suas promessas, serão ajudados contra eles por repúblicas estrangeiras; que para o bem de seus próprios súditos, não deixarão escapar as poucas oportunidades de *enfraquecer* o domínio de seus vizinhos. Assim foi com Thomas Becket, Arcebispo da Cantuária, apoiado contra Henrique II, pelo Papa; devido à sujeição dos eclesiásticos à república, ter sido dispensada por William, o Conquistador, quando ele fez um juramento de não infringir a liberdade da igreja. E assim também ocorreu com os barões, cujo poder aumentou a um grau inconsistente com o poder soberano, por ato de Guilherme Rufits (para ter a ajuda destes na transferência da sucessão de seu irmão mais velho, para si mesmo) que foram ajudados pelos franceses na sua rebelião contra o rei João.

Mas isso não acontece apenas na monarquia. Pois enquanto a fórmula da antiga república romana era *o senado e o povo de Roma*; nem o senado nem o povo aspiravam todo o poder; o que primeiro causou as sedições, de Tibério Graco, Caio Graco, Lúcio Saturnino e outros; e depois as guerras entre o senado e o povo, sob Mario e Sila; e novamente sob Pompeu e César, para a extinção de sua democracia e a criação da monarquia.

---

político pela guerra. Através dessa analogia entre o corpo orgânico e o corpo político, Hobbes quer mostrar que, se por um lado o Estado é mortal, por outro podem-se prevenir suas doenças internas e sua dissolução [...]" (SOUKI, N. *Behemoth contra Leviatã* – Guerra civil na filosofia de Thomas Hobbes. São Paulo: Loyola, 2008, p. 97) [N.T.].

O povo de Atenas se obrigava a tudo, menos uma única ação; que era: nenhum homem, sob pena de morte, deveria propor a renovação da guerra pela ilha de Salamina; e, ainda assim, se Sólon não espalhasse que estava louco e, depois, com gestos e hábitos de louco, e em verso, não tivesse proposto ao povo que se reunia em torno dele, eles teriam tido um inimigo perpetuamente disposto à guerra nos portões de sua cidade; Todas as repúblicas que têm o seu poder limitado, mesmo pouco, são levadas a esses danos ou mudanças.

Em segundo lugar, observarei as doenças de uma república, que provêm do veneno das doutrinas sediciosas, sendo uma delas *que todo homem privado é juiz das boas e más ações*. Isto é verdade na condição de mera natureza, onde não há leis civis; e também sob o governo civil, em casos não determinados pela lei. Mas, por outro lado, é evidente que a medida das ações boas e más é a lei civil; e o juiz-legislador, que é sempre o representante da república. Partindo de tal falsa doutrina, os homens estariam dispostos a debater entre si e disputar as ordens da república; para depois obedecê-las ou desobedecê-las, segundo seus julgamentos particulares, aquilo que entendessem ser adequado. Assim, a república se distrai e se *enfraquece*.

Outra doutrina repugnante para a sociedade civil é a de que *o que quer que o homem faça contra a sua consciência, é pecado*, e isso é tributário da presunção do homem de se fazer a si mesmo juiz do bem e do mal. Pois a consciência de um homem e seu julgamento são a mesma coisa; e como o julgamento, também a consciência pode estar errada. Portanto, embora aquele que não está sujeito à lei civil peque em tudo o que fizer contra a sua consciência, porque não há nenhuma outra regra a seguir além de sua própria razão; isso não é o mesmo que se dá com quem vive em uma república; porque aí a lei é a consciência pública, através da qual a pessoa se compromete a ser guiada. Afinal, de outra forma, em meio a diversidade de consciências privadas, que são apenas opiniões privadas, a república necessariamente se distrairia, e ninguém ousaria obedecer ao poder soberano, se isso não lhe parecer bom aos seus olhos.

É também comumente ensinado *que fé e santidade não podem ser alcançadas pelo estudo e razão, mas por inspiração sobrenatural ou infusão*. O que, uma vez aceito, não vejo por que qualquer homem deve apresentar razões de sua fé; ou por que todo cristão não seria também um profeta; ou por que qualquer homem deve cumprir a lei de seu país, em vez de observar sua própria inspiração. E assim caímos novamente no erro de nos julgar juízes do bem e do mal; ou fazer juízes sobre isso, homens que fingem ser sobrenaturalmente inspirados, o que colabora para a dissolução de todo governo civil. A fé vem pelo ouvir, e ouvir pelos acidentes que nos guiam para a presença daqueles que falam conosco; tais acidentes são todos inventados por Deus Todo-poderoso; não sendo, no entanto, sobrenaturais, mas apenas, inobserváveis em razão do grande número que concorre para cada efeito. É verdade que fé e santidade não são muito frequentes; mas não são milagres, e sim resultado da educação, disciplina, correção, e, naturalmente, outras maneiras pelas quais Deus opera em seus eleitos quando pensa ser adequado. E estas três opiniões, perniciosas para a paz e o governo, têm nesta parte do mundo, se originado principalmente nas línguas e canetas de teólogos iletrados; os quais juntando as palavras da Sagrada Escritura, de modo contrário ao que é agradável à razão, fazem o que podem, para levar os homens a pensar que a santidade e a razão natural não podem existir juntas.

Uma quarta opinião, incompatível com a natureza de uma república, é a de que aquele que detém o poder soberano está sujeito às leis civis. É verdade que todos os soberanos estão sujeitos às leis da natureza; porque tais leis são divinas, e não podem ser revogadas por qualquer homem ou república. Mas o soberano não está sujeito àquelas leis que ele próprio, ou melhor, que a república fez. Afinal, estar sujeito às leis é estar sujeito à república, isto é, ao representante soberano ou a si mesmo; o que não é sujeição, mas liberdade em relação às leis. Tal erro, porque coloca as leis acima do soberano, estabelece também um juiz acima dele com o poder para puni-lo; o que é constituir um novo soberano; e, novamente, pela mesma razão, um terceiro para punir o segundo; e assim continuamente sem fim, para a confusão e dissolução da república.

A quinta doutrina que tende à dissolução de uma república é a de que todo homem privado tem propriedade absoluta de seus bens; de tal modo a excluir o direito do soberano. *Todo homem tem a bem da verdade uma propriedade absoluta que exclui o direito de todos os outros súditos, até mesmo do poder soberano*; sem tal proteção, todos os demais homens teriam igual direito à mesma coisa. Mas se o direito do soberano também for excluído, ele não poderá realizar o ofício em que o colocaram; que é defendê-los de inimigos estrangeiros, e dos ataques um ao outro; e consequentemente não haverá mais uma república.

E se a propriedade dos súditos não exclui o direito do representante soberano aos seus bens; muito menos o exclui em relação aos cargos de judicatura, ou de execução, nos quais se represente o próprio soberano.

Há uma sexta doutrina, clara e diretamente contrária à essência de uma república que é esta: *o poder soberano pode ser dividido*. Pois o que é dividir o poder de uma república, senão dissolvê-lo? porque os poderes divididos se destroem mutuamente. E para essas doutrinas, os homens se apoiam principalmente em alguns daqueles que, fazendo das leis sua profissão, se esforçam para fazê-las dependentes de seu próprio saber, e não do Poder Legislativo.

E como as falsas doutrinas, assim também muitas vezes o exemplo de governo diferente em uma nação vizinha, impulsiona os homens à alteração da forma já estabelecida. Assim foi o povo judeu instigado a rejeitar a Deus e a pedir ao profeta Samuel um rei conforme o costume das nações; e, de igual modo, as cidades menores da Grécia foram continuamente perturbadas por sedições da aristocracia e facções democráticas; desejando uma parte de quase todas as repúblicas, imitar os lacedemônios; e a outra parte, os atenienses. E não duvido que muitos homens ficaram contentes em ver os recentes problemas da Inglaterra, que por imitação dos Países Baixos supôs que para enriquecer não precisava mais do que mudar a forma de seu governo, como lá se havia feito. Pois a constituição da natureza do homem é por si só sujeita ao desejo de novidade. Quando, portanto, são incitados à novidade também pela vizinhança daqueles que foram enriquecidos por ela, é quase impossível para eles que não fiquem contentes com aqueles que os solicitam a mudar; e que não amem primeiro os inícios (embora se aflijam com a continuação) da desordem; como as pessoas de sangue quente, que quando começam a se coçar, se rasgam com suas próprias unhas, até que eles não suportem mais a dor.

Quanto à rebelião contra a monarquia em particular: uma das causas mais frequentes é a leitura dos livros de política e histórias dos antigos gregos e romanos, da qual homens jovens e todos os demais desprovidos do antídoto de uma sólida razão, recebendo uma forte e agradável impressão das grandes façanhas de guerra, alcançadas pelos condutores dos exércitos, formam uma ideia agradável de tudo o que fizeram além disso; e imaginam que sua grande prosperidade procedeu não da emulação de indivíduos particulares, mas da virtude de sua forma popular de governo, não considerando as frequentes sedições e guerras civis provocadas pela imperfeição de sua política. Pela leitura, digo, de tais livros, os homens se comprometeram a matar seus reis, porque os escritores gregos e latinos, em seus livros e discursos de política, consideravam lícito e louvável qualquer homem que fizesse isso; desde que, antes de fazê-lo, o chamassem de tirano. Pois eles diziam que isso não seria *regicídio*, isto é, matar um rei, mas *tiranicídio*, isto é, matar um tirano, o que é lícito. Ademais, a partir dos mesmos livros, aqueles que vivem numa monarquia concebem a opinião de que os súditos de uma república popular gozam de liberdade; e os que vivem sob uma monarquia são todos escravos. Eu repito, aqueles que vivem sob uma monarquia concebem tal opinião; mas não aqueles que vivem sob um governo popular: pois não notam tal assunto. Em suma, não consigo imaginar como algo pode ser mais prejudicial a uma monarquia do que permitir que esses livros sejam publicamente lidos sem apresentar mestres sensatos para lhes fazer correções apropriadas e para tirar o veneno que contêm: veneno este que não hesito em comparar com a mordida de um cão louco, que constitui uma doença a que os médicos chamam de *hidrofobia* ou *medo de água*. Porque como aquele que foi mordido tem um tormento contínuo de sede e, no entanto, não pode ver água; e fica em tal estado que é como se o veneno tentasse convertê-lo em um cão. Assim também quando uma monarquia é mordida ao âmago por aqueles escritores democráticos que continuamente rosnam para esse regime; nada mais precisa ele do que um monarca forte; mas, quando surgir, será abominado devido à *tiranofobia* ou medo de ser governado à força.

Tal como houve médicos que sustentaram existir três almas no homem, também há aqueles que pensam poder haver mais de uma alma (isto é, mais do que um soberano), em uma república; e estabelecem a *supremacia* contra a *soberania*; os *cânones* contra *leis*; a *autoridade espiritual* contra a *civil*; trabalhando nas mentes dos homens, com palavras e distinções, que por si mesmas não significam nada, mas revelam (por sua obscuridade) que caminha no escuro (como alguns pensam invisivelmente) em outro reino, como se fosse um reino de fadas. Quer dizer, dado ser manifesto que o poder civil e o poder da república são a mesma coisa; e que a supremacia, o poder de fazer cânones e o poder de conceder faculdades implicam uma república; segue-se que onde um é soberano, e outro supremo; onde um pode fazer leis, e outro fazer cânones; deve haver duas repúblicas, compostas pelos mesmos súditos; trata-se, naturalmente, de um reino dividido que não se suporta. Pois, apesar da distinção insignificante de *temporal* e *espiritual*, não deixa de haver dois reinos, e todos os súditos estão sujeitos a dois senhores. Porque quando o poder *espiritual* desafia o direito de declarar o que é pecado, ele desafia por consequência o direito de declarar o que é lei (não sendo nada além, o pecado, do que a transgressão da lei) e novamente, dado que o poder civil reclama o direito de declarar o que é lei, todo súdito deve obedecer a dois senhores, os quais querem ver seus comandos observados como lei; o que é impossível. Afinal, se houver apenas um reino, ou o *civil*, que é o poder da república, tem de estar subordinado ao *espiritual*, e então não há soberania, exceto a *espiritual*; ou o *espiritual* deve estar subordinado ao *temporal*, e então não há outra *supremacia*, senão a *temporal*. Quando, portanto, esses dois poderes se opõem, a república não pode deixar de estar diante do grande perigo da guerra civil e da dissolução. Já que sendo a autoridade civil mais visível, e aparecendo mais claramente na luz da razão natural, esta não pode fazer outra coisa que atrair para ela a qualquer tempo uma parte considerável do povo. Permanecendo, entretanto, a autoridade *espiritual*, por sua vez, na escuridão das distinções dos escolásticos e das palavras difíceis; mas, porque o medo das trevas e dos fantasmas é maior do que os outros medos, não se pode deixar de congraçar um partido suficiente para a desordem e outras vezes para a destruição da república. E isto é uma doença que não é incorreto comparar com a epilepsia, ou a doença da queda (que os judeus consideravam um tipo de possessão por espíritos) no corpo natural. Pois, como nesta doença, há um espírito não natural, ou vento na cabeça que obstrui as raízes dos nervos, e os agita violentamente, fazendo desaparecer naturalmente o movimento que eles deviam ter, como resultado do poder da alma no cérebro, que por isso causa movimentos violentos e irregulares (que os homens chamam de convulsões) nas partes; a ponto de que aquele que por ele é tomado às vezes cai na água, às vezes no fogo, como um homem privado de seus sentidos. Isso também é o que ocorre com o corpo político, quando o poder espiritual agita os membros de uma república pelo terror das punições e a esperança de recompensas (que são seus nervos), ao invés do poder civil (que é a alma da república), por quem deviam se mover; e por palavras estranhas e duras sufoca seu entendimento, deixando o povo atordoado, lançando a república na opressão ou no fogo de uma guerra civil.

Às vezes também no governo meramente civil há mais de uma alma, como por exemplo o poder de arrecadar impostos (que é a faculdade nutritiva) depende de uma assembleia geral, o poder de conduzir e comandar (que é a faculdade motora) depende de um só homem e o poder de fazer leis (que é a faculdade racional) depende do consenso acidental não apenas daqueles dois, mas também de um terceiro; isto põe em perigo a república, às vezes por falta de consenso para boas leis; mas muitas vezes por falta da nutrição que é necessária à vida e ao movimento. Pois embora alguns percebam que tal governo não é governo, mas divisão da república em três facções, o que chamam de monarquia mista; na verdade não é uma república independente, mas três facções independentes; nem um representante, mas três. No reino de Deus pode haver três pessoas independentes, sem quebra de unidade no Deus que reina; mas onde os homens reinam, e porque estão sujeitos à diversidade de opiniões, não pode ser assim. Neste sentido, se o rei é portador da pessoa do povo, a assembleia geral também o é, e outra assembleia é portadora da pessoa de parte do povo, eles não são uma pessoa só, nem um só soberano, mas três pessoas e três soberanos.

Com que doença no corpo natural do homem eu posso comparar essa irregularidade com a de uma república, de modo exato, eu não sei. Mas vi um homem uma vez que tinha outro homem crescendo de um de seus lados, com cabeça, braços, peito e estômago; se ele tivesse outro homem crescendo do outro lado, a comparação poderia ter sido exata.

Até agora, chamei atenção para as doenças da república, que são o maior e mais presente perigo. Existem outras não tão graves; que, no entanto, não é impróprio apontar. Primeiro, a dificuldade de arrecadar dinheiro para os usos necessários da república; especialmente às portas da guerra. Essa dificuldade surge da opinião de que todo sujeito tem nas suas terras uma propriedade exclusiva do direito do soberano ao uso das mesmas. De onde se segue que o poder soberano, que prevê as necessidades e perigos da república (encontrando a passagem do dinheiro para o tesouro público obstruída pela tenacidade do povo), quando deveria crescer para evitar tais perigos em seu início, contrai-se enquanto pode, e quando não pode mais, entra em luta com o povo por estratagemas da lei para obter pequenas somas que, não bastando, conduzem-no afinal a se decidir e abrir violentamente o caminho para o suprimento necessário, pois do contrário perecerá; e sendo colocado muitas vezes forçado a esses extremos, ou enfim reduz o povo ao temperamento devido; ou então a república necessariamente perecerá. De modo que podemos bem comparar esta doença muito apropriadamente a uma febre; onde estando as partes carnosas coaguladas ou obstruídas por matéria venenosa, as veias que por seu curso natural se esvaziam no coração, e não são (como deveriam ser) supridas pelas artérias; disso sucede a princípio uma contração fria e um tremor dos membros; e depois um esforço violento e forte do coração, para forçar a passagem do sangue; e antes que possa fazer isso, satisfaz-se com os pequenos alívios, provocados por aquelas coisas que refrescam por um tempo, até que (se a natureza for forte o suficiente) vence finalmente a contumácia das partes obstruídas e dissipa o veneno no suor; ou (se a natureza for muito fraca) o paciente morre.

Novamente, há em uma república, por vezes, uma doença que se assemelha à pleurisia; isto é, quando o tesouro da república sai de seu devido curso e se reúne em demasiada abundância, em um ou alguns homens em particular, por meio de monopólios ou do arrendamento das rendas públicas; de forma similar ocorre com o sangue em uma pleurisia que, penetrando na membrana do peito, produz aí uma inflamação acompanhada de febre e pontadas dolorosas.

A popularidade de um súdito potente (a menos que a república tenha uma garantia muito boa de sua fidelidade) também é uma doença perigosa; porque o povo (que deveria receber o seu movimento da autoridade do soberano) pela lisonja e pela reputação de um homem ambicioso é desviado da obediência das leis para seguir um homem cujas virtudes e projetos eles não têm conhecimento. E isso é comumente mais perigoso em um governo popular do que em uma monarquia; porque o exército é de tão modo grande e forte, que ele pode ser facilmente confundido com o povo. Foi por este meio que Júlio César erigiu-se pelo povo contra o senado, tendo conquistado para si a afeição de seu exército, e fez-se senhor do Senado e do povo. E este processo de homens populares e ambiciosos é uma rebelião clara; e pode assemelhar-se aos efeitos da feitiçaria.

Outra enfermidade de uma comunidade é a grandeza imoderada de uma cidade, quando é capaz de suprir de seu próprio perímetro o número e as despesas de um grande exército: como também é um fator de debilidade um grande número de corporações; que são como várias outras repúblicas menores em uma maior, como vermes nas entranhas do homem natural. Ao que pode ser acrescentado a liberdade de disputar o poder absoluto daqueles que fingem ter prudência política; os quais, embora em sua maior parte criados nas fezes do povo, mas animados por falsas doutrinas, estão em perpétua contenda com as leis fundamentais, para grande incômodo da república; como se dá com os pequenos vermes que os médicos chamam de *ascarides*.

Ademais, podemos acrescentar ainda o apetite insaciável, ou βουλιμία, de ampliar os domínios; as *feridas* incuráveis, muitas vezes por isso mesmo, recebidas do inimigo; e os *tumores* das conquistas caóticas, que são muitas vezes uma carga e conservadas com maior perigo do que se fossem perdidas; e também a *letargia* do ócio, o *consumo* dos motins e as vãs despesas.

Por fim, quando em uma guerra (externa ou interna), os inimigos obtêm uma vitória final – a ponto de (não se mantendo mais as forças da república em campo) quando não mais há proteção dos súditos leais –, então a república está DISSOLVIDA e todo homem tem liberdade de se proteger pelos meios que o seu próprio critério sugerir. Pois o soberano é a alma pública, dando vida e movimento à república; e quando esta expira, os membros não são mais governados por ele, como ocorre com a carcaça de um homem que se separa de sua alma (embora imortal). Pois embora o direito de um rei soberano não possa ser extinto pelo ato de outro, a obrigação dos membros pode. Já que aquele que quer proteção, pode procurá-la em qualquer lugar; e quando a tem, é obrigado (sem o pretexto fraudulento de ter se submetido por medo) a proteger sua proteção enquanto puder.

Porém, quando o poder de uma assembleia é suprimido, o seu direito desaparece completamente; porque a própria assembleia extingue-se; e, consequentemente, não há possibilidade de a soberania retornar.

CAPÍTULO XXX
DO OFÍCIO DO SOBERANO
REPRESENTATIVO

O OFÍCIO do soberano (seja ele um monarca ou uma assembleia) consiste em um fim, pelo qual ele foi confiado com o poder soberano, nomeadamente a procuração da *segurança do povo*; à qual ele está obrigado pela lei da natureza a render uma justificativa diante de Deus, o autor desta lei, e a ninguém mais, exceto ele. Mas aqui, por segurança, não significa uma magra medida preventiva, mas também todos os outros contentamentos da vida, pelos quais cada homem, por indústria legal e sem perigo de ferir a república, deve adquirir para si[70].

E tal intenção deve ser feita não pelo cuidado aplicado aos indivíduos, para além da proteção de eventuais injúrias quando eles pleitearem; mas pela providência geral contida na instrução pública, tanto da doutrina quanto do exemplo; e no fazer e executar as boas leis, para as quais as pessoas individuais podem aplicar seus próprios casos.

E porque, se os direitos essenciais da soberania (especificados antes, no capítulo dezoito) podem ser demovidos, a república seria consequentemente dissolvida, e cada homem retornaria à condição e calamidade de uma guerra contra cada homem (que é o maior mal que pode acontecer em sua vida), é o ofício do soberano manter tais

---

70. "[...] também no *Behemoth*, Hobbes insiste que a suprema lei para um soberano é a do *salus populi* (B II, 110); ela implica a segurança e o bem-estar de seu povo. Exercê-la faz parte das regras do bem governar... se o soberano não assegurar ao povo a sua segurança ele porá em risco a sua própria, pois soberano e povo são uma mesma e única coisa. Desprotegendo seu povo ele se torna vulnerável também e o desobriga da obediência. Pelo *salus populi* torna-se claro o vínculo "proteção-obediência" – o pivô da construção do Estado de Hobbes [...]" (SOUKI, N. *Behemoth contra Leviatã*. Guerra civil na filosofia de Thomas Hobbes. São Paulo: Loyola, 2008, p. 225) [N.T.].

direitos inteiros; e, consequentemente, contra seu ofício, primeiro, transferir a outro ou deitar fora de si qualquer um deles. Pois aquele que abandona os meios, abandona os fins; e aquele que abandona os fins e que é o soberano, reconhece a si mesmo como súdito das leis civis; e renuncia o poder do supremo judiciário; ou o de fazer guerra ou paz por sua própria autoridade; ou de julgar as necessidades da república; ou de cobrar dinheiro e soldados tanto quanto sua própria consciência julgar necessária; ou fazer oficiais e ministros de guerra e paz; ou apontar professores e examinar que doutrinas são conformadas ou contrárias à defesa, paz e bem do povo. Em segundo lugar, é contrário ao seu dever deixar a população ser ignorante ou má informada dos motivos e razões daqueles que são seus direitos essenciais; porque assim os homens são facilmente seduzidos e inclinados a resistir a ele, quando a república deverá requerer seu uso e exercício.

E os limites desses direitos faz-se muito necessário ensiná-los de modo diligente e veraz; pois não podem ser mantidos por qualquer lei civil ou pelo terror de um castigo legal. Com efeito, uma lei civil que proíba a rebelião (e, como tal, significa a resistência aos direitos essenciais da soberania) não é nenhuma obrigação (como uma lei civil), exceto apenas pela virtude da lei da natureza, que proíbe a violação da fé; e se os homens não conhecem essa obrigação natural, não podem conhecer o direito de nenhuma lei promulgada pelo soberano. Quanto à penalidade, não a consideram nada além do que um ato hostil, que eles consideram capazes de evitar por meio de outros atos hostis, se estiverem em posse de força suficiente.

Eu ouvi dizer de alguns que a justiça é somente uma palavra sem substância; e que qualquer coisa que um homem pode adquirir para si mesmo por meio da força ou da astúcia (não apenas em situação de guerra, mas também no seio de uma república) é sua, cuja falsidade eu já demonstrei; de maneira análoga, tampouco faltará quem sustente que não há razões nem princípio de razão para sustentar aqueles direitos essenciais que fazem da soberania absoluta. Deste modo, se existiram, teriam sido encontradas em um lugar ou outro; todavia, tanto quanto pudemos ver, advertimos que nunca existiu uma república onde estes direitos tenham sido reconhecidos ou disputados. Com isso, trata-se de um argumento tão equivocado quanto se os selvagens da América negassem a existência de fundamentos ou princípios da razão para construir uma casa que durasse tanto quanto seus materiais, posto que nunca tenham visto uma tão bem construída. O tempo e o caráter laborioso produzem a cada dia novos conhecimentos; e, do mesmo modo que a arte de construir deriva da razão observada por homens laboriosos que estudaram amplamente a natureza dos materiais e os diversos efeitos da figura e da proporção, muito tempo depois que a humanidade (ainda que de forma pobre) começasse a construir; assim, muito tempo depois que os homens começassem a construir repúblicas, imperfeitos e suscetíveis de cair em desordem, puderam fazer sua constituição (excetuada pela violência externa) durar. E estes são os princípios que eu tinha interesse de examinar neste discurso. Que não cheguem a ser advertidos por quem tem o poder de utilizá-los, ou que sejam depreciados ou estimados por eles, que é algo que não me interessa especialmente nesta ocasião. Assim, supondo que estes não sejam princípios de razão, ainda assim estou seguro de que são princípios retirados da autoridade da Sagrada Escritura, como foi manifesto quando tratei do reino de Deus (administrado por Moisés) sobre os judeus, o povo eleito e ungido por Deus mediante a aliança [pacto].

É possível dizer, sem sombra de dúvida, que, se os princípios são corretos, o povo não tem a capacidade necessária para compreendê-los. E eu teria uma grande satisfação se os súditos poderosos e ricos de um reino, ou aqueles que se tomam entre os mais cultos, não fossem menos capazes que eles. Todos os homens sabem que as obstruções a este gênero de doutrinas não procedem tanto da dificuldade da matéria quanto do interesse de quem tem de apreendê-la. Os homens poderosos dificilmente toleram algo que estabeleça um poder capaz de limitar seus desejos; e os homens doutos, qualquer coisa que descubra seus erros; e, consequentemente, que diminua sua autoridade: o entendimento das gentes vulgares, exceto se estiver nublado pela submissão dos poderosos, ou embrulhado pela opinião de seus doutores, é como um papel branco, que está apto a receber qualquer coisa que a autoridade pública deseje imprimir nele. Não são induzidas nações inteiras a prestar sua aquiescência aos grandes mistérios da religião cristã que estão acima da razão; e não se faz crer a milhões de seres que um mesmo corpo pode estar em inúmeros lugares, simultaneamente, o que atenta contra a razão;

e os homens não serão capazes, por meio da educação e das predicações, assim como com a proteção da lei, de receber o que está tão de acordo com a razão que qualquer homem sem prejuízos nada necessita para aprender, exceto escutar? Concluo, consequentemente, que na instrução do povo quanto aos direitos essenciais (que são as leis naturais e fundamentais) da soberania, não existe dificuldade (conquanto um soberano mantenha todo o poder), mas àquela que procede de suas próprias faltas, ou das faltas daqueles a quem confia a administração do Estado; portanto, é seu dever induzi-los a receber esta instrução; e não apenas seu dever, mas também sua segurança e proveito para evitar o perigo que a rebelião pode derivar ao soberano, em sua pessoa natural.

E, descendo aos assuntos particulares, será ensinado ao povo inicialmente que não deve se entusiasmar com forma alguma de governo que tenha visto nas nações vizinhas, mas diante de sua própria lei; nem desejar nenhuma mudança (qualquer que seja a prosperidade atual disfrutada pelas nações que se governam de modo distinto do seu). Com efeito, a prosperidade de um povo regido por uma assembleia aristocrática ou democrática não deriva da aristocracia ou da democracia, mas da obediência e concórdia dos súditos; nem o povo prospera em uma monarquia porque um homem tem o direito de regê-la, mas porque os demais o obedecem. Se, em qualquer gênero de Estado for suprimida a obediência (e, por conseguinte, a concórdia popular), não somente deixará de florescer, mas em pouco tempo será desfeita. E aquele que apela à desobediência não se propõe a outra coisa do que reformar o Estado, encontrando-se de tal modo que não faz outra coisa, exceto destruí-lo: como as filhas insensatas de Peleo (na fábula), que, desejosas de renovar a juventude de seu decrépito pai, por conselho de Medeia, cortaram-lhe em pedaços e cozinharam-no juntamente com algumas ervas estranhas, sem que por isso lograssem fazer dele um homem novo. Esse desejo de mudança significa o quebrantamento do primeiro dos mandamentos de Deus: porque Deus disse *non habebis Deos alienos*[71], ou seja, não terás deuses de outras nações; e, em outro lugar, a respeito dos reis, diz que são deuses.

---

71. "Não terás outros deuses diante de mim" (Ex 20,3) (BJ).

Em segundo lugar, deves ensinar-lhes que não devem sentir admiração ante as virtudes de nenhum de seus concidadãos, por mais elevados que sejam, nem pelo caráter excelso de sua aparência, no Estado; nem de nenhuma assembleia (com exceção da assembleia soberana), até o ponto de outorgar-lhe a obediência ou a honra devida somente ao soberano, ao qual representam em suas respectivas sedes; nem receber nenhuma influência deles, exceto a autorizada pelo poder soberano. Com efeito, não se pode imaginar que um soberano ame seu povo como é devido quando não é zeloso dele, e sofre a adulação de homens populares, que lhe arrebatam sua lealdade, como tem ocorrido frequentemente não somente de modo clandestino, mas manifesto, até o extremo de proclamar o casório com eles *in facie ecclesiae* pelos predicantes e por meio de discursos em plenas ruas: o que pode oportunamente ser comparado com a violação do segundo dos dez mandamentos.

Consequentemente, em terceiro lugar, ao adverti-los sobre quão grande falta é falar mal do representante do soberano (seja ele um homem ou uma assembleia de homens), ou arguir e discutir seu poder, ou ainda ao usar de qualquer modo seu nome irreverentemente, com o qual pode cair o soberano em desprezo diante de seu povo, e debilitar a obediência que este lhe prestou (e no qual consiste a segurança do Estado). Diante disso, a doutrina aponta, por analogia, para o terceiro mandamento.

Em quarto lugar, considerando que ao povo não pode ensinar tudo isso; nem que, caso seja ensinado, que recorde; nem que, depois de passada uma geração, sequer sabe de modo suficiente em quem está situado o poder soberano; se não destina parte de seu tempo a escutar a quem está designado para instruí-lo, é necessário que se estabeleçam ocasiões em que as gentes possam se reunir para (depois das orações e louvores a Deus, o soberano dos soberanos) receberem lições acerca de seus deveres e das leis positivas que geralmente preocupam a todos, mediante a leitura, exposição e recordação da autoridade que as promulga. Diante desse propósito, os judeus tinham a cada sexto dia um sábado no qual a lei era lida e exposta; e, em tal solenidade, recordavam-lhes que seu rei era Deus, o qual, tendo criado o mundo em seis dias, descansou no sétimo; e, ao descansarem de seu trabalho, recordavam-lhes que este Deus era seu rei e redimiu-os de seu trabalho servil e penoso no Egito, e deu-lhes tempo para que, depois de terem comprazido com Deus, regozijarem-se também neles próprios, em uma recriação legítima. Assim, portanto, a primeira tábua dos mandamentos tinha como fim pleno estabelecer a soma do poder absoluto de Deus; não somente como Deus, exceto pela vereda da aliança [pacto], como rei privado dos judeus; e pode, consequentemente, iluminar aqueles a quem tenha conferido o poder soberano, com o consentimento dos homens, e estabelecer que doutrina devem ensinar aos seus súditos.

E como a primeira instrução das crianças depende do cuidado de seus pais, é necessário que sejam obedientes a eles enquanto estão sob sua tutela; e não apenas isso, mas que, com a posteridade (como a gratidão requer), reconheçam o benefício de sua educação, pelos sinais exteriores de honra. Para este fim, devem ensinar-lhes que, originalmente, o pai de todos os homens era também seu senhor soberano, com o poder de vida e morte sobre eles; e que, ao instituir o Estado, os pais de família renunciaram esse poder absoluto, mas nunca foi estabelecido que tivessem perdido a honra que lhes deviam, pela educação que procuravam. Com efeito, a renúncia desse direito não era necessária à instituição do poder soberano; nem existiria nenhuma razão para a qual um homem desejasse ter filhos, a tomarem o cuidado de alimentá-los e instruí-lo, se posteriormente não obtiveram deles benefício maior que de outros homens. E isso está de acordo com o quinto mandamento.

Doutra feita, todo soberano deve se esforçar para que seja ensinada a justiça; consistindo esta em não privar ninguém do que é seu; isso significa tanto dizer que os homens sejam aconselhados para que não subtraiam de seus vizinhos por meio da violência ou fraude nada do que, pela autoridade soberana, pertence-lhes. Das coisas próprias, as mais queridas a um homem são sua própria vida e seus membros; em grau imediato (para a maioria dos homens) as que concernem ao efeito conjugal, e depois delas as riquezas e meios de vida. Consequentemente, deve ensinar ao povo a forma de abster-se de toda a violência contra outra pessoa, praticada pela via da vingança privada; da violação da honra conjugal; da rapina violenta e da subtração dos bens de outrem por meio do furto fraudulento. Deste objeto, convém instruir sobre as consequências perniciosas dos juízos falsos, obtidos pela corrupção dos juízes ou dos testemunhos; quando se suprime a distinção de propriedade, a justiça perde o efeito; todas essas coisas estão presentes no sexto, sétimo, oitavo e nono mandamentos.

Por último, interessa ensinar-lhes que não apenas os feitos injustos, mas os desígnios e intenções de fazê-los são a injustiça, posto que esta consiste tanto na depravação da vontade como na irregularidade do ato. Esta é a intenção do décimo mandamento, e a soma da segunda tábua, que se reduz a este preceito exclusivo da caridade mútua: *amarás a teu próximo como a ti mesmo*[72]; do mesmo modo, que a soma da primeira fica reduzida *ao amor de Deus*, de quem os judeus tinham recebido recentemente como seu rei.

E quanto aos meios e formas graças aos quais o povo pode receber tal instrução, temos que inquirir por quais procedimentos tantas opiniões contrárias à tranquilidade do gênero humano tem logrado, por outro lado, arraigar-se profundamente nele, com base em princípios frágeis e falsos. Refiro-me aos especificados no capítulo anterior, a saber, que os homens devem julgar o que é legítimo e ilegítimo não pela própria lei, mas por suas próprias consciências; isto é, por seus próprios juízos; que os súditos pecam ao obedecer os mandatos do Estado, a menos que antes não tenham estimado legítimos; que a sua propriedade em riquezas é tal que exclui o domínio que o Estado tem sobre as mesmas; que é legítimo para os súditos dar morte aos assim chamados tiranos; que o poder soberano pode ser dividido, e outras ideias análogas, que deve ser instilado no povo por tais procedimentos. Aqueles que sentem a necessidade e a cobiça faz considerar atentamente seu negócio e seu trabalho, e aqueles, por outro lado, a quem a abundância ou a indolência empurram aos prazeres sensuais (estes dois grupos de pessoas abarcam a maior parte do gênero humano), apartando-se da profunda meditação, que requer necessariamente o ensino da verdade não apenas em matéria de justiça natural, mas também de todas as demais ciências, adquirem as

---

72. Hobbes faz referência ao Grande mandamento, termo usado para descrever os dois mandamentos descritos por Jesus em Mt 22,35-40 e Mc 12,28-34. Ambas são paráfrases veterotestamentárias dos mandamentos transmitidos a Moisés – com especial atenção a Dt 6,4-5 ("Portanto, amarás a Iahweh teu Deus com todo o teu coração, com toda a tua alma e com toda a tua força") (BJ). Vale ressaltar a semelhança entre os textos neotestamentários supracitados e Lv 19,18 ("Amarás o teu próximo como a ti mesmo. Eu sou Iahweh") (BJ) [N.T.].

noções de seus deveres, principalmente desde o púlpito, dos sacerdotes e em parte daqueles entre seus vizinhos ou familiares que, tendo a faculdade de discorrer de modo plausível e adequado, parecem mais sábios e melhor instruídos que eles mesmos em matéria legal e de consciência. E os religiosos, e quem tem aparência de doutos, derivam seus conhecimentos das universidades e escolas jurídicas, ou dos livros que foram publicados por homens eminentes nessas escolas e universidades. Está manifesto, consequentemente, que a instrução do povo depende completamente da instrução adequada da juventude nas universidades. Alguém dirá: mas é possível que as universidades da Inglaterra não estejam suficientemente instruídas para fazer isso? Ou pretende ensinar às universidades? Com efeito, estas questões são árduas. Todavia, não coloco em dúvida contestar a primeira, que até o derradeiro fim do reinado de Henrique VIII, o poder do Papa era sempre mantido acima do poder da república, principalmente pelas universidades; e que as doutrinas sustentadas por tantos predicadores contra o poder soberano do rei, por tantos juristas e outros homens doutos que ali exerciam sua educação é um argumento suficiente de que ainda que as universidades não sejam autoras dessas falsas doutrinas, não sabem, porém, como implantar a verdade. Com efeito, nessa contradição de opinião é certo que não tenham sido suficientemente instruídas, e não é estranho que, porém, conservem o gosto deste sutil licor com que antes estavam temperadas contra a autoridade civil. Quanto à última questão, não creio ser conveniente nem necessário dizer sim ou não, posto que quem advertir pelo que faço, facilmente perceberá o que penso.

A segurança do povo requer, ademais, daquele ou daqueles que têm o poder soberano, que a justiça seja administrada por igual a todos os setores da população; isto é, que tanto ao rico e ao poderoso quanto aos pobres e obscuros possa ser feita a justiça, e que as injustiças sejam inferidas; assim como que o grande não possa ter maior esperança de impunidade quando faz a violência, desonra ou outra injúria a uma classe mais baixa do que quando um desses faz o mesmo a um daqueles. Nisto consiste a equidade, a qual, por ser um preceito da lei da natureza, um soberano se faz igualmente sujeito como aquele que é o mais insignificante de seu povo. Todas as infrações da lei são ofensas contra a república. Mas há algumas que são também contra as pessoas particulares. As que concernem somente à república podem ser perdoadas sem o quebrantamento da equidade, porque cada homem pode perdoar, segundo seu próprio critério, o que os demais fazem contra ele. Em troca, uma ofensa contra um particular não pode equitativamente ser perdoada sem o consentimento do ofendido, ou sem uma razoável satisfação.

A desigualdade dos súditos procede dos atos do poder soberano; consequentemente, não tem lugar na presença do soberano, isto é, em um tribunal de justiça, assim como tampouco existe desigualdade entre os reis e seus súditos na presença do Rei dos Reis. A honra dos magnatas deve ser estimada por suas ações beneficentes e pela ajuda que prestam aos homens de categoria inferior; ou não ser apreciada em absoluto. E as violências, opressões ou injúrias que cometem não são atenuadas, porém agravadas pela grandeza de sua pessoa, já que tem menos necessidade de cometê-las. As consequências desta parcialidade a respeito dos grandes apresentam os seguintes graus: a impunidade causa insolência; a insolência, ódio; o ódio um esforço para derrubar todos os obstáculos opressores e contumazes, ainda que às custas da ruína da república.

A igualdade da justiça corresponde também à igualdade na imposição de tributos; esta igualdade de tributação não se baseia na igualdade de riquezas, mas na igualdade da dívida que cada homem está obrigado a pagar à república pela defesa que lhe presta. Não basta, para um homem, trabalhar pela conservação de sua vida; porém, deve ele também lutar, se for necessário, pela segurança de seu trabalho; deve fazer o que fizeram os judeus depois de retornar de seu cativeiro, ao reedificar o templo: construir com uma mão e empunhar a espada com a outra; ou, caso contrário, tem que contratar outros para que lutem por eles. De fato, os impostos estabelecidos pelo poder soberano sobre seus súditos não são outra coisa que o salário devido a quem sustém a espada pública para defender os particulares no exército de suas distintas atividades e reclamações. Tendo em conta que o benefício que cada um recebe deles é o gozo da vida, que é igualmente apreciado por pobres e ricos, o débito que um pobre tem para quem defende sua vida é o mesmo que de um rico pela análoga defesa; salvo quando o rico, que tem o pobre a seu serviço e pode ser devedor não apenas de sua própria pessoa, mas de muitas outras mais. Considerando isso, a igualdade na tributação consiste melhor na igualdade do que for consumido na riqueza dos consumidores. Por que razão quem trabalha muito, gozando dos frutos de seu trabalho e, consequentemente, consome pouco, deve suportar um agravo maior do que quem vive no ócio, tem pouco dinheiro e gasta tudo quanto recebe, quando um e outro recebem da república a mesma proteção? Em troca, quando os impostos são estabelecidos sobre as coisas que os homens consomem, cada homem paga igualmente pelo que usa, e o Estado não é depauperado pelo gasto luxuoso de homens privados.

E como alguns homens, por acidente inevitável, mostram-se incapazes de manter a si mesmos por seu próprio trabalho, não devem ser abandonados à caridade de particulares, mas as leis da república devem provê-los (naquilo que exige as necessidades naturais). Pois assim como é uma falta de caridade abandonar o impotente, assim é também no soberano de uma república expô-lo ao azar dessa caridade incerta.

Quanto àqueles que são fisicamente robustos, o caso é distinto: devem ser obrigados a trabalhar, e para evitar a desculpa de que não há emprego, devem existir leis que estimulem todo gênero de artes, como a navegação, a agricultura, a pesca e diversos tipos de manufaturas que requerem o trabalho. A multidão dos pobres, quando tratamos de indivíduos fortes que seguem aumentando, deve ser transplantada a países insuficientemente habitados; neles, porém, não deverão exterminar os habitantes correntes, mas habitarão uns junto aos outros; não se apoderando de uma grande extensão de terra com o desejo de expropriá-lo, mas cultivando cada parte de forma solícita e esforço, para que delas obtenham seu sustento na estação adequada. E enquanto o mundo inteiro se vê sobrecarregado de habitantes, o último remédio de todos é a guerra, que procura uma solução definitiva, quer seja pela vitória, quer seja pela morte.

Incumbe ao soberano o cuidado de promulgar boas leis. Mas o que é uma boa lei? Não entendo por boa lei uma lei justa, já que nenhuma lei pode ser injusta. A lei se faz pelo poder soberano, e tudo que este dito poder faz está garantido e é próprio de cada um dos habitantes do povo; e o que cada um quer ter como tal, ninguém pode dizer que seja injusto. Ocorre com as leis de uma república o mesmo que ocorre com as regras de um jogo: o que os jogadores concordam entre si não é injusto para nenhum deles. Uma boa lei é aquela que resulta *necessária*, para *o bem do povo* e que é *perspícua*.

Pois o uso das leis (que nada mais são, exceto regras autorizadas) não é coibir as pessoas de todas as ações voluntárias, mas direcioná-las e mantê-las de tal modo que não se firam por seus desejos impetuosos, aspereza ou indiscrição; como as sebes, que são colocadas não para deter os viajantes, mas para mantê-los no caminho. Consequentemente, uma lei que não é necessária e carece, portanto, do verdadeiro fim de uma lei, não é boa. Uma lei pode ser concebida como boa quando é para o benefício do soberano, ainda que não seja necessária para o povo. Mas este último nunca pode ocorrer, pois o bem do soberano e do povo nunca são distintos. O soberano que tem súditos débeis é débil, e um povo é débil quando o soberano precisa de poder para regulá-lo conforme sua vontade. As leis desnecessárias não são boas, mas armadilhas para obter dinheiro; estes recursos são supérfluos quando o direito do poder soberano é reconhecido; e quando não é, são insuficientes para defender o povo.

A evidência não consiste tanto nas palavras da lei mesma como em uma declaração das causas e motivos em virtude dos quais foi promulgada. É isso o que nos revela o propósito do legislador; e uma vez conhecido este propósito, a lei mostra-se mais bem conhecida por poucas do que por muitas palavras. Com efeito, todas as palavras estão sujeitas à ambiguidade e, consequentemente, a multiplicação de palavras no corpo da lei provoca o multiplicar dessa ambiguidade. Ademais, parece implicar (por excesso de diligência) que quem evita as palavras está privado do alcance da lei. Esta é a causa de muitos processos desnecessários. De fato, quando considerado quão breves eram as leis nos tempos antigos, e como foram crescendo gradualmente, cada vez mais imagino que vejo uma luta entre os redatores e os defensores da lei, tratando os primeiros de circunscrever os últimos, e os últimos de escapar de tais circunlóquios; e são estes últimos, os pleiteantes, que logram a vitória. Compete, consequentemente, ao legislador (que em todas as repúblicas é um representante supremo, ainda que se trate de um homem ou de uma assembleia) tornar evidente a razão pela qual tal lei foi promulgada, e o corpo da própria lei, em termos tão breves quanto seja possível, porém próprios e expressivos.

Corresponde também à missão do soberano levar a cabo uma correta aplicação dos castigos e das recompensas. E considerando que a finalidade do castigo não é a vingança e a descarga da ira, mas o propósito de corrigir tanto o ofensor como os demais, estabelecendo um exemplo, os castigos mais severos devem ser infligidos para aqueles crimes que se mostram mais perigosos para o comum das gentes: tais são, por exemplo, os que procedem do dano inferido ao governo normal; aqueles que derivam do desprezo pela justiça; aqueles que provocam indignação na multidão; e aqueles que, permanecendo impunes, parecem autorizados a fazê-lo, como quando são cometidos por filhos, servos ou favoritos de pessoas investidas com a autoridade. Com efeito, a indignação arrasta os homens não apenas contra os atores e autores da injustiça, mas contra todo o poder que parece protegê-los; isso ocorreu no caso de Tarquino, quando, por um ato insolente de um de seus filhos, foi expulso de Roma e, consequentemente, a monarquia foi derrotada. Em troca, nos delitos provocados pela debilidade, como são aqueles que tiveram sua origem em um grande temor, é uma grande necessidade ou na ignorância de si o fato de ser ou não ser um grande delito, muitas vezes há lugar para a leniência, que é requerida pela lei da natureza. O castigo das cabeças e dos indutores em uma rebelião, e não das pobres pessoas que foram seduzidas, pode ser proveitoso à república como um exemplo. Ser severo com o povo é castigar a ignorância, que em grande parte pode ser imputada ao soberano, de quem é a falha por sua falta de melhor instrução.

Na mesma medida, é missão e dever do soberano outorgar suas recompensas sempre de tal modo que delas possa resultar algum benefício para a república: e nisto consiste seu uso e seu fim, e ocorre quando aqueles que serviram bem a república também são recompensados de melhor modo, às custas do pouco gasto por parte do Tesouro público, de maneira que outros possam ser estimulados a servir-lhe com a maior fidelidade possível, e estudem as artes por meio das quais possam melhor proceder. Comprar, com dinheiro e preferências, o silêncio de um súdito popular, porém ambicioso, e abster-se de produzir uma má impressão na mente do povo não são coisas que possam ser consideradas como recompensa (a qual não se ordena pela falta de serviço, mas pelo serviço passado); nem é um sinal de gratidão, mas de temor: nem tende ao benefício, mas ao dano da coisa pública. É uma luta pela ambição, como a de Hércules com a Hidra monstruosa que, tendo várias cabeças, via crescer três novas a cada cabeça que cortava. De maneira análoga, quando a ousadia de um homem popular é vencida por meio de recompensas, podem surgir outros vários que, de maneira semelhante, fazem os mesmos tipos de atropelos, com a esperança de benefício análogo: e, como em todo gênero de manufaturas, assim também a malícia aumenta quando é fácil vendê-la. E mesmo que às vezes uma guerra civil possa ser diferida por procedimentos análogos aos citados, o perigo se faz ainda maior, e a ruína futura permanece assegurada. Consequentemente, atenta contra o dever do soberano ao qual está encomendada a segurança pública recompensar aqueles que aspiram à grandeza perturbando a paz em sua terra, em vez de oporem-se a tais homens desde o início, correndo um perigo pequeno para evitar outro que, após certo tempo, será maior.

Outra missão do soberano consiste em escolher bons conselheiros; refiro-me àqueles cuja opinião se há de ter em conta no governo da república. Com efeito, a palavra conselho, *consilium*, que é uma corruptela de *considium*, tem um significado mais amplo e compreende todas as assembleias de homens que não apenas se reúnem para deliberar o que será feito depois, mas, também, para os feitos passados e a lei para o presente. Considero aqui essa palavra em primeiro sentido apenas: nele, não existe eleição de conselho, nem em uma democracia ou em uma aristocracia, posto que as pessoas que aconselham são membros da pessoa aconselhada. A seleção de conselheiros é, por sua vez, própria da monarquia; nesta, o soberano que se propõe a não selecionar aqueles que, em todos os aspectos, são os mais capazes, pois não desempenham sua missão como deveriam fazê-lo. Os conselheiros mais capazes são aqueles que têm menos esperança de obter um benefício ao ofertar um mau conselho, e aqueles que apresentam mais conhecimentos daquelas coisas que conduzem à paz e à defesa da república. É árdua a questão de saber quem espera obter um benefício diante das perturbações públicas; porém, os sinais que guiam uma justa suspeita consistem em que o povo encontra em seus agravos sem razão e irremediáveis o apoio de indivíduos cujas terras não são suficientes para fazer frente aos gastos que estão acostumados a assumir; sinais que podem ser facilmente observados por aqueles a quem corresponda conhecê-los. Mas, no entanto, é mais árduo saber quem tem mais conhecimento dos negócios públicos; e aqueles que mais sabem são os que menos necessitam dele. Com efeito, saber quem conhece as normas de quase todas as artes implica um grau maior de conhecimento da Arte em questão, já que ninguém pode estar seguro da verdade das normas alheias, exceto aquele que primeiro preocupou-se em compreendê-las. Assim, os melhores sinais de um conhecimento de qualquer classe consistem em falar frequentemente dessas coisas e fazê-lo com constante proveito. O bom conselho não vem por casualidade nem por herança; consequentemente, não há maior razão para esperar uma boa opinião do rico ou do nobre, em matéria estatal, do que ao traçar as dimensões de uma fortaleza, a menos que pensemos que não faz falta método algum no estudo da política (como ocorre com o estudo da geometria), exceto, apenas, deter-se a contemplá-la, coisa que não funciona de tal modo. Com efeito, a política é o estudo mais difícil de todos. Nestas regiões da Europa tem-se considerado como direito de certas pessoas ter um posto por herança no mais alto conselho da república: deriva-se das conquistas dos antigos germânicos, entre os quais vários senhores absolutos, reunidos para conquistar outras nações, não ingressaram na confederação sem certos privilégios que pudessem ser, em tempos sucessivos, sinais de diferenciação entre sua posteridade e a posteridade de seus súditos; sendo esses privilégios incompatíveis com o poder soberano, pois o favor do soberano poderia parecer mantido, mas, lutando por aqueles como se o direito fosse-lhe próprio, pouco a pouco tenderiam os súditos a renunciá-los, e não obteriam, de forma definitiva, mais honra, exceto aquela que fosse inerente às suas próprias aptidões.

Por mais capazes que sejam os conselheiros em um assunto, o benefício de seu conselho é maior quando cada um dá sua opinião e as razões dela, separadamente, por via declarativa; e maior quando tem meditado sobre o assunto do que quando falam de modo repentino; e é maior o benefício em ambos os casos porque tem mais tempo para advertir as consequências da ação, e ficam menos expostos às contradições causadas pela inveja, a emulação e outras paixões que derivam das diferenças de opinião.

O melhor conselho sobre as coisas que não concernem a outras nações, mas a comodidade e o benefício que os súditos podem desfrutar, em virtude de leis feitas somente em consideração do próprio país, deve ser adquirido ao recolher informações gerais e queixas das gentes de cada província; ou seja, aqueles que conhecem melhor suas próprias necessidades e que, consequentemente, quando não reclamam de nada que signifique derrogação dos direitos essenciais da soberania, [suas opiniões] devem ser diligentemente tomadas em conta. Sem esses direitos essenciais (como dito antes), a república não pode subsistir.

O comandante em chefe de um exército, quando não é popular, não será estimado nem temido por seus soldados como deveria sê--lo e, consequentemente, não poderá realizar sua missão com êxito lisonjeiro. Assim, deve ser laborioso, valente, afável, liberal e afortunado, para que possa ganhar fama de suficiência e de amar seus soldados. Isto significa popularidade, que estimula nos soldados o desejo e o valor de recomendar a si próprio em favor de si mesmo, e justifica a severidade do general ao castigar os soldados sublevados ou negligentes quando é necessário. Mas este amor pelos soldados (se não existe garantia de fidelidade por parte do comandante) é coisa perigosa para o poder soberano, especialmente quando está nas mãos de uma assembleia que não é popular. Interessa, consequentemente, a segurança do povo, que os chefes sejam bons e súditos fiéis, aqueles a quem o soberano encomenda seus exércitos.

Deste modo, quando o próprio soberano é popular, isto é, quando é reverenciado e querido pelo povo, não existe perigo algum na popularidade de um súdito. Com efeito, os soldados nunca são tão injustos como ao fazer causa comum com seus capitães; conquanto ame-os, contra seu soberano, quando estimam somente sua pessoa, mas também quando amam sua causa. Assim, quem eventualmente tem suprimido por meio da violência o poder de seu legítimo soberano, antes de situá-los em seu lugar, tem frequentemente exibido o perigoso transe de arbitrar alguns títulos, no intuito de evitar a vingança de recebê-los diante do povo. Ter um direito manifesto ao poder soberano é uma qualidade tão popular que quem a possui não necessita de mais nada, por sua parte, para ganhar o coração dos súditos, exceto que eles o considerem absolutamente capaz de governar sua própria família, ou, a respeito dos inimigos, de fazer debandar seus exércitos. Com efeito, a maior e mais ativa parte da humanidade nunca esteve perfeitamente conforme com o presente.

A respeito dos ofícios de um soberano diante de outro, compreendendo na lei aquilo que comumente se chama de lei das nações, nada preciso dizer nesse lugar, pois a lei das nações e a lei da natureza são as mesmas, e cada soberano tem o mesmo direito ao velar pela segurança de seu povo, que qualquer homem em particular ao garantir a segurança de seu próprio corpo. E a mesma lei que dita aos homens que carecem de um governo civil o que devem fazer e evitar a respeito de outro, assinala ditados análogos às repúblicas, quer dizer, aos príncipes soberanos e às assembleias soberanas; não existe tribunal de justiça natural, exceto na consciência; no qual não reina o homem, mas Deus, e cujas leis (que obrigam a humanidade), com respeito a Deus, como autor da natureza, são *naturais*; e, diante do próprio Deus, Rei dos Reis, *são leis*. Mas do reino de Deus, como Rei dos Reis, e também como rei de um povo particular, tratarei no restante deste discurso.

CAPÍTULO XXXI
DO REINO DE DEUS PELA NATUREZA

A condição de mera natureza quer dizer a absoluta liberdade, como daqueles que não são soberanos nem súditos, mas anarquia e condição de guerra; que os preceitos pelos quais os homens são guiados a evitar tal condição são as leis da natureza: que uma república, sem um poder soberano, nada é exceto uma palavra sem substância, que não pode permanecer por si só: que os súditos devem aos soberanos a simples obediência em todas as coisas, onde sua obediência não é repugnante para as leis de Deus, eu já provei suficientemente naquilo que já escrevi. Só necessitamos, para um perfeito conhecimento dos deveres civis, saber quais são essas leis de Deus. Pois, sem isso, um homem não sabe, quando for ordenado a fazer qualquer coisa pelo poder civil, se isso é contrário ou não à lei de Deus: com o qual ou bem ofende a Divina majestade por excesso de obediência civil, ou, por temor de ofender a Deus, realiza uma transgressão dos preceitos da república. Para evitar estes dois inconvenientes, faz-se necessário saber o que são leis divinas. E tendo em conta que o conhecimento de toda lei depende do conhecimento do poder soberano, doravante farei referência ao REINO DE DEUS.

Deus é rei, deixe a terra regozijar-se, disse o salmista (Sl 97,1). E, novamente (Sl 99,1), *Deus é rei, conquanto as nações não o queiram; é aquele que está sentado sobre os querubins, conquanto a terra seja movida*. Quer os homens queiram ou não, eles devem ser sempre súditos do poder divino. Ao negar a existência ou a providência de Deus, os homens podem perder seu descanso, mas não o seu jugo. Mas para invocar esse poder de Deus, que estende-se não apenas a um homem, mas também às bestas, plantas e corpos inanimados com o nome de reino, que nada é, exceto um uso metafórico desse termo, pois, com propriedade, só pode dizer que reina quem governa seus súditos com sua palavra, com a promessa de recompensas a quem obedecer e com a imposição de castigos a quem deixa de obedecer-lhe. Portanto, no reino de Deus, não são súditos os corpos inanimados, nem as criaturas irracionais, uma vez que não compreendem os preceitos como seus; nem os ateus; nem os que não acreditam que Deus vigia todas as ações do gênero humano; e isso decorre porque não reconhecem a palavra de Deus como sua, nem têm esperanças em suas recompensas, nem temor por seus castigos. Consequentemente, aqueles que acreditam que existe um Deus governando o mundo e que ofertou preceitos, recompensas e castigos para a humanidade, são súditos de Deus; todos os demais devem ser entendidos como inimigos.

Governar através das palavras requer que tais palavras sejam manifestadamente feitas conhecer; pois, doutra maneira, não há leis: pois a natureza das leis requer uma suficiente e clara promulgação, uma vez que, assim, é possível demover a desculpa da ignorância; o que, para as leis dos homens envolve apenas um tipo, isto é, a proclamação ou a promulgação pela voz do homem. Mas Deus declarou suas leis de três maneiras; pelos ditados da *razão natural*, pela *revelação* ou ainda pela *voz* de algum *homem* que, pela operação de milagres, ele procurou dar crédito diante dos demais. Disso ergue-se uma tripla palavra de Deus, *racional, sensível* e *profética*: o que corresponde à tripla audição; *razão correta, senso sobrenatural* e *fé*. Como para o senso sobrenatural, que consiste na revelação ou inspiração, não há quaisquer leis universais dadas, pois Deus não fala de tal maneira, mas para pessoas particulares e a diversos homens fala diversas coisas.

Em virtude da diferença que existe entre as duas espécies de palavras divinas, a saber, a *racional* e a *profética*, pode atribuir a Deus um reino duplo, *natural* e *profético*: natural, em que governa aqueles seres do gênero humano que reconhecem sua providência, pelos ditados da razão autêntica; profético, pois, tendo eleito como súditos os habitantes de uma nação particular (a dos judeus), governou-os, e a ninguém mais além deles, não pela razão natural, mas pelas leis positivas que lhes foram comunicadas pelas bocas de seus santos Profetas. E neste capítulo proponho-me a falar do reino natural de Deus.

O direito de natureza, em virtude da qual Deus reina sobre os homens e castiga a quem quebranta as suas leis, deriva do direito de termos criado e requerido dele uma obediência motivada pela gratidão de seus benefícios exceto, de seu *irresistível poder*. Ele manifestou anteriormente como o direito soberano deriva do pacto, para mostrar assim como o mesmo direito pode derivar da natureza; não se requer outra coisa, exceto mostrar em que casos não pode ser arrebatado de modo algum. Vendo que todos os homens, por natureza, têm direito a todas as coisas, terão direito também a reinar cada um deles sobre todos os restantes. Mas, como este direito não pode ser alcançado pela força, cabe à segurança de cada um renunciar ao direito em questão e estabelecer, com autoridade soberana e por consentimento comum, homens que governem e defendam; de onde resulta que, se existiu algum indivíduo com poder irresistível, não há razão alguma para que, usando desse poder, não governasse ou defendesse a si mesmo e aos seus súditos, conforme seu próprio arbítrio. Consequentemente, aqueles cujo poder é irresistível assumem naturalmente o domínio de todos os homens pela excelência de seus poderes; e é igualmente por este poder que reinam sobre os homens; e o direito de afligir aos seres humanos seu antojo corresponde naturalmente à onipotência de Deus, não como criador e distribuidor de graças, porém como ser onipotente. E ainda que o castigo seja imposto somente em razão do pecado (posto que a palavra castigo significa aflição pelo pecado), o direito de infligir uma pena nem sempre deriva do pecado do homem, mas do poder de Deus.

A questão relativa, a saber, *por que os homens maus prosperam frequentemente*? Enquanto os bons sofrem adversidade, que tem sido muito discutida pelos antigos, também vai associada a outra: *com que direito dispensa Deus as existências e adversidades desta vida*; e é nesta dificuldade que, evocados o motivo que transtorna a fé não apenas do vulgar, mas também dos filósofos, e ainda mais entre os santos, quanto à providência divina. *De fato, Deus é bom para Israel*, disse Davi, *para os corações puros. Por pouco meus pés tropeçavam, um nada, e meus passos deslizavam, porque invejei os arrogantes, vendo a prosperidade dos ímpios* (Sl 73,1-3). E Jó, quão severamente queixou-se com Deus pelas diversas aflições que sofreu, apesar de sua retidão? Esta questão, no caso de Jó, foi decidida pelo próprio Deus, não com base em argumentos derivados do pecado de Jó, mas por seu próprio poder. Porque ainda que os amigos de Jó extraíssem seu argumento da aflição que lhe causou o pecado, e ele se defendeu pela convicção de sua inocência, Deus mesmo assumiu a questão e, tendo justificado a aflição com argumentos baseados em seu poder, tais como *onde tu estavas quando estabeleci os fundamentos da terra?* (Jo 38,4) e outros análogos, aprovou a inocência de Jó e reprovou a errônea doutrina de seus amigos. De acordo com esta doutrina, é a sentença de nosso Salvador, sobre o cego de nascimento e contida nestas palavras: *não há pecado neste homem, nem em seus pais; mas as obras de Deus podem se manifestar nele* (Jo 9,3). E disse ainda: *a morte entrou no mundo pelo pecado* (com isso, significa que se Adão não tivesse pecado, nunca teria morrido; ou seja, nunca teria sofrido a separação entre a alma e o corpo); disso não se deduz que Deus não podia justamente afligi-lo, conquanto não tivesse pecado, na mesma medida em que aflige outras criaturas que não podem pecar.

Tendo falado do direito de soberania de Deus como que exclusivamente pautado na natureza, temos que considerar agora quais são as leis divinas ou os ditames da razão natural; estas leis dizem respeito aos deveres naturais de um homem quanto ao outro, ou a honra naturalmente devida ao nosso divino soberano. São as primeiras as mesmas leis da natureza que fiz referência nos capítulos quatorze e quinze deste tratado; nomeadamente, equidade, justiça, misericórdia, humildade e o restante das virtudes morais. Portanto, resta ainda considerarmos que conceitos são ditados aos homens pela razão natural apenas, sem qualquer outra palavra de Deus, tocando a honra e adoração da Majestade Divina.

A honra consiste no pensamento interno, na opinião do poder e da bondade de outro: e, assim, honrar a Deus é pensar tanto quanto seja possível na grandeza de seu poder e bondade. Portanto, desta opinião, os signos externos que se manifestam em palavras e ações dos homens são denominados como veneração, que é uma parte daquilo que os latinos compreendiam com a palavra *cultus*; com efeito, *cultus* significa propriamente, neste caso, o labor que um homem aplica para algo com o propósito de beneficiar-se dela. Assim, as coisas das quais temos benefício, ou estão sujeitas a nós, e cujo proveito rendido sucede pelo trabalho que investimos nelas, como um efeito natural, ou não estão sujeitas a nós, exceto que respondem a nossa solicitude, de acordo com sua própria vontade. Em um sentido primeiro, o trabalho aplicado à terra se chama cultivo, e a educação dos filhos é um cultivo de seu entendimento. Em um segundo sentido, em que as vontades dos homens não devem ser conformadas aos nossos desígnios pela força, porém pela complacência, significa tanto quanto cortejar, isto é, ganhar seu favor por meio de bons ofícios, tais como elogios nos quais se reconhece seu poder e tudo aquilo que é agradável àqueles que procuram algum benefício. Isto é propriamente a veneração; neste sentido, *publicola* significa adorador do povo, e *cultus Dei*, a adoração de Deus.

Desta honra íntima, que consiste a opinião do poder e bondade, derivam três paixões; o *amor*, que faz referência à bondade; e a *esperança* e o *medo*, que têm relação com o poder; e três formas de adoração externa: *louvor, exaltação e consagração*. O sujeito do louvor é a bondade; o sujeito da exaltação e da consagração é o poder, e o efeito de tudo isso é a felicidade. O louvor e a exaltação se expressam por meio de palavras e ações; por palavras quando dizemos que um homem é bom ou grande; por ações, quando expressamos nosso agradecimento por seus favores e prestamos obediência por seu poder. A opinião da felicidade dos outros só pode ser expressa por meio de palavras.

Há alguns sinais da honra (tanto nos atributos quanto nas ações) que naturalmente são assim; entre os atributos, *bom, justo, liberal* e outros semelhantes; e, entre os atos, *orações, ações de graças* e *obediência*. Outros são por instituição ou pelo costume dos homens; em alguns lugares e tempos são honráveis; em outros, desonrados; em outros ainda, indiferentes: tais são os gestos em matéria de saudação, ações de graças e agradecimento, usados diferentemente em distintos tempos e locais. O primeiro é a veneração natural; o último, veneração arbitrária.

Há duas diferenças na veneração arbitrária: com efeito, às vezes esta veneração é *ordenada*, noutras é *voluntária*. Ela é ordenada quando é da índole requerida por quem é adorado; voluntária, quando é da maneira que o cultista considera pertinente. Quando é ordenada, a veneração não consiste nas palavras ou no gesto mas na obediência; porém, quando é livre, a veneração consiste na opinião de quem a realiza; com efeito, se as palavras e ações parecem ridículas a quem pensamos honrar, suscitando a contumélia, não existe adoração, pois não há sinais de honra; e não há sinais de honra, posto que um sinal não se expressa com respeito a quem lhe é ofertado, mas a quem o faz; isto é, ao espectador.

Ademais, existe uma veneração *pública* e uma *privada*. É pública a veneração que uma república realiza como uma pessoa una; privada é a que manifesta uma pessoa particular. A pública, quanto à república inteira, é livre; mas, a respeito dos homens particulares, não o é. A privada é, em segredo, livre; assim, diante da multidão, nunca carece de restrições, ainda que seja das leis ou da opinião dos homens, o que é contrário à natureza da liberdade.

O fim da veneração entre homens é o poder. Com efeito, quando um homem vê outro ser venerado, supõe que este é poderoso e mostra-se mais disposto a obedecer-lhe, o que aumenta ainda mais seu poder. Mas Deus não tem fim: a adoração que lhe devemos procede de nosso dever, e está regulada de acordo com nossa capacidade, por aquelas regras de honra que a razão dita para serem realizadas pelo débil diante do homem mais potente, com a esperança de um benefício ou pelo temor de um dano, ou para o engrandecimento pelo bem que já recebeu deste.

E quanto ao que sabemos a respeito da veneração de Deus, que nos é ensinada pela luz da natureza, começarei por referir-me aos seus atributos. Em primeiro lugar, é manifesto que devemos atribuir-lhe a *existência*, pois ninguém pode ter vontade de honrar a quem pensa que não existe.

Em segundo lugar, aqueles filósofos que dizem que o mundo ou o espírito do mundo é Deus falam indignamente dele e negam sua existência. Porque ao dizer Deus, compreendemos a causa do mundo; e ao dizer que o mundo é Deus, isso implica afirmar que não existe causa no mundo, ou seja, dizemos que Deus não existe.

Em terceiro, dizer que o mundo não foi criado, exceto que é eterno (considerando que o eterno não é causa) implica negar a Deus.

Em quarto lugar, aqueles que atribuem (como imaginam) indiferença a Deus arrebatam-lhe o cuidado da humanidade e privam-lhe de sua honra, posto que lhe subtraem o amor dos homens e o temor que inspira neles, que é a raiz da honra.

Em quinto lugar, naquelas coisas que significam grandeza e poder, isto é, que são *finitas*, não é honrá-lo, uma vez que não é um sinal da vontade de honrar a Deus atribuir-lhe menos do que podemos, pois é possível acrescentar coisas mais ao que é finito.

Consequentemente, atribuir-lhe uma *figura* não é honrável, posto que toda figura é finita; nem dizer que concebemos, imaginamos ou temos uma *ideia* dele em nossa mente: porque qualquer coisa que concebemos é finita; nem lhe atribuir *partes* ou *totalidade*, que são somente atributos de coisas finitas; nem dizer que ele está neste ou naquele *lugar*: pois qualquer coisa que está em um lugar, que cabe nele, é finita; nem dizer que ele se *move* ou *repousa*, pois ambos lhe atribuem-lhe um lugar; nem que existem mais deuses que um; pois isso implica que todos são finitos, já que o infinito não pode contar mais que um; nem atribuir-lhe (exceto metaforicamente, ou seja, não significando a paixão, mas apenas o efeito) paixões que tomam parte do pesar, como *arrependimento, ira, misericórdia*; ou necessidade, como *apetite, esperança, desejo*; ou uma faculdade passiva, pois a paixão é o poder limitado por alguma outra coisa.

Portanto, quando nós atribuímos uma vontade a Deus, não deve ser entendida como em um homem, como um *apetite racional*; mas como o poder pelo qual ele afeta cada coisa.

Igualmente, quando atribuímos a ele *visão* ou outros sentidos, como *conhecimento* e *entendimento*, que em nós não é outra coisa exceto um tumulto da mente suscitado por coisas externas que exercem sua pressão sobre as partes orgânicas do corpo. Com efeito, não existem tais coisas em Deus, e sendo coisas que dependem de causas naturais não podem ser atribuídas a Ele.

Quem não atribui a Deus outra coisa, exceto o que está garantido pela razão natural, deve usar ou os tributos negativos, como *infinito, eterno, incompreensível*; ou superlativos, como *altíssimo, grandíssimo* e outros semelhantes; ou indefinidos como *bom, justo, santo* e *criador*; e em tal sentido, como se o homem não se propusesse declarar o que Deus é (já que isto seria circunscrevê-lo dentro dos limites de nossa imaginação), exceto quando o admiramos e quão dispostos estamos de obedecê-lo; o que é um signo de humildade e vontade de honrá-lo tanto quanto podemos. Com efeito, não há nem mesmo um nome para significar nossa concepção de sua natureza, e este é: Eu sou; e um só nome para sua relação conosco: que é Deus, no qual está contido o Pai, o Rei e o Senhor.

Sobre as ações da adoração divina, atesta um preceito geral da razão que eles devem ser signos da intenção de honrar a Deus; tais são, em primeiro lugar, as *orações*; porque não são os escultores, quando fazem imagens, que se consideram a fazer os deuses, mas as pessoas que *oram* a elas.

Em segundo lugar, *a ação de graças*; que se diferencia da oração na adoração divina, não de outra forma do que as orações que precedem, enquanto o agradecimento sucede o benefício; o fim, tanto em uma quanto em outra, deve ser reconhecer Deus como o autor de todos os benefícios, seja no passado, seja no futuro.

Em terceiro lugar, os *presentes*; isto significa dizer *os sacrifícios* e *oblações* (se elas são do melhor) são sinais de honra: posto que elas são ações de graças.

Em quarto, *não jurar por nada, exceto por Deus*, é naturalmente um sinal de honra: pois é uma confissão que apenas Deus conhece o coração; e que nenhuma esperteza humana ou força pode proteger um homem contra a vingança de Deus sobre o perjuro.

Em quinto, como parte da adoração racional, falar com consideração de Deus; posto que isso implica um medo dele, e o medo é a confissão de poder. Disso decorre que o nome de Deus não deve ser usado apressadamente ou sem propósito; porque isso é o mesmo que o fazer em vão: e isso não tem objeto, como não ocorre por via de juramento, e por ordem da república, para afirmar a certeza dos juízos, ou entre as repúblicas, para evitar a guerra. Disputar sobre a natureza de Deus é contrário à honra que se deve a ele, porque se supõe que neste reino natural de Deus não há outro procedimento para conhecer alguma coisa, exceto o da razão natural, isto é, pelos princípios da ciência natural; e esta se encontra muito distante de ensinar-nos alguma coisa sobre a natureza de Deus, como tampouco pode ensinar-nos nada sobre nossa própria natureza, nem da natureza da menor criatura vivente. Portanto, quando os homens, afastados da razão natural, disputam sobre os atributos de Deus, não fazem outra coisa além de desonrá-lo; com efeito, nos atributos que designamos para Deus, não devemos considerar o significado da verdade filosófica, exceto o significado da intenção piedosa que consiste em ofertar o máximo de honra que somos capazes. Da falta desta consideração procede o grande acúmulo de disputas sobre a natureza de Deus, com as quais não tendemos a honrá-lo, mas a honrar nosso próprio talento e capacidade de ensinar; e que não são outra coisa, exceto abusos vãos e desconsiderados de seu santo nome.

Em sexto lugar, nos louvores, ações de graças, oblações e sacrifícios, há um ditado da razão natural: que cada um deles seja, em seu gênero, o melhor e a mais importante das honras. Por exemplo, que os louvores e ações de graças sejam concretizados em palavras e frases que não sejam repetidas, nem ligeiras, nem plebeias, mas belas e bem compostas, pois, de outro modo, não fazemos tanta honra a Deus quanto podemos. Eis a razão dos pagãos procederem absurdamente ao adorar imagens, como se fossem deuses. Em troca, ao fazê-lo em verso e com música vocal e instrumental, procediam de modo razoável. De igual modo, os animais que ofereciam em sacrifício e os objetos que doavam, assim como suas ações cultivadas, pois estavam plenas de submissão e comemoravam os benefícios recebidos, o que estava de acordo com a razão, já que procedia de uma intenção de honrar a Deus.

Em sétimo lugar, a razão não somente induz a venerar a Deus por decreto, mas também e especialmente em público e à vista dos homens, porque sem isso (que em matéria de honra é o mais aceitável) se perde a possibilidade que os outros o honrem.

Por último, a obediência às suas leis (isto é, neste caso, às leis da natureza) é a maior adoração de todas. Posto que a obediência é mais aceitável a Deus do que o sacrifício; igualmente, colocar à luz seus mandamentos é a maior de todas as contumélias. E estas são as leis dessa adoração divina, que a razão natural dita aos homens privados.

Mas considerando que a república nada mais é do que uma pessoa, deve-se também exibir a Deus apenas uma adoração; que o fazem, quando se ordena que seja exibida por homens privados em público. E isso é a adoração pública; sua propriedade é, portanto, ser *uniforme*: pois todas aquelas ações que são feitas diferentemente por homens diferentes, não podem ser ditas como atos de veneração pública. Portanto, quando se permite diversas formas de culto, procedentes de distintas religiões dos particulares, não se pode dizer que exista um culto público, nem que a república tem uma religião, em absoluto.

E como as palavras (e, consequentemente, os atributos de Deus) têm seu significado pelo acordo e constituição dos homens, aqueles atributos devem portar uma significância de honra, ou seja, que os homens se propõem a fazer; e qualquer coisa que possa ser realizada pelas vontades dos homens particulares, onde não existe lei, mas razão, pode ser feita pela vontade da república por meio de leis civis. E como uma república não tem vontade nem produz outras leis, exceto aquelas que são estabelecidas pela vontade de quem detém o poder soberano, resulta que aqueles atributos que o soberano ordena no culto a Deus como sinais de honra devem ser tomados e usados como tais, por particulares, em seus cultos públicos.

Mas como nem todos os atos são signos por constituição, exceto que alguns são naturalmente signos de honra, enquanto outros são de contumélia; estes últimos (que são aqueles que os homens se envergonham de fazer na presença daqueles a quem reverenciam) não podem instituir-se pelo poder humano como parte do culto divino; nem os primeiros (tal como aqueles que implicam uma conduta decorosa, modesta e humilde) nunca podem ser separados dessa veneração. Mas como existe um infinito número de atos e gestos de natureza indiferentes, aqueles que a república ordena para ser pública e universalmente autorizados como signos de honra e parte do culto de Deus devem ser admitidos e usados como tais pelos súditos. E o que diz a Escritura: *é melhor obedecer a Deus que aos homens* (At 5,29), o que tem lugar no reino de Deus por pacto, e não pela natureza.

Portanto, tendo falado brevemente do reino natural de Deus e de suas leis naturais, eu apenas acrescentarei neste capítulo uma curta declaração de suas punições naturais. Não há ação do homem nesta vida que não será o início de uma longa cadeia de consequências, como nenhuma providência humana é grande o suficiente para dar a um homem um prospecto de conclusão. E, nesta cadeia, estão unidos tanto eventos agradáveis quanto desagradáveis; de tal modo que aquele que faz qualquer coisa para o seu prazer, deverá engajar a si próprio a sofrer todas as dores adscritas ao fazê-lo; e essas dores são as punições naturais daquelas ações que eram, no início, mais perigosas que benéficas. E, assim, percebe-se o que se passa, ou seja, que a intemperança é punida com as doenças; a pressa, com os infortúnios; a injustiça com a violência dos inimigos; o orgulho, com a ruína; a covardia, com a opressão; o governo negligente dos príncipes, com a rebelião; e a rebelião, com o assassinato. Posto que as punições são consequências das quebras das leis; deste modo, as punições naturais devem ser naturalmente as consequências da quebra das leis da natureza; e, portanto, seguem seus efeitos naturais e não arbitrários.

Basta, ao que concerne à constituição, natureza e direito dos soberanos, e naquilo que concerne aos deveres dos súditos, derivados dos princípios da razão natural. Assim, considerando quão diferente é a doutrina da prática na maior parte do mundo, especialmente nestes países ocidentais que receberam seus ensinamentos morais de Roma e Atenas; e quanta profundidade de filosofia moral se requer em quem detém a administração do poder soberano, estou a ponto de crer que meu trabalho resulta tão inútil como a república de Platão, posto que ele também opina que é impossível acabar com as desordens da república e com as trocas de governo acarretadas pela guerra civil, conquanto os soberanos não sejam filósofos. Todavia, quando considero que a ciência da justiça natural é a única ciência necessária para os soberanos e para seus principais ministros; e que não é necessário encarregá-los com as Ciências matemáticas (como Platão pretendia), exceto dar-lhes boas leis para estimular os homens ao estudo delas; e que nem Platão nem nenhum outro filósofo estabeleceram ou provaram de modo suficientemente possível todos os teoremas da doutrina moral para que os homens aprendam como governar e como obedecer, eu recobro certa esperança de que, mais cedo ou mais tarde, estes meus escritos cairão nas mãos de um soberano que os examinará por si mesmo (já que são curtos e, a meu ver, claros) sem a ajuda de nenhum intérprete interessado ou invejoso; que, exercitando a plena soberania e protegendo o ensino público de tais princípios, converterá esta verdade da especulação em utilidade da prática.

Parte III
Da república cristã

CAPÍTULO XXXII
DOS PRINCÍPIOS DA POLÍTICA CRISTÃ

Derivamos os direitos do poder soberano e o dever dos súditos dos princípios da natureza; somente quanto à experiência mostram-se evidentes como verdadeiros, ou foi-lhes estabelecido o mútuo acordo (concernente ao uso das palavras); isto é, derivados esses direitos da natureza dos homens, que nos é conhecida pela experiência e por definições (daquelas palavras que são essenciais a todo raciocínio político) universalmente convencionadas. Deste modo, na continuação que proponho tratar, que é a natureza e os direitos de um ESTADO CRISTÃO, do qual depende um grande número de revelações sobrenaturais da vontade de Deus; a base de meu discurso deverá ser não apenas a palavra natural de Deus, mas também a profética.

Não obstante, não temos que renunciar nossos sentidos e experiência, nem (sendo indubitável expressão de Deus) a nossa razão natural. Com efeito, são os talentos que foram postos em nossas mãos para negociar, até o retorno de nosso bendito Salvador, e, consequentemente, não devem permanecer envoltos em um pano de uma fé implícita, mas empregados no jogo da justiça, da paz e da verdadeira religião. Conquanto na palavra de Deus existam coisas que estão acima da razão, isto é, que não podem ser demonstradas nem refutadas por ela, nada existe contrário à razão; e, quando assim parece, o defeito provém ou de nossa torpeza na interpretação ou por um erro de raciocínio.

Por conseguinte, quando alguma escrita ali é muito árdua para o nosso exame, devemos cativar nossa inteligência diante das palavras, e não nos esforçarmos por substituir uma verdade filosófica por meio da lógica, a respeito daqueles mistérios que não são compreensíveis se não se enquadram ao domínio de nenhuma regra da ciência natural. Porque ocorre com os mistérios de nossa religião como as pílulas com as enfermidades: quando são engolidas por inteiro, têm a virtude de curar; mas, quando são mastigadas, temos que descartá-las, na maioria dos casos, sem que produzam efeito.

Mas com o cativeiro de nosso entendimento não queremos significar uma submissão da faculdade intelectual a opinião de nenhum outro homem, mas uma vontade de obediência, quando a obediência é devida. Não está em nosso poder mudar os sentidos, a memória, o entendimento, a razão e a opinião, mas sempre e necessariamente de acordo com o que nos sugerem as coisas – que vemos, escutamos e consideramos; consequentemente, não são efeitos de nossa vontade, mas a nossa própria vontade. Ativamos nosso entendimento e nossa razão quando nos abstemos da contradição e quando falamos de tal modo como a legítima autoridade o ordena; quando vivemos de acordo com ela, o que implica, em suma, confiança e fé em quem fala, conquanto o entendimento seja incapaz de ter noção alguma das palavras anunciadas.

Quando Deus fala ao homem, ele o faz ou imediatamente ou pela mediação de outro homem a quem ele mesmo falou antes, de modo direto. Como fala Deus a um homem de maneira imediata, pode ser bem compreendido por aquele a quem tenha falado desse modo; mas que isso mesmo possa ser compreendido por outro se mostra difícil, quando não é impossível. Porque se um homem pretende convencer-me de que Deus falou com ele de modo sobrenatural e imediato, e coloco em dúvida sua afirmação, não posso imaginar facilmente que argumento apresentará para fazer-me crer nisso. Evidentemente, se é meu soberano, poderá obrigar-me à obediência, isto é, a não realizar atos ou pronunciar palavras em que declare que eu não acredito; mas não poderá me forçar a pensar de outro modo para que minha razão me persuada. Em troca, se alguém que não tem tal autoridade sobre mim pretende algo similar, não poderá exigir de minha parte nem a crença, nem a obediência.

Com efeito, dizer que Deus lhe falou nas Sagradas Escrituras não significa dizer que Deus tenha lhe falado imediatamente, mas pela mediação dos Profetas, dos Apóstolos e da Igreja, tal como fala a todos os demais cristãos. Afirmar que tenha lhe falado em sono não é mais do que dizer que sonhou que Deus lhe havia falado; isso não tem força bastante para ganhar a crença de nenhum homem que sabe como os sonhos são, isto é, em sua maior parte, atos naturais e que podem proceder de pensamentos anteriores; e que sonhos como este nada são, exceto manifestações de uma falsa ideia da própria bondade de um homem ou de outra virtude pela qual pensa ser merecedor do favor de uma revelação extraordinária. Dizer que teve uma visão ou escutou uma voz é dizer que sonhou sem ter dormido ou desperto: em tal estado, um homem naturalmente considera muitas vezes seu sonho como uma visão, ao não se dar conta de que estava dormitando. Dizer que fala por inspiração sobrenatural é afirmar que sente um desejo ardente de falar, ou que tem uma firme ideia de si mesmo; contudo, para tal não podemos outorgar uma razão natural e suficiente. Assim que, conquanto a omnipotência divina possa falar com um homem através de sonhos, visões, vozes e inspirações, não obriga ninguém a crer que tenha falado assim a quem pretende tê-lo escutado, já que este, sendo homem, pode errar e, ademais, pode mentir.

Como pode saber aquele a quem Deus nunca revelou sua vontade de modo imediato (salvo quando conduzido por sua razão natural) quando tem de obedecer ou não obedecer às suas palavras, manifestas por alguém que diz ser um profeta? De quatrocentos profetas a quem o rei de Israel pediu conselho a respeito da guerra que fazia contra Ramote Gileade, só Miqueias era verdadeiro (1Rs 22). O profeta que foi enviado para profetizar contra o altar erguido por Jeroboão, conquanto fosse um profeta verdadeiro e mediante os milagres feitos, onde evidenciou que foi enviado por Deus, foi enganado por outro profeta velho que lhe persuadiu de que comeu e bebeu com ele, como se fosse uma ordem provinda da boca de Deus (1Rs 13). Se um profeta engana o outro, que certeza teremos ali da vontade de Deus por outra maneira que não seja pela via da razão? Para tanto, eu respondo através das Sagradas Escrituras, onde há dois sinais que, juntos, porém não separados, fazem conhecer um verdadeiro profeta. Um é a realização de milagres; o outro é não ensinar outra religião além daquela que já está estabelecida. Separados, digo eu, nenhum deles é suficiente. *Se um profeta se erguer entre vós, ou um vaticinador de sonhos, e pretender fazer milagres, e os milagres acontecerem; se ele disser "vamos seguir deuses estranhos", os quais não conheceis, não deveis ouvi-lo etc. Porém, este profeta ou vaticinador de sonhos deve ser morto, posto que ele pregou a revolta contra nosso Senhor, seu Deus* (Dt 13,1-5). Nestas palavras, duas coisas devem ser observadas; primeiro, que Deus não se servirá apenas de milagres para prover argumentos e aprovar o chamado do profeta; mas (como consta no terceiro verso) para um experimento da constância de nossa adesão a ele. Pois os trabalhos dos feiticeiros egípcios, conquanto não fossem grandes como aqueles perpetrados por Moisés, ainda assim eram milagres. Segundo, apesar da grandeza de determinado milagre, ainda assim, se tende a levantar uma revolta contra o rei, ou daquele que governa pela autoridade régia, aquele que empreende tal milagre não deve ser considerado para outra coisa, exceto para testar suas fidelidades. Diante das seguintes palavras, *a revolta de nosso Senhor, seu Deus,* é preciso considerá-las equivalentes à *revolta contra o vosso rei.* Porque eles fizeram de Deus seu rei mediante o pacto aos pés do monte Sinai; que os governou apenas através de Moisés, posto que apenas ele falou com Deus, e que, após certo tempo, declarou os mandamentos de Deus ao povo. De maneira análoga, após nosso Salvador Jesus Cristo ter feito seus discípulos reconhecê-lo como Messias (isto é, ungido por Deus, aquele por quem a nação dos judeus esperou cotidianamente por seu rei, mas recusou-o quando ele veio), ele não se omitiu ao não adverti-los quanto aos perigos dos milagres. *Surgirão falsos Cristos,* disse ele, *e falsos profetas, e farão grandes maravilhas e milagres, até mesmo seduzindo (se possível) entre os verdadeiramente eleitos* (Mt 24,24). Diante disso, tudo leva a crer que os falsos profetas podem ter poderes para empreender milagres, conquanto eles não adotem suas doutrinas provindas da palavra de Deus. São Paulo disse posteriormente aos gálatas que *se ele mesmo ou um anjo dos céus pregar outra doutrina a eles, diferentemente daquele que ele pregou, deixe-o ser amaldiçoado* (Gl 1,8). Aquela doutrina implicava que Cristo era Rei; assim, qualquer pregação contra o poder do rei reconhecido, como consequência dessas palavras, era amaldiçoada por são Paulo. Pois seu discurso foi endereçado àqueles que pela pregação já tinham recebido Jesus como Cristo, isto é, como rei dos Judeus.

E quanto aos milagres que não pregam aquela doutrina que Deus tinha estabelecido; de tal maneira que a pregação da verdadeira doutrina sem a realização de milagres é um argumento insuficiente da revelação imediata. Pois se um homem que não ensina a falsa doutrina pretender ser um profeta sem demonstrar qualquer milagre, ele nunca deve ser considerado em sua pretensão, como fica evidente em Dt 18,21-22, *Se tu perguntas em teu coração como devemos tomar conhecimento que aquela palavra (do profeta) não é aquela que foi dita pelo Senhor; quando o profeta disser o nome do Senhor, e se tal não for verdade, essa é a palavra que o Senhor não proferiu, e o profeta proferiu-a com orgulho de seu coração; não o temais.* Mas um homem pode perguntar novamente: quando o profeta predisse algo, como saberemos se aquilo ocorrerá ou não? Pois ele pode predizer como algo que chegará após um longo tempo, mais longo do que o tempo de vida de um homem; ou indefinidamente, que ocorrerá em um momento ou outro: neste caso, esse sinal de um profeta é inútil; e, assim, os milagres que nos obrigam a acreditar em um profeta devem ser confirmados por um evento imediato, não por um distante. De tal modo fica manifesto que o ensino da religião que Deus estabeleceu juntamente com a demonstração de um milagre presente são os únicos sinais mediante as Escrituras para se ter um verdadeiro profeta, isto é, para o reconhecimento de uma revelação imediata; nenhum deles isoladamente pode ser suficiente para obrigar qualquer outro homem mediante o que ele disse.

Portanto, vendo que os milagres agora cessaram, não restaram sinais pelos quais se reconheça a pretendida revelação ou inspirações de um homem particular; nem existirá a obrigação de prestar ouvidos a uma dada doutrina, para além do que está de acordo com a Sagrada Escritura, que desde os tempos de nosso Salvador substitui e recompensa suficientemente a necessidade de qualquer outra profecia; do qual, por interpretação judiciosa e douta, tal como por um minucioso raciocínio, podem facilmente ser deduzidas; todas as regras e preceitos necessários para o conhecimento de nossos deveres diante de Deus e dos homens, sem fanatismo ou inspiração sobrenatural. E estas são as Escrituras que tomarei para principiar meu discurso a respeito dos direitos de quem são os supremos governantes das repúblicas cristãs sobre a terra; e o dever dos súditos cristãos quanto ao seu soberano. Para este fim, ocupar-me-ei dos livros, autores, propósito e autoridade da Bíblia no capítulo seguinte.

CAPÍTULO XXXIII
DO NÚMERO, ANTIGUIDADE, ALCANCE, AUTORIDADE E INTÉRPRETES DOS LIVROS DAS SAGRADAS ESCRITURAS[73]

Por livros das SAGRADAS ESCRITURAS compreendo aqueles que devem compor o *cânone*, isto é, as regras da vida cristã. E como todas as regras da vida que os homens estão obrigados a observar são leis, a questão das Escrituras implica o que é lei em toda a Cristandade, tanto na ordem natural quanto na civil. Com efeito, ainda que não esteja determinado nas Escrituras que leis devem instituir os soberanos em seus próprios domínios, elas determinam, por sua vez, que leis não devem estabelecer. Advertindo, como já foi provado, que os soberanos são os únicos legisladores em seus próprios domínios, e tais livros somente são canônicos, quer dizer, somente são leis naquelas nações onde estão estabelecidas como tais pela autoridade soberana. É verdadeiro que Deus é o soberano dos soberanos; e, assim, quando ele fala a qualquer súdito, ele deve ser obedecido, independentemente se qualquer potentado terreno ordenar o contrário. Mas a questão não envolve a obediência a Deus, mas *quando* e *o que* Deus disse; e isto só pode ser conhecido pelos súditos que não têm a revelação sobrenatural, mas pela razão natural, que os guia na obtenção da paz e justiça para obedecer a autoridade de suas várias repúblicas; isto é, seus soberanos legítimos. Conforme essa obrigação, eu só posso reconhecer os livros do Antigo Testamento como Sagradas Escrituras aqueles que foram ordenados a serem

---

73. Diante da postura de crítica de Hobbes, sobretudo na esfera histórica (cf. *Leviatã*, VII,5), o Filósofo inglês foi capaz de criticar o texto bíblico, ao afirmar que, como produto humano, nem tudo seria a palavra de Deus, mas muitas partes seriam (LEMETTI, J. History and Historical Knowledge. In: LLOYD, S.A. (ed.). *The Boomsbury Companion to Hobbes*. Londres: Bloomsbury, 2013, p. 88-90).

reconhecidos enquanto tal pela autoridade da Igreja da Inglaterra. Quais livros são é suficientemente sabido, sem um catálogo deles aqui; e eles são os mesmos que são reconhecidos por são Jerônimo, que manteve o resto, nomeadamente, *A sabedoria de Salomão, Eclesiásticos, Judite, Tobias,* o primeiro e o segundo dos *Macabeus* (conquanto ele tenha visto o primeiro em hebraico) e o terceiro e quarto de *Esdras* como *apócrifos.* Dos canônicos, Josefo, um sábio judeu, que escreveu no tempo do imperador Domiciano, reconheceu *vinte e dois,* fazendo com que o número concordasse com o alfabeto hebraico. São Jerônimo fez o mesmo, apesar de ele reconhecê-los de uma maneira diferente. Para Josefo, os livros de *Moisés* são *cinco, treze* dos *Profetas,* que escreveram a história de seu próprio tempo (cuja conformidade com os escritos dos profetas na Bíblia veremos futuramente), e *quatro* dos *hinos* e preceitos morais. Mas são Jerônimo reconhece *cinco* livros de *Moisés, oito* dos *Profetas* e *nove* outros Escritos Sagrados, que ele chamou de Hagiographa. A Septuaginta, que foram setenta homens sábios entre os judeus, enviados ao rei ptolomaico do Egito para traduzir a lei judaica do hebraico para o grego, não nos deixou nenhuma outra Sagrada Escritura na língua grega; apenas aquela que foi recebida na Igreja da Inglaterra[74].

Quanto aos livros do Novo Testamento, eles são igualmente reconhecidos pelo cânone de todas as igrejas cristãs, e por todas as seitas de cristãos que admitem quaisquer livros como canônicos.

Não se mostra evidente por qualquer testemunho suficiente de outra história quem foram os escritores originais de diversos livros da Sagrada Escritura (que é a única prova da matéria de fato); nem pode sê-lo por nenhuma matéria da razão natural, posto que a razão serve apenas para convencer a verdade (porém, não o fato) da consequência. Portanto, a luz que deve nos guiar nesta questão deve ser

---

74. Na obra *De Cive,* o uso da escritura por Hobbes é pouco convencional. Com efeito, no capítulo IV, ele afirmou que "a mesma Lei que é *Natural* e *Moral,* também deve ser chamada de *Divina* de forma não reservada, tanto por ser a *Razão,* que é a *lei da Natureza,* ou seja, dada por Deus a cada homem para governar suas ações; e porque os preceitos de vida derivados dela são os mesmos que foram entregues à divina Majestade para as LEIS de seu reino celestial por nosso Senhor Jesus Cristo, e seus santos Profetas e Apóstolos". Em seguida, ele tentou provar como vinte passagens bíblicas expressam outras vinte leis da natureza. Vale ressaltar que a leitura hobbesiana atinha-se mais ao Antigo Testamento do que ao Novo, uma vez que era maior e tinha preocupações políticas mais relevantes (MARTINICH, A.P. Scripture. In: LLOYD, S.A. (ed.). *The Boomsbury Companion to Hobbes.* Londres: Bloomsbury, 2013, p. 255-259) [N.T.].

aquela que provém dos próprios livros: e esta luz, conquanto ela não nos apresente o escritor de cada livro, ainda assim não é inútil ao nos fornecer um conhecimento do tempo, ou seja, a época em que eles foram escritos.

E primeiro, quanto ao *Pentateuco*, não é um argumento suficiente que eles tenham sido escritos por Moisés, posto que eles são chamados de cinco Livros de *Moisés*; não mais do que esses livros, o livro de *Josué*, o livro dos *Juízes*, o livro de *Rute* e os livros dos *Reis* são argumentos suficientes para provar que eles foram escritos por *Josué*, pelos *Juízes*, por *Rute* e pelos *Reis*. Pois, no título dos livros, o assunto é assinalado tão frequentemente quanto o escritor. A história de Lívio denota o escritor; mas a história de Alexandre é denominada a partir do sujeito. Nós lemos no último capítulo do *Deuteronômio*, versículo 6, sobre o sepulcro de Moisés, *que nenhum homem sabe de seu sepulcro até este dia*, isto é, até o dia em que aquelas palavras foram escritas. Portanto, é manifesto que aquelas palavras foram escritas após o seu funeral. Porque seria uma estranha interpretação dizer que Moisés falou de seu próprio sepulcro (conquanto, através de uma profecia), isto é, que não foi encontrado até aquele dia, enquanto ele ainda vivia. Porém, é possível alegar que apenas o último capítulo, não todo o *Pentateuco*, foi escrito por algum outro homem, conquanto não o restante: assim, vamos considerar aquilo que nós encontramos no livro do Gênesis (12,6): *e Abraão passou pela terra ao lugar de Siquém, até os planos de Moré, e os cananeus ali estavam nesta terra*; estas precisam ser as palavras de alguém que escreveu quando os cananeus não estavam naquela terra; e, consequentemente, não de Moisés, que morreu antes que aquele chegasse ali. De maneira similar, em *Nm* 21,14, o escritor citou um livro mais antigo, intitulado *O livro das guerras do Senhor*, onde estavam registrados os atos de Moisés no mar Vermelho e na ponte de Arnon. Portanto, é suficientemente evidente que os cinco livros de Moisés foram escritos após seu tempo, conquanto quanto tempo depois não esteja manifesto.

Porém, ainda que Moisés não tenha compilado inteiramente os livros na forma que nós os temos, ainda assim ele escreveu tudo aquilo que ali foi dito que ele escreveu: como, por exemplo, o Volume da Lei, que está contida aparentemente no [capítulo] onze do *Deu-*

teronômio, e os capítulos seguintes, até o vinte e sete, que também foram ordenados a serem escritos sobre as rochas, a saber, ao adentrarem a terra de Canaã. E isto o próprio Moisés escreveu (Dt 31,9) e entregou aos clérigos e anciãos de Israel para ser lido a cada sete anos para todo o Israel, em sua assembleia na Festa dos Tabernáculos. E esta foi a lei que Deus ordenou, a saber, que seus reis (quando eles deveriam ter estabelecido tal forma de governo) deveriam tomar uma cópia para os clérigos e Levitas; e que Moisés ordenou aos clérigos e Levitas para deitarem ao lado da arca (Dt 31,26); e o mesmo, que foi perdido foi encontrado muito tempo depois por Helcias e enviado ao rei Josias (2Rs 22,8), que o fez ser lido ao povo (2Rs 23,1-3), renovando o pacto entre Deus e eles.

Que o livro de *Josué* também foi escrito muito tempo após Josué, é possível deduzir a partir de muitas partes do próprio livro. Josué ergueu doze pedras em meio ao Jordão, como um monumento de sua passagem; disto, o escritor assim disse, *elas ali estão até este dia* (Js 4,9); *até este dia* é uma frase que significa um tempo passado, para além da memória do homem. De maneira similar, nas palavras do Senhor em que ele afirmou que retirou o povo do opróbrio do Egito, o escritor disse, *o lugar é chamado de Gilgal até este dia* (Js 5,9); o que significa que dizer isso no tempo de Josué teria sido impróprio. Assim também para o nome do vale de Achor, a partir do problema que Achan causou no campo, pois o escritor assim disse, *permaneceu até este dia* (Js 7,26); portanto, algo que ocorreu muito tempo depois do tempo de Josué. Há muitos outros argumentos desse tipo, como em Js 8,29; 13,13; 14,14 e 15,63.

O mesmo está manifesto em argumentos similares do livro dos *Juízes*, capítulos 1,21 e 26; 6,24; 10,4; 15,19 e 17,6; e em *Rute*, 1,1; todavia, especialmente em Jz 18,30, onde foi dito que *Jônatas e seus filhos foram clérigos da tribo de Dã até o dia do cativeiro da terra.*

Que o livro de *Samuel* também foi escrito após seu próprio tempo há argumentos similares em 1Sm 5,5; 7,13 e 15; 27,6 e 30,25, onde, após Davi ter distribuído partes iguais dos espólios para que eles guardassem as munições, quanto àqueles que lutaram, o escritor disse que *ele fez um estatuto e uma ordenança para Israel até este dia.* Novamente, quando Davi (desagradado, posto que o Senhor tinha matado Oza ao apoiar sua mão para sustentar a arca) chamou o local de Farés-Oza, o escritor disse que o local assim será chamado até este dia (1Sm 6,4-8): portanto, o tempo da escrita daquele livro deve ter sido muito posterior ao tempo do acontecimento; isto é, muito após o tempo de Davi.

Como nos dois livros dos *Reis*, e nos dois livros das *Crônicas*, além dos lugares que mencionam tais monumentos, conforme o escritor disse, permanecem até seus próprios dias; tais são 1Rs 9,3; 9,21; 10,12 e 12,19; 2Rs 2,22; 8,22; 10,27; 14,7; 16,6; 17,23; 17,34 e 17,41; e 1Cr 4,41 e 5,26: é um argumento suficiente que eles foram escritos após o cativeiro na Babilônia, que a história deles continuava até aquele tempo. Posto que os fatos registrados são sempre mais antigos que o registro; e muito mais antigos do que tais livros que os mencionam e citam o registro; como estes livros fazem em diversas partes, referindo o leitor às Crônicas dos Reis de Judá, às Crônicas dos Reis de Israel, aos Livros do profeta Samuel, do profeta Natã, do profeta Aías; às visões de Ido, aos livros do profeta Serveiah[75] e do profeta Ado.

Os livros de *Esdras* e *Neemias* foram certamente escritos após seu retorno do cativeiro; porque em seu retorno, a reedificação dos muros e casas de Jerusalém, a renovação do pacto e o ordenamento de sua política ali está contida.

A história da rainha *Ester* é do tempo do cativeiro; e, portanto, o escritor deve ser contemporâneo ou posterior.

O livro de *Jó* não dispõe de um sinal de quando foi escrito; e embora pareça suficientemente que ele não foi um personagem inventado (Ez 14,14 e Tg 5,11); ainda assim, o livro em si não parece ser uma história, mas um tratado acerca de uma questão há muito disputada, *por que homens maus prosperam neste mundo, enquanto os homens bons sofrem aflições*; e isso parece o mais provável, posto que, do início ao terceiro versículo do terceiro capítulo, onde começa a lamentação de Jó, o hebraico é em prosa (como testifica são Jerônimo); e dali até o sexto versículo do último capítulo, em hexâmetros; e o restante do capítulo novamente em prosa. De maneira

---

75. Como consta na edição de 1651. Aparentemente trata-se de uma má interpretação de Semaías (Notes. In: HOBBES, T. *Leviathan*. Londres: Penguin, 2017. Versão Eletrônica. • HOBBES, T. Chapter XXXIII: Of the Books of holy Scripture. In: HOBBES, T. *Leviathan*. Ed. rev. por A.P. Martinich e Brian Battiste. Toronto: Broadview, 2011, p. 324) [N.T.].

que a disputa é inteiramente em verso; e a prosa foi incluída, porém como um prefácio no início e um epílogo no fim. Todavia, o versículo não apresenta o estilo usual daqueles que se encontram em grande aflição, como Jó; ou daqueles que vêm para confortá-lo, como seus amigos; mas na filosofia, especialmente a filosofia moral, frequente no tempo antigo.

Os *Salmos* foram escritos majoritariamente por Davi, para uso do coro. A eles foram incluídos algumas canções de Moisés e de outros homens santos; e alguns deles após o retorno do cativeiro, como no [Salmo] 137 e no [Salmo] 126, por onde fica manifesto que os Salmos foram compilados e colocados na forma que temos agora após o retorno dos judeus da Babilônia.

Os *Provérbios*, sendo uma coleção de dizeres sábios e divinos, parcialmente de Salomão, parcialmente de Agur, o filho de Jaque, e parcialmente da mãe do rei Lamuel, provavelmente não podem ser créditos como sendo coletados por Salomão em vez de Agur, ou pela mãe de Lamuel; e isso, conquanto as sentenças sejam suas, ainda que a coleção ou compilação deles em um único livro fosse o trabalho de outro homem de Deus, que viveu após todos eles.

Os livros de *Eclesiastes* e dos *Cânticos* nada tem que não seja de Salomão, exceto pelos seus títulos ou inscrições. Pois *as palavras do Pregador, o filho de Davi, rei em Jerusalém*; e *O Cântico dos Cânticos*, que é de Salomão, parecem ter sido adotados como um critério de distinção, quando os livros das Escrituras foram unidos em um corpo da lei; ao fim e ao cabo, que não apenas a doutrina, mas os autores também pudessem subsistir.

Dos profetas, os mais antigos são Sofonias, Amós, Oseias, Isaías e Miqueias, que viveram no tempo de Amazias e Azarias, ou Ozias, reis de Judá. Mas o livro de *Jonas* não é propriamente um registro de sua profecia (posto que isto está contido nessas poucas palavras, *em quarenta dias Nínive será destruída*), mas uma história ou narração de sua covardia e disputa com os mandamentos de Deus; de maneira que há uma pequena probabilidade que ele tenha sido o autor, uma vez que ele era o objeto dela. Mas o livro de *Amós* é sua profecia.

Jeremias, Abdias, Naum e Habacuque profetizaram no tempo de Josias.

Ezequiel, Daniel, Ageu e Zacarias, no cativeiro.

Não fica evidente em seus escritos quando Joel e Malaquias profetizaram. Mas, considerando as inscrições ou os títulos de seus livros, fica suficientemente manifesto que toda a Escritura do Antigo Testamento foi firmada na forma que temos após o retorno dos judeus do cativeiro da Babilônia e antes do tempo de Ptolomeu Filadelfo, que o fez ser traduzido ao grego por setenta homens, que foram enviados para fora da Judeia para este propósito. E se os livros dos apócrifos (que nos são recomendados pela Igreja, conquanto não para o cânone, ainda que livros benéficos para nossa instrução) possam neste ponto ser creditados, as Escrituras foram firmadas na forma que temos por Esdras[76]; como pode transparecer no que ele mesmo disse no segundo livro (capítulo 14, versículos 21, 22 etc.), onde, falando com Deus, assim ele disse: *a tua lei foi queimada, portanto ninguém conhece as coisas que fizeste, nem as obras que estão para começar. Mas, se encontro graça perante a ti, envia o Espírito Santo até mim, e escreverei tudo o que foi feito no mundo,*

---

76. *II Esdras, Esdras latino* ou *IV Esdras* é um livro apocalíptico presente em algumas versões da Bíblia. Ele normalmente é atribuído a Esdras (um escriba e clérigo do século V a.C.) e reconhecido como um livro apócrifo para católicos, ortodoxos e protestantes – para as Igrejas Armênia e Etíope, no entanto, ele é canônico. Na *Vulgata*, sobretudo a partir do século IX, *II Esdras* desponta algumas vezes como um apêndice, conquanto composto por três partes, que são tratadas academicamente da seguinte maneira: 5 Esdras (capítulos 1-2), 4 Esdras (capítulos 3-14) e 6 Esdras (capítulos 15-16). Por conta disso, alguns escritores protestantes, com base na *Bíblia de Genebra*, denominaram os livros I e II da *Vulgata* como *Esdras* e *Neemias*, enquanto os livros III e IV foram denominados, por sua vez, como *I Esdras* e *II Esdras*. Esta informação é relevante, pois é a numeração padrão das traduções da Bíblia para a língua inglesa – com destaque para a King James Version of the Bible (Versão da Bíblia do rei Jaime/Tiago, KJV), usada por Hobbes e pela Igreja da Inglaterra. Diante das traduções da Bíblia, Hobbes assumiu uma postura ambígua: no *De Cive* (17,18), ele mencionou que os tradutores poderiam alcançar alguma influência política; todavia, ele negava que os tradutores serviam como autoridades na interpretação das Escrituras. Consequentemente, ao cotejar o *Leviatã* com as versões tradicionais com o texto bíblico, percebe-se um espectro de usos: em várias ocasiões, ele seguiu a KJV; porém, como sabia ler grego, latim e tinha algumas noções de hebraico, às vezes ele lançou mão de traduções próprias ou de duas outras traduções para a língua inglesa – no *De Cive*, por sua vez, ele preferiu lançar mão da *Vulgata*. As razões dessa escolha não foram elencadas por Hobbes, mas certamente variavam (acurácia, mais próximo da doutrina que defendia ou simples disponibilidade). Seja como for, considerando a liberdade de usos do autor, tomamos o cuidado de comparar a citação do apócrifo de II Esdras presente no texto de Hobbes com uma edição acadêmica crítica e contemporânea, a saber, a The New Oxford Annotated Bibble (TNOAB) (cf. 2Esdras. In: *The New Oxford Annotated Bibble* – New revised, standard version with the Apocrypha. 4. ed. Oxford: Oxford University Press, 2010, p. 1.675-1.715 (p. 1.710-1.711). • OKADA, T. Introduction. In: OKADA, T. *Religious Liberty and Authority*: Hobbes's Use of the Bible in Leviathan in the Context of the English Civil War. Tese. Londres: University College London, 2015, p. 13-17. • BOGAERT, P.-M. Les livres d'Esdras et leur numérotation dans l'histoire du canon de la Bible latin. *Revue Bénédictine*, 110 (1-2), 2000, p. 5-26) [N.T.].

desde o início, todas as coisas que foram escritas na lei, para que os homens possam encontrar teu caminho e para que vivam aqueles que irão viver nos dias mais distantes. E, no versículo 45: *E veio a acontecer que depois de cumpridos os quarenta dias o Altíssimo falou, e disse: o primeiro que escreveste, publica-o abertamente, para que os dignos e os indignos possam lê-lo; mas guarda os últimos setenta, para que possas entregá-los apenas àqueles de entre o povo que sejam sábios.* E basta isso sobre o tempo em que foram escritos os livros do Antigo Testamento.

Os escritores do Novo Testamento viveram todos menos de uma era após a ascensão de Cristo, e todos eles viram nosso Salvador, ou foram seus discípulos, com a exceção de são Paulo e são Lucas; e, consequentemente, não importa o que tenham escrito, trata-se de algo tão antigo quanto o tempo dos apóstolos. Porém, no tempo em que os livros do Novo Testamento foram recebidos e reconhecidos pela Igreja como parte de seus escritos não é tão antigo. Pois uma vez que os livros do Antigo Testamento não são anteriores ao tempo de Esdras, que, pela direção do espírito de Deus, recuperou-os quando eles estavam perdidos: aqueles do Novo Testamento, cujas cópias não eram muitas nem poderiam facilmente estar nas mãos privadas de um único homem, não podem ser derivadas de um tempo mais tardio do que aquele em que os governantes da Igreja coletaram, aprovaram e recomendaram a nós como os escritos daqueles apóstolos e discípulos, sob os nomes que são usados. A primeira enumeração de todos os livros, tanto do Antigo quanto do Novo Testamento, está no cânone dos apóstolos, supostamente coletado por Clemente, o primeiro (após são Pedro) bispo de Roma. Todavia, como tudo isso nada mais é do que uma suposição por muitos questionada, o Concílio de Laodiceia é o primeiro conhecido que recomenda a Bíblia às assim conhecidas igrejas cristãs, por conter os escritos dos profetas e apóstolos: e este concílio foi realizado em 364 após o nosso Cristo. Passado dado tempo, apesar de a ambição ter prevalecido sobre alguns doutores da Igreja, não reconhecendo os imperadores, conquanto cristãos, como pastores de ovelhas, mas como ovelhas; e os imperadores não cristãos como lobos; e empreendendo para transmitir suas doutrinas, não para aconselhar e informar, como pregadores; porém, como leis, como governantes absolutos; e pensando que tais fraudes tendiam a fazer o povo mais obediente às doutrinas cristãs, para tornar-se pio; ainda assim, portanto, eu estou persuadido de que eles não falsificaram as Escrituras, conquanto as cópias dos livros do Novo Testamento estivessem apenas nas mãos dos eclesiásticos; porque se eles tivessem tal intenção de fazê-lo, eles poderiam certamente tê-lo modificado para que fosse mais favorável ao seu poder sobre os príncipes cristãos e o governo civil do que elas são. Assim, eu não vejo razão para duvidar que o Antigo e o Novo Testamento são, como nós temos hoje, verdadeiros registros daquelas coisas que foram ditas pelos profetas e apóstolos. E, deste modo, talvez são alguns daqueles livros que chamamos de apócrifos, e se deixados fora do cânone, não para a inconformidade da doutrina que resta, mas apenas porque não são encontrados em hebraico. Posto que após a conquista da Ásia por Alexandre o Grande, havia poucos judeus instruídos que não eram perfeitos na língua grega. Pois os setenta intérpretes que converteram a Bíblia ao grego eram todos hebreus; e nós temos excertos do trabalho de Filo e de Josefo, ambos judeus, que escreveram eloquentemente em grego. Mas não é o escritor, mas a autoridade do livro que o torna canônico. E conquanto esses livros fossem escritos por diversos homens, ainda assim está manifesto que todos os escritores foram imbuídos com um e o mesmo espírito, de tal modo que eles conspiraram para um e o mesmo fim, que foi passar adiante os direitos do reino de Deus, Pai, do Pai, Filho, e do Espírito Santo. Posto que, no livro do Gênesis, derivou a genealogia do povo de Deus da criação do mundo até a ida ao Egito: os outros quatro livros de Moisés, que contêm a eleição do rei por parte de Deus e as leis que ele prescreveu para seu governo: os livros de *Josué, Juízes, Rute* e *Samuel,* do tempo de Saul, descrevem os atos do povo de Deus até o tempo que eles lançaram fora o jugo divino e clamaram por um rei conforme a maneira das nações vizinhas. O resto da história do Antigo Testamento deriva da linhagem de Davi, do cativeiro, para além do qual foi a primavera da restauração do reino de Deus, até que nosso abençoado Salvador Deus, o Filho, cuja vinda foi predita nos livros dos profetas, após o qual os Evangelistas escreveram sobre sua vida, ações e o clamar do reino, enquanto ele viveu sobre a terra: e, por fim, os *Atos* e as *Epístolas* dos Apóstolos, que declararam a vinda de Deus, do Espírito Santo, e a autoridade que ele deixou com eles e seus sucessores para a direção dos judeus e para o convite aos gentios. Em suma, as histórias e as profecias do Antigo Testamento, dos evangelhos e das epístolas do Novo Testamento tiveram todas o mesmo objetivo, isto é, converter os homens à obediência a Deus; I. em Moisés e nos Clérigos; II. na pessoa do Cristo; e III. nos Apóstolos e seus sucessores, quanto ao poder apostólico. Posto que estes três diversas vezes representaram a pessoa de Deus: Moisés e seus sucessores como Altos Clérigos, e Reis de Judá, no Antigo Testamento: o próprio Cristo, no tempo em que viveu sobre a terra: e os Apóstolos e seus sucessores, do dia de Pentecostes (quando o Espírito Santo desceu sobre eles) até este dia.

É uma questão muito disputada entre as diversas seitas da religião cristã, a saber, *a partir de onde as Escrituras derivam sua autoridade*; tal questão é também proposta algumas vezes noutros termos: *como nós sabemos que elas são a palavra de Deus*, ou *por que nós acreditamos nelas de tal modo*; e a dificuldade de resolver isso desponta principalmente da impropriedade das palavras que procedem da própria questão. Pois acredita-se que, acima de todas as mãos, o primeiro e original *autor* delas é Deus; e, consequentemente, a questão disputada não é essa. Novamente, fica manifesto que ninguém pode conhecê-las como a palavra de Deus (apesar dos verdadeiros cristãos acreditarem nisso), mas aqueles a quem o próprio Deus revelou tais palavras de maneira sobrenatural; e, portanto, a questão não é corretamente colocada, a saber, do nosso *conhecimento* delas. Por fim, quando a questão proposta envolve a nossa *fé*; porque alguns são compelidos a acreditar por uma razão, e outros por outras, não se pode produzir uma resposta geral delas. A questão melhor formulada é *por qual autoridade elas foram tornadas leis*.

Conforme elas diferem das leis da natureza, sobre o qual não há dúvidas, posto que são a lei de Deus e portam sua autoridade com elas, legíveis a todos os homens que tomam uso da razão natural: mas isso não é outra autoridade além daquela que procede das outras doutrinas morais consoantes à razão: os ditos são leis que não foram *feitas*, uma vez que são *eternas*.

Se elas foram feitas pelo próprio Deus, elas são da natureza da lei escrita, que são as leis apenas para aqueles perante quem Deus as publicou suficientemente, de maneira que nenhum homem pode escusar-se ao dizer que não as conhecia.

Portanto, aquele a quem Deus não revelou sobrenaturalmente que aquelas leis são suas, não daqueles que as publicaram; e que aqueles que as publicaram foram enviados por Ele, não obrigados a obedecê-lo por qualquer autoridade, mas por Ele, cujas ordens têm automaticamente a força das leis; isso significa dizer que, por nenhuma outra autoridade para além da provinda da república, que reside no soberano, que detém o poder legislativo. Novamente, se não for a autoridade legislativa da república que oferta a elas a força das leis, deve haver alguma autoridade derivada de Deus, seja ela privada ou pública; se privada, ela obriga apenas aquele a quem Deus em particular mostrou-se agradado ao revelá-las. Posto que se cada homem tiver que ser obrigado a adotar a lei de Deus, os homens particulares, com a pretensão da inspiração privada ou revelação, devem obstruí-las (de tal maneira que uma quantidade de homens que, privados de orgulho e ignorância, tomarem seus próprios sonhos, fantasias extravagantes e loucura como testemunhos do espírito de Deus; ou por ambição, pretendendo os testemunhos divinos falsamente, e contrários às suas próprias consciências), posto que é impossível que qualquer lei divina possa ser reconhecida. Se for pública, esta é a autoridade da *república* ou da *Igreja*. Mas a Igreja, se for uma pessoa, é a mesma coisa com a república dos cristãos; chamada com uma *república* porque ela consiste de homens unidos em uma pessoa, seu soberano; e a *Igreja*, porque ela consiste dos homens cristãos, unidos em um único soberano cristão. Mas se a Igreja não for uma pessoa, então ela não detém a autoridade sobre todos; e não pode ordenar nem empreender qualquer ação; nem é capaz de ter qualquer poder ou direito sobre qualquer coisa; nem dispor de qualquer vontade, razão ou voz, posto que todas essas qualidades são pessoais. Agora, se o conjunto dos cristãos não for contido em uma república, eles não são uma pessoa; nem há uma Igreja universal que detém a autoridade sobre elas; e, assim, as Escrituras não são feitas como leis pela Igreja universal: ou, se há uma república, então todos os monarcas cristãos e estados são pessoas privadas e súditos para serem julgados, depostos e punidos por um soberano universal de toda a Cristandade. De tal maneira que a questão da autoridade dos Escritores é reduzida à seguinte: *se os reis cristãos e as assembleias soberanas nas repúblicas cristãs são absolutos em seus próprios territórios imediatamente sob Deus; ou súditos de um Vigário de*

Cristo constituído sobre a Igreja universal, para serem julgados, condenados, depostos e mortos, conforme ele considerar pertinente ou necessário ao bem comum.

Tal questão não pode ser resolvida sem uma consideração mais particular do reino de Deus; a partir da qual nós também devemos julgar a autoridade de interpretar as Escrituras. Posto que seja qual for o poder sobre qualquer coisa escrita para fazer dela lei, também tem o poder de aprovar ou desaprovar sua interpretação.

CAPÍTULO XXXIV
DO SIGNIFICADO DO ESPÍRITO, DO ANJO E DA INSPIRAÇÃO NOS LIVROS DAS SAGRADAS ESCRITURAS[77]

Vendo que a fundação de todo verdadeiro raciocínio é a constante significação das palavras, o que, na doutrina a seguir, não depende (como em uma ciência natural) da vontade do escritor nem (como em uma conversa usual) do uso vulgar, mas sobre o senso que eles portam nas Escrituras; no entanto, é necessário determinar, antes que eu avance, para além da Bíblia, o significado de tais palavras, diante de sua ambiguidade, que podem auferir obscuridade ou disputa mediante aquilo que eu pretendo inferir sobre elas. Eu irei começar com as palavras CORPO e ESPÍRITO, que na linguagem dos escolásticos são chamadas de *substâncias, corpórea* e *incorpórea*.

A palavra *corpo*, na aceitação mais geral, significa aquilo que preenche ou ocupa certo espaço ou lugar imaginado; e não depende da imaginação, mas daquilo que nós chamamos de *universo*. Como o

---

77. O Filósofo inglês entendia Deus como um corpo, e que os cristãos eram obrigados a entendê-lo dessa forma, compelidos pela lógica. Consequentemente, ele ia de encontro aos escolásticos, que tomavam Deus como imaterial e não corpóreo. Negando a concepção de "substância imaterial" e da inexistência de passagens bíblicas nesse sentido. Conforme sua leitura, uma das consequências de Deus como corpo seria que Deus comporia parte do universo, o que entraria em conflito com o aspecto transcendente de Deus. Em uma carta de janeiro de 1641, Descartes recusou a ideia do divino corpóreo; Hobbes, no entanto, insistiu na ideia noutra carta escrita semanas depois, onde ele tentou unir a concepção de "matéria sutil" de Descartes com sua própria concepção de "espírito interno" (a saber, "um corpo sutil e fluido"). Ele parece ter sustentado tal posição da década de 1640 até o final de sua vida (DESCARTES, R. Letter 29 to Marin Mersenne For Hobbes, from Leiden, 11 January 1641. In: MALCOLM, N. (ed.). *The Clarendon Edition of the Works of Thomas Hobbes* – Vol. 6: The Correspondence: 1622-1659. Oxford: Clarendon Press, 1994, p. 57. • HOBBES, T. Letter 30 to Marin Mersenne, from Paris, 28 January 1641. In: MALCOLM, N. (ed.). *The Clarendon Edition of the Works of Thomas Hobbes* – Vol. 6: The Correspondence: 1622-1659. Oxford: Clarendon Press, 1994, p. 70. • MARTINICH, A.P. God. In: LLOYD, S.A. (ed.). *The Boomsbury Companion to Hobbes*. Londres: Bloomsbury, 2013, p. 238-243) [N.T.].

universo é o agregado de todos os corpos, não há nenhuma de suas partes reais que não seja também um corpo, nem coisa alguma que seja propriamente um *corpo* e não seja também parte (desse agregado de todos os *corpos*) chamado de *universo*. Ademais, visto que os corpos são sujeitos à mudança, ou seja, à variedade de aparência ao sentido das criaturas viventes, que é chamado de *substância*, isto é, *sujeito* a vários acidentes; assim como ao ser movido; algumas vezes permanece imóvel; e vendo que nossos sentidos são algumas vezes quentes, algumas vezes frios, algumas vezes de uma cor, odor, sabor ou som, outras vezes de outra. E para essa diversidade de aparências (produzida pela diversidade de operações de corpos sobre os órgãos de nossos sentidos), nós atribuímos as alterações do corpo que operam, e as chamamos *acidentes* daqueles corpos. E, conforme essa acepção da palavra, *substância* e *corpo* significam a mesma coisa; portanto, *substância incorpórea* são palavras que, quando são unidas, uma destrói a outra, como se um homem pudesse dizer sobre um *corpo incorpóreo*.

Mas, no sentido do povo comum, nem todo o universo é chamado de corpo, mas apenas aquelas partes que elas podem ser discernidas a partir dos sentidos, da resistência às suas forças, ou pelos sentidos visuais, como se impedissem uma prospecção mais duradoura. Assim, na linguagem comum dos homens, *ar* e *substância aérea* não devem ser tomados como *corpos*, mas (como frequentemente os homens são sensíveis aos seus efeitos) são chamados de *vento* ou *sopro*, ou ainda (porque eles são chamados em latim de *spiritus*) espíritos; como quando evocam aquelas substâncias aéreas, que, no corpo de qualquer criatura viva, oferta vida e movimento, a saber, os *espíritos vital* e *animal*. Todavia, para aqueles ídolos do cérebro que representam os corpos a nós, como em um espelho, em um sonho ou ainda em um cérebro acordado, porém destemperado, eles nada são (como os apóstolos disseram geralmente sobre todos os ídolos); nada mesmo, digo eu, além do que eles parecem ser; e, no próprio cérebro, nada, exceto tumulto, procedente quer seja da ação dos objetos ou da agitação desordeira dos órgãos de nossos sentidos. E homens que, doutra maneira, são empregados para buscar em suas próprias causas, nada conhecem deles mesmos para chamá-los; e podem ser, portanto, facilmente persuadidos por aqueles cujo conhecimento eles reverenciam profundamente; alguns são chamados de *corpos*, pois pensam que eles são feitos de ar compactado por um poder sobrenatural, visto que a visão considera-as corpóreas; e alguns são chamados de *espíritos*, uma vez que o sentido do tato nada discerne no lugar onde eles aparecem para resistir aos seus dedos: de forma que o significado próprio de *espírito* no discurso comum é um corpo ou sutil, ou fluido ou invisível, ou ainda um fantasma ou outro ídolo ou fantasma da imaginação. Mas há muitas significações metafóricas: pois algumas vezes ele é tomado como uma disposição ou inclinação da mente; como quando, pela disposição de controlar o falar de outros homens, nós dizemos *um espírito de contradição*; para *a disposição de imundície, um espírito imundo*; para a perversidade, *um espírito perverso*; para a *misantropia*, um *espírito embotado*, e para a *inclinação à bondade, e ao serviço de Deus, o Espírito de Deus*: algumas vezes para uma habilidade eminente, ou para a paixão extraordinária, ou doença da mente, quando uma *grande sabedoria* é chamada de *espírito de sabedoria*; e *homens loucos* são evocados como se estivessem *possuídos por um espírito*.

Eu não encontro em nenhum lugar outra significação de *espírito*; e onde nenhuma dessas pode satisfazer o sentido daquela palavra nas Escrituras, o lugar não recai à compreensão humana; e nossa fé nele não consiste na nossa opinião, mas na nossa submissão; como em todos os lugares onde Deus é celebrado como sendo um *Espírito*; ou onde, pelo *Espírito de Deus*, pretende-se dizer o próprio Deus. Posto que a natureza de Deus é incompreensível, isto é, nós nada entendemos sobre o que ele é, mas apenas que ele é; e, portanto, os atributos que damos a ele não são feitos para serem transmitidos a outrem quanto ao *que ele é*, nem para significar nossa opinião sobre sua natureza, mas nosso desejo de honrá-lo com tais nomes que concebemos como mais honrados entre aqueles que dispomos.

Gn 1,2. *O Espírito de Deus se movia sobre a face das águas.* Aqui, se por *Espírito de Deus* devemos entender o próprio Deus, então o *movimento* é atribuído a Deus, e consequentemente um *lugar*, que são inteligíveis apenas para corpos e não para substâncias incorpóreas; e, deste modo, o lugar está para além de nossa compreensão, posto que não podemos conceber nada movido que não muda de lugar ou não dispõe de dimensões; e, seja como for, se tem dimensão, trata-se de um corpo. Todavia, o significado dessas palavras é melhor entendido por uma passagem similar (Gn 8,1); quando a terra estava coberta por águas, como no princípio, Deus pretendia baixá-las e novamente descobrir a terra seca, e usou as seguintes palavras, *Eu trarei meu espírito sobre a terra, e as águas diminuirão*: neste lugar, por *Espírito* compreende-se um vento (que é um ar ou *espírito movido*), que pode ser chamado, como da forma anterior, o *Espírito de Deus*, considerando que este era o trabalho de Deus.

Gn 41,38. *O Faraó chamou a sabedoria de José de Espírito de Deus.* Com efeito, tendo aconselhado José para que buscasse um homem sábio e discreto, e o colocou a frente do país do Egito, disse o seguinte: *podemos encontrar um homem como este no qual existe o espírito de Deus?* E também em Ex 28,3: *tu falarás* (disse Deus) *a todos os sábios de coração, aqueles que eu enchi do espírito e de sabedoria, a fim de que façam as vestes de Aarão, para consagrá-lo.* Nesta passagem, o entendimento é extraordinário, conquanto aplicado à confecção de vestes como dom de Deus, que foi denominado de *Espírito de Deus*: o mesmo se encontra, por sua vez, em Ex 31,3-6 e 35,31, e em Is 11,2-3, onde o profeta, tendo falado do Messias, disse: *o espírito do Senhor deve repousar nele, e o espírito de sabedoria e da inteligência, e o espírito do conselho e da fortaleza, e o espírito do temor ao Senhor.* Nestas passagens, fica manifesto que não seriam aparições, mas numerosas graças eminentes que Deus quis dar-lhe[78].

No livro dos *Juízes*, um zelo e valor extraordinários na defesa do povo de Deus foi denominado como o *Espírito* de Deus, como quando entusiasmou Otoniel, Gedeão, Jefé e Sansão para que os libertasse da servidão, Jz 3,10; 6,34; 11,29; 13,25; 14,5-19. E de Saul, a respeito das notícias da insolência que os amonitas empreendiam contra os homens de Jabesh Gileade, foi dito que *o Espírito de Deus desceu sobre Saul, e sua ira* (ou, como dizem em latim, *sua fúria*) *se incendiou em grande medida.* Com o qual não era provável que não se falava de um fantasma, mas de um extraordinário zelo para

---

78. Em outros termos: axiológica é a concepção da propriedade, em Hobbes. "[...] Distribuída pelo soberano constitui-se ao mesmo tempo que bem e mal, e identifica-se com a justiça, isto é, com a diferença entre justo-injusto, lícito-ilícito: situa-se numa humana genealogia de valores [...]" (RIBEIRO, R.J. *Ao leitor sem medo*. Hobbes escrevendo contra o seu tempo. Belo Horizonte: Editora UFMG, 2004, p. 82) [N.T.].

castigar a crueldade dos amonitas. Do mesmo modo, pelo espírito de Deus que desceu sobre Saul, quando se encontrava entre os profetas que louvavam a Deus com cânticos e músicas, é preciso compreender que não foi um fantasma, mas um zelo inesperado e repentino para unir-se a ele em sua devoção.

O falso profeta *Zedequias* disse a Miqueias (1Rs 22,24): *por onde saiu de mim o espírito do Senhor para falar a ti?* O qual não pode compreender como um fantasma, posto que Miqueias declarou perante os reis de Israel e Judá o acontecimento da batalha como uma *visão* e como um espírito que falava nele.

De maneira análoga, nos livros dos Profetas, conquanto falassem do *espírito* de Deus, quer dizer, uma graça especial de predição; ainda assim, seu conhecimento do futuro não dependia de um fantasma com eles, mas de algum *sonho* ou *visão* sobrenatural.

Em Gn 2,7 foi dito que *Deus fez o homem do pó da terra, e inspirou em suas narinas (spiraculum vitae) o sopro da vida, e o homem se tornou uma alma vivente.* Ali, o *sopro da vida* inspirado por Deus significa nada mais do que a vida que Deus lhe deu; e (Jó 27,3) *tão logo o Espírito de Deus esteja em minhas narinas,* nada mais significa do que dizer *tão logo eu viva.* Assim, em Ez 1,20, *o espírito da vida estava nas rodas,* é equivalente a dizer que *as rodas estavam vivas.* E (Ez 2,2) *o Espírito entrou em mim e colocou-me sobre meus pés* quer dizer *eu recobrei minha força vital;* não que qualquer fantasma ou substância incorpórea tenha entrado nele e possuído seu corpo.

No capítulo 11 do livro de *Números, versículo 17, Eu tomarei* (disse Deus) *o Espírito que está sobre ti e colocarei sobre eles, e eles carregarão o fardo do povo como tu carregas;* isto é, sobre os setenta anciãos: dizem que dois dos setenta profetizaram no campo; alguns deles reclamaram, e Josué desejou que Moisés os proibisse, o que Moisés, por sua vez, não poderia fazer. De onde se presume que Josué não sabia que eles tinham recebido a autoridade para fazê-lo, e profetizado conforme a mente de Moisés, isto é, por um *espírito* ou *autoridade* subordinada à dele.

De maneira análoga, nós lemos (Dt 34,9) que *Josué estava cheio do espírito da sabedoria porque Moisés tinha deitado suas mãos sobre ele*: isto é, porque ele foi *ordenado* por Moisés a realizar o trabalho que ele tinha começado – nomeadamente, levar o povo de Deus para a terra prometida –, uma vez que, levado à morte, não pode concluí-lo.

De maneira similar, foi dito (Rm 8,9) que *se qualquer homem não tem o Espírito de Cristo, ele não lhe pertence*: o que não significa dizer *o fantasma* de Cristo, mas uma *submissão* diante de sua doutrina. Assim como (1Jo 4,2): *por isso conhecereis o Espírito de Deus; todo o Espírito que confessar que Jesus Cristo veio carnalmente é de Deus*. Com isso pretende-se dizer que o espírito de genuína Cristandade ou *submissão* àquele artigo principal da fé cristã, a saber, que Jesus é o Cristo; que não pode ser interpretado como um fantasma.

Assim como tais palavras (Lc 4,1) *e Jesus, cheio do Espírito Santo* (isto é, conforme expresso em Mt 4,1 e Mc 1,12, do *Espírito Santo*), pode ser entendido como um *zelo* para fazer o trabalho para o qual ele foi enviado por Deus, o Pai: mas, ao interpretá-lo como se fosse um fantasma, implica dizer que o próprio Deus (posto que nosso Salvador o era) foi preenchido por Deus: o que é muito inapropriado e insignificante. Como nós podemos traduzir *espíritos* pela palavra *fantasmas*, que nada significa, nem no céu, nem na terra, exceto os habitantes imaginários do cérebro humano; sobre isso eu não fui capaz de examinar: mas eu vos digo que a palavra *espírito*, no texto, não significa tal coisa; porém, quer seja uma substância *real*, quer metaforicamente alguma *habilidade* ou *afeição* da mente extraordinária, ou ainda do corpo.

Os discípulos de Cristo, vendo que ele andava sobre o mar (Mt 14,26 e Mc 6,49), supuseram que ele fosse um *espírito*, significando assim um *corpo* aéreo e não um fantasma: sobre isso foi dito que todos eles o viram; o que não pode ser compreendido como ilusões do cérebro (que não são comuns em muitos de uma só vez, como ocorre com corpos visíveis; mas singular, diante das diferenças entre as fantasias), mas apenas dos corpos. De forma similar, onde ele foi tomado como um *espírito* pelos mesmos apóstolos (Lc 24,3-7); assim também (At 12,15) quando são Pedro foi libertado da prisão e não podia crer; mas, quando a donzela disse que ele estava à porta, ele disse que isso foi seu *anjo*; o que deve ser entendido como uma substância corpórea, ou nós podemos dizer os próprios discípulos seguiam a opinião comum tanto dos judeus quanto dos gentios, a quem tais aparições não eram imaginárias, porém reais, e sem dependerem da fantasia humana para existirem: a isso os judeus chamavam de *espíritos* e *anjos*, bons ou ruins; assim como os gregos chamavam o mesmo pelo nome de *demônios*. E algumas dessas aparições podem ser reais e substanciais; isso implica dizer corpos sutis, que Deus pode formar pelo mesmo poder pelo qual ele formou todas as coisas, além de fazer uso delas, como seus ministros e mensageiros (isto é, os anjos) para declarar sua vontade e executar o mesmo quando lhe agradar, de maneira extraordinária e sobrenatural. Mas quando ele o faz, são substâncias providas de dimensão, ocupam lugar e podem ser movidas de um lugar ao outro, o qual é peculiar aos corpos; e, consequentemente, não são aparições incorpóreas, quer dizer, fantasmas que não ocupam lugar nem estão em parte alguma, e, em nenhum momento parecem estar em algum lugar, nada são. Todavia, se o corpóreo for considerado em sua acepção mais vulgar, como naquelas circunstâncias em que são perceptíveis aos nossos sentidos externos, então a substância incorpórea é uma coisa não imaginária, porém real, isto é, uma tênue substância invisível, porém dotada das mesmas dimensões que os corpos mais grossos.

O nome ANJO significa geralmente um *mensageiro*; e, frequentemente, um *mensageiro de Deus*; e, como um mensageiro de Deus, significa que qualquer coisa toma conhecimento de sua extraordinária presença; isso significa dizer a manifestação extraordinária de seu poder, especialmente através de um sonho ou visão.

Sobre a criação dos *anjos*, não há nada nas Escrituras. Que eles são espíritos, é frequentemente repetido: porém, pelo nome de espírito, significa, tanto nas Escrituras quanto vulgarmente, tanto entre judeus quanto entre gentios, algumas vezes, corpos tênues; como o ar, o vento, os espíritos vitais e animais, as criaturas viventes; e, certas vezes, as imagens que se erguem nas fantasias e visões; que não são substâncias reais, que não duram mais do que o sonho ou visão em que eles aparecem; cujas aparições, conquanto sem substâncias reais, nada são além de acidentes do cérebro; ainda assim, quando Deus levanta-os sobrenaturalmente, para significar sua vontade, eles não são impropriamente designados como mensageiros de Deus, isto significa dizer, seus *anjos*.

E como os gentios vulgarmente concebiam o imaginário cerebral, como coisas que realmente subsistem sem ele e não dependentes da fantasia; e, para além disso, eles enquadravam suas opiniões dos *demônios*, bons e maus; isso ocorria porque eles pareciam subsistir realmente e, por conta disso, eles eram chamados de *substâncias*; e como eles não podiam senti-los com as mãos, *incorpóreos*: assim também os judeus, sob as mesmas premissas, sem qualquer coisa no Antigo Testamento que os constrangesse, e geralmente dispunham da opinião (exceto a seita dos saduceus) que aquelas aparições (que, certas vezes, agrada a Deus produzir fantasia nos homens para seu próprio serviço, e, portanto, eram chamados de *anjos*) eram substâncias não dependentes da fantasia, mas criaturas permanentes de Deus; deste modo, aqueles que eles tomavam como bons a eles foram estimados como *anjos de Deus*, e aqueles que eles consideravam capazes de feri-los foram chamados de *anjos maus* ou espíritos do mal; o mesmo ocorreu com o espírito de Python e os espíritos dos homens loucos, dos lunáticos e dos epiléticos: pois eles tomavam tais homens como afetados por doenças *demoníacas*.

No entanto, se nós considerarmos lugares do Antigo Testamento onde os anjos são mencionados, nós encontraremos, na maioria deles, que nada mais há para ser entendido pela palavra *anjo*, conquanto alguma imagem desponte (sobrenaturalmente) na fantasia para significar a presença de Deus na execução de alguma atividade sobrenatural; e, portanto, no descanso, onde sua natureza não se manifesta, pode ser entendido de maneira similar.

Posto que, quando nós lemos que a mesma aparição foi evocada (Gn 16) não apenas como um *anjo*, mas de *Deus*; e aquele que foi chamado de *anjo* do Senhor (versículo 7), no décimo versículo, disse a Agar que *Eu irei multiplicar tua semente fartamente*; isto é, falou na pessoa de Deus. Esta aparição não era uma fantasia figurada, mas uma voz. Pela qual está manifesto que *anjo* significa aqui nada mais do que o próprio Deus, que fez com que Agar sobrenaturalmente apreendesse uma voz celestial; ou ainda nada além do que uma voz sobrenatural, testificando a presença especial de Deus ali. Portanto, por esta razão os anjos que apareceram diante de Ló não o foram chamados assim, mas de *homens* (Gn 19,12); e a quem, conquanto houvesse dois ali, Ló falou (versículo 18) como se fosse um, e aquele, como se fosse Deus (pois as palavras são *Ló disse a eles, óh, rogo-vos, Senhor*); e que tais imagens de homens devem ser entendidas como sobrenaturalmente formadas na fantasia; assim como, anteriormente, uma voz fantasiada era compreendida como um *anjo*? Quando o anjo chamou por Abraão dos céus para que interrompesse sua mão de matar Isaac (Gn 22,11), não houve aparição, mas uma voz; que, no entanto, foi chamada apropriadamente como um mensageiro ou *anjo* de Deus, porque ele declarava a vontade de Deus sobrenaturalmente e preservou o labor de supor quaisquer fantasmas permanentes. Os anjos que Jacó viu na escada celestial (Gn 28,12) foram uma visão de seu sono; portanto, apenas fantasia e um sonho; ainda que fosse sobrenatural e sinais da presença especial de Deus, aquelas aparições não são impropriamente chamadas de *anjos*. O mesmo pode ser entendido quando Jacó disse assim (Gn 31,11): *O Anjo do Senhor apareceu diante de mim em sonho*. Pois uma aparição feita para um homem em sonho é aquilo que todos os homens chamam de um sonho, seja ele um sonho natural ou sobrenatural: e aquilo que Jacó chamou de *anjo* era o próprio Deus; pois o mesmo anjo (versículo 13) disse *Eu sou o Deus de Betel*.

O anjo que também foi em frente ao exército de Israel ao mar Vermelho (Ex 14,19) e, atrás dele, estava o próprio Senhor (versículo 19); e ele aparecia não na forma de um belo homem, mas na forma (durante o dia) de uma *coluna de nuvens* e (durante a noite) na forma de uma *coluna de fogo*; e, ainda assim, essa coluna foi uma completa aparição, e o *anjo* prometeu a Moisés guiar o exército (Ex 14,9): posto que o pilar de nuvens, dizem, desceu e permaneceu às portas do Tabernáculo, além de ter falado com Moisés.

Ali você percebe movimento e fala, que são comumente atribuídos aos anjos e às nuvens, posto que as nuvens servem como um sinal da presença de Deus; e não era menos que um anjo que adotou a forma de um homem, ou uma criança de beleza ímpar; ou com asas, como usualmente eles são pintados pela falsa instrução do povo comum. Pois não é a forma, mas seu uso que faz deles anjos. Contudo, seu uso implica serem significações da presença de Deus em operações sobrenaturais; como quando Moisés desejou percorrer o acampamento com Deus (Ex 33,14) (como ele fazia sempre antes do bezerro dourado); e Deus não respondeu *Eu irei* nem *Eu enviarei um anjo em meu lugar*; mas assim o fez: *Minha presença irá contigo*.

Levaria muito tempo para mencionar todos os lugares do Antigo Testamento onde o nome anjo é encontrado. Portanto, para compreender todos de uma só vez, não há texto naquela parte do Antigo Testamento no qual a Igreja da Inglaterra toma como canônico, e, a partir disso, nós podemos concluir que há ou foi criada alguma coisa permanente (entendida pelo nome de *espírito* ou *anjo*), que não dispõe de quantidade; e que pode não ser dividido pela compreensão; isto significa dizer, considerado pelas partes; como se uma parte pudesse estar em um lugar, e a próxima parte noutro lugar; e, em suma, que não é (dotando de corpo, que é algo e está em algum lugar) corpóreo; mas, em todo lugar, o sentido portará a interpretação de anjo como um mensageiro; assim como João Batista é chamado de um anjo, e Cristo como o Anjo do Pacto; e também (conforme a mesma analogia) a pomba e as línguas de fogo, que nisso foram sinais da presença especial de Deus, que também podem ser chamados de anjos. Conquanto nós encontremos em *Daniel* dois nomes de anjos, Gabriel e Miguel, ainda assim, fica claro a partir do próprio texto (Dn 12,1) que Miguel significa Cristo, não como um anjo, mas como um príncipe: e que Gabriel (como nas aparições feitas a outros homens santos em seu sono) nada foi, porém um fantasma sobrenatural que apareceu a Daniel em seu sonho, e que dois santos conversavam e um disse ao outro: *Gabriel, deixe-nos fazer com que este homem compreenda a sua visão* (cf. Dn 8,16): pois Deus não necessita distinguir seus servos celestiais pelos nomes, que são úteis apenas para as memórias curtas dos mortais. Nem no Novo Testamento há qualquer lugar fora do qual possa ser provado que os anjos (exceto quando são dispostos para tais homens, como quando Deus faz deles os mensageiros e ministros de suas palavras e ofícios) são coisas permanentes e, igualmente, incorpóreas. Que eles são permanentes, é possível deduzir das palavras de nosso próprio Salvador (Mt 25,41), onde ele disse que será dito ao amaldiçoado no último dia, *Vai, amaldiçoado, ao fogo eterno preparado para o demônio e seus anjos*: cujo lugar é manifesto pela permanência de anjos maus (a menos que possamos pensar que o nome do demônio e seus anjos possa ser entendido como os adversários da Igreja e seus ministros); porém, de tal modo é repugnante por sua imaterialidade, posto que o fogo eterno não seja punição para substâncias impalpáveis, tais como são todas as coisas incorpóreas. Portanto, não resta provado aí que os anjos são incorpóreos. De maneira similar, onde são Paulo disse (1Cor 6,3) *sabeis que nós julgaremos os anjos?* E (2Pd 2,4) *posto que Deus não poupou os anjos que pecaram, porém lançando-os ao inferno.* E (Jo 1,6) *aos anjos que não conservaram o seu primitivo estado e abandonaram a sua primitiva habitação, ele reservou a obscuridade em eternas cadeias até o juízo do último dia;* conquanto isso prove a permanência da natureza angélica, isso confirma também sua materialidade. E (Mt 22,30) *na ressurreição os homens não casam, nem dão em casamento, mas são como os anjos de Deus no céu:* porém, na ressurreição, os homens serão permanentes e não incorpóreos; portanto, de tal maneira, eles serão também anjos.

Há diversos outros lugares fora dos quais podemos demover conclusões análogas. Para homens que compreendem o significado dessas palavras, *substância* e *incorpóreo;* visto que incorpóreo é empregado não para um corpo sutil, mas para a *ausência de corpo;* eles implicam, naturalmente, uma contradição: assim como ao dizer que um anjo ou espírito é (naquele senso) uma substância incorpórea, é dizer, com efeito, que não há qualquer anjo ou espírito. Portanto, considerando o significado da palavra *anjo* no Antigo Testamento, e a natureza dos sonhos e visões que ocorrem em homens pela via ordinária da natureza, eu estou inclinado a essa opinião, a saber, que os anjos nada são, exceto aparições sobrenaturais de fantasia erguidas pela operação especial e extraordinária de Deus e, por esse meio, faz sua presença e ordens serem conhecidas pela humanidade, com especial atenção ao seu próprio povo. Porém, em muitos lugares do Novo Testamento e nas palavras de nosso próprio Salvador, e uma vez que em tais textos não há suspeita ou corrupção das Escrituras, tenha exortado à minha débil razão o reconhecimento e uma crença que haja também substâncias dos anjos e que estes são permanentes. No entanto, acreditar que eles não estão em algum lugar, ou seja, implica dizer que estão em lugar nenhum, isto é, que nada são, seria como dizer (conquanto indiretamente) que os temos incorpóreos, não podem se fazer evidentes mediante as Escrituras.

Sobre o significado da palavra *espírito*, depende da palavra INSPIRAÇÃO; que precisa ser tomada, a rigor, apropriadamente; e assim nada é, exceto um sopro sobre um homem de ar suave e sutil, ou de vento, de tal maneira como quando um homem enche uma bexiga com seu sopro; ou como se espíritos não fossem corpóreos, mas tivessem existência apenas na fantasia, posto que, de tal modo, nada seria, exceto o sopro de um fantasma; o que é impróprio dizer e impossível; visto que os fantasmas não são algo, mas apenas parecem ser algo. Portanto, aquela palavra é usada nas Escrituras apenas metaforicamente: como (Gn 2,7) é dito que Deus *assoprou* no homem o sopro da vida, nada mais significa do que Deus deu a ele vida motriz. Posto que nós não devemos pensar que Deus fez primeiro um sopro de vida, e então soprou-o em Adão após este ser feito, quer o vento fosse real ou apenas aparente; mas apenas como está (At 17,25) *que deu a ele vida e o sopro*; isto é, fez dele uma criatura vivente. E onde foi dito (2Tm 3,16) que *toda Escritura foi dada por inspiração de Deus*, tratando aqui das Escrituras do Antigo Testamento, trata-se de uma metáfora fácil para significar que Deus inclinou o espírito ou a mente daqueles escritores para que escrevessem o que parecesse útil ao ensinar, reprovar, corrigir e instruir os homens nos caminhos da vida proba. Mas onde são Pedro (2Pd 1,21) disse que *a Profecia não veio nos tempos antigos pela vontade do homem, mas os santos homens de Deus falaram como se estivessem movidos pelo Santo Espírito*, em relação ao Espírito Santo, significa a voz de Deus em um sonho ou visão sobrenatural, que não é *inspiração*. Nem quando nosso Salvador assoprou sobre os discípulos e disse *recebam o Espírito Santo*, foi aquele sopro o Espírito, mas um sinal das graças espirituais dadas a eles. E conquanto seja dito de muitos e de nosso próprio Salvador, a saber, que ele estava cheio do Espírito Santo; ainda assim, tal preenchimento não deve ser entendido como uma *infusão* da substância de Deus, mas uma acumulação de dons, tais como o dom da santidade da vida, das línguas e similares, sejam eles obtidos sobrenaturalmente ou pelo estúdio ou indústria; posto que, em todos esses casos, eles são presentes de Deus. De maneira similar, Deus disse (Jl 2,28) *derramarei o meu espírito sobre a carne, e os vossos filhos e vossas filhas profetizarão, os vossos velhos sonharão sonhos, e os vossos jovens terão visões*[79], nós não devemos compreender no próprio sentido, isto é, como se o Espírito fosse como a água, ou seja, sujeito a efusão ou infusão; mas como se Deus tivesse prometido dar a eles sonhos proféticos e visões. Posto que o uso apropriado para a palavra *infundir* é falar das graças de Deus, e um abuso dela; pois aquelas graças são virtudes, não corpos para serem carregados aqui e ali, nem para serem derramados sobre os homens como se faz com barris.

De maneira similar, ao tomar a palavra *inspiração* no sentido próprio, ou dizer que os bons *espíritos* entraram em homens para fazê-los profetizar, ou espíritos *maus* naqueles que se tornaram frenéticos, lunáticos ou epiléticos, não implica dizer que usamos a palavra no sentido das Escrituras; posto que o Espírito ali é tomado para o poder de Deus, trabalhando por causas desconhecidas por nós. Assim também (At 2,2) o vento, uma vez que foi dito que ele preencheu a casa onde os apóstolos estavam reunidos no dia de Pentecostes, não deve ser compreendido como o *Espírito Santo*, que é a Deidade em si; mas como um sinal externo do trabalho especial sobre seus corações, para operar neles as graças internas e virtudes santas que ele pensava necessárias para empreender seu apostolado.

---

79. A rigor, o excerto encontra-se em Jl 3,1-5; todavia, Hobbes seguiu a orientação presente na KJB, onde o capítulo 2 do livro de Joel tem cinco versículos adicionais – na BJ, por sua vez, eles compõem o capítulo 3 [N.T.].

CAPÍTULO XXXV
SOBRE O SIGNIFICADO DE REINO DE DEUS, SANTO, SAGRADO E SACRAMENTO NAS ESCRITURAS[80]

O *reino de Deus*, nos textos dos teólogos, e especialmente nos sermões e nos tratados de devoção, é comumente tomado com a felicidade eterna depois desta vida no mais alto dos céus, o que neles também se chama de reino da Glória; e, às vezes (o máximo dessa felicidade), é tomado igualmente como santificação, ao que se chama de reino da Graça. Mas nunca o tomam como monarquia, ou seja, como o poder soberano de Deus sobre quaisquer súditos adquiridos por seu próprio consentimento, que é a devida significação de reino.

Pelo contrário, observo que o REINO DE DEUS significa, na maioria das passagens das Escrituras, um *reino propriamente dito*, constituído pelos votos do povo de Israel de maneira peculiar; em que escolheram a Deus para ser seu rei por contrato celebrado com ele, quando Deus prometeu a possessão da terra de Canaã; e raramente, tem um significado metafórico; sendo nestes casos tomado como *domínio sobre o pecado* (e apenas no Novo Testamento), porque tal domínio todo súdito o terá no reino de Deus, sem prejuízo ao soberano.

Desde a própria criação, Deus não apenas reinou sobre todos os homens *naturalmente* por seu poder; mas também teve súditos *peculiares*, a quem ele vocalizava, como um homem fala a outro. Foi assim que Ele *reinou* sobre Adão e deu-lhe o mandamento de se abster da

---

80. O reino de Deus é entendido por Hobbes como um reino literal em que Deus é o monarca. Ele demonstrou sua insistência apenas no texto bíblico, sobretudo na interpretação da Bíblia Hebraica, onde a expressão "reino de Deus" faz referência ao reino estabelecido quando os israelitas tomaram Deus como seu rei (MARTINICH, A.P. Kingdom of Heaven and Hell. In: LLOYD, S.A. (ed.). *The Boomsbury Companion to Hobbes*. Londres: Bloomsbury, 2013, p. 243-247) [N.T.].

árvore do conhecimento do bem e do mal. Quando ele não obedeceu, mas provou dela, e propôs-se ser como Deus, julgando entre o bem e o mal, não por ordem do seu criador, mas por seu próprio senso, seu castigo foi a privação do estado de vida eterna, onde Deus a princípio o havia criado. E depois Deus puniu sua posteridade por seus vícios, com exceção de oito pessoas, com um dilúvio universal; e era nestas oito pessoas que se abrigava o então *reino de Deus*.

Depois disto, aprouve a Deus falar com Abraão, e (Gn 17,7-8) fazer um pacto com ele nestas palavras: *estabelecerei o meu pacto entre mim e ti, e a tua semente depois de ti nas suas gerações por pacto eterno, para ser um Deus para ti, e para a tua descendência depois de ti; e te darei a ti e à tua descendência depois de ti a terra onde és estrangeiro, toda a terra de Canaã, para a sua posse perpétua.* Nesta aliança, Abraão prometeu para si e para sua posteridade obedecer ao que Deus, nosso Senhor lhe falasse: e Deus, de sua parte, prometeu a Abraão a terra de Canaã em posse perpétua. E como um memorial e símbolo desta aliança, ele ordenou (versículo 11) o *sacramento da circuncisão*. É isso que foi chamado o *antigo pacto* ou *testamento*, pois contém um contrato entre Deus e Abraão, pelo qual Abraão se compromete, assim como sua posteridade, a se sujeitar de maneira peculiar à lei positiva de Deus; uma vez que ele já era obrigado antes à lei moral por um juramento de lealdade. E ainda que o nome de *rei* não seja dado a Deus, nem de *reino* à descendência de Abraão, a coisa é a mesma; ou seja, uma instituição por pacto da soberania peculiar de Deus sobre a descendência de Abraão; tanto que, na renovação do mesmo pacto por Moisés, no monte Sinai, há referência expressa ao peculiar *reino de Deus* sobre os judeus: e foi de Abraão (não de Moisés) que são Paulo disse (Rm 4,11) que ele é o *pai dos fiéis*; isto é, daqueles que são leais e não violam sua lealdade a Deus: primeiro pela circuncisão, e depois, na *nova aliança*, pelo batismo.

Esta aliança, no sopé do monte Sinai, foi renovada por Moisés (Ex 19,5-6), onde o Senhor ordenou a Moisés que falasse ao povo desta maneira: *se obedecerdes a minha voz e guardardes o meu pacto, então sereis para mim um povo peculiar, pois toda a terra é minha; e vós sereis para mim um reino sacerdotal e uma nação santa. Povo peculiar* no latim vulgar era *peculium de cunctis populis*: na tradução inglesa feita no início do reinado do rei Jaime, o *meu tesouro peculiar acima de todas as nações*; e na versão francesa de Genebra, *a joia mais preciosa de todas as nações*[81]. Mas a tradução mais verdadeira é a primeira, porque é confirmada pelo próprio são Paulo (Tt 2,14) quando ele diz, aludindo a essa passagem, que o nosso bendito Salvador *se deu por nós, para nos purificar para si mesmo, como um povo peculiar* (isto é, extraordinário)[82]: pois em grego a palavra é περιούγιος, que se opõe comumente à palavra ἐπιούσιος: e como esta significa *vulgar, cotidiano*, ou (como na oração do Senhor) de *uso diário*; assim, a outra assinala aquilo que é *excedido, armazenado* e *desfrutado de maneira especial*; e é isso o que os latinos chamavam de *peculium*. E este significado da passagem é confirmado pela razão que Deus dá a ela, quando, na passagem que segue de imediato, ele acrescenta: *pois toda a terra é minha*, como se ele tivesse dito *todas nações do mundo são minhas*;

---

81. "vous serez aussi, d'entre tous les peuples, mon plus précieux joyau" (Bíblia de Genebra, versão francesa). Neste ponto, é interessante notar a preferência do autor pela KJV entre as traduções para a língua inglesa, uma vez que a versão em inglês da *Bíblia de Genebra* é muito próxima do texto da KJV ("then ye shalbe my chiefe treasure above all people"). A *Bíblia de Genebra* foi amplamente usada durante a Era Elizabetana. No entanto, o rei Jaime/Tiago I (James) desaprovava seu uso mais pelas anotações marginais do que pela tradução em si. Na *Conferência de Hampton Court* (1604), ele apresentou sua opinião publicamente, considerando o texto helvécio como a pior tradução da língua inglesa. Conforme a opinião régia, várias interpretações do texto bíblico denotam tons de "republicanismo" anticlerical, isto é, que a hierarquia eclesiástica era desnecessária; ademais, outras passagens são sediciosas, sobretudo aquelas que recobram certos reis como "tiranos". Por conta disso, uma nova e autorizada versão foi publicada em 1611, a saber, a *Bíblia do Rei Jaime/Tiago* (KJB). Seja como for, Hobbes demonstrava uma grande liberdade e conhecimento das versões em circulação em seu próprio tempo, inclusive no continente (cf. IPGRAVE, J. Material, method and occasion. In: IPGRAVE, J. *Adam in Seventeenth Century Political Writing in England and New England*. Londres: Routledge, 2016, p. 14 (p. 8-41)) [N.T.].

82. Com efeito, a tradução de Hobbes difere da KJV em duas expressões: "a peculiar people" ("um povo peculiar") em vez de "a peculiar treasure" ("um tesouro peculiar", KJV); e o atributo do estado enquanto "a Sacerdotall Kingdome" ("um Reino Sacerdotal") em vez de "reino dos clérigos" ("kingdom of priests", KJV). Para Hobbes, o povo de Israel era extraordinário, distinto dos demais, pois foi o único governado por um pacto e o único que teve a palavra revelada de Deus. Ademais, "reino sacerdotal" era melhor aplicado do que "reino de clérigos", visto que refletia o sistema de governo: o direito único e exclusivo de saber a vontade divina cabia ao sumo sacerdote – algo que convinha ao contexto da Igreja da Inglaterra e o papel do rei como cabeça dessa Igreja (cf. FUKUOKA, A. Hobbes's twist on Mediation: the Sovereign Prophet. In: FUKUOKA, A. *The Sovereign and the Prophets*: Spinoza on Grotian and Hobbesian Biblical Argumentation. Leiden: Brill, 2018, p. 68-70 (p. 53-92)). Assim, temos mais um exemplo de como Hobbes transitava entre as traduções e, quando necessário, propunha suas próprias quando convinha; diferentemente de outras ocasiões, quando empregou KJV, a opção de tradução desse excerto assenta-se na expressão "λαός περιούσιος" (lit. "povo eleito"), presente no texto grego em Tt 2,14 [N.T.].

mas não é desse modo que sois meu, mas de uma *maneira especial.* Porque todos são meus graças ao meu poder; mas vós sereis meu por seu próprio consentimento e pacto; o que é um acréscimo ao seu título comum, sobre todas as nações.

A mesma leitura é novamente confirmada em palavras expressas no mesmo texto: *Vós sereis para mim um reino sacerdotal e uma nação santa.* O latim vulgar era, *regnum sacerdotale,* com o que concorda a tradução dessa passagem (1Pd 2), *sacerdotium regale, um sacerdócio régio;* como também concorda com a própria instituição, pela qual nenhum homem pode entrar no *Sanctum Sanctorum,* isto é, nenhum homem pode inquirir a vontade de Deus imediatamente do próprio Deus, mas só através do sumo sacerdote. A tradução inglesa aqui mencionada, seguindo a de Genebra, refere-se a um *reino de sacerdotes;* que ou significa a sucessão de um sumo sacerdote após o outro, ou então não está de acordo com são Pedro, nem com o exercício do sumo sacerdócio. Pois nunca competiu a ninguém informar o povo da vontade de Deus, exceto ao sumo sacerdote; nem qualquer convocação de sacerdotes jamais permitiu entrar no *Sanctum Sanctorum.*

Novamente, o título de *nação santa* confirma o mesmo: por *santo* tem-se aquilo que é de Deus por especial, não por direito geral. Toda a terra (como é dito no texto) é de Deus; mas toda a terra não é chamada *santa,* mas somente aquela que é reservada para um serviço especial, como era a nação dos judeus. Portanto, fica manifesto suficientemente que por *reino de Deus,* se entende propriamente uma república, instituída (pelo consentimento daqueles que iriam estar sujeitos a ela) para o seu governo civil e para o controle do seu comportamento, não somente para com Deus, seu rei, mas também uns para com os outros na questão de justiça; e para com as outras nações, tanto na paz quanto na guerra. E ele era propriamente um reino, onde Deus era rei, e o sumo sacerdote seria (após a morte de Moisés) seu único vice-rei ou lugar-tenente.

Mas há muitas outras passagens que claramente provam o mesmo. Primeiro (1Sm 8,7), quando os anciãos de Israel (aflitos com a corrupção dos filhos de Samuel) exigiram um rei e Samuel se desagradou com isso, ele orou ao Senhor; e o Senhor respondeu dizendo-lhe: *Escutai a voz do povo, porque não te rejeitaram, mas rejei-*

taram-me, para que eu não reinasse sobre eles. Disso resulta claro que o próprio Deus era então seu rei; e que Samuel não comandava o povo, mas apenas comunicava a eles aquilo que Deus de tempos em tempos lhe designava.

Igualmente, quando Samuel disse (1Sm 12,12): *quando viste que Nahash, rei dos filhos de Amom, vinha contra ti, dissestes-me: Não, só um rei reinará sobre nós, dado que o Senhor nosso Deus era o vosso rei,* fica manifesto que Deus era seu rei e governou o regime civil de sua república.

E depois que os israelitas rejeitaram a Deus, os profetas previram sua restituição (Is 24,23): *então a lua ficará confusa, e o sol se envergonhará, quando o Senhor dos Exércitos reinar no monte Sião e em Jerusalém*; onde ele fala expressamente de seu reinado em Sião e Jerusalém; isto significa na terra. E também (Mq 4,7): *e o Senhor reinará sobre elas no monte Sião*; este monte Sião está em Jerusalém, na terra. E ainda (Ez 20,33): *como vivo, disse Deus nosso senhor, com mão forte e braço estendido, e com fúria derramada, governarei sobre vós*; e (versículo 37), *farei com que vocês passem por baixo da vara, e os introduzirei até o laço da aliança*; isto é, eu reinarei sobre vós, e os farei com que respeitem àquela aliança que fizeram comigo por Moisés, e detenha sua rebelião contra mim nos dias de Samuel, e na vossa eleição de outro rei.

E, no Novo Testamento, o anjo Gabriel disse sobre o nosso Salvador (Lc 1,32-33): *ele será grande, e será chamado o Filho do Altíssimo, e o Senhor lhe dará o trono de seu pai Davi; e reinará eternamente na casa de Jacó; e o seu reino não terá fim.* Este também é um reino na terra; e assim foi porque o reclamou que lhe foi dada a morte como inimigo de César. A insígnia de sua cruz era: *Jesus de Nazaré, rei dos judeus*; e ele foi coroado por escárnio com uma coroa de espinhos; e por sua proclamação disseram dos discípulos (At 17,7): *isso eles fizeram contrariamente aos decretos de César, dizendo que havia outro rei, Jesus.* O reino de Deus, portanto, é um reino real, não metafórico; e é neste sentido que é tomado, não só no Antigo Testamento, mas no Novo. Quando dizemos: *porque vosso é o reino, o poder e a glória,* devemos entender o reino de Deus, por força de nossa aliança, não pelo direito do poder de Deus; pois tal reino Deus sempre teve. De modo que seria supérfluo dizer em nossas orações, *venha a nós o vosso reino*, se isso não significasse a restauração daquele reino de Deus por Cristo, reino que se interrompeu com a revolta dos israelitas e a eleição de Saul. E também não seria apropriado dizer: *o reino dos Céus está próximo*; ou orar, *venha a nós o vosso reino*, se ele tivesse continuado.

Há tantas outras passagens que confirmam tal interpretação, e é de espantar não ser mais notada, pois clarifica aos reis cristãos seu direito ao governo eclesiástico. Isto bem observou aqueles que, em vez de traduzirem *reino sacerdotal*, traduziram como um *reino de sacerdotes*, pois eles poderiam ter traduzido também *sacerdócio real* (como é em são Pedro) por sacerdócio de reis. E considerando que traduzem *povo peculiar* por *joia preciosa* ou *tesouro*, assim também um homem poderia chamar ao regimento ou companhia especial de um general, a joia preciosa do general, ou o seu tesouro.

Em suma, o reino de Deus é um reino civil; que consiste, em primeiro lugar, na obrigação do povo de Israel para com as leis, que Moisés deveria trazer do monte Sinai; e que depois o sumo sacerdote, de então, deveria comunicar-lhes diante dos querubins no *sanctum sanctorum*. Reino que rejeitado na eleição de Saul, seria restaurado por Cristo – previram os profetas; e por esta restauração que oramos diariamente, quando dizemos na Oração ao Senhor, *venha a nós o vosso reino*; e reconhecemos seu direito quando acrescentamos *porque vosso é o reino, o poder e a glória para todo o sempre, amém*; reino proclamado na pregação dos apóstolos; e para o qual os homens são preparados pelos professores do Evangelho. E abraçar o Evangelho (isto é, prometer obediência ao governo de Deus) corresponde a estar no *reino da graça*, porque Deus lhe concedeu *gratuitamente* o direito de serem súditos (isto é, filhos) de Deus daqui em diante, até Cristo vir em majestade para julgar o mundo e efetivamente governar o seu povo, aquele que se chama de reino da glória. Se o reino de Deus (também chamado de reino dos Céus, dada à gloriosa e admirável altura daquele trono) não fosse um reino exercido por Deus na terra através de seus lugar-tenentes e vigários, que transmitem seus mandamentos ao povo; não teria havido tanta contenda e guerra através de quem Deus nos fala; nem muitos sacerdotes se incomodariam com a jurisdição espiritual, nem rei algum os haveria negado.

A partir desta interpretação literal do *reino de Deus* surge também a verdadeira interpretação da palavra SANTO. Pois é uma palavra que, no reino de Deus, corresponde àquilo que os homens em seus reinos costumam chamar de *público* ou do *rei*.

O rei de qualquer país é a pessoa *pública* ou representante de todos os seus súditos. E Deus, o rei de Israel, era o *único Santo de Israel*. E a nação sujeita a esse soberano terreno é a nação desse soberano, isto é, da pessoa pública. Então os judeus, que eram a nação de Deus, foram chamados (Ex 19,6) de uma *nação santa*. Pois por *santo* entende-se o próprio Deus ou aquilo que é propriedade de Deus; e por público sempre se entendeu ou a própria pessoa da república ou algo que pertence a república, de modo que nenhuma pessoa particular pode reivindicar a sua propriedade.

Portanto, o sábado (dia de Deus) é um *dia santo*; o templo (casa de Deus) é uma *casa santa*; os sacrifícios, dízimos e ofertas (tributos de Deus) são *obrigações santas*; os sacerdotes, profetas e reis ungidos, por Cristo (ministros de Deus) são *homens santos*; os espíritos ministeriais celestes (mensageiros de Deus) são *santos anjos*; e assim por diante. E onde quer que no mundo se utilize a palavra *santo* de maneira apropriada, esta irá significar a propriedade obtida por consentimento. Dizendo *santificado seja o vosso nome*, nós só rogamos a Deus pela graça de guardar o primeiro mandamento, de *não termos outros deuses a não ser ele*. A humanidade é a nação de Deus por propriedade, mas só os judeus são uma *nação santa*. Por qual motivo eles se tornariam sua propriedade, senão por contrato?

E a palavra *profano* é geralmente usada nas Escrituras com o sentido de *comum*; e via de consequência, seus opostos *santo* e *próprio*, no reino de Deus, devem significar o mesmo também. Mas figurativamente, também se chama de *santo* aqueles homens que levam vidas tão piedosas, como se tivessem abandonado todos os desígnios mundanos, e se dado e sido entregues totalmente a Deus. No sentido apropriado, diz-se que é *santificado* por Deus aquilo que se torna *santo*, ou seja, quando Deus se apropria ou separa para o seu próprio uso, como o sétimo dia no quarto mandamento; e como, segundo o Novo Testamento, os eleitos são *santificados*, no momento em que são investidos do espírito de piedade. E o que é tornado *santo* pela dedicação dos homens e doado a Deus, para fins de ser usado apenas no seu serviço público, é chamado também de SAGRADO, e se diz que está consagrado, como os templos e outras casas de oração pública, além de seus utensílios, sacerdotes e ministros, vítimas, ofertas e a matéria externa dos sacramentos.

Existem diferentes graus de *santidade*, pois entre as coisas que são separadas para o serviço de Deus, pode haver algumas que são novamente separadas para seu serviço mais próximo e mais especial. Toda a nação dos israelitas era um povo santo para Deus; contudo, a tribo de Levi entre os israelitas era uma tribo santa; e entre os levitas os sacerdotes eram ainda mais santos; e entre os sacerdotes, o sumo sacerdote era o santíssimo. E assim também era a terra da Judeia uma Terra Santa; mas a cidade santa onde Deus deveria ser adorado era mais santa ainda; e novamente o templo era mais santo do que a cidade, e o *Sanctum Sanctorum* mais santo do que o resto do Templo.

Um SACRAMENTO é a separação de uma coisa visível do seu uso comum; e a sua consagração para o serviço de Deus, como sinal, seja de nossa admissão no reino de Deus como membros de seu povo peculiar, seja de sua comemoração. No Antigo Testamento, o sinal de admissão era a *circuncisão*; e no Novo Testamento, o *batismo*. A comemoração no Antigo Testamento foi *comer* (em um determinado momento, que era o aniversário) o *Cordeiro Pascal*; pelo qual eles se lembraram da noite em que foram libertados do seu cativeiro no Egito; e no Novo Testamento, é a celebração da *Ceia do Senhor*; pela qual somos levados a lembrar de nossa libertação da escravidão do pecado pela morte do nosso bendito Salvador na cruz. Os sacramentos da *admissão* são usados apenas uma vez, porque só é preciso haver uma *admissão*; visto que temos a necessidade de sermos frequentemente lembrados de nossa libertação e de nossa lealdade, os sacramentos de *comemoração* precisam ser reiterados. E estes são os principais sacramentos que fazemos, que são, por assim dizer, os juramentos solenes de nossa lealdade. Há também outras consagrações que podem ser chamadas de sacramentos, pois a palavra implica apenas consagração a serviço de Deus; mas como isso implica um juramento ou promessa de fidelidade a Deus, não se encontra no Antigo Testamento nenhum outro além da *circuncisão* e da *extrema-unção*; e, no Novo Testamento, não há nenhum outro além do *batismo* e da *Ceia do Senhor*.

CAPÍTULO XXXVI
SOBRE A PALAVRA DE DEUS
E OS PROFETAS[83]

QUANDO há menção da *palavra de Deus* ou do *homem*, isso não significa uma parte da fala, como são para os gramáticos os substantivos, ou verbos, ou qualquer termo simples, sem uma contextualização com outras palavras que lhe deem significados; mas trata-se de um discurso ou oração perfeitos, pelo qual o falante *afirma, nega, manda, promete, ameaça, deseja* ou *interroga*. Neste sentido uma palavra não é *vocabulum*, que significa uma *palavra*, mas um *sermo* (em grego λόγος), isto é, uma *oração, discurso* ou algo *dito*.

Novamente, se nos referimos à *palavra de Deus* ou do *homem*, isso pode ser entendido às vezes em relação ao falante (como as palavras que Deus falou ou que um homem falou). Assim, quando dizemos "Evangelho de são Mateus", entendemos são Mateus como o seu autor. Noutras ocasiões, é possível que se entenda sobre o assunto e, neste sentido, quando lemos na Bíblia *as palavras dos dias dos reis de Israel e de Judá,* significa que os atos praticados naqueles dias foram o tema dessas palavras; e no grego, que (nas Escrituras) retém muitos hebraísmos, entende-se frequentemente por palavra de Deus não o que é falado por Deus, mas o que é concernente a Deus e ao seu governo, isto é, a doutrina da religião. É o mesmo que dizer λόγος θεοΰ, e *theologia*; que é, aquela doutrina que nós geralmente chamamos de teologia, como é manifesto na seguinte passagem (At 13,46): *então Paulo e Barnabé se tornaram ousados e disseram*

---

83. A revelação poderia implicar duas coisas inter-relacionadas: o produto ou o processo de comunicação entre Deus e os seres humanos – conquanto o próprio Filósofo tenha atestado não saber como ela ocorre. Hobbes refutada qualquer antropomorfização de Deus, o que tornaria tal comunicação um mistério; outrossim, ela apenas ocorreria poucas vezes e de formas especiais, como nos contatos entre Deus e Moisés (MARTINICH, A.P. Revelation. In: LLOYD, S.A. (ed.). *The Boomsbury Companion to Hobbes.* Londres: Bloomsbury, 2013, p. 253-255) [N.T.].

que era necessário que a palavra de Deus primeiro vos seja dita; mas, vendo que a recusais e que vos julgais indignos de uma vida eterna, vede que nos voltamos para os gentios. Ora, o que aqui é chamado de palavra de Deus, era a doutrina da religião cristã; como fica evidente pela passagem que vem antes. E (At 5,20) quando é dito aos apóstolos por um anjo: *Vá e fale no templo todas as palavras desta vida*; por palavras desta vida entende-se a doutrina do Evangelho; como é evidente pelo que eles fizeram no Templo e está expresso no último versículo do mesmo capítulo: *diariamente no Templo, e em todas as casas eles não cessavam de ensinar e pregar a Cristo Jesus.* Onde fica manifesto que Jesus Cristo era o tema desta *palavra da vida*; ou (o que é o mesmo) *o assunto das palavras desta vida eterna*, que o nosso Salvador lhes ofereceu. Assim (At 15,7) a palavra de Deus é chamada a *palavra do Evangelho*, porque contém a doutrina do reino de Cristo; e a mesma palavra (Rm 10,8-9) é chamada de a *palavra de fé*; isto é, como se encontra expresso nesse excerto, a doutrina de Cristo erguido e ergue-se entre os mortos. E também em Mt 13,19: *quando alguém ouve a palavra do reino*; isto é, a doutrina do reino ensinada por Cristo. E da mesma palavra se diz (At 12,24): *que cresce e se multiplica*; o que é fácil entender da doutrina evangélica, mas é difícil e estranho entender em relação à voz ou o discurso de Deus. No mesmo sentido (1Tm 4,1), a *doutrina dos demônios* não significa a palavra de nenhum demônio, mas a doutrina dos homens pagãos sobre os *demônios*, e os fantasmas que eles adoravam como deuses.

Considerando estes dois significados da PALAVRA DE DEUS, como aparece nas Escrituras, é manifesto neste último sentido (considerada como a doutrina da religião cristã) que as Escrituras por inteiro são a palavra de Deus; mas, no primeiro sentido, não é assim. Por exemplo, embora as palavras *eu sou o Senhor teu Deus* etc., no fim dos dez mandamentos tenham sido proferidas por Deus a Moisés; no prefácio, onde consta que *Deus falou estas palavras e disse*, deve-se entender aí como as palavras, portanto, daquele que escreveu a história sagrada. A *palavra de Deus*, no sentido daquela que ele falou, é entendida às vezes *apropriadamente* e às vezes *metaforicamente*. *Apropriadamente*, como as palavras que ele disse aos seus profetas, e *metaforicamente*, como sua sabedoria, poder e decreto eterno, ao fazer o mundo. Deste modo, aqueles *fiat*, de Gn 1, *faça-se a luz, faça-se o firmamento, façamos o homem* etc., são a palavra de Deus. E no mesmo sentido é dito (Jo 1,3): *todas as coisas são feitas com ele, e sem ele nada foi feito do que foi feito*; e também (Hb 1,3) *ele manteve todas as coisas pela palavra do seu poder*; isto é, pelo poder de sua palavra; quer dizer, pelo seu poder; e ainda (Hb 11,3): *os mundos foram formados pela palavra de Deus*; e outras tantas passagens com o mesmo sentido. Como também entre os latinos, a palavra *fate*, significava propriamente a *palavra falada*, e era tomada no mesmo sentido.

Em segundo lugar, entende-se pelos efeitos de sua palavra; isto é, como a coisa em si, que por sua palavra é afirmada, comandada, ameaçada ou prometida; como (Sl 105,19), onde se diz que José foi mantido na prisão, *até que a sua palavra chegou*; isto é, até que se desse o que ele previu ao mordomo do faraó (Gn 40,13), concernente ao fato de ele ser restaurado ao seu ofício; pois por *sua palavra chegou*, entende-se a própria coisa que aconteceu. E também (1Rs 18,36) quando Elias disse a Deus: *eu fiz todas estas tuas palavras*, em vez de ter dito *eu fiz todas estas coisas pela tua palavra* ou mandamento; e (Jr 17,15) *onde está a palavra do Senhor*, em vez de *onde está o mal que ele ameaçou*. E (Ez 12,28) *em nenhuma das minhas palavras se prolongará mais*, entende-se por *palavras*, aquelas *coisas* que Deus prometeu ao seu povo. E, no Novo Testamento (Mt 24,35), *o céu e a terra passarão, mas minhas palavras não passarão*; isto é, não há nada que eu tenha prometido ou predito que não venha a acontecer. É nesse sentido que são João Evangelista e, penso eu, que apenas ele chamava nosso próprio Salvador de a encarnação da *palavra de Deus*, como (Jo 1,14) a *palavra se fez carne*; isto é, a palavra ou promessa de que Cristo deveria vir ao mundo; *quem no princípio estava com Deus*; isto é, estava no propósito de Deus Pai enviar o Deus Filho ao mundo para iluminar os homens no caminho da vida eterna; mas até este momento, tal intenção não foi posta em execução e efetivamente encarnada; de modo que é por isso que nosso Salvador foi aí chamado de *palavra*; não porque ele fosse a promessa, mas sim a coisa prometida. Aqueles que tomam essa passagem para lhe chamar de verbo de Deus, apenas tornam o texto mais obscuro. Eles poderiam também chamá-lo de o substantivo de Deus:

pois como por *substantivo*, e também por *verbo*, os homens não compreendem nada além de uma parte do discurso, uma voz, um som, a saber, que não afirma, não nega, não comanda, não promete; também não é qualquer substância corpórea ou espiritual; e, portanto, não se pode dizer que seja Deus ou homem; enquanto nosso Salvador era ambas as coisas. E esta *palavra*, que são João disse em seu evangelho que estava com Deus, é (em sua *primeira epístola*, no versículo 1) chamada a *palavra da vida*; e (versículo 2) a *vida eterna que estava com o Pai*. De modo que Deus não pode ser em nenhum outro sentido chamado de *palavra*, senão naquele em que Ele é chamado de vida eterna; isto é, *aquele que nos prometeu a vida eterna* por ter se feito carne. Assim também (Ap 19,13), o apóstolo falando de Cristo, vestido com uma roupa mergulhada em sangue, diz que seu nome é a *palavra de Deus*; o que é para ser entendido, como se ele tivesse dito que o seu nome era *daquele que veio de acordo com o propósito de Deus desde o princípio, e de acordo com sua palavra e promessas transmitidas pelos profetas*. Desta forma, não há nada aqui relacionado à encarnação de uma palavra, mas da encarnação de Deus Filho, chamado de *palavra*, porque sua encarnação foi o cumprimento da promessa; de maneira semelhante, que o Espírito Santo se chama de *promessa* (At 1,4; Lc 24,49).

Há também passagens nas Escrituras onde a *palavra de Deus* significa as palavras que são conforme a razão e a equidade, embora às vezes sejam faladas nem por profetas, nem por um homem santo. Pois embora o faraó Necau fosse um idólatra; dizem, todavia, que suas palavras ao bom rei Josias, nas quais ele aconselhou-o por mensageiros a não se opor a ele em sua marcha contra Carchemish, teriam procedido da boca de Deus; e Josias, não lhes dando ouvidos, foi morto em batalha; como se pode ler em 2Cr 35,21-23. É verdade que quando a mesma história foi relatada no primeiro livro de Esdras, não é o faraó, mas Jeremias quem fala estas palavras para Josias, a partir da boca do Senhor. Mas devemos dar crédito às Escrituras canônicas, seja o que tiver escrito nos apócrifos.

A *palavra de Deus* também deve ser tomada pelos ditames da razão e da equidade, quando dela foi dito nas Escrituras como estando escrita no coração dos homens; como no Sl 36,31; em Jr 31,33; Dt 30,11-14 e em muitas outras passagens semelhantes.

O nome de PROFETA significa nas Escrituras às vezes *prolocutor*; isto é, aquele que fala de Deus para o homem, ou do homem para Deus; e às vezes *praedictor*, ou quem prediz as coisas por vir, e às vezes alguém que fala incoerentemente, como os homens que estão confusos. É mais frequentemente usado no sentido de quem fala de Deus para o povo. Assim Moisés, Samuel, Elias, Isaías, Jeremias e outros eram *profetas*. E nesse sentido o sumo sacerdote também era um *profeta*, pois ele só entrava no *Sanctum Sanctorum* para inquirir a Deus e declarar sua resposta ao povo. E, portanto, quando Caifás disse que era conveniente que um homem morresse pelo povo, são João disse (capítulo 11,51) *que ele não falou isso por si mesmo; mas, sendo sumo sacerdote naquele ano, ele profetizou que um homem deveria morrer pela nação*. Também sobre aqueles que em congregações cristãs ensinavam ao povo (1Cor 14,3), diziam que profetizavam. E foi no mesmo sentido que Deus disse a Moisés (Ex 4,16) sobre Aarão: *ele será o teu porta-voz perante o povo; e para ti ele será uma boca, e tu para ele farás às vezes de Deus*; o que aqui é *porta-voz* é (Ex 7,1) interpretado como profeta. Vê (diz Deus), *eu fiz de ti um deus para o faraó, e teu irmão Aarão será teu profeta*. No sentido da fala do homem para Deus, Abraão é chamado de profeta (Gn 20,7) quando Deus num sonho fala a Abimelec dessa maneira: *agora restitui, portanto, ao homem, sua esposa, pois ele é um profeta e irá rezar por ti*; desta passagem se pode concluir também que o nome do profeta pode ser dado não indevidamente àqueles que nas igrejas cristãs tenham um chamado para fazer orações públicas pela congregação. No mesmo sentido, dos profetas que desceram do alto lugar (ou colina de Deus) com um saltério, um adufe, uma flauta e uma harpa (1Sm 10,5-6), entre os quais Saul (versículo 10), diz-se que eles profetizaram na medida em que louvavam a Deus publicamente. No mesmo sentido, Miriam (Ex 15,20) é chamada de profetisa. E de igual modo é o que se deve entender quando são Paulo (1Cor 11,4) diz: *todo homem que ora ou profetiza com a cabeça coberta etc., e toda mulher que ora ou profetiza com a cabeça descoberta*: porque a profecia nesta passagem significa só louvar a Deus em salmos e cantos santos; o que as mulheres podiam fazer na igreja, embora não fosse lícito que falassem à congregação. E é nesta senda que os poetas dos pagãos, que compunham hinos e outros tipos de poemas em honra de seus deuses, foram chamados de *vates* (profetas), como é bem sabido por todos os que são versados nos livros dos gentios, e como fica evidente em Tt 1,12, quando são Paulo disse aos cretenses que um dos profetas deles mesmos disse que eles eram mentirosos. Não que são Paulo considerasse seus poetas como profetas, mas ele reconhecia que a palavra profeta era comumente usada para significar os que celebravam a honra de Deus em versos.

Quando, por profecia, se entende previsão ou predição de contingentes futuros; a consequência é que não eram profetas só os que eram porta-vozes de Deus, e prediziam coisas para os outros, sobre o que Deus lhes havia dito; mas eram também todos aqueles impostores que fingiam com a ajuda de espíritos familiares, ou por adivinhação supersticiosa de eventos passados, advindos de causas falsas para predizer os eventos similares no futuro. Dentre os quais (como já declarei no capítulo XII deste discurso) há muitos tipos que adquirem junto, diante da opinião das pessoas comuns, uma reputação maior de profecia, em razão de um evento casual que pode ser distorcido para o seu próprio propósito do que podem perdê-la devido a um grande número de fracassos. A profecia não é uma arte nem (quando é tomada como previsão) uma vocação constante; mas um emprego extraordinário e temporário por Deus, na maioria das vezes de bons homens, mas às vezes também por obra dos iníquos. A mulher de Endor, que se diz ter tido um espírito familiar através do qual invocou o fantasma de Samuel e previu a morte de Saul, não era, portanto, uma profetisa; pois nem possuía qualquer ciência, por meio da qual ela pudesse evocar tal fantasma; nem parece que Deus ordenou a sua invocação; tendo apenas usado esta impostura como um meio de terror e desânimo de Saul; e, consequentemente, levando-o à derrota, pela qual ele sucumbiu. E em relação ao discurso incoerente entre os gentios, ele era tomado como um tipo de profecia, porque os profetas de seus oráculos – estando eles intoxicados por um espírito, ou vapor da caverna do oráculo pítico de Delfos – estavam realmente loucos e falavam durante um tempo como loucos; e suas palavras soltas e sem sentido podiam ser aplicadas para se encaixar em qualquer evento, de tal modo igual a como todos os corpos são ditos como sendo feitos de *materia prima*. O que nas Escrituras eu identifico o mesmo sentido nas seguintes palavras (1Sm 18,10): *e o espírito maligno veio sobre Saul, e ele profetizou no meio da casa.*

E embora haja tantas significações nas Escrituras da palavra *profeta*; a mais frequente, todavia, é aquela em que Deus fala de imediato, o que o profeta vai repetir a outro homem ou ao povo. E então uma pergunta pode ser feita: de que maneira Deus fala com o profeta? Pode-se dizer (como o fazem alguns) que Deus tem voz e linguagem, quando não pode ser dito corretamente, que ele tem uma língua, ou outros órgãos, como um homem? O profeta Davi argumenta assim: (Sl 94,9) *pode quem fez o olho, não ver? ou aquele que fez o ouvido, não ouvir?* Mas isto pode ser dito, não como normalmente se faz, para relatar a natureza de Deus, mas para significar nossa intenção de honrá-lo. Pois *ver* e *ouvir* são atributos honrosos e podem ser dados a Deus para destacar (até onde nossa capacidade pode conceber) seu poder onipotente. Mas se fosse para ser tomado em sentido estrito e apropriado, poder-se-ia argumentar que como ele fez todas as outras partes do corpo do homem, ele também as têm e faz o mesmo uso que nós; o que seria na maior parte das vezes uma inconveniência, além de que atribuir-lhe seria a maior contumélia do mundo. Portanto, devemos interpretar o falar de Deus aos homens imediatamente, como a maneira (seja qual for) pela qual Deus os faz entender sua vontade. E as maneiras como ele faz isso são muitas; e devem ser buscadas somente nas Sagradas Escrituras; onde, embora muitas vezes seja dito, que Deus falou a esta ou àquela pessoa, sem se declarar de que maneira; todavia, há muitas outras passagens, que também entregam os sinais pelos quais deviam as pessoas reconhecer sua presença e mandamentos; sendo através delas que se pode tornar entendido de que modo ele falou para muitos dos que sobraram.

A maneira que Deus falou a Adão, Eva, Caim e Noé não está expressa; nem como falou a Abraão, até ao momento em que este saiu do seu próprio país para Siquém, na terra de Canaã; e aí (Gn 12,7) se diz que Deus *apareceu* para ele. Então há um meio pelo qual Deus manifestou sua presença; isto é, ou por uma *aparição* ou por uma *visão*. No caso (Gn 15,1), *a palavra do Senhor chegou em Abraão por uma visão*; isto é, algo, como um sinal da presença de Deus, apareceu como mensageiro de Deus, para falar com ele. Novamente, o Senhor apareceu a Abraão (Gn 18,1) por uma aparição de três anjos; e para Abimelec (Gn 20,3) em um sonho; para Ló (Gn 19,1) foi pela aparição de dois anjos; e para Agar (Gn 21,17) pela aparição de um anjo; e para Abraão novamente (Gn 22,11) pela aparição de uma voz do céu; e (Gn 26,24) para Isaac à noite (isto é, em seu sono, ou por sonho); e para Jacó (Gn 18,12) em um sonho, quer dizer (como aparece no texto), *Jacó sonhou que viu uma escada etc.*, e igualmente (Gn 32,1) numa visão de anjos; e a Moisés (Ex 3,2) na aparição de uma chama de fogo do meio de um arbusto; e depois do tempo de Moisés (onde é expresso o modo como Deus falou imediatamente ao homem durante o Antigo Testamento), ele falou sempre por uma visão, ou por um sonho; como foi com Gideão, Samuel, Elias, Eliseu, Isaías, Ezequiel e o restante dos profetas; e muitas vezes no Novo Testamento, como nos casos de são José, são Pedro, são Paulo e de são João Evangelista no Apocalipse.

Somente a Moisés ele falou de maneira mais extraordinária no monte Sinai e no Tabernáculo; e ao sumo sacerdote no Tabernáculo e no *sanctum sanctorum* do Templo. Mas Moisés e depois dele os sumos sacerdotes, eram profetas de lugar e grau mais eminentes, no favor de Deus; e o próprio Deus em palavras expressas declarou que aos outros profetas ele falou em sonhos e visões, mas a seu servo Moisés, da maneira que um homem fala a seu amigo. As palavras são estas (Nm 12,6-8): *se há um profeta entre vós, eu, o Senhor, farei conhecer a ele em uma visão e falarei com ele em um sonho. Com o meu servo Moisés não é assim, pois é fiel em toda a minha casa; com ele falarei boca a boca, de maneira clara e não em discurso obscuro; e o semblante do Senhor ele contemplará.* E (Ex 33,11): *o Senhor também falou a Moisés frente a frente, como um homem fala ao seu amigo.* No entanto, esta fala de Deus a Moisés foi por mediação de um anjo ou de anjos, como aparece expressamente, em At 7,35, 7,53 e Gl 3,19; portanto, por meio de uma visão, embora uma visão mais clara do que a dada a outros profetas. Em conformidade com isto, onde Deus diz (Dt 13,1): *se surgir entre vós um profeta, ou sonhador de sonhos,* a última expressão é apenas a interpretação da primeira. E ainda (Jl 2,28): *vossos filhos e vossas filhas profetizarão; os vossos anciãos terão sonhos, e os vossos jovens terão visões;* onde, mais uma vez, a palavra *profecia* é exposta por *sonho* e *visão.* E foi da mesma maneira que Deus falou a Salomão, prometendo-lhe sabedoria, riquezas e honra; porque o texto diz (1Rs 3,15): *e quando*

Salomão acordou, viu que era um sonho. De modo que geralmente os profetas extraordinários no Antigo Testamento notaram a palavra de Deus não de outra maneira, senão através de seus sonhos ou visões; isto é, das imaginações que eles tiveram em seu sono, ou em um êxtase: imaginações que em todos os verdadeiros profetas eram sobrenaturais; porém, nos falsos profetas, eram naturais ou fingidas.

Diz-se que os mesmos profetas falavam, no entanto, pelo espírito; como em Zc 7,12, quando o profeta, ao falar dos judeus, disse: *eles fizeram o coração duro como diamante, para não ouvirem a lei, e as palavras que o Senhor dos Exércitos enviou em seu Espírito pelos profetas antigos.* Por que é manifesto que falar pelo *espírito* ou *inspiração* não era uma maneira particular do falar de Deus; diferentemente da visão, quando se dizia que aqueles que falavam pelo espírito eram profetas extraordinários; de modo que, para cada mensagem, havia de ter uma comissão particular, ou (o que é tudo um só) um novo sonho ou visão.

Dos profetas, que assim o eram por um chamado perpétuo no Antigo Testamento, alguns eram *supremos* e alguns *subordinados.* Dos supremos o primeiro foi Moisés; e depois dele os sumos sacerdotes, cada um no seu tempo, enquanto o sacerdócio foi real; e depois que o povo dos judeus rejeitou a Deus, para que ele não reinasse mais sobre eles, os reis que se submetiam ao governo de Deus também eram seus principais profetas; e o posto de sumo sacerdote tornou-se ministerial. E quando Deus era consultado, eles colocavam as vestes sagradas, e consultavam o Senhor, como o rei havia ordenado, e eram privados de seu cargo, sempre que o rei achava apropriado. Então quando o rei Saul (1Sm 13,9) ordenou que o holocausto lhe fosse trazido (1Sm 14,18) e ordenou que o sacerdote aproximasse a arca dele; e (versículo 19) novamente, para deixá-la, ele o fez porque viu uma vantagem sobre seus inimigos. E no mesmo capítulo Saul pede conselho a Deus. Da mesma forma que o rei Davi, depois de ser ungido, embora antes de tomar posse do reino, é dito que ele *inquiriu ao Senhor* (1Sm 23,2) sobre se deveria lutar contra os filisteus em Ceila; e (versículo 10) Davi ordenou ao sacerdote que lhe trouxesse a éfode, para perguntar se ele devia ficar ou não em Ceila. E o rei Salomão (1Rs 2,27) tomou a função sacerdotal de Abiatar e deu-o (versículo 35) a Zadoque. Portanto, Moisés, os sumos sacerdotes e os piedosos reis, que perguntavam a Deus em todas as ocasiões extraordinárias como deveriam se portar, ou que evento iria ocorrer, eram todos profetas soberanos. Mas de que maneira Deus falou a eles, isto não é manifesto. Dizer se quando Moisés subiu a Deus no monte Sinai, foi um sonho ou uma visão, como com outros profetas, é contrário àquela distinção que Deus fez entre Moisés e os outros profetas (Nm 12,6-8). Dizer que Deus falou ou apareceu como ele é em sua própria natureza é negar sua infinitude, invisibilidade e incompreensibilidade. Dizer que ele falou por inspiração ou infusão do Espírito Santo, considerando que o Espírito Santo significa a Divindade, é fazer de Moisés igual a Cristo, sendo que somente neste a Divindade (como são Paulo fala em Cl 2,9) habita corporalmente. E, finalmente, dizer que ele falou pelo Espírito Santo, como isso significa as graças, ou dons do Espírito Santo, é não atribuir nada de sobrenatural a ele. Pois Deus predispõe os homens à piedade, justiça, misericórdia, verdade, fé e todo tipo de virtude, tanto moral quanto intelectual, seja pela doutrina, exemplo ou vários modos naturais e ordinários.

E como nada disso pode ser aplicado a Deus quando falou com Moisés no monte Sinai; do mesmo modo, nada disso pode também ser aplicado a ele quando falou com os sumos sacerdotes do propiciatório. Portanto, não é declarado de que maneira Deus falou àqueles profetas soberanos do Antigo Testamento, cujo ofício era inquiri-lo, assim também não como era inteligível, senão pela voz. No tempo do Novo Testamento não havia profeta soberano, mas nosso Salvador; que era tanto o Deus que falava quanto o profeta a quem ele falava[84].

Em relação aos profetas subordinados de chamado perpétuo, não encontro nenhum lugar que prove que Deus falou a eles sobrenaturalmente; mas somente da maneira que inclina naturalmente os homens à piedade, à crença, à justiça e a outras virtudes de todos os cristãos. E esse modo, embora consistisse na constituição, na instrução, na educação e nas ocasiões e propensões dos homens para as virtudes cristãs; ainda assim, é em verdade atribuído à operação do Espírito de Deus, ou Santo Espírito (que em nossa linguagem

---

84. Nota-se aqui uma delimitação da discussão metafísica dos nomes: não há uma realidade universal subjacente a eles ou cidades de ontologização de termos universais. Para Hobbes, esse erro provoca consequências políticas, como é possível notar na doutrina escolástica da "separação de essências" (HULL, G. Meaning. In: LLOYD, S.A. (ed.). *The Boomsbury Companion to Hobbes*. Londres: Bloomsbury, 2013, p. 99-103) [N.T.].

chamamos de Espírito Santo). Pois não há boa inclinação que não seja fruto da operação de Deus. Mas essas intervenções nem sempre são sobrenaturais. Assim, quando se diz que um profeta fala no espírito ou pelo espírito de Deus, devemos entender que ele fala de acordo com a vontade de Deus, declarada pelo supremo profeta. Pois a aceitação mais comum da palavra espírito está na significação de intenção, mente ou disposição de um homem.

No tempo de Moisés havia, além do próprio, setenta homens que *profetizavam* no acampamento dos israelitas. De que maneira Deus falou a eles é declarado em *Números*, capítulo 11, versículo 25: *o Senhor desceu em uma nuvem e falou a Moisés, e tomou o espírito que estava sobre ele, e deu-o aos setenta anciãos. E aconteceu que, quando o espírito repousou sobre eles, eles profetizaram e não cessaram.* Por aí fica manifesto, primeiro, que as profecias que faziam ao povo eram subservientes e subordinadas à profecia de Moisés; porque Deus tomou o espírito de Moisés para pôr sobre eles; de modo que eles profetizaram como Moisés assim o desejava: caso contrário, eles não teriam profetizado de forma alguma. De fato, houve (versículo 27) uma queixa feita contra eles a Moisés; e Josué quis que Moisés os proibisse de profetizar; o que ele não fez, mas disse a Josué, *não seja ciumento em meu nome.* Em segundo lugar, nesta passagem, o espírito de Deus nada significa senão a mente e a disposição para obedecer e ajudar Moisés na administração do governo. Pois se aí significasse que eles tinham o substancial espírito de Deus, isto é, a inspiração da natureza divina, então eles a teriam de maneira não inferior à de Cristo, em quem unicamente o espírito de Deus habitou corporalmente. Assim, aqui o significado é dom e graça de Deus que os guiou a cooperar com Moisés; de quem o espírito deles derivou. E parece (versículo 16) que eles eram o que o próprio Moisés designou como anciãos e oficiais do povo, pois as palavras são: *reúne-me setenta homens, a quem sabes serem anciãos e oficiais do povo,* e aqui *conheças* é o mesmo que *nomeie enquanto tal.* Pois nos é dito antes (Ex 18,24) que Moisés, seguindo o conselho de Jetro, seu sogro, designou juízes e oficiais sobre o povo que fossem tementes a Deus; e destes estavam aqueles setenta, a quem Deus, colocando sobre eles o espírito de Moisés, com o objetivo de ajudar Moisés na administração do reino. E neste sentido se diz que o espírito de Deus

(1Sm 16,13-14), logo após a unção de Davi, desceu sobre ele e deixou Saul; já que Deus o deu sua graça, pois o escolheu para governar seu povo, retirando daquele que assim rejeitou. De modo que, pelo espírito, significa inclinação ao serviço de Deus; e não qualquer revelação sobrenatural.

Deus falou também muitas vezes pelo resultado de sorteios, que foram ordenados por aqueles a quem Ele deu autoridade sobre o seu povo. Assim, lemos que Deus manifestou-se pelo sorteio que Saul mandou fazer (1Sm 14,43) para culpar alguém pelo pecado de Jônatas que comeu um favo de mel e contrariou o juramento do povo. Também (Js 12,8) Deus dividiu a terra de Canaã entre os israelitas pelo sorteio que Josué lançou diante do Senhor em Siló. A mesma forma com que, aparentemente, Deus descobriu (Js 7,16) o crime de Acã. E estas eram as maneiras pelas quais Deus declarou sua vontade no Antigo Testamento.

Todos esses modos ele também usou no Novo Testamento. À Virgem Maria, pela visão de um anjo; a José em um sonho; novamente, a Paulo no caminho de Damasco, em uma visão de nosso Salvador; e a Pedro na visão de uma faixa descida do céu, embebida de vários tipos de carne de bestas puras e impuras; e na prisão, pela visão de um anjo: e para todos os apóstolos e autores do Novo Testamento, pelas graças de seu espírito; e aos apóstolos novamente (como na escolha de Matias para o lugar de Judas Iscariotes) por sorteio.

Vendo, então que toda profecia pressupõe uma visão ou um sonho (quando naturais, as duas são o mesmo), ou algum dom especial de Deus, coisa tão raramente observada pela humanidade a ponto de ser admirada quando se opera; mas levando em conta também que esses dons, a saber, os extraordinários sonhos e visões, podem proceder de Deus não apenas por sua sobrenatural e imediata atuação, mas também por sua intervenção natural e pela mediação de causas secundárias; há necessidade de razão e julgamento para discernir entre dons naturais e sobrenaturais e entre visões ou sonhos naturais e sobrenaturais. E, consequentemente, é preciso que os homens sejam muito circunspectos e cautelosos ao obedecer a voz de outro homem que se anuncia enquanto profeta e requer que obedeçamos a Deus da maneira que ele, em nome de Deus, nos informa que é o caminho da felicidade. Pois aquele que pretende ensinar aos homens o caminho de tão grande felicidade, pretende governá-los, isto é, dirigir e reinar sobre eles; o que é uma coisa que todos os homens desejam naturalmente e, portanto, é digno de se suspeitar que se trate de ambição e impostura; e, por consequência, vale que seja examinado e provado por todos antes que se conceda obediência; a menos que se já as tenha dado na instituição de uma república; como quando o profeta é o soberano civil, ou pelo soberano civil é autorizado. E se esse exame dos profetas e espíritos não fosse autorizado a todas as pessoas, seria inútil estabelecer os sinais pelos quais todo homem pode ser capaz de distinguir entre aqueles a quem eles deveriam, e aqueles a quem eles não deveriam seguir. Portanto, estando definidas tais marcas que permitem distinguir um profeta (Dt 13,1 etc.) e um espírito (1Jo 4,1); e vendo que há muita profecia no Antigo Testamento e muita pregação no Novo Testamento contra os profetas; e por haver um número muito maior de falsos profetas do que de verdadeiros; cada um deve tomar cuidado ao obedecer às suas direções, por sua própria conta e risco. E primeiro, que houve muito mais falsos do que verdadeiros profetas, se observa quando Ahab (1Rs 12) consultou quatrocentos profetas, e todos eles eram falsos e impostores, exceto Miqueias. E um pouco antes do tempo do cativeiro, pelo fato dos profetas serem geralmente mentirosos. Como diz o Senhor por Jeremias, capítulo 14,14: *eles profetizam mentiras em meu nome. Não os enviei, nem lhes ordenei, nem lhes falei; eles profetizam para você uma visão falsa, uma coisa sobre o nada; e o engano do seu coração.* Por isso, Deus ordenou ao povo pela boca do profeta Jeremias (capítulo 23) que não os obedecesse. *E assim disse o Senhor dos exércitos: não ouças as palavras dos profetas que profetizam a vós. Eles vos iludem, falam de uma visão do seu próprio coração, e não da boca do Senhor.*

Levando em conta que no tempo do Antigo Testamento ocorreram contendas entre os profetas visionários, quando um contestava o outro e perguntava: quando partiu o Espírito de mim, para ti? Como ocorreu com Miqueias e os quatrocentos; que chamavam uns aos outros de mentirosos (Jr 14,14); e as controvérsias semelhantes sobre o Novo Testamento até hoje, entre os profetas espirituais. Assim, como todo homem era e continua obrigado a fazer uso de sua razão natural, aplicando a todas as profecias as regras que Deus nos deu para discernir o verdadeiro do falso. Dentre estas regras, no Antigo Testamento, uma era a conformidade com a doutrina de Moisés, com o que o profeta soberano lhes ensinara; já a outra era o poder miraculoso de predizer o que Deus faria acontecer, como já mostrei em Dt 13,1. Enquanto isso, no Novo Testamento há apenas um único sinal que é a pregação da doutrina, de que *Jesus é o Cristo*, isto é, o rei dos judeus, prometido no Antigo Testamento. Quem quer que negasse isso seria um falso profeta, fossem quais fossem os milagres que certo alguém pudesse realizar; mas aquele que isso ensinasse, este seria um verdadeiro profeta. E são João (1Jo 4,2 etc.) falando expressamente dos meios para examinar os espíritos, e saber se são eles de Deus ou não; depois de lhes ter dito que surgiriam falsos profetas, diz o seguinte: *assim conhecereis o Espírito de Deus: todo espírito que confessar que Jesus Cristo veio encarnado, é de Deus*, isto é, é aprovado e reconhecido como um profeta de Deus. Não que isso signifique que ele seja um homem piedoso ou um dos eleitos, mas que todo aquele que confessa, professa ou prega, no caso, que Jesus é o Cristo, mas apenas que é um profeta reconhecido. Porque Deus às vezes fala por profetas, cujas pessoas ele não aceitou; como ele fez com Balaão; e quando ele previu Saul de sua morte, através da bruxa de Endor. Novamente no versículo seguinte: *todo espírito que não confessa que Jesus Cristo veio encarnado, não é de Cristo. E este é o espírito do Anticristo*. De modo que a regra é perfeita em ambos os lados: é um verdadeiro profeta quem prega que o Messias já veio, na pessoa de Jesus; e é um falso quem nega que ele veio e o aguarda em algum futuro impostor, que tomará sobre ele falsamente toda honra, a quem o apóstolo ali propriamente chama de Anticristo. Portanto, todo homem deve considerar quem é o profeta soberano, isto é, quem é o vice-rei de Deus na terra; e abaixo de Deus, a autoridade para governar os cristãos; e observar como regra aquela doutrina que, em nome de Deus, ele ordenou que fosse ensinada; e com ela examinar e provar a verdade daquelas doutrinas, que pretensos profetas com milagres, ou sem, propunham a qualquer tempo; e se eles acharem esta contrária àquela regra, devem fazer como fizeram os que foram a Moisés e queixaram-se de haver alguns que profetizavam no acampamento, cuja autoridade para tanto eles duvidavam; e deixar ao soberano, como fizeram com Moisés, o papel de autorizá-los ou proibi-los como de seu agrado; e se ele os rechaçar, então não mais obedecer as suas vozes; ou se ele os aprovar, então obedecê-los, como homens a quem Deus deu uma parte do espírito de seu soberano. Pois quando os homens cristãos não aceitam seu soberano cristão como profeta de Deus; ou têm de aceitar seus próprios sonhos, como a profecia pela qual eles pretendem governar; e o intumescer de seus próprios corações, como Espírito de Deus; ou então devem aceitar serem conduzidos por algum príncipe estrangeiro; ou ainda por alguns de seus companheiros, capaz de enfeitiçá-los, caluniando o governo e conduzindo-os à rebelião, sem outro milagre para confirmar seu chamado do que, às vezes, um extraordinário sucesso e impunidade. Com isso, destroem todas as leis, divinas e humanas, e reduzem toda ordem, governo e sociedade civil ao primitivo caos da violência e da guerra civil.

CAPÍTULO XXXVII
SOBRE MILAGRES E O USO DELES

Por *milagres* entendem-se os trabalhos admiráveis de Deus: e, por esta razão, eles também são chamados de *maravilhas*. E como em sua maior parte são realizados para exprimir os seus mandamentos em ocasiões tais que, sem eles, os homens estariam aptos a duvidar (seguindo seu raciocínio natural privado) sobre o que ele ordenou ou não; deste modo, nas Sagradas Escrituras eles são comumente chamados de *sinais*, no mesmo sentido em que são chamados pelos latinos como *ostenta* e *portenta*, isto é, por mostrarem e anunciarem o que o Todo-poderoso está prestes a realizar.

Portanto, para entender o que é um milagre, devemos primeiro entender quais são as obras que provocam assombro nos homens e, por esta razão, são chamadas de admiráveis. E existem apenas duas coisas que fazem assombrar os homens em qualquer ocasião: a primeira são as coisas estranhas, aquelas que nunca ou raramente acontecem; já a segunda são aquelas que, quando produzidas, não podemos imaginá-las como tenham se dado por meios naturais, mas apenas pela mão imediata de Deus. Mas quando vemos alguma causa possivelmente natural para isto, por mais raro que isso seja; ou, se muitas vezes isso ocorreu, mesmo sendo impossível de imaginar uma causa natural que lhe tenha provocado, nestes casos não nos admiramos nem estimamos o fato como um milagre.

Assim, se um cavalo ou vaca falassem, seria um milagre; porque tanto a coisa é estranha quanto a causa natural é difícil de imaginar. De maneira equivalente seria ver um estranho desvio da natureza na produção de alguma nova forma de criatura viva. Mas quando um homem ou outro animal engendra seu semelhante, embora não saibamos mais como isso foi feito do que no outro; como é habitual, não se trata de um milagre. Tal qual, se um homem fosse metamorfoseado em pedra ou em coluna, isso seria um milagre porque é estranho: mas se um pedaço de madeira fosse assim transformado, porque vemos isso muitas vezes, não seria o caso de um milagre. Embora não saibamos por qual operação Deus faça isso ocorrer, seja num caso como no outro.

O primeiro arco-íris que foi visto no mundo foi um milagre, porque foi o primeiro; e consequentemente era estranho; e serviu como um sinal de Deus, colocado no céu, para assegurar ao seu povo, que não haveria mais nenhuma destruição universal do mundo pela água. Mas hoje em dia, por serem frequentes, não são milagres, nem para os que conhecem suas causas naturais, nem para os que não as conhecem. Ademais, existem muitas obras raras produzidas pela arte do homem. Contudo, quando sabemos que são assim criadas, porque também sabemos os meios para criá-las, não as consideramos como milagres, porque não são operadas pela mão imediata de Deus, mas pela mediação da indústria humana.

Além disso, como a admiração e o assombro resultam do conhecimento e experiência, com as quais os homens são dotados, alguns mais, alguns menos, segue-se que a mesma coisa pode ser milagre para um e não para outro. E daí decorre que homens ignorantes e supersticiosos consideram grandes maravilhas aquelas obras que outros homens, sabendo que procedem da natureza (que não é a obra imediata, mas obra comum de Deus), não admiram de mesmo modo. Como, por exemplo, quando eclipses do Sol e da Lua foram tomados por obras sobrenaturais pelas pessoas comuns; quando, no entanto, outros, podiam prever, por suas causas naturais, a hora exata em que isso ocorreria; ou quando um homem que por confederação e pela inteligência secreta, obtém certo conhecimento das ações privadas de um homem ignorante e incauto, e lhe disser o que ele fez no passado; isto tudo parece um milagre; mas entre homens sábios e cautelosos, milagres como esses não são facilmente realizados.

Mais uma vez, pertence à natureza do milagre que ele seja feito para a obtenção de crédito pelos mensageiros, ministros e profetas de Deus, a fim de que os homens possam saber que eles são chamados, enviados e empregados por Deus, e assim se inclinem a obedecê-los. Portanto, embora a criação do mundo e, depois, na destruição de todas as criaturas vivas no dilúvio universal, fossem obras admiráveis; como não foram feitas para obter crédito para qualquer profeta ou outro ministro de Deus, elas não costumam ser chamadas de milagres. Por mais admirável que seja qualquer obra, a admiração não consiste naquilo que poderia ser feito, pois os homens naturalmente acreditam que o Todo-poderoso pode fazer todas as coisas, mas sim porque ele o faz por conta da oração ou a palavra dada por um homem. Com efeito, as obras de Deus no Egito, pelas mãos de Moisés, eram propriamente milagres; porque foram feitas com a intenção de fazer crer o povo de Israel que Moisés veio a eles, não por qualquer projeto de seu próprio interesse, mas como enviado de Deus. Portanto, depois que Deus lhe ordenou que libertasse os israelitas da escravidão egípcia, quando ele disse (Ex 4,1): *eles não acreditarão em mim, e dirão que o Senhor não me apareceu.* Deus lhe deu poder para transformar a vara que tinha na mão em uma serpente, e outra vez para retorná-la ao estado de vara; e pôr a mão no próprio peito, para torná-lo leproso; e novamente colocá-la para torná-lo sadio, com o objetivo de fazer os filhos de Israel crerem (como se vê no versículo 5) que o Deus de seus pais lhe havia aparecido. E se isso não bastasse, ele deu a Moisés o poder de transformar a água em sangue. E quando ele fez esses milagres diante do povo, diz-se que *eles acreditaram nele* (versículo 41). No entanto, por medo do faraó, eles ainda não ousavam lhe obedecer. Assim, as outras obras que foram feitas para atormentar o faraó e os egípcios, tendiam os israelitas a acreditarem em Moisés, e eram milagres. Da mesma maneira, se observarmos todos os milagres feitos pelas mãos de Moisés e por todos os demais profetas, até o cativeiro, assim como os de nosso Senhor e depois de seus apóstolos; descobriremos que o fim deles sempre foi gerar ou confirmar a crença de que eles não vieram por iniciativa própria, mas foram enviados por Deus. Podemos ainda observar nas Escrituras que a finalidade dos milagres era gerar crença, mas somente nos eleitos, isto é, em relação àqueles que Deus determinou que deveriam se tornar seus súditos. Porque essas pragas milagrosas do Egito não tinham a finalidade de converter o faraó; porque Deus disse antes a Moisés que endureceria o coração do faraó para que não deixasse o povo [de Israel] ir; e quando finalmente permitisse tal coisa, não foi porque os milagres o persuadiram, mas porque as pragas o forçaram a isso. Assim também sobre o nosso Salvador, está escrito (Mt 13,58), que Ele não realizou muitos milagres em seu próprio país por conta da incredulidade dos que lá residiam; e (em Mc 6,5) em vez de *Ele não realizou muitos*, está escrito *Ele não pôde fazer nenhum*. Não foi porque Ele não tinha o poder para tanto; pois dizer tal coisa seria blasfemar contra Deus; nem que o fim dos milagres não fosse converter homens incrédulos para Cristo; porque o fim de todos os milagres de Moisés, dos profetas, de nosso Salvador e de seus apóstolos foi acrescentar homens à Igreja; mas foi porque a finalidade de seus milagres envolvia incluir à Igreja não todos os homens, mas aqueles que deveriam ser salvos, isto é, os que Deus havia eleito. Portanto, como nosso Salvador foi enviado por seu Pai, ele não podia usar seu poder na conversão daqueles a quem seu Pai havia rejeitado. Aqueles que dizem que *Ele não podia* é equivalente a *Ele não queria*, ao expor aquela passagem de *são Marcos*, fazem-no sem se apoiar em nenhum exemplo da língua grega (onde *não queria* é usado às vezes no lugar de *não poderia*, em coisas inanimadas e que não têm vontade, mas nunca *não podia* em vez de *não queria*) e, assim, colocam uma pedra de tropeço diante dos cristãos mais débeis; como se Cristo só pudesse fazer milagres entre os crédulos.

Daquilo que aqui estabeleci, da natureza e do uso de um milagre, podemos defini-lo assim: Um MILAGRE *é uma obra de Deus (além de sua operação pelo modo da natureza, ordenada na criação) feita para manifestar aos seus eleitos a missão de um ministro extraordinário enviado para a sua salvação.*

E a partir dessa definição podemos inferir, primeiro, que em todos os milagres, o trabalho realizado não é o efeito de qualquer virtude do profeta; porque é o efeito da mão imediata de Deus, isto é, Deus atua sem usar o profeta como causa subordinada.

Em segundo lugar, nenhum demônio, anjo ou outro espírito criado pode fazer um milagre. Pois deve ser em virtude ou de alguma ciência natural ou por encantamento, isto é, em virtude de palavras. Pois se os encantadores fazem isso por seu próprio poder independente, existe algum poder que não procede de Deus; o que todos os homens negam. E se eles fazem isso pelo poder que lhes é dado, então não é a obra pela mão imediata de Deus, mas por sua intervenção natural e, por consequência, não é um milagre.

Existem alguns textos das Escrituras que parecem atribuir o poder de realizar maravilhas (igual a alguns desses milagres imediatos, feitos pelo próprio Deus) a certas artes mágicas e encantamentos. Por exemplo, quando lemos que depois que a vara de Moisés foi lançada no chão e se tornou uma serpente (Ex 7,11), *os magos do Egito fizeram o mesmo com seus encantamentos*; e depois de Moisés ter transformado em sangue as correntes dos rios, lagos e lagoas de águas egípcias (Ex 7,22), *os magos fizeram o mesmo com seus encantamentos*; e depois que Moisés pelo poder de Deus trouxe rãs sobre a terra (Ex 8,7), *os magos também o fizeram com seus encantamentos e criaram sapos sobre a terra do Egito*; assim, não é natural o homem atribuir milagres aos encantamentos, ou seja, à eficácia do som das palavras, e achar que isso está muito bem provado por essa e outras passagens? E ainda não há lugar nas Escrituras que nos informe o que é um encantamento. Deste modo, se o encantamento não é, como muitos pensam, a obra de estranhos efeitos de feitiços e palavras, mas sim impostura e ilusão, forjadas por meios comuns, e tão longe de ser sobrenatural, que os impostores, para fazê-las, não precisam tanto do estudo das causas naturais, diante da necessidade da ignorância comum, estupidez e superstição da humanidade. Tais textos que parecem provar o poder da magia, da feitiçaria e do encantamento precisam ter outro sentido diferente daquele que, à primeira vista, parecem ter.

Pois é bastante evidente que as palavras só têm efeito naqueles que as compreendem; e, neste caso, elas não têm outro efeito, senão significar as intenções ou paixões dos que falam; e assim produzir esperança, medo, outras paixões ou ainda outras concepções no ouvinte. Portanto, quando uma vara parece se tornar serpente, ou a água em sangue, ou quando qualquer outro milagre parece ser feito por encantamento; se isso não for para a edificação do povo de Deus, nem a vara, nem a água, nem qualquer outra coisa é encantada, isto é, modificada pelas palavras, mas somente o espectador. De modo que todo o milagre consistiu apenas no encantador que enganou alguém; o que não é um milagre, mas algo muito fácil de fazer.

Pois tais são a ignorância e a aptidão ao erro comuns a todos os homens, sobretudo àqueles que não têm muito conhecimento das causas naturais, da natureza e dos interesses dos homens; que são inúmeras e fáceis as maneiras de os enganar. Que reputação de poder milagroso não poderia um homem ter adquirido, antes que se soubesse que havia uma ciência do curso das estrelas, se tivesse dito ao povo a hora ou o dia que sol iria escurecer? Um malabarista, pelo manuseio de suas taças e outras bugigangas, se não fosse hoje prática ordinária, faria com que tal maravilha fosse tratada como obra do diabo, ao menos. Assim também um homem que consiga, pela prática, falar contendo sua respiração (os quais, nos tempos antigos, foram chamados de *ventríloquos*) e faça parecer que a fraqueza de sua voz não procede da fraca impulsão dos órgãos da fala, mas da distância do lugar, é capaz de fazer muitos homens acreditarem que se trata de uma voz que provém do Céu, seja o que quer que se diga. E para um homem esperto, que investigou os segredos e confissões familiares que uma pessoa normalmente faz à outra, de suas ações e aventuras, voltar a contar tais coisas; e, apesar disso, existiram muitos que, por tais meios, obtiveram a reputação de serem adivinhos. Mas é uma tarefa muito duradoura considerar os vários tipos desses homens, a saber, aqueles que os gregos chamavam de *thaumatourgói*, isto é, realizadores de coisas maravilhosas; no entanto, fazem tudo o que fazem por sua própria destreza. Mas se olharmos as imposturas produzidas pela conspiração, não há nada que seja impossível de ser feito que seja impossível de acreditar. Pois se dois homens conspirarem para que um pareça coxo e outro o cure com um encanto, enganarão a muitos; mas se muitos conspirarem para que um pareça coxo enquanto outro possa curá-lo, e vários outros para serem testemunhas, enganarão muito mais.

Contra esta aptidão da humanidade, de crer precipitadamente em pretensos milagres, não pode haver nada melhor, penso além, nem qualquer outro cuidado, do que aquilo que Deus prescreveu; primeiro através de Moisés (como eu disse no capítulo precedente), no início do capítulo 13 e no final do capítulo 18 do livro do *Deuteronômio*: que não tome ninguém por profeta se este ensinar uma religião diferente daquela que o lugar-tenente de Deus (que na época era Moisés) estabeleceu; nem qualquer outro (embora ele ensine a mesma religião) cuja predição não vemos acontecer. Moisés, portanto, em seu tempo, e Arão, e seus sucessores em seus tempos, e o soberano governante do povo de Deus, abaixo do próprio Deus, isto é, a cabeça da Igreja em todos os tempos, devem ser consultados, sobre a doutrina que Ele estabeleceu, antes de darmos crédito a um pretenso milagre ou profeta. E quando isso é feito, sobretudo diante da coisa que eles fingem ser um milagre, nós devemos ver isso ser feito e usar todos os meios possíveis para verificar se realmente foi feito; e não só isso, mas verificar se é algo que nenhum homem pode fazer por seu poder natural, e que requeira a mão imediata de Deus. E, quanto a isto, também devemos recorrer ao lugar-tenente de Deus, a quem submetemos nossos juízos privados em todos os casos duvidosos. Por exemplo, se um homem disser que depois de proferir certas palavras sobre um pedaço de pão, Deus fará com que o pão deixe imediatamente de ser pão e se torne Deus, ou um homem, ou ambos, sem, no entanto, que ele deixe de continuar parecido com o pão como sempre foi; não há razão para qualquer homem pensar que isso realmente aconteceu; nem, por conseguinte, temer a essa pessoa, até que ele pergunte a Deus, por seu vigário, ou lugar-tenente, se isso ocorreu ou não. Se ele disser que não, então se segue aquilo que Moisés disse (Dt 18,22): *ele falou isso presunçosamente, e não o temerás*. Mas se ele disser que sim, então não se deve contradizê-lo. E também, se não virmos, mas apenas ouvirmos falar de um milagre, devemos consultar a Igreja legítima, isto é, a sua legítima cabeça, até mesmo sobre onde devemos dar crédito aos seus relatores. Este é principalmente o caso dos homens que nestes dias vivem sob soberanos cristãos. Pois, nestes tempos, eu não conheço um homem que tenha visto uma obra tão maravilhosa feita por encantamento, ou pela palavra, ou ainda pela oração de alguém, que seja tida por sobrenatural pelos que são dotados de uma razão um pouco mais que medíocre. E a questão não é mais saber se o que vemos feito é um milagre; ou se o milagre que ouvimos ou lemos é algo real, e não um ato de língua ou de caneta; ou, em termos simples, se o relato é verdade ou uma mentira. E em relação a este problema, nenhum de nós deve fazer da própria razão privada ou consciência, o juiz, mas deve, por sua vez, avaliar pela razão pública, isto é, pela razão do supremo lugar-tenente de Deus. E de fato nós dele já o fizemos juiz, se nós lhe demos um poder soberano para fazer tudo que é necessário para nossa paz e defesa. Assim, um homem privado tem sempre a liberdade (porque o pensamento é livre) de acreditar ou não acreditar em seu coração nos fatos que se lhe apresentem como milagres, conforme ele veja que benefício pode advir para os que creem ou negam o milagre, conjeturando, assim, se se trata de milagre ou mentira. Mas quando se trata de confissão de fé, a razão privada deve se submeter à pública, isto é, ao lugar-tenente de Deus. Mas quem é este lugar-tenente de Deus e o chefe da Igreja, veremos tal assunto adiante, em seu devido lugar.

CAPÍTULO XXXVIII
SOBRE O SIGNIFICADO DE VIDA ETERNA, INFERNO, SALVAÇÃO, O MUNDO QUE HÁ DE VIR E A REDENÇÃO NAS ESCRITURAS

A manutenção da sociedade civil depende da justiça; e a justiça sobre o poder da vida e da morte e outras recompensas e punições menores que reside nelas é de onde provém a soberania da república; é impossível que uma república se mantenha onde qualquer outro que não o soberano detenha o poder de dar as maiores recompensas que a vida, ou de infligir punições maiores que a morte. Sendo a *vida eterna* uma recompensa maior do que a *vida presente*; e o *tormento eterno* uma punição maior que a *morte natural*; é uma coisa digna de exame de todos os homens que desejam (obedecendo à autoridade) evitar as calamidades da confusão e da guerra civil, qual o significado nas Sagradas Escrituras para *vida eterna* e *tormento eterno*; e em razão de quais ofensas e contra quem foram cometidas, para que os homens devam ser *eternamente atormentados*; e quais ações são necessárias para alcançar a *vida eterna*.

Em primeiro lugar, temos que Adão foi criado em tal condição de vida, que se ele não tivesse quebrado o mandamento de Deus desfrutaria do Paraíso do Éden eternamente. Porque lá havia a *árvore da vida*, da qual lhe foi permitido comer desde que se abstivesse de comer da árvore do conhecimento do bem e do mal, que não lhe era permitido. Portanto, logo que dela comeu, Deus o expulsou do Paraíso (Gn 3,22), *para que não estendesse a mão, e comesse também da árvore da vida, e vivesse para sempre*. Pelo que me parece (o que depende, no entanto, tanto nesta, como em todas as questões de que depende a determinação das Escrituras, da interpretação autorizada da Bíblia pela república, de que eu sou súdito), Adão, se não tivesse pecado, teria gozado de vida eterna na terra e que ele e sua posteridade adquiriram a mortalidade em razão desse primeiro pecado. Não que a morte tivesse sido imediata; uma vez que, se assim fosse, Adão nunca teria tido filhos; e se sabe que ele viveu por muito tempo e teve numerosa descendência antes de morrer. Mas onde se diz: *no dia em que dela comeres, certamente morrerás*, entenda-se *que a sua mortalidade é certeza da morte*. Assim, considerando que à vida eterna foi perdida pelo confisco de Adão, ao cometer o pecado, aquele que deveria cancelar essa pena deveria recuperar novamente tal vida. E Jesus, por ter remido os pecados de todos os que nele creem, recuperou para todos os crentes, portanto, aquela VIDA ETERNA que havia sido perdida pelo pecado de Adão. E é neste sentido é válida a comparação de são Paulo (Rm 5,18-19): *assim como pela ofensa de um, o julgamento e a condenação vieram sobre todos os homens, assim também pela retidão de um, veio sobre todos os homens a graça da justificação da vida.* O que fica explícito de forma mais clara nas seguintes palavras (1Cor 15,21-22): *pois uma vez que pelo homem veio a morte, pelo homem também veio a ressurreição dos mortos. Pois assim como em Adão todos morreram, assim também em Cristo todos serão vivificados.*

Concernente ao lugar onde os homens gozarão daquela vida eterna, aquele que Cristo obteve para eles, os textos que supracitados parecem indicar que é na terra. Pois se todos morreram, como em Adão, isto é, perderam o direito ao paraíso e à vida eterna na terra, assim também em Cristo todos serão vivificados; de maneira que todos os homens são criados para viver na terra; pois essa comparação não seria adequada se assim não o fosse. Tal ideia parece concordar com o salmista (Sl 133,3): *sobre Sião Deus ordenou a bênção, e a vida para todo o sempre*, pois Sião é Jerusalém na terra. E também concorda com são João (Ap 2,7), visto que: *aquele que vencer darei de comer da árvore da vida, que está no meio do paraíso de Deus.* Esta foi a árvore da vida eterna de Adão, mas sua vida deveria ter sido na terra. O que parece que aparentemente foi confirmado de novo por são João (Ap 21,2) quando disse: *Eu, João, vi a cidade santa, a nova Jerusalém, descendo de Deus no céu, preparada como uma noiva adornada por seu marido*, algo que foi novamente confirmado no versículo 10, ou seja, como se ele dissesse que a nova *Jerusalém*, o paraíso de Deus, na vinda de novo de Cristo, deverá descer para o povo de Deus do céu, e não estes subirem até lá da terra. E isso não difere em nada do que os dois homens de roupas brancas (isto é, os dois anjos) disseram aos apóstolos que estavam olhando para Cristo ascendendo (At 1,11): *este mesmo Jesus, que agora vos é arrebatado para o céu, voltará assim como a ele estão vendo subir ao céu.* O que soa como se tivessem dito que ele deveria descer para governá-los sob o seu Pai, eternamente aqui [entre nós]; e não como se tratasse de os levar para governar a partir do céu; o que está de acordo com a restauração do reino de Deus, que foi instituída sob Moisés; que era então um governo político dos judeus na terra. Novamente, aquela afirmação de nosso Salvador (Mt 22,30), a saber, *de que na ressurreição não se casa, nem se é dado em casamento, mas se vive como os anjos de Deus no céu*, trata-se da descrição da vida eterna, semelhante àquela que nós perdemos em Adão quanto ao casamento. Quer dizer, considerando que se Adão e Eva não tivessem pecado, teriam vivido eternamente na terra em suas pessoas individuais; é manifesto, assim, que eles não teriam continuamente procriado sua espécie. Pois se as almas imortais fossem capazes de gerar, como hoje o faz a humanidade, a terra, em pouco tempo, não teria sido capaz de lhes dar um lugar para ficar. Assim, os judeus que perguntaram ao nosso Salvador sobre, na ressurreição, quem seria o marido da mulher que havia casado com muitos irmãos, visto que desconheciam quais eram as consequências da vida eterna, e, portanto, nosso Salvador os lembra dessa consequência da imortalidade: não há geração e, consequentemente, não há casamento como não há geração e casamento entre os anjos. Ademais, a comparação entre a vida eterna que Adão perdeu e aquela que o nosso Salvador recuperou pela sua vitória sobre a morte também sustenta isto, pois como Adão perdeu a vida eterna pelo seu pecado e ainda viveu por um tempo, assim o cristão fiel que recuperou a vida eterna pela paixão de Cristo, conquanto tenha uma morte natural, permanecerá morto por algum tempo, até a ressurreição. Pois assim como a morte é contada a partir da condenação de Adão, e não da sua execução; assim a vida eterna é contada a partir da absolvição, e não da ressurreição daqueles que são eleitos em Cristo.

Não é fácil de ser extraído de qualquer texto que eu possa encontrar, que o lugar onde os homens devem viver eternamente, após a ressurreição, é o céu, seja o céu, aquelas regiões do mundo, que são as mais remotas da terra, como as estrelas, ou acima das estrelas, outro céu superior, chamado *coelum empyreum* (do qual não há menção nas Escrituras, nem base na razão). Por reino dos Céus, entende-se o reino do rei que habita no céu; e o seu reino era o povo de Israel, a quem Deus governava na terra pelos profetas, seus lugar-tenentes, primeiro Moisés, e depois dele Eleazar e os sacerdotes soberanos, até que nos dias de Samuel eles se rebelaram, e escolheram um homem mortal para seu rei à maneira de outras nações. E quando nosso Salvador, Jesus Cristo, pela pregação de seus ministros, persuadir os judeus a voltar e chamar os gentios à sua obediência, então haverá um novo reino dos Céus; porque o nosso rei será então Deus, cujo *trono* é o céu; e sem qualquer necessidade evidente nas Escrituras de que os homens ascendam à essa felicidade mais alto do que o escabelo onde Deus *apoia os pés*, isto é, a terra. Pelo contrário, encontramos escrito (Jo 3,13) que *nenhum homem subirá ao céu, a não ser aquele que desceu do céu, o filho do homem, que está no céu*. Onde eu observo, a propósito, que estas palavras não são como aquelas que lhe antecedem imediatamente as palavras do nosso Salvador, mas do próprio são João; porque Cristo, em época, não estava no céu, mas na terra. O mesmo é dito de Davi (At 2,34), quando são Pedro, para provar a ascensão de Cristo, além de usar as mesmas palavras do salmista (Sl 16,10), recorda: *não deixarás a minha alma no inferno, nem permitirá que sua santa alma seja corrompida*. Ora, dizem que tais palavras foram proferidas de Davi, mas de Cristo; e para provar isso, o autor acrescenta essa razão: *pois Davi não subiu ao céu*. Mas aí alguém poderia facilmente responder dizendo que, mesmo que seus corpos não devam ascender até o dia geral do juízo, suas almas se encaminham para o céu assim que se afastam de seus corpos; o que também parece ser confirmado pelas palavras de nosso Senhor (Lc 20,37-38) quando, ao provar a ressurreição com o dito por Moisés, destaca: *que os mortos são ressuscitados, mesmo Moisés já havia mostrado na sarça quando ele chamou o Senhor, o Deus de Abraão, o Deus de Isaac e o Deus de Jacó. Afinal ele não é um Deus dos mortos, mas dos vivos; porque todos esses vivem nele.* Mas se estas palavras forem entendidas apenas pela imortalidade da alma, elas não provam nada do que nosso Salvador pretendia provar, que era a ressurreição do corpo, isto é, a imortalidade do homem. Portanto, o nosso Salvador quis referir-se aos patriarcas como imortais; não como uma propriedade derivada da essência e natureza da humanidade; mas pela vontade de Deus, que se agrada por sua mera graça de conferir a *vida eterna* aos fiéis. E embora naquela época os patriarcas e muitos outros homens fiéis estivessem *mortos*, como se encontra no texto, eles *viviam para Deus*, isto é, eles foram inscritos no Livro da Vida junto daqueles que foram absolvidos de seus pecados e escolhidos para a vida eterna depois da ressurreição. Que a alma do homem seja eterna pela sua própria natureza e uma criatura viva independente do corpo; ou que qualquer homem simples seja imortal, sem ser pela ressurreição no último dia (exceto Enoque e Elias), trata-se de uma doutrina não aparente nas Escrituras. Todo o capítulo 14 de Jó, que é o discurso não de seus amigos, mas de si mesmo, é uma reclamação dessa mortalidade da natureza; sem nenhuma contradição da imortalidade na ressurreição. Isso porque *há esperança numa árvore,* diz o versículo 7, *mesmo quando ela é derrubada. Pois embora a raiz dela envelheça e o seu tronco morra no chão, ainda assim, quando sentir a água, ela brotará e produzirá ramos como uma planta. Mas o homem morre e some; o homem perde o espírito e para onde ele vai?* E ainda (versículo 12), *o homem cai e não se levanta até que não haja mais céus.* Mas quando é que não existirão mais os céus? São Pedro nos diz que é na ressurreição geral. Pois, em sua segunda epístola, capítulo 3, versículo 7, ele disse que *os céus e a terra que hoje existem, estão reservados para o fogo no dia do julgamento, a destruição de homens ímpios,* e (versículo 12) *buscando e apressando a vinda de Deus, quando os céus estarão em chamas, e se dissolverão, e os elementos fundir-se-ão com o calor em ebulição. No entanto, de acordo com a promessa, esperamos um novo céu e uma nova terra em que a justiça habite.* Portanto, quando Jó disse que o *homem não se levanta até que não haja mais céus*; disse o mesmo como se dissesse que a vida imortal (e alma e vida nas Escrituras, em geral significam a mesma coisa) não começa no homem até a ressurreição e o dia do juízo; e isso tem como causa não da sua natureza e da geração específicas; mas da promessa. Pois são Pedro disse que: *nós esperamos um novo céu e uma nova terra,* não da natureza, mas *da promessa.*

Finalmente, vendo que já restou provado em diversas passagens das Escrituras no âmbito do capítulo XXXV deste livro, que o reino de Deus é uma república civil, onde o próprio Deus é o soberano, em virtude primeiro do *antigo* pacto, e depois do *novo* pacto, onde ele reina por seu vigário ou lugar-tenente; as mesmas passagens, também provam que depois da vinda de nosso Salvador novamente em sua majestade e glória para reinar verdadeira e eternamente, o reino de Deus será na terra. Contudo, porque esta doutrina (embora provada por trechos que não são poucos, nem obscuros, das Escrituras) será para a maioria dos homens uma novidade; eu me limito a propô-la; nada sustentando quanto a este ou qualquer outro paradoxo da religião, mas aguardando o fim daquela disputa pela espada quanto à autoridade (ainda não decidida entre meus compatriotas), pela qual todo tipo de doutrina deve ser aprovada ou rejeitada; e sobre de quem irá prover as ordens, sejam elas orais ou textuais (quaisquer sejam as opiniões de homens particulares), que devem ser obedecidas por todos os homens; entre eles, aqueles que pretendem ser protegidos pela lei. Pois os pontos de doutrina relativos ao reino de Deus têm uma influência tal no reino dos homens que só podem ser decididos por aquele que, abaixo de Deus, detém o poder soberano.

Tal como o reino de Deus e a vida eterna, também os inimigos de Deus e os seus tormentos após o julgamento aparecem nas Escrituras como tendo o seu lugar na terra[85]. O nome do lugar onde todos os homens que foram enterrados ou engolidos pela terra e permanecem até a ressurreição é geralmente chamado nas Escrituras por palavras que significam *debaixo da terra*; sendo que os latinos geralmente usavam *infernus* e *inferi*, e os gregos ᾅδης, isto é, um lugar

---

85. Conquanto Hobbes evocasse o "reino de Deus" literalmente, o mesmo não pode ser dito sobre o "inferno"; para ele, o termo tinha sido importado de fontes pagãs, e elas não ofereciam um testemunho verdadeiro do local onde os maus iriam após a morte. Entre os gregos (*hades*) e os romanos (*infernus, inferni*), o local habitualmente equiparado ao inferno na tradição greco-romana costuma ser sob o chão. No entanto, conforme o Filósofo, a Bíblia não é clara sobre o "lugar dos danados" após a ressurreição – logo, não poderia sê-lo de forma subterrânea. Ademais, a menção ao hades na Bíblia Grega (Ap 21,8) sinaliza, aos olhos de Hobbes, uma aproximação com a narrativa e o destino de Sodoma e Gomorra, consumidas pelo fogo. No entanto, o lago de fogo seria uma metáfora para a destruição, não implicando necessariamente que o inferno envolvia tal elemento. Por fim, à luz do texto bíblico supracitado, a interpretação hobbesiana literal sobre o destino dos danados não envolveria um sofrimento eterno, mas de tempo limitado, seguido pela "segunda morte", ou seja, a abolição e destruição dos iníquos (MARTINICH, A.P. Kingdom of Heaven and Hell. In: LLOYD, S.A. (ed.). *The Boomsbury Companion to Hobbes*. Londres: Bloomsbury, 2013, p. 244-245) [N.T.].

onde os homens não podem ver; que contém tanto a sepultura quanto qualquer outro lugar mais profundo. Mas o lugar dos condenados após a ressurreição não se acha determinado nem no Antigo, nem no Novo Testamento por qualquer nota de situação; mas somente pela companhia: será no lugar para onde foram os iníquos que Deus, em ocasiões posteriores e de maneira extraordinária e milagrosa, fez desaparecer da face da terra. Como por exemplo, o *Inferno*, o *Tártaro*, ou no poço do abismo sem fundo; porque Coré, Datã e Abirão foram tragados vivos pela terra. Não que os autores das Escrituras nos fizessem crer que poderia haver no globo terrestre, que é não só finito, mas também (comparado à altura das estrelas), de nenhuma magnitude considerável, um poço sem fundo, isto é, um buraco de profundidade infinita, como os gregos em sua *demonologia* (isto é, em sua doutrina sobre os *demônios*); e depois deles, os romanos chamavam *Tártaro*; sobre o qual Virgílio diz,

> *bis patet in praeceps tantum, tenditque sub umbras,*
> *Quantus ad aetherium coeli suspectus Olympum*[86]

trata-se de uma coisa que não admite: qualquer proporção com a terra e o céu, mas que devemos acreditar ser lá, indefinidamente, onde estão os homens a quem Deus infligiu um castigo exemplar.

Novamente, porque os homens poderosos da terra que viveram no tempo de Noé, antes do dilúvio (a quem os gregos chamavam de *heróis* e a Escritura de *gigantes*, e ambos dizem que foram gerados pela cópula dos filhos de Deus com os filhos dos homens), foram pela sua vida iníqua destruídos pelo dilúvio geral; o lugar dos condenados, é portanto, também às vezes, marcado pela companhia daqueles gigantes falecidos; como Pr 21,16: *o homem que se perde do caminho do entendimento permanece na congregação dos gigantes*; e Jó 26,5: *eis que os gigantes gemem debaixo da água, assim como os que habitam com eles*. Aqui o lugar dos condenados é debaixo da água. E o caso de Isaías 14,9: *o Inferno perturba-se por te receber* (isto é, o Rei da Babilônia), e *irá deslocar os gigantes para ti*. Sendo aqui novamente o lugar dos condenados (se o sentido for literal) embaixo da água.

---

86. VIRGÍLIO. *Aeneida*, VI, 578-579.

Em terceiro lugar, porque as cidades de Sodoma e Gomorra, pela extraordinária ira de Deus, foram consumidas por sua maldade com fogo e enxofre, e junto com elas o local ao redor fez-se um fedorento lago betuminoso: o lugar do condenado às vezes é expresso pelo fogo e como um lago fervente. Por exemplo, como em Apocalipse 21,8: *No entanto, como os medrosos, incrédulos, abomináveis, e assassinos, libertinos e feiticeiros, os idólatras e todos os mentirosos terão a sua parte no lago que arde com fogo e enxofre; o que equivale a segunda morte.* É manifesto que o fogo do inferno, que aqui foi expresso por metáfora do fogo real de Sodoma, não significa qualquer tipo certo ou lugar de tormento; mas deve ser tomado indefinidamente por destruição, como em Ap 20,14, onde se diz que *a morte e o inferno foram lançados no lago de fogo*; isto é, foram abolidos e destruídos; como se, depois da segunda morte, não houvesse mais a morte, nem se fosse mais para o inferno; isto é, não mais fosse para o *Hades* (palavra da qual derive talvez a nossa palavra Inferno), que é o mesmo que não mais morrer.

Em quarto lugar, a partir da praga das trevas infligida aos egípcios, sobre as quais está escrito (Ex 10,23): *eles não se viam uns aos outros, e ninguém saiu de onde estava durante três dias; mas todos os filhos de Israel tinham luz nas suas moradas*; o lugar do ímpio após o julgamento é chamado de *escuridão total* ou (como no original) *trevas exteriores*. O que também está expresso (Mt 22,13) quando o rei ordenou a seus servos que *amarrassem as mãos e os pés do homem que não havia vestido as suas vestes nupciais, e que o expulsassem, εἰς τό σκότξς τό ἐξώτρου*, às *trevas externas, ou para as trevas sem*: as quais, embora traduzidas como *trevas profundas*, não significam *quão grandes* sejam, mas *onde* estão as trevas; ou seja, *fora da habitação* dos eleitos de Deus.

Por fim, havia um lugar perto de Jerusalém, chamado *Vale dos Filhos de Hinnon*; em uma parte dele, chamado *Topete*, os judeus haviam cometido a mais pesada idolatria, sacrificando seus filhos ao ídolo Moloc; e onde também Deus havia afligido a seus inimigos as punições mais graves; e onde Josias havia ainda queimado os sacerdotes de Moloc em seus próprios altares, como se verifica claramente em 2Reis, capítulo 23. Depois o local serviu para receber o lixo e a imundice levada da cidade para lá; e costumava-se fazer fogueiras de tempos em tempos, para purificar o ar, e tirar o fedor de carniça. Sobre este lugar abominável, os judeus passaram a chamar de lugar dos condenados pelo nome de *Geena* ou *Vale de Hinom*. E *Geena*, é a palavra que agora habitualmente se traduz como inferno; e é por conta das fogueiras que ardiam lá de tempos em tempos que temos a noção de fogo *perpétuo* e *inextinguível*.

Considerando que agora não há, quem assim interprete as Escrituras, isto é, que após o dia do julgamento, os ímpios serão todos eternamente punidos no vale de Hinom; ou que levantarão para depois ficarem eternamente debaixo de terra ou debaixo de água; ou que, depois da ressurreição, nunca mais se verão uns aos outros, nem se movimentarão de um lugar para outro. Segue-se, parece-me, muito necessariamente, que se fala metaforicamente sobre o que assim é dito a respeito do fogo do inferno; e que, portanto, há um sentido próprio a ser perguntado tanto (pois para todas as metáforas existe alguma base real, que pode ser expressa em palavras adequadas) em relação ao *lugar do inferno* quanto em relação à natureza dos *tormentos infernais* e dos *atormentadores*.

Neste sentido, quanto aos que atormentam, temos que sua natureza e propriedade, são exata e corretamente expressas pelos nomes de *Inimigo, Satanás*; o acusador ou *Diabolus*; o *Destruidor*, ou *Abadon*. Mas estes nomes, *Satanás, Diabo* e *Abadon*, não nos remetem a nenhuma pessoa individual, como se dá com nomes próprios; apenas relacionam-se a uma função ou uma qualidade; sendo, portanto, nomes que não deviam ter deixado de ser traduzidos, como são, nas Bíblias latinas e modernas; porque assim eles parecem ser os nomes próprios do *demônio*; e os homens são mais facilmente seduzidos a acreditar na doutrina dos diabos; que naquela época era a religião dos gentios, e que era contrária à fé de Moisés e de Cristo.

Ademais, como *Inimigo, Acusador* e *Destruidor* significam o inimigo daqueles que estarão no reino de Deus; portanto, se o reino de Deus ficar sobre a terra depois da ressurreição (como no capítulo anterior eu mostrei pela Escritura o que parece ser), o inimigo e o seu reino devem se situar também na terra. O que também se dava no tempo anterior aos judeus terem deposto a Deus. Pois enquanto o reino de Deus era na Palestina; as nações ao redor, eram os reinos do inimigo; e consequentemente por *Satanás*, tem-se como significado, qualquer inimigo terreno da Igreja.

Os tormentos do inferno são expressos por vezes como *choro e ranger de dentes*, o que se vê em Mt 8,12. Às vezes, como o *verme da consciência*; tal qual Is 66,24 e Mc 9,44-48. Às vezes por fogo, como na passagem onde o *verme não morre e o fogo não apaga*. E em outra passagem como *vergonha e desprezo*, como em Dt 12,2: *e muitos dos que dormem no pó da terra, despertarão; alguns para a vida eterna; e outros para a vergonha e para o desprezo eterno*. Todos os excertos designam metaforicamente uma tristeza, e um descontentamento do espírito em razão da eterna felicidade dos outros que foram perdidas devido à incredulidade e desobediência. E como essa felicidade dos outros só se torna relevante quando comparada à sua própria miséria real, segue-se que eles deverão sofrer as dores corporais e calamidades que incidem sobre aqueles que vivem sob o mal e a crueldade dos governantes, e que, além disso, têm como inimigo o eterno rei dos santos, Deus Todo-poderoso. E entre estas dores corporais deve se reconhecer também a cada um dos ímpios uma segunda morte. Pois embora as Escrituras sejam claras quanto à ressurreição universal; está escrito que a nenhum dos infames é prometida uma vida eterna. Assim, é que para são Paulo (1Cor 15,42-43), em reflexão sobre qual corpo os homens se erguerão novamente, o mesmo responde que *o corpo é semeado na corrupção e erguido na incorrupção; é semeado na desonra, e ressuscitado na glória; é semeado na fraqueza, e elevado no poder*. E aqui glória e poder não podem ser aplicados ao corpo dos ímpios; nem pode a expressão *segunda morte* ser aplicada aos que nunca podem morrer, senão uma só vez: conquanto no discurso metafórico, uma vida perpetuamente calamitosa possa ser chamada de morte eterna, ela não pode ser entendida como uma *segunda morte*. O fogo preparado para os ímpios é um fogo eterno, isto é, depois da ressurreição; a tortura, tanto do corpo como da mente dos homens, durará enquanto o mundo permanecer; e, neste sentido, o fogo será inextinguível e o tormento eterno; mas daí não se pode inferir, então, que aquele que será lançado naquele fogo ou será atormentado com aqueles tormentos deve suportar e resistir de modo a ser eternamente queimado, torturado e, ainda assim, nunca será destruído nem morrerá. Pois embora muitas passagens que afirmem acerca do fogo e do tormento eterno (nos quais é possível lançar pessoas uma após a outra, para sempre), ainda assim eu não encontro nenhuma outra que afirme que haverá uma vida eterna ali de qualquer pessoa individual; mas ao contrário, uma morte eterna, que é a segunda morte: (Ap 20,13-14) pois *quando a morte e a sepultura estiverem entregues aos mortos que lá estava, e cada homem for julgado, de acordo com suas obras; a morte e a sepultura também serão lançadas no lago de fogo. Esta é a segunda morte.* Portanto, fica evidente que deverá haver uma segunda morte de todo aquele que for condenado no dia do juízo, depois do qual não se morrerá.

As alegrias da vida eterna estão nas Escrituras abrangidas pelo nome de SALVAÇÃO, ou ainda *salvar-se.* Ser salvo é livrar-se do mal, quer seja respectivamente dos males especiais, quer absolutamente de todos os males, incluindo a necessidade, doença e a própria morte. E como o homem foi criado em uma condição imortal, não sujeita à corrupção e nem por consequência, a nada que remeta à dissolução de sua natureza; mas perdeu essa felicidade pelo pecado de Adão; deste modo, *salvar-se* do pecado significa salvar-se do mal e das calamidades que o pecado trouxe sobre nós. Assim, nas Sagradas Escrituras, a remissão do pecado e a salvação da morte e da miséria são a mesma coisa, como aparece nas palavras do nosso Salvador (Mt 9,2) quando curou um homem que sofria de paralisia dizendo: *alegra-te, filho meu, que os teus pecados te serão perdoados;* e sabendo que os escribas tomavam tal ato como uma blasfêmia, perguntou-lhes (versículo 5): *se era mais fácil dizer: teus pecados te são perdoados, ou, levanta-te e anda;* significando, assim, que era tudo a mesma coisa quanto à salvação dos enfermos, dizer: *os teus pecados estão perdoados, ou levanta-te e anda;* e que ele usava essa forma de discurso apenas para mostrar que tinha poder para perdoar pecados. Além disso, fica evidente para a razão que sendo a morte e a miséria as punições do pecado, a quitação do pecado também deve ser a isenção da morte e da miséria, isto é, a salvação absoluta, que os fiéis devem gozar após o dia do julgamento final pelo poder e favor de Jesus Cristo, que por essa razão é chamado como nosso SALVADOR.

Nada preciso dizer no tocante às salvações particulares, tal qual são entendidas (1Sm 14,39), *como vive o Senhor que salvou a Israel* de seus inimigos temporários, ou seja (2Sm 22,4), *tu és meu Salvador, tu me salvaste da violência*; e (2Rs 13,5) *Deus deu aos israelitas um Salvador, e assim eles foram libertos das mãos dos assírios*, e assim por diante; porque não há dificuldade nem interesse algum em corromper a interpretação de textos desse tipo.

Mas, a respeito da salvação geral, e como deve ocorrer no reino dos Céus, há uma grande dificuldade em relação ao lugar. De um lado, por se tratar de um *reino* (que é ordenado por homens por sua perpétua segurança contra os inimigos), parece que essa salvação deveria ocorrer na terra. A salvação é determinada para nós como o reinado glorioso do nosso rei pela conquista, e não como uma salvaguarda de fuga. Assim, quando procuramos a salvação, devemos procurar também o triunfo; e antes do triunfo, a vitória; e antes da vitória, a batalha; que não se sabe bem como se dará no céu. Mas, por melhor que seja este argumento, não irei confiar nele sem dispor de trechos muito evidentes das Escrituras. O estado de salvação é descrito, de forma ampla, em Is 33,20-24[87]:

Contemple Sião, a cidade das nossas solenidades; os teus olhos verão a Jerusalém, uma habitação quieta, um tabernáculo que não será abatido; nem uma só das suas estacas deve ser removida, e nenhuma das suas cordas deve ser rompida.

Mas ali o glorioso Senhor colocará diante de nós um lugar de rios largos e córregos; no qual não se vai galera com remos, nem por onde passa um galante navio.

Porque o Senhor é o nosso juiz, o Senhor é o nosso legislador, o Senhor é o nosso rei, e ele nos salvará.

Tuas braçadeiras se soltaram; elas não podem segurar o mastro; eles não podem esticar a vela; então se dividirá a presa de um grande despojo; os fracos tomam a presa.

E o morador não dirá: estou doente; e será perdoada a iniquidade do povo que lá habitar.

---

87. Como informado no capítulo XXXV, o Filósofo acreditava na concretização do Reino de Deus na Terra. Sua insistência ao citar passagens de Isaías, Joel e Abdias, além de uma citação anterior de Is 33,20-24, levam a crer que ele acreditava que a Nova Jerusalém viria dos céus para substituir a antiga cidade (MARTINICH, A.P. Kingdom of Heaven and Hell. In: LLOYD, S.A. (ed.). *The Boomsbury Companion to Hobbes*. Londres: Bloomsbury, 2013, p. 244-245) [N.T.].

Nesta passagem temos indicado o lugar de onde a salvação deve proceder: *Jerusalém, uma habitação tranquila*; sua eternidade, *o tabernáculo que não será destruído* etc. O Salvador, *o Senhor, seu juiz, seu legislador, seu rei, nos salvará; a salvação, o Senhor colocará perante eles como um amplo fosso de águas correntes* etc. A condição de seus inimigos, *as suas cordas se afrouxaram, os seus mastros estão fracos, coxos tomarão seus despojos.* A condição dos que se salvam, *o morador não dirá: Eu estou doente*; e, finalmente, tudo isso é compreendido pelo perdão dos pecados, sendo *ao povo que lá habitar, perdoada a sua iniquidade.* Porque é evidente que a salvação será na terra, então, quando Deus reinar (na vinda de Cristo) em Jerusalém; de Jerusalém procederá a salvação dos gentios que serão recebidos no reino de Deus: como também é expressamente declarado pelo mesmo profeta (Is 65,20-21): *e eles* (isto é, os gentios que tinham algum judeu cativo) *trarão todos os seus irmãos, de todas nações, para uma oferta ao Senhor em cavalos, em carros, em liteiras, em mulas e em animais velozes no meu santo monte em Jerusalém, disse o Senhor, como os filhos de Israel oferecem em vaso limpo, uma oferta à casa do Senhor. E, também eu os tomarei por sacerdotes e por levitas, disse o Senhor.* E disso resulta que a principal sede do reino de Deus (que é o lugar, de onde procede a salvação de nós que somos os gentios), será Jerusalém. E o mesmo também é confirmado por nosso Salvador em seu diálogo com a mulher da Samaria sobre o lugar da adoração de Deus; a quem ele diz (Jo 4,22) que os samaritanos adoravam o que não sabiam, mas os judeus adoravam o que sabiam, *pois a salvação é dos judeus* (ex-judeus, isto é, que começam com os judeus). Ora, é como se ele dissesse, vós adorais a Deus, mas não sabeis por meio de quem ele te salvará, ao contrário de nós, que sabemos que será um da tribo de Judá, um judeu, e não um samaritano. Deste modo, não lhe respondeu impertinentemente a mulher ao dizer: *nós sabemos que o Messias virá.* Então, o que nosso Salvador diz, a salvação vem dos judeus, é o mesmo que Paulo diz (Rm 1,16-17): *o Evangelho é o poder de Deus para salvação de todo aquele que crê: primeiro para o judeu, e também para o grego. Pois aí a justiça de Deus se revela de fé em fé; da fé do judeu para a fé dos gentios.* E no mesmo sentido é que o profeta Joel, descrevendo o dia do Juízo final (capítulo 2,30-31), diz que Deus *mostraria prodígios no céu e na terra, sangue e fogo, e colunas de fumaça. O sol se converterá em trevas, e a lua em sangue, antes que venha o grande e terrível dia do Senhor;* e acrescenta no versículo 32: *e acontecerá que todo aquele que invocar o nome do Senhor, será salvo. Pois no monte Sião e em Jerusalém se encontra a salvação.* E Abdias (no versículo 17) diz o mesmo: *no monte Sião estará a libertação; e haverá santidade, e a casa de Jacó possuirá suas posses,* isto é, as posses dos gentios; cujas *posses,* ele expressa mais particularmente nos versículos seguintes, como *o monte de Esaú, a terra dos filisteus, os campos de Efraim, de Samaria, de Gileade e das cidades do sul;* e conclui com as palavras: *o reino será do Senhor.* Todas estas passagens são sobre a salvação e o reino de Deus (depois do dia do julgamento) sobre a terra. Por outro lado, não encontrei nenhum texto que fosse capaz de provar a probabilidade de ascensão dos santos ao céu; ou de qualquer *coelum empyreum* ou outra região etérea; a não ser que ela se chame o reino dos Céus; nome que pode ter, porque Deus, que era o rei dos judeus, governava sobre eles por seus mandamentos, enviados a Moisés pelos anjos do céu; e depois que eles se revoltaram, enviou seu Filho do céu para reduzi-los à obediência; e de lá o enviará de novo, para governá-los, junto a todos os outros homens fiéis, desde o dia do juízo até a eternidade. Ou porque o trono deste nosso grande rei está no céu; enquanto a terra é apenas o apoio de seus pés. Mas que os súditos de Deus tenham um lugar tão alto quanto o seu trono, ou mais alto do que o seu escabelo, é algo que não parece adequado à dignidade de um rei, nem consigo achar qualquer texto evidente em apoio a isso na Sagrada Escritura.

E tudo que foi dito do reino de Deus e da salvação, não é difícil interpretar o que se entende por MUNDO QUE HÁ DE VIR. Existem três mundos mencionados na Escritura, *o mundo antigo, o mundo atual e o mundo por vir.* Do primeiro, são Pedro disse (2Pd 2,5): *se Deus não poupou o mundo antigo, mas salvou Noé, a oitava pessoa, um pregador da justiça, trazendo o dilúvio sobre o mundo dos ímpios* etc. Assim, o primeiro mundo vai de Adão até o dilúvio geral. Sobre o mundo atual, nosso Salvador fala (Jo 18,36): *meu reino não é deste mundo.* Pois ele veio apenas ensinar aos homens o caminho da salvação e renovar o reino de seu Pai por sua doutrina. Já do mundo vindouro, são Pedro informa (2Pd 3,13): *no entanto, de acordo com sua promessa, esperamos novos céus e uma nova terra* em que Cristo descendo do céu nas nuvens, com grande poder e glória, enviará seus anjos e reunirá seus eleitos dos quatro ventos e dos confins da terra e, a partir daí, reinará sobre eles (sob seu pai) eternamente.

A *salvação* de um pecador supõe uma REDENÇÃO precedente; porque aquele que uma vez se tornou culpado de um pecado se sujeita a sofrer uma penalidade pelo mesmo; e deve pagar (ou algum outro por ele) o resgate, que aquele que foi ofendido, e tem ele em seu poder, exigir. E sendo a pessoa ofendida, o Deus Todo-poderoso, em cujo poder estão todas as coisas; tal resgate deve ser pago antes que a salvação possa ser adquirida, e refere-se ao que for do agrado de Deus exigir. Assim, por este resgate não se pretende uma compensação do pecado equivalente à ofensa; o que nenhum pecador por si mesmo, nem um homem justo é capaz de fazer por outrem. Pois o dano que um homem faz a outro pode ser reparado por restituição ou recompensa; mas o pecado não pode ser quitado por recompensa; pois isso seria fazer da liberdade de pecar uma coisa vendível. Deste modo, os pecados daquele que se arrepender podem ser perdoados de maneira *gratuita* ou mediante a penalidade que agradar a Deus. Aquilo que Deus usualmente aceitava no Antigo Testamento era um sacrifício ou oblação. Perdoar o pecado não é um ato de injustiça, embora a punição tenha sido uma ameaça. Mesmo entre os homens, embora a promessa do bem seja obrigatória aos promitentes; as ameaças, isto é, as promessas do mal, não lhes obrigam; muito menos a Deus, que é infinitamente mais misericordioso do que os homens. Nosso Salvador Cristo, portanto, para nos *redimir*, não compensa, nesse sentido, os pecados dos homens, visto que sua morte, por sua própria virtude, poderia tornar Deus injusto ao punir os pecadores com a morte eterna. Mas seu sacrifício e oblação, na sua primeira vinda, que Deus tomou por seu agrado, e se deu para que até a sua segunda vinda sejam salvos aqueles que, enquanto isso, arrependerem-se e crerem nele. E, conquanto este ato de nossa redenção nem sempre seja nomeado, nas Escrituras como *sacrifício* ou *oblação*, mas às vezes de *preço*; contudo, por preço não devemos entender algo que, pelo valor, Cristo pudesse reivindicar enquanto um perdão para nós diante do Pai ofendido; mas aquele preço que Deus, o Pai, desejou exigir em sua misericórdia.

CAPÍTULO XXXIX
SOBRE O SIGNIFICADO DA PALAVRA IGREJA NA ESCRITURA

A palavra Igreja (*Ecclesia*) significa diversas coisas nos livros das Sagradas Escrituras. Algumas vezes (conquanto não frequentemente) é tomada como a *Casa de Deus*, isto é, por um templo onde os cristãos reúnem-se para realizar ofícios sagrados publicamente, como em (1Cor 14,34) *deixe as mulheres guardarem o silêncio nas Igrejas*: mas isso foi posto metaforicamente, pois a congregação estava ali reunida e tinha desde então usado o próprio edifício para distinguir os templos dos Cristãos e dos idólatras. O Templo de Jerusalém foi uma *casa de Deus*, e a casa da oração; e o mesmo ocorre em qualquer edifício dedicado aos cristãos para a adoração de Cristo, a *casa de Cristo*; e, assim, os pais gregos chamavam-na κυριαχή, *a casa do Senhor*; e, deste modo, em nossa língua é chamada de *kirk* e *igreja*.

Igreja (quando não for tomada por uma casa) significa o mesmo que *ecclesia* significa nas repúblicas gregas; isto significa dizer uma congregação ou uma assembleia de cidadãos convocada para ouvir o magistrado falar a eles; e que na república de Roma foi chamada de *concio*, e aquele que falava nela foi chamado de *ecclesiastes* e *concionator*. E quando eles eram convocados pela autoridade legal (At 19,39), era uma *Ecclesia legitima*, uma *igreja legal*, ἐυυομος ἐχχλησία. Mas quando eles estavam excitados por um clamor tumultuoso e sedicioso, era então uma igreja confusa, ἐχλησία συγχεχυμέυη.

Ela é tomada algumas vezes pelos homens que têm o direito de estarem naquela congregação, ainda que ela não esteja reunida naquele momento; isto significa dizer aquela multidão completa de homens cristãos, não importa quão distantes eles estejam dispersos:

como (At 8,3) quando foi dito que *Saulo assolava a Igreja*: e, neste sentido, diz-se que Cristo é a cabeça da Igreja. E, algumas vezes, para certas partes dos Cristãos, como (Cl 4,15) *Saudai a igreja que está em sua casa*. Algumas vezes também apenas para os eleitos; como (Ef 5,27) *uma Igreja gloriosa, sem manchas nem rugas, sagrada e sem mácula*; o que significa dizer uma *Igreja Triunfante* ou *Igreja do porvir*. Certas vezes, para uma congregação reunida de professantes da Cristandade, quer seja esta profissão verdadeira ou falsa, como ficou entendido em (Mt 18,17), onde foi dito que *di-lo à Igreja e, se recusar ouvir a Igreja, que ele seja para ti como um gentio, ou um publicano*.

E, neste último sentido, apenas que a Igreja pode ser tomada como uma única pessoa; isto significa dizer que pode se afirmar que tem poder de querer, de pronunciar, de ordenar, de ser obedecida, de fazer leis ou de tomar qualquer outra ação. Posto que sem a autoridade da congregação, independentemente do ato empreendido por um concurso de pessoas, trata-se de um ato particular de cada uma delas que estiver ali presente e que ajudou a realizá-lo; e não o ato de todos eles de uma só vez, como se fosse um único corpo; muito menos os atos daqueles que estivessem ausentes, ou que, estando presentes, não desejavam que isso fosse feito. Conforme tal sentido, eu defino a IGREJA como *uma companhia de homens que professam a religião cristã, unidos na pessoa de um soberano, aquele que ordenou que eles se reunissem e que, sem sua autoridade, eles não poderiam empreender tal assembleia*. E, como em todas as repúblicas, as assembleias sem a garantia do soberano civil são ilegítimas; aquela Igreja que também está reunida em uma república que os proíbe de reunirem-se é uma assembleia ilegítima.

Daqui se segue também que não há sobre a terra coisa tal como uma Igreja universal, à qual todos os cristãos estão obrigados a obedecer; porque não há poder sobre a terra ao qual todas as outras repúblicas são sujeitas: há cristãos nos domínios de muitos príncipes e estados; mas cada um deles é súdito daquela república, enquanto ele próprio é um membro dela; e, consequentemente, não pode ser súdito diante das ordens de qualquer outra pessoa. E, assim, uma Igreja que é capaz de ordenar, julgar, absolver, condenar ou proceder qualquer outro ato implica no mesmo quanto à república civil, consistindo de homens cristãos; e é chamada de um *estado civil*, a quem os súditos são *homens*; e uma *Igreja*, de quem os referidos súditos são *cristãos*. Governo *temporal* e *espiritual* nada são além de duas palavras trazidas ao mundo para fazer com que os homens vejam duplamente e equivoquem-se quanto ao seu *legítimo soberano*. É verdade que os corpos dos fiéis, após a ressurreição, não serão apenas espirituais, porém eternos; no entanto, nesta vida, eles são grosseiros e corruptíveis. Portanto, não há outro governo nesta vida, nem estado, nem religião, apenas o temporal; nem ensinamento de qualquer doutrina legal a qualquer súdito que tanto o governante do estado quanto o da religião proíbam de ser ensinada. E o governo deve ser um; ou então deve haver facção e guerra civil na república entre a *Igreja* e o *Estado*; entre *espiritualistas* e *temporalistas*; entre a *espada da justiça* e o *escudo da fé*: e (o que é ainda maior) no peito de cada homem cristão, entre o *cristão* e o *homem*. Os doutores da Igreja são chamados pastores; assim também são [chamados] os soberanos civis. Contudo, se pastores não forem subordinados uns aos outros, de maneira que eles disponham de um único líder pastor, os homens irão ensinar doutrinas contrárias, posto que onde houver duas, uma deverá ser falsa. Quem é esse líder pastor, conforme a lei da natureza, trata-se de uma informação que já foi apresentada; nomeadamente, este é o soberano civil: e a quem as Escrituras determinaram tal ofício, nós veremos nos capítulos seguintes.

CAPÍTULO XL
DOS DIREITOS DO REINO DE DEUS EM ABRAÃO, MOISÉS, OS ALTOS PROFETAS E OS REIS DE JUDÁ

O pai dos fiéis e o primeiro no reino de Deus conforme a aliança foi Abraão. Pois foi com ele que a aliança foi feita primeiro: onde ele obrigou-se, e sua semente após ele, a reconhecer e obedecer às ordens de Deus; não apenas tais que ele pode perceber (como as leis morais) à luz da natureza; mas também aquelas que Deus lhe comunicou de forma especial, em sonhos e visões. Posto que, diante da lei moral, eles já estavam obrigados e não precisavam alinhavar um contrato, conforme a promessa da terra de Canaã. Não havia ali qualquer contrato que pudesse ser incrementado ou fortalecer a obrigação pela qual ambos e todos os homens além dele estivessem naturalmente obrigados a obedecer a Deus Todo-poderoso: e, assim, o pacto que Abraão fez com Deus era de abraçar a ordenança de Deus, que, em nome deste, foi ordenado a ele em sonho ou visão; e entregá-la à sua família, e fazê-los observar o mesmo.

Neste contato de Deus com Abraão nós podemos observar três pontos de consequência importantes no governo do povo de Deus. Primeiro, que, ao proceder o pacto, Deus falou apenas com Abraão; e, além disso, não pactuou com qualquer de seus familiares ou sua prole, para além de suas próprias vontades (o que produz a essência de todas as alianças) estavam, antes do contrato, envolvidas no anseio de Abraão; portanto, aquele que tinha um poder legal para fazê-los realizar tudo que foi alinhavado para eles. Conforme isso (Gn 18,18-19), Deus disse: *todas as nações da Terra serão nele abençoadas, pois sei que ele governará os seus filhos e a sua casa depois dele, e que eles conservarão o caminho do Senhor.* A partir disso, é possível concluir esse primeiro ponto, a saber, que aquele a quem Deus não falou imediatamente deve receber as ordens de Deus de seu soberano; como a família e a prole de Abraão fizeram a partir de Abraão, seu pai, Senhor e soberano civil. E, consequentemente, em cada república, aquele que não tem revelação sobrenatural do contrário deve obedecer às leis de seu próprio soberano nos atos externos e profissão de religião. Conforme o *pensamento* interior e a *crença* dos homens, sobre os quais os governantes humanos não podem tomar conhecimento (pois apenas Deus conhece o coração), eles não são voluntários nem submetidos ao efeito das leis, mas da vontade não revelada e do poder de Deus; e, consequentemente, não recaem na obrigação.

Disso procede outro ponto, que não era ilegal para Abraão, quando qualquer um de seus súditos pretende-se alcançar uma visão, ou espírito, ou ainda outra revelação de Deus, para a admissão de qualquer doutrina que Abraão proibisse, ou quando eles seguiam ou aderiam a qualquer pretendente para puni-los; e, consequentemente, é legítimo atualmente ao soberano punir qualquer homem que oponha seu espírito privado às leis: pois ele tem o mesmo lugar na república que Abraão gozava em sua própria família.

Dali ergue-se também um terceiro ponto; que ninguém, exceto Abraão em sua família, assim como ninguém, exceto o soberano em uma república cristã, pode tomar conhecimento do que é e do que não é a palavra de Deus. Posto que Deus falou apenas com Abraão; e ele apenas que era capaz de saber o que Deus disse e interpretar o mesmo à sua família: e também, portanto, aqueles que têm o lugar de Abraão em uma república são os únicos intérpretes daquilo que Deus falou.

A mesma aliança foi renovada com Isaac; e, posteriormente, com Jacó; mas, ato contínuo, com ninguém, até que os Israelitas fossem libertos dos egípcios e chegassem aos pés do monte Sinai: e ali a aliança foi renovada por Moisés (como eu disse antes, no capítulo 35) de tal maneira que eles se tornaram, daquele em tempo em diante, o reino peculiar de Deus; cujo tenente foi Moisés, durante seu próprio tempo: e a sucessão daquele ofício foi determinada sobre Aarão, e seus herdeiros após ele, de ser, diante de Deus, um reino sacerdotal eterno.

Por essa constituição, um reino foi adquirido por Deus. Mas vendo que Moisés não tinha qualquer autoridade para governar os israelitas como um sucessor do direito de Abraão, visto que ele não poderia reclamar sua herança; tudo leva a crer que o povo foi obrigado a tomá-lo apenas como um tenente de Deus, uma vez que eles acreditavam que Deus falava com ele. Portanto, sua autoridade (não significando a aliança que eles fizeram com Deus) dependia, deste modo, meramente da opinião que eles dispunham de sua santidade e da realidade de suas conferências com Deus, e da veracidade de seus milagres; vindo a mudar tal opinião, eles não estavam mais obrigados a tomar qualquer coisa como a lei de Deus; ao menos, mediante aquilo que fosse proposto a eles em nome de Deus. Portanto, nós devemos considerar que outros limites havia ali na obrigação de obedecê-lo, posto que não era a obrigação as ordens de Deus que poderia obrigá-los; porque Deus não falou com eles imediatamente, mas pela mediação do próprio Moisés; e nosso Salvador falou de si mesmo (Jo 5,31) *se eu trouxer testemunho de mim mesmo, o meu testemunho não é verdadeiro*; muito menos, se Moisés portasse um testemunho próprio (especialmente em uma proclamação do poder régio sobre o povo de Deus), deveria seu testemunho ser recebido. Deste modo, sua autoridade, assim como a autoridade de todos os outros príncipes, deve estar assentada sobre o consentimento do povo e de sua promessa de obedecê-lo. E assim o foi, visto que *o povo* (Ex 20,18) *quando viu os trovões e os relâmpagos, e o barulho da trombeta, e a montanha lançar fumo, ser afastada e ficar bem longe, disse a Moisés: fala-nos e ouvir-te-emos, mas que Deus não nos fale, senão morreremos.* Aqui estava sua promessa de obediência; e por isso obrigaram-se a obedecer seja o que ele transmitisse a eles como ordem de Deus.

E apesar do pacto ter constituído um reino sacerdotal, o que significa dizer um reino hereditário a Aarão; ainda assim, deve ser entendido como uma sucessão, quando Moisés estivesse morto. Posto que, não importa o que fosse ordenado e estabelecido como a política, como primeiro fundador da república (seja ela uma monarquia, uma aristocracia ou uma democracia), deve requerer ter um poder soberano sobre todas as pessoas enquanto ele estivesse a fazer isso. E que Moisés dispunha desse poder em seu próprio tempo parece evidentemente afirmado nas Escrituras. Primeiro, no texto supracitado, porque o povo prometeu obediência não a Aarão, mas a ele. Em segundo lugar (Ex 24,1-2), *e Deus disse a Moisés: Vem até o Senhor, tu e Aarão, Nadab e Abiú e setenta dos anciãos de Israel. E só Moisés chegará perto do Senhor, mas eles não chegarão perto, nem o povo subirá com ele.* A partir disso, fica claro que Moisés, aquele que sozinho esteve com Deus (e não Aarão, nem os outros clérigos, nem os setenta anciãos, nem o povo, que foi proibido de estar com ele) e estava sozinho com ele, aquele que representou aos Israelitas a pessoa de Deus; o que significa dizer que ele era seu único soberano sob Deus. E apesar de ter sido dito em seguida (versículo 9) *então subiram Moisés, e Aarão, Nadab e Abiú, e setenta dos anciãos de Israel, e viram o Deus de Israel, e havia sob os seus pés algo que se assemelhava a um pavimento de pedra safira etc.*, ainda assim isso não ocorreu até que Moisés estivesse com Deus antes, e trouxesse ao povo as palavras que Deus disse a ele. Apenas ele foi para tratar dos assuntos do povo; aos outros, como os nobres de seu séquito, foi admitida como uma honra de graça especial, que não foi concedida ao povo; que foi (como aparece no versículo a seguir) ver Deus e viver; *Deus não pôs a sua mão sobre eles, viram Deus e comeram e beberam* (ou seja, eles viveram), mas não portaram qualquer ordem dele ao povo. Novamente, foi dito noutra parte: *o Senhor falou a Moisés*, como em todas as outras ocasiões do governo; o mesmo também [foi dito] na ordenação das cerimônias da religião, contida nos capítulos 25, 26, 27, 28, 29, 30 e 31 do *Êxodo* e através dos *Levíticos*: raramente a Aarão. O carneiro que Aarão fez, Moisés atirou no fogo. Por fim, a questão da autoridade de Aarão, por ocasião de seu motim, e de Miriam contra Moisés, foi (Nm 12) julgada pelo próprio Deus em vez de Moisés. Assim também na questão entre Moisés e o povo, quem tinha o direito de governar o povo, quando Coré, Datã e Abirão, e duzentos e cinquenta príncipes da *assembleia reuniram-se* (Nm 16,3) *contra Moisés e contra Aarão, e lhes disseram: Vós tomais demasiado sobre vós mesmos, dado que toda a congregação é sagrada, cada um deles, e o Senhor está entre eles, porque vos elevais acima da congregação do Senhor* Deus fez com que a terra engolisse Coré, Datã e Abirão, com suas esposas e filhos vivos, e consumiu aqueles duzentos e cinquenta príncipes com fogo. Portanto, nem Aarão, nem o povo, nem qualquer aristocrata dos príncipes do povo; exceto Moisés, e apenas ele tinha sob Deus a soberania sobre os Israelitas: e não apenas nas causas da política civil, mas também da religião: posto que Moisés apenas falou com Deus, e, assim, apenas ele podia dizer ao povo o que Deus requeria de suas mãos. Nenhum homem, sob pena de morte, poderia ser tão presunçoso ao ponto de se aproximar da montanha onde Deus falava com Moisés. *Limitarás* (disse o Senhor, Ex 19,12) *ao povo à tua volta e dirás: Tende cautela convosco para que não subais a montanha ou toqueis a sua fronteira; aquele que tocar a montanha será certamente condenado à morte.* E novamente (versículo 21) *desce, exorta o povo a que não irrompa para contemplar o Senhor.* Além disso, podemos concluir que não importa quem manteve o lugar de Moisés em uma república cristã: ele apenas é o mensageiro de Deus e intérprete de suas ordens. E a partir disso, nenhum homem deve ultrapassar os limites da interpretação das Escrituras do que foram estabelecidos por seus muitos soberanos. Posto que as Escrituras, uma vez que Deus fala com eles agora, são o monte Sinai; os limites são as leis deles, que representam a pessoa de Deus na terra. Olhar para elas e, nesta medida, observar os maravilhosos trabalhos de Deus e aprender a temê-lo é permitido; porém, não o é interpretá-las; isto é, bisbilhotar naquilo que Deus disse àquele a quem ele apontou para governar sob ele, e fazerem de si juízes de se ele governa conforme a ordem de Deus ou não; tudo isso implica transgredir os limites que Deus estabeleceu para nós, e olhar para Deus de forma irreverente.

Não havia profeta no tempo de Moisés, nem mesmo pretendente ao espírito de Deus, exceto quem Moisés aprovou e autorizou. Pois havia em seu tempo setenta homens que, dizia-se, profetizaram pelo espírito de Deus, e todos eles foram eleitos por Moisés; sobre isso, disse Deus a Moisés (Nm 11,16): *reúne-me setenta dos anciãos de Israel, que souberes serem os anciãos do povo.* A estes Deus dividiu seu espírito; porém, não era um espírito diferente daquele de Moisés; posto que foi dito que (versículo 25) *Deus desceu numa nuvem, e tirou do espírito que estava sobre Moisés e deu-o aos setenta anciãos.* No entanto, como eu apresentei anteriormente (capítulo 36), por *espírito* compreende-se a *mente*; de forma que o senso de lugar não é outro, a saber, que Deus os dotou com uma mente submissa e subordinada àquela de Moisés, de forma que eles pudessem profetizar; isto significa dizer falar ao povo no nome de Deus, de tal modo a determinar (como ministros de Moisés e por sua autoridade) tais doutrinas ao concordar com Moisés e sua doutrina. Posto que eles foram ministros; e quando dois deles profetizaram em um campo, foi tomado como algo novo e ilegal; como nos versículos 27 e 28 do mesmo capítulo, e eles foram acusados disso, e Josué aconselhou Moisés a proibi-los, não sabendo ele que foi pelo espírito de Moisés que eles profetizavam. Por conta disso está manifesto que nenhum outro súdito deve pretender profetizar ou deter o espírito, em oposição à doutrina estabelecida por aquele que Deus colocou no lugar de Moisés.

Estando Aarão morto, e, após ele, também Moisés, o reino, por ser um reino sacerdotal, mediante a virtude da aliança, foi entregue ao filho de Aarão, Eleazar, o sumo sacerdote: e Deus declarou-o (o próximo sob si) como soberano, e, simultaneamente, apontou Josué como o General de seu exército. Para tanto, Deus disse expressamente sobre Josué (Nm 27,21): *Ele ficará antes de Eleazar, o Sacerdote, que pedirá conselho para ele, diante do Senhor, perante a sua palavra sairão e perante a sua palavra entrarão, tanto ele como todos os filhos de Israel com ele*; assim, o poder supremo de fazer guerra e paz estava no clero. O supremo poder judiciário pertencia também ao sumo sacerdote: posto que o livro da lei estava sob sua guarda; e os sacerdotes e os Levitas apenas eram os juízes subordinados nas causas civis, como aparece em Dt 17,8-10. E, para a adoração de Deus, nunca houve dúvida, exceto que o sumo sacerdote, até o tempo de Saul, detinha a autoridade suprema. Assim, os poderes civil e eclesiástico estavam reunidos em uma e na mesma pessoa, o sumo sacerdote; e assim deve ser em qualquer lugar governado pelo direito divino, isto é, pela autoridade imediata vinda de Deus.

Após a morte de Josué e até os tempos de Saul, o tempo nesse intervalo foi percebido no livro dos *Juízes* da seguinte maneira: naqueles dias não havia rei em Israel; e, algumas vezes, pela adição que *cada homem fazia o que considerava correto aos seus próprios olhos*. Isto deve ser entendido, onde foi dito que *não havia rei*, significa que *não havia poder soberano* em Israel. Posto que, após a morte de Josué e Eleazar, *ergueu-se outra geração* (Jz 2,10-11) *que não conhecia o Senhor, nem as obras que tinha feito por Israel, e que procedeu mal perante o Senhor e serviu aos Baalins*. E os judeus tinham a qualidade que são Paulo notou, a saber, *buscar por um sinal*, não apenas antes que eles se submetessem ao governo de Moisés, mas também após eles submeterem-se a ele. De tal modo que sinais e milagres tinham por finalidade a procura da fé, não para preservar os homens de violá-la, quando eles a tiveram um dia; uma vez que, para tanto, os homens são obrigados pela lei da natureza. Porém, se nós não considerarmos o exercício, mas o direito de governar, o poder soberano ainda estava no sumo sacerdote. Assim, não importa que a obediência fosse portada por qualquer um dos Juízes (que foram homens escolhidos por Deus extraordinariamente para salvar seus súditos em rebelião das mãos do inimigo), e não é possível delinear o argumento contra o direito que o sumo sacerdote dispunha do poder soberano em todos os assuntos, tanto de política quanto de religião. E nem os Juízes ou o próprio Samuel tinham um chamado ordinário para o governo, porém extraordinário; e foram obedecidos pelos Israelitas, não por um senso de dever, mas diante da reverência pelo favor que gozavam com Deus e aparente em sua sabedoria, coragem ou felicidade. Daí em diante, portanto, o direito de regular tanto a política quanto a religião se tornou inseparável.

Após os Juízes, sucederam os reis: e, como antes, toda a autoridade, tanto religiosa quanto política, estava no sumo sacerdote: de forma que, agora, ela estava toda no rei. Posto que a soberania sobre o povo, que estava antes não apenas determinada pela virtude do poder divino, mas também por um pacto particular dos israelitas em Deus e, próximo a ele, no sumo sacerdote, como seu vice-gerente sobre a terra, e esta foi posta por terra pelo povo com o consentimento do próprio Deus. Pois quando eles disseram a Samuel (1Sm 8,5) *faz-nos um rei para nos julgar, como todas as outras nações*, eles expressaram que eles não mais queriam ser governados pelas ordens que deveriam ser interpostas sobre eles pelo sacerdote, em nome de Deus; mas por alguém que deveria ordená-los da mesma maneira que todas as outras nações eram ordenadas; e, consequentemente, na deposição do sumo sacerdote a autoridade régia, eles depuseram aquele governo peculiar de Deus. E, ainda assim, Deus consentiu, dizendo a Samuel (versículo 7): *escute com atenção a voz do povo em tudo o que ele te disser, pois ele não te rejeitou, mas me rejeitou a mim, para que não reinasse sobre ele.* Tendo, portanto, rejeitado a Deus, por cujo direito os sacerdotes governavam, não havia autoridade restante com os sacerdotes, exceto aquela que comprazia ao rei conferir a eles; que ocorria conforme os reis fossem bons ou maus. E está manifesto que o governo dos assuntos civis estava completamente nas mãos do rei. Visto que, no mesmo capítulo (versículo 20), *eles disseram serão como todas as nações; que o seu rei será o seu juiz, irá à frente deles e lutará nas suas batalhas*, isto é, disporá de toda a autoridade, tanto na paz quanto na guerra. Neste versículo também está contida a ordenação da religião: pois não havia qualquer outra palavra de Deus naquele tempo para que regulasse a religião, exceto a lei de Moisés, que foi, assim, sua lei civil. Ademais, nós lemos (1Rs 2,27) que *Salomão destituiu Abiatar de ser sacerdote perante o Senhor.* deste modo, ele tinha a autoridade sobre o sumo sacerdote, assim como sobre qualquer outro súdito; o que foi um grande marco de supremacia na religião. E nós lemos também (1Rs 8) que ele dedicou o Templo; que ele abençoou o povo; e que ele mesmo, pessoalmente, fez aquela excelente oração usada na consagração de todas as igrejas e casas de oração; que foi outra grande marca de supremacia na religião. Novamente, nós lemos (2Rs 22) que quando houve uma questão sobre o Livro da Lei encontrado no Templo, tal assunto não foi resolvido pelo sumo sacerdote; porém, Josias enviou-o e aos outros para perguntar sobre isso a Hulda, a profetiza; que é outro marco da supremacia na religião. Por fim, nós lemos (1Cr 26,30) que Davi fez de Hasabias e seus irmãos, os hebronitas, oficiais de Israel entre eles no Oeste *em todos os negócios do Senhor e no serviço do rei*. Igualmente (versículo 32), ele fez dos outros hebronitas *governantes sobre os rubenitas, os gaditas e meia tribo de Manassés* (estes eram o restante de Israel que habitava para além do Jordão) *para todas as questões que dissessem respeito a Deus e para os negócios do rei.* Não é este poder pleno, tanto *temporal* quanto *espiritual*, que invocam aqueles que o dividem? Para concluir; da primeira instituição do reino de Deus ao cativeiro, a supremacia da religião estava na mesma mão daquele que era o soberano civil; e o ofício do sacerdócio após a eleição de Saul não era magisterial, porém ministerial.

Conquanto o governo tanto da política quanto da religião estivesse reunido inicialmente nos altos sacerdotes e, posteriormente, nos reis, até onde concernia o direito; ainda assim, diante da mesma história sagrada, não foi isso que o povo compreendeu; posto que havia entre eles um grande partido, e provavelmente o maior partido que, uma vez que eles não viram mais grandes milagres ou (o que é equivalente a um milagre) grandes habilidades ou a grande felicidade nos empreendimentos de seus governantes, não deu crédito suficiente à fama de Moisés ou aos colóquios entre Deus e os sacerdotes; eles aproveitaram a ocasião, conforme foram desagradados pelos governantes, ao reclamar algumas vezes da política, algumas vezes da religião, no tocante à mudança de governo ou na revolta de obedecê-los ao seu bel-prazer: e dali em diante, procediam de tempos em tempos os problemas civis, divisões e calamidades da nação. Como, por exemplo, após a morte de Eleazar e Josué; a geração seguinte, que não viu as maravilhas de Deus, mas foi deixada à sorte de sua fraca razão, não se viu elas mesmo obrigada pela aliança ao reino sacerdotal, não guardando mais as ordens do sacerdote ou qualquer lei de Moisés; porém, fez cada homem aquilo que era correto diante de seus próprios olhos; e obedeciam tais homens, nos assuntos civis, e de tempos em tempos pensavam ser capazes de entregarem-se às nações vizinhas que os oprimiam; e não consultavam Deus (como eles deveriam fazer), mas apenas aqueles homens e mulheres que eles presumiam serem profetas por suas predições das coisas do porvir; e, conquanto tivessem um ídolo em sua capela, ainda que dispusessem de um Levita como seu capelão, eles narraram que adoravam o Deus de Israel.

E, em seguida, quando eles requereram um rei, seguindo a maneira das nações; ainda assim, não foi com um desígnio de separarem-se da adoração de Deus, seu rei; porém, desesperando da justiça dos filhos de Samuel, eles deveriam ter um rei para julgá-los nas ações civis; no entanto, não é como se eles permitissem que seu rei mudasse a religião que eles pensavam ter sido recomendada a eles por Moisés. De forma que eles sempre mantiveram a mão um pretexto, quer fosse de justiça ou religião, para desobrigá-los da obediência, sempre que eles tivessem a esperança de prevalecer. Samuel estava em profundo desagrado com o povo, uma vez que eles desejavam um rei (porque Deus já era seu rei, e Samuel dispunha da autoridade, porém sob ele); ainda assim, Samuel ungiu outro rei, a saber, Davi, quando Saul não observou seu conselho, ou seja, que destruísse

Agag como Deus tinha ordenado, para que sucedesse conforme seus herdeiros. Roroboão não foi um idólatra; porém, quando o povo pensou que ele era um opressor, aquela pretensão civil carregou dele dez tribos até Jeroboão, um idólatra. E, geralmente, através de toda a história dos reis, quer fossem de Judá ou de Israel, havia profetas que sempre controlavam os reis para que transgredissem a religião; e algumas vezes, também os erros do Estado; como Josafá, quando foi reprovado (2Cr 19,2) pelo profeta Jeú por ajudar o rei de Israel contra os sírios; e Ezequias por Isaías, por demonstrar os seus tesouros aos embaixadores da Babilônia. Por tudo isso, parece que o poder tanto do estado quanto da religião estava com os reis; ainda assim, nenhum deles estava descontrolado em seu uso, uma vez que eles foram graciosos conforme suas habilidades naturais ou felicidades. De modo que não é possível delinear, mediante a prática desses tempos, um argumento que o direito da supremacia na religião não estivesse nos reis, a menos que nós o coloquemos nos profetas; e concluímos que, como Ezequias orou ao Senhor ante os querubins e não foi respondido naquele momento, mas posteriormente pelo profeta Isaías, de modo que Isaías era a suprema cabeça da Igreja; ou porque Josias consultou Hulda, a profetiza, sobre o Livro da Lei, de forma que nem ele, nem o sumo sacerdote, mas Hulda, a profetiza, que detinha a autoridade suprema em matéria de religião; o que, creio eu, não é a opinião de qualquer doutor.

Durante o cativeiro, os judeus não tinham qualquer república. E, após o retorno, apesar de eles terem renovado sua aliança com Deus, ainda assim não havia promessa feita de obediência, nem mesmo a Esdras ou a qualquer outro: e atualmente, após eles se tornarem súditos dos gregos (que por conta dos costumes, demonologia e doutrina derivada dos Cabalistas, sua religião mostra-se muito corrompida): de tal modo que nada pode ser extraído de sua confusão, tanto no estado quanto na religião, a respeito da supremacia em qualquer um deles. E, assim, tanto quanto concerne ao Antigo Testamento, nós podemos concluir que não importando quem dispusesse da soberania da república entre os judeus, o mesmo dispunha também da suprema autoridade em matéria da adoração externa a Deus, além de representar a pessoa de Deus; isto é, a pessoa de Deus, Pai; conquanto ele não fosse chamado pelo nome de Pai, visto que, até aquele tempo ele não tinha enviado ao mundo seu filho Jesus Cristo para redimir a humanidade de seus pecados e trazê-los ao seu reino eterno para que fossem salvos para sempre. Sobre isso, nós falaremos no capítulo seguinte.

CAPÍTULO XLI
O OFÍCIO DE NOSSO ABENÇOADO SALVADOR

Nós encontramos nas Sagradas Escrituras três partes do ofício do Messias: a primeira como um *Redentor* ou *Salvador*: a segunda como um *pastor, conselheiro* ou *professor*, isto é, de um profeta enviado por Deus para converter aqueles que Deus elegeu para a salvação: a terceira de um *rei*, um *rei eterno*, mas sob o Pai, como Moisés e os altos sacerdotes foram muitas vezes. E para essas três partes correspondem três tempos. Posto que, para a nossa redenção, ele forjou isso, em sua primeira vinda, pelo sacrifício, quando ele ofereceu a si mesmo na cruz pelos nossos pecados: nossa conversão, ele forjou parcialmente, assim, em sua própria pessoa; e parcialmente trabalhou atualmente pelos seus ministros; e continuará o trabalho até a sua vinda novamente. E, após sua nova vinda, começará seu glorioso reino sobre os eleitos, que irá durar eternamente[88].

Ao ofício de um Redentor, isto é, aquele que pagou o preço do pecado (cujo pagamento é a morte), que pertence àquele que foi sacrificado e que suporta sobre sua própria cabeça e demove de nós nossas iniquidades, de tal modo como Deus requereu. Não que a morte de um homem apenas pudesse, conquanto sem pecado, satisfazer as ofensas de todos os homens no rigor da justiça; mas na

---

88. Hobbes defendeu a monarquia e uma Igreja intimamente alinhada a ela. Quando Henrique VIII separou formalmente a Igreja da Inglaterra da Igreja Católica, ele preservou virtualmente tudo, exceto a supremacia papal. O Ato de Supremacia, aprovado pelo Parlamento inglês em 1534, fazia do rei a cabeça da Igreja do reino. No conflito da Guerra Civil Inglesa, os presbiterianos passaram ser aceitos, uma mudança que afetava a filosofia hobbesiana profundamente: ela diminuía o poder político do soberano. Curiosamente, após a restauração, Hobbes seria um potencial apoiador da Igreja da Inglaterra, o que, de fato, não ocorreu, uma vez que os bispos tipicamente atestavam que sua autoridade eclesiástica era independente do soberano secular com base no *iure divino*. Por sua vez, o Filósofo inglês, como é possível notar, mostrou-se completamente contrário a tal interpretação (MARTINICH, A.P. Anglicanism. In: LLOYD, S.A. (ed.). *The Boomsbury Companion to Hobbes*. Londres: Bloomsbury, 2013, p. 233-235) [N.T.].

misericórdia de Deus, que ordenou tal sacrifício pelos pecados e, como ele ficou agradado em sua misericórdia, aceitou-o. Na antiga lei (como nós podemos ler em Lv 16), o Senhor exigiu que a cada ano devesse ser feita uma expiação dos pecados de todo o Israel, tanto de sacerdotes quanto de outrem; para tanto, Aarão apenas foi sacrificar por si mesmo e pelos sacerdotes um jovem boi; e, para o resto do povo, ele recebeu deles dois bodes jovens, dos quais ele *sacrificou* um; no entanto, quanto ao outro, que foi um *bode expiatório*, ele deitou suas mãos na cabeça e, confessando as iniquidades do povo, de maneira que as depositasse inteiramente sobre aquela cabeça; e então, para um homem oportuno, fazer com que o bode fosse levado para uma região selvagem de maneira que *escapasse*, e carregasse com ele as iniquidades do povo. Como o sacrifício de um bode era um preço suficiente (porque era considerado aceitável) pelo pagamento de todo o Israel; assim, a morte do Messias é um preço suficiente pelos pecados de toda a humanidade, visto que nada mais foi exigido. Os sofrimentos de Cristo, Nosso Salvador, parece ser aqui uma figuração clara como na oblação de Isaac, ou de qualquer outro tipo similar no Antigo Testamento: ele foi tanto o bode sacrificado quanto um bode expiatório; *ele foi oprimido, e ele foi afligido* (Is 53,7); *ele não abriu a boca; foi levado como um cordeiro para a matança, e assim como um cordeiro fica mudo diante do tosquiador, assim também ele não abriu a boca. Aqui ele é o bode sacrificado. Ele suportou os nossos agravos, e levou as nossas aflições* (versículo 4). E novamente (versículo 6) *o Senhor carregou sobre si as iniquidades de todas as nossas iniquidades*: e, de tal modo, ele é o *bode expiatório. Ele foi separado da terra dos vivos, pela transgressão do meu povo* (versículo 8). Aqui ele é mais uma vez o *bode sacrificado*. E novamente (versículo 11), *ele suportará os seus pecados*. Ele é o *bode expiatório*. Assim, o cordeiro de Deus é equivalente a ambos os bodes; o sacrificado, de maneira que morreu; e o expiatório, em sua ressurreição; sendo oportunamente erguido por seu Pai, e removido da habitação dos homens em sua ascensão.

Portanto, como quem é *redimido* não tem direito à *coisa redimida* antes da *redenção* e do preço pago; e este preço foi a morte do Redentor; está manifesto que nosso Salvador (enquanto homem) não foi rei daquilo que redimiu antes que sofresse a morte; isto é, durante o tempo que ele transitou corporalmente na terra. Digo eu que ele não era, assim, rei no presente, pela virtude da aliança, ou seja, que os fiéis fazem com ele no batismo. No entanto, ao renovar seu pacto com Deus no batismo, eles foram obrigados a obedecê-lo como rei (sob seu pai), seja quando lhe aprouver tomar seu reino. Deste modo, nosso próprio Salvador expressamente disse que (Jo 18,36) *meu reino não é deste mundo*. Vendo agora que as Escrituras não fazem menção, exceto de dois mundos desde o dilúvio; aquele que há agora e permanecerá até o dia do juízo (que é também chamado, portanto, como *o último dia*); e aquele que virá após o dia do Juízo, quando haverá um novo paraíso e uma nova terra; o reino de Cristo não iniciará até a ressurreição geral. E foi isso que disse o nosso Salvador (Mt 16,27) *O Filho do homem virá na glória do seu Pai, com os seus anjos, e então recompensará a cada homem conforme os seus atos.* Por recompensar cada homem conforme seus atos entende-se executar o ofício de um rei; e isso não ocorrerá até que ele venha na glória de seu Pai com seus anjos. Quando nosso Salvador disse que (Mt 23,3) *os escribas e fariseus estão sentados na cadeira de Moisés, portanto tudo o que vos pedirem para fazer observai-o e fazei-o*; ele disse abertamente que ele tinha prescrito o poder régio, naquele tempo, não a ele mesmo, mas a eles. E assim ele o fez quando disse (Lc 12,14): *quem fez de mim um juiz ou um divisor para vós?* E também quando disse (Jo 12,47): *Eu não vim para julgar o mundo, mas para salvar o mundo.* E ainda assim nosso salvador veio a esse mundo para que ele pudesse ser um rei e julgar no mundo que virá: posto que ele foi o Messias, isto é, o Cristo, isto é, o sacerdote ungido e o profeta soberano de Deus; isso significa dizer que ele tinha todo o poder que estava em Moisés, o profeta, nos altos sacerdotes que sucederam Moisés e nos reis que sucederam os sacerdotes. E são João disse expressamente que (capítulo 5, versículo 22) *o Pai não julga ninguém, mas confiou todo o julgamento ao Filho.* E isso não é repugnante ao outro texto já mencionado, *eu não vim para julgar o mundo*: posto que isso foi falado do mundo presente, mas do outro mundo que virá; assim também quando é dito que, na segunda volta de Cristo (Mt 19,28), *vós que me seguistes na regeneração, quando o Filho do homem se sentar no trono da sua glória também vos sentareis em doze tronos, julgando as doze tribos de Israel*, fica manifesto que seu reino não teria início quando ele disse isso.

Assim, se, quando Cristo esteve sobre a terra, ele não dispunha de um reino neste mundo, qual o propósito de sua primeira vinda? A saber, foi para restaurar o reino com Deus através de uma nova aliança, que, sendo seu pela antiga aliança, foi rompido na rebelião dos israelitas na eleição de Saul. Para tanto, ele teve que pregar a eles que ele era o *Messias*, isto é, o rei prometido a eles pelos profetas; e oferecer-se em sacrifício pelos pecados deles; e que, pela fé, deveriam submeter-se a ele; e, caso a nação em geral o recusasse, deveria clamar à obediência aqueles que acreditassem nele entre os gentios. De maneira que há duas partes do ofício de nosso Salvador durante sua morada sobre a terra: uma, para proclamar-se como o Cristo; e outra, para ensinar e, através de milagres, persuadir e preparar os homens para viver de tal maneira que fossem merecedores daquilo que os crentes imortais iriam gozar, naquele tempo em que ele viria em majestade, para tomar posse do reino de seu Pai. E, portanto, este tempo de pregação foi frequentemente chamado por ele de *regeneração*; que não é propriamente um reino e, portanto, uma garantia de negar a obediência aos magistrados que ali estavam (posto que ele ordenou a obediência àqueles que tomaram assento na cadeira de Moisés, assim como de pagar tributos a César), mas apenas da proximidade do reino de Deus do porvir, àqueles a quem Deus deu a graça de serem seus discípulos e que acreditavam nele; e, por conta disso, diz-se que os bons já estão no *reino da graça*, como se naturalizados fossem no reino celestial.

Portanto, até aqui nada foi feito ou ensinado por Cristo que tendia à diminuição do direito civil dos judeus ou de César. Posto que, quanto à república em que os judeus viviam, tanto aqueles que governavam entre eles quanto aqueles que governavam, todos esperavam o Messias e o reino de Deus; o que eles não podiam ter se suas leis lhes fossem proibidas (quando ele veio) para manifestar e declarar a si mesmo. Assim, vendo que ele nada fez além de pregar, e os milagres vieram para provar que ele era o Messias, ele nada fez contra as leis. O reino que ele reclamou seria em outro mundo: ele ensinou todos os homens a obedecer, neste meio tempo, aqueles que sentaram no assento de Moisés: ele permitiu-lhes a dar a César seu tributo, além de recusar tomar para si a função de juiz. Deste modo, como poderiam suas palavras e ações ser sediciosas ou tenderem à derrubada de seu governo civil? Mas Deus tinha determinado seu sacrifício, para a redução de seu eleito à obediência pactuada anteriormente, e, como meios para que ele viesse a trazer tal situação como efeito, fez uso da malícia e ingratidão deles. Nem isto era contrário às leis de César, posto que o próprio Pilatos (para agradar os judeus) entregou-o para ser crucificado; no entanto, antes que o fizesse, ele pronunciou abertamente que não encontrou falta nele: e, como título de sua condenação, não colocou aquilo que os judeus solicitaram, a saber, *que ele pretendia ser um rei*; mas simplesmente *que ele era o rei dos judeus*; e, conquanto clamassem, recusou-se a alterá-la, dizendo *o que eu escrevi, eu escrevi*.

Quanto à terceira parte de seu ofício, que era ser *rei*, eu já apresentei que seu reino não iria começar até a ressurreição. Mas então ele será rei, não apenas como Deus, em cujo sentido ele já é rei e sempre será, de toda a terra, em virtude de sua onipotência; mas também peculiarmente de seu próprio eleito, pela virtude da aliança que ele fez com ele em seu batismo. E, portanto, foi isso que disse nosso Salvador (Mt 19,28), que seus apóstolos deveriam sentar sobre os doze tronos, julgando as doze tribos de Israel, *quando o Filho do homem se sentar no seu trono em sua glória*: de maneira que ele significou que eles deveriam reinar, assim, em sua natureza humana; e (Mt 16,27) o Filho do homem virá na glória do seu Pai, com os seus anjos, e então recompensará a cada homem conforme os seus atos. Nós lemos o mesmo em *Mc* 13,26 e 14,62, e mais expressamente para aquele tempo, em *Lc* 22,29-30, *eu vos concedo um Reino, tal como meu Pai mo concedeu a mim, para que possais comer e beber à minha mesa no meu reino, e sentar-vos em tronos julgando as doze tribos de Israel.* Pelo qual está manifesto que o reino de Cristo sinalizado a ele por seu Pai não virá antes que o Filho do Homem venha na glória, e que faça de seus apóstolos os juízes das doze tribos de Israel. Mas um homem pode perguntar aqui vendo que não há casamento no reino dos Céus, o que o homem irá comer e beber; que tipo de alimento há neste lugar? Isso foi exposto por nosso Salvador (Jo 6,27) onde ele disse *não trabalheis pela comida que perece, mas por aquela comida que dura uma vida eterna, e que o Filho do homem vos dará.* De tal modo que, ao comer na mesa de Cristo, entende-se comer da árvore da vida; isso significa dizer que goza da imortalidade no reino do Filho do Homem. Por estas partes e muitas mais, é evidente que o reino de nosso Salvador será exercido por ele em sua natureza humana.

Novamente, ele será rei então, mas não doutra forma do que como um subordinado ou vice-gerente de Deus, Pai, como Moisés o foi nas plagas selvagens; e como os altos sacerdotes foram antes do reino de Saul; e como os reis foram após ele. Posto que esta é uma das profecias a respeito de Cristo, que ele seria similar (no ofício) a Moisés: *eu erguerei para eles um profeta*, disse o Senhor (Dt 18,18), *de entre os seus irmãos como para vós, e porei as minhas palavras na sua boca*; e tal semelhança com Moisés também é aparente nas ações do próprio Salvador enquanto ele esteve sobre a terra. Como Moisés escolheu doze príncipes das tribos para governar sob ele; assim fez o nosso Salvador ao escolher doze apóstolos, e eles se assentarão sobre os doze tronos e julgarão as doze tribos de Israel. E como Moisés autorizou os setenta anciãos para que recebessem o Espírito de Deus e que profetizassem ao povo, isto é (como eu disse antes, para falar a eles em nome de Deus); assim nosso Salvador também ordenou setenta discípulos para pregar seu reino e salvação a todas as nações. E como quando uma reclamação foi feita a Moisés contra aqueles entre os setenta que profetizaram no campo de Israel, e ele justificou-os nisso como sendo subservientes ao seu governo; assim também o fez nosso Salvador, quando são João reclamou com ele sobre certo homem que lançou nossos demônios em seu nome, justificando-o dizendo (Lc 9,50) *não lho proíbas, pois quem não está contra nós está do nosso lado.*

Novamente, nosso Salvador relembra Moisés na instituição dos *sacramentos*, tanto na *admissão* no reino de Deus quanto na *comemoração* na libertação de seus eleitos de suas miseráveis condições. Como as crianças de Israel tinham por sacramento de sua recepção no reino de Deus, antes do tempo de Moisés, o rito da *circuncisão*, cujo rito foi omitido nas plagas selvagens e foi novamente restaurado tão logo eles chegaram na Terra Prometida; assim também ocorreu aos judeus antes da vinda de nosso Salvador, que dispunham do rito do *batismo*, isto é, de lavar com água todos aqueles que eram gentios, abraçando o Deus de Israel. Foi este rito que são João Batista usou na recepção de todos aqueles que deram seus nomes ao

Cristo, a quem ele pregou que este já tinha vindo ao mundo; e nosso Salvador instituiu o mesmo para o sacramento ser tomado por todos aqueles que acreditaram nele. Por qual motivo o rito do batismo foi realizado primeiro, não foi formalmente expresso nas Escrituras; mas isso pode ter provavelmente sido pensado como uma imitação da lei de Moisés quanto à lepra; uma vez que o homem leproso foi condenado a manter-se fora do campo de Israel por certo tempo; após este período, sendo julgado pelo sacerdote como limpo, ele era admitido no campo após uma lavagem solene. E esta pode ter sido, portanto, um tipo de lavagem no batismo; onde tais homens foram purificados da lepra do pecado pela fé, e são recebidos na Igreja com a solenidade do batismo. Há outra conjectura delineada da cerimônia dos gentios, em certo caso que raramente ocorre, que é quando um homem que foi tomado como morto recupera-se, e os outros homens têm escrúpulos para conversar com ele, como se estivessem conversando com um fantasma, a menos que ele seja recebido novamente por um quantitativo de homens para ser lavado, como uma criança recém-nascida era lavada da impureza de seu nascimento, que era um tipo de novo nascimento. Essa cerimônia dos gregos, no tempo em que a Judeia esteve sob o domínio de Alexandre, e os gregos e seus sucessores, pode muito bem ter adentrado na religião dos judeus. Mas vendo que não era provável que o nosso Salvador pudesse apoiar um rito pagão, é mais provável que ela proceda da cerimônia de lavagem após a lepra. E quanto ao outro sacramento de comer o *cordeiro pascal*, ele é manifestamente imitado no sacramento da *ceia do Senhor*; no qual o partir do pão e o partilhar do vinho mantinham na memória nossa libertação da miséria do pecado pela paixão de Cristo, como ao comer o cordeiro pascal mantinha na memória a libertação dos judeus do cativeiro do Egito. Portanto, vendo que a autoridade de Moisés era subordinada, e que ele era um tenente de Deus; entende-se que Cristo, cuja autoridade, enquanto homem, era similar àquela de Moises, e era subordinada à autoridade de seu Pai. O mesmo foi mais expressamente significado pelo que ele nos ensinou a orar, *Pai nosso, venha a nós o vosso Reino*; e *porque vosso é o Reino, o Poder e a Glória*; e ao dizer que *ele virá na glória do seu Pai*; e, diante disso, pelo que disse são Paulo (1Cor 15,24), *então virá o fim, quando ele terá entregue o reino de Deus Pai*; e por muitas outras passagens muito expressivas.

Portanto, nosso Salvador representa, tanto ao ensinar quanto ao reinar (como Moisés) a pessoa de Deus; cujo Deus daquele tempo em diante, mas não antes, é chamado de Pai; e sendo uma e a mesma substância, é uma pessoa como quando era representado por Moisés, e outra pessoa como representado pelo seu filho, o Cristo. Posto que pessoa relativa ao *representante*, consequentemente, a pluralidade dos representantes, que será a pluralidade das pessoas, conquanto de uma e a mesma substância.

CAPÍTULO XLII
DO PODER ECLESIÁSTICO

Visto que compreender o que é o PODER ECLESIÁSTICO e a quem pertence, nós precisamos distinguir, no tempo, desde a ascensão do nosso Salvador, em duas partes; uma antes da conversão dos reis e homens imbuídos do poder soberano civil; e a outra após a sua conversão. Posto que foi muito após a ascensão, antes mesmo que qualquer rei ou soberano civil abraçasse e publicamente permitisse o ensino da religião cristã.

E, no tempo intermediário, é manifesto que o poder eclesiástico estava nos apóstolos; e após eles, naqueles que por eles foram ordenados para pregar os evangelhos e converter os homens ao cristianismo, e para direcionar aqueles que foram convertidos ao caminho da salvação; e, após isso, o poder foi entregue novamente a outros ordenados por estes, e isso foi feito por imposição das mãos sobre aqueles que foram ordenados; pelo qual significava dar o Espírito Santo ou o Espírito de Deus, àqueles a quem eles ordenaram como ministros de Deus para o avançar de seu reino. De tal modo que a imposição das mãos nada foi além do selo de seu compromisso de falar de Cristo e ensinar sua doutrina; e o ato de dar o Espírito Santo pela cerimônia da imposição das mãos foi uma imitação daquilo que Moisés fez. Posto que Moisés usou a mesma cerimônia para seu ministro Josué, como nós lemos (Dt 34,9): *e Josué, filho de Nun, estava cheio do espírito da sabedoria, porque Moisés havia posto as suas mãos sobre ele*. Portanto, nosso Salvador, entre a ressurreição e a ascensão, deu seu espírito aos apóstolos; primeiro, ao soprar sobre eles e dizendo (Jo 20,22): *recebam o Espírito Santo*; e, após sua ascensão (At 2,3) ao enviar sobre eles *um vento poderoso e afiadas línguas de fogo*; não pela imposição das mãos, nem quando Deus deitou suas mãos sobre Moisés: e seus apóstolos transmitiram, em seguida, o mesmo espírito pela imposição das mãos, como Moisés fez com Josué. De tal modo que ficou aqui manifesto com quem permaneceu continuamente o poder eclesiástico naqueles primeiros tempos, quando não havia qualquer república cristã; nomeadamente, naqueles que receberam o mesmo dos apóstolos pela sucessiva imposição das mãos.

Aqui nós temos a pessoa de Deus nascida agora pela terceira vez. Visto que como Moisés e os altos sacerdotes foram os representantes de Deus no Antigo Testamento: e nosso Salvador, como homem, durante seu tempo na terra: assim o Espírito Santo, isto é, os apóstolos e seus sucessores, no ofício de pregar e ensinar o que eles receberam do Espírito Santo, tem-no representado desde então. Mas uma pessoa (como eu demonstrei antes, no capítulo 13) é aquela que é representada tantas vezes quanto for representada; e, portanto, Deus, que tem sido representado (isto é, personificado) três vezes, pode apropriadamente ser tomado como três pessoas; conquanto nem a palavra *Pessoa* nem a palavra *Trindade* lhe sejam aplicadas na Bíblia. De fato, são João (1Jo 5,7) disse: *existem três que dão testemunho no céu, o Pai, a Palavra e o Espírito Santo; e estes três são um só*. E isso não discorda, porém concorda com as três pessoas no significado próprio das pessoas; isto é, daquilo que é representado por outro. Posto que Deus, o Pai, representado por Moisés, é uma pessoa; e quando representado por seu Filho, outra pessoa; e quando representado pelos apóstolos e pelos doutores que ensinaram pela autoridade derivada deles, é uma terceira pessoa; e ainda assim, cada pessoa aqui é a pessoa de um e do mesmo Deus. Mas um homem pode perguntar aqui qual testemunho portam essas três testemunhas. Assim, são João nos diz (versículo 11) que eles são testemunhas de que *Deus nos deu a vida eterna em seu Filho*. Novamente, se for perguntado onde este testemunho aparece, a resposta é fácil; pois aquele que testificou o mesmo pelos milagres que fez, primeiro por Moisés; em segundo lugar, pelo próprio Filho; e por último, pelos apóstolos, que receberam o Espírito Santo; todos, em seus próprios tempos, representaram a pessoa de Deus: e profetizaram ou pregaram sobre Jesus Cristo. E o mesmo quanto aos apóstolos, e este foi o caráter do apostolado; primeiro, dos doze e grandes apóstolos, ou seja, testemunhar sua ressurreição; como apareceu expressamente (At 1,21-22), onde são Pedro, quando um novo apóstolo foi escolhido para o lugar de Judas Iscariotes, usou as seguintes palavras, *destes homens que nos acompanharam todo o tempo que Jesus nosso Senhor esteve entre nós, desde o batismo de João até o próprio dia em que foi arrebatado de entre nós, deve ser ordenado um para conosco ser testemunha da sua ressurreição*: cujas palavras interpretam a tomada de *testemunho* mencionada por são João. No mesmo lugar, foi mencionada outra Trindade de testemunhas na terra. Pois, em 1Jo 5,8, ele disse que *há três que prestam testemunho na terra, o espírito, a água e o sangue, e estes três coincidem em um só*: isso significa dizer as graças do espírito de Deus e os dois sacramentos, o batismo e a ceia do Senhor, nos quais todos concordam em um testemunho para assegurar as consciências dos crentes quanto à vida eterna; sobre este testemunho, ele disse (no versículo 10) que aquele que crê no Filho do homem tem em si mesmo a sua própria testemunha. Nesta Trindade sobre a terra, a unidade não é da coisa; posto que o espírito, a água e o sangue não são a mesma substância, conquanto eles deem o mesmo testemunho: porém, na Trindade do paraíso, as pessoas são as pessoas do um e do mesmo Deus, conquanto representada em três tempos e ocasiões distintas. Para concluir a doutrina da Trindade tanto quanto pode ser coligido diretamente das Escrituras, é, em substância, isso; que Deus, que sempre foi um e o mesmo, foi representado por Moisés; a pessoa representada por seu Filho encarnado; e a pessoa representada pelos apóstolos. Como representado pelos apóstolos, o Espírito Santo pelo qual eles falaram é Deus; como representado pelo Filho (que foi Deus e homem), o Filho é aquele Deus; como representado por Moisés e altos sacerdotes, o Pai, isto significa dizer, o Pai de nosso Senhor Jesus Cristo, é aquele Deus: a partir disso, nós podemos chegar à conclusão do porquê daqueles nomes – *Pai, Filho* e *Espírito Santo* – no significado da Divindade, nunca são usados no Antigo Testamento: posto que eles são pessoas, isto e, eles têm seus nomes por representação; o que não pode ocorrer até que diversos homens tenham representado a pessoa de Deus no governar ou no dirigir sob ele.

Assim nós vemos como o poder eclesiástico foi deixado por nosso Salvador aos apóstolos; e como eles foram (de maneira que, ao fim e ao cabo, eles pudessem melhor exercer aquele poder) dotados com o Espírito Santo – este, que foi chamado algumas vezes no Novo Testamento de *paracletus*, que significa um *assistente* ou alguém invocado para ajudar, conquanto seja comumente traduzido como um *confortador*. Deixe-nos agora considerar sobre o poder em si, o que ele foi e sobre o quê.

O cardeal Bellarmine, em sua terceira controvérsia geral, lidou com grandes questões sobre o poder eclesiástico do Papa de Roma; e começou com isso, a saber, se ele deveria ser monárquico, aristocrático ou democrático: todos os tipos de poder são soberanos e coercitivos. Mas agora parece que não há poder coercitivo deixado por nosso Salvador, mas apenas um poder de proclamar o reino de Cristo e persuadir os homens a submeterem-se a ele; e pelos preceitos e bom conselho, para ensiná-los que submeteu o que eles devem fazer, que eles podem ser recebidos no reino de Deus quando ele vier; e que os apóstolos e outros ministros dos Evangelhos são nossos mestres escolares e não nossos comandos, e seus preceitos não são leis, porém conselhos plenos; assim toda aquela disputa foi em vão.

Eu já mostrei (no último capítulo) que o reino de Cristo não é desse mundo: portanto, nem seus ministros podem (a menos que sejam reis) requerer a obediência em seu nome. Pois se ele é o rei supremo, eles não têm seu poder régio neste mundo; assim, por qual autoridade a obediência pode ser requerida para seus oficiais? *Tal como meu pai me enviou* (disse o nosso Salvador) (Jo 20,21), *assim também vos envio*. Mas nosso Salvador foi enviado para persuadir os judeus a voltar a ele, e para convidar os gentios a receber o reino de seu Pai, e não para reinar em majestade, não ainda, mas como o tenente de seu Pai, até o dia do juízo.

O tempo entre a ascensão e a ressurreição geral é chamado não de reinado, mas de uma regeneração; isto é, uma preparação dos homens para a segunda e gloriosa vinda de Cristo, no dia do juízo, como apareceu nas palavras de nosso Salvador (Mt 19,28). *Vós que me seguistes na regeneração, quando o Filho do homem se sentar no trono da sua glória, também vós vos sentareis em doze tronos*. E nas de são Paulo (Ef 6,15) *tendo os vossos pés calçados com a preparação do evangelho da paz*.

E é comparado por nosso Salvador com o ato de pescar; isto é, obter a obediência dos homens, não pela coerção e punição, mas pela persuasão: e, assim, ele não disse aos seus apóstolos que faria deles tantos Nemrods *caçadores de homens, mas pescadores de homens*. É comparado também ao fermento; ao colher as sementes e a multiplicação das sementes de mostarda; posto que tudo com compulsão é excluído; e, consequentemente, não havia naquele tempo um reinado. O trabalho dos ministros de Cristo é a evangelização; isto é, a proclamação de Cristo e a preparação de sua segunda vinda; como na evangelização de João Batista, que foi a preparação de sua primeira vinda.

Novamente, o ofício dos ministros de Cristo neste mundo é fazer os homens acreditarem e terem fé em Cristo: mas a fé não tem relação nem dependência sobre qualquer compulsão ou ordem; mas apenas sobre certa certeza ou probabilidade de argumentos delineados da razão ou de algo que os homens já acreditam. Portanto, os ministros de Cristo neste mundo não têm poder derivado daquele título de punir qualquer homem por não acreditar ou por contradizer o que eles dizem; eles não têm, digo eu, nenhum poder derivado do título de ministros de Cristo para punir tais homens: porém, se eles têm o poder soberano civil, pela instituição política, então eles podem legalmente e de fato punir qualquer contradição de suas leis, seja ela qual for: e são Paulo, sobre ele mesmo e outros que então pregavam o evangelho, disse expressamente nas palavras (2Cor 1,24) que *nós temos domínio sobre a vossa fé, somos os ajudantes da vossa alegria.*

Outro argumento que os ministros de Cristo no mundo presente não têm o direito de ordenar pode ser derivado da autoridade legal que Cristo deixou a todos os príncipes, tanto aos cristãos quanto aos infiéis. São Paulo disse (Cl 3,20) *Vós filhos, obedecei em tudo aos vossos pais, pois isso muito agrada ao Senhor.* E (no versículo 22) *vós, servos, obedecei em tudo a vossos senhores de acordo com a carne, não trabalhando apenas debaixo de olho, para agradar-lhes, mas com simplicidade de coração, por temor a Deus*; isso é falado àqueles cujos mestres foram infiéis; e ainda assim eles são obrigados a obedecê-los em *todas as coisas*. E novamente, sobre a obediência aos príncipes (Rm 13 nos seis primeiros versículos) exortando que *sujeitar-se aos poderes superiores, dizendo que todo poder é ordenado por Deus, e que nos devemos sujeitar a eles, não apenas por medo de incorrer na sua ira, mas também por imperativo da consciência.* E são Pedro disse (1Pd 2,13-15): *submetei-vos a todas as ordens do homem, em nome do Senhor, quer seja para com o rei, como supremo, ou para com governadores, como aqueles que por ele foram enviados para castigar os malfeitores e para louvar os que praticam o bem: porque é essa a vontade de Deus.* E novamente são Paulo (Tt 3,1), *lembrai aos homens que se sujeitem aos príncipes e poderes, e obedeçam aos magistrados.* Esses príncipes e poderes, sobre os quais são Pedro e são Paulo aqui falam, foram todos infiéis: portanto, nós, cristãos, devemos obedecer ainda mais a quem Deus tenha ordenado ter a soberania sobre nós. Como então nós podemos ser obrigados a obedecer a qualquer ministro de Cristo, se ele deve nos ordenar para fazer qualquer coisa contrária às ordens do rei ou do representante soberano da república, da qual somos membros, e de quem buscamos a proteção? Portanto, é manifesto que Cristo nada deixou aos seus ministros neste mundo, a menos que eles sejam também imbuídos com a autoridade civil ou qualquer autoridade para ordenar outros homens.

Mas o que (poderia ser uma objeção) se um rei, ou um senador ou outra pessoa soberana proíba-nos de acreditar em Cristo? Para tanto, eu respondo que tal proibição não tem qualquer efeito porque a crença e a descrença nunca seguem as ordens humanas. A fé é um presente de Deus que os homens não podem dar ou tomar com a promessa de recompensas ou as ameaças de tortura. E se isso for posteriormente perguntado, a saber, se nós formos ordenados por nossos príncipes legais a dizer com nossa própria língua o que nós não acreditamos; devemos nós obedecer tal comando? A profissão com a língua nada mais é do que uma coisa externa, e nada mais do que qualquer outro gesto pelo qual nós significamos nossa obediência; e onde um cristão, mantendo firmemente em seu coração a fé em Cristo, dispõe da mesma liberdade que o profeta Eliseu auferiu a Naamã, o sírio. Em seu coração, Naamã tinha se convertido ao Deus de Israel; de tal modo que ele disse (2Rs 5,17-18): *de agora em diante teu servo não fará oferendas ou sacrifícios a outros deuses senão ao Senhor. E nesta coisa o Senhor perdoa ao seu servo, que quando o meu amo vai à casa de Remon para o culto, e se apoia na minha mão, eu inclino-me na casa de Remon; quando eu me inclino na casa de Remon, o Senhor perdoa ao seu servo nesta coisa.* Isto o profeta aprovou, e disse a ele: *Vá em paz.* Aqui Naaman acreditou em seu coração; porém, ao curvar-se ante o ídolo Remon, ele negou, com efeito, o verdadeiro Deus, da mesma maneira ele o faria se usasse os seus lábios. Mas então nós devemos responder as palavras de nosso Salvador (Mt 10,33): *a quem me negar diante dos homens eu o negarei diante do meu Pai que está no céu?* Quanto a isso, nós podemos dizer que não importa o súdito, como Naamã o foi; ele é compelido a fazê-lo em obediência ao soberano, e não o faz seguindo sua própria mente, mas para obedecer as leis de sua terra, tal ação não é sua, mas de seu soberano; nem foi ele que, neste caso, negou Cristo ante os homens, mas seu governante e a lei de sua terra. Se qualquer homem acusar essa doutrina, tão repugnante ao verdadeiro e sincero cristianismo; eu pergunto a ele, no caso em que houver um súdito em qualquer república cristã que, no fundo de seu coração, fosse da religião maometana, se seu soberano o ordenasse a estar presente no divino ofício da igreja cristã, e que o fizesse, sob pena de morte; se, neste caso, ele pensa que a [religião] maometana obriga-o na consciência a sofrer a morte por tal causa em vez de obedecer a ordem de seu príncipe legítimo. Se ele disser que prefere sofrer a morte, então ele autorizou todos os homens privados a desobedecer aos seus príncipes na manutenção de suas religiões, sejam elas verdadeiras ou falsas: se ele disser que pretende ser obediente, então ele permite a si mesmo aquilo que ele nega a outro, contrariando as palavras de nosso Salvador (Lc 6,31), *tudo o que quiseres que os outros te façam deves fazê-lo a eles*; e, contrariando a lei da natureza (que é indubitavelmente a lei eterna de Deus), *não faças aos outros o que não queres que te façam a ti.*

Porém, o que então devemos dizer sobre todos os mártires que nós lemos na história da Igreja? Que eles desperdiçaram inutilmente suas vidas? Para responder tal questão, nós temos que distinguir as pessoas que, por aquela causa, foram mortas; algumas delas receberam um chamado para pregar e professar o reino de Cristo abertamente; outros não tiveram tal chamado, mas não foram menos requeridos quanto à fé. A primeira sorte, se eles foram mortos por serem testemunhas a este ponto, a saber, que Jesus ergueu-se da morte, foram verdadeiros mártires; posto que um *mártir* é (para dar uma verdadeira definição da palavra) uma testemunha da ressurreição de Jesus, o Messias; algo que ninguém pode ser, além daqueles que conversaram com ele sobre a terra e depois viram-no ser erguido [aos céus]: visto que uma testemunha deve ter visto o que testificou; caso contrário, seu testemunho não é bom. De tal modo que nenhum além daqueles podem apropriadamente ser chamados de mártires de Cristo, como ficou manifesto nas palavras de são Pedro (At 1,21-22): *qualquer desses homens que nos tiver acompanhado todo o tempo em que Jesus nosso Senhor andou entre nós, desde o batismo de João até o próprio dia em que nos foi arrebatado, deve ser ordenado como mártir* (isto é, como uma testemunha) *da sua ressurreição juntamente conosco*: onde nós podemos observar que aquele que é uma testemunha da verdade da ressurreição de Cristo, o que significa dizer, da verdade deste artigo fundamental da religião Cristã, que Jesus foi o Cristo, e deve ser algum discípulo que conversou e o viu antes e após a ressurreição; e, consequentemente, deve ser um dos discípulos originais; nestes termos, aqueles que não o foram, podem testemunhar nada mais do que aquilo que seus antecessores disseram, e são, deste modo, apenas testemunhas dos testemunhos de outros homens; eles são, assim, segundos mártires ou mártires das testemunhas de Cristo.

Aquele que, para manter toda a doutrina que ele extraiu da história de vida de nosso Salvador, e dos Atos, ou das Epístolas dos apóstolos, ou aquele que acredita na autoridade de um homem privado, se opuser às leis e autoridade do estado civil, está muito distante de ser um mártir de Cristo ou um mártir dos mártires. Há um artigo apenas que vale a pena morrer por ele e merecer um nome tão honroso; e este artigo é que *Jesus é o Cristo*; o que significa dizer que ele nos redimiu e virá novamente para garantir a nossa salvação e vida eterna em seu glorioso reino. Posto que morrer por cada princípio que serviu à ambição ou lucro do clérigo não é requerido; nem a morte da testemunha, mas o testemunho em si que faz o mártir: visto que a palavra não significa nada além do homem que porta um testemunho, quer ele tenha sido morto pelo seu testemunho ou não.

Também aquele que não foi enviado para pregar este artigo fundamental, mas tomou para si como uma autoridade privada, conquanto ele porte um testemunho e consequentemente seja um mártir, seja primário, de Cristo, ou secundário, dos apóstolos, discípulos ou seus sucessores; ainda assim, ele não é obrigado a sofrer a morte por tal causa, porque não sendo chamado assim, isso não é requerido de suas mãos; nem deve ele reclamar se perder a recompensa esperada por aquele que nunca lhe determinou o trabalho. Nem, portanto, pode ser um mártir, nem de primeiro ou de segundo nível, aquele que não recebeu uma garantia de pregar que Cristo se fez carne; isto é, exceto aqueles que foram enviados para converter os infiéis. Pois nenhum homem é uma testemunha para aquele que já acredita e, portanto, não precisa de testemunha; mas para aquele que nega, ou duvida, ou ainda que não ouviu sobre ele. Cristo enviou seus apóstolos e setenta discípulos com a autoridade para pregar; ele não enviou todos que acreditaram; e ele os enviou aos descrentes; *Eu vos envio* (disse ele) *como ovelhas entre lobos*; não como ovelhas entre outras ovelhas.

Por fim, os pontos de sua comissão, como eles foram expressamente estabelecidos nos Evangelhos, nada contém neles quanto a qualquer autoridade sobre a congregação.

Nós temos primeiro (Mt 10,6-7) que os doze apóstolos foram enviados *para as ovelhas perdidas da casa de Israel*, e ordenou pregar *que o reino de Deus estava próximo*. Agora, pregar, no original, é aquele ato no qual um pregoeiro, arauto ou outro oficial costumava fazer publicamente ao proclamar um rei. Mas um pregoeiro não tem o direito de emitir ordens para qualquer homem. E (Lc 10,2) os setenta discípulos foram enviados como *trabalhadores, não como senhores da colheita*; e são obrigados (versículo 9) a dizer que *o reino de Deus chegou até vós*; e reino aqui significa não o reino da graça, mas o reino da glória; posto que eles estavam obrigados (versículos 11 e 12) a denunciar isso àquelas cidades que não os recebiam como em uma ameaça, que tal dia seria mais tolerável para Sodoma do que para uma tal cidade. E (Mt 20,28) nosso Salvador disse aos seus discípulos que buscavam a prioridade de lugar que seu ofício era servir *exatamente quando viesse o Filho do homem; não ser servidos, mas servir*. Portanto, pregadores não têm o poder magistral, mas ministerial: *não sejam chamados de Mestre, disse nosso Salvador* (Mt 23,10), *posto que um só é seu mestre, e este é Cristo.*

Outro ponto de sua missão é *pregar a todas as nações;* como está em são Mt 28,19, ou em são Mc 16,15: *Ide pelo mundo inteiro, e pregai o Evangelho a todas as criaturas.* Ensinar e pregar, portanto, é a mesma coisa. Pois aqueles que proclamam a vinda do rei devem igualmente fazer conhecer sob qual direito ele vem, se eles pretendem que os homens devam se submeter a ele: como são Paulo fez aos judeus de Tessalônica, quando (At 17,2-3) *durante três sábados argumentou com eles sobre as Escrituras, manifestando e alegando que Cristo teve necessariamente que sofrer e ressurgir de entre os mortos, e que este Jesus é o Cristo.* Mas ensinar fora do Antigo Testamento que Jesus foi o Cristo (isto é, rei) e ergueu-se entre os mortos não é dizer que os homens são obrigados, após acreditar nisso, a obedecer aqueles que dizem tal coisa, atentando contra as leis e ordens de seus soberanos; mas que eles devem proceder sabiamente, esperando a vinda de Cristo no porvir com paciência e fé, obedecendo aos seus magistrados atuais.

Outro ponto de sua missão é batizar em nome do *Pai, do Filho e do Espírito Santo.* O que é batismo? É mergulhar na água. Mas o que é mergulhar um homem na água em nome de qualquer coisa? O significado dessas palavras do batismo é esta: aquele que é batizado é mergulhado ou lavado como um sinal do nascimento de um novo homem e súdito leal de que Deus, cuja pessoa foi representada nos tempos antigos por Moisés e pelos altos sacerdotes, quando ele reinou sobre os judeus; e a Jesus Cristo, seu Filho, Deus e Homem, que nos redimiu e que irá representar a pessoa de seu pai, na natureza humana, em seu reino eterno após a ressurreição; e reconhecer a doutrina dos apóstolos que, assistidos pelo espírito do Pai e do Filho, foram deixados como guias para levar-nos até aquele reino, como única e garantida forma para tanto. Sendo essa nossa promessa no batismo; e a autoridade dos soberanos terrenos não deve ser derrubada até o dia do juízo, posto que isso foi expressamente afirmado por são Paulo (1Cor 15,22-24), onde ele disse, *tal como em Adão todos morrem, assim também em Cristo todos serão revivificados. Mas cada um na sua ordem, tendo Cristo os primeiros frutos, e depois os que são de Cristo na sua vinda; depois vem o fim, quando nos será entregue o reino de Deus Pai, depois de ele ter derrubado todo o mando, todo o poder e toda a autoridade,* está manifesto que nós não constituímos sobre nós outra autoridade no batismo responsável por governar nossas ações externas nesta vida; mas prometemos adotar a doutrina dos apóstolos para a nossa direção até o caminho da vida eterna.

O poder de *remissão e retenção dos pecados*, também chamado de poder de *libertar* e *amarrar*, e algumas vezes de *chaves do reino do paraíso*, é uma consequência da autoridade para batizar ou recusar o batismo. Pois o batismo é o sacramento da submissão daqueles que serão recebidos no reino de Deus; isto significa dizer, na vida eterna; isto significa dizer, para remissão do pecado: posto que a vida eterna foi perdida no cometimento [do pecado], sendo assim recuperada pela remissão dos pecados dos homens. A finalidade do batismo é a remissão dos pecados: e, portanto, são Pedro, quando aqueles que foram convertidos pelo seu sermão no dia de Pentecostes, perguntaram o que eles deveriam fazer, aconselhou-os (At 2,38) a *se arrependerem e serem batizados em nome de Jesus, para a remissão dos pecados*. E vendo, assim, que batizar é declarar sua exclusão; ato contínuo, que o poder de declará-los lançados fora ou mantidos foi dado aos mesmos apóstolos e seus substitutos, assim como seus sucessores. E, deste modo, após nosso Salvador ter soprado sobre eles, dizendo (Jo 20,22) *recebei o Espírito Santo*, ele acrescentou no versículo seguinte: *seja quem for que por vós tenha remido os seus pecados, estes estarão remidos; e seja quem for cujos pecados por vós sejam retidos, eles estarão retidos*. Mediante essas palavras, não é garantida a autoridade de perdoar ou reter os pecados, simples e absolutamente, como Deus os perdoa ou retém, visto que é aquele que conhece o coração do homem e a verdade de sua penitência e conversão; porém, condicionalmente, ao penitente: e esse perdão ou absolvição, caso o absolvido tenha nada além de um arrependimento fingido, é nulo(a), e não tem efeito em absoluto para a salvação; com efeito, pelo contrário, visto que provoca a agravação de seu pecado. Portanto, os apóstolos e seus sucessores devem seguir apenas as marcas externas do arrependimento; caso apareçam, eles não têm autoridade para negar a absolvição; e se eles não aparecerem, eles não têm autoridade para absolvê-las. O mesmo também deve ser observado no batismo: pois para um judeu ou gentio convertido, os apóstolos não tinham poder para negar o batismo, nem de garantir isso a alguém sem penitência. Mas vendo que nenhum homem é capaz de discernir a verdade do arrependimento de outro homem para além dos sinais exteriores, tomados de suas palavras e ações, que são sujeitas à hipocrisia; outra questão se ergue: quem é então o juiz constituído para julgar aqueles sinais? E essa questão foi decidida pelo nosso próprio Salvador; *se seu irmão* (disse ele, Mt 18,15-17) *pecar contra ti, vai e fala-lhe da sua falta a sós entre ti e ele; se ele te ouvir, terás conquistado a teu irmão. Mas se ele não te quiser ouvir leva contigo mais um ou dois. E se ele recusar ouvi-los vai dizê-lo à Igreja, e se ele recusar ouvir a Igreja deixa que ele seja para ti como um pagão e um publicano.* Pelo qual está manifesto que o julgamento concernente ao arrependimento verdadeiro não pertence a qualquer homem, mas à Igreja, isto é, à assembleia dos fiéis ou daqueles que tem a autoridade por serem seus representantes. Porém, para além do julgamento, é necessário também o pronunciamento da sentença: e isso sempre pertenceu ao apóstolo ou algum pastor da Igreja, como prolocutor; e, quanto a isso, nosso Salvador falou no versículo décimo oitavo, *tudo o que ligares na terra será ligado no céu, e tudo o que desatares na terra será desatado no céu.* E em conformidade com isso temos a prática de são Paulo (1Cor 5,3-5), quando ele disse *porque eu em verdade, ausente de corpo mas presente em espírito, já determinei, como se estivesse presente, em relação àquele que praticou tal ato, em nome de nosso Senhor Jesus Cristo quando estamos reunidos, e do meu espírito, com o poder de nosso Senhor Jesus Cristo, entregar esse a Satanás*; isso significa dizer colocá-lo para fora da Igreja, como um homem cujos pecados não foram perdoados. São Paulo aqui pronunciou a sentença; contudo, a assembleia foi a primeira a ouvir a causa (posto que são Paulo estava ausente) e, consequentemente, a condená-lo. Porém, no mesmo capítulo (versículos 11 e 12), o julgamento neste caso é mais expressamente atribuído à assembleia: *mas agora vos escrevi que não aceitásseis a companhia de alguém que seja chamado irmão mas seja um fornicador etc., que com tal pessoa não comêsseis. Pois que me importa julgar os que estão fora? Não julgais vós os que estão fora?* Portanto, a sentença pela qual um homem foi colocado para fora da Igreja foi pronunciada pelo apóstolo ou pastor; porém, o julgamento quanto ao mérito da causa foi na Igreja; o que significa dizer (como os tempos foram antes da conversão dos reis e dos homens que tinham a autoridade soberana na república), a assembleia dos cristãos que habitam na mesma cidade: como em Corinto, na assembleia dos cristãos de Corinto.

Esta parte do poder das chaves, pelas quais os homens foram lançados fora do reino de Deus, é aquilo que foi chamado de *excomunhão*; e *excomungar* é, no original, ἀποσυνάγωγον ποιεῖν, *lançar fora da sinagoga*; isto é, fora do local do serviço divino; uma palavra derivada do costume dos judeus, de lançar fora de suas sinagogas aqueles que eles tomavam como leprosos por suas maneiras ou doutrina, assim como os leprosos foram separados, pela lei de Moisés, da congregação de Israel, até o tempo em que eles fossem tomados como purificados pelo sacerdote.

O uso e o efeito da excomunhão, enquanto ainda não fosse fortalecida com o poder civil, não foi maior do que aqueles que não foram excomungados, porém evitados da companhia daqueles que ali estavam. Isso não foi o suficiente para reputá-los como pagãos, que nunca tivessem sido cristãos; pois, como estes, podiam comer e beber; o que eles não podiam fazer com pessoas excomungadas; como transpareceu nas palavras de são Paulo (1Cor 5,9-10 etc.), onde ele disse àqueles que tinham sido formalmente proibidos de *estarem na companhia de fornicadores*; porém (porque tal coisa não poderia ocorrer sem sair do mundo), ele restringiu tais fornicadores e outras pessoas viciosas que compusessem a irmandade; *com tal pessoa* (disse ele) eles não deveriam estar acompanhados, *nem mesmo ao comer.* E isso não vai além do que disse o nosso Salvador (Mt 18,17), *que ele seja para ti como um pagão e um publicano.* Posto que os publicanos (que significa aqueles colhedores e recebedores das taxas da república) foram tão odiados e detestados pelos judeus que deviam pagá-los, de tal forma que *publicano* e *pecador* significava, entre eles, a mesma coisa; sendo assim, como quando nosso Salvador aceitou o convite de Zaqueu, um publicano; conquanto fosse para convertê-lo, ainda assim foi-lhe atribuído como um crime. E, portanto, quando nosso Salvador, para *pagão* incluiu *publicano*, ele os proibiu de comer com um homem excomungado.

E conforme eles foram mantidos fora das sinagogas ou dos locais de assembleias, eles não tinham poder para tanto, mas sim aquele que era o proprietário do local, fosse ele um cristão ou pagão. E porque todos os locais estão, por direito, no domínio da república; de tal modo que aquele que foi excomungado, como se nunca tivesse sido batizado, pudesse adentrar com a permissão do magistrado civil; como Paulo antes da conversão, que entrou em suas sinagogas em Damasco (At 9,2) para repreender os cristãos, homens e mulheres, e levá-los atados até Jerusalém, por ordem do sumo sacerdote.

A partir de tais premissas, parece que, quanto a um cristão que se torna um apóstata em um lugar onde o poder civil perseguiu ou não assistiu a Igreja, o efeito da excomunhão nada tinha com ele, nem quanto ao dano neste mundo, nem de terror, ou ainda de terror por conta de sua descrença; nem de dano, posto que ele retornava ao favor do mundo; e, no mundo vindouro, não ficaria em estado pior do que aqueles que nunca acreditaram. O dano antes redundava à Igreja, pela provocação deles no intuito de lançá-los fora, para uma execução de sua malícia.

A excomunhão tinha seus efeitos, portanto, apenas sobre aqueles que acreditavam que Jesus Cristo viria na glória para reinar e julgar tanto os vivos quanto os mortos, e, assim, recusasse a entrada em seu reino àqueles que tivessem mantido seus pecados; isto é, aqueles que foram excomungados pela Igreja. E, por isso, foi chamada de excomunhão por são Paulo a entrega da pessoa excomungada a Satanás. Pois sem o reino de Cristo, todos os outros reinos são compreendidos, após o julgamento, no reino de Satanás. Por conta disso que os fiéis permanecem no temor, uma vez que eles podem ser excomungados; isto significa dizer, em um estado em que os pecados não foram perdoados. De tal modo que nós podemos entender que a excomunhão, no tempo em que a religião cristã não era autorizada pelo poder civil, foi usada apenas para a correção das maneiras, não para erros de opinião: posto que isso é uma punição, onde nenhum poderia ser sensível, exceto os crentes que aguardavam a nova vinda de nosso Salvador para julgar o mundo; e aqueles que também acreditavam não necessitavam doutra opinião, mas apenas da correção na vida para serem salvos.

Há a excomunhão por injustiça; como (Mt 18) se teu irmão te ofender, diz-lho privadamente; e então com testemunhas; por fim, diga à Igreja; e, ato contínuo, caso ele não obedeça, *que ele seja para ti como um pagão e um publicano.* E há a excomunhão por uma vida escandalosa, como (1Cor 5,11) *se qualquer um que seja chamado irmão for um fornicador, ou cobiçoso, ou idólatra, ou ébrio, ou extorsionista, com esse não deverás comer.* Mas para excomungar um homem que mantém o seguinte princípio, que *Jesus foi o Cristo,* por uma diferença de opinião quanto a outros pontos, pelos quais tal fundação não foi destruída, não aparece uma autoridade nas Escrituras, nem exemplo nos apóstolos. De fato, há em são Paulo (Tt 3,10) um texto que parece apontar o contrário. Se um homem é um herege, depois da primeira e da segunda admoestação, rejeitai-o. Posto que herético é aquele que, sendo um membro da Igreja, ensina, no entanto, alguma opinião privada que a Igreja tinha proibido: tal como uma opinião, que são Paulo aconselhou a Tito rejeitar após a primeira e a segunda admoestação. Mas rejeitar (nesse lugar) não é excomungar o homem; mas *desistir de amoestá-lo, deixá-lo sozinho para determinar a disputa consigo mesmo,* como alguém que pode ser convencido apenas por si mesmo. O mesmo apóstolo disse (2Tm 2,23) *evite questões frívolas e ignorantes:* as palavras *evitar,* nesse lugar, e *rejeitar,* na anterior, são a mesma no original, παραιτού: mas questões frívolas podem ser colocadas de lado sem excomunhão. E novamente (Tt 3,9) *evite questões frívolas,* onde o original περιΐστασο (*colocá-las de lado*) é equivalente à palavra anterior *rejeitar.* Não há outro lugar que oferta uma descrição com tantas cores quanto à prevenção de lançar fora da Igreja homens fiéis, como aqueles crentes na fundação, apenas por uma singular superestrutura provinda de si mesmo, procedendo talvez de uma boa e pia consciência. Porém, pelo contrário, todas essas passagens ordenam evitar tais disputas, e são escritas como uma lição aos pastores (como o foram para Timóteo e Tito), não para fazer novos artigos da fé, determinando cada pequena controvérsia que obriga os homens a pesos desnecessários da consciência ou provocá-los a romperem a união da Igreja. A rigor, tal lição os próprios apóstolos aprenderam bem. São Pedro e são Paulo, conquanto sua controvérsia fosse grande (como nós podemos ler em Gl 2,11), ainda assim não lançaram uns aos outros para fora da Igreja. Contudo, durante o tempo dos apóstolos, tiveram outros pastores que não observaram tal premissa; como Diótrefes (3Jo 9 etc.), que lançou fora da Igreja aqueles que o próprio são João pensou serem adequados a serem recebidos nela, derivado do orgulho de sua preeminência; tão precoce aquela vanglória e ambição encontrou entrada na Igreja de Cristo.

Há muitas condições para que um homem seja excomungado da Igreja. Primeiro, que ele seja membro de uma comunidade, o que significa dizer, de alguma assembleia legal, o que significa dizer, de alguma Igreja cristã, que tem poder para julgar as causas pelas quais ele está para ser excomungado. Porque onde não há comunidade, não há excomunhão; nem onde não há poder para julgar, pode haver qualquer poder para proferir uma sentença.

Disso decorre o seguinte: que uma Igreja não pode ser excomungada pela outra: posto que ou elas têm um poder igual para excomungar uma a outra e, em tal caso, a excomunhão não é disciplina ou ato de autoridade, mas cisma e dissolução da caridade; ou nenhuma é subordinada a outra, como se ambas dispusessem de uma mesma voz e, assim, são uma Igreja; e a parte excomungada não é mais uma Igreja, mas um dissoluto número de pessoas individuais.

Nem tem efeito a excomunhão de um súdito cristão que obedece às leis de seu próprio soberano, seja ele cristão ou pagão. Posto que se ele acredita que *Jesus é o Cristo, é porque tem o Espírito de Deus* (1Jo 4,1), *e Deus habita nele, e ele em Deus* (1Jo 4,15). Porém, aquele que tem o espírito de Deus é aquele que mora em Deus; e aquele em que Deus habita, não pode temer a excomunhão dos homens. Portanto, aquele que acredita que Jesus é o Cristo está livre de todas as ameaças perigosas dirigidas às pessoas excomungadas. Aquele que não acredita não é um cristão. Assim, um verdadeiro e não fingido cristão não é alvo da excomunhão: nem aquele que também é um professo cristão, até que sua hipocrisia transpareça em suas maneiras, isto é, até que seu comportamento seja contrário à lei de seu soberano, que é o governo das maneiras e a quem Cristo e seus apóstolos ordenaram que fôssemos súditos. Uma vez que a Igreja não pode julgar as maneiras, exceto as ações externas, cujas ações nunca podem ser ilegais, exceto quando são contrárias às leis da república.

Se um pai, uma mãe ou um mestre de um homem for excomungado, ainda assim as crianças não podem ser proibidas de acompanhá-lo nem de comer com ele; pois isso (para a maior parte) as obrigaria a não comer em absoluto, pela falta de formas de obter comida; e autorizá-las a desobedecer a seus pais e mestres seria contrário ao preceito dos apóstolos.

Em suma, o poder da excomunhão não pode ser estendido além daquele fim para o qual os apóstolos e pastores da Igreja receberam ordens de nosso Salvador; que não é governar pela ordem e coerção, mas ensinar e direcionar os homens no caminho da salvação no mundo vindouro. E, como um mestre de qualquer ciência pode abandonar seu estudante quando ele obstinadamente negligencia a prática de suas regras; porém, não pode acusá-lo de injustiça porque ele nunca foi obrigado a obedecê-lo: de tal modo, um professor da doutrina cristã pode abandonar seus discípulos que obstinadamente continuam em uma vida não cristã; mas ele não pode dizer que eles lhe fazem mal porque eles não são obrigados a obedecê-lo: posto que, a um mestre que faça tal lamúria, deve ser aplicada a resposta que Deus deu a Samuel sobre tal questão (1Sm 8,7), *eles não rejeitaram a ti, mas a mim.* Portanto, a excomunhão, quando requer a assistência do poder civil, como o faz quando um estado cristão ou um príncipe é excomungado por uma autoridade estrangeira, é sem efeito; e, consequentemente, não deve inspirar qualquer tipo de terror. O nome de *fulmen excommunicationis* (isto é, *o relâmpago da excomunhão*) procede da imaginação do Bispo de Roma, que a usou pela primeira vez como se ele fosse o rei dos reis, como os pagãos fizeram de Júpiter o rei dos deuses; e atribuíram-lhe seus poemas e pinturas um relâmpago, com o qual ele submetia e punia os gigantes que ousassem desafiar seu poder: cuja imaginação estava enraizada sobre dois erros; primeiro, que o reino de Cristo é deste mundo, contrariando as palavras de nosso próprio Salvador (Jo 18,36), *meu reino não é deste mundo*; o outro que ele é o vigário de Cristo, não apenas sobre seus próprios súditos, mas sobre todos os cristãos do mundo; sobre isso, não há qualquer fundamento nas Escrituras, e o contrário será provado em seu devido lugar.

São Paulo, quando ia para Tessalônica, onde havia uma sinagoga dos Judeus (At 17,2-3), *entrou como costumava e dirigiu-se a eles, e durante três sábados discutiu com eles as Escrituras, afirmando e alegando que Cristo necessariamente sofreu e voltou a erguer-se*

de entre os mortos, e que esse Jesus que ele pregava era o Cristo.
As Escrituras aqui mencionadas foram as Escrituras dos Judeus, ou seja, o Antigo Testamento. Os homens, a quem ele devia provar que Jesus foi o Cristo, e que ele se ergueu dos mortos, também eram judeus, e já acreditavam que aquelas eram as palavras de Deus. Quanto às afirmações (como está no versículo 4), alguns deles acreditaram e (como disposto no versículo 5) alguns não acreditaram. Qual foi a razão, uma vez que todos acreditavam nas Escrituras, para que todos eles não acreditassem igualmente; porém, que alguns aprovavam e outros desaprovavam a interpretação de são Paulo que os citou; e cada um interpretou-as conforme seus próprios princípios? Ocorreu o seguinte: são Paulo chegou até eles sem qualquer ordem legal, dispondo das maneiras de quem não pode ordenar, mas persuadir; o que ele precisava fazer, seja através de milagres, como Moisés fez aos israelitas no Egito, para que eles pudessem ver sua autoridade quanto às obras de Deus; ou pelo raciocínio daquilo que eles já tinham recebido nas Escrituras, para que eles pudessem ver a verdade de sua doutrina na palavra de Deus. Mas seja quem persuadir pela razão derivada de princípios escritos, faz dele como aquele que fala ao juiz, tanto do significado daqueles princípios e também forçando suas inferências sobre eles. Se esses judeus de Tessalônica não eram, quem mais era o juiz daquilo que são Paulo alegou como extraído das Escrituras? Se são Paulo, qual a necessidade de citar quaisquer passagens para provar sua doutrina? Teria sido suficiente dizer que eu encontrei isso nas Escrituras, o que significa dizer, em nossas leis, da qual eu sou o intérprete enviado por Cristo. Não havia, portanto, um intérprete da Escritura, cuja interpretação os judeus de Tessalônica estavam obrigados a manterem-se: cada um poderia acreditar ou não acreditar conforme a alegação parecesse a ele mesmo digna de concordância ou discordância conforme o significado dos excertos alegados. E, geralmente, em casos do mundo, aquele que pretende qualquer prova, faz-se juiz de sua prova àquele a quem endereça o discurso. E, para o caso dos judeus em particular, eles estavam unidos a palavras expressas (Dt 18) de receber a determinação de todas as questões difíceis dos sacerdotes e juízes de Israel nesse momento. Porém, isso não pode ser entendido dos judeus que ainda não tinham sido convertidos.

Quanto à conversão dos gentios, não há uso para alegar as Escrituras, uma vez que eles não acreditam nelas. Os apóstolos trabalharam, portanto, pela razão de refutar sua idolatria; e, tendo feito isso, para persuadi-los à fé de Cristo pelo seu testemunho de vida e ressurreição. Para tanto, não se pode haver qualquer controvérsia sobre a autoridade de interpretar as Escrituras; vendo que nenhum homem era obrigado a seguir, durante sua infidelidade, qualquer intepretação de um homem provinda de quaisquer Escrituras, exceto da interpretação de seu soberano quanto às leis do país.

Deixe-nos agora considerar a conversão em si, e ver ali o que pode ser a causa de certa obrigação. Os homens não podem ser convertidos a acreditar noutra coisa que não seja aquilo que os apóstolos pregaram: e os apóstolos nada pregaram, exceto que Jesus foi o Cristo, o que significa dizer, o rei que veio salvá-los e que reinaria sobre eles eternamente no mundo do porvir; e, consequentemente, que ele não estava morto, mas que se ergueu dentre os mortos e foi aos céus, e retornará um dia para julgar o mundo (que também irá se erguer para ser julgado) e recompensar cada homem conforme as suas obras. Nenhum deles pregou que um deles ou qualquer outro apóstolo foi tal intérprete das Escrituras, de modo que todos aqueles que se tornassem cristãos deveriam tomar sua interpretação da lei. Pois interpretar as leis é parte da administração do reino atual; do qual os apóstolos não faziam parte. Assim, eles oraram, assim como todos os pastores desde então, para que *o reino viesse*; e exortaram os conversos a obedecer, deste modo, seus príncipes étnicos. O Novo Testamento ainda não tinha sido publicado em um único corpo. Cada um dos evangelistas foi o intérprete de seu próprio evangelho; e cada apóstolo de sua própria epístola; e, quanto ao Antigo Testamento, nosso próprio Salvador disse aos judeus (Jo 5,39): *escrutinai as Escrituras, pois nelas pensais que tendes a vida eterna, e são elas que dão testemunho de mim*. Se ele não pretendia que eles devessem interpretá-las, ele não teria ordenado, portanto, que eles tomassem ali as provas de que ele era o Cristo: ele teria, por outro lado, interpretado *per se* ou instigado que buscassem a interpretação dos sacerdotes.

Quando se erguia uma dificuldade, os apóstolos e anciãos da Igreja reuniam-se e determinavam o que deveria ser pregado e ensinado, e como as Escrituras deveriam ser interpretadas ao povo; mas não tomavam do povo a liberdade de ler e interpretá-las *per se*. Os apóstolos enviaram diversas cartas às Igrejas, assim como outros escritos, para sua instrução; o que seria em vão, se eles não pudessem interpretá-las, isto é, considerar o significado delas. E como isso ocorreu nos tempos dos apóstolos, isso deve ter permanecido até o tempo em que houvesse os pastores que pudessem autorizar um intérprete, cuja interpretação deve geralmente ser mantida: mas que não havia até que reis fossem pastores, ou pastores fossem reis.

Há dois sentidos onde um escrito pode ser chamado de *canônico*; pois *cânone* significa uma *regra*; e uma regra é um preceito pelo qual um homem é guiado e direcionado em qualquer que seja a ação. Tais preceitos, conquanto dados por um professor ao seu discípulo ou a um conselheiro para seu amigo, sem poder para compeli-lo a observá-las, são, no entanto, cânones; porque elas são regras: porém, quando elas são dadas por alguém a quem outra pessoa que as recebe são obrigadas a obedecer, então aqueles cânones não são apenas regras, mas leis. Portanto, a questão posta aqui é do poder de fazer das Escrituras (que são regras da fé Cristã) leis.

Aquela parte das Escrituras que foi a primeira lei foi os Dez Mandamentos, escritas em duas tábuas de pedra e entregues pelo próprio Deus a Moisés; e por Moisés fizeram-se conhecer ao povo. Antes daquele tempo, não havia lei escrita de Deus, uma vez que, não tendo escolhido ainda o povo eleito para ser seu reino peculiar, não deu lei aos homens, exceto a lei da natureza, o que significa dizer, os preceitos da razão natural, escritos no coração de cada homem. Dessas duas tábuas, a primeira continha a lei da soberania. 1) Que eles não deveriam obedecer ou honrar os deuses de outras nações, nestas palavras, *Non habebis deos alienos coram me*, isto é, *não terás para ti outros deuses, os deuses que outras nações adoram, exceto a mim*: de modo que eles estavam proibidos de obedecer ou honrar, assim como seu rei e governante, qualquer outro Deus além daquele que falou a eles através de Moisés e, posteriormente, através do sumo sacerdote. 2) Que eles *não deveriam fazer para si qualquer imagem para representá-lo*, o que significa dizer que eles não deveriam escolher para si, nem nos céus, nem na terra, qualquer representação derivada de sua própria fantasia, mas obedecer a Moisés e Aarão, que foram apontados para este ofício. 3) Que eles *não deveriam tomar o nome de Deus em vão*; isto é, que não deviam falar imprudentemente sobre seu rei, nem disputar seu direito nem as ordens de Moisés e Aarão, seus tenentes. 4) Que *eles deveriam abster-se de seu trabalho ordinário no sétimo dia* e empregar aquele tempo para fazer-lhe honrarias públicas. A segunda tábua contém os deveres de um homem para com o outro, como *honrar os pais*; *não matarás*; *não adulterarás*; *não roubarás*; *não cometerás falso testemunho*; e, finalmente, *nem em um desígnio de seu coração cometerás qualquer injúria a outro alguém*. A questão em voga é quem deu a essas tábuas escritas a força obrigatória das leis. Não há dúvidas, exceto que elas foram feitas leis pelo próprio Deus: porém, como uma lei não obriga alguém, assim como uma lei qualquer, exceto aqueles que a reconhecem como sendo um ato de soberania; como poderia o povo de Israel, que estava proibido de aproximar-se da montanha para ouvir que Deus falou a Moisés, ser obrigado a obedecer aquelas leis que Moisés propôs a eles? Algumas delas eram, de fato, as leis da natureza, como todas na segunda tábua; e, portanto, são reconhecidas como leis de Deus; não apenas dos israelitas, mas de todo o povo: mas daqueles que eram peculiares aos israelitas, como naquelas que estavam na primeira tábua, a questão permanece; salvo que eles tinham se obrigado, após a proposição delas, a obedecer Moisés, conforme essas palavras (Ex 20,19) *fala-nos, e nós ouvir-te-emos; mas que Deus não nos fale, senão morreremos*. Portanto, foi apenas Moisés e, após ele, o sumo sacerdote, a quem (por Moisés) Deus declarou que deveria administrar esse seu reino peculiar, que tinha sobre a terra o poder de fazer essa curta Escritura do Decálogo ser a lei na república de Israel. Mas Moisés e Aarão, e os altos sacerdotes que os sucederam, foram soberanos civis. Portanto, dali em diante, a canonização ou o fazer das Escrituras a lei pertenceu ao soberano civil.

A lei judicial, que significa dizer as leis que Deus prescreveu aos magistrados de Israel para o governo de sua administração da justiça e das sentenças ou julgamentos que eles deveriam pronunciar em pleitos entre homem e homem; e a lei dos Levíticos, que significa dizer a regra que Deus prescreveu quanto aos ritos e cerimônias dos sacerdotes e levitas, foram todas entregues a eles por Moisés apenas;

e assim também tornaram-se leis, pela virtude da mesma promessa de obediência a Moisés. Quer fossem essas leis então escritas ou não escritas, mas ditadas ao povo por Moisés (após os quarenta dias com Deus no monte) pela palavra proferida, não está expresso no texto; porém, elas foram leis positivas e equivalentes às leis das Sagradas Escrituras, e tornadas canônicas por Moisés, o soberano civil.

Após os israelitas adentrarem as planícies de Moabe, diante de Jericó, prontos para entrarem na terra prometida, Moisés acrescentou as primeiras leis diversas outras; que foram chamadas, portanto, de *Deuteronômio*; que é *leis secundárias*. E são (como foi escrito em Dt 29,1) as palavras de um pacto no qual o Senhor ordenou que Moisés fizesse com os filhos de Israel, apesar do pacto que ele tinha feito com eles em Horeb. Porque, depois que ele explicou aquelas leis primeiras no início do livro do *Deuteronômio*, ele acrescentou outras, que começam no capítulo 12 e continuam até o fim do vigésimo sexto do mesmo livro. Nessa lei (Dt 27,3), eles foram ordenados a escrever sobre grandes rochas emplastradas quando eles atravessaram o [rio] Jordão: essa lei também foi escrita pelo próprio Moisés em um livro, e entregue nas mãos dos clérigos e dos anciãos de Israel (Dt 31,9) e ordenadas (versículo 26) *para serem colocadas ao lado da arca*; pois na própria arca nada havia, exceto os *dez mandamentos*. Essa foi a lei que Moisés (Dt 17,18) ordenou que os reis de Israel deveriam guardar uma cópia dela: e essa é a lei que foi perdida há muito tempo e encontrada de novo no templo no tempo de Josias e, por sua autoridade, foi recebida como uma lei de Deus. Porém, tanto Moisés, ao escrever, quanto Josias, ao recuperá-la, tiveram ambos a soberania civil. Dali em diante, portanto, o poder de fazer das Escrituras canônicas esteve com a soberania civil.

Para além desse livro da lei, não há outro livro, do tempo que vai de Moisés até após o cativeiro, recebido entre os judeus como a lei de Deus. Pois os profetas (exceto uns poucos) viveram no tempo do cativeiro por si; e o resto viveu pouco antes disso; e estavam tão distantes de terem suas profecias geralmente recebidas como leis, assim como suas pessoas foram perseguidas, parcialmente por falsos profetas, parcialmente por reis que foram seduzidos por eles. E esse livro mesmo, que foi confirmado por Josias como a lei de Deus, e com ele a história das obras de Deus, foi perdido no cativeiro e retirado da cidade de Jerusalém, como aparece em *2Esd* 14,21: *a tua lei foi queimada, portanto ninguém conhece as coisas que fizeste, nem as obras que estão para começar.* E, antes do cativeiro, entre o tempo quando a lei foi perdida (que não é mencionada na Escritura, mas pode provavelmente ser pensada no tempo de Reroboão, quando (1Rs 14,26) Shishak, rei do Egito, tomou o espólio do templo) e o tempo de Josias, quando ele foi encontrado novamente, eles não tiveram lei escrita de Deus, mas governaram conforme a sua própria discrição ou pela direção de cada qual dos estimados profetas.

Disso nós podemos inferir que as Escrituras do Antigo Testamento, que nós temos até este dia, não foram canônicas nem leis aos judeus até a renovação de sua aliança com Deus no retorno do cativeiro, e até a restauração de sua república sob Esdras. Porém, daquele tempo em diante, foram consideradas como leis dos judeus e, de tal modo, traduzidas ao grego pelos setenta anciãos da Judeia, e colocadas na biblioteca de Ptolomeu em Alexandria, e aprovadas como a palavra de Deus. Agora, tendo Esdras como sumo sacerdote, e o sumo sacerdote era seu soberano civil, é manifesto que as Escrituras nunca foram feitas leis, exceto pelo poder soberano civil.

Pelos escritos dos Padres que viveram no tempo anterior àquele em que a religião cristã foi recebida e autorizada por Constantino, o imperador, nós podemos descobrir que os livros que nós agora temos do Novo Testamento foram mantidos pelos cristãos daquele tempo (exceto uns poucos, uma vez que, conforme a pequena quantidade do resto, que foi chamada de Igreja Católica, além de outros heréticos) como ditames do Espírito Santo; e, consequentemente, como cânone ou regra da fé; tal foi a reverência e opinião que eles adotaram de seus professores; como geralmente a reverência que os discípulos portam de seus primeiros mestres, nos termos da doutrina que eles receberam deles, não é pequena. Portanto, não há dúvidas; no entanto, quando são Paulo escreveu às Igrejas que ele tinha se convertido; ou qualquer outro apóstolo ou discípulo de Cristo, para aqueles que então tinham abraçado Cristo, eles receberam aqueles seus escritos como a pura doutrina cristã. Porém, naquele tempo, quando o que causava isso não era o poder e autoridade do professor, mas a fé do ouvinte, não foram os apóstolos que fizeram de seus próprios escritos canônicos, mas cada converso o fez para si.

Mas há uma questão aqui: não é o que qualquer cristão tornou lei ou cânone para si (o que, novamente, ele pode rejeitar pelo mesmo direito com o qual tomou para si), mas o que era tornado um cânone para eles, posto que, sem a injustiça, eles não poderiam, por conseguinte, fazer nada contrário. Neste sentido, o Novo Testamento deve ser canônico, isto significa dizer, uma lei em qualquer lugar onde a lei da república não a fez, que é contrária à lei da natureza. Porque uma lei (como já foi anteriormente mostrado) é a ordem que um homem ou assembleia dirige a quem lhe conferiu a autoridade soberana, no intuito de produzir tais leis para a direção de nossas ações conforme ele considerá-las adequadas; e para nos punir quando fazemos qualquer coisa contrária à mesma. Portanto, quando qualquer outro homem oferecer a nós outras leis que o soberano não prescreveu, elas nada mais são do que conselhos e opiniões; sejam eles bons ou maus, aquele que é aconselhado pode, sem injustiça, recusar a seguir; e quanto ao contrário, quando as leis já foram estabelecidas, não pode observá-las sem injustiça, não importa quão bom seja o conselho recebido. Eu digo, ele não pode, neste caso, observar o mesmo em suas ações, nem em seu discurso com outros homens; conquanto ele possa acreditar em seus professores privados sem culpa, e desejar que ele tivesse a liberdade de praticar seus conselhos, e que estes sejam publicamente recebidos como lei. Posto que a fé interna é por si só de natureza invisível, e, consequentemente, eximida de qualquer jurisdição humana; enquanto as palavras e ações que procedem daquelas como brechas de nossa obediência civil são injustiças tanto ante a Deus quanto ao homem. Vendo então que o nosso Salvador negou que seu reino fosse desse mundo, isto é, vendo o que ele disse, a saber, que ele não veio para julgar, mas para salvar o mundo, ele não nos submeteu a outras leis além daquelas da república; isto é, os judeus às leis de Moisés (sobre tal assunto, ele disse (Mt 5,17), a saber, que veio não para destruir, mas para preencher), e, para as outras nações, as leis de seus muitos soberanos, e, a todos os homens, as leis da natureza; ao observar isso tanto para si quanto aos seus apóstolos, eles recomendaram a nós, em seus ensinamentos, uma condição necessária para sermos admitidos por ele no último dia em seu reino eterno, onde haverá proteção e vida eterna. Vendo então que o nosso Salvador e seus apóstolos não deixaram novas leis que nos obrigam neste mundo, porém uma nova doutrina que nos preparasse para o próximo; os livros do Novo Testamento, que contém tal doutrina, até a obediência a aqueles que foram ordenados, posto que a eles Deus deu o poder sobre a terra para legislarem, não são cânones obrigatórios, isto é, leis, mas apenas conselhos bons e seguros para a direção dos pecadores no caminho da salvação, que cada homem pode tomar e recusar às custas de seu próprio perigo, sem injustiça.

Novamente, a ordem de Cristo, nosso salvador, aos seus apóstolos e discípulos foi de proclamar seu reino (não presente, porém) que virá; e ensinar a todas as nações; e batizar aqueles que acreditassem; e adentrar nas casas daqueles que os receberem; e onde eles não fossem recebidos, que eles retirassem o pó das sandálias; porém, não deveriam invocar fogo dos céus para destruí-los, nem compeli-los à obediência pela espada. Em tudo isso não há nada de poder, mas de persuasão. Ele os enviou como ovelhas aos lobos, não como reis aos seus súditos. Eles não tinham ordens para fazer leis; mas para obedecer e ensinar a obediência diante das leis feitas; e, consequentemente, eles não podiam fazer de seus escritos cânones obrigatórios sem a ajuda do poder soberano civil. E, assim, as Escrituras do Novo Testamento são leis apenas onde o poder civil legal a fez assim. E também onde o rei ou soberano fizer dela a lei para si; pelo qual, aquele que a tomou para si, não do doutor ou do apóstolo que o converteu, mas do próprio Deus e de seu Filho Jesus Cristo, como imediatamente o fizeram os apóstolos para eles mesmos.

Aquilo que parece ser dado pelo Novo Testamento quanto àqueles que abraçaram a doutrina cristã, a saber, a força das leis, nos tempos e locais de perseguição, são os decretos que eles fizeram entre si em seus sínodos. Pois nós lemos (At 15,28) o estilo de concílio dos apóstolos, dos anciãos e de toda a Igreja desta maneira, *pareceu bom ao Espírito Santo e a nós não vos impor um fardo maior do que estas coisas necessárias etc.*, que é um estilo que significa um poder a ser depositado como um fardo sobre aqueles que receberam sua doutrina. Agora *depositar um fardo sobre outrem* parece o mesmo que *obrigar*; e, portanto, os atos daquele concílio foram leis aos então cristãos. No entanto, elas não foram mais leis do que são estes outros princípios, *arrependa-se; seja batizado; guarde os mandamentos; acredite no Evangelho; venha a mim; venda tudo que tens e dê aos pobres; e siga-me;* que não são ordens, mas convites e chamados dos homens ao cristianismo, como aquele em *Is* 55,1. *Ó tu que tens sede, vem até as águas, vem, e compra vinho e leite sem dinheiro.* Posto que, primeiro, o poder dos apóstolos não foi outro além daquele provindo de nosso Salvador, a saber, para convidar os homens a abraçar o reino de Deus; que eles próprios reconheceram como um reino (não do presente, porém) do porvir; e aqueles que não têm reino, consequentemente não podem fazer leis. Segundo, se seus atos de concílio fossem leis, eles não poderiam ser desobedecidos sem pecado. Porém, nós lemos não em qualquer lugar que aqueles que não receberam a doutrina de Cristo, estiveram em pecado; no entanto, que eles morreram em seus pecados; isto é, em seus pecados, contra as leis que eles deviam obediência não foram perdoados. E aquelas leis foram as leis da natureza, e as leis civis do estado, que cada homem cristão tinha, por pacto, submetido a si mesmo. E, deste modo, pelo fardo que os apóstolos poderiam depositar sobre aqueles que se converteram, não se deve entender leis, mas condições propostas àqueles que buscaram a salvação; que eles podem aceitar ou recusar às suas expensas, sem um novo pecado, conquanto não sem o risco de serem condenados ou excluídos do reino de Deus por seus pecados passados. Portanto, dos infiéis, são João não disse que a ira de Deus *cairia* sobre eles, mas (Jo 3,36) que *a ira de Deus permanecia sobre eles*; e não que eles seriam condenados, mas que (Jo 3,18) *eles já estão condenados.* Nem pode ser concebido que o benefício da fé é a remissão dos pecados, a menos que concebamos que o dano da infidelidade é a *retenção dos mesmos pecados.*

Mas para que fim é este (podem perguntar alguns homens) que os apóstolos e outros pastores da Igreja, após seu tempo, devam se unir e concordar sobre que doutrina deve ser ensinada, tanto da fé quanto das maneiras, se nenhum homem for obrigado a observar seus decretos? A isso pode ser respondido que os apóstolos e anciãos do conselho foram obrigados, a partir do momento em que ingressaram nela, a ensinar a doutrina ali concluída, e decretaram ser ensinado dali em diante, como se não houvesse lei precedente, à qual estavam obrigados a prestar obediência, que fosse contrária; mas nem todos os outros cristãos devem ser obrigados a observar o que foi ensinado; ainda assim, eles não podem deliberar sobre o que os outros fazem, a menos que suas assembleias tenham tido um poder legislativo; que ninguém o tem, exceto os soberanos civis. Pois conquanto Deus seja o soberano de todo o mundo, nós não somos obrigados a tomar sua lei como nossa, seja o que for proposto por cada homem em seu nome; nem qualquer coisa contrária à lei civil, que Deus expressamente ordenou-os a obedecer.

Vendo então que os atos dos concílios dos apóstolos não foram leis, mas conselhos; muito menos são leis os atos de quaisquer outros doutores ou concílios, se reunidos sem a autoridade do soberano civil. E, consequentemente, os Livros do Novo Testamento, conquanto sejam as mais perfeitas regras da doutrina cristã, não podem ser feitas leis por qualquer outra autoridade além daquela dos reis ou das assembleias soberanas.

Do primeiro concílio, que fez das Escrituras que agora temos cânones, nada temos: posto que a coleção dos cânones dos apóstolos, atribuídos a Clemente, o primeiro bispo de Roma após são Pedro, é objeto de questionamento: pois apesar dos livros canônicos serem reconhecidos, ainda assim, tais palavras *sint vobis omnibus clericais et laicis libri venerandi etc.* contêm uma distinção do clero e laicos que não estava em uso no tempo coevo a são Pedro. O primeiro concílio para determinar as Escrituras canônicas que temos notícia é aquele de Laodiceia (Can. 59), que proíbe a leitura de outros livros além daqueles nas igrejas; que é um mandato não endereçado a todos os cristãos, mas apenas àqueles que tinham autoridade de ler qualquer coisa publicamente na igreja; isto é, apenas aos homens da igreja.

Dos ofícios eclesiásticos do tempo dos apóstolos, alguns foram magistrais, alguns ministeriais. Foram magistrais os ofícios de pregar o evangelho do reino de Deus aos infiéis; de administrar os sacramentos e o serviço divino; e de ensinar as regras da fé e maneiras àqueles que foram convertidos. Foram ministeriais o ofício dos diáconos, isto é, deles serem apontados para a administração das necessidades seculares da Igreja, posto que, naquele tempo, eles viviam sob um montante comum de dinheiro, levantado pela contribuição voluntária dos fiéis.

Entre os oficiais magistrais, os primeiros e principais foram os apóstolos; onde havia inicialmente doze; e estes foram escolhidos e constituídos por nosso próprio Salvador; e seu ofício não foi apenas pregar, ensinar e batizar, mas também serem mártires (testemunhas da ressurreição de nosso Salvador). Este testemunho foi um marco específico e essencial, uma vez que o apostolado foi distinguido das outras magistraturas eclesiásticas; sendo necessário ao apóstolo quer ter visto nosso Salvador após ressurreição, quer ter conversado com ele antes e visto suas obras, assim como outros argumentos de sua divindade, de modo que eles possam ser tomados como testemunhas suficientes. E, assim, quanto à eleição de um novo apóstolo para o lugar de Judas Iscariotes, são Pedro disse (At 1,21-22): *destes homens que nos acompanharam, em todo o tempo em que Jesus nosso Senhor andou entre nós, desde o batismo de João até o próprio dia em que nos foi arrebatado, deve ser ordenado um para ser testemunha da sua ressurreição juntamente conosco.* Onde pela palavra *deve* estar implicada uma necessidade própria de um apóstolo, a saber, de ter acompanhado os primeiros apóstolos no tempo em que nosso Salvador se manifestou na carne.

O primeiro apóstolo, daqueles que não foram constituídos por Cristo quando este estava sobre a terra, foi Matias, escolhido da seguinte maneira: estavam reunidos em Jerusalém cerca de cento e vinte cristãos (At 1,15). Eles (versículo 23) apontaram dois, Josefo, o Justo, e Matias, de modo que sortes foram lançadas; *e* (versículo 26) *a sorte caiu em Matias, que passou a contar-se entre os apóstolos.* De maneira que nós vemos que a ordenação desse apóstolo foi um ato da congregação e não de são Pedro, nem dos onze, exceto como membros da assembleia.

Após ele não houve nenhum outro apóstolo ordenado, exceto Paulo e Barnabás; isso ocorreu (como lemos em At 13,1-3) da seguinte maneira. *Havia na igreja que ficava em Antioquia certos profetas e mestres, como Barnabé e Simeão, que era chamado Niger, e Lúcio de Cirene, e Manaém, que tinha sido criado com Herodes, o Tetrarca, e Saulo. Quando estes estavam ministrando ao Senhor, e jejuando, disse o Espírito Santo: Separai-me Barnabé e Saulo, para a obra para a qual os chamei. E depois de eles jejuarem e orarem, e posto as suas mãos sobre eles, despediram-nos.*

Por isso está manifesto que apesar de eles receberem o chamado do Espírito Santo, seu chamado foi declarado a eles, e sua missão foi autorizada pela Igreja particular de Antioquia. E este chamado foi ao apostolado, e está aparente pelo qual ambos foram chamados (At 14,14) apóstolos: e isso ocorreu pela virtude desse ato da Igreja de Antioquia, da qual eles eram apóstolos, e são Paulo declarou diretamente (Rm 1,1) quanto ao uso que ele fez da palavra, e que o Espírito Santo está acostumado ao seu chamado: pois ele definiu a si próprio como *um apóstolo separado para o evangelho de Deus*; aludindo às palavras do Espírito Santo, *separai-me Barnabé e Saulo etc*. Mas vendo as obras de um apóstolo como sendo uma testemunha da ressurreição de Cristo, um homem pode perguntar como são Paulo, que não se conversou com nosso Salvador antes de sua paixão, poderia saber que ele foi erguido? Esta questão é facilmente respondida: que o nosso próprio Salvador apareceu a ele no caminho para Damasco, vindo dos céus, após sua ascensão; escolheu-o como expoente para levar o seu nome aos gentios, e aos reis, e aos filhos de Israel; e, consequentemente (tendo visto o Senhor após a sua paixão), ele foi uma testemunha competente de sua ressurreição; e, quanto a Barnabé, ele foi um discípulo antes da paixão. É evidente, portanto, que Paulo e Barnabé foram apóstolos; e ainda escolhidos e autorizados (não apenas pelos primeiros apóstolos, mas) pela Igreja de Antioquia; assim como Matias foi escolhido e autorizado pela Igreja de Jerusalém.

Bispo, uma palavra formada em nossa língua derivada do grego *episcopus*, significa um administrador ou superintendente de qualquer negócio, e, particularmente, um pastor; e assim, metaforicamente, foi tomado, não apenas entre os judeus que foram originalmente pastores, mas também entre os pagãos, para significar o ofício de um rei ou de qualquer outro governante, ou ainda de um guia do povo, quer ele governe pelas leis, quer pela doutrina. E de tal modo, os apóstolos foram os primeiros bispos cristãos, instituídos pelo próprio Cristo: neste sentido, o apostolado de Judas é chamado (At 1,20) de *seu bispado*. E, posteriormente, quando eles foram constituídos como anciãos nas igrejas cristãs, com o encargo de guiar o rebanho de Cristo conforme sua doutrina e conselho; esses anciãos também foram chamados de bispos. Timóteo foi um ancião (cuja palavra *ancião*, no Novo Testamento, é um nome de ofício, assim como de uma idade), ainda que fosse também bispo. E os bispos, assim, contentavam-se com o título de anciãos. O próprio são João, o apóstolo amado de nosso Senhor, começou sua segunda Epístola com as seguintes palavras: *do ancião para a senhora eleita*. Pelo qual é evidente que *bispo, pastor, ancião, doutor*, isto é, *professor*, nada foram, exceto diversos nomes do mesmo ofício no tempo dos apóstolos. Pois não havia ali governo pela coerção, mas apenas pela doutrina e persuasão. O reino de Deus ainda viria, em um novo mundo; de forma que não poderia haver autoridade para compelir, em qualquer Igreja, até que a república tivesse abraçado a fé cristã; e, consequentemente, nenhuma diversidade da autoridade, conquanto tenha diversidade de funções.

Para além desses empregos magistrais na Igreja; nomeadamente, apóstolos, bispos, anciãos, pastores e doutores, cujo chamado foi proclamar Cristo aos judeus e infiéis, e direcionar e ensinar aqueles que creem naquilo que nós lemos no Novo Testamento e nada mais. Pois os nomes de *evangelistas* e *profetas* não significam qualquer ofício, mas muitos dons pelos quais muitos homens foram valiosos à Igreja: enquanto os evangelistas, escreviam a vida e atos de nosso Salvador; nesse caso, temos são Mateus e são João, apóstolos, e são Marcos e são Lucas, discípulos, além daqueles que escreveram sobre este assunto (como dizem que são Tomás e são Barnabé fizeram, conquanto a Igreja não tenha recebido os livros que estão sob seus nomes); e quanto aos profetas, pelo dom da interpretação do Antigo Testamento, e, algumas vezes, ao declarar suas revelações especiais à Igreja. Posto que, em nenhum desses dons, nem nos dons das linguagens, nem nos dons para expulsar os demônios, ou curar outras doenças, ou qualquer outra coisa, a Igreja fez um ofício na Igreja, exceto apenas para o chamado e eleição do encargo de ensinar.

Quanto aos apóstolos, Matias, Paulo e Barnabé não foram feitos pelo nosso próprio Salvador, mas eleitos pela Igreja, isto é, pela assembleia dos cristãos; nomeadamente, Matias, pela Igreja de Jerusalém, e Paulo e Barnabé pela Igreja de Antioquia; havia também *presbíteros* e *pastores* em outras cidades, eleitos pelas Igrejas destas cidades. Como prova de tal questão, deixe-nos considerar, primeiro, como são Paulo procedeu na ordenação dos presbíteros nas cidades onde ele tinha convertido homens à fé cristã, imediatamente após Barnabé e ele terem recebido seu apostolado. Nós lemos (At 14,23) que *eles ordenaram anciãos em cada Igreja*; o que, após um primeiro olhar, pode ser tomado como um argumento que eles mesmos escolheram e conferiram-lhe sua autoridade: mas se nós considerarmos o texto original, fica manifesto que eles foram autorizados e escolhidos pela assembleia dos cristãos de cada cidade. Posto que as palavras aqui são χειροτουήσαντες ἀυτοῖς πρεσβυτέρους χατ᾽ ἐχχλησίαν, isto é, *quando eles foram ordenados como anciãos pela imposição das mãos em cada congregação*. Atualmente sabe-se bem que, em todas aquelas cidades, a maneira de escolher magistrados e oficiais foi pela pluralidade dos sufrágios; e (porque a forma ordinária de distinguir os votos afirmativos dos negativos era pelo levantar das mãos) ordenar um oficial em cada uma das cidades nada mais implicava do que reunir o povo para elegê-lo pela pluralidade de votos, quer seja pela pluralidade de mãos elevadas, quer pela pluralidade de vozes, ou ainda pela pluralidade de bolas, grãos ou pequenas pedras, onde cada homem atira em um vaso marcado como afirmativo ou negativo; posto que diversas cidades têm costumes diversos neste assunto. Portanto, era a assembleia que elegia seus próprios anciãos: os apóstolos foram apenas presidentes da assembleia para reuni-los visando tal eleição, além de pronunciá-los eleitos e dar-lhes a bênção, que atualmente é chamada de consagração. E, por esta causa, aqueles que foram presidentes das assembleias, como (na ausência dos apóstolos) os anciãos foram, receberam o nome de προεστώτες e, em latim, *antistites*; cujas palavras significam a pessoa principal da assembleia, cujo ofício era numerar os votos e declarar, deste modo, quem foi escolhido; e, quando os votos fossem iguais, decidir a matéria em questão, agregando o seu; que é o ofício de um presidente em um conselho. E (porque todas as Igrejas tiveram seus presbíteros ordenados da mesma maneira), onde a palavra é *constitute* (como em Tt 1,5) ἵνα χαταστήσης χατά πολιν πρεσβυτέρους, por este motivo te deixei em Creta, para que constituísse anciãos em todas as cidades, nós entendemos a mesma coisa; nomeadamente, que nós devemos convocar os fiéis reunidos, e ordenar-lhes presbíteros pela pluralidade dos sufrágios. E tem sido uma coisa estranha, se em uma cidade, onde os homens talvez nunca viram um magistrado além daquele escolhido por uma assembleia, e aqueles da cidade que se tornaram cristãos, tenham, conforme acreditava-se, que pautar-se em nenhuma outra maneira além desta para eleger seus professores e guias, isto significa dizer, seus presbíteros (chamados também de bispos) do que na pluralidade de sufrágios, intimados por são Paulo (At 14,23) na palavra χειροτονήσαντες: não havia ali qualquer escolha de bispos (antes, os imperadores tomaram por necessário regulá-los de maneira a manter a paz entre eles), porém, pela assembleia dos cristãos em cada uma das muitas cidades.

O mesmo foi também confirmado na prática contínua, até este dia, na eleição dos bispos de Roma. Porque se o bispo de qualquer lugar tem o direito de escolher outro para a sucessão do ofício pastoral, também tem o direito de escolher outro para a sucessão do ofício pastoral em qualquer cidade, naquelas ocasiões em que fosse dali para plantá-la noutro lugar; ademais, tinha ele ainda o direito de apontar seus sucessores naquele lugar em que ele residiu e morreu; e nós nunca constatamos que qualquer bispo de Roma apontou seu sucessor. Posto que eles foram escolhidos pelo povo por um longo tempo, como nós podemos ver pela sedição erguida na eleição entre Damásio e Ursicino; que Amiano Marcelino disse que foi tão grande, que Juvêncio, o Prefeito, foi incapaz de manter a paz entre eles e forçado a deixar a cidade; e que pouco mais de cem homens foram encontrados mortos naquela ocasião, dentro da própria igreja. E, conquanto eles posteriormente tenham sido escolhidos, primeiro, pelo próprio clero de Roma, e, posteriormente, pelos cardeais; ainda assim, nenhum deles foi apontado à sucessão por seu predecessor. Portanto, se eles pretendiam não ofertar o direito de apontar seus próprios sucessores, eu creio que é razoável concluir que eles não tinham direito de apontar os sucessores de outros bispos sem receber algum poder novo, que ninguém pudesse tomar da Igreja para outorgar sobre eles, porém, tal como eles dispunham da autoridade legal não apenas para ensinar, mas para ordenar a Igreja; algo que ninguém pode fazer, exceto o soberano civil.

A palavra *ministro*, no original Διάχονος, significa alguém que voluntariamente faz o negócio de outro homem; e, diferentemente de um servo apenas nisso, aqueles servos são obrigados, por sua condição, a fazer o que lhes for ordenado; enquanto os ministros são obrigados apenas por aquilo que eles empreenderam: de modo que ambos podem ensinar a palavra de Deus, e aqueles que administram os assuntos seculares da Igreja são ambos ministros, mas eles são ministros de pessoas diferentes. Posto que são pastores da Igreja, chamados (At 6,4) de *ministros da palavra*, que são os ministros de Cristo, cuja palavra é essa: mas o ministério de um diácono, que é chamado (versículo 2 do mesmo capítulo) *serviço de altar*, é um serviço feito à igreja ou à congregação: de tal modo que nenhum outro homem, nem toda a igreja pode nunca dizer que seu pastor é seu ministro; mas de um diácono, quer ele esteja à cargo do empreendimento do serviço dos altares ou ao distribuir a manutenção aos cristãos, quando eles viveram em cada cidade sob um fundo comum pautado em coletas, como nos primeiros tempos, ou ao tomar conta da casa de oração, ou do rendimento, ou outro negócio mundano da igreja, toda a congregação pode apropriadamente chamá-lo de seu ministro.

Pois seu emprego como diáconos foi servir a congregação; embora ocasionalmente não deixassem de pregar o evangelho e manter a doutrina de Cristo, cada um conforme seus dons, como santo Estevão: e tanto pregar e batizar, como Filipe fez: porque aquele (At 8,5) que pregava o evangelho em Samaria e (versículo 38) batizou o Eunuco foi Filipe, o Diácono, não Filipe, o apóstolo. Posto que é manifesto (versículo 1) que quando Filipe pregou em Samaria, os apóstolos estavam em Jerusalém e (versículo 14) quando eles *ouviram que Samaria tinha recebido a palavra de Deus, enviaram Pedro e João a eles*; pela imposição daquelas mãos, eles foram batizados (versículo 15), receberam (o que antes, pelo batismo de Filipe, eles não receberam) o Espírito Santo. Pois foi necessário na conferência do Espírito Santo que seu batismo deveria ser administrado ou confirmado por um ministro da palavra, não por um ministro da igreja. Portanto, para confirmar o batismo daqueles que Filipe, o Diácono, tinha batizado, os apóstolos enviaram dentre os seus de Jerusalém para Samaria, Pedro e João; que conferiu a aqueles que foram batizadas aquelas graças que são os sinais do Espírito Santo e que, naquele tempo, acompanhavam todos os verdadeiros crentes; o que pode ser compreendido por aquilo que são Marcos disse (capítulos 16 e 17): *estes sinais seguem a quem crê no meu nome; eles expulsarão os demônios; eles falarão com novas línguas; eles pegarão em serpentes, e se beberem alguma coisa mortal ela não lhes fará mal; eles porão as mãos nos doentes, e estes serão curados.* Fazer isso era algo que Filipe não podia ofertar; mas os apóstolos podiam e (como transparece nesse excerto) efetivamente fizeram a cada homem que realmente acreditou, e foi ele mesmo batizado por um ministro de Cristo: cujo poder nem os ministros de Cristo, nesta época, poderiam conferir, ou ainda porque havia muito poucos verdadeiros crentes, ou Cristo tinha feito poucos ministros.

Que os primeiros diáconos não foram escolhidos pelos apóstolos, mas pela congregação dos discípulos; isto é, dos homens cristãos de todas as sortes; isso está manifesto nos *Atos*, onde nós lemos que *Doze*, após o número de apóstolos ter multiplicado, foram reunidos e, falando a eles que não era adequado que os apóstolos deixassem a palavra de Deus e servissem os altares, disse a eles (versículo 3), *irmãos, procurai entre vós sete homens de honesto testemunho, cheios do Espírito Santo e de sabedoria, a quem possamos indicar para essa função.* Aqui está manifesto que, apesar dos apóstolos declararem-nos eleitos, ainda assim a congregação os escolheu; o que também (versículo 5) foi mais expressamente dito onde está escrito que *esse parecer agradou à multidão, que escolheu sete etc.*

Sob o Antigo Testamento, os membros da tribo de Levi foram apenas capazes do sacerdócio e outros ofícios inferiores da Igreja. A terra foi dividida entre outras tribos (com a exceção de Levi), que, diante da subdivisão da tribo de Josefo em Efraim e Manassés, ainda eram doze. Para a tribo de Levi foram determinadas certas cidades para sua habitação, com os subúrbios ao seu gado: porém, para sua porção, eles deveriam dispor de dez por cento dos frutos das terras de seus irmãos. Novamente, os sacerdotes tinham, para a sua manutenção, o décimo daqueles dez por cento, juntamente com uma parte das oblações [ofertas] e sacrifícios. Pois Deus tinha dito a Aarão (Nm 18,20) *vós não tereis herança da terra deles, nem tereis parte entre eles; eu sou a vossa parte e a vossa herança entre os filhos de Israel.* Pois sendo Deus o rei, e tendo constituído os membros da tribo de Levi para serem seus ministros públicos, ele permitiu que eles, visando sua própria manutenção, lançassem mão do tesouro público, o que significa dizer, aquela parte que Deus tinha reservado a ele mesmo; que foram os dízimos e ofertas: e isso que significa, quando Deus falou *eu sou a vossa herança.* Portanto, pode não ser adequado atribuir aos Levitas o nome de *clero*, de χλῆρος, que significa quinhão ou herança; não que eles sejam herdeiros do reino de Deus mais do que qualquer outro; mas que a herança de Deus foi seu sustento. Agora, vendo nesse tempo que o próprio Deus era seu rei, e Moisés, Arão e os sacerdotes subsequentes eram seus tenentes; está manifesto que o direito dos dízimos e ofertas foi constituído pelo poder civil.

Após a rejeição de Deus diante de um pedido de um rei, eles gozaram ainda assim do mesmo rendimento; no entanto, o direito dele foi derivado daquele, a saber, que os reis nunca o tomaram deles: porque o rendimento público estava à disposição daquele que fosse uma pessoa pública; e aquele (até o Cativeiro) foi do rei. E, novamente, após o retorno do Cativeiro, eles pagaram seus dízimos, como faziam antes ao sacerdote. Portanto, até então, a subsistência da Igreja foi determinada pelo soberano civil.

Da manutenção de nosso Salvador e seus apóstolos, nós lemos apenas que ele tinha uma bolsa (que foi carregada por Judas Iscariotes); e que os apóstolos, como eram pescadores, faziam uso algumas vezes de seu comércio; e que quando o nosso Salvador enviou os doze apóstolos para pregar, ele os proibiu (Mt 10,9-10) de *levar ouro, prata e bronze nas suas bolsas, pois o trabalhador merece a sua paga*: pelo qual é provável que sua manutenção ordinária não fosse inadequada ao seu empreendimento; porque seu empreendimento foi (versículo 8) *dar livremente, visto que eles tinham livremente recebido*; e sua manutenção foi a *dádiva livre* daqueles que acreditavam na boa-nova que eles portavam, isto é, da vinda do Messias, seu Salvador. Sobre isso, podemos adicionar que aquela contribuição derivou da gratidão, posto que nosso Salvador tinha curado as doenças; sobre isso, foi mencionado (Lc 8,2-3) que *certas mulheres que tinham sido curadas de maus espíritos e enfermidades, Maria Madalena, da qual saíram sete diabos, e Joana, mulher de Cuza, procurador de Herodes, e Susana, e muitas outras, que lhes serviram das suas riquezas.*

Após a ascensão de nosso Salvador, os cristãos de cada cidade viveram em comum (At 4,34-35) do dinheiro que eles levantaram após venderem suas terras e posses, e após se deitarem aos pés dos apóstolos de boa vontade, não por obrigação; pois *enquanto conservavas a terra* (disse são Pedro a Ananias, At 5,4), *ela não era tua? E depois de ela ser vendida, não estava em teu poder?* De tal modo, parecia que ele não precisava ter salvado suas terras nem seu dinheiro através de mentiras, uma vez que não estava obrigado a contribuir com qualquer coisa, a menos que lhe aprouvesse. E como no tempo dos apóstolos, assim como no tempo seguinte, até após Constantino, o Grande, nós descobriremos que a manutenção dos bispos e pastores da Igreja nada foi, além da contribuição voluntária daqueles que abraçaram sua doutrina. Não há menção de dízimos: mas isso no tempo de Constantino e seus filhos, a afeição dos cristãos aos seus pastores, como Amiano Marcelino disse (descrevendo a sedição de Damasco e Ursicino sobre o bispado) que isso foi digno de sua disputa, de forma que os bispos daqueles tempos, pela liberalidade de seu rebanho e, especialmente, das matronas, viviam esplendidamente, eram carregados em carruagens e foram suntuosos em seu cuidado e aparência.

Mas aqui alguns podem perguntar se o pastor fosse então obrigado a viver das contribuições voluntárias, assim como das esmolas; *Pois quem* (falou são Paulo, 1Cor 9,7) *vai para a guerra à sua própria custa? Quem alimenta o rebanho, e não bebe o leite do rebanho? E também: Não sabeis que os que ministram sobre coisas sagradas vivem das coisas do templo, e que os que ajudam no altar partilham do altar?* Isso significa dizer fazer parte daquilo que é oferecido no altar para a sua manutenção? E então ele concluiu (versículo 14) *e assim o Senhor determinou que os que pregam o Evangelho vivam do Evangelho.* Isto posto, pode ser inferido, de fato, que os pastores da Igreja deveriam ser mantidos por seus rebanhos; porém, não que os pastores precisariam determinar, seja na quantidade ou no tipo de seu próprio rendimento, e que fossem (como o foi antes) seus próprios escultores. Portanto, seu rendimento precisa ser determinado quer seja pela gratidão e liberalidade de cada homem particular de seu rebanho, quer por toda a congregação. Pelo conjunto da congregação não é possível porque seus atos não eram leis em época; assim, a manutenção de pastores antes dos imperadores e soberanos civis tinha feito leis para solucionar tal questão nada mais foi além de benevolência. Aqueles que serviram no altar viveram daquilo que lhes era oferecido. Então é possível que os pastores também tirem o que é oferecido a eles por seu rebanho; mas não exatamente aquilo que não foi oferecido. Em que corte devem eles processar por isso, posto que não tinham tribunais? Ou, se eles tivessem árbitros entre eles, quem devem executar seus julgamentos, quando eles não tinham poder para armar seus oficiais? Portanto, permanecia a situação que poderia não ter certa manutenção designada a quaisquer pastores da Igreja, mas por toda a congregação; e então apenas quando seus decretos tivessem a força (não apenas de *cânones*, mas também) de *leis*; leis que não podem ser feitas, exceto por imperadores, reis ou outros soberanos civis. O direito de dízimos na lei de Moisés não pode ser aplicado aos ministros do evangelho da época; porque Moisés e os altos sacerdotes foram os soberanos civis do povo sob Deus, cujo reino entre os judeus estava presente; mesmo que o reino de Deus por Cristo ainda esteja por vir.

Foi mostrado até aqui o que são os pastores da Igreja; quais são os pontos de sua comissão (como eles deveriam, por exemplo, pregar, ensinar, batizar e serem presidentes em muitas congregações); o que é uma censura eclesiástica, isto é, uma excomunhão, que significa dizer aqueles locais onde o cristianismo foi proibido pelas leis civis, colocando-os afastados da companhia do excomungado, e onde o cristianismo era ordenado pela lei civil expulsar os excomungados das congregações dos cristãos; quem elegia os pastores e ministros da Igreja (que foi a congregação); quem os consagrava e abençoava (que era o pastor); qual foi seu rendimento devido (isto é, nada mais além de suas próprias posses e de seu próprio labor, e as contribuições voluntárias dos cristãos devotos e gratos). Nós devemos considerar agora qual ofício na Igreja aquelas pessoas tinham, uma vez que, sendo soberanos civis, tinham também que abraçar a fé cristã.

E primeiro, nós devemos lembrar que o direito de julgar que doutrinas são adequadas à paz e devem ser ensinadas aos súditos, é em todas as repúblicas inseparavelmente anexadas (assim como já foi provado o capítulo 18) ao soberano do poder civil, quer esteja isso em um único homem ou em uma assembleia de homens. Posto que é evidente mesmo para a capacidade mais medíocre que as ações dos homens são derivadas das opiniões que eles têm do bem e do mal, que, daquelas ações, redundam nelas mesmas; e, consequentemente, homens que são eventualmente possuídos de uma opinião de que sua obediência ao poder soberano será mais dolorosa a eles do que sua desobediência, irão desobedecer às leis, e, assim, derrubar a república e introduzir a confusão e a guerra civil; para evitá-las, todo governo civil foi instituído. Portanto, em todas as repúblicas de pagãos, os soberanos tem tido o nome de pastores do povo, porque não há súdito que possa legalmente ensinar o povo, exceto com sua permissão e autoridade.

Esse direito dos reis pagãos não pode ser tomado deles após sua conversão à fé de Cristo; visto que este nunca ordenou que reis, por acreditarem nele, deveriam ser depostos, isto é, sujeitos a alguém além dele mesmo ou (o que é o mesmo) sejam privados do poder necessário à conservação da paz entre seus súditos e para sua defesa contra os inimigos estrangeiros. Assim, os reis cristãos ainda são os pastores supremos de seu povo, e têm o poder de ordenar o que os pastores quiserem e de ensinar à Igreja, isto é, ensinar as pessoas sob sua responsabilidade.

Novamente, deixe que o direito de escolhê-los esteja (como antes da conversão dos reis) na Igreja, pois assim o foi no tempo dos próprios apóstolos (como já foi demonstrado neste capítulo); ainda assim também o justo direito está no soberano civil, cristão. Pois nisso que ele é um cristão, ele permite o ensinar; e quanto a isso ele é o soberano (que é, tanto quanto é possível dizer, a Igreja por representação), os professores que ele elege são eleitos pela Igreja. E quando uma assembleia de cristãos escolhe seu pastor em uma república cristã, é o soberano que o elege, porque isso foi realizado por sua autoridade; da mesma maneira, quando uma cidade escolhe seu prefeito, é o ato dele que tem o poder soberano: porque cada ato feito é um ato dele, e sem seu consentimento qualquer ato é inválido. Portanto, não importa quantos exemplos podem ser retirados da história sobre a eleição de pastores pelo povo ou pelo clérigo, eles não são argumentos contra o direito de qualquer soberano civil, visto que aqueles que o elegeram, fizeram-no por sua autoridade.

Vendo-os em cada república cristã, o soberano civil é o supremo pastor, a quem o encargo de todo o rebanho de seus súditos está submetido e, consequentemente, é por sua autoridade que todos os outros pastores são feitos e têm poder para ensinar e realizar todas as outras obras pastorais; segue-se também que é da soberania civil que todos os outros pastores derivem seu direito de ensinar, pregar e outras funções pertencentes àquelas obras; e que eles nada são além de seus ministros; na mesma medida com os magistrados das cidades, os juízes nas cortes de justiça e comandantes de exércitos, são todos, porém ministros dele que é o magistrado de toda a república, juiz de todas as causas e comandante de toda a milícia, que é sempre o soberano civil. E a razão disso não é por conta daqueles que ensinam, mas por conta daqueles que devem aprender são seus súditos. Porque vamos supor que um rei cristão entregue a autoridade de ordenar pastores em seus domínios a outro rei (como diversos reis cristãos deram tal poder ao Papa); ele não constitui, assim, um pastor sobre si, nem um pastor soberano sobre o seu povo; pois agir assim seria o mesmo que privar a si mesmo do poder civil, o que, dependendo da opinião que os homens têm de seu dever para com ele, e o medo que eles têm de serem punidos no outro mundo, depende também da habilidade e lealdade dos doutores, que não são menos súditos, não apenas da ambição, mas também da ignorância, assim como qualquer outra sorte de homem. De modo que quando um estranho tem autoridade de apontar professores, isso é dado a eles pelo soberano em cujos domínios ele ensina. Os doutores cristãos são nossos mestres escolares para o cristianismo; mas os reis são pais de famílias, e podem receber mestres-escolas para seus súditos da recomendação de um estranho, mas não de ordem; especialmente quando o mal ensinar deles redunde em um grande e manifesto lucro daquele que os recomenda: não podem eles ser obrigados a mantê-lo por mais tempo do que necessário ao bem comum; que se encontra a seu cargo na exata medida em que conservam qualquer outro direito essencial da soberania.

Portanto, se um homem deve perguntar a um pastor na execução de seu ofício como os sacerdotes-chefes e os anciãos do povo (Mt 21,23) perguntaram ao nosso Salvador, *com que autoridade fazes essas coisas, e quem te deu tal autoridade*: ele não pode ofertar nenhuma outra justa resposta, exceto que ele o faz pela autoridade da república, dada a ele pelo rei ou pela assembleia que o representa. Todos os pastores, exceto o supremo, executam suas obrigações no direito, que é pela autoridade da autoridade civil, isto é, *jure civili*. Mas o rei e qualquer outro soberano executa seu ofício de supremo pastor pela autoridade imediata de Deus, o que significa dizer no *direito de Deus* ou *jure divino*. Portanto, ninguém, exceto os reis, pode colocar em seus títulos (um sinal de sua submissão apenas a Deus) *Dei gratia rex* etc. Os bispos devem dizer no início de seus mandatos *pelo favor da Majestade do Rei, bispo de tal diocese*; ou, por ministros civis, *em nome de sua Majestade*. Porque ao dizer *Divina providentia*, que é o mesmo com *Dei gratia*, conquanto disfarçado, eles negam ter recebido sua autoridade do estado civil; e astutamente escapam do colar de sua submissão civil, contrariando a unidade e defesa da república.

Mas se cada cristão soberano for o supremo pastor de seus próprios súditos, tudo leva a crer que ele tem também a autoridade não apenas de pregar (o que talvez nenhum homem pode negar), mas também de batizar e administrar o sacramento da Ceia do Senhor: e de consagrar tanto templos quanto pastores ao serviço de Deus; o que a maioria dos homens nega, parcialmente porque eles não costumam fazer isso, e parcialmente porque a administração dos sacramentos e a consagração das pessoas e locais de uso sagrado requer a imposição das mãos de tais homens, e como tal imposição foi sucessivamente provinda do tempo dos apóstolos, foi ordenada de maneira similar ao ministro. Portanto, provando que os reis cristãos têm o poder de batizar e consagrar, eu explicarei porque eles não costumam fazer isso e como, sem a cerimônia ordinária da imposição de mãos, eles são capazes de fazê-lo quando quiserem.

Não há dúvidas que um rei possa, caso seja habilidoso nas ciências e pelo mesmo direito de seu ofício, proceder leituras delas *per se*, pelo qual ele autorizou outros a lê-las nas universidades. Entretanto, porque o cuidado da soma dos negócios da república toma todo o seu tempo, não é conveniente que ele empreenda pessoalmente essa matéria particular. Um rei pode também, se lhe aprouver, sentar em um julgamento, ouvir e determinar todas as maneiras das causas, assim como ele deu a outros a autoridade para fazê-lo em seu nome; mas aquele encargo que deita sobre ele do comando e governo, constrange-o a estar continuamente preocupado com o reino e entregar os ofícios ministeriais a outros submetidos a ele. De maneira similar, nosso Salvador (que certamente tinha poder para batizar) não batizou ninguém (Jo 4,2), mas enviou seus apóstolos e discípulos para batizar. Assim também o fez são Paulo, pela necessidade de pregar em lugares diversos e muito distantes, pois poucos batizou: entre todos os coríntios, ele batizou apenas (1Cor 1,14-16) Crispo, Gaio e Estêvão; e a razão foi (1Cor 1,17) porque sua tarefa principal era pregar. Onde está manifesto que o maior encargo (tal como no governo da Igreja) é a dispensa do menor. A razão, portanto, dos reis cristãos não costumarem batizar é evidente e a mesma de, nos dias atuais, ter poucos batizados por bispos, e pelo Papa, ainda menos.

E sobre a imposição das mãos, consideraremos então, se é necessária para autorizar um rei a batizar e consagrar.

A imposição das mãos é a mais antiga cerimônia pública entre os judeus, pela qual foi designada e tornada certa a pessoa ou outra coisa pretendida na oração de um homem, bênção, sacrifício, consagração, condenação ou outro discurso. Assim o fez Jacó, ao abençoar a criança de Josefo (Gn 48,14) *pousou a sua mão direita sobre Efraim, o mais novo, e a sua mão esquerda sobre Manassés, o primogênito*; e o fez *conscientemente* (conquanto eles fossem então apresentados a ele por Josefo, uma vez que ele foi forçado a fazê-lo com os braços cruzados) para designar quem ele pretendia ofertar a maior das bênçãos. Assim também no sacrifício da oferenda, Aarão foi ordenado a (Ex 29,10) *colocar as suas mãos na cabeça do boi*, e (versículo 15) *colocar a sua mão na cabeça do carneiro*. O mesmo foi dito de novo em Lv 1,4 e 8,14. Igualmente, Moisés, quando ordenou Josué para ser o capitão dos israelitas, isto é, consagrando-o ao serviço de Deus (Nm 27,23) colocou suas mãos sobre ele, e deu-lhe o seu cargo, designando e certificando a quem eles deveriam obedecer na guerra. E, na consagração dos Levitas (Nm 8,10), Deus ordenou que *os filhos de Israel pousassem suas mãos sobre os levitas*. E, na condenação daquele que tinha blasfemado contra o Senhor (Lv 24,14), Deus ordenou que *todos os que o ouvissem pousassem suas mãos na sua cabeça, e que toda a congregação o apedrejasse*. E por que devem eles apenas por ouvi-lo, deitar as mãos sobre ele, e nem mesmo um sacerdote, Levita ou outro ministro da justiça, mas quem nunca foi hábil para designar e demonstrar, aos olhos da congregação, quem foi que tinha blasfemado ou deveria morrer? E designar um homem ou qualquer outra coisa pela visão da mão é menos sujeito a erro do que quando feito ao ouvir um nome.

E uma vez que essa cerimônia foi observada, no abençoar de uma congregação inteira uma vez, que não pode ser feita pela imposição das mãos, ainda assim Aarão (Lv 9,22) *ergueu a sua mão em direção ao povo quando o abençoou*. E nós ouvimos também de uma cerimônia de consagração dos templos entre os pagãos, como quando o clérigo impõe suas mãos sobre um pilar do templo enquanto ele estava proferindo as palavras de consagração. Assim, é natural designar qualquer coisa individual antes pela mão para assegurar os olhos do que por palavras para informar o ouvido, em matéria do serviço público de Deus.

Esta cerimônia não foi, assim, nova no tempo de nosso Senhor. Posto que Jairo (Mc 5,24), cuja filha estava doente, pediu a nosso Salvador não para curá-la, porém *para que pousasse nela as suas mãos, para que ela se curasse*. E também (Mt 19,13) *eles levaram até ele criancinhas, para que ele pousasse as suas mãos sobre elas, e orasse*.

Conforme esse antigo rito, os apóstolos, presbíteros e o próprio presbiterato impunham suas mãos sobre aqueles que eles ordenam pastores, e, igualmente, oravam por aqueles que podem receber o Espírito Santo; e que não apenas daquela vez, mas frequentemente, quando uma ocasião era apresentada: mas o fim era o mesmo, nomeadamente, uma designação pontual e religiosa da pessoa, ordenada quer seja para o cuidado pastoral em geral ou para uma missão particular: assim (At 6,6) *os apóstolos oraram e impuseram suas mãos* sobre os sete diáconos; o que foi feito não para dar-lhes o Espírito Santo (posto que eles estavam cheios do Espírito Santo antes que fossem escolhidos, como aparece imediatamente antes, no versículo 3), mas para designá-los para aquela obra. E após Filipe, o Diácono, ter convertido certas pessoas na Samaria, Pedro e João vieram (At 8,17) *e impuseram as mãos sobre eles, e eles receberam o Espírito Santo*. E não apenas um apóstolo, mas um presbítero tinha esse poder: pois são Paulo aconselhou Timóteo (1Tm 5,22) *não imponha suas mãos subitamente sobre nenhum homem*; isto é, não aponte apressadamente um homem ao ofício de pastor. O presbiterato inteiro deitou suas mãos sobre Timóteo, como nós lemos em 1Tm 4,14, porém, isso deve ser entendido como se alguém o fizesse pela indicação do presbiterato, e mais provavelmente seu προεστώς ou prolocutor, que poderia ser o próprio são Paulo; porque, em sua segunda Epístola a Timóteo (capítulo 1,6), disse a ele: *reparte o dom do Senhor que está em ti, pela imposição das minhas mãos*: onde notamos que pelo Espírito Santo não significa a terceira pessoa da Trindade, mas os dons necessários à obra pastoral. Nós lemos isso também que são Paulo impôs as mãos duas vezes; uma vez com Ananias em Damasco (At 9,17-18) no tempo de seu batismo; e novamente (At 13,3) em Antioquia, quando ele foi enviado primeiro para pregar. O uso então dessa cerimônia empregada na ordenação de pastores foi designar a pessoa a quem eles davam tal poder. Porém, se houvesse ali qualquer cristão que tivesse tido o poder de ensinar antes; ao batizá-lo, isto é, ao fazê-lo cristão, não se deu a ele nenhum novo poder, mas apenas fez com que ele pregasse a verdadeira doutrina, isto é, que usasse seus poderes corretamente; e, assim, a imposição de mãos teria sido desnecessária; o batismo seria suficiente. Mas cada soberano, antes do cristianismo, tinha o poder de ensinar e ordenar professores; assim, o cristianismo não deu a eles nenhum novo direito, mas apenas direcionou-os no caminho do ensino verdadeiro; e, consequentemente, eles não precisavam de imposição de mãos (para além daquele feito no batismo) para autorizá-los a exercer qualquer parte da função pastoral, nomeadamente, batizar e consagrar. E, no Antigo Testamento, apesar do sacerdote apenas ter direito de consagrar, durante o tempo que a soberania esteve com o sumo sacerdote; no entanto, não foi assim quando a soberania estava no rei; pois nós lemos (1Rs 8) que Salomão abençoou o povo, consagrou o Templo e pronunciou a oração pública, que é o padrão atual para a consagração de todas as igrejas cristãs e capelas; o que faz parecer que ele não apenas tinha o direito do governo eclesiástico, mas que também exercia funções eclesiásticas.

Dessa consolidação da correta política e das soberanias eclesiástica e cristã, é evidente que eles tinham todas as formas de poder sobre seus súditos que podem ser dados ao homem para o governo das ações humanas externas, tanto na política quanto na religião; e poderiam propor as leis que eles julgassem adequadas para governar seus próprios súditos, uma vez que eles são a república e eles são a Igreja; pois tanto o Estado quanto a Igreja são compostos pelos mesmos homens.

Portanto, se lhes aprouvesse, eles poderiam (como muitos reis cristãos fazem atualmente) entregar o governo de seus súditos, em matéria de religião, ao Papa; mas então o Papa é, neste ponto, subordinado a eles, e exerce tal encargo no domínio de outro *jure civili*, no direito da soberania civil; não *jure divino*, no direito de Deus; e pode, assim, ser desencarregado de tal ofício quando o soberano, para o bem de seus súditos, considerasse necessário. Eles podem também, se lhes aprouver, entregar o cuidado da religião a um pastor supremo ou para uma assembleia de pastores; e dar a eles o poder sobre a Igreja ou um sobre o outro, conforme eles considerassem conveniente; e que títulos de honra, como de arcebispos, bispos, clérigos ou presbíteros, eles quisessem; e propor tais leis para sua manutenção, seja por dízimos ou outras, conforme lhes agradar, e eles o fazem isso independentemente de uma consciência sincera, que apenas Deus pode julgar. É o soberano civil que aponta os juízes e intérpretes das Escrituras canônicas; pois é ele quem as faz leis. Também é ele que dá força às excomunhões; que, para tais leis e punições, que pode condenar humildes obstinados libertinos a forçá-los à união com o resto da Igreja. Em suma, ele tem o poder supremo em todas as causas, sejam elas eclesiásticas ou civis, além daquilo que concerne as ações e palavras daquilo que pode apenas ser conhecido e pode, consequentemente, ser acusado; e daquilo que não pode ser acusado, não há juiz, exceto Deus, que conhece o coração; e todos esses direitos são incidentes a todos os soberanos, sejam eles monarcas ou assembleias: pois aqueles que são os representantes do povo cristão são representantes da Igreja: porque uma Igreja e uma república do povo cristão são a mesma coisa.

Conquanto isso que eu disse aqui e em outras partes deste livro pareçam claras o suficiente para o estabelecimento do poder eclesiástico supremo aos soberanos cristãos, ainda assim, os desafios do Papa de Roma àquele poder têm sido mantidos principalmente, creio, tanto quanto possível, pelo Cardeal Bellarmine, em seu controverso *De Summo Pontifice*[89]; eu penso que é necessário, tão brevemente quanto eu puder, examinar as bases e a força de seu discurso.

---

89. Nesta passagem, Hobbes evoca o trabalho *Disputationes de Controversiis Christianae Fidei adversus hujus temporis Haereticos* (também chamado de *Controversiis*) do então cardeal (e hoje santo) Roberto Francesco Romolo Bellarmino, aparentemente desenvolvido nas duas últimas décadas do século XVI. Como é possível notar na exposição do filósofo inglês, o texto do cardeal era uma pretensão de defesa definitiva do poder papal. Para mais informações sobre a controvérsia, cf. ROSE, M. Hobbes contra Bellarmine. *Journal of Moral Theology* 4 (2), 2015, p. 43-62 [N.T.].

Dos cinco livros que ele escreveu sobre esse assunto, o primeiro contém três questões: primeiramente, que é simplesmente sobre o melhor governo, *Monarquia, Aristocracia* ou *Democracia*; e conclui que nenhum, exceto o governo misto de todos os três; a segunda, qual desses é o melhor governo da Igreja; e conclui que o misto, mas que deve ter uma maior participação da monarquia: o terceiro, que se nessa monarquia mista, se são Pedro tinha a posição de monarca. Sobre a primeira conclusão, eu já provei suficientemente (capítulo 18) que todos os governos a quem os homens são ligados a obedecer são simples e absolutos. Na monarquia há apenas um homem supremo; e todos os outros homens que tem qualquer tipo de poder no estado o têm por sua comissão, conforme lhe agradar; e executam-no em seu nome: e, na aristocracia e democracia, apenas uma assembleia suprema, com o mesmo poder que, na monarquia, pertence ao monarca, que não é misto, mas uma soberania absoluta. E, dos três tipos, o que é melhor e não sofre disputas, onde qualquer um deles já está estabelecido; porém, o presente deve sempre ser preferido, mantido e considerado melhor, porque é contra a lei da natureza e o poder positivo divino fazer qualquer coisa tendendo à sublevação disso. Ademais, nada oferta ao poder de qualquer pastor (a menos que ele disponha da soberania civil) que tipo de governo é melhor; pois seu chamado não é para governar os homens por ordens, mas para ensiná-los e persuadi-los com argumentos, e deixá-los considerar se eles devem abraçar ou rejeitar a doutrina ensinada. Porque a monarquia, a aristocracia e a democracia sinalizam a nós três sortes de soberania, não de pastores; ou, como nós podemos dizer, três sortes de chefes de famílias, não três tipos de mestres-escolas para suas crianças.

Assim, sobre a segunda conclusão, a saber, da forma mais apropriada de governo da Igreja, não se trata da questão do poder do Papa sem seus próprios domínios: pois, em todas as outras repúblicas, seu poder (se ele tem algum, acima de tudo) é o de mestre-escola somente, e não de mestre de família.

Quanto à terceira conclusão que é se são Pedro foi o monarca da Igreja, ele porta como seu principal argumento a passagem de são Mateus (capítulo 16,18-19) *tu és Pedro, e sobre esta pedra construirei a minha Igreja etc. E dar-te-ei as chaves do céu; tudo o que ligares na terra será ligado no céu, e tudo o que desatares na terra será desatado no céu.* Tal excerto considerado prova nada mais que a Igreja de Cristo tem como fundação apenas um artigo; nomeadamente, que Pedro, em nome de todos os apóstolos que professavam, deu oportunidade ao nosso Salvador para falar as palavras aqui citadas; que nós podemos entender claramente, nos faz considerar que nosso Salvador pregou para si, por João Batista e por seus apóstolos, nada mais além desse artigo de fé, *que ele era o Cristo*; todos os outros artigos no tocante à fé estão fundamentados nesse. João começou primeiro (Mt 3,2) pregando apenas isso, *que o reino de Deus está próximo.* Em seguida, nosso próprio Salvador (Mt 4,17) pregou o mesmo: e seus doze apóstolos, quando ele deu a eles sua missão (Mt 10,7), não há menção de pregar qualquer outro artigo além desse. Esse foi o artigo fundamental, que é a fundação da fé da Igreja. Posteriormente, quando os apóstolos voltaram a ele e perguntaram sobre tudo, não apenas Pedro (Mt 16,13), *quem os homens diziam que ele era*; e eles responderam que *alguns diziam que ele era são João Batista, outros Elias, outros Jeremias, ou um dos profetas.* Então (versículo 15) ele perguntou novamente a eles (não somente a Pedro), *quem vós dizeis que eu sou?* Portanto, são Pedro respondeu (por todos eles) *Tu és Cristo, o filho do Deus vivo*; o que eu digo que é o fundamento de fé de toda a Igreja; da qual nosso Salvador aproveitou a ocasião para dizer e sobre esta pedra eu edificarei a minha Igreja: pelo qual está manifesto que pela pedra fundamental da Igreja implicava o artigo fundamental da fé da Igreja. Mas porque então (alguns objetarão) nosso Salvador interpôs estas palavras: *tu és Pedro*? Se a versão original desse texto tivesse sido rigidamente traduzida, a razão seria facilmente encontrada: portanto, nós podemos considerar que o apóstolo Simão tinha o sobrenome Rocha (que é o significado da palavra siríaca Cephas, e da palavra grega Πετρος). Assim, nosso Salvador, após a confissão daquele artigo fundamental, aludindo seu nome, disse (como se estivesse em Língua Inglesa), deste modo, tu és *Rocha*, e sobre essa Rocha eu edificarei a minha Igreja: o que é o mesmo que dizer, nesse artigo, que *Eu sou o Cristo*, é a fundação de toda a fé que eu requeiro daqueles que são membros da minha Igreja: não se trata de uma alusão de um nome, uma coisa incomum no discurso comum: mas seria um discurso estranho e obscuro se nosso Salvador, pretendendo construir sua

Igreja sobre a pessoa de são Pedro, tivesse dito *tu és uma rocha, e sobre essa rocha eu edificarei a minha Igreja*, quando seria muito mais óbvio e categórico ter dito *Eu edificarei minha Igreja sobre ti*; e, ainda assim, continuaria sendo a mesma alusão ao seu nome.

E para as seguintes palavras: *dar-te-ei as chaves dos céus etc.*, nada mais é do que aquilo que o nosso Salvador deu também ao restante de seus discípulos (Mt 18,18): *Tudo o que ligares na terra será ligado no céu, e tudo o que desatares na terra será desatado no céu.* Porém, não importa como isso seja interpretado, não há dúvidas, exceto que o poder aqui garantido pertence aos supremos pastores; tal como são todos os soberanos civis cristãos em seus próprios domínios. De tal modo, como se são Pedro ou nosso próprio Salvador tivesse convertido qualquer um deles a acreditar nele e reconhecer seu reino; ainda assim, porque seu reino não é deste mundo, ele tinha deixado o supremo cuidado de converter seus súditos a ninguém, exceto ele; ou ainda ele deveria tê-lo privado da soberania, a quem o direito de ensinar é inseparavelmente anexado. E, assim, em refutação desse primeiro livro, onde ele desejava provar que são Pedro foi o monarca universal da Igreja, o que significa dizer, de todos os cristãos do mundo.

O segundo livro tira duas conclusões: primeiro, que são Pedro foi o Bispo de Roma, e ali morreu: a outra, que os papas de Roma são seus sucessores. Ambas têm sido disputadas por outrem. No entanto, supondo que elas são verdadeiras; ainda que o Bispo de Roma seja entendido quer como o monarca da Igreja ou o supremo pastor dela; não Silvestre, mas Constantino (que foi o primeiro imperador cristão) foi aquele bispo; e, como Constantino, o mesmo ocorreu com os outros imperadores cristãos que foram, de direito, os supremos bispos do Império Romano; eu digo do Império Romano, não de toda a Cristandade: pois outros soberanos cristãos tinham o mesmo direito em seus muitos territórios, como um ofício essencialmente aderente às suas soberanias. O que deve servir como resposta ao segundo livro.

No terceiro livro, ele lidou com a seguinte questão: seria o Papa o Anticristo? De minha parte, eu não vejo argumento que prove tal coisa, ao menos naquele sentido que as Escrituras usaram seu nome: nem eu irei tirar qualquer argumento da qualidade do Anticristo para contradizer a autoridade por ele exercida, ou que tenha exercido até agora, nos domínios de qualquer outro príncipe ou estado.

É evidente que os profetas do Antigo Testamento previram e os judeus aguardavam um Messias, isto é, um Cristo, que deveria reestabelecer entre eles o reino de Deus, que foi por eles rejeitado nos tempos de Samuel, quando eles requereram um rei conforme as maneiras das outras nações. Essa expectativa fez deles obnóxios diante da impostura dos demais, de modo que eles tiveram tanto a ambição de tentar alcançar o reino quanto a arte de enganar o povo por milagres enganadores, ou por uma vida hipócrita, ou ainda pelas orações e doutrinas plausíveis. Portanto, nosso Salvador e seus apóstolos avisaram antecipadamente sobre homens e falsos profetas, além dos falsos Cristos. Falsos Cristos são aqueles que pretendem ser o *Cristo*, mas não o são e são apropriadamente chamados de *Anticristos*, no sentido em que quando ocorreu um cisma na Igreja pela eleição de dois papas, o principal chamou o outro *Antipapa* ou papa falso. Assim, o Anticristo, no sentido apropriado, tem dois sinais essenciais; primeiro, que ele nega que Jesus seja o Cristo; e outro, que ele professa ser o próprio Cristo. O primeiro sinal é determinado por são João em sua primeira Epístola (4,3), *todo espírito que não confessa que Jesus Cristo veio em carne não é de Deus, e esse é o espírito do Anticristo*. A outra marca é expressa nas palavras de nosso Salvador (Mt 24,5): *muitos virão em meu nome, dizendo Eu sou o Cristo*; e novamente (versículo 23): *se alguém vier a vós e disser, aqui está o Cristo, aí está Cristo, não o acrediteis*. Portanto, o Anticristo deve ser um Cristo falso, isto é, aqueles que pretendem ser Cristo. E, para além dessas duas características, *negar que Jesus seja o Cristo* e *afirmar que ele mesmo é o Cristo*, entende-se que ele mesmo também é um *adversário de Jesus, o verdadeiro Cristo*, que é outro significado usual da palavra Anticristo. Mas desses muitos Anticristos, há um em especial, ὁ Ἀντίχριστος, *o Anticristo*, ou definitivamente o *Anticristo*, como certa pessoa definida; não indefinidamente *um Anticristo*. Vendo agora que o Papa de Roma não pretende ser nem nega que Jesus é o Cristo, eu não percebo como ele pode ser chamado de Anticristo; pois tais palavras não significam alguém que falsamente pretende ser seu tenente ou vigário-geral, mas ser *Ele*. Há também alguma característica do tempo desse Anticristo especial, como (Mt 24,15) quando aquele abominável destruidor falou que Daniel (Dn 9,27) permanecerá no lugar sagrado, e que tal tribulação não ocorreu desde o começo do mundo nem ocorrerá de novo, até que se tenha a última trombeta (Mt 24,22) nenhuma carne se salvaria, mas por causa dos eleitos esses dias serão encurtados (ou seja, menos dias). Mas essa tribulação ainda não veio; posto que, após ela, seguirá (versículo 29) o escurecer do sol e da lua, uma falha das estrelas, a concussão dos céus e a gloriosa nova vinda de nosso Salvador, vindo das nuvens. Portanto, *o Anticristo* ainda não veio; enquanto isso, muitos papas vieram e se foram. É verdade que o Papa, ao tomar para si a função de dar leis para todos os reinos e nações cristãos, usurpou um reino nesse mundo, algo que Cristo não colocou sobre ele: mas ele o fez não *como Cristo*, mas *para o Cristo*, enquanto nada há *do Anticristo*.

No quarto livro, ao provar que o Papa é o supremo juiz em todas as questões da fé e maneiras (*o que implicaria ser o monarca absoluto de todos os cristãos no mundo*) ele oferta três proposições: a primeira, que seus julgamentos são infalíveis; o segundo, que ele pode fazer leis verdadeiras e punir aqueles que não as observam: a terceira, que nosso Salvador conferiu toda jurisdição eclesiástica ao Papa de Roma.

Sobre a infalibilidade de seus julgamentos, ele alega as Escrituras: e, primeiramente, aquela em Lucas 22,31-32: *Simão, Simão, Satanás desejou poder peneirar-te como trigo; mas eu orei por ti, para que a tua fé não fraqueje; e tu, uma vez convertido, fortalece a teus irmãos.* Conforme a exposição de Bellarmine, isso significa que, nesse excerto, Cristo deu a Simão dois privilégios: primeiro, que nem sua fé falharia, nem a de qualquer um de seus sucessores; o outro, que nem ele ou qualquer outro de seus sucessores deve nunca definir qualquer ponto sobre a fé ou maneiras erroneamente, ou de maneira que contrarie a definição de um Papa anterior: o que é uma interpretação estranha e muito deformada. Mas aquele que lê atenciosamente aquele capítulo irá descobrir que não há excerto em todas as Escrituras que atenta contra a autoridade do Papa do que esse mesmo excerto. Os sacerdotes e escribas, desejosos da morte de nosso Salvador na Páscoa, e Judas, possuído pela resolução de traí-lo, e chegando o dia de morte na Páscoa tendo se aproximado, nosso Salvador celebrou o mesmo com seus apóstolos, ocasião na qual ele disse que, até que o reino de Deus viesse, ele nada mais faria; e, igualmente, disse a eles que um deles iria traí-lo: ato contínuo, eles questionaram qual deles seria; e, igualmente (vendo que a próxima Páscoa que o mestre celebraria deveria ser quando ele fosse rei) entraram em disputa sobre quem seria então o maior entre eles. Portanto, nosso Salvador disse a eles que o rei das nações tinha o domínio sobre todos os seus súditos e era chamado por um nome (em hebraico) que significa generoso; mas isso eu não seria para vós, de maneira que tendes que ajudar-vos uns aos outros; ordeno-vos um reino, porém, tal reino foi ordenado a mim por meu Pai; um reino que eu irei agora comprar com meu sangue, e que não irei possuir até a minha segunda vinda; então, comei e bebei em minha mesa, e sentem-vos sobre tronos julgando as doze tribos de Israel; e, dirigindo-se a são Pedro, disse ele: *Simão, Simão*, Satã busca, mediante sugestão de uma dominação presente, enfraquecer vossa fé no futuro; porém, tenho orado por ti para que tua fé não falhe; portanto, sendo convertido (note isso) e compreendendo meu reino como de outro mundo, confirme a mesma fé em tua irmandade. Ao qual são Pedro respondeu (como alguém que não espera mais qualquer autoridade nesse mundo): Senhor, estou pronto para ir contigo, não apenas para a prisão, mas também para a morte. De modo que está manifesto que são Pedro não tinha apenas qualquer jurisdição dada por ele nesse mundo, exceto o encargo de ensinar a todos os outros apóstolos que eles também não teriam qualquer jurisdição. E, quanto à infalibilidade da sentença definitiva de são Pedro em matéria de fé, nada mais há a ser atribuído a isso derivado desse texto para além de que Pedro deveria continuar na fé desse ponto, nomeadamente, que Cristo voltaria e possuiria o reino no dia do julgamento; que não foi dado, nesse texto, a todos os seus sucessores; pois nós vemos que eles continuam a reclamar por isso no mundo até hoje.

O segundo excerto é aquele em Mt 16,18: *tu és Pedro, e sobre esta pedra construirei a minha Igreja, e os portões do inferno não prevalecerão contra ela.* Pelo qual (como eu já demostrei nesse capítulo) nada mais é provado além de que os portões do inferno não irão prevalecer contra a confissão de Pedro, que deu oportunidade a esse discurso; nomeadamente, que *Jesus é o Cristo, o Filho de Deus.*

O terceiro texto é Jo 21,16-17: *alimenta minhas ovelhas*; que contém nada mais além de uma ordem de ensinar: e se nós garantimos que o restante dos apóstolos está contido no nome de *ovelhas*; então, temos o supremo poder de ensinar: mas isso durou apenas para o tempo em que não havia soberanos cristãos que já possuíssem tal supremacia. Mas eu já provei que os soberanos cristãos são, em seus próprios domínios, os pastores supremos e instituídos ali pela virtude de serem batizados, apesar de o serem sem a imposição das mãos. Posto que tal imposição é uma cerimônia de designação da pessoa e desnecessária, uma vez que ele já está designado ao poder de ensinar que doutrina ele desejar pela sua instituição diante de um poder absoluto sobre seus súditos. Porque como eu provei antes, os soberanos são os professores supremos (em geral) por seu ofício; e, portanto, obrigam a si mesmos (pelo seu batismo) a ensinar a doutrina de Cristo: e quando eles autorizam que outros ensinem a seu povo, ele o faz para o perigo de suas próprias almas; posto que está nas mãos dos cabeças de famílias, e que Deus os cobrará sobre a instrução de suas crianças e servos. Foi ao próprio Abraão, e não a um contratado que Deus disse (Gn 18,19) *sei que ele ordenará aos seus filhos e à sua casa que o sigam, no caminho do Senhor, fazendo justiça e julgamento.*

A quarta passagem é aquela do Ex 28,30: *Tu porás no peitoral do juízo o Urim e o Tumim*; o excerto é interpretado pela *Septuaginta* como δήλωσιν χαί άλήθειαν, isto é, *evidência* e *verdade*: e então se conclui que Deus deu a evidência e verdade (que é quase a infalibilidade) ao sumo sacerdote. Mas independentemente da evidência e da verdade que foram dadas, ou que ela nada mais seja, além de uma advertência do sacerdote do esforço para informar-se claramente e dar o julgamento corretamente; ainda assim, naquilo que foi dado pelo sumo sacerdote, foi dado à soberania civil: de tal modo que, próximo a Deus estava o sumo sacerdote na república de Israel; e é um argumento para a evidência e verdade, isto é, para a supremacia eclesiástica dos soberanos civis sobre seus próprios súditos contra o poder pretendido do Papa. Estes são todos os textos que ele oferta para a infalibilidade do julgamento do Papa, no que concerne à fé.

Posto que a infalibilidade de seu julgamento sobre as maneiras, ele ofereceu um texto, que é o de Jo 16,13: *quando o espírito da verdade chegar, ele vos guiará até toda a verdade; onde* (disse ele) por *toda a verdade*, entende-se, ao menos, *toda a verdade necessária para a salvação*. Porém, com essa mitigação, ele não mais atribuiu a infalibilidade ao Papa do que a qualquer outro homem que professe o cristianismo e que não deve ser amaldiçoado: pois se qualquer homem errar em qualquer ponto, onde não errar é necessário à salvação, é impossível que ele seja salvo; porque apenas aquilo é necessário à salvação, sem a qual ser salvo é impossível. Que pontos são esses, eu irei declará-los extraídos das Escrituras no próximo capítulo. Neste local eu nada mais digo, exceto que apesar dele ser garantido, o Papa não pode ensinar qualquer erro em absoluto, ainda que isso não o intitule a qualquer jurisdição nos domínios de outro príncipe; a menos que, nós devemos dizer, um homem seja obrigado na consciência a determinar um trabalho, em todas as ocasiões apresentáveis, ao melhor trabalhador, ainda assim também quando ele tenha formalmente prometido seu trabalho a outro.

Para além do texto, ele também argumenta racionalmente da seguinte maneira: se o Papa puder errar nas necessidades, então Cristo não proveu suficiente a salvação à Igreja; porque ele tinha ordenado que ela a seguisse as direções do Papa. Mas essa razão é inválida, a menos que ele mostre quando e onde Cristo ordenou isso ou fez conhecer algo de um Papa: nem garantindo a quem qualquer coisa foi dada a são Pedro que tenha sido dada ao Papa; ainda assim, vendo que não há nas Escrituras qualquer ordem para que qualquer homem obedecesse são Pedro, nenhum homem pode ser justo, ao obedecê-lo, quando suas ordens são contrárias àquelas de seu legítimo soberano.

Por fim, ainda não foi declarado pela Igreja, nem pelo próprio Papa, que ele é o soberano civil de todos os cristãos do mundo; e, assim, os cristãos não são todos obrigados a reconhecer sua jurisdição quanto às maneiras. Posto que o soberano civil e o supremo judiciário nas controvérsias das maneiras são a mesma coisa: e aqueles que fazem as leis civis não são apenas declarantes, mas também sinalizadores da justiça e injustiça das ações; não havendo nada nas maneiras humanas que as tornem justas ou injustas, mas sua conformidade com a lei do soberano. Portanto, quando o Papa desafia a supremacia nas controvérsias das maneiras, ele ensina os homens a desobedecer ao soberano civil; o que é uma doutrina errônea, contrária a muitos preceitos de nosso Salvador e seus apóstolos, entregue a nós nas Escrituras.

Para provar que o Papa tem poder para fazer leis, ele alegou muitas passagens; em primeiro lugar (Dt 17,12), *o homem que age presunçosamente, não dando ouvidos ao Sacerdote (que está ali para ministrar perante o Senhor teu Deus, ou juiz), esse homem morrerá, e tu farás desaparecer o mal de Israel.* Para responder tal questão, nós devemos lembrar que o sumo sacerdote (o próximo e imediatamente sob Deus) foi o soberano civil; e todos os juízes foram constituídos por ele. As palavras alegadas soam, portanto, assim. O homem que ousar desobedecer ao soberano civil do momento, ou quaisquer de seus funcionários na execução das suas funções, esse homem morrerá etc., o que é claramente favorável à soberania civil e contrário ao poder universal do Papa.

Em segundo lugar, ele alegou aquilo que está em Mt 16,19: *Tudo o que ligares etc.*, e interpretar esse *ligar* como está atribuído (Mt 23,4) *aos escribas e fariseus, eles ligam pesados fardos, duros de carregar, e põem-nos aos ombros dos homens*; pelo qual significa (ele diz) o fazer das leis; e conclui então que o Papa pode fazer leis. Mas isso também faz em favor do poder legislativo dos soberanos civis: posto que os escribas e fariseus assentavam-se na cadeira de Moisés, mas Moisés era o soberano do povo de Israel sob Deus: e, assim, nosso Salvador ordenou-lhes a fazer tudo que eles deveriam dizer, mas não tudo que eles deveriam fazer. Isto é, obedecer às leis, mas não seguir o exemplo deles.

A terceira passagem é Jo 21,16: *alimente minhas ovelhas*: o que não é o poder para fazer leis, mas uma ordem para ensinar. O ato de fazer leis pertence ao senhor da família; que, conforme sua própria discrição, escolhe seu capelão, assim tomo seu mestre-escola, para ensinar suas crianças.

A quarta passagem (Jo 20,21) está contra ele. As palavras são *assim como meu pai me enviou, eu vos envio*. Mas nosso Salvador foi enviado para redimir (com sua morte) aqueles que acreditassem; e pela sua própria pregação e de seus apóstolos, para prepará-los para entrar em seu reino; que ele mesmo disse não ser deste mundo, e nos ensinou a orar para a sua vinda no futuro, conquanto ele tenha recusado (*At* 1,6-7) a dizer aos seus apóstolos quando ele viria; de tal modo que, quando isso ocorrer, os doze apóstolos sentarão sobre doze tronos (cada um talvez tão altos quanto são Pedro) para julgar as doze tribos de Israel. Vendo então que Deus Pai enviou não nosso salvador para fazer leis no mundo presente, nós podemos concluir, a partir do texto, que nem nosso Salvador enviou são Pedro para fazer leis aqui, porém, para persuadir os homens a esperar sua segunda vinda com uma fé firme; e, entrementes, se súditos, a obedecerem seus príncipes; e se príncipes, a tanto acreditarem quanto a fazer o melhor para que seus súditos fizessem o mesmo; que é o ofício de um bispo. Portanto, essa passagem mais fortemente mostra a submissão da supremacia eclesiástica à soberania civil, contrariando aquilo que o cardeal Bellarmine alegou sobre ela.

A quinta passagem está colocada em *At* 15,28-29, *pareceu bom ao Espírito Santo, e a nós, não vos impor um fardo maior do que estas coisas necessárias: que vos abstenhais de oferecer sacrifícios aos ídolos, e do sangue, e de coisas estranguladas, e da fornicação.* Aqui ele nota a sentença *o impor do fardo* ao poder legislativo. Porém, quem lerá este texto e dirá que tal estilo dos apóstolos pode não apropriadamente ser usado para dar conselhos, mas para fazer leis? O estilo de uma lei é *nós ordenamos*: mas *nós pensamos ser prudente* é um estilo ordinário daqueles que dão apenas conselho; e eles impõem um fardo de conselho, conquanto seja condicional, isto é, se aqueles a quem eles deram irão mantê-los conforme seus fins: e tal questão e o fardo de abster-se das coisas estranguladas e do sangue; não absoluto, no caso de eles não errarem. Eu mostrei anteriormente (capítulo 25) que a lei se distingue do conselho da seguinte maneira: que a razão de uma lei é tomada do desígnio e benefício daquele que a prescreveu; mas a razão de um conselho, do desígnio e benefício daquele a quem o conselho foi dado. No entanto, aqui, os apóstolos desejavam apenas o benefício dos gentios convertidos, nomeadamente, sua salvação; não para seu próprio benefício; posto que, empreendendo sua missão, eles terão a sua recompensa, quer eles sejam obedecidos ou não. E, assim, os atos do concílio não são leis, mas conselhos.

A sexta passagem é aquela de Rm 13. *Que cada alma se sujeite aos poderes superiores, pois não há poder senão o de Deus. Que* significa, diz ele, não apenas dos príncipes seculares, mas também dos príncipes eclesiásticos. À qual eu respondo, primeiro, que não há príncipes eclesiásticos, mas aqueles que também são soberanos civis; e seus principados excedem não o compasso de sua soberania civil, posto que, sem aqueles limites, conquanto eles possam ser recebidos como doutores, eles não podem ser reconhecidos como príncipes. Pois se um apóstolo quisesse que fôssemos sujeitos tanto aos nossos príncipes quanto também ao Papa, ele teria nos ensinado tal doutrina, que o próprio Cristo disse-nos ser impossível, nomeadamente, *servir a dois senhores.* E apesar de o apóstolo ter dito noutro lugar (2Cor 13,10) *escrevo estas coisas estando ausente, pois se estivesse presente usaria de dureza, de acordo com o poder que me deu o Senhor;* isso não significa que ele desafiou um poder que era capaz até mesmo de matá-lo, aprisioná-lo, bani-lo, chicoteá-lo ou tachá-lo, que são punições; mas apenas excomungá-lo, o que (sem o poder civil) nada mais é do que deixar sua companhia e nada ter mais com aqueles do que se teria com um homem pagão ou publicano; o que, em muitas ocasiões, pode ser uma grande dor tanto para aquele que excomunga quanto ao excomungado.

A sétima passagem é 1Cor 4,21. *Devo ir a vós com uma vara ou com amor e espírito de clemência?* Mas aqui novamente não é o poder de um magistrado de punir os ofensores, que é significada pela vara; mas apenas o poder da excomunhão, que não é em sua própria natureza uma punição, mas apenas uma denúncia de punição que o Cristo deverá infligir quando ele possuir seu reino no dia do julgamento. A rigor, nem mesmo isso será propriamente uma punição, como se faz a um súdito que quebrou a lei; mas uma vingança, como imposta a um inimigo ou revoltoso que nega o direito de nosso Salvador ao reino. Portanto, isso prova que não há poder legislativo em qualquer bispo que não detenha também o poder civil.

A oitava passagem está em 1Tm 3,2. *Um bispo deve ser marido de uma só mulher, vigilante, sóbrio etc.* – o que, disse ele, foi uma lei. Eu penso que ninguém pode fazer uma lei na Igreja, mas apenas o monarca da Igreja, são Pedro. Mas suponhamos que esse preceito tenha sido feito pela autoridade de são Pedro; ainda assim, eu não vejo razão de chamá-lo como uma lei em vez de um conselho, vendo que Timóteo não era um súdito, mas um discípulo de são Paulo; nem o rebanho aos cuidados de Timóteo foram seus súditos no reino, mas seus estudantes na escola de Cristo: se todos os preceitos que ele deu a Timóteo eram leis, porque também não é uma lei (1Tm 5,23) a instrução de *não beber mais água, mas usar um pouco de vinho por causa da saúde?* E por que não são também os preceitos de bons médicos tantas leis? Mas isso não é uma maneira imperativa de falar, mas uma submissão absoluta de uma pessoa que torna seus preceitos leis?

De modo parecido, na nona passagem, 1Tm 5,19. *Contra um ancião não aceites acusação, a não ser diante de duas ou três testemunhas* – é um sábio preceito, contudo, não é uma lei.

A décima passagem é *Lc* 10,16. *Aquele que vos ouve, ouve-me a mim, e aquele que vos despreza, despreza-me a mim.* E não há dúvidas que aquele que despreza o conselho daqueles que são enviados por Cristo, despreza o conselho do próprio Cristo. Porém, quem são aqueles atualmente que são enviados por Cristo, mas que são pastores ordenados pela autoridade legítima? E quem é legalmente ordenado que não o é pelo soberano pastor? E quem é ordenado pelo pastor soberano em uma república cristã, de modo que não é ordenado pela autoridade do soberano dali? Para além desse excerto supracitado, onde aquele que ouve seu soberano sendo um cristão, ouve o próprio Cristo; e aquele que despreza a doutrina de seu rei, sendo ele cristão, autorizado, despreza a doutrina do Cristo (o que não foi pretendido por Bellarmine provar, mas exatamente o contrário). Mas tudo isso nada é para a lei. Nem um rei cristão, ou um pastor, ou ainda um professor de seus súditos não torna suas doutrinas leis. Ele não pode obrigar os homens a acreditar, conquanto, enquanto um soberano civil, ela possa fazer leis adequadas à sua doutrina, que podem obrigar os homens a certas ações e, algumas vezes, ações que doutra forma eles não praticariam e que ele não deveria ordenar: e ainda assim, quando elas são ordenadas, elas são leis; e as ações externas realizadas em obediência a elas, sem a aprovação interna, são as ações do soberano e não do súdito, que, neste caso, nada mais é do que um instrumento, sem qualquer movimento próprio; porque Deus tinha ordenado a obedecê-las.

A décima primeira está em toda passagem onde o apóstolo, para aconselhar, incluía alguma palavra pela qual os homens costumam significar ordem; ou chamava aqueles que seguiam seu conselho pelo nome de obediência. Portanto, alega-se aquilo que foi expresso em 1Cor 11,2, *recomendo-vos que guardeis os meus preceitos tais como vo-los dei*. O grego é: *recomendo-vos que guardeis as coisas que vos dei tais como eu vo-las dei*. O que está muito distante de significar que elas foram leis ou qualquer outra coisa, exceto um bom conselho. E aquilo que está em 1Ts 4,2. *Vós sabeis que mandamentos vos demos*: onde, em grego, a palavra é παραγγελίας ἐδώχαμεν, equivalente a παρεδώχαμεν, *o que vos entregamos*, como em uma passagem próxima da alegada antes, que não prova as tradições dos apóstolos como nada mais do que conselhos; apesar daquilo que foi dito no oitavo versículo, *aquele que os despreza, não despreza o homem, mas a Deus*: pois nosso próprio Salvador veio não para julgar, isto é, para ser rei desse mundo; mas para sacrificar a si próprio pelos pecadores e para deixar doutores em sua Igreja, no intuito que liderassem, não que conduzissem os homens a Cristo, que nunca aceitaram ações forçadas (que é o que a lei produz), mas a conversão interna, de coração; que não é o fruto do trabalho das leis, mas do conselho e doutrinas.

E aquilo que está em 2Ts 3,14. *Se algum homem não obedecer à nossa palavra nesta Epístola, assinalai esse homem, e não aceiteis a sua companhia, para que ele se envergonhe*: onde, para a palavra *obedecer*, ele pode inferir que essa epístola foi uma lei aos tessalonicenses. As epístolas dos imperadores foram, de fato, leis. Se, portanto, a epístola de são Paulo fosse também uma lei, eles iriam obedecer a dois mestres. Mas a palavra *obedecer*, como está em grego ὑπαχούει, significa *ouvir algo* ou *colocar em prática*, não apenas aquilo que foi ordenado por aquele que tem o direito de punir, mas aquilo que foi entregue na forma de um conselho para o nosso bem; assim, são Paulo não ofertou a morte àquele que desobedece; nem surrá-lo, nem aprisioná-lo, nem multá-lo, o que os legisladores podem todos fazer: mas evitar sua companhia, que ele possa ser envergonhado: de maneira que é evidente que não se trata do império de um apóstolo, mas de sua reputação entre os fiéis, pelo qual os cristãos mantinham seu respeito.

A última passagem é aquela presente em Hb 13,17. *Obedecei aos vossos chefes, e submetei-vos a eles, pois eles velam pelas vossas almas, já que terão que prestar contas delas:* e aqui também se intenciona a obediência ao seguir seu conselho: como a razão de nossa obediência não deriva da vontade e ordem de nossos pastores, mas de nosso próprio benefício, pela salvação de nossas almas que eles observam, e não para a exaltação de seu próprio poder e autoridade. Se eles tivessem a intenção de que tudo que ensinassem fossem leis, então não apenas o Papa, mas cada pastor em sua paróquia deveria ter o poder legislativo. Novamente, aqueles que são obrigados a obedecer aos seus pastores não tem poder para examinar suas ordens. O que então nós dizemos para são João (1Jo 4,1), que nos ordena a *não obedecer a todos os espíritos, mas provar os espíritos para saber se são de Deus, pois andam pelo mundo muitos falsos profetas?* Portanto, é manifesto que nós podemos disputar a doutrina de nossos pastores; mas nenhum homem pode disputar a lei. As ordens dos soberanos civis são garantidas, acima de tudo, como leis: se qualquer outro puder fazer uma lei para além de si, toda a república e, consequentemente, toda a paz e justiça cessará; o que contraria todas as leis, tanto divinas quanto humanas. Assim, nada pode ser concluído dessas ou de quaisquer outras passagens das Escrituras, para provar os decretos do Papa, onde ele também não tem a soberania civil, para que sejam tomadas como leis.

O último ponto que ele queria provar é esse, *que nosso Salvador Cristo tinha entregado a jurisdição eclesiástica imediatamente ao Papa e a mais ninguém.* De tal modo que ele não lidou com a questão da supremacia entre o Papa e os reis cristãos, mas entre o Papa e outros bispos. E primeiro, ele disse que concorda que a jurisdição dos bispos, é ao menos de maneira geral quanto ao *jure divino,* isto é, no direito de Deus; pelo qual ele alega com base no que são Paulo disse em Ef 4,11, que Cristo, após sua ascensão aos céus, concedeu *dons aos homens, uns como apóstolos, outros como profetas, outros como evangelistas, outros como pastores e outros como mestres.* E assim infere que eles tinham de fato sua jurisdição no Direito de Deus: mas não garante que eles a dispunham imediatamente de Deus, mas derivada através do Papa. Mas se um homem pode dizer que tem sua jurisdição *de jure divino,* e ainda assim não imediatamente, que jurisdição legítima há em uma república cristã, que nada mais é do que civil, que não é também *de juro divino?* Posto que os reis cristãos têm seu poder civil derivado imediatamente de Deus; e os magistrados sob ele exercem seus diversos encargos em virtude de sua comissão; de modo que aquilo que eles fazem não é menos *de jure divino mediato* do que aquilo que os bispos fazem, em virtude da ordenação do Papa. Um poder legítimo provém de Deus, imediatamente o Supremo Governante, e media aqueles que têm autoridade sob ele: de modo que ele possa garantir cada constância no Estado para manter seu ofício no direito de Deus; ou que ele não possa manter que cada bispo goza dos mesmos princípios, para além do próprio Papa.

Mas toda essa disputa, quer Cristo deixe a jurisdição ao Papa somente, quer também aos bispos, se considerada fora daquelas passagens nas quais o Papa tem a soberania civil, é uma contenção *de lana caprina*[90]: pois nenhum deles (onde eles não são soberanos) tem qualquer jurisdição. Posto que a jurisdição é o poder de ouvir e determinar as causas entre homem e homem; e não pertence a ninguém, exceto aquele que tem o poder de prescrever as regras do certo e do errado; isto é, de fazer leis; e que, com a espada da justiça, pode compelir os homens a obedecer suas decisões, pronunciadas quer por si mesmo ou pelos juízes que ele tenha ordenado dali em diante; o que ninguém pode legalmente fazer, exceto o poder soberano.

Porém, quando ele alegou, partindo do capítulo 6 de Lucas, que nosso Salvador reuniu seus discípulos e escolheu doze entre eles, chamando-os de apóstolos, ele provou que os elegeu (todos, exceto Matias, Paulo e Barnabé), e deu a eles o poder e a ordem de pregar, mas não de julgar as causas entre homem e homem: posto que este poder ele recusou para si próprio, dizendo, *quem fez de mim um juiz ou um divisor, entre vós?*, e, em outra passagem, *o meu reino não é deste mundo*. Mas aquele que não tem o poder de ouvir e determinar as causas entre homem e homem, não se pode dizer que tenha qualquer jurisdição. E ainda que isso não impeça, nosso Salvador deu o poder a eles de pregar e batizar em todas as partes do mundo, supondo que eles não fossem proibidos de fazê-lo por seu próprio soberano legítimo: porque para os nossos

---

90. A expressão *de lana caprina* (ou apenas *lana caprina*) é uma locução latina que evoca algo que se fala para evidenciar sua inutilidade ou seu caráter supérfluo; em suma, era empregada quando alguém tratava de algo inútil ou de pequena importância para o argumento da discussão [N.T.].

próprios soberanos, o próprio Cristo e seus apóstolos ordenaram-nos expressivamente em diversas passagens a sermos obedientes em todas as coisas.

Os argumentos pelo qual ele pode provar que os bispos receberam sua jurisdição do Papa (notando que o Papa, nos domínios de outros príncipes, não tem jurisdição própria), são todos em vão. Ainda assim ele prova, pelo contrário, que todos os bispos receberam a jurisdição quando eles a tem provinda de seus soberanos civis, eu não omitirei de recitá-las.

A primeira do capítulo 11 de *Números*, onde Moisés, não sendo capaz de lidar sozinho com o jugo de administrar os assuntos do povo de Israel, foi ordenado por Deus a escolher setenta anciãos, que tomaram parte do espírito de Moisés, que foi posto sobre os setenta anciãos: passagem pela qual se entende não que Deus enfraqueceu o espírito de Moisés, pois isso nada teria facilitado a eles; mas que eles tinham sua autoridade derivada dele; de modo que ele verdadeira e ingenuamente interpretou tal passagem. Mas vendo que Moisés tinha a inteira soberania na república dos judeus, está manifesto e está significado assim que ele tinha sua autoridade da soberania civil: portanto, essa passagem prova que os bispos em cada república cristã tem sua autoridade derivada da soberania civil; e do Papa em seus territórios somente, e não nos territórios de qualquer outro estado.

O segundo argumento é da natureza do monarca; de modo que toda autoridade está em um homem e em outros por derivação dele: mas o governo da Igreja, ele diz, é monárquico. Isso também vale para os monarcas cristãos. Porque eles são verdadeiramente monarcas de seu próprio povo; isto é, de sua própria Igreja (pois a Igreja é a mesma coisa que o povo cristão); de modo que o poder do Papa, conquanto ele fosse são Pedro, não é monárquico, nem tem qualquer coisa com *árquico*, nem *crático*, mas apenas *didático*; posto que Deus aceitou não a obediência forçada, mas a desejosa.

O terceiro é que a *sé* de são Pedro é chamada por são Cipriano como a *cabeça*, a *fonte*, a *raiz* e o *sol*, e é disso que deriva a autoridade dos bispos. Mas, pela lei da natureza (que é um princípio melhor do que certo e errado, do que a palavra de qualquer doutor, que nada mais é do que um homem) o soberano civil em qualquer república é a *cabeça*, a *fonte*, a *raiz* e o *sol*, e disso deriva toda a jurisdição. Portanto, a jurisdição dos bispos deriva da soberania civil.

O quarto é tomado da desigualdade das jurisdições: pois se Deus (disse ele) a deu imediatamente, ele a deu com a igualdade de jurisdição com fins de ordem: mas nós vemos que alguns são bispos de uma cidade, alguns de centenas de cidades e outros de muitas províncias inteiras; as diferenças entre elas não foram determinadas pela ordem de Deus; assim, sua jurisdição não provém de Deus, mas do homem; e uma é a maior, outra menor, se isso agradar o Príncipe da Igreja. Tal argumento, se ele tiver provado antes, que o Papa tem uma jurisdição universal sobre todos os cristãos, que foi seu propósito. Porém, vendo que isso não foi provado, e que é notoriamente sabido que a larga jurisdição do Papa foi dada a ele por aquele que dispunha dela, isto é, pelos Imperadores de Roma (posto que o Patriarca de Constantinopla, sob o mesmo título nomeadamente, de ser bispo da cidade capital do império e assento do imperador, exigiu ser igual a ele), disso segue que todos os outros bispos têm sua jurisdição dos soberanos do lugar onde eles exercem o mesmo: e, diante de tal causa, eles não tem sua autoridade *de jure divino*; de modo que nem tem o Papa seu *de jure divino*, exceto apenas onde ele também é o soberano civil.

Seu quinto argumento é esse, *se os bispos têm sua jurisdição imediatamente de Deus, o Papa não pode tomá-las deles, pois ele não pode fazer nada contrário às ordenações de Deus;* e tal consequência é boa e bem provada. *Mas* (disse ele) *o Papa pode fazer isso e tem feito.* Isso também garantido, pois ele o faz em seus próprios domínios, ou nos domínios de qualquer outro príncipe que deu a ele aquele poder; mas não universalmente, como direito do Papado: porque aquele poder pertence a cada cristão soberano, dentro dos limites de seu próprio império, e é inseparável da soberania. Antes do povo de Israel ter (pela ordem de Deus a Samuel) colocado sobre si um rei, à maneira das outras nações, o sumo sacerdote tinha o governo civil; e ninguém, exceto ele, poderia fazer, nem depois um clérigo inferior: mas aquele poder estava posteriormente no rei, como pode ser provado pelo mesmo argumento de Bellarmine; posto que se o clérigo (seja ele o sumo sacerdote ou qualquer outro) tinha sua jurisdição imediatamente de Deus, então o rei não poderia tomá-la dele; *pois ele não podia fazer nada contrário às ordenanças de Deus*. Mas é certo que o rei Salomão (1Rs 2,26-27) privou Abiatar, o sumo sacerdote, de seu ofício, e colocou Zadoque (versículo 35) em sua sala. Portanto, os reis podem ordenar e privar bispos similarmente, conforme considerarem adequado, para o bom governo de seus súditos.

Seu sexto argumento é esse, se os bispos têm sua jurisdição *de jure divino* (isto é, *imediatamente de Deus*), aqueles que a mantém devem trazer alguma palavra de Deus para provar isso: mas eles não podem fazê-lo. O argumento é bom. Portanto, eu nada tenho a dizer contra isso. Mas não é um argumento melhor até que o próprio Papa prove que tem a jurisdição no domínio de qualquer outro príncipe.

Por último, ele trouxe como argumento o testemunho de dois papas, Inocêncio e Leão; e eu duvido que ele não possa ter alegado, como uma boa razão, os testemunhos de todos os papas até quase são Pedro: pois considerando o amor pelo poder naturalmente implantado na humanidade, não importando que ele fosse feito Papa, ele seria tentado a sustentar a mesma opinião. Não obstante, eles fizeram apenas como Inocêncio e Leão, a saber, serem testemunhas deles mesmos, e, assim, seu testemunho não deve ser bom.

No quinto livro ele alcançou quatro conclusões. A primeira é *que o Papa não é o senhor de todo o mundo*: a segunda, *que o Papa não é o senhor de todo o mundo cristão*: a terceira, *que o Papa (fora de seu próprio território) não tem qualquer jurisdição temporal direta*. Essas conclusões são facilmente garantidas. A quarta é *que o Papa tem (nos domínios de outros príncipes) o supremo poder temporal indiretamente*: o que é negado, a menos que ele signifique por *indiretamente* aquele que a alcançou por meios indiretos, o que então seria também garantido. Mas eu entendo que quando ele diz: ele a tem *indiretamente*, ele pretendeu que tal jurisdição temporal pertence a ele de direito, mas que esse direito nada mais seria do que uma consequência de sua autoridade pastoral, a qual ele não poderia exercer, a menos que ele dispusesse da outra com ele: portanto, para o poder pastoral (que ele chama de espiritual), o supremo poder civil é necessariamente anexado; e que, consequentemente, ele tem um direito de mudar reinos, dando-os a alguém ou tomando-os de outrem, quando ele pensar que isso conduz à salvação das almas.

Antes que eu considere os argumentos pelos quais ele poderia provar essa doutrina, eu não serei omisso de deixar abertas as consequências dela; que os príncipes e estados que têm a soberania civil em suas muitas repúblicas possam pensar elas mesmas, quando isso for conveniente a elas, a conduzir ao bem de seus súditos, a quem eles prestarão contas no dia do juízo, no intuito de admitir o mesmo.

Quando é dito que o Papa não tem (nos territórios de outros estados) o poder civil supremo *diretamente*, nós tentamos fazer entender que ele não o desafia, como os demais soberanos civis fazem, com base na submissão original daqueles que serão governados. Posto que é evidente e já tem sido suficientemente demonstrado neste tratado, que o direito de todos os soberanos deriva originalmente do consentimento de cada um daqueles que são governados; ainda que aqueles que o escolheram tenham-no feito para a defesa comum contra um inimigo, como quando eles concordam entre eles para apontar um homem, ou em uma assembleia de homens para autoproteção; ou quer eles o façam para salvarem suas vidas, pela submissão diante de um inimigo conquistador. Portanto, o Papa, quando renuncia o supremo poder civil sobre outros estados diretamente, nada nega nem mesmo que seu direito chega a ele por essa via; ele não cessa, por tudo isso, de reclamá-lo por outra via; e esta é (sem o consentimento daqueles que serão governados) pelo direito dado a ele por Deus (que ele chama *indiretamente*) em sua assunção ao Papado. Porém, sem importar a forma como ele pretende fazê-lo, o poder é o mesmo; e ele pode (se lhe for garantido como sendo seu direito) depor príncipes e estados, como frequentemente ocorre para a salvação das almas, isto é, tão frequentemente quanto lhe aprouver; pois ele reclama também o poder único de julgar, seja visando a salvação das almas dos homens ou não. E esta é a doutrina, não apenas de Bellarmine, e que muitos outros doutores ensinam em seus sermões e livros, mas que alguns concílios têm decretado e os papas têm concordado, quando a ocasião serve a eles, e colocam-nas em prática. Pois o Quarto Concílio de Latrão, convocado sob o papa Inocêncio III (no terceiro capítulo *De Haereticis*) tem o seguinte cânone. *Se um rei, após a admoestação do Papa, não purgar seu reino dos heréticos e for excomungado pela mesma razão, não prestar satisfações dentro de um ano, seus súditos são absolvidos de sua obediência*[91]. E tal prática desde então tem sido vista em diversas ocasiões; como na deposição de Childerico, rei da França; na transladação do Império Romano por Carlos Magno; na opressão de João, rei da Inglaterra; na transferência do reino de Navarra; e, após muitos anos, na Liga contra Henrique III de França, e em muitas ocorrências mais. Eu creio que há poucos príncipes que não consideram isso como uma injustiça e inconveniência; mas eu desejo que eles possam todos resolver serem reis ou súditos. Os homens não podem servir a dois senhores: portanto, devem eles, para facilitar aos seus súditos, ou manter as rédeas do governo inteiramente em suas mãos ou entregá-las inteiramente para as mãos do Papa; que tais homens, como são propensos à obediência, possam ser protegidos em sua obediência. Porque essa distinção de poder temporal e espiritual nada mais são do que palavras. O poder, quando realmente dividido, e sob todos os aspectos trata-se de algo perigoso, ao dividir com outrem um poder *indireto*, como um poder *direto*. Mas avancemos agora aos seus argumentos.

O primeiro é este: *O poder civil é súdito do espiritual: portanto, aquele que tem o supremo poder espiritual tem direito de ordenar os príncipes temporais e dispor de seus temporais conforme o espiritual.* Quanto à distinção de temporal e espiritual, deixe-nos considerar em que sendo isso pode ser considerado inteligível, que o temporal ou poder civil é súdito do espiritual. Há apenas duas formas pelas quais essas palavras podem fazer sentido. Pois quando nós dizemos que um poder é súdito de outro poder, o significado ou é que aquele que tem um é súdito daquele que tem outro; ou que um poder é para o outro como os meios para o fim. Porque nós não podemos entender que um poder tem poder sobre outro poder; ou que

---

91. *"Si vero dominus temporalis requisitus et monitus ab ecclesia terram suam purgare neglexerit ab hac haeretica faeditate, per metropolitanum et caeteros comprovinciales episcopos excommunicationis vinculo innodetur. Et, si satisfacere contempserit infra annum, sinificetur hoc summo pontifici: ut extunc ipse vassalos ab ejus fidelitate denunciet absolutos, et terram exponat catholicis occupandam, qui eam exterminatis haereticis sine ulla contradictione possideant, et in fidei puritate conservent."* ("Porém, se um senhor temporal for requisitado e aconselhado pela Igreja, [mas] negligenciar a purga de sua terra da imundícia herética, deixe-o ser ligado à excomunhão pelo metropolita e pelos demais bispos coprovinciais. E se ele desprezar de prestar satisfações dentro de um ano, deixe-o ser significado pelo Supremo Pontífice: que, assim, declarará seus vassalos estão absolvidos de sua fidelidade a ele, e pode expor sua terra a ser ocupada pelos católicos, que podem, após o extermínio dos heréticos, possuí-la e conservá-la na pureza de sua fé sem contradição.") Como é possível notar na comparação, Hobbes substituiu "senhor temporal" por "rei" para reforçar seu argumento [N.T.].

um poder pode ter o direito de ordenar sobre o outro. Pois a submissão, a ordem, o direito e o poder são acidentes, não de poderes, mas de pessoas: um poder pode ser subordinado a outro, como a arte é de um fabricante de selar é diante da arte do cavaleiro. Se isso puder ser garantido, que o governo civil for ordenado como uma forma de prover-nos da felicidade espiritual; ainda assim, não se compreende que se um rei tem o poder civil, e o Papa o poder espiritual, que, assim, o rei é forçado a obedecer o Papa, mais do que um fabricante de selas é forçado a obedecer cada cavaleiro. Assim, como na submissão de uma arte não pode ser inferida como a sujeição do professor; de maneira análoga, a subordinação de um governo não pode ser inferida da sujeição do governante. Portanto, quando ele diz que o poder civil é súdito do espiritual, seu significado é que a soberania civil é súdita da soberania espiritual. Então, o argumento que permanece é *o soberano civil é sujeito ao espiritual; assim, o príncipe espiritual pode ordenar os príncipes temporais.* De maneira que a conclusão é a mesma com o antecedente que ele deve provar. Porém, para prová-lo, ele alegou primeiro essa razão: *reis e papas, clérigos e laicos, mas uma república; isso significa dizer apenas uma Igreja; e em todos os corpos os membros dependem uns dos outros; mas coisas espirituais não dependem das coisas temporais; portanto, o temporal depende do espiritual, sendo, portanto, sujeita a essa.* Nessa argumentação há dois erros grosseiros: um é que todos os reis cristãos, papas, clérigos e todos os outros homens cristãos fazem apenas uma república: porque é evidente que a França é uma república, a Espanha outra, e Veneza uma terceira etc. E estas consistem de cristãos; portanto, também são diversos corpos de cristãos; o que significa dizer diversas Igrejas: e seus diversos soberanos representam-nas na medida em que eles são capazes de ordenar e obedecer, de fazer e sofrer, como um homem natural; o que nenhuma Igreja geral ou universal é até que tenha um representante; o que não existe sobre a terra; posto que, se existisse, não haveria dúvidas que toda a Cristandade seria uma república, cujo soberano a representaria tanto nas coisas espirituais quanto temporais: e o Papa, para fazer-se seu representante, deseja três coisas que nosso Salvador não deu a ele, a saber, *ordenar, julgar* e *punir*, além de (através da excomunhão) afastar-se daqueles que não querem aprender com ele: pois, apesar de o Papa ser o único vigário de Cristo, ainda assim ele não exerce seu governo até a segunda vinda de nosso Salvador: assim, não é o Papa, mas são Pedro, juntamente com os outros apóstolos, que serão os juízes do mundo.

O outro erro nesse primeiro argumento é, como ele disse, que os membros de cada república, como em um corpo natural, dependem um do outro: isso é verdadeiro, eles são coerentes juntos; mas eles dependem apenas do seu soberano, que é a alma da república; que, ao falhar, faz com que a república seja dissolvida em uma guerra civil, quando nenhum homem é coerente com outro em um desejo de dependência comum de um único soberano conhecido; assim como os membros do corpo natural dissolvem na terra por um desejo da alma de mantê-los juntos. Portanto, nada há nessa similitude a partir da qual seja possível inferir uma dependência dos laicos sobre os clérigos, ou dos ofícios temporais sobre o espiritual; mas de ambos sobre a soberania civil; que deseja, de fato, direcionar seus comandos civis à salvação das almas; mas isso não é, assim, sujeito a ninguém, exceto Deus. Então, tu podes ver a elaborada falácia do primeiro argumento, visando enganar aqueles homens que não distinguem entre a subordinação de ações visando um fim, assim como da sujeição das pessoas umas às outras na administração dos meios. Posto que, para cada fim, os meios são determinados pela natureza, ou pelo próprio Deus sobrenaturalmente; mas o poder de fazer os homens usar os meios está determinado, em cada nação (pela lei da natureza, que proíbe os homens de violar a fé dada) ao soberano civil.

Seu segundo argumento é este: *Cada república (porque se supõe que seja perfeita e suficiente em si) pode ordenar qualquer outra república não sujeita a ela, e forçá-la a mudar a administração do governo; e depor o príncipe e colocar outro em seu salão, se não puder, doutra forma, defender-se das injúrias que ele sofrerá deles: muito mais poderá a república espiritual ao ordenar uma temporal a mudar a administração de seu governo, e poderá depor príncipes e instituir outros, quando eles não puderem, doutra forma, defenderem o bem espiritual.*

Que uma república, para defender-se contra injúrias, possa legalmente fazer tudo o que foi dito, é verdadeiro; e já foi suficientemente demonstrado isso antes. E se também for verdadeiro que há agora, neste mundo, uma república espiritual, distinta de uma república civil, então, que possa o príncipe, diante de uma injúria feita contra ele, ou por precaução para que uma injúria não seja feita contra ele no tempo do porvir, corrigir e garantir-se pela guerra; o que é, em suma, depondo, matando, submetendo ou fazendo qualquer ato de hostilidade. Porém, pela mesma razão, não é menos legítimo para um soberano civil, diante das injúrias similarmente realizadas ou temidas, fazer guerra diante do soberano espiritual; o que, creio eu, vai além daquilo que o Cardeal Bellarmine inferiu em sua própria proposição.

Mas a república espiritual não é desse mundo: posto que é a mesma coisa com o reino de Cristo; porque ele mesmo disse que não é desse mundo; mas será no próximo mundo, na ressurreição, quando aqueles que viveram justamente e acreditaram que ele era o Cristo erguer-se-ão (conquanto seus corpos *naturais* tenham morrido) em corpos *espirituais*; e só então que nosso Salvador julgará o mundo e conquistará seus adversários, e fará uma república espiritual. Entrementes, vendo que não há homens sobre a terra cujos corpos são espirituais, não haverá república espiritual entre os homens que ainda estiverem na carne; a menos que nós invoquemos pregadores, que têm a ordem de ensinar e preparar os homens para a sua recepção no reino de Cristo na ressurreição, o que já provei não ser uma república.

O terceiro argumento é este: *Não é legal aos cristãos tolerar um rei infiel ou herege, caso ele empreenda para arrastá-los para a sua heresia ou infidelidade. Mas julgar se um rei arrasta seus súditos para a heresia ou não é algo que pertence ao Papa. Portanto, o Papa tem o direito de determinar se o príncipe deve ser deposto ou não.*

Quanto a isso, respondo eu que ambas as assertivas são falsas. Posto que os cristãos (ou homens, não importa a religião), se não toleram seu rei, seja qual lei ele fizer, conquanto seja concernente à religião, viole sua fé, seja contrária as leis divinas, tanto *natural* quanto *positiva*: não há ali qualquer juiz da heresia entre os súditos, mas seu próprio soberano civil: *posto que a heresia nada mais é do que uma opinião privada, obstinadamente mantida, contrária à opinião que a pessoa pública* (isso significa dizer, o representante da república) *ordenou ser ensinada.* Pelo qual é manifesto que uma opinião publicamente sinalizada para ser ensinada não pode ser uma heresia; nem os príncipes soberanos que as autorizam são heréticos.

Porque heréticos são somente homens privados que incomodamente defendem alguma doutrina proibida pelos soberanos legítimos.

Mas para provar que os cristãos não devem tolerar reis infiéis ou heréticos, ele alega uma passagem em Dt 17, onde Deus proibiu os judeus, quando eles deveriam determinar um rei sobre eles, de escolher um estranho: dali se infere que é ilegal para um cristão escolher um rei que não é um cristão. E é verdade que aquele que é um cristão, isto é, aquele que já se obrigou a receber nosso Salvador quando ele vier como seu rei, tentará Deus profundamente ao escolher um rei nesse mundo que empreenderá, tanto pelo terror quanto pela persuasão, para fazê-lo violar sua fé. Mas é (disse ele) o mesmo perigo escolher um que não é um cristão como rei sem depô-lo quando ele é escolhido. Quanto a isso, eu digo que o perigo de não o depor; mas a justiça fazê-lo. Escolhê-lo pode, em alguns casos, ser injusto; mas depô-lo quando ele for escolhido não é justo, independentemente da circunstância. Pois é uma violação da fé, e consequentemente contra a lei da natureza, que é a eterna lei de Deus. Nem devemos nós ler que qualquer doutrina foi considerada cristã no tempo dos apóstolos; nem no tempo dos imperadores romanos, até que os papas tivessem a soberania civil de Roma. Mas, quanto a isso, ele replicou que os cristãos antigos não depuseram Nero, Diocleciano, Juliano, Valeno – um ariano –, por essa causa apenas, porque eles desejavam forças temporais. Talvez seja assim. Mas quis nosso Salvador, que com apenas um chamado poderia ter tido doze legiões de imortais e invulneráveis anjos para assisti-lo, forçar a deposição de César, ou ao menos de Pilatos, que injustamente, sem encontrar falta nele, entregou-o aos judeus para ser crucificado? Ou se os apóstolos desejassem depor Nero, seria necessário a eles, portanto, nas epístolas aos novos cristãos, ensiná-los (como eles fizeram) a obedecerem os poderes constituídos sobre eles (pois Nero, naquele tempo, era um), e que eles deveriam obedecê-lo, não por temer sua fúria, mas por questão de consciência? Devemos nós dizer que eles não deveriam apenas obedecer, mas também ensinar o que eles não queriam por desejo de força? Não é, portanto, por desejo de força, mas por consciência, que os cristãos devem tolerar seus príncipes pagãos, ou príncipes (posto que eu não posso chamar qualquer um cuja doutrina é pública como um herético) que autoriza o ensino de um erro. E quanto ao poder temporal do Papa, ele alega, além disso, que são Paulo (1Cor 6) apontou juízes sob os príncipes daqueles tempos que não eram ordenados por eles; não é verdadeiro. Pois são Paulo alerta-os a adotar alguns de sua irmandade para compor suas diferenças como árbitros em vez de ir à lei um com o outro ante os juízes pagãos; que é um conceito pleno e carregado de caridade, isto é, adequado a ser praticado também nas melhores repúblicas cristãs. E, diante do perigo que pode realizar em uma religião ao tolerar um pagão ou um príncipe no erro, trata-se de um ponto que não cabe um súdito julgar; ou, se for, os súditos temporais do Papa podem também julgar a doutrina do Papa. Posto que, cada príncipe cristão, como eu provei anteriormente, não é um supremo pastor menos de seus próprios súditos do que o Papa é dos seus próprios.

O quarto argumento é tomado do batismo de reis; que eles podem ser feitos cristãos se eles submeterem seu cetro a Cristo, e prometer guardar e defender a fé cristã. Isso é verdadeiro; posto que os reis mas cristãos não são mais do que súditos de Cristo; mas eles podem ser, por tudo isso, equivalentes aos papas; porque eles são pastores supremos de seus próprios súditos; e o Papa nada mais é do que um rei e um pastor, ainda que apenas em Roma.

O quinto argumento é retirado das palavras faladas por nosso Salvador, *alimente minhas ovelhas*; pelas quais foi dado todo o poder necessário para um pastor; como o poder de afastar lobos, assim como são os heréticos; o poder de calar os carneiros, se eles forem maus, ou arrastar outras ovelhas pelos chifres, quando elas são reis maus (conquanto cristãos); e o poder de dar um alimento conveniente ao rebanho: a partir do qual ele infere que são Pedro tinha esses três poderes como dados a ele por Cristo. A isso eu respondo que o último desses poderes nada mais é do que o poder, ou melhor, a ordem de ensinar. Posto que o primeiro, que é de afastar os lobos, isto é, os heréticos, a passagem que ele cita é Mt 7,15, a saber, *guarda-te dos falsos profetas que vão a ti disfarçados de ovelhas, mas interiormente são lobos ferozes*. Mas não são heréticos falsos profetas, ou profetas em geral: nem (admitindo que ele quis tomar os heréticos como lobos) foram os apóstolos ordenados a matá-los, ou, se eles forem reis, depô-los; mas para ter cuidado, fugir deles e evitá-los: nem foi até são Pedro, nem a nenhum dos apóstolos, mas à multidão dos judeus, que o seguiram até a montanha, homens que majoritariamente não eram convertidos ainda, que ele aconselhou ter cuidado com os falsos profetas: portanto, se isso conferir um poder de afastar rei, ele não foi dado apenas a homens privados, mas a homens que não são todos cristãos. E quanto ao poder de separar e calar os carneiros furiosos (expressão pela qual ele quis dizer dos reis cristãos que recusam a submissão ao pastor romano), nosso Salvador recusou colocar sobre ele aquele poder neste mundo, mas os alertou para que deixem o trigo e o joio crescer até o dia do julgamento: ele deu muito menos a são Pedro, ou pode são Pedro dar aos papas. São Pedro e todos os outros pastores são obrigados a lidar com aqueles cristãos que desobedecem a Igreja, isto é (que desobedecem ao soberano cristão), como homens pagãos e como publicanos. Vendo então que os homens desafiam o Papa quanto à autoridade sobre os príncipes pagãos, eles não devem desafiar qualquer um daqueles que são considerados como pagãos.

Porém, do poder de ensinar apenas ele infere também um poder coercitivo do Papa sobre os reis. O pastor (disse ele) deve dar o alimento conveniente ao rebanho: assim, o Papa pode e deve compelir os reis a cumprir seu dever. Além disso, que o Papa, como pastor dos homens cristãos, é o rei dos reis: que todos os cristãos devem, de fato, confessar, ou então devem tomar sobre si o supremo jugo pastoral, cada qual em seu próprio domínio.

Seu sexto e último argumento deriva de exemplos. Ao qual eu respondo, primeiro, que exemplos nada provam: segundo, que os exemplos por ele alegados nada mais são do que uma probabilidade de direito. O fato de Joiada, ao matar Atália (2Rs 11) foi ou pela autoridade do rei Joás, ou um horrível crime do Sumo Sacerdote, que (mesmo após a eleição do rei Saul) era um mero súdito. O fato de santo Ambrósio, quando excomungou Teodósio, o Imperador (se for verdadeiro que ele o fez), foi um crime capital. E para os papas, a saber, Gregório I, Gregório II, Zacarias e Leão III, seus julgamentos são nulos, posto que foram dados em causa própria; e os atos feitos por eles conforme essa doutrina são grandes crimes (especialmente aquele perpetrado por Zacarias) que são incidentes para a natureza humana. E então expresso o suficiente sobre o *Poder Eclesiástico*, sobre os quais eu seria mais breve caso não examinasse esses argumentos de Bellarmine, se fossem seus como homem privado, e não como um campeão do Papado contra todos os outros príncipes cristãos e Estados.

CAPÍTULO XLIII
SOBRE O QUE É NECESSÁRIO PARA A RECEPÇÃO DE UM HOMEM NO REINO DO CÉU

O pretexto mais frequente de sedição e guerra civil, nas repúblicas cristãs, há muito tempo provinha de uma dificuldade, ainda não suficientemente resolvida, de obedecer imediatamente, tanto a Deus como aos homens, quando seus mandamentos se contradizem. É bastante manifesto que, quando um homem recebe dois mandamentos contrários, e sabe que um deles é de Deus, ele deve obedecer a esta, e não a outra, mesmo que a segunda seja o mandamento de seu soberano legítimo (seja um monarca, ou uma assembleia soberana) ou o comando de seu pai. A dificuldade consiste, portanto, que os homens, quando recebem ordens em nome de Deus, têm dificuldade em vários casos de saber se o mandamento vem de Deus ou se aquele que comanda apenas abusa do nome de Deus para alguns fins particulares e de sua própria parte. Porque, tal como havia na Igreja dos judeus muitos falsos profetas, que buscavam reputação junto ao povo, por sonhos e visões fingidos; também tem havido em todos os tempos na Igreja de Cristo falsos mestres, que buscam fama junto ao povo, com doutrinas fantásticas e falsas; e que por meio dessa reputação (como é a natureza da ambição) tentam governar em benefício particular.

Mas essa dificuldade de obedecer a Deus e ao soberano civil na terra ao mesmo tempo não tem gravidade para aqueles que sabem distinguir entre o que é *necessário* e o que não é *necessário para seu ingresso no reino de Deus*. Porque se o mandamento do soberano civil é tal que pode ser obedecido sem a perda da vida eterna; não lhe obedecer é injusto; tendo espaço o preceito do apóstolo: *servos, obedeceis seus mestres em todas as coisas; e filhos, obe-*

deceis a seus pais em todas as coisas; e o preceito de nosso Salvador: *os escribas e fariseus sentam-se na cadeira de Moisés; todos, portanto, observem e façam tudo o que eles vos disserem.* Mas se a ordem for tal que não possa ser obedecida sem que se seja condenado à morte eterna, então será loucura obedecer-lhe e o conselho de nosso Salvador terá espaço (Mt 10,28): *não temais aqueles que matam o corpo, mas não podem matar a alma.* Portanto, todos os homens que quiserem evitar, tanto as punições que serão infligidas neste mundo pela desobediência ao seu soberano terrestre quanto as que serão infligidas no mundo que está por vir, por desobediência a Deus, precisam aprender a bem distinguir entre o que é e o que não é necessário para a salvação eterna.

Tudo o que é NECESSÁRIO para a *salvação* está contido em duas virtudes: *fé em Cristo e obediência às leis.* A última destas se fosse perfeita seria suficiente para nós. Mas porque todos nós somos culpados de desobediência à lei de Deus, não só originalmente em Adão, mas também hoje por nossas próprias transgressões, exige-se agora não só a *obediência* necessária para o resto do nosso tempo, mas também a *remissão dos pecados* pelo tempo passado; remissão essa que é a recompensa de nossa fé em Cristo. Que nada mais se exige necessariamente para a salvação é algo manifesto pelo seguinte excerto: o reino dos Céus só está fechado aos pecadores, isto é, aos desobedientes ou transgressores da lei e não aos que se arrependem e creem em todos os artigos da fé cristã, necessários à salvação.

A obediência exigida por Deus, que aceita em todas as nossas ações a vontade pela ação, é um esforço sério para obedecê-lo; e é chamado também por todos aqueles nomes que traduzem esse esforço. Assim, a obediência é às vezes chamada pelos nomes de *caridade e amor*, porque implicam uma vontade de obedecer; e mesmo nosso próprio Salvador faz do nosso amor a Deus e uns aos outros, o cumprimento de toda a lei. Às vezes é chamada pelo nome de *justiça*; porque a justiça é apenas a vontade de dar a cada um o que é seu; isto é, a vontade de obedecer às leis. E às vezes se vê o uso de *arrependimento*; porque se arrepender implica um afastamento do pecado, que é o mesmo que o retorno da vontade de obediência. Portanto, todo aquele que desejar cumprir sinceramente os mandamentos de Deus, ou que se arrepender verdadeiramente das suas transgressões, ou que amar a Deus de todo o coração e ao próximo como a si mesmo, tem toda a obediência necessária à sua entrada no reino de Deus; pois se Deus requeresse perfeita inocência, não haveria carne que se salvasse.

Mas que mandamentos são aqueles que Deus nos deu? Seriam todas as leis dadas aos judeus pelas mãos de Moisés, os mandamentos de Deus? Se o são, por que não se ensinam os cristãos a obedecê--las? Se eles não são, que outras são além da lei da natureza? Afinal, nosso Salvador, Jesus Cristo não nos deu novas leis, mas aconselhou a observar aquelas a quem estávamos sujeitos; isto é, as leis da natureza e as leis dos nossos vários soberanos. Também ele não fez nenhuma lei nova para os judeus no seu sermão da montanha, apenas expôs a lei de Moisés, à qual eles estavam sujeitos antes. As leis de Deus, portanto, não são senão as leis da natureza, sendo a principal aquela que preceitua que não devemos violar nossa fé, isto é, um mandamento de obedecer aos nossos soberanos civis, que constituímos sobre nós, por mútuo pacto uns com os outros. E esta lei de Deus, que manda a obediência à lei civil, determina por consequência a obediência a todos os preceitos da Bíblia; que (como provei no capítulo precedente) é a única lei onde o soberano civil assim estabeleceu; e em outros lugares, é apenas conselho; que cada homem por sua própria conta e risco pode, sem injustiça, recusar-se a obedecer.

Sabendo agora o que é a obediência necessária à salvação e a quem ela é devida; devemos considerar a seguir, no tocante a fé, em quem e por que razão acreditamos; e quais são os artigos ou pontos necessários para se crer por aqueles que querem ser salvos. E primeiro, quanto à pessoa em quem acreditamos, porque é impossível acreditar em qualquer pessoa, antes de sabermos o que ela disse, é necessário que ela seja alguém de que ouvimos falar. A pessoa, portanto, a quem Abraão, Isaac, Jacó, Moisés e os profetas acreditaram, era o próprio Deus, que lhes falou sobrenaturalmente, e a pessoa a quem os apóstolos e discípulos que conviveram com Cristo, acreditaram, era o nosso próprio Salvador. Mas daqueles a quem nem Deus Pai, nem nosso Salvador falou, não se pode dizer que a pessoa em quem eles acreditavam era Deus. Eles acreditaram nos apóstolos, e depois deles nos pastores e doutores da Igreja, que recomendavam à sua fé a história do Antigo e do Novo Testamento. De modo tal que a fé dos cristãos desde o tempo do nosso Salvador teve por fundamento, primeiro, a fé e reputação de seus pastores, e depois, a autoridade daqueles que fizeram o Antigo e o Novo Testamento serem aceitos como regra da fé; o que ninguém podia fazer senão os soberanos cristãos. Estes são, portanto, os pastores supremos, e as únicas pessoas que os cristãos agora ouvem falar de Deus; exceto aqueles que Deus fala nestes dias sobrenaturalmente. Mas, porque há muitos falsos profetas que *saíram ao mundo*, os homens devem examinar tais espíritos (como são João nos aconselhou, 1Jo 4,1), *se são de Deus ou não*. E, portanto, vendo que o exame das doutrinas pertence ao pastor supremo, a pessoa que todos os que não têm uma revelação especial devem acreditar, é (em toda república) o pastor supremo, isto é, o soberano civil.

As causas pelas quais os homens creem em qualquer doutrina cristã são várias: pois a fé é um dom de Deus; e ele o faz em cada um dos vários homens, pela maneira, como parece bom a si mesmo. A causa imediata mais comum de nossa crença, concernente a qualquer ponto da fé cristã, é que acreditamos que a Bíblia é a palavra de Deus. Mas por que acreditamos que a Bíblia é a palavra de Deus, é algo muito discutido, como são todas as coisas que não estão bem definidas. Pois não colocam a questão em termos do *por que acreditamos nela*, mas *como a conhecemos*; como se *acreditar* e *conhecer* fosse o mesmo. E daí, enquanto um lado funda seu conhecimento na infalibilidade da Igreja, e o outro lado, no testemunho do espírito privado, nenhum dos lados conclui o que pretende. Pois como um homem conhecerá a infalibilidade da Igreja, sem conhecer primeiro a infalibilidade das Escrituras? Ou como um homem saberá que seu espírito particular é diferente de uma crença baseada na autoridade e nos argumentos de seus mestres? ou na presunção de seus próprios dons? Além disso, não há nada na Escritura, a partir do qual se possa inferir a infalibilidade da Igreja; e muito menos, de qualquer Igreja em particular; e menos ainda, de qualquer homem em particular.

É manifesto, portanto, que os cristãos não sabem, mas somente acreditam que a Escritura é a palavra de Deus; e que o meio de fazê-los crer no que Deus teve o prazer de conceder aos homens ordinariamente está de acordo com o curso da natureza, isto é, por seus mestres. E a doutrina de são Paulo sobre a fé cristã em geral

(Rm 10,17), *a fé vem pelo ouvir*, isto é, pelo escutar de nossos legítimos pastores. Ele também disse (versículos 14 e 15 do mesmo capítulo) *como eles acreditarão naquele que não ouviram? E como eles ouvirão sem um pregador? e como eles pregarão, se não forem enviados?* Por isso, é evidente que a causa comum de acreditar que as Escrituras são a palavra de Deus é a mesma causa de acreditar em todos os outros artigos de nossa fé, a saber: escutar daqueles que estão autorizados pela lei e nomeados para nos ensinar, como nossos pais em nossas casas e nossos pastores nas igrejas, o que também se torna manifesto pela experiência. Pois que outra causa pode ser atribuída para o fato de nas repúblicas cristãs todos os homens ou acreditarem, ou pelo menos professarem que as Escrituras são a palavra de Deus, e nas outras repúblicas não, senão que nas repúblicas cristãs eles aprenderam desde a infância; e em outros lugares eles foram ensinados de outra forma?

Mas se o ensino é a causa da fé, por que nem todos acreditam? É certo, portanto, que a fé é o dom de Deus, e ele dá a quem ele deseja. No entanto, porque para aqueles a quem ele dá, ele a deu por meio de mestres, a causa imediata da fé é ouvir. Em uma escola, onde muitos são ensinados, alguns com proveito e outros não, a causa de aprender dos que tiram proveito é o mestre. Todavia, não se pode inferir daí que o aprendizado não é dom de Deus. Todas as boas coisas procedem de Deus; mas não podem, todos os que a têm, se considerarem inspirados; porque isso implica um dom sobrenatural e a mão imediata de Deus. Todo aquele que tem essa pretensão finge ser um profeta e está sujeito à inquirição da Igreja.

Mas se os homens *sabem* ou *acreditam*, ou *garantem* que as Escrituras são a palavra de Deus; se eu mostrar com base em trechos não obscuros que artigos de fé são necessários, e os únicos necessários à salvação, esses homens têm de *saber, acreditar*, ou *conceder* o mesmo.

O único (*unum necessarium*) artigo de fé que a Escritura fez simplesmente necessário para a salvação é este: JESUS que É O CRISTO. Pelo nome de *Cristo*, entende-se o rei, que Deus antes havia prometido enviar ao mundo, pelos profetas do Antigo Testamento, para reinar (sobre os judeus, e sobre outras nações que acreditassem nele) sob seu nome eternamente; e para lhes dar aquela vida eterna, que foi perdida pelo pecado de Adão. Quando eu provar isso nas Escrituras, mostrarei até quando e que outros artigos também podem ser chamados *necessários*.

Para provar que a crença neste artigo, *Jesus é o Cristo*, é toda fé requerida para a salvação, meu primeiro argumento será extraído do escopo dos evangelistas; ou seja, pela descrição da vida de nosso Salvador, para estabelecer aquele mesmo artigo, que *Jesus é o Cristo*. O resumo do Evangelho de são Mateus é esse: que Jesus era do rebanho de Davi; nascido de uma virgem; que são as marcas do verdadeiro Cristo; que os Magos vieram para adorá-lo como Rei dos Judeus; que Herodes pela mesma causa procurou matá-lo; que João Batista o proclamou; que ele pregou sozinho, e por seus apóstolos que ele era rei; que ele ensinou a lei, não como um escriba, mas como um homem de autoridade; que ele curou doenças apenas com sua palavra, e fez muitos outros milagres, que foram preditos que o Cristo deveria fazer; que ele foi saudado rei quando entrou em Jerusalém; que ele avisou-os para ter cuidado com todos os outros que pretendessem ser o Cristo; que ele foi preso, acusado e condenado à morte, por dizer que ele era rei; que a causa de sua condenação foi escrita na cruz: JESUS DE NAZARÉ, O REI DOS JUDEUS. Tudo isso tende para um fim que é: os homens devem crer que *Jesus é o Cristo*. Tal, portanto, era o objetivo do Evangelho de são Mateus. Mas o escopo de todos os evangelistas (como pode parecer lendo-os) era o mesmo. Portanto, o escopo de todo Evangelho, era estabelecer esse único artigo. E são João expressamente o aponta na sua conclusão (Jo 20,31): *estas coisas estão escritas para que você saiba que Jesus é o Cristo, o Filho do Deus vivo.*

Meu segundo argumento é retirado do tema dos sermões dos apóstolos, tanto do período que nosso Salvador viveu na terra, quanto depois de sua ascensão. Os apóstolos, no tempo de nosso Salvador, foram enviados (Lc 9,2) *para pregar o reino de Deus*, pois nem aí, nem em Mt 10,7 ele lhes deu outro encargo que não seja este: à *medida que avançarem, preguem, dizendo que o reino do Céu está próximo*; isto é, que Jesus é o Messias, o Cristo, o Rei que estava por vir. Que sua pregação também foi a mesma após a ascensão, fica manifesto em At 17,6-7: *eles arrastaram (diz são Lucas) Jasão e alguns irmãos até os governantes da cidade, clamando, estes que viraram o mundo de pernas para o ar também vieram aqui e foram recebidos por Jasão. E eles fazem tudo contrariamente aos decretos de César, dizendo que há outro rei, um Jesus.* E também nos versículos 2 e 3 do mesmo capítulo, onde se diz, que são Paulo, *como era seu hábito, entrou e foi até eles, e em três sábados discutiu com eles as Escrituras; mostrando e alegando que Cristo sofreu e ressuscitou dentre os mortos, e que este Jesus (que ele pregava) é Cristo.*

O terceiro argumento é retirado daqueles trechos das Escrituras nos quais se declara que toda a fé requerida para a salvação é fácil. Pois se para salvação fosse necessário um consentimento interior do espírito a todas as doutrinas relativas à fé cristã hoje ensinadas (das quais a maior parte encontra-se em disputa), não haveria nada no mundo tão difícil, como ser um cristão. O ladrão na cruz, apesar de se arrepender, não poderia ter sido salvo por dizer: *Senhor, lembra-te de mim quando entrares no teu reino;* pois ele não testificou nenhuma crença em qualquer outro artigo, senão que *Jesus era o rei.* Nem poderia ser dito (como é, Mt 11,30) que *o jugo de Cristo é fácil, e sua carga é leve;* nem que *as criancinhas acreditam nele,* como em Mt 18,6. Nem podia Paulo ter dito (1Cor 1,21): *prouve a Deus pela loucura de pregar, salvar os que acreditavam.* Tampouco poderia o próprio são Paulo ter sido salvo, e muito menos ter sido tão depressa um grande doutor da Igreja, que talvez nunca tenha pensado em transubstanciação, nem no purgatório, nem em muitos outros artigos hoje encontrados.

O quarto argumento é extraído de passagens expressas e não é suscetível a nenhuma controvérsia de interpretação; Como Jo 5,39: *examinais as Escrituras, pois nelas vereis que tendes vida eterna; e são elas que dão testemunho de mim.* Nosso Salvador aqui fala somente das Escrituras do Antigo Testamento; pois os judeus daquela época não podiam examinar as Escrituras do Novo Testamento, já que não haviam sido escritas. Mas o Antigo Testamento não tinha nada de Cristo, senão as marcas pelas quais os homens podem conhecê-lo quando ele viesse; como que ele descenderia da casa de Davi; nasceria em Belém e de uma virgem; faria grandes milagres e coisas semelhantes. Portanto, crer que Ele era esse Jesus era suficiente para alcançar a vida eterna, mas mais do que suficiente não é necessário; e, consequentemente, não se exige nenhum outro artigo. Novamente (Jo 11,26): *todo aquele que vive e crê em mim não morrerá eternamente*. Portanto, crer em Cristo é suficiente para a vida eterna; e consequentemente não há necessidade de mais fé do que essa. Mas crer em Jesus, e crer que Jesus é o Cristo, é tudo a mesma coisa, como aparece nos versículos imediatamente seguintes. Pois quando nosso Salvador (versículo 26) disse a Marta: *acreditas, tu nisto?* Ela respondeu (versículo 27): *Sim, Senhor, eu creio que tu és o Cristo, o Filho de Deus, que devia vir ao mundo*. Assim só este artigo é fé suficiente para a vida eterna; e mais do que suficiente não é necessário. Em terceiro lugar, Jo 20,31: *estas coisas estão escritas para que possais crer que Jesus é o Cristo, o Filho de Deus, e para que, crendo nisso, possais ter vida através de seu nome*. Ora, aqui crer que Jesus é o Cristo, é fé suficiente para a obtenção de vida; e, daí, nenhum outro artigo é necessário. Quarto, 1Jo 4,2: *todo espírito que confessar que Jesus Cristo se encarnou, é de Deus*. E 1Jo 5,1, *todo aquele que crer que Jesus é o Cristo, é nascido de Deus*. E o versículo 5: *quem é aquele que vence o mundo, senão aquele que crê que Jesus é o Filho de Deus?* Em quinto lugar, At 8,36-37: *vede, disse o Eunuco, aqui está a água, o que me impede de ser batizado? E Filipe disse: se crês de todo o coração, podes. E ele respondeu e disse: eu creio que Jesus Cristo é o Filho de Deus*. Portanto, a crença neste artigo, que *Jesus é o Cristo*, é suficiente para o batismo, isto é, para nossa entrada no reino de Deus, e por consequência, a única necessária. E, no geral, em todos os trechos onde nosso Salvador disse a qualquer homem: *a tua fé te salvou*, a causa para ele dizer isto, é alguma confissão, que direta ou por consequência implica a crença de que *Jesus é o Cristo*.

O último argumento é extraído dos trechos onde este artigo constitui o fundamento da fé: porque aquele que o tiver por alicerce, será salvo. Esses trechos são, primeiro, Mt 24,23-24: *se alguém vos disser aqui está Cristo, ou ali, não acrediteis, porque surgirão alguns falsos Cristos e profetas, e mostrarão grandes sinais e prodígios etc*. Aqui vemos que este artigo, *Jesus é o Cristo*, deve ser defendido, embora aquele que ensina o contrário faça grandes milagres. A segunda passagem é Gl 1,8: *ainda que nós, ou um anjo do céu, vos pregue qualquer outro evangelho diferente do que temos pregado a vocês, que seja anátema*. Mas o evangelho que Paulo, e os outros apóstolos, pregaram, era apenas este artigo, que *Jesus é o Cristo*. Portanto, se para a crença neste artigo, devemos rejeitar a autoridade de um anjo do céu; muito mais de qualquer homem mortal, se ele ensinar o contrário. Este é, portanto, o artigo fundamental da fé cristã. Um terceiro texto é 1Jo 4,1-2: *amados, não acrediteis em todos os espíritos. Nisto conhecereis o Espírito de Deus; Todo espírito que confessar que Jesus Cristo encarnou, é de Deus*. Resta por isso evidente que este artigo é a medida e a regra, pela qual se avaliam e examinam todos os outros artigos; e é, portanto, o único fundamental. Um quarto texto é Mt 16,18, *onde depois que são Pedro havia professado este artigo, dizendo ao nosso Salvador: tu és Cristo o Filho do Deus vivo, nosso Salvador respondeu: tu és Pedro, e sobre esta pedra edificarei minha Igreja*. De onde eu infiro que este artigo é aquele sobre o qual estão construídas todas as outras doutrinas da Igreja. Um quinto excerto é (1Cor 3,11-12 etc.): *nenhum homem pode colocar outra fundação diferente daquela que está posta, Jesus é o Cristo. Agora, se alguém edificar sobre este fundamento, ouro, prata, pedras preciosas, madeira, feno, restolho; a obra de todo homem tornar-se-á manifesta; pois o dia a declarará, porque será revelada pelo fogo, e o fogo porá à prova a obra de qualquer homem, mostrando de que tipo é. Se resistir a obra de qualquer homem que sobre ela tenha construído, ele receberá uma recompensa; mas se a obra de qualquer homem for queimada, ele sofrerá uma perda; mas ele mesmo será salvo, todavia pelo fogo*. Como estas palavras são em parte claras e fáceis de entender, e parcialmente alegóricas e difíceis; do que é claro, pode-se inferir que os pastores que ensinam esse fundamento que *Jesus é o Cristo*, embora retirem dele falsas consequências (às quais todos os homens estão sujeitos), podem, no entanto, ser salvos; e com muito mais razão serão salvos aqueles que não sendo pastores, mas ouvintes, acreditam naquilo que os pastores legítimos lhes ensinaram. Portanto, a crença neste artigo é suficiente; e por consequência, não se exige nenhum outro artigo de fé para a salvação.

Agora, para a parte que é alegórica, como *que o fogo porá à prova a obra de cada homem*, e que *serão salvos, mas pelo fogo*, ou *através do fogo* (pois o original é διάπυρός), em nada muda esta conclusão que tirei das outras palavras, que são claras. Não obstante, porque este texto também serviu de argumento, para provar o fogo do purgatório, eu também apresentarei aqui minha hipótese sobre o significado deste julgamento de doutrinas e à salvação dos homens pelo fogo. Aqui o apóstolo parece aludir às palavras do profeta Zacarias (13,8-9), que falando da restauração do reino de Deus, diz assim, *duas partes dele serão reparadas e morrerão, mas a terceira será deixada; e trarei a terceira parte pelo fogo, e purificá-los-ei como a prata é purificada, e afiná-los-ei como o ouro é refinado; eles invocarão o nome do Senhor e eu os ouvirei.* O dia do julgamento é o dia da restauração do reino de Deus; e é nesse dia que são Pedro nos diz (2Pd 3,7.10-12) que haverá a conflagração do mundo, onde os ímpios perecerão; mas os remanescentes que Deus salvar passarão pelo fogo, ilesos, e (como a prata e o ouro são purificados pelo fogo de suas impurezas), serão provados e refinados de sua idolatria, e serão obrigados a invocar o nome do verdadeiro Deus. Aludindo a isso, são Paulo ainda diz que *o dia* (isto é, o dia do julgamento, o grande dia da vinda do nosso Salvador para restaurar o reino de Deus em Israel) purificará a doutrina de todo homem, avaliando o que é ouro, prata, pedras preciosas, madeira, feno, restolho; e então aqueles que construíram falsas consequências sobre o verdadeiro fundamento verão suas doutrinas condenadas; não obstante, eles mesmos serão salvos e passarão ilesos através deste fogo universal e viverão eternamente para invocar o nome do verdadeiro e único Deus. Neste sentido, não há nada que não esteja de acordo com o resto das Sagradas Escrituras ou qualquer vislumbre do fogo do purgatório.

Mas alguém pode perguntar aqui, se não é tão necessário para a salvação acreditar que Deus é onipotente; o Criador do mundo; que Jesus Cristo ressuscitou; e que todos os outros homens ressuscitarão dos mortos no último dia; como acreditar que *Jesus é o Cristo?* Para quem eu respondo, que é; assim como muitos outros artigos, mas eles são tais, que estão contidos neste, e podem ser deduzidos dele, com mais ou menos dificuldade. Pois haverá quem não veja que crer em Jesus como o Filho do Deus de Israel, a quem os israelitas tinham como Onipotente Criador de todas as coisas, é também acreditar que Deus é o Onipotente Criador de todas as coisas? Ou como pode um homem crer que Jesus é o rei que reinará eternamente, a menos que ele acredite que ele também ressuscitou dos mortos? Pois um homem morto não pode exercer o ofício de rei. Em resumo, aquele que advogar este fundamento, que *Jesus é o Cristo*, retém expressamente tudo aquilo que vê corretamente deduzido dele, e implicitamente tudo o que é consequente dele, embora ele não tenha habilidade suficiente para discernir a consequência. E, portanto, continua a ser verdade a crença de que este único artigo de fé é suficiente para obter a remissão dos pecados aos *penitentes* e, consequentemente, os levar para o reino dos Céus.

Agora que mostrei que toda obediência exigida para a salvação consiste na vontade de obedecer à lei de Deus, isto é, no arrependimento; e que toda a fé requerida para isso está na crença deste artigo, *Jesus é o Cristo*; vou alegar ainda mais aquelas passagens do Evangelho que provam que tudo o que é necessário para a salvação está contido em ambas aquelas que estão juntas. Os homens a quem são Pedro pregou no dia de Pentecostes, logo após a ascensão de nosso Salvador, perguntaram a ele e ao resto dos apóstolos, dizendo (At 2,37): *homens e irmãos, o que faremos?* Ao que são Pedro respondeu (no versículo seguinte): *arrependei-vos, e sejam cada um de vós batizados para a remissão dos pecados, e recebereis o dom do Espírito Santo.* Portanto, o arrependimento e o batismo, isto é, a crença de que *Jesus é o Cristo* é tudo o que é necessário para a salvação. E mais, tendo sido nosso Salvador, perguntado por certo governante (Lc 18,18): *o que devo fazer para herdar a vida eterna?* Este respondeu (versículo 20): *tu conheces os mandamentos, não cometas adultério, não mates, não roubes, não prestes falso testemunho, honra teu pai e tua mãe,* ao que quando ele disse que os observava, nosso Salvador acrescentou (versículo 22): *vende tudo o que possuis, dá-o aos pobres, e vem e segue-me*; o que foi tanto quanto dizer, confia em mim que sou o rei. Assim, cumprir a lei e crer que Jesus é o rei é tudo o que é necessário para levar um homem à vida eterna. Em terceiro lugar, disse são Paulo (Rm 1,17): *os justos viverão pela fé*; não todos, mas os *justos*; logo, *fé e justiça* (isto é, a *vontade de ser justo*, ou *arrependimento*) é tudo o que é necessário para a vida eterna. E (Marcos 1,15), nosso Salvador pregou, dizendo: *o tempo está cumprido, e o reino de Deus está próximo, arrependei-vos e acreditai no evangelho*, isto é, na boa-nova de que o Cristo veio. Portanto, arrepender-se e crer que Jesus é o Cristo é tudo o que é necessário para a salvação.

Como visto, sendo necessário que fé e obediência (implícita na palavra arrependimento) concorram ambas para a nossa salvação; saber sobre por qual das duas fomos justificados é uma questão impertinente. Contudo, não será impertinente tornar manifesto de que maneira cada uma delas para isso contribui; e em que sentido se diz que devemos ser justificados por uma e pela outra. Em primeiro lugar, se por justiça se entende a justiça das próprias obras, não há homem que possa ser salvo; porque não há quem não tenha transgredido a lei de Deus. E, portanto, quando se diz que somos justificados pelas obras, deve-se entender da vontade que Deus sempre aceita em vez da própria tanto nos homens bons como nos homens maus. E, neste sentido, alguém apenas é chamado de *justo* ou *injusto*; e que sua justiça o justifica, isto é, lhe dá o título, na aceitação de Deus, de *justo*; e o faz capaz de *viver pela sua fé*, o que antes ele não era. Assim, a justiça justifica nesse sentido, em que *justificar* é o mesmo que *denominar alguém justo*; e não no sentido de cumprir a lei; pelo que a punição pelos seus pecados seria injusta.

Mas também se diz que um homem é justificado quando seu pedido, embora em si mesmo insuficiente, é aceito; como quando defendemos nossa vontade, nosso esforço para cumprir a lei, e nos arrependemos de nossas falhas, e Deus a aceita isso em vez da própria realização. E porque Deus não aceita a vontade pela ação, a não ser nos fiéis; é, portanto, a fé que torna bom o nosso pedido; e é neste sentido que apenas a fé justifica. De modo que a *fé* e a *obediência* são ambas necessárias para a salvação; ainda que em vários sentidos, se diga que cada uma delas justifique.

Tendo assim mostrado o que é necessário para a salvação; não é difícil conciliar nossa obediência a Deus com nossa obediência ao soberano civil; que ou é cristão ou infiel. Se ele é um cristão, ele permite a crença neste artigo, *Jesus é o Cristo*; e em todos os artigos que estão contidos nele, ou são por consequência evidente deduzidos dele, o que é toda a fé necessária para a salvação. E porque ele é um soberano, ele requer obediência a todas as suas leis, isto é, a todas as leis civis; nas quais também estão contidas todas as leis da natureza, isto é, todas as leis de Deus, pois além das leis da natureza, e das leis da Igreja, que fazem parte do direito civil (pois a Igreja que pode fazer leis é a república) não há nenhuma outra lei divina. Assim aquele, pois, que obedecer a seu soberano cristão, não é impedido nem de crer, nem de obedecer a Deus. Mas suponhamos que um rei cristão, a partir deste fundamento, de que *Jesus é o Cristo*, tire algumas consequências falsas, isto é, faça algumas construções de feno ou restolho e ordene o ensino das mesmas. Ainda assim, considerando o que são Paulo diz, será salvo; e com muito mais razão será salvo aquele que as ensine pelo seu comando; e muito mais ainda, aquele que não ensina, mas que apenas acredita em seu professor legítimo. E no caso de um súdito ser proibido pelo seu soberano civil de professar algumas destas suas opiniões, sobre qual fundamento justo pode ele desobedecer? Podem os reis cristãos errar ao deduzir uma consequência, mas quem os deve julgar? Deveria um homem privado julgar, quando a questão é de sua própria obediência? Ou somente julgará um homem designado pela Igreja, isto é, pelo soberano civil que a representa? Ou se o Papa, ou um apóstolo julga, ele não pode errar em deduzir uma consequência? Não errou um dos dois, são Pedro ou são Paulo, em uma superestrutura, quando são Paulo resistiu frontalmente a são Pedro? Não pode, portanto, haver contradição entre as leis de Deus e as leis de uma república cristã.

E quando o soberano civil é um infiel, cada um dos seus próprios súditos que resistam a ele, peca contra as leis de Deus (pois tais são as leis da natureza), e rejeita o conselho dos apóstolos, que admoestaram todos os cristãos a obedecerem seus príncipes e todas as crianças e servos a obedecerem a seus pais e mestres em todas as coisas. E quanto a sua fé, ela é interna e invisível; eles têm a licença que Naamã tinha e não precisam se colocar em perigo por isso. Mas se o fizerem, devem esperar sua recompensa no céu e não reclamar de seu legítimo soberano; muito menos fazer guerra contra ele. Pois aquele que não se regozija com qualquer ocasião justa de martírio, não tem a fé que professa, mas apenas a finge, para dar alguma cor à sua própria contumácia. Porém, que rei infiel será tão irracional a ponto de condenar a morte e perseguir um súdito que espera pela segunda vinda de Cristo, depois que o mundo atual for queimado, e que pretende então obedecer-lhe (que é a intenção de acreditar que Jesus é o Cristo), mas se considera obrigado a obedecer às leis desse rei infiel (o que todos os cristãos são obrigados, em consciência, a fazer)?

E só isso será o suficiente, no que se refere ao reino de Deus e a política eclesiástica. Não tive a pretensão de oferecer qualquer posição minha, mas apenas mostrar quais são as consequências que me parecem dedutíveis dos princípios da política cristã (que são as sagradas Escrituras) em confirmação do poder do soberano civil, e do dever de seus súditos. E na alegação das Escrituras, esforcei-me em evitar textos que são de interpretação obscura ou controvertida; e só alegar aqueles de sentido mais claro e agradável à harmonia e ao fim de toda a Bíblia; que foi escrita para o restabelecimento do reino de Deus em Cristo. Pois não são as palavras nuas, mas o escopo do escritor que dá a luz verdadeira pela qual qualquer escrito deve ser interpretado; e aqueles que insistem nos textos isolados sem considerar o desígnio principal, não podem derivar nada deles com clareza; mas sim, lançando átomos das Escrituras, como poeira diante dos olhos dos homens, que tornam tudo mais obscuro do que é; trata-se de um artifício comum daqueles que não almejam a verdade, mas a sua própria vantagem.

Parte IV
Sobre o reino das trevas

CAPÍTULO XLIV
SOBRE A ESCURIDÃO ESPIRITUAL QUE PROVÉM DA MÁ INTERPRETAÇÃO DAS ESCRITURAS

ALÉM de todos esses poderes soberanos, *divinos* e *humanos* sobre os quais até agora tenho discursado, há uma menção nas Escrituras de outro poder, a saber: (Ef 6,12) o *dos governantes das trevas deste mundo*; (Mt 12,26) *o reino de Satanás*; e (Mt 9,34) *o principado de Belzebu sobre os demônios*, isto é, sobre os fantasmas que aparecem no ar, pelos que Satanás também é chamado (Ef 2,2) *o príncipe do poder do ar*; e (porque ele governa nas trevas deste mundo) *o príncipe deste mundo* (Jo 16,11): e, consequentemente, aqueles que estão sob seu domínio, em oposição aos fiéis (que são *os filhos da luz*), são chamados de filhos das trevas. Pois, considerando que Belzebu é o príncipe dos fantasmas, habitantes de seu domínio do ar e das trevas, os filhos das trevas, e estes demônios, fantasmas ou espíritos da ilusão significam alegoricamente a mesma coisa. Assim, o reino das trevas como é estabelecido nestas e em outras passagens das Escrituras nada mais são do que *uma confederação de enganadores, que para obter domínio sobre os homens neste mundo presente, esforçam-se por doutrinas obscuras e errôneas extinguir neles a luz da natureza e do evangelho; e assim desprezá-los para o reino de Deus que virá.*

Como os homens que desde o seu nascimento são totalmente privados da luz dos olhos corporais e não têm nenhuma ideia do que seja a luz; e nenhum homem concebe em sua imaginação qualquer luz maior do que a que ele já tenha tido contato em algum momento pelos sentidos externos; assim também se dá com a luz do evangelho e do entendimento. Pois dado que ninguém é capaz de conceber que haja um grau maior do que aquele que já alcançou. Disso resulta que os homens não têm outros meios para reconhecer suas próprias trevas, senão somente raciocinando a partir dos imprevisíveis desastres que aconteceram em seu caminho. Com efeito, se a parte mais escura do reino de Satanás é a que está fora da Igreja de Deus; isto é, entre aqueles que não creem em Jesus Cristo. Não se pode dizer que, portanto, a Igreja goza (como a terra de Gósen) de toda luz que é necessária para o desempenho do trabalho que Deus nos destinou. Deste modo, como na Cristandade tem sempre havido, quase desde o tempo dos apóstolos, tantas lutas para se expulsar um ao outro para fora de seus lugares, seja por guerra externa ou civil? Tanto tropeço em cada pequena aspereza de sua própria fortuna e a cada pequena eminência na de outros homens? E tanta diversidade na maneira de correr para o mesmo alvo, a *felicidade*, se não por existir noite entre nós, ou pelo menos uma neblina? Estamos, portanto, ainda nas trevas.

O inimigo tem estado aqui na noite de nossa ignorância natural e semeou o joio de erros espirituais. O que, primeiro, fez abusando e apagando a luz das Escrituras: pois erramos, não conhecendo as Escrituras. Em segundo lugar, introduzindo a demonologia dos poetas pagãos, isto é, a sua fabulosa doutrina sobre os demônios, que são apenas ídolos, ou fantasmas do cérebro, sem qualquer natureza real própria, distinta da fantasia humana; tais como fantasmas de homens mortos, fadas e outros personagens de contos de pessoas de idade. Em terceiro lugar, misturando as Escrituras com diversos tipos de religião e muito da filosofia vã e errônea dos gregos, especialmente de Aristóteles. Em quarto lugar, misturando com estas falsas ou incertas tradições, e com uma história fingida ou incerta. E assim chegamos a errar, *dando ouvidos a espíritos sedutores*, e quanto à demonologia de *quem fala hipocritamente* (ou como está no original, 1Tm 4,1-2, *daqueles que desempenham o papel de mentirosos) com uma consciência enrijecida*, isto é, contrária ao seu próprio conhecimento. Em relação ao primeiro deles, que se trata da sedução dos homens pelo abuso das Escrituras, pretendo falar brevemente neste capítulo.

O maior e principal abuso das Escrituras e em relação ao qual quase todos os demais são consequência ou resultado é a luta para provar que o reino de Deus, mencionado tantas vezes na Escritura, é a Igreja atual, ou a multidão de homens cristãos que agora vivem, ou que estando mortos, devem ressuscitar no último dia. Contudo, o reino de Deus foi instituído pela primeira vez pelo ministério de Moisés, somente para os judeus; os quais foram chamados de seu povo eleito; e cessou depois, na eleição de Saul, quando se recusaram a serem governados por Deus e exigiram um rei à maneira das nações; o que o próprio Deus consentiu, como já demonstrei no capítulo 35. Depois desse tempo, não houve outro reino de Deus no mundo, por qualquer pacto, ou qualquer outro meio, mesmo que ele sempre tenha sido, seja e será o rei de todos os homens e de todas as criaturas, pois governa de acordo com a sua vontade, pelo seu poder infinito. Contudo, ele prometeu mediante seus profetas restaurar este seu governo a eles novamente, quando o tempo que ele tem assinalado em seu conselho secreto vier de maneira completa, e quando eles retornarão pelo arrependimento e correção da vida. Mas não somente isso, porque ele convidou também os gentios a entrar e desfrutar da felicidade de seu reino, nas mesmas condições de conversão e arrependimento; e prometeu também enviar seu Filho ao mundo para expiar os pecados de todos por sua morte, e prepará-los pela sua doutrina e a recebê-lo na sua segunda vinda. Deste modo, não havendo ainda a segunda vinda, ainda não há reino de Deus, e não estamos submetidos hoje a quaisquer outro reis por pacto, senão aos nossos soberanos civis; a despeito apenas que os homens cristãos já estão no reino da graça, na medida em que eles já têm a promessa de serem recebidos quando ele voltar novamente.

A consequência deste erro, de que a Igreja atual é o reino de Cristo, é o de que deveria haver um homem, ou assembleia, pela boca dos quais nosso Salvador (agora no céu) falasse e desse a lei e representasse a sua pessoa a todos os crentes ou homens ou assembleias diversas que fizessem o mesmo nas diversas partes da Cristandade. Este poder real sob Cristo, sendo nutrido universalmente pelo Papa, e em particular nas repúblicas pelas assembleias dos pastores do lugar (quando a Escritura dá a ninguém senão ao soberano civil, apenas), vem a ser tão apaixonadamente disputado que faz desaparecer a luz da natureza e causa uma escuridão tão grande no entendimento dos homens que eles não veem a quem foi que prometeram obediência.

Ademais, a consequência desta alegação de o Papa ser o vigário-geral de Cristo na Igreja atual (supondo-se ser este seu reino do qual fala o evangelho), é a doutrina de que se faz necessário para um rei cristão receber a sua coroa por um bispo; como se fosse de tal cerimônia, que ele retirasse a cláusula de *Dei gratia* do seu título; somente feito rei pelo favor de Deus, quando coroado pela autoridade do vice-rei universal de Deus na terra; já que todo bispo, seja quem for seu soberano, toma em sua consagração um juramento de absoluta obediência ao Papa. O mesmo resultado que provém da doutrina do IV Concílio de Latrão, sob o Papado de Inocêncio III (capítulo 3, *De Haereticis*) que diz: *Se um rei, após a admoestação do Papa, não purgar seu reino dos heréticos e for excomungado pela mesma razão, não prestar satisfações dentro de um ano, seus súditos são absolvidos de sua obediência.* Ora, por heresias são compreendidas todas as opiniões que a Igreja de Roma proíbe de serem mantidas. E, por este meio, sempre que há qualquer divergência entre os projetos políticos do Papa, e dos outros príncipes cristãos, como há muitas vezes, surge uma névoa entre os seus súditos, que os põem em dificuldade de reconhecer entre um estranho que se lança ao trono de seu príncipe legítimo e aquele que eles mesmos haviam colocado ali. E terminam, nesta escuridão do espírito, levados a lutar uns contra os outros, sem discernir seus inimigos de seus amigos, e sob a conduta da ambição de outro homem.

A partir da mesma opinião, a saber, que a atual Igreja é o reino de Deus, resulta que pastores, diáconos e todos os outros ministros da Igreja tomam para si o nome de *clero*; dando aos demais cristãos o nome de *leigos*, isto é, simplesmente *povo*. Pois clero significa aqueles cuja manutenção consiste no rendimento que Deus reservou para si durante o seu reinado sobre os israelitas e atribuiu à tribo de Levi (que seriam seus ministros públicos, e não tinham nenhuma parte da terra para viver, como seus irmãos) como sua herança. E, portanto, se o Papa (na pretensão de que a atual Igreja é, como o reino de Israel, o reino de Deus), requerendo para si próprio e para seus ministros aquele mesmo rendimento como herança de Deus, o nome do clero estaria adequado àquela reivindicação. Eis a razão dos dízimos e de outros tributos pagos aos levitas, isto é, pelo direito de Deus entre os israelitas, que têm sido há muito tempo exigidos e tomados pelos cristãos pelos eclesiásticos com base no *jure divino*, isto é, por direito divino. De tal modo, as pessoas em todo lugar são obrigadas a um duplo tributo: um para o estado e outro para o clero;

sendo que, para o clero, trata-se da décima parte de sua receita, o dobro do que o rei de Atenas (e estimado um tirano) exigia de seus súditos para pagar todos os cargos públicos, o que não era mais do que a vigésima parte; e, ainda assim, mantinha em abundância a república. Enquanto, no reino dos judeus, durante o reinado sacerdotal de Deus, os dízimos e ofertas eram toda a receita pública.

Do mesmo erro de achar que é a Igreja o reino de Deus, vem a distinção entre as leis *civis* e as leis *canônicas*: a lei civil sendo os atos de *soberanos* em seus próprios domínios, e a lei canônica sendo os atos do *Papa* no mesmo domínio. Tais cânones, apesar de serem apenas cânones, ou seja, *regras propostas* e voluntariamente acolhidas pelos príncipes cristãos até a transferência do império para Carlos Magno; e, depois disso, à medida que o poder do Papa aumentava, tornaram-se *regras obrigatórias*, e os próprios imperadores (para evitarem maiores danos, aos quais o povo cego podia ser levado) foram forçados a deixá-las se passar por leis.

Daí resulta que em todos os domínios onde o poder eclesiástico do Papa é inteiramente aceito, judeus, turcos e gentios são tolerados pela Igreja romana quanto às suas religiões, desde que no exercício destas não ofendam o poder civil. Já um cristão, conquanto estrangeiro, se não professar a religião romana, pratica crime capital; porque o Papa crê que todos os cristãos são seus súditos. Posto de outra maneira, seria tão ofensivo à lei das nações perseguir um estrangeiro cristão por professar a religião de seu próprio país como se faz a um infiel; ou melhor, na medida em que os que não são contra Cristo, estão com ele.

De maneira análoga resulta que, em todos os estados cristãos, há certos homens que estão isentos, pela liberdade eclesiástica, dos tributos e dos tribunais do estado civil. Assim são os clérigos seculares, além dos monges e frades que, em muitos lugares, são uma fração tão importante do povo comum, que se houvesse necessidade era possível levantar um exército somente com eles suficiente para qualquer guerra que a Igreja militante os quisesse empregar contra o seu próprio príncipe ou contra outros.

Um segundo abuso geral das Escrituras é a conversão da consagração em conjuração ou encantamento. *Consagrar* é, nas Escrituras, oferecer, dar ou dedicar, em linguagem e gesto piedoso e decente, um homem ou qualquer outra coisa a Deus, separando-o do uso comum; isto é, para santificá-lo ou torná-lo de Deus, e para ser usado apenas por aqueles que Deus designou para serem seus ministros públicos (como já demonstrei em geral no capítulo 35). Assim, trata-se de mudar não a coisa consagrada, mas somente o seu uso, do profano e comum para ser santo e específico ao serviço de Deus. Contudo, quando se pretende mudar por tais palavras a natureza ou a qualidade da coisa em si, não se trata de consagração, mas sim uma obra extraordinária de Deus ou uma conjuração vaidosa e ímpia. No entanto (considerando a frequência com que se pretende a mudança de natureza em suas consagrações, não se pode considerá-la obra extraordinária), não é outra coisa senão uma *conjuração* ou um *encantamento*, pelo qual se quer que os homens acreditem em uma alteração de natureza que não existe, e que é contrária ao testemunho da visão humana e de todo o resto dos sentidos; quando, por exemplo, o padre, em vez de consagrar o pão e o vinho para o serviço peculiar de Deus no sacramento da Ceia do Senhor (que é apenas a separação do seu uso comum, para significar, isto é, para lembrar os homens, da paixão de Cristo, cujo corpo foi quebrado, e o sangue brotou sobre a cruz por nossas transgressões), pretende, ao dizer as palavras de nosso Salvador: *este é o meu corpo, e este é o meu sangue*, manifestar que a natureza do pão não está mais ali, mas o seu próprio corpo; não obstante, mesmo que não apareça à vista ou através doutro sentido do receptor qualquer coisa antes da consagração. Por esta razão que os conjuradores egípcios, sobre os quais pretensamente transformaram suas varas em serpentes e a água em sangue, embora sejam por tal razão encarados apenas como pessoas que tentaram iludir os sentidos dos espectadores por uma falsa imagem de coisas, são julgados como encantadores. Mas o que teríamos pensado deles se tivesse aparecido em suas varas nada como uma serpente e, na água encantada, nada parecido com o sangue, e se tivessem enfrentado o rei dizendo serem serpentes parecidas com varas e sangue com água? Ora, que teria sido, ao mesmo tempo, tanto um encanto quanto uma mentira. Exatamente o mesmo que neste ato diário faz o padre, usando as palavras sagradas à maneira de um encanto, mas que nada apresenta de novo aos sentidos; isto é, eles nos afrontam, dizendo que transformam o pão em homem; mais ainda, em um deus; e exigem os homens que estes o adorem, como se fosse nosso próprio Salvador que estivesse presente como Deus e homem e, assim, que cometamos a mais grosseira idolatria. Pois, se é suficiente desculpar a idolatria, dizendo que não é mais pão, mas Deus; por qual razão a mesma desculpa não serviria aos egípcios, no caso de terem ousado dizer que o alho-poró e a cebola que eles adoravam não eram alho-poró e cebola, mas uma divindade sob a sua *espécie*, ou semelhança. Deste modo, as palavras *isto é o meu corpo* são equivalentes a *isto significa* ou *isto representa o meu corpo*; o que é uma figura comum de linguagem. Mas encará-las literalmente é um abuso; e, se assim o for, somente podemos fazer quanto ao pão, que o Cristo consagrou com as próprias mãos. Pois ele nunca disse, que sobre qualquer pão ou ainda que qualquer sacerdote dissesse: *este é o meu corpo* ou *este é o corpo de Cristo*, e que o mesmo seria presencialmente transubstanciado. Nem a Igreja de Roma estabeleceu essa transubstanciação até a época de Inocêncio III; o que se deu a não menos que 500 anos atrás, quando o poder dos papas estava no auge, e as trevas do tempo cresceram tão densas, que os homens não discerniam o pão que lhes era dado para comer, especialmente quando era estampado com a figura de Cristo na cruz, como se quisessem que os homens acreditassem que foram transubstanciados, não apenas no corpo de Cristo, mas também na madeira de sua cruz, e que comeram os dois juntos no sacramento.

O mesmo encantamento, em vez de consagração, é usado também no sacramento do batismo: onde o abuso do nome de Deus em cada pessoa e em toda a Trindade, com o sinal da cruz em cada nome, faz o encanto. Primeiro, quando fazem a água-benta, diz o sacerdote: *eu te conjuro, criatura da água, em nome de Deus Pai Todo-poderoso, e em nome de Jesus Cristo seu único Filho, nosso Senhor, e em virtude do Espírito Santo, que você se torne uma água conjurada, para afastar todos os poderes do inimigo, e para erradicar e suplantar etc.* E o mesmo se dá na bênção do sal a ser misturado com ela: *que tu sejas sal de conjurado, que todos os fantasmas e escárnios da fraude do diabo possam fugir e abandonar o lugar onde tu és aspergido; e que todo espírito imundo seja conjurado por Aquele que virá julgar os vivos e os mortos.* O mesmo ocorre na bênção do óleo; *que todo poder do inimigo, todo o exército do diabo, todos os assaltos e fantasmas de Satanás, possam ser expulsos por esta criatura do óleo.* E quanto a criança a ser batizada, essa está sujeita a muitos encantos; primeiro, na porta da igreja o sacerdote sopra três vezes no rosto da criança e diz: *saia dele espírito imundo e dê lugar ao Espírito Santo Consolador.* Como se todas as crianças, até serem sopradas pelo padre, fossem demoníacas. Novamente, antes de sua entrada na igreja, ele diz como antes, *eu te conjuro etc. Para que saia, e deixe este servo de Deus*: e novamente o mesmo exorcismo é repetido mais uma vez antes de ser batizado. E alguns outros encantamentos, são aqueles que são usados em vez de bênçãos e consagrações, na administração dos sacramentos do batismo e da ceia do Senhor, em que todas as coisas que servem àqueles usos sagrados (exceto a saliva profana do sacerdote) têm alguma forma definida de exorcismo.

Nem os outros rituais como casamento, extrema-unção, visitação de doentes, consagração das igrejas e dos cemitérios e outros semelhantes são isento de encantos; na medida em que há neles o uso de óleo encantado, e água, com o abuso da cruz, e da palavra sagrada de Davi, *Asperges me Domine Hyssopo*, como coisas eficazes para afastar fantasmas e espíritos imaginários.

Outro erro geral resulta da má interpretação das palavras *vida eterna, morte eterna e segunda morte*. Pois, conquanto tenhamos lido claramente nas Sagradas Escrituras que Deus criou Adão em um estado de viver para sempre, o que era condicional, isto é, dependia de ele não desobedecer seu mandamento; era não essencial à natureza humana, mas uma consequência da virtude da árvore da vida; do qual ele tinha liberdade para comer, desde que não tivesse pecado; e ele foi expulso do Paraíso depois que pecou, para não comê-la mais e viver para sempre; por isso, a Paixão de Cristo é o resgate do pecado de todos que acreditaram nele; e por consequência, é uma restituição da vida eterna a todos os fiéis e apenas a eles. Todavia, a doutrina até agora (e há um bom tempo) tem sido diferente, ou seja: todo homem tem a vida eterna por natureza, na medida em que sua alma é imortal. De modo que a espada flamejante na entrada do Paraíso, embora atrapalhe o homem de ir em direção à árvore da vida, não o impede da imortalidade que Deus tomou dele por seu pecado; nem o faz precisar do sacrifício de Cristo para recuperá-la; e, por consequência, não somente os fiéis e justos, mas também os ímpios e os pagãos gozarão da vida eterna sem qualquer morte; muito menos de uma segunda ou de uma eterna morte. O que, para amenizar isso, dizem que por segunda e morte eterna se entende uma segunda e eterna vida; contudo, tormentosa; figura nunca usada, exceto neste mesmo caso.

Toda esta doutrina está assentada apenas em alguns excertos obscuros do Novo Testamento; os quais são, no entanto, considerando todo o escopo das Escrituras, bastante claros em um sentido diferente e desnecessários para a fé cristã. Pois, supondo que, quando um homem morre, nada resta dele senão sua carcaça; não pode Deus, que transformou a argila e o pó inanimados em uma criatura viva por sua palavra, facilmente ressuscitar uma carcaça morta e mantê-la viva para sempre, ou fazê-la morrer de novo também por sua palavra? A *alma*, nas Escrituras, sempre significa ou a vida ou a criatura viva; e o corpo e a alma em conjunto, o *corpo vivo*. No quinto dia da criação, Deus disse: que as águas produzam o *reptile animae viventis*, o réptil que tem nele uma alma viva; o que se traduz por *tem vida*. E mais, Deus criou as baleias e *omnem animam viventem*; que na tradução é, *toda criatura viva*. E o mesmo com o homem: Deus o fez do pó da terra e soprou em seu rosto o fôlego da vida – *et factus est homo in animam viventem* –, isto é, *e o homem foi criado como criatura viva*. E depois que Noé saiu da arca, Deus disse: ele não mais mataria *omnem animam viventem*, isto é, *toda criatura vivente*. E (Dt 12,23), *não comas o sangue, pois o sangue é a alma;* isto é, *a vida*. Ora, se desses excertos se entendesse por *alma* uma *substância incorpórea*, com uma existência separada do corpo, o mesmo poderia ser inferido de qualquer outra criatura viva – até mesmo do homem. Mas que as almas dos fiéis, não por sua própria natureza, e sim pela graça especial de Deus, irão permanecer em seus corpos da ressurreição para toda a eternidade, eu creio que já provei suficientemente nas Escrituras no capítulo 38. Agora, para os excertos do Novo Testamento, onde se diz que qualquer homem será lançado de corpo e alma no fogo do inferno, nada significa além de corpo e vida; isto é, que eles serão lançados vivos no fogo perpétuo da Geena.

É esta janela que dá entrada para a doutrina das trevas, primeiro dos tormentos eternos; e depois do purgatório, e consequentemente dos fantasmas dos mortos passeando, sobretudo em lugares consagrados, solitários ou escuros e daí ao pretexto de exorcismo e conjuração de fantasmas; como também de invocação de homens mortos; e à doutrina das indulgências; isto é, da isenção por um tempo, ou para sempre, do fogo do purgatório, em que essas substâncias incorpóreas são queimadas para serem limpas e remetidas ao céu. De fato, como antes do tempo de nosso salvador, os homens eram geralmente possuídos pelo contágio da demonologia dos gregos, ou seja, por uma opinião de que as almas dos homens eram substâncias distintas de seus corpos; portanto, quando o corpo estava morto, a alma de cada homem, fosse bom ou mau, deveria subsistir em algum lugar em virtude de sua própria natureza, sem reconhecer aí qualquer dom sobrenatural de Deus; os doutores da Igreja levantaram dúvidas por muito tempo sobre qual era o lugar em que deviam permanecer, até que fossem reunidos a seus corpos na ressurreição. Supondo por um tempo que eles se deitavam sob os altares; depois a Igreja de Roma achou mais proveitoso construir para eles este lugar, o purgatório; que por algumas outras Igrejas em tempos recentes tem sido demolido.

Vamos agora considerar que passagens das Escrituras parecem confirmar estes três erros gerais que aqui toquei. Quanto àqueles que o cardeal Bellarmine alegou, para o atual reino de Deus administrado pelo Papa (do que não há nenhum que faça melhor demonstração), eu já os respondi; e tornei evidente que o reino de Deus, instituído por Moisés, terminou com a eleição de Saul; e, após esse tempo, o sacerdote, de sua própria autoridade, nunca depôs nenhum rei. O que o sumo sacerdote fez a Atália, não foi feito por direito próprio, mas por direito do jovem rei Joás, seu filho; porém, Salomão, por seu direito próprio, depôs o supremo sacerdote Abiatar e colocou outro em seu lugar. Agora a passagem mais difícil de responder de todas aquelas que podem ser trazidas para provar que o reino de Deus por Cristo já está neste mundo, foi alegada não por Bellarmine, nem por qualquer outro da Igreja de Roma; mas por Beza; que estabeleceu o começo deste reino desde a ressurreição de Cristo. Porém, se com isso ele pretendia dar ao presbitério o supremo poder eclesiástico na república de Genebra (e, consequentemente, a todo presbitério em qualquer outra república), ou a príncipes e outros soberanos civis, não sei. Pois o presbitério reclama o poder de excomungar seus próprios reis e de ser o moderador supremo da religião nos lugares onde há essa forma de governo eclesiástico, do mesmo modo que o Papa reivindica universalmente.

As palavras são (Mc 9,1): *em verdade vos digo que há alguns dos que aqui estão, que de modo nenhum provarão a morte até que vejam o reino de Deus chegar com poder.* Se tomadas gramaticalmente estas palavras, tornam certo que ou alguns daqueles homens que permaneceram ao lado de Cristo naquele tempo ainda estão vivos; ou então, que o reino de Deus deve estar agora neste mundo presente. E então há outro trecho mais difícil: pois quando os apóstolos, após a ressurreição do nosso Salvador, e imediatamente antes da sua ascensão, perguntaram ao nosso Salvador, dizendo: (At 6), *tu restaurarás neste tempo o reino de Israel?* Respondeu-lhes: *não vos compete saber os tempos e as épocas, que o Pai detém em seu próprio poder, mas recebereis poder pela vinda do Espírito Santo sobre vós e sereis minhas testemunhas (mártires) tanto em Jerusalém como em toda a Judeia e Samaria, e até aos confins da terra.* O que seria o mesmo que dizer: o meu reino ainda não chegou, nem sabereis quando virá; porque virá como ladrão de noite; mas eu enviarei o Espírito Santo, e por ele vocês terão poder para dar testemunho a todo o mundo (por sua pregação) da minha ressurreição, das obras que fiz, e da doutrina que ensinei, para que eles creiam em mim, e esperem a vida eterna, quando eu vier novamente. Como tal ideia concorda com a vinda do reino de Cristo na ressurreição? E aquilo que são Paulo diz (1Ts 1,9-10): *que eles se afastaram dos ídolos, para servir o Deus vivo e verdadeiro, e para esperar por seu Filho do céu*; onde esperar pelo seu Filho do céu, é esperar pela sua vinda para ser rei em poder; o que não seria necessário, se o seu reino estivesse então presente. Mais uma vez, se o reino de Deus começou, como queria Beza naquele excerto (Mc 9,1), a partir da ressurreição; que razão haveria para os cristãos desde a ressurreição dizer em suas orações: *venha a nós o vosso reino?* Está manifesto, portanto, que as palavras de são Marcos não devem ser interpretadas de tal modo. Entre aqueles que aqui estão, há alguns (diz nosso Salvador) que não provarão a morte até que vejam o reino de Deus chegar ao poder. Se então este reino viesse na ressurreição de Cristo, por qual razão seria dito *alguns daqueles* e não *todos*? Porque todos eles viveram até depois da ressurreição de Cristo.

Mas os que exigem uma interpretação exata deste texto devem interpretar primeiro as palavras similares de nosso Salvador a são Pedro a respeito de são João (capítulo 21,22): *Se eu desejar que ele fique até que eu volte, o que te importa isso?* Sobre a qual se fundamentou a versão de que ele não deveria morrer. No entanto, a verdade dessa versão não se confirmou, como bem fundamentada; nem foi refutada, como mal fundamentada nessas palavras; mas ao contrário, permaneceu como um ditado incompreensível. A mesma dificuldade também se encontra na passagem referente a são Marcos. E se for lícito conjecturar acerca do seu significado por aquilo que se segue imediatamente, tanto aqui como em são Lucas, onde o mesmo é repetido, não é improvável dizer que tem relação com a Transfiguração, que foi descrita nos versículos imediatamente seguintes; onde se diz que *depois de seis dias Jesus levou consigo Pedro, Tiago e João* (não todos, mas alguns dos seus discípulos), *e os conduziu a um alto monte, onde estavam sozinhos e se transfigurou diante deles. E as suas vestes tornaram-se brilhantes, excedendo o branco como a neve; tal como nenhum seguidor na terra poderia branquear. E ali lhes apareceu Elias com Moisés, que conversavam com Jesus etc.* De modo que eles viram Cristo em glória e majestade, tal como ele deve retornar; e ficaram, por conta disso, *com muito medo*. Assim, a promessa de nosso Salvador se realizou por meio da *visão*, pois era uma visão, como provavelmente pode ser deduzido de são Lucas, que conta a mesma história (capítulo 9,28) e disse que Pedro e os que estavam com ele estavam sobrecarregados de sono: mas com mais certeza do que Mt 17,9 (onde o mesmo fato é novamente narrado), pois o nosso Salvador assim os acusou, dizendo: *não contém a ninguém a visão até que o Filho do Homem seja ressuscitado dos mortos*. Seja como for, ainda assim não se pode retirar argumentos daqui para provar que o reino de Deus começa desde o dia do juízo final.

Quanto a outros textos para provar o poder do Papa sobre os soberanos civis (além daqueles de Bellarmine), como o de que as duas espadas que Cristo e seus apóstolos tinham entre eles seriam a espada espiritual e a espada temporal, que eles dizem que são Pedro lhe deu através de Cristo; e o outro texto acerca das duas luminares, em que a maior significa o Papa, e a menor o rei; podia-se também inferir, pelo primeiro versículo da Bíblia, que por céu se entende o

Papa, e por terra o rei. Com efeito, isso não é argumentar a partir das Escrituras, mas um insulto aos príncipes; posto que, depois que os papas ficaram tão certos de sua grandeza, desprezavam todos os reis cristãos e pisavam nos pescoços dos imperadores para zombar deles e das Escrituras, com as palavras do Salmo 91: *pisarás o leão e a serpente; o jovem leão pisarás e o dragão pisarás com teus pés.*

Quanto aos ritos de consagração, embora dependam na sua maior parte da discrição e da sensatez dos chefes da Igreja, e não das Escrituras; ainda assim, esses chefes estão obrigados à direção que a própria natureza da ação requer; a exemplo das cerimônias, palavras e gestos, que estes sejam decentes e significantes ou ao menos compatíveis com a ação. Quando Moisés consagrou o tabernáculo, o altar e os vasos que lhes pertenciam (Ex 40,9) consagrou-os com o óleo que Deus havia ordenado que fosse feito para esse fim; e eles tornaram-se santos. Não havia nada exorcizado para expulsar fantasmas. O mesmo Moisés (o soberano civil de Israel), quando consagrou Aarão (o sumo sacerdote) e seus filhos, lavou-os com água (não exorcizada), colocou-lhes as vestes e consagrou-os com o óleo; e eles foram santificados para ministrar junto ao Senhor no ofício de sacerdotes; o que foi uma purificação simples e decente, adornando-os, antes de apresentá-los a Deus, para serem seus servos. Quando o rei Salomão (o soberano civil de Israel) consagrou o templo que ele tinha construído (2Rs 8), ele ficou de pé diante de toda a congregação de Israel e, tendo-os abençoado, deu-lhes graças a Deus por ter colocado no coração de seu pai a sua construção; e por ter dado a ele mesmo a graça de realizá-lo; e então orou para ele, em primeiro lugar, para aceitar aquela casa, embora não fosse adequada a sua grandeza infinita; e depois para ouvir as orações de seus servos que ali rezassem, ou (se eles estivessem ausentes) em direção a ela; e finalmente, ofereceu um sacrifício de paz e a casa ficou dedicada. Aqui não houve procissão; o rei ainda permaneceu no seu lugar de destaque; não houve água exorcizada; nem *Asperges me*, nem outra aplicação impertinente de palavras faladas em outra ocasião, mas um discurso decente e racional, de modo tal que, ao fazer a Deus a oferta de sua casa recém-construída, isso era o mais adequado à ocasião.

Não lemos que são João tenha exorcizado a água do Jordão, nem Filipe a água do rio onde batizou o eunuco, nem que qualquer pastor no tempo dos apóstolos tenha tomado o seu cuspe e colocado no nariz da pessoa a ser batizada, dizendo: *in odorem suavitatis*, isto é, *para um doce aroma ao Senhor*; onde nem a cerimônia do cuspe, pela sua impureza, nem a aplicação daquela Escritura, devido à sua leviandade, podem ser justificadas por nenhuma autoridade humana.

Para provar que a alma separada do corpo vive eternamente, não apenas as almas dos eleitos, por graça especial, e restauração da vida eterna que Adão perdeu pelo pecado e nosso Salvador restaurou (pelo sacrifício de si mesmo) aos fiéis; mas também as almas dos réprobos, como uma propriedade naturalmente consequente com a essência da humanidade, sem nenhuma outra graça de Deus, exceto a que é universalmente dada a toda a humanidade, existem várias passagens que parecem, à primeira vista, servir suficientemente ao caso; mas quando eu as comparo com o que antes aleguei (capítulo XXXVIII), com base no capítulo 14 de Jó, parece-me muito mais sujeito às distintas interpretações do que as palavras de Jó.

E, em primeiro lugar, há as palavras de Salomão (Ecl 12,7): *então voltará o pó a ser pó como antes e o espírito retornará a Deus que o deu*. O que pode suficientemente (se não houver outro texto diretamente contra ele) ter essa interpretação: que só Deus sabe (mas homem não), o que ocorre ao espírito do homem quando ele expira; e o mesmo Salomão, no mesmo livro (capítulo 3,20-21), proferiu a mesma frase no sentido que eu dei. Suas palavras são: *Todos* (homem e animal) *vão para o mesmo lugar; todos são de pó e todos voltarão a ser pó novamente; quem sabe que o espírito do homem vai para o alto e que o espírito do animal desce abaixo da terra? Isto é, ninguém sabe senão Deus*. Tampouco essa é uma frase incomum para falar sobre coisas que não entendemos, *Deus sabe o que*, e *Deus sabe onde*. A de (Gn 5,24) *Henoc andou com Deus, e não estava, porque Deus o levou, o que é exposto*; (Hb 11,5) *Ele foi trasladado para que não morresse; e não foi encontrado, porque Deus o havia trasladado. Pois antes de sua trasladação, ele tinha o seu testemunho de que agradava a Deus*; o que, provando a imortalidade tanto do corpo quanto da alma, prova que esta sua trasladação era peculiar àqueles que agradavam a Deus; não comum a estes e aos maus, dependendo da graça, não da natureza. Mas, pelo contrário, que interpretação nós devemos dar além do sentido literal das palavras de Salomão (Ecl 3,19): *que o que acontece aos filhos dos homens, acontece aos animais, a mesma coisa ocorre a eles, assim como um morre o outro também morre sim, todos eles têm um igual sopro* (um espírito), *de modo que o homem não tem preeminência sobre o animal, pois tudo é vaidade?* No sentido literal, aqui não há imortalidade natural da alma; nem ainda qualquer repugnância quanto à vida eterna, da qual os eleitos gozarão pela graça. E (Ecl 4,3): *melhor está aquele que ainda não foi do que ambos*; isto é, dos que vivem ou viveram o que, se a alma de todos os que viveram, fosse imortal, seria uma dura palavra, pois ter uma alma imortal seria pior do que não ter alma alguma. E, novamente (capítulo 9,5): *os vivos sabem que morrerão, mas os mortos não sabem de nada*; isto é, naturalmente e antes da ressurreição do corpo.

Outro excerto que parece defender uma imortalidade natural da alma é o que nosso Salvador diz que Abraão, Isaac e Jacó estavam vivendo; contudo, isto é falado da promessa de Deus e de sua certeza de ressuscitar novamente, não de uma vida então real. No mesmo sentido que Deus disse a Adão que no dia em que ele comesse do fruto proibido, certamente morreria; daquele dia em diante, ele seria um homem morto por sentença, mas não por execução, até quase mil anos depois. Igual a Abraão, Isaac e Jacó, que estavam vivos pela promessa naquele instante, quando Cristo falou, mas não o estão de fato até a ressurreição. E a história de Dives e Lázaro nada prova contra isso, se nós a aceitarmos tal como é, ou seja, que se trata de uma parábola.

Mas existem outros excertos do Novo Testamento, onde parece ser diretamente atribuída uma imortalidade aos ímpios, pois é evidente que todos se levantarão para o juízo final. Além disso, em muitos lugares se afirma que eles irão para *o fogo eterno, para tormentos eternos, para castigos eternos; e que o verme da consciência nunca morre*; e tudo isso é compreendido na expressão morte eterna, que é comumente interpretada como *vida eterna em tormentos*. No entanto, não consigo encontrar em qualquer parte que algum homem deve viver em tormentos eternos. Também parece difícil dizer que Deus, que é o pai das misericórdias, que faz no céu e na terra tudo quanto quer; que tem o coração de todos os homens à sua disposição; que opera nos homens, tanto no fazer como na vontade, e sem cujo dom gratuito o homem não tem inclinação para o bem, nem arrependimento do mal, quisesse punir as transgressões dos homens sem nenhum limite de tempo, e com todos os extremos de tortura, que os homens podem imaginar e mais. Portanto, qual é o significado do *fogo eterno* e outras frases semelhantes nas Escrituras?

Eu já mostrei que o reino de Deus por Cristo começa no dia do juízo, e que naquele dia os fiéis irão ressuscitar com corpos gloriosos e espirituais, e serão seus súditos no seu reino, que será eterno; que eles nem casarão nem serão dados em casamento, nem comerão ou beberão, como fizeram com seus corpos naturais; mas viverão para sempre em suas pessoas individuais, sem a eternidade específica e a geração; e que os réprobos também ressuscitarão, para receber punições por seus pecados; e também, que os eleitos, que estiverem vivos com seus corpos terrestres naquele dia, terão seus corpos de repente mudados, tornando-se espirituais e imortais. Mas que os corpos dos réprobos que compõem o reino de Satanás serão também corpos gloriosos ou espirituais, ou que serão como os anjos de Deus, nem comendo, nem bebendo, nem engendrando; ou que sua vida será eterna em suas pessoas individuais, como é a vida de todo homem fiel é, ou como a vida de Adão teria sido se ele não tivesse pecado. Não há lugar nenhum da Escritura para provar isso; se excetuarmos apenas os trechos concernentes aos tormentos eternos, que podem ser interpretados de outra forma.

De onde se pode inferir que assim como os eleitos após a ressurreição serão restaurados à condição de Adão, antes de ter pecado, então os réprobos ficarão no mesmo estado que Adão e sua posteridade estiveram depois de ele ter cometido o pecado; ressalvando que Deus prometeu um redentor a Adão, e aos de sua semente que nele confiassem e se arrependessem; mas não aos que morressem em pecado, como fazem os réprobos.

Consideradas estas coisas, os textos que mencionam *fogo eterno, tormentos eternos, ou o verme que nunca morre* não contradizem a doutrina de uma segunda e eterna morte, no sentido devido e natural da palavra *morte*. O fogo ou os tormentos preparados para os iníquos em Geena, Tofete ou em qualquer outro texto podem continuar para sempre e nunca faltarão homens ímpios para serem atormentados neles; embora nem todos, nem ninguém eternamente. Pois sendo os ímpios deixados na condição que estava Adão após o pecado, eles poderão na ressurreição viver como o fizeram, casar e serem dados em casamento, e ter corpos grosseiros e corruptíveis, como toda a humanidade agora tem; e, consequentemente, após a ressurreição, podem engendrar perpetuamente, como fizeram antes, pois não há lugar nas Escrituras que diga o contrário. Uma vez que são Paulo, ao tratar da ressurreição (1Cor 15,42) só se refere a ela quanto à ressurreição para a vida eterna; e não quanto à ressurreição para a punição. E da primeira, ele disse que o corpo *é semeado em corrupção e cresce em incorrupção; semeado em desonra e erguido em honra, semeado em fraqueza e elevado em poder; semeado como corpo natural e levantado como um corpo espiritual.* Nada disso é possível falar dos corpos daqueles que ressuscitam para a punição. Assim, também o nosso Salvador, quando fala da natureza do homem depois da ressurreição, refere-se à ressurreição para a vida eterna e não à punição. O texto é Lc 20,34-36, um texto frutificante: *os filhos deste mundo se casam e são dados em casamento, mas os que forem considerados dignos desse mundo e da ressurreição dos mortos, nem se casam, nem são dados em casamento, nem podem morrer mais, porque são iguais aos anjos e são filhos de Deus, sendo filhos da ressurreição.* Os filhos deste mundo, que se acham no estado em que Adão os deixou, casar-se-ão e serão dados em casamento, isto é, corrompem-se e geram sucessivamente, o que é uma imortalidade da espécie, mas não das pessoas dos homens. Eles não são dignos de serem contados entre aqueles que obterão o mundo futuro e uma ressurreição absoluta dos mortos, mas apenas durante um curto período de tempo, como habitantes desse mundo; e, ao final, só para receber uma punição condigna por sua contumácia. Os eleitos são os únicos filhos da ressurreição, isto é, os únicos herdeiros da vida eterna, pois eles não podem mais morrer, uma vez que são iguais aos anjos e são filhos de Deus; e não os réprobos. Para estes, permanece, após a ressurreição, a sua segunda e eterna morte, havendo entre a ressurreição e sua *segunda* e *eterna* morte apenas um tempo de punição e tormento; e para durar por toda sucessão de pecadores, contando todo tempo que o homem pela propagação possa perdurar; o que é eternamente.

Nesta doutrina da eternidade natural das almas separadas está fundada (como eu disse) a doutrina do purgatório. Pois supondo a vida eterna somente pela graça, não há vida, exceto a vida do corpo, e nenhuma imortalidade até a ressurreição. Os textos sobre o purgatório alegados por Bellarmine e retirados da Escritura canônica do Antigo Testamento são, primeiro, o jejum de Davi em favor de Saul e Jônatas, mencionado em 2Sm 1,12 e, novamente, em 2Sm 3,35, pela morte de Abner. Este jejum de Davi, diz Bellarmine, foi para alcançar algo para eles das mãos de Deus, após as suas mortes; porque depois que ele jejuou para obter a recuperação de seu próprio filho, assim que soube que estava morto, pediu carne. Dado então que a alma tem uma existência separada do corpo, e nada pode ser obtido pelo jejum dos homens pelas almas que já estão no céu, ou no inferno, segue-se que há algumas almas de homens mortos, que não estão no céu nem no inferno; e, portanto, devem estar em um terceiro lugar, que deve ser o purgatório. Assim, com duro esforço, ele deturpou esses trechos para provar o purgatório, já que é manifesto que as cerimônias de luto e jejum, quando são usadas por conta da morte de homens, cuja vida não foi rentável para os enlutados, são feitas em honra das suas pessoas; e quando são feitas por ocasião das mortes daqueles cuja vida trouxe benefício aos que choravam, então resultam do seu dano particular. E assim Davi honrou a Saul e a Abner com seu jejum; e na morte de seu próprio filho, reconfortou-se e recebeu o seu alimento costumeiro.

Nos outros excertos que ele [Bellarmine] buscou no Antigo Testamento, não há qualquer demonstração ou sombra de prova. Ele recorreu a todos os textos em que aparece a palavra *cólera*, ou *fogo*, ou *incêndio*, ou *expiação*, ou *purificação*, que em um sermão, os padres aplicaram retoricamente à doutrina do purgatório, que já se acreditava. O primeiro versículo do Sl 38: *Ó, Senhor, não me repreenda com tua cólera, nem me castigues com o teu ardente desagrado*; ora, o que isto tem a ver com o purgatório, se Agostinho não tivesse aplicado a cólera ao fogo do inferno e o *descontentamento* ao do purgatório? E o que tem a ver com o purgatório o Sl 66,12, *fomos por entre fogo e pela água e nos trouxeste a um lugar úmido*, e outros textos semelhantes (com os quais os doutores daqueles tempos pretendiam adornar ou estender seus sermões, ou ainda comentários) trazidos para seus propósitos pela força da inteligência?

Mas ele alegou outras passagens do Novo Testamento que não são tão fáceis de serem respondidas. Em primeiro lugar, Mt 12,32:

quem quer que fale uma palavra contra o Filho do homem, lhe será perdoado, mas qualquer fala contra o Espírito Santo, isso não lhe será perdoado nem neste mundo nem no vindouro, onde ele pretende que o purgatório seja o mundo por vir, em que há alguns pecados que neste mundo não podem ser perdoados. Não obstante, é manifesto que só existem três mundos; um da criação até o dilúvio, que foi destruído pela água, e é chamado nas Escrituras como o *velho mundo*; outro do dilúvio até o dia do juízo, que é o *mundo presente* e será destruído pelo fogo; e o terceiro que será do dia do juízo adiante, eterno, que é chamado o *mundo vindouro*; e no qual todos concordam que não haverá purgatório. Portanto, o mundo vindouro e o purgatório são inconsistentes. Mas o que então pode ter por significado essas palavras de nosso Salvador? Confesso que elas são tão dificilmente reconciliáveis com todas as doutrinas agora unanimemente recebidas, nem é vergonha confessar que a profundidade das Escrituras é grande demais para ser perscrutada pelo limitado entendimento humano. No entanto, eu posso propor à consideração dos mais eruditos teólogos as coisas que o próprio texto sugere. Primeiro, tendo em conta que falar contra o Espírito Santo, a terceira pessoa da Trindade, é falar contra a Igreja, na qual o Espírito Santo reside, o que dá a entender que a comparação é feita entre a facilidade com que nosso Salvador foi indulgente com as ofensas feitas a ele enquanto ele mesmo ensinava o mundo, isto é, quando ele estava na terra, e a severidade dos pastores depois dele, sobretudo contra aqueles que negassem sua autoridade provinda do Espírito Santo. Como se ele dissesse: vós que negais meu poder; sim, vós que ides me crucificar, sereis por mim perdoados, sempre que voltardes para mim arrependidos; mas se negardes o poder daqueles que de agora em diante vos ensinarão, em virtude do Espírito Santo, eles serão inexoráveis, e não vos perdoarão, mas vos perseguirão neste mundo, e vos deixarão sem absolvição (embora tu te voltes a mim, a menos que também te voltes para eles), para os castigos (tanto quanto estiver ao seu alcance) do mundo vindouro. E então as palavras podem ser tomadas como uma profecia, ou uma previsão sobre os tempos, como há muito tempo tem sido na Igreja Cristã. Ora, se este não for o significado (pois não sou peremptório sobre trechos tão difíceis), talvez possa restar algum espaço depois da ressurreição para o arrependimento de alguns pecadores. E há também outro texto, que parece concordar com isso. Pois considerando as palavras de são Paulo (1Cor 15,29): *o que farão os que são batizados pelos mortos, se os mortos de maneira alguma não ressuscitarem? Por que também são eles batizados pelos mortos?* Pode um homem muito provavelmente inferir, como alguns o fizeram, que no tempo de Paulo havia o costume de receber o batismo pelos mortos (como os homens que agora acreditam poder ser os fiadores e tomar ao seu encargo a fé das crianças que não são capazes de crer), tomando sob sua responsabilidade, pelas pessoas de seus amigos falecidos, e afirmar que elas estão prontas para obedecer e receber nosso Salvador como seu rei, na sua segunda vinda; deste modo, o perdão dos pecados no mundo que está para vir não precisa de um purgatório. Mas em ambas as interpretações há tanto paradoxo que não confio nelas: proponho-as aos que são completamente versados nas Escrituras, para inquirir se não há um trecho mais claro que os contradiga. Somente afirmo que encontrei excertos evidentes nas Escrituras, suficientes para me persuadir de que não há nem a palavra nem a coisa o purgatório, nem neste, nem em qualquer outro texto; nem nada que possa provar a necessidade de um lugar para a alma sem o corpo; nem para a alma de Lázaro durante os quatro dias que ele estava morto; nem para as almas daqueles que a Igreja Romana finge estarem sendo atormentados agora no purgatório. Pois Deus, que pôde dar vida a um pedaço de barro, tem o mesmo poder de dar vida novamente a um morto e renovar sua carcaça inanimada e podre, em um corpo glorioso, espiritual e imortal.

Outro excerto é 1Cor 3, onde se diz, que os que acumularam restolho, feno etc. sobre a verdadeira base, verão seu trabalho perecer, *mas serão salvos, mesmo que pelo fogo.* Ora, pretende-se que este fogo, seja o fogo do purgatório. As palavras, como eu disse antes, são uma alusão às de Zc 13,9, onde ele diz: *trarei a terceira parte através do fogo e os purificarei como a prata é purificada, e os afinarei como ouro é afinado,* o que é falado da vinda do Messias em poder e glória, isto é, no dia do juízo e na conflagração do mundo atual, onde os eleitos não serão consumidos, mas refinados, isto é, irão se desfazer de suas doutrinas e tradições errôneas, como se elas fossem apagadas; e depois disso irão invocar o verdadeiro nome de Deus. Da mesma maneira, o apóstolo disse daqueles que, mantendo este fundamento, *Jesus é o Cristo,* constroem sobre ele outras doutrinas que são errôneas, segundo as quais eles não serão consumidos naquele fogo que renova o mundo e passarão por ele para a salvação, mas só na medida em que reconhecem e renunciam os seus erros anteriores. Os construtores são os pastores; o fundamento, *Jesus é o Cristo*; o restolho e o feno, as *falsas consequências decorrentes da ignorância ou da fragilidade*; o ouro, a prata e as pedras preciosas são suas *verdadeiras doutrinas*; e seu refinamento ou purificação, *o abandono de seus erros*. Em tudo isso não há o menor vestígio de queima das almas incorpóreas, isto é, impalpáveis.

Um terceiro trecho é o de 1Cor 15,29 antes mencionado, sobre o batismo pelos mortos, com base no qual eu concluí, primeiro, que as orações pelos mortos não são inúteis e, por isso, que há fogo no purgatório. Mas nenhuma dessas conclusões é correta. Das muitas interpretações da palavra batismo, ele concorda com esta em primeiro lugar, que por batismo se entende (metaforicamente) um batismo de penitência; e que os homens são nesse sentido batizados, quando jejuam, rezam e dão esmolas, e assim, o batismo pelos mortos, e a oração para os mortos, é a mesma coisa. Mas isso é uma metáfora, da qual não há exemplos, nem nas Escrituras, nem em qualquer outro uso da linguagem, e que está em divergência com a harmonia, e o escopo das Escrituras. A palavra batismo é usada (Mc 10,38 e Lc 12,50) para se referir ao mergulho no próprio sangue, como ocorreu com Cristo na cruz, e com a maioria dos apóstolos, para dar testemunho dele. Mas é difícil dizer que a oração, o jejum e a esmola têm qualquer similitude com a imersão. A mesma palavra é usada também em Mt 3,11 (o que parece contribuir pouco para o purgatório) como purificação pelo fogo. Mas é evidente que o fogo e a purgação aqui mencionados são os mesmos de que falou o profeta Zacarias (capítulo 13,9): *trarei a terceira parte através do fogo e refiná-los-ei etc.* E são Pedro depois dele (1Pd 1,7): *que a prova da tua fé, que é muito mais preciosa que o ouro que perece, embora seja provada com fogo, possa ser achada em louvores e honras, e glória pela aparição de Jesus Cristo.* E são Paulo (1Cor 3,13): *o fogo purificará o trabalho de cada homem, seja ele de que tipo for.* Mas são Pedro e são Paulo falam do fogo que haverá por causa da segunda aparição de Cristo, e o profeta Zacarias do dia do juízo final. E, portanto, este trecho de são Mateus pode ser interpretado de igual modo, e então não haverá necessidade do fogo do purgatório.

Outra interpretação do batismo pelos mortos é aquela que eu já mencionei, que ele favoreceu como a segunda mais provável, daí inferindo também a utilidade da oração para os mortos. Pois se depois da ressurreição, os que não ouviram falar de Cristo, ou não acreditam nele, podem ser recebidos no reino de Cristo, não é em vão, depois de sua morte, que seus amigos rezem por eles, até ressuscitarem. Mas admitindo que Deus pode, em razão da oração dos fiéis, converter a si alguns dos que não ouviram Cristo pregar e, consequentemente, não podem ter rejeitado a Cristo, e que a caridade dos homens nesse ponto não pode ser culpada; nada disto conclui em favor do purgatório; porque ressuscitar da morte para a vida é uma coisa; e ressuscitar do purgatório para a vida é outra; já que é ressuscitar da vida para a vida, de uma vida em tormentos para uma vida em alegria.

Um quarto excerto é o de Mt 5,25: *concorda rapidamente com teu adversário, enquanto estais no caminho com ele, para que a qualquer tempo o adversário não te entregue ao juiz, e o juiz te entregue ao oficial, e vos sejais lançado na prisão. Em verdade vos digo: que de modo algum saireis de lá até que tenhais pago o último centavo.* Nesta alegoria, o ofensor é o *pecador*; o adversário e o juiz é *Deus*; o caminho é esta *vida*; a prisão é a *sepultura*; o oficial, a *morte*; o pecador não ressuscitará para a vida eterna, mas para uma segunda morte, até que ele tenha pago o último centavo, ou Cristo tenha pago por ele com sua paixão, que é um resgate completo para todos os tipos de pecado, tanto os pecados menores como os maiores, tendo-se ambos tornados veniais pela paixão de Cristo.

O quinto texto é o de Mt 5,22: *todo aquele que ficar zangado com seu irmão sem causa, será culpado em juízo. E todo aquele que disser a seu irmão, Raca, será culpado no sinédrio. Mas todo aquele que disser tolo será condenado ao fogo do inferno.* Dessas palavras ele inferiu três tipos de pecados e três tipos de punições, e nenhum desses pecados, senão apenas o último, será punido com o fogo do inferno e, consequentemente, depois desta vida, há punição pelos pecados menores no purgatório. De tal inferência, não se vê vestígio em nenhuma interpretação que até agora tenha sido dada. Haverá depois desta vida uma distinção de tribunais de justiça, como havia entre os judeus no tempo do nosso Salvador, para ouvir e determinar diversos tipos de crimes, como, por exemplo, os juízes e o sinédrio?

Não pertence toda judicatura a Cristo e seus apóstolos? Para entender, portanto, esse texto, não devemos considerá-lo solitariamente, mas em conjunto com as palavras precedentes e subsequentes. Nosso Salvador neste capítulo interpreta a lei de Moisés; que os judeus pensavam que era então cumprida, quando eles não a tinham transgredido no seu sentido gramatical, embora a tivessem transgredido no espírito ou na intenção do lesgislador. Assim, embora pensassem que só se transgredia o sexto mandamento, a saber, matando um homem; ou o sétimo, quando um homem dormia com uma mulher, e não com sua esposa; nosso Salvador lhes disse que a cólera escondida de um homem contra seu irmão, se for sem justa causa, é homicídio: ouvistes (disse ele) a Lei de Moisés, *não matarás*, e que *aquele que matar será condenado a frente dos juízes*, ou perante a sessão dos Setenta, mas eu vos digo, ficar zangado com o irmão sem causa, ou dizer-lhe *Raca*, ou *Tolo*, é homicídio, e serás punido por isso no dia do juízo final, e em sessão de Cristo, e seus apóstolos, com o fogo do inferno. Assim, tais palavras não eram usadas para distinguir entre os diversos crimes, diversos tribunais de justiça e diversas punições; mas para taxar a distinção entre um pecado e pecado outro, que os judeus não tiravam da diferença da vontade de obedecer a Deus, mas da diferença de seus tribunais de justiça; e para mostrar-lhes que aquele que tenha a vontade de ferir seu irmão, embora o efeito só apareça no ultraje, ou não apareça nada, será lançado no fogo do inferno, pelos juízes, e pela sessão, que será a mesma, não diferente, tribunais no dia último do juízo. Com efeito, não vejo então o que pode ser extraído deste texto, para defender o purgatório.

O sexto trecho é Lc 16,9: *fazei amigos do injusto Mamon; para que, quando fracassarem, eles possam recebê-los em tabernáculos eternos*. Isso ele alega para provar a invocação de santos falecidos. Mas o sentido é claro: devemos nos fazer amigos dos pobres com nossas riquezas, e assim obter suas orações enquanto eles vivem. *Aquele que dá ao pobre, empresta ao Senhor.*

O sétimo é Lc 23,42: *Senhor, lembra-te de mim quando entrares no teu reino*. Portanto, diz ele, há uma remissão de pecados após esta vida. Mas a consequência não é a correta. Nosso Salvador o perdoou então e quando voltar em glória, lembrará de ressuscitá-lo para a vida eterna.

O oitavo é At 2,24 onde são Pedro diz de Cristo: *que Deus o ressuscitou, e abrandou as penas da morte, porque não era possível que ele fosse detido por ela*, o que ele interpreta ser uma descida de Cristo ao purgatório, para libertar algumas almas de seus tormentos: ao passo que é manifesto que foi Cristo que foi solto; pois era ele que não podia ser preso pela morte ou sepultura, e não as almas no purgatório. Mas se isso que Beza diz, em suas notas sobre esse trecho for correto, não há quem não veja, que em vez de penas, devia ser *ligaduras*; e aí não haveria mais motivos para procurar o purgatório neste texto.

CAPÍTULO XLV
DA DEMONOLOGIA E DAS OUTRAS RELÍQUIAS DA RELIGIÃO DOS GENTIOS

A impressão aos órgãos da visão, por corpos lúcidos, seja por uma linha direta ou por muitas linhas, refletido do opaco ou refratados na passagem através de corpos diáfanos, produzida nas criaturas viventes, em quem Deus colocou tais órgãos, uma imaginação de objeto da qual a impressão procede; cuja imaginação é chamada de *visão*; e parece não ser uma mera imaginação, mas o próprio corpo sem nós; de maneira similar, como quando um homem violentamente pressiona seu olho, aparece a ele uma luz que nenhum homem pode perceber, além dele mesmo; porque não há, de fato, tal coisa fora dele, mas apenas um movimento no interior dos órgãos, pressionados por uma resistência externa, que o fazem pensar assim. E o movimento realizado nessa pressão, caso continue após o objeto que a causou seja removido, é aquilo que chamamos de *imaginação* e *memória*, e (ao dormir, e algumas vezes durante um grande destempero dos órgãos motivados por doença ou violência) um *sonho*; sobre essas coisas eu já falei brevemente, no segundo e terceiro capítulos.

Essa natureza da visão, nunca antes tendo sido descoberta por antigos pretendentes do conhecimento natural; muito menos por aqueles que as consideram como coisas não tão remotas (como sabemos que são) de seu uso presente; foi difícil para os homens conceber que essas imagens na fantasia e no sentido, em vez das coisas realmente externas a nós: o que alguns (porque desaparece, não sabendo como nem a razão) serão absolutamente incorpóreos, o que significa dizer, imateriais; formas sem matéria; cor e figura, sem qualquer corpo ou figura colorida; e aqueles que colocam em corpos aéreos (como uma roupa) para fazê-los visíveis quando quiserem aos nossos corpos visíveis; e outros dizem que são corpos e criaturas viventes, porém feitos de ar ou outra matéria mais sutil e etérea, isto é (assim, quando eles são vistos), condensada. No entanto, ambos concordam na apelação geral deles, a saber, DEMÔNIOS. Como se os mortos com que sonharam não fossem habitantes de seus próprios cérebros, mas do ar, dos céus ou do inferno; não fantasmas, mas assombrações; o que, tão racionalmente quanto, como se alguém pudesse dizer que ele viu sua própria assombração em um espelho, ou os fantasmas das estrelas em um rio; ou chamar a aparição ordinária de sol, da quantidade de cerca de um pé, de *demônio*, ou aparição daquele grande sol que abrilhanta todo o mundo visível: e, por conta disso, sente temor por eles, como coisas de um poder desconhecido, isto é, de um poder ilimitado que pode fazer-lhes bem ou mal; e, consequentemente, oferta ocasião aos governantes das repúblicas pagãs de regular seu próprio medo ao estabelecer que aquela DEMO-NOLOGIA (na qual os poetas, como principais clérigos da religião pagã, foram especialmente empregados ou reverenciados) à paz pública e à obediência dos súditos necessárias dali em diante; e para tornar alguns deles bons *demônios*, e outros maus; um como um esporo da observância, e o outro como rédeas para reter a violação das leis.

Que tipo de coisas eles foram e a quem eles atribuíram o nome de *demônios* aparece parcialmente na genealogia dos deuses escrita por Hesíodo, um dos mais antigos poetas dos gregos; e parcialmente noutras histórias; sobre as quais eu observei algumas poucas antes, no décimo segundo capítulo desse discurso.

Os gregos, por suas colônias e conquistas, comunicaram sua linguagem e escritos à Ásia, Egito e Itália; e, como uma consequência necessária de sua *demonologia* ou (como são Paulo a chamou), *suas doutrinas dos demônios*; e por isso ele pretendia dizer que o contágio chegou também aos judeus, tanto da Judeia quanto de Alexandria, e também doutras partes onde eles estavam dispersos. Mas o nome de *demônio* eles não atribuíram aos espíritos bons e maus (como os gregos); mas somente aos maus: e aos bons *demônios* eles deram o nome de espírito de Deus; e estimavam aqueles em cujos corpos eles entravam para tornarem-se profetas. Em suma, toda singularidade, se boa, eles atribuíam ao espírito de Deus; e se má, a algum demônio, mas um χαχοδάμιων, um mau *demônio*, isto é, *um diabo*. Portanto, eles chamavam de *demoníacos*, isto é, possuídos pelo demônio, tal como homens loucos ou lunáticos; ou aqueles que caíram doentes ou que falam de nada que, em seu desejo pelo conhecimento, imaginavam ser absurdo: assim como de uma pessoa impura em tamanho grau que eles costumam dizer que ela tem um espírito impuro; de um homem surdo, que ele tem uma surdez diabólica; e de João Batista (Mt 11,18), pela singularidade de seu jejum, que ele tinha um diabo; e de nosso Salvador, porque ele dizia que aquele que guardava suas palavras não veria a morte *in aeternum* (Jo 8,52) agora sabemos que tu tens um diabo, Abraão morreu e os profetas morreram; e novamente, porque ele disse (Jo 7,20) *tentaram matá-lo*, e respondeu o povo, *tu tens um diabo que intenta matar-te?* Onde está manifesto que os judeus tinham a mesma opinião que os gregos quanto aos fantasmas, nomeadamente, que eles não eram fantasmas, isto é, ídolos do cérebro, mas coisas reais e independentes da fantasia.

Por que nosso Salvador não contradisse ou ensinou o contrário se tal doutrina não é verdadeira? E por qual razão ele usou diversas formas tais tipos de discurso que parecem confirmá-la? Diante disso, respondo eu que, primeiro, onde Cristo disse (Lc 24,39) *um espírito não tem carne nem osso*, ele reconheceu a natureza dos espíritos, mas que eles são espíritos corpóreos, o que não é difícil de entender. Posto que o ar e muitas outras coisas são corpos, conquanto não de carne e osso, ou de qualquer outro corpo grosso que se discerne através do olhar. Mas quando nosso Salvador falou ao demônio e ordenou-o para que saísse de um homem, se pelo demônio ele significasse a doença, como um frenesi, ou lunatismo ou ainda um espírito corpóreo, não seria o discurso impróprio? As doenças podem ouvir? Ou pode haver um espírito corpóreo em um corpo de carne e osso, já preenchido de espíritos vital e animal? Portanto, não há ali espíritos que não têm corpo ou são eles meras imaginações? Diante da primeira pergunta, eu respondo que nosso o Salvador ao curar, endereçando a ordem para a loucura ou lunatismo, não é mais impróprio do que ao repreender a febre, ou o vento, ou ainda o mar; posto que nenhuma dessas coisas pode ouvir: ou que foi uma ordem de Deus à luz, ao firmamento, ao sol, às estrelas, quando ele ordenou que fosse assim: posto que eles não podem ouvir antes que terem um ser. Mas esses discursos não são impróprios porque eles significam o poder da palavra de Deus: portanto, não é mais impróprio ordenar que a loucura ou o lunatismo (sob a atribuição de demônios, pelos quais eles são comumente compreendidos) partam do corpo de um homem. Ao segundo, sobre seu ser incorpóreo, eu não observei nenhuma passagem nas Escrituras de onde se possa coligir que qualquer homem foi alguma vez possuído por outro espírito corpóreo para além de seu próprio, pelo qual seu corpo move-se naturalmente.

Nosso Salvador, imediatamente depois que o Espírito Santo desceu sobre ele na forma de uma pomba, nas palavras de são Mateus (capítulo 4,1) *foi levado por um espírito ao deserto*; e o mesmo foi recitado (Lc 4,1) nessas palavras, *estando Jesus cheio do Espírito Santo, foi conduzido em espírito ao deserto*: de modo que é evidente que o *espírito* aqui significa o Espírito Santo. Isso não pode ser interpretado como uma possessão: posto que Cristo e o Espírito Santo são uma e a mesma substância; o que não é uma possessão de uma substância ou corpo por outro(a). Enquanto isso, nos versículos seguintes, foi dito que ele *foi levado pelo diabo para a cidade santa e colocado no pináculo do templo*; devemos então concluir que ele foi possuído pelo diabo ou carregado ali através da violência? *E novamente, transportado dali pelo diabo para uma montanha extremamente alta, o qual lhe mostrou dali todos os reinos do mundo*: onde nós não podemos acreditar que ou ele foi possuído, ou forçado pelo diabo; nem que qualquer montanha é alta o suficiente (no sentido literal) para mostrar a ele um hemisfério completo. Qual então pode ser o significado desse excerto, além de que ele foi por si mesmo ao deserto; e que nesse levar acima e abaixo, do deserto à cidade, e dali até a montanha, foi uma visão? De acordo com isso também está a frase de são Lucas, que ele foi levado ao deserto não *por*, mas *em*, ou seja, o espírito: e quanto seu ser ter sido levado à montanha e dali até o pináculo do templo, ele falou como são Mateus o fez, o que se adequa com a natureza de uma visão.

Novamente, onde são Lucas (22,3-4) disse para Judas Iscariotes que *Satanás entrou nele, e depois ele foi conversar com os sacerdotes principais e capitães, acerca do modo como podia atraiçoar Cristo para eles*, isso pode ser respondido: que pelo entrar de Satanás (isto é, o *inimigo*) nele, entende-se a intenção hostil e traiçoeira de vender nosso Senhor e Mestre. Posto que, assim como o Espírito Santo é frequentemente compreendido nas Escrituras mediante as graças e boas inclinações dadas por ele; o mesmo ocorre com o entrar de Satanás, que pode ser entendido com as cogitações perversas e desígnios dos adversários de Cristo e seus discípulos. Porque como isso é difícil de dizer, que o diabo entrou em Judas antes que ele tivesse tal desígnio hostil; assim, é impertinente dizer que ele foi primeiro um inimigo de Cristo em seu coração, e que o diabo entrou nele em seguida. Portanto, o entrar de Satanás e seu propósito traiçoeiro foi uma e a mesma coisa.

Mas se não há espírito imaterial ou qualquer possessão dos corpos dos homens por qualquer espírito corpóreo, pode ser novamente perguntada a razão de nosso Salvador e seus apóstolos não ensinarem ao povo tal coisa; e com palavras claras, o que eles podiam fazer, sem sombra de dúvida. Mas questões como estas são mais curiosas do que necessárias para a salvação de um homem. Os homens podem igualmente perguntar o motivo de Cristo, que deu a todos os homens a fé, a piedade e toda sorte de virtudes morais, só a deu a alguns e não a todos: e por que ele deixou a busca das causas naturais e ciências para a razão natural e indústria dos homens, e não as revelou a todos, ou a qualquer homem sobrenaturalmente; e muitas outras questões análogas: sobre as quais, no entanto, é possível alegar prováveis e pias razões. Posto que como Deus, quando trouxe os israelitas à Terra Prometida, não os assegurou ali ao submeter todas as nações ao redor deles; mas deixou ali muitas, como espinhos ao redor, para alertar, de tempos em tempos, sua piedade e indústria: similarmente, nosso Salvador, ao conduzir-nos em direção ao seu reino celestial, não destruiu todas as dificuldades das questões naturais, mas deixou-as ao exercício de nossa indústria e razão; o escopo de sua pregação era apenas mostrar-nos esse plano e via direta à salvação, nomeadamente, a crença nesse artigo, *que ele foi o Cristo, o Filho do Deus vivo, enviado ao mundo para sacrificar-se pelos nossos pecados e, em sua nova vinda, para que gloriosamente reinasse sobre os eleitos, e para salvá-los de seus inimigos eternos*: para tanto, a opinião da possessão por espíritos ou fantasmas não é um impedimento no caminho; apesar de alguns se desviarem do caminho e seguirem suas próprias invenções. Se nós requerermos das Escrituras uma narrativa de todas as questões, tal demanda pode nos provocar problemas no desempenho das ordens de Deus; nós podemos igualmente reclamar de Moisés, por não ter determinado o tempo de criação de tais espíritos, assim como da criação da terra e mar, dos homens e bestas. Para concluir, eu encontro nas Escrituras que há anjos e espíritos, bons e maus; mas não que eles são incorpóreos, como são as aparições que os homens veem no escuro, ou no sonho, ou ainda em uma visão; que em latim é chamada de *spectra* e tomada por *demônios*. E eu acho que há espíritos corpóreos (conquanto sutis e invisíveis), mas não que qualquer homem foi possuído ou habitado por eles; e que os corpos dos santos devem ser tais, nomeadamente, corpos espirituais, assim como são Paulo os chamou.

Não obstante, a doutrina contrária, nomeadamente, que há espíritos incorpóreos, tem prevalecido de tal modo na Igreja que o uso do exorcismo (isto é, da expulsão dos demônios pela conjuração) produziu-se dela e (ainda que raramente e fracamente praticada) ainda não foi totalmente deixada de lado. Que havia muitos demoníacos na Igreja primitiva, além de alguns loucos e outras doenças singulares, enquanto nesses tempos nós ouvimos e vemos muitos loucos e poucos demoníacos, procede não de uma mudança de natureza, mas de nomes. Mas como se passou que, no passado, os apóstolos e, em seguida, após um tempo, os pastores da Igreja curaram aquelas doenças singulares, o que agora nós não os vemos fazer; igualmente, qual o motivo de que não está em poder de cada crente agora fazer tudo que os fiéis faziam, isto é, como nós lemos (Mc 16,17-18), *em nome de Cristo expulsar os demônios, falar com novas línguas, levantar serpentes, beber venenos mortais sem ficar mal, e curar os doentes colocando sobre eles as mãos*, e tudo isto sem outras palavras, exceto *em nome de Jesus*, trata-se doutra questão. E é provável que aqueles dons extraordinários fossem dados à Igreja por não mais que durante o tempo necessário para que os homens acreditassem completamente em Cristo e buscassem sua felicidade apenas em seu reino vindouro; e, consequentemente, que quando eles buscavam autoridade, riquezas e confiavam sua própria sutileza a um reino desse mundo, esses dons sobrenaturais de Deus foram novamente tomados deles.

Outra relíquia do gentilismo é a *adoração de imagens*, nem instituída por Moisés no Antigo ou por Cristo no Novo Testamento;

nem mesmo trazida pelos gentios; mas deixada entre eles após eles darem seus nomes a Cristo. Antes que nosso Salvador pregasse, era a religião geral dos gentios adorar os deuses, cujas aparências que permaneciam no cérebro das impressões dos corpos externos sobre os órgãos de seus sentidos, que são comumente chamadas de *ideias*, *ídolos*, *fantasmas* e *conceitos*, como sendo representações de corpos externos, que causa a eles e, nada tendo neles de realidade, não mais do que há nas coisas que são vistas diante de nós em um sonho: e essa é a razão de são Paulo dizer (1Cor 8,4): nós sabemos que um ídolo nada é; não que ele tivesse pensado que uma imagem de metal, rocha ou madeira nada fosse; mas que a coisa por eles honrada ou temida em uma imagem e tomada como um deus fosse uma mera ficção, sem lugar, habitação, movimento ou existência, exceto nos movimentos do cérebro. A adoração destas com honra divina é aquilo que nas Escrituras foi chamada de idolatria e rebelião contra Deus. Posto que Deus, sendo o rei dos judeus, e tendo como seu tenente primeiro Moisés e, posteriormente, o sumo sacerdote; se ao povo fosse permitido adorar e orar a imagens (que são representações de suas próprias fantasias), eles não teriam que depender posteriormente do verdadeiro Deus, de quem não pode haver semelhança; nem de seus primeiros ministros, Moisés e os sumo sacerdotes; mas cada homem teria governado a si próprio conforme seu próprio apetite, para destruição total da república e sua própria destruição do desejo de união. Portanto, a primeira lei de Deus foi, *não devem tomar como deuses* ALIENOS DEOS, isto é, *os deuses de outras nações, exceto o único e verdadeiro Deus, que se dignou a comunicar-se com Moisés e por ele deu as leis e direções para a sua paz e para salvá-los de seus inimigos*. E o segundo foi que eles não deviam fazer para si nenhuma imagem para culto, de sua própria invenção. Posto que é o mesmo acerca de depor um rei, para submeter outro rei, quer ele tenha sido colocado por uma nação vizinha ou por nós mesmos.

As passagens das Escrituras pretenderam conter a disposição de imagens para adorá-las; ou de dispô-las em todos os lugares onde Deus é adorado, há primeiro, dois exemplos; um dos querubins sobre a arca de Deus; o outro da serpente de bronze. Depois, há alguns textos em que nós somos ordenados a adorar certas criaturas por sua relação com Deus, como ao adorar seu escabelo. Por fim, alguns outros textos pelos quais se autoriza uma honraria religiosa de coisas santas. Porém, antes que eu examine a força daqueles excertos para provar o que foi pretendido, eu devo primeiro explicar o que deve ser entendido por *adoração*, e o que por *imagens* e *ídolos*.

Eu já mostrei no capítulo vig[ésimo] desse discurso que honrar é valorar muito o poder de qualquer pessoa: e que tal valor é medido pela comparação dele com outros. No entanto, porque não há nada para comparar com Deus em termos de poder, nós não o honramos, porém desonramos com qualquer valor menor do que infinito. Assim, honra é propriamente de sua própria natureza, secreta e interna no coração. Porém, os pensamentos internos de um homem, que aparecem externamente nas palavras e ações, são os sinais de nosso honrar, esses recebem o nome de *adoração*; em latim, *cultus*. Portanto, orar por, jurar por, obedecer, ser diligente e oficioso ao servir: em suma, todas as palavras e ações que expressem o temor de ofender ou o desejo de agradar é *adoração*, quer aquelas palavras e ações sejam sinceras ou fingidas: e como elas aparecem como sinais de honraria, também são ordinariamente chamadas de *honra*.

A adoração que nós exibimos àqueles que nós estimamos, conquanto sejam homens, como reis e homens de autoridade, é uma *adoração civil*: mas a adoração que nós exibimos àqueles que nós pensamos ser Deus, sejam quais forem as palavras, cerimônias, gestos ou outras ações, é uma *adoração divina*. Prostrar-se diante de um rei, para aquele que crê nele apenas enquanto um homem, nada mais é do que uma adoração civil: e aquele que retira seu chapéu na igreja por esta causa, por crer que é a casa de Deus, adora-o com adoração divina. Aqueles que buscam a distinção entre a adoração civil e divina, não na intenção do adorador, porém, nas palavras δουλεία e λατρεία, enganam a eles mesmos. Posto que há dois tipos de servos; em suma, aqueles que estão em absoluto poder de seus mestres, como escravos tomados na guerra, e sua prole, cujos corpos não estão em seu inteiro poder (suas vidas dependem da vontade de seus mestres, de modo que podem perdê-la diante do menor sinal de desobediência), e que são comprados e vendidos como bestas; eles foram chamados de δούλοι, isto é, de forma apropriada, escravos; e seu serviço, δούλεία; o outro, que é daqueles que servem (por contrato ou na esperança do benefício de seus mestres) voluntariamente; e são chamados de θήτες; isto é, servos domésticos, a cujo serviço os mestres não têm qualquer direito adicional além daqueles contidos nos pactos entre eles. Assim, estes dois tipos de servos têm muito em comum entre si, a saber, que seu trabalho é apontado por outrem: e a palavra λάτρις é o nome geral de ambos, seja daquele que trabalha para outro como escravo, seja como servo voluntário. De modo que λατρεία significava geralmente todo tipo de serviço; porém, δουλία significava apenas os serviços de homens jurados e a condição de escravidão: e ambos são usados nas Escrituras (para implicar nosso serviço a Deus) promiscuamente. Δυλεία, porque nós somos escravos de Deus; e λατρεία, porque nós o servimos: e, em todos os tipos de serviços está contido não apenas a obediência, mas também a adoração; isto é, as ações, gestos e palavras que significam honra.

Uma *imagem* (no sentido mais estrito da palavra) é a lembrança de algo visível: neste sentido, as formas fantasmagóricas, as aparições ou as aparências de corpos visíveis aos olhos são apenas *imagens*; tais são as formas de um homem ou de outra coisa na água, por reflexo ou refração; ou do sol, ou ainda das estrelas, pela visão direta no ar; que não são reais nas coisas vistas, nem no lugar onde elas parecem estar; nem são suas magnitudes e figuras a mesma daquela do objeto, mas mutável, pela variação de órgãos da visão ou por lentes; e estão presentes frequentemente em nossa imaginação e em nossos sonhos, quando o objeto está ausente; ou mudado para outras cores e formas, como coisas que dependem apenas da fantasia. E essas são as imagens que são originalmente e mais propriamente chamadas de *ideias* e *ídolos*, e derivam da linguagem dos gregos, cuja palavra εἴδω significa *ver*. Eles são também chamados de FANTASMAS, que é, na mesma linguagem, análogo a *aparições*. E nessas imagens está uma daquelas faculdades da natureza humana que é chamada de *imaginação*. E de tal modo está manifesto que não há nem pode haver qualquer imagem produzida de uma coisa invisível.

É também evidente que não pode haver uma imagem de uma coisa infinita: posto que todas as imagens e fantasmas que são feitos pela impressão das coisas visíveis são figurados: mas figura é uma quantidade determinada. Portanto, não pode haver uma imagem de Deus, nem da alma do homem, nem dos espíritos, mas apenas dos corpos visíveis, isto é, corpos que têm luz neles mesmos, ou são iluminados por eles.

E assim como um homem pode fantasiar formas que ele nunca viu, produzindo uma figura derivada das partes de diversas criaturas; assim como os poetas fizeram seus centauros, quimeras e outros monstros que nunca viram; assim podem também dar matérias àquelas formas e fazê-las em madeira, argila ou metal. E essas também são chamadas de imagens, não pela semelhança de qualquer coisa corpórea, mas pela semelhança dos habitantes fantásticos do cérebro do criador. Porém, nesses ídolos, como eles estão originalmente no cérebro e são pintados, esculpidos ou moldados em matérias, há uma semelhança entre um e outro, posto que o corpo material feito pela arte pode ser tomado como a imagem de um ídolo fantástico feito pela natureza.

No entanto, em um uso amplo da palavra imagem, também está contida qualquer representação de uma coisa por outro. De tal modo, um soberano terreno pode ser chamado a imagem de Deus: e um magistrado inferior, a imagem de um soberano terreno. E muitas vezes, na idolatria dos gentios, havia pouca preocupação da semelhança de seu ídolo material com o ídolo de sua fantasia, e ainda assim eles chamavam-no de uma imagem dele. Posto que uma rocha tosca foi erguida por Netuno, e diversas outras formas muito diferentes das formas que eles conceberam seus ídolos. E, nesse dia, nós vemos muitas imagens da Virgem Maria e de outros santos, diferentemente de um e outro, e sem correspondência com qualquer fantasia humana; e ainda assim servem suficientemente bem ao propósito pelo qual foram erguidas; que foi para nada mais além dos nomes apenas, para representar as pessoas mencionadas na história; a qual cada homem aplicou uma imagem mental de seu próprio fazer, ou nenhuma. E então, uma imagem, no sentido amplo da palavra, é ou a semelhança ou a representação de alguma coisa visível; ou de ambas, como ocorre na maior parte.

Mas o nome de ídolo é estendido um pouco além nas Escrituras, para significar também o sol, ou uma estrela, ou qualquer outra criatura, visível ou invisível, quando elas são adoradas como deuses.

Tendo mostrado o que é *adoração* e o que uma *imagem*; eu irei agora colocá-las unidas e examinar o que é uma *idolatria*, que é proibida no segundo mandamento e em outras passagens das Escrituras.

Adorar uma imagem é voluntariamente fazê-lo através de atos externos, que são sinais de honra ou da matéria da imagem, que é madeira, rocha, metal ou alguma outra criatura visível; ou o fantasma do cérebro, por semelhança ou representação dele, de onde a matéria foi formada e figurada; ou ambos juntos, como um corpo animado, composto da matéria de um fantasma, assim como de um corpo e uma alma.

Ficar descoberto ante um homem de poder ou autoridade, ou ante o trono de um príncipe, ou em tais lugares como ele ordenou àquele propósito em sua ausência, é adorar aquele homem ou príncipe com a adoração civil; como sendo um sinal não de honrar o cabedelo ou o lugar, mas a pessoa; e não é idolatria. Porém, se aquele que o faz supor que a alma do príncipe está na banqueta ou apresentar uma petição à banqueta, trata-se de adoração divina e idolatria.

Orar para um rei por tais coisas, como se ele fosse capaz de fazê-lo, conquanto nos prostremos diante dele, nada mais é do que uma adoração civil; porque nós reconhecemos nenhum poder humano além dele: mas voluntariamente orar a ele por um tempo bom ou por qualquer coisa que apenas Deus pode nos dar, é uma adoração divina e uma idolatria. Por um lado, se um rei compele um homem a isso pelo terror da morte ou outra grande punição corporal, não se trata de idolatria, posto que a adoração de um soberano ordenada a ser feita diante de si pelo terror das leis não é um sinal de que aquele que o obedece, fará tal coisa internamente, como se honrasse a um Deus, mas que deseja fazê-lo para salvar-se da morte ou de uma vida miserável; e aquilo que não é um sinal de honra interna, não é adoração, e, assim, não é uma idolatria. Nem pode ser dito que aquele que o faz escandaliza ou deposita uma pedra de tropeço ante seu irmão; porque quão sábio ou estudado pode ser aquele que adora de tal maneira, outra pessoa não pode argumentar daí que ele o aprova, mas que o faz por medo, e que esse ato não é seu, mas de seu soberano.

Adorar a Deus, em algum lugar peculiar, ou tornar a face de um homem para uma imagem ou local determinado, não é adorar ou honrar o lugar, mas a imagem; mas reconhecê-la como sagrada, isto é, reconhecer a imagem ou o lugar como separado do uso comum.

Posto que este é o significado da palavra *sagrado*, que não implica nova qualidade no lugar ou imagem, mas apenas uma nova relação pela apropriação de Deus; portanto, não é idolatria; não mais do que foi idolatria adorar a Deus ante a serpente de bronze; ou, para os judeus, quando eles estavam fora de sua terra, ao voltarem suas faces (quando oravam) para a direção do templo de Jerusalém; ou para Moisés, que dispensou suas sandálias quando estava ante a sarça ardente, no local próximo do monte Sinai, local onde Deus escolheu aparecer e dar suas leis ao povo de Israel, e tornou-se dali em diante um solo sagrado, não por santidade inerente, mas para a separação pelo uso por parte de Deus; ou pelos cristãos ao adorar nas igrejas, que são solenemente dedicadas a Deus para tal propósito pela autoridade do rei ou de outro verdadeiro representante da Igreja. Mas adorar a Deus como se animasse ou habitasse tal imagem ou lugar, isto é, uma substância infinita em um lugar finito, é uma idolatria; pois tais deuses finitos nada são, exceto ídolos do cérebro, nada reais; e são comumente chamados nas Escrituras pelos nomes de *vaidade, mentiras* e *nada*. Também sobre a adoração a Deus, não como se animasse ou estivesse presente em um lugar ou imagem, mas para o fim colocado na mente dele ou para algum de seus ofícios, no caso do lugar ou imagem que lhe foi dedicada ou estabelecida por autoridade privada, e não pela autoridade daqueles que são nossos pastores soberanos, é uma idolatria. Pois o mandamento é *não farás de ti mesmo qualquer imagem esculpida*. Deus ordenou que Moisés erguesse a serpente de bronze; ele não a fez para si mesmo; portanto, não foi contra o mandamento. Mas a produção do bezerro de ouro por Aarão e o povo, como sendo feito sem a autorização de Deus, foi uma idolatria; não apenas porque eles tomaram-na como um Deus, mas porque eles a fizeram para um uso religioso, sem a garantia seja de Deus, seu soberano, ou de Moisés, que era seu tenente.

Os gentios adoravam como deuses Júpiter e outros; que, enquanto vivos, fossem homens e talvez praticaram grandes e gloriosos atos; e para as crianças de Deus, diversos homens e mulheres, supondo que eles foram tomados como uma deidade imortal e um homem mortal. Isto era uma idolatria, porque eles o fizeram por eles mesmos, não dispondo da autoridade de Deus nem de sua eterna lei da razão, nem de sua vontade positiva e vontade revelada. Porém, apesar de nosso Salvador ter sido um homem, que nós também acreditamos ser um Deus imortal e o Filho de Deus; ainda assim não é idolatria, porque nós não produzimos aquela crença a partir de nossa fantasia ou julgamento, porém sobre a palavra de Deus revelada nas Escrituras. E, para a adoração da Eucaristia, se as palavras de Cristo são *este é meu corpo* significam que *ele próprio, e o pão que aparecia na sua mão, e não apenas este, mas todos os pedaços de pão que desde então e em qualquer altura mais tarde seriam consagrados por sacerdotes, seriam outros tantos corpos de Cristo, e, contudo, todos eles seriam apenas um corpo,* então isso não é uma idolatria, porque isso foi autorizado pelo nosso Salvador: mas se esse texto não significa tal coisa (porque não há outro que pode ser alegado para tanto), porque essa adoração foi uma instituição humana, trata-se de uma idolatria. Posto que não é suficiente dizer que Deus pode transubstanciar o pão no corpo de Cristo: porque os gentios também tomam Deus como onipotente, e que, diante disso, não seria possível perdoar sua idolatria ao pretender, assim como outros, uma transubstanciação de sua madeira ou rocha no Deus Todo-poderoso.

Aqueles que pretendem que a divina inspiração seja a entrada sobrenatural do Espírito Santo em um homem, e não uma aquisição das graças de Deus pela doutrina e estudo; eu penso que eles estão em um dilema muito perigoso. Porque se eles adoram não os homens em quem eles acreditam ser assim inspirados, eles caem em impiedade ao não adorar a presença sobrenatural de Deus. E, novamente, se eles o adoram, eles cometem idolatria; posto que os apóstolos nunca permitiram que eles mesmos sejam adorados. Portanto, a via mais segura é acreditar que, com o descer da pomba sobre os apóstolos e pelo sopro de Cristo sobre eles, foi quando ele deu-lhes o Espírito Santo; e ao dá-lo pela imposição das mãos, entendem-se os sinais pelos quais Deus agradou-se de usar ou ordenar ser usado, a saber, a promessa de assistir aquelas pessoas em seu estudo para pregar seu reino e, em sua conversação, não pode ser escandalosa, mas usá-la para a edificação de outrem.

Para além da adoração idólatra das imagens, há também a escandalosa veneração delas, o que também é um pecado, mas não uma idolatria. Posto que a *idolatria* é adorar por sinais de uma honra interna real: mas *adoração escandalosa* nada mais é do que uma adoração visível, e pode algumas vezes ser reunida com uma repulsa interior e de coração, tanto da imagem e do *demônio* fantasmagórico, ou ídolo, a quem é dedicada; e proceder apenas pelo medo da morte ou outra punição grave; e é, no entanto, um pecado naqueles que realizam tal adoração, caso eles sejam homens cujas ações são observadas por outrem, como luzes para guiá-los; porque seguindo seus caminhos, eles não podem, exceto tropeçar e falhar no caminho da religião: enquanto não nos preocupamos com o exemplo daqueles, além de nada trabalhar em nós, deixa-nos, no entanto, aos cuidados de nossa própria diligência e cuidado; e, consequentemente, não são causas para o nosso falhar.

Portanto, se um pastor legalmente chamado para ensinar e direcionar outros ou qualquer outro, e cujo conhecimento exerce uma grande opinião e oferta honra externa a um ídolo por medo; a menos que ele faça seu medo e falta de vontade ao fazê-lo, tão evidente quanto a adoração; caso contrário, ele escandaliza seu irmão, ao parecer aprovar a idolatria. Porque seu irmão, ao arguir as ações de seu professor ou daquele cujo conhecimento ele tem em alta estima, conclui que se trata de algo legal em si. E esse escândalo é um pecado, e um *escândalo dado*. Mas se alguém que não é um pastor nem goza de uma eminente reputação do conhecimento da doutrina cristã fizer o mesmo, e outro segui-lo, isso não é um escândalo dado, posto que ele não tem motivo para seguir tal exemplo; mas é uma pretensão de escândalo que ele tomou para si mesmo como uma desculpa diante dos homens; pois um homem não estudado, que está submetido ao poder de um rei idólatra ou estado, se ordenado, sob a pena de morte, adorar ante um ídolo, e ele detestar o ídolo em seu coração, ele o fará; conquanto ele disponha de fortitude para sofrer a morte em vez de adorá-lo, ele deve fazer o melhor. Mas se um pastor, que é um mensageiro de Cristo, que tem o compromisso de ensinar a doutrina de Cristo a todas as nações, fizer o mesmo, não se trata apenas de um pecado escandaloso, a respeito das consciências de outros homens cristãos, mas um pérfido esquecimento de seu jugo.

A súmula do que eu disse aqui, sobre a adoração de imagem é esta: que aquele que adora em uma imagem, ou qualquer criatura, seja material ou qualquer fantasia própria que ele pensa habitar nela; ou ambas unidas; ou acredita que tais coisas ouvem suas orações ou veem suas devoções sem orelhas ou olhos, comete idolatria; e aquele que contrafaz tal adoração por medo de punição, se ele for um homem cujo exemplo tem poder entre seus irmãos, cometeu um pecado. Mas aquele que adorou o Criador do mundo ante tal tipo de imagem, ou em lugares que ele não fez ou escolheu para si, mas tomado dos mandamentos da palavra de Deus, como os judeus fizeram na adoração de Deus ante os querubins e ante a serpente de bronze por um tempo, e dentro ou ao redor do Templo de Jerusalém, o que também foi feito durante algum tempo, não cometeu idolatria.

Agora, quanto à adoração de santos, imagens, relíquias e outras coisas praticadas nesses dias na Igreja de Roma, eu digo que não são permitidas pela Palavra de Deus, nem trazida para a Igreja de Roma da doutrina ali ensinada; mas parcialmente deixada na primeira conversão dos gentios; e posteriormente condenada, confirmada e aumentada pelos bispos de Roma.

E enquanto provas alegadamente retiradas das Escrituras, nomeadamente, aqueles exemplos de imagens apontados por Deus para serem estabelecidas; elas não o foram pelas pessoas ou por qualquer homem para a adoração; porém, eles deveriam adorar o próprio Deus ante elas; como outrora, quanto aos querubins sobre a arca, e antes ainda, a serpente de bronze. Porque nós não lemos que o sacerdote ou qualquer outro adorou os querubins; contrariamente, nós lemos (2Rs 18,4) que Ezequias quebrou em pedaços a serpente de bronze que Moisés estabeleceu, porque o povo queimava incenso para ela. Ademais, aqueles exemplos não foram colocados para a nossa imitação, para que estabelecêssemos imagens sob a pretensão de adoração a Deus ante elas; porque as palavras do segundo mandamento, *não farás para ti próprio nenhuma imagem gravada etc.* distinguem entre imagens que Deus ordenou que fossem estabelecidas e aquelas que nós estabelecemos por nós mesmos. Portanto, quanto aos querubins, ou a serpente de bronze, ou ainda as imagens imaginadas por um homem: da adoração ordenada por Deus para o desejo de adoração dos homens, o argumento não é bom. Isso também deve ser considerado, que conforme Ezequias quebrou em pedaços a serpente de bronze, porque os judeus a adoravam, para que, por fim, eles não mais o fizessem; assim os soberanos cristãos deveriam quebrar as imagens que seus súditos estavam acostumados a adorar, posto que não há mais espaço para tal tipo de idolatria. Porque nesse dia, o povo ignorante, onde as imagens são adoradas, realmente acreditam que há ali um poder divino nas imagens; e isso é contado pelos seus pastores, como algo que alguns deles falavam, e que sangraram, e que milagres foram feitos por elas, algo que eles apreenderam como feita pelo santo, que eles pensam ser a própria imagem ou estar nela. Os israelitas, quando adoravam o bezerro, pensavam estar adorando o Deus que os trouxe do Egito; e ainda assim foi um ato de idolatria, porque eles pensavam que o próprio bezerro era Deus, ou que o tinha em sua barriga. E conquanto algum homem possa pensar que é impossível ao povo ser tão estúpido para pensar que a imagem é Deus ou um santo; ou adorar de tal maneira; ainda assim, está manifesto nas Escrituras o contrário, a saber, como quando o bezerro de ouro foi feito, o povo disse (Ex 32,4) *esses são seus deuses, ó Israel*; e diante das imagens de Labão (Gn 31,30), são chamados seus deuses. E nós vemos diariamente mediante a experiência em todos os tipos de povo, homens tais que nada estudam, exceto sua comida e bem-estar, e que se contentam em acreditar em qualquer absurdo em vez de examinarem-no; mantendo sua fé como se eles fossem inalienáveis, exceto por uma nova e expressa lei.

Porém, eles inferem de algumas outras passagens que é legítimo pintar anjos e também o próprio Deus: como quando Deus caminhou no jardim; de Jacó vendo Deus no topo da escada; e de outras visões e sonhos. Mas visões e sonhos, quer sejam naturais ou sobrenaturais, nada são, exceto fantasmas; e aquele que pinta uma imagem de qualquer um deles, não faz uma imagem de Deus, mas de seu próprio fantasma, que é o mesmo que fazer um ídolo. Eu não digo que pintar uma imagem derivada de uma fantasia seja um pecado; mas quando é pintada para sustentar como uma representação de Deus, isso vai de encontro ao segundo mandamento; e não pode ter uso, exceto para a adoração. E o mesmo pode ser dito das imagens de anjos e de homens mortos; a menos que sejam monumentos de amigos ou de homens de lembrança digna de valor. Pois tal uso de uma imagem não é a adoração da imagem; mas uma honra civil da pessoa, não daquela que é, mas daquela que foi: mas quando é feita conforme a imagem que nós fazemos de um santo, por nenhuma outra razão além daquela que nós pensamos que ele seja capaz de ouvir nossas orações e agradar-se com as honras que fazemos a ele, quando morto, e sem sentidos, nós atribuímos a ele um poder maior do que o humano; e, assim, isso é uma idolatria.

Portanto, vendo que não há autoridade nem na lei de Moisés, nem nos Evangelhos para a adoração de imagens ou de outras representações de Deus que os homens estabeleceram para eles mesmos; ou para a adoração da imagem de qualquer criatura nos céus, na terra ou sob a terra; e visto que os reis cristãos, que são representantes vivos de Deus, não devem ser adorados por seus súditos independentemente do ato, o que significa uma grande estima de seu poder, maior do que a natureza do homem mortal é capaz; não se pode imaginar que a adoração religiosa agora em curso foi trazida à Igreja por uma má compreensão das Escrituras. Resta, portanto, que ela foi deixada ali pela não destruição das próprias imagens na conversão dos gentios que as adoravam.

A causa foi a estima imoderada e os preços estabelecidos no fabrico delas, que fazia os proprietários (apesar de convertidos, adoravam-nas como o fizeram religiosamente com os demônios) mantê-las ainda em suas casas, sob a pretensão de fazê-lo para honrar Cristo ou a Virgem Maria, os apóstolos e outros pastores da Igreja primitiva; e, sendo fácil, conferindo-lhes novos nomes para torná-la uma imagem da Virgem Maria, e a de seu filho nosso Salvador, o que antes foi talvez chamado de uma imagem de Vênus e do Cupido; e o mesmo de uma imagem de Júpiter para fazer Barnabé, ou de Mercúrio como Paulo, e assim em diante. E como a ambição mundana crescia gradualmente nos pastores, desejosos de empreender o agrado dos recém-feitos cristãos; e também para aqueles que gostavam desse tipo de honraria, que eles também esperavam ter após sua morte, assim como aqueles que já a tinham ganhado: assim, da adoração de imagens de Cristo e seus apóstolos, cresceu uma idolatria cada vez maior; salvo algum tempo depois de Constantino, diversos imperadores e bispos, assim como conselheiros gerais, observaram e opuseram a ilegalidade disso; mas muito tardiamente ou muito fracamente.

A canonização de santos é outra relíquia do gentilismo: isso não é uma má compreensão das Escrituras ou uma nova invenção da Igreja Romana, mas um costume tão antigo quanto a própria Roma.

O primeiro a ser canonizado em Roma foi Rômulo, que, sob a narração de Júlio Próculo, que jurou diante do senado, que falou com ele após sua morte e garantiu a ele que morava nos céus, e foi chamado ali de *Quirinus*, e seria propício ao estado de sua nova cidade: e, dali em diante, o senado deu *testemunho público* de sua santidade. Júlio César e outros imperadores após ele receberam esse tipo de *testemunho*; isto é, foram canonizados como santos; visto que, por esse testemunho, a CANONIZAÇÃO agora é definida; e o mesmo ocorre com a ἀποθέωσις dos gentios.

É também dos romanos pagãos que os papas receberam o nome e o poder de PONTIFEX MAXIMUS. Este era o nome daquele que, na antiga república de Roma, detinha a suprema autoridade, sob o senado e o povo, de regular todas as cerimônias e doutrinas acerca da religião: e quando Augusto César mudou o Estado para uma monarquia, ele tomou para si nada mais além desse ofício e aquele de tribuno do povo (isto significa dizer, o supremo poder tanto no Estado quanto na religião); e os imperadores subsequentes gozaram do mesmo. Mas quando o imperador Constantino vivia, que foi o primeiro a professar e autorizar a religião cristã, isso foi consoante com sua profissão para fazer a religião ser regulada (sob sua autoridade) pelo bispo de Roma; conquanto não pareça que eles tenham tido tão precocemente o nome de Pontifex; mas, em vez disso, que os bispos sucessores tomaram isso por iniciativa própria, no intuito de conter o poder que eles exerciam sobre os bispos das províncias romanas. Posto que não era qualquer privilégio de são Pedro, mas o privilégio da cidade de Roma que os imperadores sempre estiveram desejosos de manter, aquele que dava a eles tal autoridade sobre os outros bispos; como pode evidentemente ser visto pelo bispo de Constantinopla, quando o imperador fez daquela cidade o assento do império, na pretensão de que ele fosse igual ao bispo de Roma; apesar de que, por fim, não sem contenda, o Papa venceu e tornou-se o *Pontifex Maximus*; mas apenas enquanto direito do imperador, e não para além dos limites do império e, com efeito, nenhum direito quando o imperador perdeu seu poder em Roma; apesar do próprio Papa, que tomou seu poder dele. A partir disso, pode ser observado que não há lugar para a superioridade papal sobre os outros bispos, exceto nos territórios onde ele mesmo é o soberano civil; e onde o imperador, dispondo do poder soberano civil, tenha expressamente escolhido o Papa como pastor-chefe sob si de seus súditos cristãos.

O ato de carregar imagens em procissão é outra relíquia da religião dos gregos e romanos. Posto que eles também carregaram seus ídolos de lugar em lugar, em um tipo de carruagem, que foi peculiarmente dedicada àquele uso, que os latinos chamavam de *thensa* e *vehiculum Deorum*; e a imagem era colocada em um quadro ou escrínio, que eles chamavam de *ferculum*; e a tudo isso chamavam de *pompa*, que é o mesmo que chamamos hoje de *procissão*. Em conformidade com isso, entre as honras divinas que foram dadas a Júlio César pelo senado, essa foi uma delas, que na pompa (ou procissão) dos jogos circenses, ele deveria ter *thensam et ferculum*, uma carruagem sagrada e um escrínio; o que implicava o mesmo que ser carregado para cima e para baixo como um deus: assim como, nos dias atuais, os papas são carregados por suíços sob um dossel.

A estas procissões também pertence o costume de portar tochas acessas e velas ante as imagens dos deuses, tanto entre os gregos quanto entre os romanos, uma vez que, posteriormente, os imperadores receberam a mesma honra; como nós lemos de Calígula, que, ao receber o império, foi carregado de Misenum até Roma, no meio de uma multidão, por vias enfeitadas com altares e bestas sacrificadas, além de *tochas* acesas; e de Caracalla, que foi recebido em Alexandria com incenso e flores lançadas e δαδουχίαις, isto é, com tochas; posto que δαδοῦχοι eram aqueles que, entre os gregos, carregavam tochas acessas nas procissões de seus deuses. E, com o passar do tempo, o povo devoto, porém ignorante, honrou muitas vezes seus bispos com a pompa equivalente de velas de cera e imagens de nosso Salvador, e dos santos, constantemente, e na própria igreja. E daí provém o uso de velas de cera; e ele também foi estabelecido por alguns dos antigos concílios.

Os pagãos também tinham sua *aqua lustralis*, o que significa dizer *sua água sagrada*. A Igreja de Roma imitou-os também em seus *dias santos*. Eles tinham sua *bacchanalia*; e nós temos nossas vigílias, em resposta às primeiras: eles tinham suas *saturnalia*, e nós nossos *carnavais*, e, para a liberdade de trabalho na terça-feira de Entrudo, eles tinham sua procissão de *Príapo*; nós, ao enfeitar e dançar em torno dos *postes de Maio*; e dançar é um tipo de adoração: eles tinham sua procissão chamada de *Ambarvalia*; e nós nossa procissão sobre os campos na *semana das ladainhas*. Eu não penso que essas são todas as cerimônias que foram deixadas na Igreja da primeira conversão dos gentios; mas elas são todas que eu posso recobrar a mente no momento; e se um homem pode observar bem aquilo que foi entregue nas histórias sobre os ritos religiosos dos gregos e romanos, eu não duvido que ele possa encontrar muitas outras garrafas vazias do gentilismo que os doutores da Igreja Romana, quer seja por negligência ou ambição, encheram novamente com o novo vinho do cristianismo, que, passado algum tempo, não falhará para destruí-los.

CAPÍTULO XLVI
DAS TREVAS DERIVADAS DA VÃ FILOSOFIA E DAS TRADIÇÕES FABULOSAS

Por FILOSOFIA entende-se *o conhecimento adquirido pelo raciocínio, da maneira da geração de alguma coisa até as propriedades: ou das propriedades até uma forma possível da geração do mesmo; com a finalidade de ser capaz de produzir, tanto quanto possível e a força humana permitir, tais efeitos que a vida humana requer.* De modo que, o geômetra, da construção das figuras, encontra muitas de suas propriedades; e das propriedades, novas formas de construí--las pelo raciocínio; ao fim, ele é capaz de medir a terra e a água, além de infinitos outros usos. De modo que o astrônomo, a partir do nascer, da disposição e do movimento do Sol e das estrelas, em diversas partes dos céus, descobre as causas do dia e da noite, e das diferentes estações do ano; a partir do qual nós guardamos uma medida de tempo; e o mesmo ocorre com outras ciências.

Pela definição dada é evidente que nós não levaremos em conta qualquer parte daquele conhecimento original chamado experiência, no qual consiste a prudência: porque ele não está atrelado à razão, visto que também é encontrado em bestas brutas, assim como no homem; e nada mais é do que a memória de uma sucessão de eventos em tempos passados, onde a omissão de cada pequena circunstância altera o efeito, frustrando a expectativa do mais prudente: de modo que nada é produzido pelo raciocínio de maneira acertada, exceto a verdade geral, que é eterna e imutável.

Portanto, não devemos dar nome a quaisquer conclusões falsas, posto que aquele que raciocina corretamente em palavras que compreende, nunca poderá concluir um erro; nem pode aquilo que qualquer homem sabe por revelação sobrenatural: porque isso não foi adquirido pelo raciocínio; nem aquilo que foi obtido pelo raciocínio da autoridade dos livros; porque não é um raciocínio da causa ao efeito, nem do efeito à causa; e não é conhecimento, porém fé.

A faculdade de raciocinar tem como consequência o uso do discurso, e não seria possível, exceto que deve haver algumas verdades gerais retiradas do ato de raciocinar, algo tão antigo como a própria língua. Os selvagens da América não se encontram sem algumas boas sentenças morais; eles também dispõem de uma pequena aritmética para somar e dividir números que não são tão grandes: porém, eles não são, portanto, filósofos. Posto que havia plantas de milho e vinho em pequena quantidade dispersas nos campos e florestas, antes que os homens conhecessem suas virtudes ou fizessem uso delas para sua alimentação, ou ainda que as plantassem nos campos e vinhas; naquele tempo, eles comiam bolotas e bebiam água: assim também havia diversas verdades gerais e especulações lucrativas desde o início, como plantas naturais da razão humana. Mas eles foram inicialmente poucos em quantidade; e os homens viviam com base em uma experiência grosseira; não havia método; isso significa dizer, nem de semear nem de plantar o conhecimento por si, separados das ervas daninhas e plantas comuns do erro e conjectura. E a causa disso provém do desejo de ócio para procurar as necessidades da vida, além de defenderem-se contra seus vizinhos, era impossível, até o soerguimento de grandes repúblicas, que ocorresse de outra maneira. O *ócio* é a mãe da *filosofia*; e a *república*, a mãe da *paz* e do *ócio*. Onde primeiro estavam as grandes e florescentes *cidades*, havia primeiro o estudo da *filosofia*. Os *gymnosofistas* da Índia, os *magi* da Pérsia e os *clérigos* da Caldeia e Egito são considerados os mais antigos filósofos; e tais países foram os reinos mais antigos. A *filosofia* não foi soerguida pelos gregos e outros povos do oeste, cujas *repúblicas* (não maiores talvez do que Luca ou Gênova) nunca tiveram *paz*, mas quando seus medos uns dos outros foram iguais; nem o *ócio* para observar nada mais do que uns aos outros. Por fim, quando a guerra uniu muitas dessas cidades gregas menores em poucas e grandes; então iniciaram os *sete homens* de diversas partes da Grécia a alcançar a reputação de serem *sábios*; alguns deles por sentenças *morais* e *políticas*; e outros pelo aprendizado dos caldeus e egípcios, que foram a *astronomia* e a *geometria*. Mas não ouvimos ainda sobre quaisquer *escolas* de *filosofia*.

Posteriormente, os atenienses, depois da derrota dos exércitos persas, tiveram o domínio do mar; e então, de todas as ilhas e cidades marítimas do arquipélago, assim como da Ásia e da Europa; e tornaram-se prósperos; aqueles que não tinham emprego nem na terra natal nem no estrangeiro, pouco tinham para empregarem-se, além de (como disse são Lucas em At 17,21) *no contar e ouvir novidades*, ou ao discursar *filosofia* publicamente aos jovens da cidade. Cada mestre tomou algum local para tal propósito. Platão, em certas caminhadas públicas, chamou de *Academia*, a partir de certo *Academus*: Aristóteles, na caminhada ao Templo de Pã, chamou de *Lyceum*: outros, na *Stoa*, ou caminho coberto, onde as mercadorias dos comerciantes eram trazidas para a terra; outros em outros lugares, onde eles passavam o tempo de seu ócio ensinando ou discutindo as suas opiniões; e alguns em qualquer lugar onde pudessem reunir jovens para ouvi-los falar. E isso também foi o que *Carnéades* fez em Roma, quando era embaixador, o que levou *Catão* a aconselhar ao senado que o despachasse rapidamente, por temor que ele corrompesse as maneiras dos homens jovens, que se encantavam ao ouvi-lo falar belas coisas (tal como eles pensavam).

Disso sabemos que o lugar onde qualquer um deles ensinou e disputou chamava-se *schola*, o que em sua língua significava *ócio*; e suas disputas, *diatribae*, o que significa dizer *passar o tempo*. Além disso, os próprios filósofos também tinham o nome de suas seitas, algumas delas provindas dessas escolas: aqueles que seguiam a doutrina de Platão foram chamados de *acadêmicos*; os seguidores de Aristóteles, *peripatéticos*, pois ele ensinava nas caminhadas; e aqueles que Zenão ensinou, *estoicos*, da *Stoa*; como se devêssemos chamar os homens em razão de *Moorfields*, da *Igreja de Paulo*, e *Troca*, porque ali se encontravam frequentemente para tagarelar e vaguear.

No entanto, os homens estavam tão acostumados com essas práticas naquele tempo em que eles se espalharam pela Europa e pela melhor parte da África; de modo que havia escolas publicamente erguidas e mantidas para lições e disputas em quase qualquer república.

Também havia escolas antigamente, tanto antes quanto depois de nosso Salvador, entre os judeus: mas foram elas escolas de suas leis. Pois apesar de elas serem chamadas de *sinagogas*, o que significa dizer, congregações de pessoas; ainda assim, como a lei foi lida todo sábado, e exposta, e disputada [discutiam] nela, elas não diferem em natureza, mas em nome apenas, das escolas públicas; e não havia delas apenas em Jerusalém, mas em cada cidade dos gentios onde os judeus habitavam. Havia tais escolas em *Damasco*, onde Paulo entrou e perseguiu [cristãos]. Havia outras em *Antioquia, Iconium* e *Tessalônica*, onde ele entrou e disputou: e tais eram as sinagogas dos *libertinos, cirenaicos, alexandrinos* e *cilicianos*, e aqueles da Ásia: isso significa dizer, a escola dos libertinos e de judeus que eram estrangeiros em Jerusalém: e, nessa escola, eles empreenderam uma disputa (At 6,9) com santo Estevão.

Mas qual foi a serventia daquelas escolas? Que ciência havia ali a ser adquirida através dessas leituras e discussões? Que nós temos da geometria, que é a mãe de todas as ciências naturais, nada devemos às escolas. Platão, que foi o melhor filósofo dos gregos, proibiu que entrassem em sua escola aqueles que fossem geômetras, em alguma medida. Muitos estudaram aquela ciência, para grande vantagem da humanidade: mas não há menções de suas escolas; nem havia ali qualquer seita dos geômetras; eles também não se fizeram passar pelo nome de filósofos. A filosofia natural daquelas escolas foi antes um sonho do que uma ciência, e colocada adiante em linguagem sem sentido e insignificante; que pode ser evitada por aqueles que ensinarão a filosofia sem que tivessem à disposição um grande conhecimento em geometria, posto que a natureza opera mediante o movimento; os caminhos e níveis que não podem ser conhecidos sem o conhecimento das proporções e propriedades das linhas e figuras. Sua filosofia moral nada mais é do que uma descrição de suas próprias paixões. Pois o regramento dos costumes, sem governo civil, é a lei da natureza; diante disso, a lei civil, que determina o que é *honesto* e *desonesto*; o que é *justo* e *injusto*; e geralmente o que é *bom* e *mau*. De maneira que eles fizeram regras do que é *bom* e *mau* conforme seu *prazer* e *desprazer*; o que significa dizer que, diante de uma diversidade tão grande de gostos, nada havia para se concordar de maneira geral; mas cada um fazia (tanto quanto cada um se preocupasse) qualquer coisa que parecesse boa ante seus próprios olhos, para a subversão da república. Sua *lógica*, que deveria ser o método do raciocínio, nada mais é do que armadilhas de palavras e invenções sobre como confundir aqueles que as propuserem. Para concluir, nada há de tão absurdo que os antigos filósofos (como Cícero disse, uma vez que estava entre eles), ou ao menos alguns deles, não tenham mantido. E eu acredito que quase nada mais absurdo foi dito na filosofia natural do que aquilo que agora é chamado de *Metafísica de Aristóteles*; nem mais repugnante ao governo do que muito do que foi dito em sua *Política*; nem mais ignorante do que grande parte de sua *Ética*.

As escolas dos judeus foram originalmente as escolas da lei de Moisés; que ordenou (Dt 31,10) que, ao fim de cada setenta anos, na Festa do Tabernáculo, deveria ser lida a todo o povo, para que eles pudessem ouvir e aprender. Portanto, a leitura da lei (que estava em uso após o cativeiro) a cada sábado não deveria ter outro fim além de alertar o povo sobre os Mandamentos que eles deveriam obedecer e expor a eles os escritos dos profetas. No entanto, está manifesto, conforme as muitas repreensões que eles sofreram por parte de nosso Salvador, que eles corromperam o texto da lei com seus falsos comentários e vãs tradições; e entendiam tão pouco dos profetas que eles nem mesmo reconheceram Cristo nem os trabalhos que ele fez, sobre os quais os profetas profetizaram. De tal modo que, por suas leituras e discussões em suas sinagogas, eles transformaram a doutrina de sua lei em um tipo de filosofia fantástica sobre a natureza incompreensível de Deus e dos espíritos; esforço que eles fizeram ao compor com a vã filosofia e teologia dos gregos, misturadas com suas próprias fantasias, demovidas das passagens mais obscuras das Escrituras e que poderiam mais facilmente ser desvirtuadas aos seus propósitos; e das fabulosas tradições de seus ancestrais.

Aquilo que agora é chamado de uma *universidade* é um ajuntamento e uma incorporação sob o governo de muitas escolas públicas, em uma e a mesma cidade ou núcleo urbano, na qual as principais escolas foram ordenadas para três profissões, ou seja: da religião romana, da lei romana e da arte da medicina. E para o estudo da filosofia não há outro lugar do que como um serviçal da religião romana: uma vez que a autoridade de Aristóteles é corrente apenas ali, e que o estudo não é propriamente de filosofia (a natureza dela não depende dos autores), mas *Aristotelia*. E, quanto à geometria, até os tempos mais recentes ela não tinha qualquer lugar, uma vez que não é subserviente a nada, exceto a verdade rígida. E se qualquer homem, por ingenuidade de sua própria natureza, alcançasse qualquer nível de perfeição ali, eles o tomariam usualmente como um mágico e [um praticante de] sua arte diabólica.

Nesse momento, para descender aos princípios particulares da vã filosofia derivada das universidades, e então para a Igreja, parcialmente de Aristóteles e parcialmente da cegueira da compreensão; eu devo primeiro considerar esses princípios. Há certa *philosophia prima*, sobre a qual qualquer outra filosofia deve depender; e que consiste principalmente no direito de limitar as significações de tais designações ou nomes, como são todas as outras a mais universal: cujas limitações servem para evitar a ambiguidade e equívoco no raciocínio; e são comumente chamadas definições: tal como são as definições de corpo, tempo, lugar, matéria, forma, essência, objeto, substância, acidente, poder, ato, finito, infinito, quantidade, qualidade, movimento, ação, paixão e diversas outras necessariamente para a explicação das concepções de um homem sobre a natureza e geração de corpos. A explicação (isto é, a determinação do significado) daqueles termos e de outros análogos é chamada pelos escolásticos de *metafísica*: sendo parte da filosofia de Aristóteles, que tinha isso por título: mas não é outro sentido, posto que ali isso significa *livros escritos ou dispostos após sua filosofia natural*: mas os escolásticos tomaram-nos por *livros de filosofia sobrenatural*: porque a palavra *metafísica* porta ambos os significados. E, de fato, aquilo que foi ali escrito pode majoritariamente ter a possibilidade de ser entendido como algo tão repugnante à razão natural que qualquer um que pense que há algo ali a ser entendido deverá pensar isso de forma sobrenatural.

Desta metafísica, que está misturada com as Escrituras para fazer dos escolásticos divinos, fomos informados que há no mundo certas essências separadas dos corpos que foram chamadas de *essências abstratas e formas substanciais*: para a interpretação de tal jargão, faz-se necessário algo mais do que a atenção ordinária dedicada nesse lugar. Eu também peço perdão daqueles que não estão acostumados a esse tipo de discurso, dedicando-me àqueles que são. O mundo (eu falo não apenas do terreno, que denominam os amantes dele como *homens terrenos*, porém o *universo*, isto é, toda a massa de coisas que há) é corpóreo, isto é, um corpo; e tem as dimensões de magnitude, nomeadamente, comprimento, largura e profundidade: ademais, toda parte do corpo é igualmente um corpo e tem dimensões similares; e, consequentemente, cada parte do universo é um corpo, e aquilo que não é um corpo, não é parte do universo: e porque o universo é tudo, aquilo que não faz parte dele é o *nada*; e, consequentemente, *lugar nenhum*. Disso, não se admite que os espíritos *nada são*; posto que eles têm dimensões e realmente são, portanto, *corpos*; apesar de que tal nome, no discurso comum, é dado apenas aos corpos que são visíveis ou palpáveis; isto é, que tem algum nível e opacidade: porém, quanto ao termo espíritos, eles invocam algo incorpóreo; que é um nome de honra maior e que pode, portanto, com mais piedade, ser atribuído ao próprio Deus; sobre quem nós não consideramos que tal atributo expressa o melhor de sua natureza, o que é incompreensível; mas o que melhor expressa nosso desejo de honrá-lo.

Para saber atualmente sobre quais bases eles afirmam que há *essências abstratas* ou *formas substanciais*, nós temos que considerar o que essas palavras significam apropriadamente. O uso das palavras implica registrar para nós mesmos e manifestar aos outros os pensamentos e conceitos de nossas mentes. De tais palavras, algumas são os nomes das coisas concebidas; como os nomes de todos os tipos de corpos; que trabalham sobre os sentidos e deixam uma impressão na imaginação: outros são os nomes das próprias imaginações; isso significa dizer daquelas ideias ou imagens mentais que nós temos de todas as coisas que vemos ou lembramos: e outros novamente são nomes de nomes, ou de diferentes tipos de discurso: como *universal, plural, singular* são nomes de nomes; e *definição, afirmação, negação, verdadeiro, falso, silogismo, interrogação, promessa* e *pacto* são os nomes de certas formas de discurso. Outros servem para mostrar a consequência ou a repugnância de um nome a outro nome; como quando alguém diz que *um homem é um corpo*, ele pretende dizer que o nome do *corpo* é necessariamente uma consequência ao nome de um *homem*; porém, como há muitos nomes para a mesma coisa, *homem*; cuja consequência é significada pela conjunção delas com a palavra *is*. E como nós usamos o verbo *é*, assim, os latinos usam o verbo *est*, e os gregos seu ''εστι através de todas as suas declinações. Mesmo que todas as outras nações do mundo têm em suas muitas línguas a palavra que responde a isso (ou não), eu não posso dizer; mas eu tenho certeza que eles não têm necessidade dele. Posto que ao colocar os dois nomes de maneira que possa servir para significar sua consequência, se esse for o costume (pois o costume é esse, que dá às palavras sua força), assim como a palavra *é*, ou *ser*, ou *são* e as similares.

E se fosse assim, que houve uma língua sem qualquer verbo que respondesse ao *est*, ou *é*, ou ainda ao *ser*; ainda assim os homens que a utilizavam não seriam menos capazes de inferir e concluir; e, de todos os tipos de raciocínio, não seriam menos capazes que os gregos e latinos. Mas então poderiam vir esses termos de *entidade, essência, essencial* e *essencialidade*, que são derivados dele, e de muitos mais que dependem desses, aplicados da maneira como usualmente são? Portanto, eles não são nomes de coisas, mas sinais, pelos quais nós fazemos conhecer que nós concebemos a consequência de um nome ou atributo a outro: como quando nós dizemos *um homem, é, um corpo vivente*, nós não queremos dizer que o *homem* é uma coisa, e que o *corpo vivente* é outra, e o *é* ou *ser* uma terceira coisa: mas que o *homem* e o *corpo vivente* são a mesma coisa; porque a consequência *se ele for um homem, ele é um corpo vivente* é uma consequência verdadeira, significada pela palavra *é*. Assim ocorre *ser um corpo, andar, estar falando, viver, ver* e infinitivos similares; também com *corporeidade, caminhando, falando, vida, vista* e análogos, que significam a mesma coisa e são os nomes de *nada*; como nós já expressamos amplamente noutra parte.

Mas qual o propósito (alguns homens podem perguntar) de tais sutilezas em um trabalho dessa natureza, onde eu pretendo nada mais do que o que é necessário para a doutrina do governo e da obediência? Para esse propósito que os homens não podem mais sofrer abusos daqueles que, por essa doutrina das essências separadas, construída sobre a vã filosofia de Aristóteles, possam aterrorizá-los a obedecerem as leis de seus países com nomes vazios; como os homens ameaçam pássaros dos grãos com um dublê vazio, um chapéu e um galho cruzado. E sob essa base que quando um homem está morto e enterrado, eles dizem que sua alma (que é sua vida) pode andar separadamente de seu corpo, como é visto à noite entre os túmulos. Sob a mesma base, dizem eles, que a figura, a cor, o sabor de um pedaço de pão tem um ser, quando dizem eles que não há pão: e a partir das mesmas premissas eles dizem que a fé, a sabedoria e outras virtudes são algumas vezes *infundidas* sobre um homem, e certas vezes *sopradas* sobre eles dos céus; como se os virtuosos e suas virtudes pudessem ser separados, e a grande maioria das outras coisas que servem para diminuir a dependência dos súditos sobre o poder soberano em seu país. Pois quem empreenderá para obedecer às leis se ele espera que a obediência será infundida ou aspergida sobre ele? Ou ele irá obedecer a um clérigo, que pode fazer Deus, em vez de seu soberano ou do próprio Deus? Ou ainda que, quem teme os fantasmas, não portará um grande respeito àqueles que podem fazer a água santa que os afasta dele? E isso deve ser suficiente para um exemplo dos erros que são trazidos para a Igreja das *entidades* e *essências* de Aristóteles: que podem ser conhecidas como sendo uma falsa filosofia; mas a escreveu como uma coisa consoante e corroborativa com sua religião, temendo o destino de Sócrates.

Caindo uma vez nesse erro das *essências separadas*, eles estão então necessariamente envolvidos em muitos outros absurdos que seguem. Pois vendo que eles tomam tais formas como sendo reais, eles são obrigados a determinar *algum lugar* a elas. Porém, como eles afirmam que elas são incorpóreas, sem qualquer dimensão de quantidade, e todos os homens sabem que o lugar é uma dimensão a não ser preenchida, mas que é corpórea; eles são levados a sustentar seu crédito com uma distinção, que elas não são, de fato, *circunscritas* em qualquer lugar, mas *definidas*; tais termos são meras palavras e insignificantes nessa ocasião, expressas somente em latim, para que seu caráter vazio possa ser escondido. Posto que a circunscrição de uma coisa nada mais é do que a determinação ou definição de seu lugar; e, de tal modo, ambos os termos da distinção são o mesmo. E, em particular, da essência de um homem, que (eles dizem) é sua alma, eles afirmam que estão todas em seu dedo mínimo, ou noutra parte do corpo (não importa quão pequena); e ainda que não há mais alma no corpo inteiro do que em qualquer uma de suas partes. Pode qualquer homem pensar que Deus é servido com tais absurdos? E, ainda assim, tudo isso é necessário para que aqueles que acreditam na existência de uma alma incorpórea separada do corpo, entre aqueles que acreditarão.

E quando eles chegam para chamar atenção sobre como uma substância incorpórea pode ser capaz de sentir dor ou ser atormentada pelo fogo do inferno ou purgatório, eles nada têm a responder além de que não se sabe como o fogo pode queimar as almas.

Novamente, uma vez que o movimento é a mudança de lugar, e que substâncias incorpóreas não têm um lugar determinado, eles encontram problemas para tornar isso possível, ou seja, como uma alma pode ir, sem o corpo, aos céus, inferno ou purgatório; e como os fantasmas dos homens (e devo eu incluir suas roupas, com as quais eles aparecem) podem andar à noite nas igrejas, cemitérios e outros locais de sepulturas. Sobre isso, eu não sei o que eles podem responder, a menos que digam que eles andam de forma *definitiva*, não *circunscritiva* ou *espiritualmente*, nem mesmo *temporalmente*; pois tais distinções egrégias são igualmente aplicáveis a qualquer dificuldade, não importando qual seja.

Posto que o significado de *eternidade*, eles não a terão enquanto uma sucessão de tempo sem fim; pois então eles não deveriam ser capazes de render uma razão da vontade de Deus, e que o pré--ordenamento das coisas do porvir não poderiam ocorrer antes do conhecimento das mesmas, uma vez que se tem assim a eficiência da causa antes do efeito, ou do agente antes da ação; nem de muitas outras opiniões corajosas sobre a natureza incompreensível de Deus. No entanto, eles nos ensinarão que a eternidade é a permanência do tempo presente, um *nunc-stans*, como os escolásticos a chamam; o que nem mesmo eles compreendem, assim como não compreenderiam um *hic-stans* para uma grandeza infinita de espaço.

De modo que os homens dividem um corpo em seus pensamentos pelo número de partes nele, e, ao numerar tais partes, numeram também as partes do espaço que ele preenche; e não é possível que, ao fazer muitas partes, nós façamos também muitos lugares dessas partes. Posto que não pode ser concebido na cabeça de qualquer homem mais do que poucas partes do que há lugares para tanto: querem nos fazer crer que, pelo supremo poder de Deus, um corpo pode estar ao mesmo tempo em muitos lugares; e que muitos corpos podem, ao mesmo tempo, estar em um só lugar; como se fosse um reconhecimento do poder divino dizer que aquilo que é não é; ou que aquilo que foi não foi. Essas coisas nada mais são do que uma pequena parte das incongruências que eles são forçados a fazer em suas disputas filosóficas, em vez de admirar e adorar a natureza divina e incompreensível; cujos atributos não podem significar o que ele é, mas devem significar nosso desejo de honrá-lo, com as melhores designações que nós pudermos pensar. No entanto, aqueles que se aventuram a pensar em sua natureza a partir desses atributos de honra, perdem sua compreensão já na primeira tentativa, caindo de uma inconveniência em outra, em uma sequência sem fim e sem número; de maneira análoga, como quando um homem ignorante das cerimônias da corte, ao estar na presença de uma grande pessoa que ele está acostumado a falar, tropeça ao adentrar e, para deixar de cair, deixa escorregar sua capa; para recuperar sua capa, deixa cair seu chapéu; e, de uma desordem após a outra, ficam desnudados sua estupefação e rusticidade.

Assim, por *física*, isto é, o conhecimento das causas subordinadas e secundárias dos eventos naturais, eles nada ofertam além de palavras vazias. Se você deseja saber o motivo de alguns tipos de corpos deslocam-se em direção a terra, enquanto outros fazem o caminho inverso; os escolásticos dirão, conforme Aristóteles, que os corpos que afundam são *pesados*; e que esse peso é uma das causas de eles descenderem: mas se você perguntar a eles o que se quer dizer com *pesado*, eles definirão como um empreendimento para deslocar-se até o centro da terra: de modo que a razão das coisas descenderem ou ascenderem porque elas o fazem. Ou eles dirão que o centro da terra é o local de descanso e conservação das coisas pesadas; e, assim, elas empreendem para estarem ali: como se as pedras e metais tivessem um desejo ou pudessem discernir em que lugar elas estão, como os homens fazem; ou amassem o descanso, diferentemente do homem; ou que um pedaço de vidro estivesse menos seguro em uma janela do que caindo em uma rua.

Se nós sabemos o porquê de o mesmo corpo parecer maior (sem adicionar algo a ele) uma vez do que em outra [aferição]; eles dizem, quando ele parece menor, que está *condensado*; e, quando está maior, que está *rarefeito*. O que é *condensado* e *rarefeito*? Condensado é quando, na mesmíssima matéria, há menos quantidade de que antes; e rarefeito, quando há mais. Como se pudesse haver uma matéria que não tem uma quantidade determinada; quando a quantidade nada mais é do que uma determinação de matéria; isso significa dizer do corpo, pelo qual nós dizemos que um corpo é maior ou menor do que outro por esse ou aquele tanto. Ou como se um corpo fosse feito sem qualquer quantidade específica, e que posteriormente mais ou menos fosse colocado nele, conforme tivéssemos a intenção que o corpo devesse ser mais ou menos denso.

Pois a causa da alma do homem, dizem eles, *creatur infundindo* e *creando infunditur*: isto é, *criada por infusão* e *infundida pelo criador*.

Quanto à causa do sentido, uma ubiquidade de *species*; isto é, das *demonstrações* ou *aparições* de objetos; que, quando eles são aparições aos olhos, é a *vista*; quando aos ouvidos, o *ouvir*; ao palato, o *gosto*; ao nariz, o *cheiro*; e para o resto do corpo, o *tato*.

Quanto à causa da vontade para fazer qualquer ação, que é chamada de *volitio*, eles determinam a faculdade, isto é, a capacidade em geral que os homens têm de algumas vezes fazer uma coisa e, noutras situações, outra coisa, que é chamada de *voluntas*; fazendo do *poder* a causa do *ato*: como se alguém pudesse determinar como causa do bem ou do mal os atos dos homens, ou seja, as habilidades para empreendê-las.

E em muitas ocasiões eles tomam como causas dos eventos naturais sua própria ignorância, mas disfarçando com outras palavras: como quando eles dizem que a fortuna é a causa das coisas contingentes; isto é, das coisas que não conhecem a causa: e como quando eles atribuem muitos efeitos às *qualidades ocultas*; ou seja, qualidades que eles desconhecem; e o mesmo também (como eles pensam) a nenhum outro homem. E para a *simpatia, antipatia, antiperístasis, qualidades específicas* e outros termos similares, que não significam nem o agente que as produziu, nem a operação que elas produziram.

Se tal *metafísica* e *física* for assim, e não for uma *vã filosofia*, nunca haverá uma; nem teria são Paulo nos alertado para evitá-las.

E por sua moral e filosofia civil, há os mesmos ou maiores absurdos. Se um homem cometer uma ação injusta, isso significa dizer, uma ação contrária à lei, Deus, dizem eles, é a causa primeira da lei, e também a primeira causa daquela e de todas as outras ações; mas não a causa de toda a injustiça; que é, em essência, a inconformidade da ação para com a lei. Isso é uma vã filosofia. Um homem pode igualmente dizer que um homem fez tanto uma linha reta e torta, e outro faz sua incongruência. E essa é a filosofia de todos os homens que estabelecem suas conclusões antes de conhecerem as suas premissas; pretendendo compreender o que é incompreensível; e fazer dos atributos de honra atributos da natureza; assim como uma distinção foi feita para manter a doutrina do livre-arbítrio, isto é, de uma vontade do homem como se não fosse sujeita à vontade de Deus.

Aristóteles e outros filósofos pagãos definem bem e mal pelo apetite dos homens; e isso é bem conhecido, enquanto nós os considerarmos cada qual governado por sua própria lei: pois na condição dos homens que não dispõem de outra lei além de seus próprios apetites, não pode haver uma lei geral das ações boas e más. Mas, na república, tal medida é falsa: não o apetite de homens privados, mas a lei, que é a vontade e o apetite do estado que serve como medida. E ainda assim tal doutrina ainda é praticada; e os homens julgam a bondade ou maldade de suas próprias ações e dos outros homens, e as ações da própria república conforme suas próprias paixões; e nenhum homem diz que é bom ou mau, mas que assim o é diante de seus próprios olhos, sem qualquer preocupação com as leis públicas; exceto os monges e freiras, que são ligados por votos a simples obediência de seu superior, a qual cada súdito deseja acreditar estar ligado pela lei da natureza ao soberano civil. E essa medida privada do bom é uma doutrina não apenas vã, mas também perniciosa ao estado público.

Também é uma vã e falsa filosofia dizer que o ofício do casamento é repugnante para a castidade ou continência, e, consequentemente, para torná-las vícios morais; como fazem aqueles que pretendem a castidade e contingência diante da matéria de negar o casamento ao clero. Posto que eles confessam que nada mais é do que uma constituição da Igreja, isto é, que requer que naquelas ordens sagradas que continuamente atendem o altar e administram a Eucaristia, a abstinência contínua das mulheres sob o nome de castidade contínua, continência e pureza. Portanto, eles clamam o uso legal das esposas, o desejo de castidade e a continência; de tal modo, fazem do casamento um pecado, ou ao menos algo impuro e sujo, ao proclamar que um homem não é adequado ao altar. Se a lei foi feita porque o uso de esposas é uma incontinência e contrário à castidade, então todo o casamento é um vício: caso seja uma coisa tão impura e suja ao homem consagrado a Deus; muito mais deveriam ser outros trabalhos diários, naturais e necessários que os homens fazem, tornando-os impróprios para se tornarem clérigos, porque eles são ainda mais impuros.

Mas a fundação secreta dessa proibição do casamento dos clérigos muito provavelmente não foi depositada sobre algo tão superficial quanto tais erros de filosofia moral; nem sobre a preferência por uma vida de solteiro diante do estado de matrimônio; da qual procede a sabedoria de são Paulo, que percebeu quão inconveniente era para aqueles que, nos tempos de perseguição, foram pregadores do evangelho e, enquanto fugiam de uma terra a outra, ficarem impedidos com o cuidado de uma esposa e crianças; porém, sob os desígnios dos papas e clérigos dos períodos posteriores, para fazer deles clérigos, isto é, herdeiros únicos do reino de Deus nesse mundo; para tanto, foi necessário que eles lançassem mão do casamento, porque nosso Salvador disse que, com a vinda de seu reino, os filhos de Deus *não casarão nem serão dados em casamento, mas serão como os anjos do céu*; o que significa dizer, espirituais. Vendo então que eles tinham tomado sobre eles o nome de espirituais, permitirem-se a propriedade de esposas teria sido uma incongruência (quando não havia necessidade).

Da filosofia civil de Aristóteles, eles aprenderam a chamar todas as maneiras de repúblicas de *tirania*, exceto a popular (tal como foi no tempo do estado de Atenas). Todos os reis foram chamados de tiranos; e a aristocracia dos trinta governantes estabelecidos ali pelos lacedemônios que os subjugaram, os trinta tiranos: assim também para evocar a condição do povo sob a democracia de *liberdade*. *Um tirano* originalmente significou nada mais do que um *monarca*: porém, quando posteriormente, nas várias partes da Grécia, aquele tipo de governo foi abolido, o nome passou a significar não apenas aquilo que se tinha antes, mas, com ele, o ódio que os estados populares portavam em relação ao formato de governo anterior. Assim como o nome do rei tornou-se odioso após a deposição dos reis em Roma, como sendo uma coisa natural a todos os homens conceber uma grande falta a ser significada em um atributo que é ofertado como sinal de desprezo e a um grande inimigo. E quando os mesmos homens deveriam estar desgostosos com aqueles que tinham a administração da democracia ou aristocracia, eles não buscavam nomes desgraçados para expressar sua raiva quanto a isso; mas invocavam prontamente uma *anarquia* e outra *oligarquia*, ou ainda a *tirania de poucos*. E que aquilo que ofende o povo não é outra coisa além de ser governado não como cada um deles o faria, mas como o representante público julgar conveniente, quer se trate de um homem, quer de uma assembleia de homens, isto é, por meio de um governo arbitrário; pois aqueles que dão nomes maus aos seus superiores nunca sabem (até talvez pouco após uma guerra civil) que sem tal governo arbitrário essa guerra deveria ser perpétua; e que são os homens e exércitos, não palavras e promessas, que fazem a força e o poder das leis.

Portanto, este é outro erro na política de Aristóteles, a saber, que em uma república bem ordenada não devem os homens governar, mas as leis. Que homem, dispondo de seus sentidos naturais, conquanto nunca pudesse ler ou escrever, não se encontra governado por aqueles que teme e que acredita poder matá-lo ou feri-lo quando ele não obedece? Ou que acredita que a lei pode feri-lo: isto é, palavras e papel, sem as mãos e espadas dos homens? A esse pertence a quantidade de erros perniciosos: pois induz os homens, posto que frequentemente não gostam de seus governantes, a aderir àqueles que os chamam de tiranos e pensar ser legítimo levantar guerra contra eles: e ainda assim eles são muitas vezes celebrados do púlpito pelos clérigos.

Há outro erro em sua filosofia moral (que eles nunca aprenderam de Aristóteles, nem de Cícero, nem de qualquer outro dos pagãos) para estender o poder da lei, que é o governo das ações somente, aos verdadeiros pensamentos e consciências dos homens, pelo exame e *inquisição* daquilo que eles sustentam, não importando a conformidade de seu discurso e ações: pelos quais os homens são ou punidos por responderem a verdade de seus pensamentos ou constrangidos a responder uma inverdade por temor de uma punição. É verdadeiro que o magistrado civil, pretendendo empregar um ministro no encargo de ensinar, possa inquiri-lo se ele está contente de pregar tais e tais doutrinas; e, em caso de recusa, pode proibi-lo do emprego. No entanto, forçá-lo a acusar a si próprio de opiniões quando suas ações não são proibidas por lei é algo contrário a lei da natureza; e especialmente naqueles que ensinam que um homem deve ser condenado aos tormentos eternos e extremos, se ele morre em uma falsa opinião sobre um artigo da fé cristã. Pois quem ali está, que sabendo que há um grande perigo em um erro e que, pelo natural cuidado de si próprio, compele-se a não arriscar a sua alma diante de seu próprio juízo, em vez daquilo que qualquer outro homem, uma vez que ele nada tem a ver com a sua danação?

Constitui-se outro erro em política quando um homem privado, sem a autoridade da república, o que significa dizer, sem a permissão do representante, interpreta a lei mediante seu próprio espírito; mas não retirado de Aristóteles nem de qualquer outro entre os filósofos pagãos. Posto que nenhum deles nega que no poder de fazer leis está compreendido também o poder de explicá-las quando se fizer necessário. E não há Escrituras em todos os lugares onde há lei, feita lei pela autoridade da república e, consequentemente, uma parte da lei civil.

Da mesma natureza, ocorre também quando alguém restringe, com a exceção do rei, aquele poder que a república não restringiu a qualquer homem, como fazem os que se apropriam da pregação dos Evangelhos para certa ordem de homens e que as leis haviam deixado livre. Se o estado deixa-me pregar ou ensinar, isto é, se ele não me proíbe, nem um homem pode fazê-lo. Se eu me encontro entre idólatras na América, devo eu, enquanto um cristão, apesar de não ordenado, pensar que é um pecado pregar Jesus Cristo até que eu receba as ordens de Roma? Ou uma vez que eu tenha pregado, não devo eu responder suas dúvidas e expor as Escrituras a eles, ou seja, não devo eu ensinar? Não obstante, para isso, alguns podem dizer, assim como para administrar-lhes os sacramentos, a necessidade será considerada para tal missão, o que é verdadeiro; no entanto, também é verdadeiro que, seja a quem for, a dispensa depende da necessidade, posto que não há necessidade de dispensa quando não há lei que proíba. Portanto, negar essas funções àqueles a quem o soberano civil não negou é o afastamento de uma liberdade legítima, o que é contrário à doutrina do governo civil.

Mais exemplos de vã filosofia, trazidos para a religião podem ser produzidos pelos doutores da divina escolástica; mas outros homens podem, se for de seu agrado, observá-las *per se*. Eu devo apenas acrescentar isso: que os escritos dos divinos escolásticos nada mais são, em sua maior parte, do que insignificantes cadeias de estranhas e bárbaras palavras, ou palavras usadas doutra forma do que no uso comum da língua latina; tais como poderiam usar Cícero, Varro e todos os gramáticos da antiga Roma. De modo que se qualquer homem quiser prová-lo, deixe-o (como eu já disse certa vez antes) ver se ele pode traduzir qualquer escolástico divino em qualquer uma das línguas modernas, como a Língua Francesa, Inglesa ou qualquer outra língua copiosa: o que na maioria delas não pode ser feito de forma que seja inteligível, não é inteligível em latim. Cuja insignificância de língua, apesar de eu não tomar isso como uma falsa filosofia; ainda assim, dispõe de uma qualidade não apenas de esconder a verdade, mas também de fazer os homens pensarem que a tem e desistirem de pesquisas adicionais.

Por fim, para os erros trazidos de falsas ou incertas histórias, que é toda a lenda de milagres fictícios nas vidas dos santos; e todas as histórias de aparições, e fantasmas, alegados pelos doutores da Igreja Romana, para tornar boas suas doutrinas sobre o inferno e purgatório, o poder do exorcismo e outras doutrinas que não têm garantias nem na razão, nem nas Escrituras; assim como todas aquelas tradições que eles evocam como as palavras não escritas de Deus; O que são elas além de fábulas de velhas viúvas? Apesar de elas estarem dispersas nos escritos dos antigos patriarcas, ainda assim, aqueles patriarcas foram homens que muito facilmente acreditaram em falsas informações, e produziram seus testemunhos da verdade que eles acreditavam, não dispondo de qualquer outra força com eles (conforme o conselho de são João, 1Jo 4,1) para examinar os espíritos do que em todas as coisas que concernem ao poder da Igreja Romana (o abuso dele, quer eles suspeitassem, quer não, ou tirassem benefício dele) para desacreditar seus testemunhos, em respeito a uma crença deveras exagerada nas informações; de modo que os homens mais sinceros, sem grande conhecimento das causas naturais (tais como os patriarcas foram) são comumente mais sujeitos a elas. Pois naturalmente os melhores homens são os menos suspeitos de propósitos fraudulentos. O papa Gregório e são Bernardo tiveram, de algum modo, a aparição de fantasmas que eles disseram estar no purgatório; e, de modo similar, Beda; mas, não o fizeram, creio eu, para além das informações de outem. Pois se eles ou quaisquer outros relatassem tais estórias de seu próprio conhecimento, eles não confirmariam assim suas informações mais vãs, mas descobririam sua própria enfermidade e fraude.

Com a introdução do falso, nós podemos também aventar a supressão da verdadeira filosofia perpetrada por tais homens, uma vez que não são juízes competentes da verdade, seja pela ausência da autoridade legítima, nem por estudo suficiente. Nossas próprias navegações tornam manifestas, e todos os homens estudados nas ciências humanas, que agora reconhecem que há antípodas: e cada dia mostra-se mais e mais que os anos e dias são determinados pelo movimento da terra. No entanto, homens que a tiveram em seus escritos, porém apenas supuseram tal doutrina, como uma ocasião para deixarem abertas as razões para tanto, e contra ela, foram punidos pela autoridade eclesiástica. Mas qual a razão para isso? É porque tais opiniões eles são contrários à verdadeira religião? Não pode ser, se eles estiverem certos. Portanto, primeiro deixe a verdade ser examinada por juízes competentes ou refutada por aqueles que pretendem conhecer o contrário. É porque eles são contrários à religião estabelecida? Deixe-os serem silenciados pelas leis daqueles a quem seus professores são sujeitos; isto é, pelas leis civis. Posto que a desobediência pode legalmente ser punida neles, que contra as leis ensinam até mesmo a verdadeira filosofia. É porque eles tendem a desordenar o governo, ou uma rebelião contrária, ou ainda a sedição? Deixe-os então serem silenciados, e os professores punidos pela virtude de seu poder a quem está encarregado do cuidado do silêncio público, que é a autoridade civil. Posto que seja qual forem os poderes eclesiásticos tomados sobre eles mesmos (em qualquer lugar onde eles são sujeitos ao estado) em seu próprio direito, conquanto eles chamem-no de direito de Deus, nada mais é além de usurpação.

CAPÍTULO XLVII
SOBRE O BENEFÍCIO QUE PROCEDE DE TAIS TREVAS E A QUEM APROVEITA

CÍCERO faz uma menção honrosa a um dos Cássios, um juiz romano severo, por causa de um costume que ele tinha nas causas criminais (quando o testemunho das testemunhas não era o suficiente), de perguntar aos acusadores, *cui bono*; isto é, que lucro, honra ou outro proveito, o acusado obtinha, ou esperava do fato. Pois entre as presunções, não há nenhuma que tão evidentemente exponha o autor, que o benefício da ação. Pela mesma regra pretendo examinar neste lugar, quem dominou o povo por tanto tempo nesta parte da Cristandade, com essas doutrinas, contrárias às pacíficas sociedades humanas.

E primeiro, diante deste erro, *que a atual Igreja, agora militante na terra, é o reino de Deus* (isto é, o reino da glória, ou a terra prometida; não o reino da graça, que é apenas uma promessa da terra), estão ligados os seguintes benefícios mundanos: primeiro, os pastores e mestres da Igreja têm direito, como ministros públicos de Deus, de governar a Igreja; e, consequentemente (porque a Igreja e a república são as mesmas pessoas), a serem reitores e governadores da república. Por isso é que o Papa prevaleceu sobre os súditos de todos os príncipes cristãos, fazendo-os crer que desobedecê-lo era desobedecer ao próprio Cristo; e em todas as diferenças entre ele e os outros príncipes (encantados com a palavra *poder espiritual*) a abandonar os seus soberanos legítimos; o que é, com efeito, uma monarquia universal sobre toda a Cristandade. Pois, embora tenham sido investidos primeiramente no direito de serem os supremos mestres da doutrina cristã, pelos imperadores cristãos e sob o governo destes, dentro dos limites do império romano (como eles próprios o reconhecem) com o título de *Pontifex Maximus*, que era um oficial sujeito ao estado civil; depois que o império foi dividido e dissolvido, não foi difícil introduzir junto ao povo já submetido a eles outro título, a saber, o direito de são Pedro; não apenas para conservar todo o seu pretenso poder, mas também para estender o mesmo sobre as mesmas províncias cristãs, conquanto não mais unidas no império de Roma. Este benefício de uma monarquia universal (considerando o desejo dos homens de governar) abarca uma presunção suficiente que os papas que a ela aspiram e que por longo tempo gozaram-na eram os autores da doutrina pela qual se alcançou, a saber: que a Igreja agora na terra é o reino de Cristo. Pois se isso é aceito, deve se aceitar que Cristo tem algum lugar-tenente entre nós, através de quem ele nos diz quais são seus mandamentos.

Depois que certas Igrejas renunciaram a este poder universal do Papa, poder-se-ia esperar que os soberanos civis em todas aquelas Igrejas recuperariam todo aquele poder que era seu próprio direito (antes de o terem deixado ir desatentamente) e estava em suas mãos. E na Inglaterra isso ocorreu de fato; salvo aqueles através dos quais os reis administravam o governo da religião, e que sustentavam que seu cargo era de direito divino, parecendo usurpar, senão a supremacia, ao menos a independência do poder civil; e eles pareciam usurpá-lo [isto é, o rei], na medida em que reconheciam o direito do rei de privá-los, conforme lhe agradasse, do exercício de suas funções.

Mas naqueles lugares onde o presbitério tomou esse ofício, embora muitas outras doutrinas da Igreja de Roma estivessem proibidas de ser ensinadas; esta doutrina de que o reino de Cristo já chegou, e que começou na ressurreição de nosso Salvador, continuou a ser sustentada. Mas *cui bono*? Que vantagem se esperava dela? A mesma que os papas esperavam: ter um poder soberano sobre as pessoas. Pois o que é para os homens excomungar seu legítimo rei? Senão afastá-lo de todos os lugares do serviço público de Deus em seu próprio reino? E ter força para resistir-lhe, quando ele pela força esforça-se para corrigi-los? Ou o que é, sem autoridade do soberano civil, excomungar uma pessoa senão retirar-lhe sua legítima liberdade, isto é, usurpar um poder ilegítimo sobre seus irmãos? Portanto, os autores destas trevas na religião são o clero romano e o presbiteriano.

Aqui, eu também me refiro a todas aquelas doutrinas que lhes servem para manter a posse desta soberania espiritual depois de obtida. Em primeiro lugar, a de que *o Papa em sua capacidade pública não pode errar.* Pois quem é que, crendo que isto seja verdade, não vai prontamente obedecê-lo em tudo o que ele ordenar?

A segunda, que todos os bispos, independentemente da república, não recebem o seu direito, nem imediatamente de Deus, nem mediatamente de seus soberanos civis, mas do Papa, é uma doutrina em virtude da qual faz existir em toda república cristã muitos homens poderosos (pois assim são os bispos) que são dependentes do Papa e devem obediência a ele, conquanto ele seja um príncipe estrangeiro. E isso permite que o Papa (como muitas ocorreu) inicie uma guerra civil contra o Estado que não se submeta a ser governado de acordo com o seu prazer e interesse.

Em terceiro lugar, a isenção destes e de todos os outros sacerdotes, além de todos os monges e frades, em relação às leis civis. Com efeito, pois, desta forma, há muitos súditos em todas as repúblicas que gozam do benefício das leis e estão protegidos pelo poder do Estado civil, sem, no entanto, pagarem porção alguma da despesa pública; nem estarem sujeitos às penas devidas aos seus crimes como outros súditos, e que por conseguinte não temem ninguém, exceto o Papa; e só a ele aderem com ânimo de defender sua monarquia universal.

Em quarto lugar, a dotação aos seus padres (que no Novo Testamento nada são além de presbíteros, isto é, anciãos) do nome de *sacerdotes,* isto é, sacrificadores, que era o título do soberano civil, e de seus ministros públicos entre os judeus, enquanto Deus era seu rei. Além disso, o fato de fazer da Ceia do Senhor um sacrifício serviu para levar as pessoas a acreditarem que o Papa tinha o mesmo poder sobre todos cristãos, que Moisés e Aarão exerceram sobre os judeus; isto é, todo o poder, quer civil, quer eclesiástico, como o sumo sacerdote então tinha.

Em quinto lugar, o ensinamento de que o matrimônio é um sacramento deu ao clero o direito de julgar a legitimidade dos casamentos; e assim, quais são os filhos legítimos; e, consequentemente, qual o direito de sucessão aos reinos hereditários.

Em sexto lugar, a negação do casamento aos padres serve para assegurar este poder do Papa sobre os reis. Pois se um rei for padre, não pode se casar e transmitir seu reino à sua posteridade; e se ele não for um padre, o Papa reivindica essa autoridade eclesiástica dele sobre o seu povo.

Em sétimo lugar, da confissão auricular é possível obter, para a manutenção de seu poder, uma melhor inteligência dos desígnios dos príncipes e pessoas proeminentes do estado civil do que estes podem ter dos desígnios do estado eclesiástico.

Oitavo, pela canonização dos santos e declaração de quem são mártires, assegura-se o seu poder na medida que induz os homens simples ao repúdio contra as leis e ordens de seus soberanos civis até a morte; se excomungados pelo Papa, estes são declarados hereges ou inimigos da Igreja; isto é (de acordo com sua interpretação), inimigos do Papa.

Nono, assegura-se tudo isso também pelo poder que atribuem a todo sacerdote, de criar Cristo; e pelo poder de impor penitências, e de remir ou reter os pecados.

Décimo, o clero se enriquece pela doutrina do purgatório, da justificação por obra exterior e das indulgências.

Em undécimo lugar, com sua demonologia, o uso de exorcismo, e outras coisas inerentes a ele, fazem (ou julgam fazê-lo) com que o povo esteja mais atento ao seu poder.

E, por último, a metafísica, a ética e a política de Aristóteles, as distinções frívolas, o léxico bárbaro e a linguagem obscura dos escolásticos, ensinados nas universidades (que foram todos erigidos e regulados pela autoridade do Papa), serve para evitar que seus erros sejam detectados, e para fazer com que os homens confundam o *ignis fatuus* das vãs filosofias com a luz do Evangelho.

Se estes exemplos não bastassem, poderia se adicionar outras de suas doutrinas obscuras, cuja vantagem se revela manifestamente para o estabelecimento de um poder ilegítimo sobre os soberanos legítimos do povo cristão; ou para sua manutenção quando o mesmo já está estabelecido; ou em benefício das riquezas mundanas, a honra e a autoridade, daqueles que as detêm. E, por conseguinte, pela regra acima do *cui bono*, podemos justamente apontar como autores de todas essas trevas espirituais, o Papa, o clero romano, e todos aqueles que além deles se esforçam para instalar nas mentes dos homens a errada doutrina de que a Igreja que agora encontra-se na terra, é o reino de Deus mencionado no Velho e no Novo Testamento.

Mas se os imperadores e outros soberanos cristãos, sob cujo governo surgiram primeiro estes erros e as correspondentes usurpações dos eclesiásticos sobre seus cargos, determinando a perturbação de suas posses e o fim da tranquilidade de seus súditos; ainda que de tais males tenham padecido por falta de previsão das suas consequências, e de penetração nos desígnios de seus mestres, possam, sem embargo, serem considerados cúmplices de seu próprio prejuízo e do dano público. Pois, sem a sua autoridade, nenhuma doutrina sediciosa poderia ter começado a ser publicamente pregada. E eu digo que eles poderiam ter impedido estas desde o início; mas uma vez que o povo estivesse possuído por aqueles homens espirituais, não haveria mais nenhum remédio humano que pudesse ser aplicado, ao menos nenhum que algum homem fosse capaz de inventar. E quanto aos remédios que Deus poderia prover, já que este nunca falha em seu tempo de destruir todas as maquinações dos homens contra a verdade, temos de esperar sua boa vontade, que às vezes chega a permitir que a prosperidade de seus inimigos, juntamente com sua ambição, cresça a tal ponto que a sua violência abrisse os olhos diante da cautela de seus antecessores, que antes tinha selado, e faça fracassar os homens, do mesmo modo que a rede de são Pedro se rompeu, por causa de uma excessiva multidão de peixes; enquanto que a impaciência daqueles que se esforçavam para resistir a tal intromissão, antes que os olhos de seus súditos fossem abertos, não fez nada senão aumentar o poder a que resistiam. Com isso não censuro o imperador Frederico por dar estribo ao nosso compatriota papa Adriano, pois tal era a disposição de seus súditos então; e se não o tivesse feito, é provável que não teria sucesso no império. Mas eu culpo aqueles que, no começo, quando o seu poder era inteiro, permitiram que estas doutrinas fossem forjadas nas universidades de seus próprios domínios, e deram estribo a todos os papas que se sucederam, enquanto estes montavam nos tronos de todos os soberanos cristãos para os dominar e subjugar, tanto eles como seus povos ao seu bel-prazer.

Contudo, como as invenções dos homens são tecidas, assim também são desfeitas; o processo é o mesmo, mas a ordem é invertida.

A teia começa nos primeiros elementos do poder, que são sabedoria, humildade, sinceridade e outras virtudes dos Apóstolos, a quem todos os povos convertidos obedeceram por reverência e não por obrigação. As suas consciências eram livres e suas palavras e ações sujeitas a ninguém, exceto ao poder civil. Depois, os presbíteros (à medida que os rebanhos de Cristo aumentavam), reunindo-se para discutir o que eles deveriam ensinar, e assim obrigando-se a não ensinar nada contra os decretos de suas assembleias, fizeram crer que as pessoas estavam assim obrigadas a seguir sua doutrina, e quando essas se recusaram, aqueles se recusaram a mantê-los em sua companhia (a isso então se chamou de excomunhão), não por serem infiéis, mas como desobedientes. E este foi o primeiro nó em sua liberdade. E, aumentando o número de presbíteros, os presbíteros da maior cidade de uma província assumiram autoridade sobre os presbíteros paroquiais e apropriaram-se do nome de bispos, e este foi um segundo nó sobre a liberdade cristã. Até que, enfim, o bispo de Roma, no tocante à cidade imperial, assumiu a autoridade (em parte pela vontade dos próprios imperadores, e pelo título de *Pontifex Maximus*, e, finalmente, quando os imperadores foram enfraquecidos, pelos privilégios de são Pedro) sobre todos os outros bispos do império. O que constitui o terceiro e último nó, e toda a síntese e construção, do poder pontifical.

Portanto, a *análise* ou *resolução* se dá da mesma maneira; mas começa com o nó que foi amarrado pela última vez; como podemos ver na dissolução do governo pré-político da Igreja na Inglaterra. Primeiro, o poder dos papas foi totalmente dissolvido pela rainha Elizabeth; e os bispos, que antes exerciam suas funções pelo direito do Papa, passaram depois a fazê-lo pelo direito da rainha e seus sucessores; conquanto retendo a expressão *jure divino*, pensando-se que recebiam de Deus por direito imediato. E assim foi desatado o terceiro nó. Depois disso, os presbiterianos obtiveram na Inglaterra a queda do episcopado; e assim foi dissolvido o segundo nó. E, quase ao mesmo tempo, o poder foi tomado também dos presbiterianos e, deste modo, estamos reduzidos à independência dos cristãos primitivos para seguir a Paulo, ou a Cefas ou a Apolo, segundo o que cada homem julgar melhor. Se isso ocorrer sem discórdia e sem medir a doutrina de Cristo, por nossa afeição à pessoa de seu ministro (a falta que o apóstolo repreendeu os coríntios), talvez seja o melhor. Primeiro, porque não deveria haver poder sobre as consciências dos homens, a não ser o da Palavra em si, produzindo fé em cada um, nem sempre de acordo com o propósito daqueles que plantam e regam, mas do próprio Deus, que proporciona o crescimento; e em segundo lugar, porque é irracional nos responsáveis por ensinar que existe tamanho perigo no menor erro, exigir de um homem dotado de razão própria que siga a razão de qualquer outro homem, ou a opinião majoritária de muitos outros homens; o que é um pouco melhor do que arriscar sua salvação por cara e coroa. Nem tampouco estes mestres deveriam ficar descontentes com essa perda de sua antiga autoridade. Pois eles deveriam saber melhor do que ninguém que o poder é preservado pelas mesmas virtudes pelas quais é adquirido; isto é, pela sabedoria, humildade, clareza de doutrina e sinceridade de linguagem; e não pela supressão das ciências naturais, e da moralidade da razão natural; nem por uma linguagem obscura; ou arrogando-se para si mais conhecimento do que aparenta; nem por fraudes piedosas; nem por essas outras faltas, que nos pastores da Igreja de Deus não são apenas faltas, mas também escândalos, capazes de fazer com que os homens acabem por decidir pela supressão de sua autoridade.

Mas depois desta doutrina, de que *a Igreja agora militante é o reino de Deus mencionado no Antigo e no Novo Testamento* foi aceita no mundo, a ambição, e disputa de cargos que pertencem a ela, e especialmente aquele grande ofício de ser o lugar-tenente de Cristo, e a pompa dos que obtiveram assim os principais cargos públicos tornaram-se gradualmente tão evidentes que perderam a reverência interior devido à função pastoral, de modo que os homens mais sábios, daqueles que tinham algum poder no estado civil, não precisavam de nada além da autoridade de seus príncipes para lhes negarem mais obediência. Assim, a partir do momento que o bispo de Roma chegou a ser reconhecido como bispo universal, por pretensão de suceder a são Pedro, toda a sua hierarquia, ou reino das trevas, pode ser comparada, não de maneira inadequada, ao *reino das fadas*; isto é, às *fábulas* contadas pelas velhas esposas da Inglaterra, sobre *fantasmas* e *espíritos*, e os feitos que eles desempenhavam à noite. E se alguém atentar para a origem deste grande domínio eclesiástico, verá facilmente que o Papado nada mais é do que o *fantasma* do falecido *Império Romano*, sentado de coroa na cabeça sobre o túmulo deste, pois assim o Papado iniciou das ruínas desse poder pagão.

A *linguagem* também, que eles usam, tanto nas igrejas, e em seus atos públicos, sendo o *latim*, que não é comumente usado por qualquer nação agora no mundo, o que é, senão o *fantasma* da antiga *língua romana*?

As fadas, seja qual for a nação onde habitam, têm apenas um rei universal, que alguns dos nossos poetas chamam de rei Oberon; mas as escrituras chamam Belzebu, príncipe dos demônios. De igual modo, os eclesiásticos, seja qual for o domínio em que sejam achados, só reconhecem um rei universal, o Papa.

Os *eclesiásticos* são homens *espirituais* e padres *fantasmagóricos*. As fadas são *espíritos* e *fantasmas*. Fadas e *fantasmas* habitam as trevas, o ermo e as sepulturas. Os *eclesiásticos* andam na obscuridade da doutrina, em mosteiros, igrejas e claustros.

Os *eclesiásticos* têm suas igrejas catedrais que em qualquer vila que se ergam em virtude da água-benta e de certos encantos chamados exorcismos, tem o poder de fazer daquelas vilas, cidades, isto é, em sedes do império. Também as *fadas* têm seus castelos encantados, e certos fantasmas gigantescos, que dominam as regiões ao redor deles.

As *fadas* não podem ser presas nem levadas a responder pelo mal que fazem. Assim como se dá também com os *eclesiásticos* que desaparecem dos tribunais da justiça civil.

Os *eclesiásticos* tiram dos homens jovens o uso da razão, por meio de certos encantos compostos de metafísica, milagres, tradições, e Escrituras deturpadas, pelo qual eles tornam-se incapazes para o que for, a não ser executar o que lhes é ordenado. Igual se dá com as *fadas* que tiram crianças de seus berços e transformam-nas em tolos naturais, que as pessoas comuns chamam elfos, e estão aptos à prática do mal.

As velhas não determinaram em que oficina ou laboratório as fadas fabricam os seus encantamentos. Mas é bem sabido que os laboratórios do *clero* são as universidades, que receberam sua disciplina da autoridade pontifícia.

Quando as *fadas* estão descontentes com alguém, diz-se que elas enviam seus elfos para beliscá-los. Os *eclesiásticos*, quando estão descontentes com qualquer estado civil, fazem também seus elfos, isto é, súditos encantados e supersticiosos, para beliscarem seus príncipes, pregando sedição; ou um príncipe encantado com promessas, para beliscar outro.

As *fadas* não se casam; mas há entre elas *incubi*, que copulam com gente de carne e osso. Os *padres* também não se casam.

Os *eclesiásticos* tiram a nata da terra, por doações de homens ignorantes que os temem e pelos dízimos. O que também ocorre na fábula das *fadas*, segundo a qual elas entram nas leiterias, e festejam a nata, que elas coam do leite.

A história não conta que tipo de dinheiro circula no reino das *fadas*. Mas os *eclesiásticos* aceitam como rendimentos as mesmas moedas que nós; conquanto, quando eles têm de fazer qualquer pagamento, este ocorra no formato de canonizações, indulgências e missas.

A estas e outras semelhanças entre o *Papado* e o reino das *fadas*, pode-se acrescentar que, como as *fadas* só têm existência na mente de pessoas ignorantes, que se alimentam das tradições contadas pelas velhas, ou antigos poetas. Assim também é o poder espiritual do *Papa* (fora dos limites do seu próprio domínio civil) que consiste apenas no medo das pessoas pela excomunhão; ao ouvir falsos milagres, falsas tradições e falsa interpretação da Escritura.

Não foi, portanto, muito difícil, para Henrique VIII com seu exorcismo; nem para a rainha Elizabeth, expulsá-las. Mas quem sabe se este espírito de Roma, que agora se foi, e que vagueando por missões através dos desertos da China, do Japão e das Índias, onde encontra escassos frutos, não pode retornar; ou bem que uma assembleia de espíritos pior que aquela, entre e habite nesta límpida casa, e faça pior o fim do que o começo? Pois não é o clero romano somente que finge que o reino de Deus é deste mundo, e assim aspira exercer nele um poder daquele Estado civil. E isso é tudo que eu tinha para dizer a respeito da doutrina da POLÍTICA. E depois de revisá-la, de bom grado a irei expor para a censura do meu país.

REVISÃO E CONCLUSÃO

Da contrariedade entre algumas das faculdades naturais do espírito, assim como entre as paixões, ou de sua referência à conversação, se extrai um argumento inferindo a impossibilidade de qualquer homem se dispor suficientemente a todo tipo de dever civil. A severidade do juízo, dizem, torna os homens exigentes e inaptos para perdoar os erros e defeitos de outros homens e, por outro lado, a celeridade da imaginação torna os pensamentos menos estáveis do que é necessário, para discernir exatamente entre certo e errado. Ademais, em todas as deliberações e em todos os pleitos é necessária a faculdade de raciocinar solidamente, pois sem ela as resoluções dos homens são imprudentes e suas sentenças são injustas: e, no entanto, se não houver uma poderosa eloquência que ganhe atenção e o consentimento, o efeito da razão será pequeno. Mas estas são faculdades contrárias; a primeira se fundamentando nos princípios da verdade; e a outra nas opiniões já recebidas, verdadeiras ou falsas; e nas paixões e interesses dos homens, que são diferentes e mutáveis.

E entre as paixões, a *coragem* (pela qual eu quero dizer o desprezo pelas feridas e morte violenta) inclina os homens para vingança pessoal e, às vezes, à tentativa de perturbar o sossego público; e a *timidez* muitas vezes predispõe para a deserção da defesa pública. Ambas, se diz, não se podem encontrar juntas na mesma pessoa.

Ao considerar a contrariedade das opiniões e maneiras dos homens em geral, diz-se ser impossível manter uma amizade civil constante com todos aqueles com os quais os negócios do mundo nos constrangem a conversar, negócios que quase sempre consistem apenas numa disputa perpétua por honra, riquezas e autoridade.

A isso respondo que estas são realmente grandes dificuldades, mas não impossibilidades, pois pela educação e disciplina podem ser reconciliados tais antagonismos, e às vezes o são. O juízo e a imaginação podem ter lugar no mesmo homem, mas alternadamente, conforme o exigir a finalidade que se propõe. Como os israelitas no Egito, que às vezes eram presos ao seu trabalho de fazer tijolos, e outras vezes tinham de ir ao exterior para recolher palha: assim também o juízo pode às vezes se fixar em cima numa certa consideração, e outras vezes a imaginação vaguear pelo mundo. De igual modo, a razão e a eloquência (embora não talvez nas ciências naturais, mas nas morais) podem muito bem ficar juntas. Pois onde quer que haja lugar para adornar e enaltecer o erro, haverá muito mais lugar para adornar e enaltecer a verdade, se eles a quiserem adornada. Tampouco há qualquer discrepância entre temer as leis e não temer um inimigo público; nem entre abster-se de injúria e perdoá-las aos outros. Não há, portanto, tal inconsistência entre a natureza humana e os deveres civis, conforme alguns pensam. Eu conheci a clareza de juízo e a grandeza da imaginação; força da razão e graciosa elocução; coragem para a guerra e temor das leis, tudo isso eminentemente em um só homem; e esse foi meu amigo mais nobre e honrado, o Sr. Sidney Godolphin; quem apesar de não odiar nenhum homem, nem ninguém o odiar, infelizmente foi morto no começo da última guerra civil, na discórdia pública, por uma mão não discernida e sem discernimento.

Para as Leis da Natureza, enunciadas no Capítulo XV, eu gostaria de acrescentar que *todo homem é obrigado, pela natureza e na medida que isso lhe é possível a proteger na guerra, a autoridade pela qual ele próprio é protegido em tempo de paz.* Pois aquele que alega um direito da natureza para preservar seu próprio corpo, não pode alegar um direito de natureza para destruir mediante aquela força pela qual ele é preservado: trata-se de uma manifesta contradição consigo mesmo. E embora essa lei possa ser extraída por consequência de algumas daquelas que já haviam sido mencionados; os tempos exigem inculá-la e lembrá-la.

E porque eu descobri por diversos livros ingleses recentemente publicados, que as guerras civis ainda não ensinaram suficientemente os homens, em que momento um súdito resulta obrigado ao seu conquistador; nem o que é conquista; nem como isso acontece, quando se obriga os homens a obedecerem as suas leis. Portanto, e para uma satisfação adicional dos homens, digo, que no instante em que um homem se torna sujeito a um conquistador, é nesse ponto, em que tendo liberdade para se submeter, ele concorda, seja por palavras expressas, seja por outro sinal suficiente, em ser seu súdito.

Quando um homem tem a liberdade de se submeter eu mostrei antes no fim do capítulo XXI, para quem já não está obrigado ao seu antigo soberano por outro dever senão o de um súdito ordinário, isto acontece quando os meios de sua vida estão dentro das guardas e guarnições do inimigo; pois é nesse momento que ele deixa de receber proteção e passa a ser protegido pela parte adversa por sua contribuição. Portanto, como em toda parte se considera essa contribuição lícita, uma coisa inevitável (apesar de ser uma assistência ao inimigo), uma submissão total, que é apenas um auxílio ao inimigo, não pode ser considerada ilícita. Além disso, se considerarmos que o homem que se submete a ajudar o inimigo, o faz com parte de suas posses, ao passo que os que se recusam a ajudá-lo, o fazem com o todo, não há nenhuma razão para se chamar assistência a essa submissão ou composição; mas sim um prejuízo para o inimigo. Mas se um homem, além de sua obrigação como súdito, toma para si uma nova obrigação como um soldado, então ele não tem a liberdade de submeter-se a um novo poder, enquanto o antigo permanece e lhe dá meios de subsistência, com os seus exércitos e guarnições, já que, neste caso, ele não pode queixar-se de falta de proteção nem da falta de meios para viver como um soldado. Mas quando isso também falha, um soldado pode também buscar a proteção onde quer que ele tenha mais esperança de tê-la; e pode legalmente submeter-se a um novo soberano. E pode fazer legalmente a qualquer momento. E se, por conseguinte, ele faz isso, fica sem dúvida obrigado a ser um bom súdito, já que um contrato legitimamente feito, não pode ser legitimamente quebrado.

Com isso também se compreende, quando se pode dizer que os homens são conquistados, e em que consiste a natureza da conquista e o direito do conquistador, pois esta submissão é aquilo que implica todos eles. A conquista não é a própria vitória; mas a aquisição pela vitória, de um direito sobre as pessoas dos homens. Portanto, aquele que é morto é vencido, mas não conquistado; aquele que é tomado e colocado na prisão ou cadeia, não é conquistado, apesar de ser vencido; pois ele ainda é um inimigo e pode fugir se puder. Mas aquele que, mediante promessa de obediência, teve garantida a sua vida e liberdade encontra-se conquistado, e é um súdito, porém não antes. Os romanos costumavam dizer, que um general tinha *pacificado* tal *província*, isto é, em nossa língua, que ele a tinha *conquistado*; e que o país foi *pacificado* pela vitória, quando o seu povo tinha prometido *imperata facere* isto é, *fazer o que o povo romano os ordenasse*: isto era ser conquistado. Mas essa promessa pode ser tácita ou expressa pela promessa; e tácita, por outros sinais. Como por exemplo, um homem que não tenha sido chamado para fazer uma promessa expressa (por ser alguém cujo poder talvez não seja considerável) se viver abertamente sob sua proteção, é entendido que se submeteu ao governo. Mas se ele mora lá, secretamente, ele estará sujeito a qualquer coisa que pode ser feito com um espião ou inimigo do Estado. Não digo que ele faça alguma injustiça (pois atos de hostilidade aberta não recebem esse nome), mas que ele pode ser justamente condenado à morte. Da mesma forma, se um homem, quando seu país é conquistado, se encontra fora dele, ele não é conquistado, nem submetido. Mas se ao retornar ele se submeter ao governo, então ele é obrigado a obedecê-lo. Assim é que a *conquista* (para defini-la), trata-se da aquisição do direito de soberania pela vitória. Esse direito é adquirido com a submissão do Povo, pelo qual este faz um contrato com o vencedor, prometendo obediência em troca da vida e da liberdade.

No capítulo XXIX, considerei como uma das causas de dissolução das repúblicas, a sua geração imperfeita, consistindo na falta de um poder legislativo absoluto e arbitrário, em razão da qual o soberano civil está condenado a segurar a espada da justiça sem firmeza, e como se fosse quente demais para ele segurar. Uma das razões disto (que ali não havia mencionado) é esta: todos eles justificam a guerra, pela qual o seu poder foi de início alcançado, e da qual (como eles pensam) o seu direito depende, e não da posse. Como se, por exemplo, o direito dos reis da Inglaterra dependesse da excelência da causa de William, o Conquistador, e de sua descendência linear e direta. Se assim fosse talvez não houvesse hoje nenhum vínculo de obediência dos súditos ao seu soberano em todo mundo e por isso enquanto pensam inutilmente justificar-se, justificam todas as rebeliões bem-sucedidas que a ambição pôde suscitar a qualquer momento contra ele e seus sucessores. Deste modo é que considero como uma das mais ativas sementes da morte de qualquer Estado, que os conquistadores exijam não só a submissão da ação dos homens a eles no futuro, mas também a aprovação de todas as suas ações passadas, embora existam poucas repúblicas no mundo cujas origens podem, em consciência, ser justificadas.

E porque o nome de tirania não significa nem mais do que o nome de soberania, e esteja ela em um ou em muitos homens, exceto se aqueles que usarem a primeira palavra zanguem-se com aqueles que lhe chamam de tiranos; penso que a tolerância de um ódio professo da tirania é uma tolerância do ódio à república em geral, e outra má semente não muito distinta da primeira. Pois, para a justificação da causa de um conquistador, o opróbrio da causa dos conquistados é na maior parte das vezes necessária, mas nenhuma dessas causas é necessária para a obrigação dos conquistados. E, portanto, foi isso o que me pareceu apto a ser dito sobre a revisão da primeira e segunda partes deste discurso.

No capítulo XXXV, demonstrei suficientemente com textos das Escrituras que, na república dos judeus, o próprio Deus foi feito soberano por pacto com o povo; que foi, portanto, chamado de seu *próprio povo* para distingui-lo do resto do mundo, sobre o qual Deus não reinava por consentimento, mas por seu próprio poder. Ademais, mostrei ainda que Moisés era o lugar-tenente de Deus na terra e que foi ele quem lhes disse quais leis Deus tinha dado para eles se governarem. Mas omiti de examinar quais eram os oficiais designados para fazer as executar; especialmente nas penas capitais; não pensando então que esta fosse uma questão de consideração tão necessária, como depois vi ser. Sabemos que no geral, em todas as repúblicas, a execução de punições corporais, ou era entregue aos guardas, ou outros soldados do poder soberano; ou dada para aqueles que por falta de meios, desprezo de honra, ou dureza de coração, concordavam em processar tais ofícios. Mas entre os israelitas era uma lei positiva de Deus seu soberano, que aquele que fosse condenado por um crime capital deveria ser apedrejado até a morte pelo povo; e que as testemunhas deviam atirar a primeira pedra, e depois das testemunhas, em seguida, o resto das pessoas. Esta foi uma lei concebida para designar os executores; porém, não estipulava que alguém pudesse atirar uma pedra nele antes de condenação e sentença, onde o juiz era a congregação. As testemunhas deviam, no entanto, ser ouvidas antes de se proceder à execução, a menos que o fato tivesse sido cometido na presença da própria congregação, ou à vista dos juízes legítimos; pois nesse caso não eram necessárias outras testemunhas, além dos próprios juízes. Contudo, não sendo este modo de agir totalmente compreendido, ele dá causa a um parecer perigoso: qualquer homem pode matar outro, em alguns casos, por um direito de zelo, como se as execuções feitas sobre os infratores no reino de Deus, nos tempos antigos, não resultassem do comando soberano, mas da autoridade do zelo particular, o que se atentarmos para os textos que parecem favorecê-la trata-se exatamente do contrário.

Em primeiro lugar, quando os levitas atacaram o povo que tinha feito e adorado o bezerro de ouro, e mataram três mil pessoas, foi pela ordem de Moisés, pela boca de Deus, como é manifesto em Ex 32,27. E quando o filho de uma mulher de Israel blasfemou contra Deus, aqueles que ouviram isto não o mataram, mas levaram-no à presença de Moisés, que o colocou sob custódia, até que Deus desse a sua sentença contra ele, como aparece em Lv 25,11-12. Também (Nm 25,6-7) quando Fineias matou Zimri e Cosbi, não foi por direito de zelo particular, o seu crime foi cometido à vista da assembleia e por isso não precisava de testemunhas; a lei era conhecida e ele herdeiro-aparente à soberania; e o que é o ponto principal, a legalidade de seu ato dependia totalmente de uma subsequente ratificação por Moisés, da qual ele não tinha motivos para duvidar. E esta presunção de uma futura ratificação é por vezes necessária para a segurança da república, já que, em uma rebelião repentina, qualquer homem que possa dominá-la por seu próprio poder na região onde ela começar, sem lei ou comissão expressa, pode fazê-lo legalmente e providenciar para tê-lo ratificado ou perdoado enquanto o estiver praticando, ou depois de praticado. Também em Nm 35,30 se diz expressamente: *aquele que matar o assassino, deve matá-lo pela palavra das testemunhas*, mas as testemunhas pressupõem uma magistratura formal e, consequentemente, condenam a pretensão de um *jus zelotarum*. A lei de Moisés referente àquele que incita à idolatria (isto é, no reino de Deus a renunciar a sua lealdade, Dt 13,8-9) proíbe ocultá-lo, e ordena que o acusador faça com que ele seja morto, e lance a primeira pedra sobre ele; porém não que o mate antes que ele seja condenado.

E (Dt 17,4-7) o processo contra a idolatria é mencionado com exatidão porque ali Deus falou ao povo como juiz e ordenou a eles que, quando alguém fosse acusado de idolatria, inquirisse diligentemente sobre o fato e, achando-o verdadeiro, então que o apedrejassem. Mas ainda assim era a mão da testemunha que atirava a primeira pedra. Isto não é zelo particular, mas sim condenação pública. De maneira análoga, quando um pai tem um filho rebelde, a lei diz (Dt 21,18-21) que ele deve levá-lo diante dos juízes da cidade, e que todo o povo da cidade deve apedrejá-lo. Por último, foi a pretexto dessas leis que santo Estevão foi apedrejado, e não a pretexto de zelo particular: pois antes de ele ser levado para a execução, ele defendeu sua causa perante o sumo sacerdote. Não há nada em tudo isso, nem em qualquer outra parte da Bíblia, que apoie a execução por zelo particular; e sendo estas no mais das vezes uma conjunção de ignorância e paixão, e contra a justiça e a paz de uma república.

No capítulo XXXVI, eu disse que não se declara qual a maneira como Deus falou sobrenaturalmente com Moisés, nem que ele não lhe falou às vezes por sonhos e visões, e por uma voz sobrenatural, como a outros profetas, pois a maneira como ele falou a ele de seu trono de misericórdia está expressamente mencionada (Nm 7,89) com estas palavras: *daquele momento em diante, quando Moisés entrava no Tabernáculo da congregação para falar com Deus, ouvia uma voz que lhe falava sobre o propiciatório, que está sobre a Arca do testemunho, entre os querubins.* Porém não se declara em que consiste a preeminência da maneira de Deus falar a Moisés, acima daquela que ele falava a outros profetas, como a Samuel, e a Abraão, a quem ele também falou por uma voz (isto é, por visão), a menos que a diferença consista na clareza da visão. Pois *face a face,* e *boca a boca,* não podem ser entendidas literalmente a respeito da infinitude e incompreensibilidade da natureza divina.

E quanto ao conjunto da doutrina, eu ainda não notei, mas parece-me que seus princípios são verdadeiros e apropriados, e o raciocínio é sólido. Pois eu assento os fundamentos do direito civil dos soberanos: tanto o dever quanto a liberdade dos súditos nas inclinações naturais conhecidas da humanidade e nos artigos da lei da natureza; os quais nenhum homem que aspire raciocinar o suficiente para governar a sua família particular deve ignorar. E quanto ao poder eclesiástico dos mesmos soberanos, fundamento-o nos textos, que são em si evidentes e conforme o escopo de todas as Escrituras. E, portanto, estou convencido de que aquele que as ler com o propósito apenas de ser informado, será por elas informado por ele. Mas para aqueles que, por escritos ou discursos públicos, ou por suas ações eminentes, já se engajaram a defender opiniões contrárias, estes não ficarão tão facilmente satisfeitos. Pois, nestes casos, é natural que os homens, ao mesmo tempo, continuem a ler e desviem a sua atenção na busca de objeções ao que já haviam lido antes. As quais, numa época em que os interesses dos homens estão alterados (como boa parte da doutrina que serviu para estabelecer um novo governo, tem de ser contrária àquela que conduziu à dissolução do antigo) não podem deixar de serem muitas.

Na parte que trata de uma república cristã, há algumas doutrinas novas que, em um estado onde as contrárias já estivessem plenamente estabelecidas, poderiam constituir uma transgressão do súdito ao divulgá-las sem permissão na medida em que seria uma usurpação do cargo de professor. Mas, nestes tempos em que os homens não aspiram só pela paz, mas também pela verdade, oferecer tal doutrina que eu considero ser verdadeira e que tende manifestamente à paz e à lealdade, à consideração daqueles que ainda estão em fase de deliberação, nada mais é do que oferecer vinho novo para ser colocado em barris novos, para que ambos possam ser preservados juntos. E suponho que, então, quando a novidade não alimentar nenhuma perturbação, nem desordem em um Estado, os homens em geral não estejam tão propensos reverenciar a antiguidade que prefiram os antigos erros, diante de uma verdade nova e bem comprovada.

Não há nada que eu desconfie mais do que na minha elocução, embora esteja confiante (exceto os infortúnios da imprensa) de que não é obscura. Que eu tenha negligenciado o ornamento de citar os antigos poetas, oradores e filósofos, ao contrário do costume dos últimos tempos (tendo eu procedido bem ou mal nisso) resulta do meu juízo, baseado em muitas razões. Em primeiro lugar, toda a verdade da doutrina depende da *razão* ou da *Escritura*; ambas que dão crédito para muitos escritores, mas nunca o recebem de nenhum. Em segundo lugar, os assuntos em questão não são de *fato*, mas de *direito*, em que não há lugar para *testemunhas*. Poucos dentre os au-

596

tores antigos, não se contradizem às vezes, ou aos outros; o que faz de seus testemunhos insuficientes. Em quarto lugar, as opiniões que são levadas em conta apenas em razão do crédito da antiguidade, não são intrinsecamente o juízo daqueles que as citam, mas palavras que passam (como bocejos) da boca em boca. Em quinto lugar, é muitas vezes com um desígnio fraudulento que os homens pregam a sua doutrina corrupta com os dentes da inteligência de outros homens. Em sexto lugar, eu não acho que os antigos por eles citados, considerassem um ornamento fazer o mesmo com aqueles que escreveram antes deles. Em sétimo lugar é um argumento indigesto, quando as frases gregas e em latim aparecem novamente, como costumam fazer, inalteradas. Por fim, embora eu reverencie aqueles homens da antiguidade, que ou escreveram a verdade claramente, ou nos colocaram no melhor caminho para descobrir nós mesmos; penso ainda assim que à antiguidade em si nada é devido. Pois se nós reverenciamos a época, o presente é mais antigo. Se se tratar da antiguidade do escritor, não tenho certeza, se aquele a quem se dá tal honra, eram mais antigo que eu quando escreveu. Mas se bem considerarmos o elogio a autores antigos, disso não procede uma reverência aos mortos, mas uma competição e inveja mútua entre os vivos.

Para concluir, tanto quanto eu posso perceber, não há nada em todo este discurso, nem no que eu escrevi antes do mesmo assunto em latim, de contrário à Palavra de Deus, ou às boas maneiras; ou tendente à perturbação da paz pública. Portanto, eu acho que pode ser publicado com lucro e mais lucrativamente ainda ensinado nas universidades, no caso de asssim também pensarem aqueles a quem compete juízo sobre tais matérias. Já que como as universidades são as fontes da doutrina civil e moral, de onde os pregadores e a aristocracia com a água que aí encontram, costumam borrifar a mesma no povo (tanto do púlpito quanto na conversa) sobre as pessoas, deveria haver um grande cuidado de mantê-la pura tanto do veneno dos políticos pagãos quanto do encantamento dos espíritos enganadores. E disso resta que a maioria dos homens, conhecedores de seus deveres, ficará menos sujeita a servir a ambição de alguns descontentes contra seus propósitos contra o estado; e ficarão menos entristecidos com as contribuições necessárias para a paz e defesa; e os próprios governantes terão menos motivo para manter às custas do público um exército maior, do que o necessário para defender a liberdade pública, contra as invasões e usurpações dos inimigos estrangeiros.

E assim eu ponho termo ao meu discurso sobre o governo civil e eclesiástico, ocasionado pelas desordens do tempo presente sem parcialidade, sem servilismo e sem outro designío senão colocar diante dos olhos dos homens a relação mútua entre proteção e obediência; de que a condição da natureza humana, e as leis divinas (naturais e positivas) requerem um cumprimento inviolável. E embora na revolução dos estados não possa haver uma constelação muito boa para o surgimento de verdades desta natureza (tendo um aspecto desfavorável para os que dissolvem do antigo governo, e vendo apenas as costas dos que erigem o novo), não posso crer que seja condenado nesta época, seja pelo juiz público da doutrina, ou por qualquer outro que deseje a continuação da paz pública. E com esta esperança volto à minha especulação interrompida sobre os corpos naturais, em que (se Deus me der saúde para terminar) espero que a novidade agrade tanto quanto desagradou nesta do corpo artificial. Pois a verdade é bem-vinda a todos os homens que não se opõem às vantagens ou aos prazeres de ninguém.

OBRAS CONSULTADAS

Edições e traduções de *Leviatã*

HOBBES, T. *Leviatã*. Trad. por João Paulo Monteiro e Maria Beatriz Nizza da Silva. São Paulo: Martins Fontes, 2003.

_____. *Leviathan*. Ed. intr. e notas por J.C.A. Gaskin. Oxford/Nova York: Oxford University Press, 1998.

_____. *Leviathan*. Ed. por Richard Tuck. Cambridge: Cambridge University Press, 1996.

_____. *Leviatán*: o la materia, forma y poder, de una república eclesiastica y civil. Bogotá: Skla, 1982.

_____. *Il Leviatano*. Trad. por Roberto Giammanco. 2 vols. Turim: Unione Tipografico, 1955.

Edições e traduções de outros trabalhos

BAUMGOLD, D. *Three-text edition of Thomas Hobbes's Political Theory*: the Elements of Law, De Cive and Leviathan. Cambridge: Cambridge University Press, 2017.

HOBBES, T. *Sobre o corpo*. Trad. de José Oscar de A. Marques. Campinas: IFCH/Unicamp, 2005, parte I.

Referências

A Bíblia de Jerusalém. São Paulo: Paulinas, 2008.

BOBBIO, N. *Thomas Hobbes and the Natural Law tradition*. Trad. por Daniela Gobetti. Chicago: University of Chicago Press, 1993.

CARL, S. *El Leviatán en la Doctrina del Estado de Thomas Hobbes*. Ciudad del México: Fontamara, 2008.

FINN, S.J. *Thomas Hobbes and the Politics of Natural Philosophy.* Londres/Nova York: Continuum, 2004.

GAUTHIER, D.P. *The logic of Leviathan*: the moral and political theory of Thomas Hobbes. Oxford: Clarendon Press, 2000.

ITURRALDE, I. *Hobbes*: la autoridad suprema del gran Leviatán. Barcelona: Batiscafo, 2015.

LARRÈRE, C. *L'Invention de l'économie au XVIIIe siècle*: du droit natural à la physiocratie. Paris: Presses Universitaires de France, 1992.

LLOYD, S.A. (ed.). *The Boomsbury Companion to Hobbes.* Londres: Bloomsbury, 2013.

MALCOLM, N. (ed.). *The Clarendon Edition of the Works of Thomas Hobbes* – Vol. 6: The Correspondence: 1622-1659. Oxford: Clarendon Press, 1994.

MALCOLM, N. (ed.). *The Clarendon Edition of the Works of Thomas Hobbes* – Vol. 7: The Correspondence: 1622-1659. Oxford: Clarendon Press, 1994.

MARTINICH, A.P. *Hobbes*: a biography. Cambridge: Cambridge University Press, 1999.

MARTINICH, A.P.; HOEKSTRA, K. (eds.). *The Oxford Handbook of Hobbes.* Oxford: Oxford University Press, 2016.

MAY, L. *Limiting Leviathan*: Hobbes on Law and International Affairs. Oxford: Oxford University Press, 2013.

NEWEY, G. *Hobbes and Leviathan.* Abingdon: Routledge, 2008.

SORELL, T. (ed.). *The Cambridge Companion to Hobbes.* Cambridge: Cambridge University Press, 1996.

SPRINGBORG, P. (ed.). *The Cambridge Companion to Hobbes's Leviathan.* Cambridge: Cambridge University Press, 2007.

STRAUSS, L. *The Political Philosophy of Hobbes*: its basis and its genesis. Chicago: University of Chicago Press, 1996.

VAN MILL, D. *Liberty, rationality, and agency in Hobbes's Leviathan.* Albany: State University of New York, 2001.

COLEÇÃO PENSAMENTO HUMANO

- *A caminho da linguagem*, Martin Heidegger
- *A Cidade de Deus (Parte I; Livros I a X)*, Santo Agostinho
- *A Cidade de Deus (Parte II; Livros XI a XXIII)*, Santo Agostinho
- *As obras do amor*, Søren Aabye Kierkegaard
- *Confissões*, Santo Agostinho
- *Crítica da razão pura*, Immanuel Kant
- *Da reviravolta dos valores*, Max Scheler
- *Enéada II – A organização do cosmo*, Plotino
- *Ensaios e conferências*, Martin Heidegger
- *Fenomenologia da vida religiosa*, Martin Heidegger
- *Fenomenologia do espírito*, Georg Wilhelm Friedrich Hegel
- *Hermenêutica: arte e técnica da interpretação*, Friedrich D.E. Schleiermacher
- *Investigações filosóficas*, Ludwig Wittgenstein
- *Manifesto do partido comunista*, Karl Marx e Friedrich Engels
- *Parmênides*, Martin Heidegger
- *Ser e tempo*, Martin Heidegger
- *Ser e verdade*, Martin Heidegger
- *Verdade e método: traços fundamentais de uma hermenêutica filosófica (Volume I)*, Hans-Georg Gadamer
- *Verdade e método: complementos e índice (Volume II)*, Hans-Georg Gadamer
- *O conceito de angústia*, Søren Aabye Kierkegaard
- *Pós-escrito às migalhas filosóficas – Vol. I*, Søren Aabye Kierkegaard
- *Metafísica dos costumes* – Immanuel Kant
- *Do eterno no homem* – Max Scheler
- *Pós-escrito às migalhas filosóficas – Vol. II*, Søren Aabye Kierkegaard
- *Crítica da faculdade de julgar*, Immanuel Kant
- *Ciência da Lógica – 1. A Doutrina do Ser*, Georg Wilhelm Friedrich Hegel
- *Ciência da Lógica – 2. A Doutrina da Essência*, Georg Wilhelm Friedrich Hegel
- *Crítica da razão prática*, Immanuel Kant
- *Ciência da Lógica – 3. A Doutrina do Conceito*, Georg Wilhelm Friedrich Hegel
- *Lições sobre a Doutrina Filosófica da Religião*, Immanuel Kant
- *Leviatã*, Thomas Hobbes
- *À paz perpétua – um projeto filosófico*, Immanuel Kant

Afirmar-se com Nietzsche

Balthasar Thomass

A filosofia sempre teve por ambição melhorar nossa vida, fazendo-nos compreender quem somos. Mas a maior parte dos livros de filosofia se interessa, sobretudo, pela questão da verdade e se limita a estabelecer fundamentos teóricos, sem se interessar pelas aplicações práticas. Nessa obra, ao contrário, os autores vão se interessar pelo que podemos tirar de uma grande filosofia para mudar nossa vida: a minúcia do quotidiano, como o olhar que lançamos sobre a nossa existência e o sentido que lhe damos.

Esse livro não é somente um livro para ser lido, mas também um livro para ser praticado. Questões concretas sobre a sua vida se seguem às teses apresentadas em cada capítulo. Não seja passivo, arregace as mangas para interrogar sua experiência e dela extrair respostas honestas e pertinentes. Exercícios concretos o incitarão a pôr em prática os ensinamentos do filósofo na sua vida. Da mesma forma, esforce-se em apropriar-se deles e encontrar situações oportunas para praticá-los com seriedade.

Será que você está pronto para a viagem? Ela pode revelar-se surpreendente, por vezes árida, por vezes chocante. Será que você está pronto para se sentir desestabilizado, projetado em uma nova maneira de pensar, e, portanto, de viver? Essa viagem através das ideias de um filósofo do século XIX também o transportará ao mais profundo de si mesmo. Então, deixe-se guiar ao longo das páginas, ao longo das questões e das ideias, para descobrir como o pensamento de Nietzsche pode mudar sua vida.

Balthasar Thomass é professor-associado de Filosofia.

Ser livre com Sartre

Frédéric Allouche

O existencialismo de Sartre é parte de um projeto de vida: descobrir-se livre e transformar a própria vida; superar as condições sociais, religiosas ou pessoais que nos entravam; identificar o funcionamento conflitante de nossos relacionamentos com os outros para nos superar; lembrar-se que pensar é ter a liberdade de *escolher*. Em todos os momentos a filosofia de Sartre atua como um estímulo que nos obriga a agir, sem desculpas válidas. Não é complacente porque proíbe pequenos arranjos consigo mesmo, proscreve álibis de todos os tipos e estratégias de escape que às vezes dão boa consciência.

Mas, confrontar-se com a realidade é oferecer a si mesmo a oportunidade de finalmente viver em harmonia consigo mesmo, provar a alegria de ser autêntico.

Esse livro não é um livro apenas para ser lido, mas também para ser posto em prática. Questões concretas a respeito de nossa vida acompanham as teses apresentadas em cada capítulo. Não o leia passivamente, mas arregace as mangas para questionar sua vida e obter assim respostas honestas e pertinentes. Com provocações e exercícios concretos, você será incitado a trazer para dentro de sua vida concreta os ensinamentos da filosofia. Da mesma maneira, esforce-se para se apropriar deles e encontrar situações oportunas para praticá-los seriamente.

Você está pronto para começar a viagem? Pode ser que ela o surpreenda, ou pareça, às vezes, árida, ou quem sabe chocante... Você está preparado para se sentir desestabilizado, arremessado em uma nova maneira de pensar e, portanto, de viver? Essa viagem através das ideias de um filósofo do século XX o transportará também para o fundo de você mesmo. Então, deixe-se guiar ao longo destas páginas, acompanhando as questões e as ideias apresentadas, para descobrir como o pensamento de Sartre pode mudar sua vida.

Frédéric Allouche é formado em etnologia e em psicologia. É professor de Filosofia no Lycée Charles de Foucauld, em Paris.

O que é poder?

Byung-Chul Han

Ainda existe em relação ao conceito de poder um caos teórico. Opõe-se à evidência do seu fenômeno uma obscuridade completa de seu conceito. Para alguns, significa opressão. Para outros, um elemento construtivo da comunicação. As representações jurídicas, políticas e sociológicas do poder se contrapõem umas às outras de maneira irreconciliável. O poder é ora associado à liberdade, ora à coerção. Para uns, baseia-se na ação conjunta. Para outros, tem relação com a luta. Os primeiros marcam uma diferença forte entre poder e violência. Para outros, a violência não é outra coisa senão uma forma intensiva de poder. Ele ora é associado com o direito, ora com o arbítrio.

Tendo em vista essa confusão teórica, é preciso encontrar um conceito móvel que possa unificar as representações divergentes. A ser formulada fica também uma forma fundamental de poder que, pelo deslocamento de elementos estruturais internos, gere diferentes formas de aparência. Este livro se orienta por essa diretriz teórica. Desse modo, poderá ser chamado poder qualquer poder que se baseie no fato de não sabermos muito bem do que se trata.

Byung-Chul Han nasceu na Coreia, mas fixou-se na Alemanha, onde estudou Filosofia na Universidade de Friburgo e Literatura Alemã e Teologia na Universidade de Munique. Em 1994, doutorou-se em Friburgo com uma tese sobre Martin Heidegger. É professor de Filosofia e Estudos Culturais na Universidade de Berlim e autor de inúmeros livros sobre a sociedade atual, dentre os quais *Sociedade do cansaço*, *Sociedade da transparência*, *Topologia da violência*, *Agonia do Eros* e *No enxame*, publicados pela Editora Vozes.

CULTURAL

Administração
Antropologia
Biografias
Comunicação
Dinâmicas e Jogos
Ecologia e Meio Ambiente
Educação e Pedagogia
Filosofia
História
Letras e Literatura
Obras de referência
Política
Psicologia
Saúde e Nutrição
Serviço Social e Trabalho
Sociologia

CATEQUÉTICO PASTORAL

Catequese
   Geral
   Crisma
   Primeira Eucaristia

Pastoral
   Geral
   Sacramental
   Familiar
   Social
   Ensino Religioso Escolar

TEOLÓGICO ESPIRITUAL

Biografias
Devocionários
Espiritualidade e Mística
Espiritualidade Mariana
Franciscanismo
Autoconhecimento
Liturgia
Obras de referência
Sagrada Escritura e Livros Apócrifos

Teologia
   Bíblica
   Histórica
   Prática
   Sistemática

REVISTAS

Concilium
Estudos Bíblicos
Grande Sinal
REB (Revista Eclesiástica Brasileira)

VOZES NOBILIS

Uma linha editorial especial, com importantes autores, alto valor agregado e qualidade superior.

VOZES DE BOLSO

Obras clássicas de Ciências Humanas em formato de bolso.

PRODUTOS SAZONAIS

Folhinha do Sagrado Coração de Jesus
Calendário de mesa do Sagrado Coração de Jesus
Agenda do Sagrado Coração de Jesus
Almanaque Santo Antônio
Agendinha
Diário Vozes
Meditações para o dia a dia
Encontro diário com Deus
Guia Litúrgico

CADASTRE-SE
www.vozes.com.br

EDITORA VOZES LTDA.
Rua Frei Luís, 100 – Centro – Cep 25689-900 – Petrópolis, RJ
Tel.: (24) 2233-9000 – Fax: (24) 2231-4676 – E-mail: vendas@vozes.com.br

UNIDADES NO BRASIL: Belo Horizonte, MG – Brasília, DF – Campinas, SP – Cuiabá, MT
Curitiba, PR – Fortaleza, CE – Goiânia, GO – Juiz de Fora, MG
Manaus, AM – Petrópolis, RJ – Porto Alegre, RS – Recife, PE – Rio de Janeiro, RJ
Salvador, BA – São Paulo, SP